中央财经大学民泰金融研究所系列报告

本报告受国家自然科学基金项目"中小企业金融服务与金融体系变革
——国际比较与中国实践"（批准号：71173247）资助出版

China MSME Finance Report 2015

中国中小微企业金融服务发展报告(2015)

史建平　主编

中国金融出版社

责任编辑：王效端　张　超
责任校对：张志文
责任印制：毛春明

图书在版编目（CIP）数据

中国中小微企业金融服务发展报告.2015（Zhongguo Zhongxiaowei Qiye Jinrong Fuwu
Fazhan Baogao.2015）/史建平主编.—北京：中国金融出版社，2015.7
　ISBN 978 - 7 - 5049 - 8066 - 3

　Ⅰ.①中…　Ⅱ.①史…　Ⅲ.①中小企业—金融—商业服务—研究报告—中国—2015
Ⅳ.①F279.243

中国版本图书馆 CIP 数据核字（2015）第 174909 号

出版
发行　　**中国金融出版社**

社址　北京市丰台区益泽路 2 号
市场开发部　（010）63266347，63805472，63439533（传真）
网 上 书 店　http：//www.chinafph.com　（010）63286832，63365686（传真）
读者服务部　（010）66070833，62568380
邮编　100071
经销　新华书店
印刷　北京侨友印刷公司
装订　平阳装订厂
尺寸　210 毫米×285 毫米
印张　25.75
字数　665 千
版次　2015 年 7 月第 1 版
印次　2015 年 7 月第 1 次印刷
定价　126.00 元
ISBN 978 - 7 - 5049 - 8066 - 3/F.7626
如出现印装错误本社负责调换　联系电话（010）63263947
编辑部邮箱：jiaocaiyibu@126.com

编委会
Editorial Board

序

Preface

2014 年，中国经济新常态特征凸显，经济下行压力持续较大。在市场需求萎缩、经营成本上升的双重压力下，企业生存和发展普遍遭遇困难，尤其是中小微企业贷款风险显著上升，为中小微企业提供债权融资的机构普遍放慢了规模扩张的脚步，"惜贷"现象再现。如何在控制风险和创新发展之间取得平衡成为 2014 年中小微企业金融服务机构面临的最大挑战。

然而，同样是在这一年，我们感受到了小微金融市场日渐高涨的热度。"小微金融""普惠金融"从未像如今这样成为众多金融机构和类金融机构高举的旗帜，"长尾客户"也从未像如今这样成为包括 BAT 旗下民营银行在内的众多商业机构青睐的对象。

是什么带来了这样的改变？

在跟踪政策走向的过程中，我们可以清楚地看到，监管层鼓励发展小微企业金融服务的政策，尤其是针对最大供给主体——商业银行小微企业金融服务的差异化监管和差异化财税激励政策已经逐步落实到位，鼓励政策的边际效用已经变小。

真正带来改变的是市场化改革的力量。利率市场化改革进一步推进；银行业准入门槛降低；存款保险制度推出；征信体系建设加快以及征信市场向民营企业开放；多层次资本市场建设提速推动直接融资发展等一系列市场化改革虽然并不直接针对小微金融，但却是尊重金融市场客观运行规律、让市场在资源配置中起决定性作用的基础性改革，着眼于改变因价格扭曲和竞争不足导致的金融抑制，因而带来的影响是深远而持久的。

与此同时，经济社会变迁是另外一支不容忽视的力量。工业经济向信息经济转型，互联网向传统行业渗透加速，数据成为新的生产要素；代际更替带来的生产与消费方式的巨大变化，金融服务的需求和习惯也随之发生改变。互联网在服务"长尾客户"方面所具有的优势已经被广泛认知，进而延伸至互联网金融领域，最突出的表现即是大数据技术在小微金融服务中的应用引发包括商业银行在内的各类机构的普遍关注。

当技术和制度的变革使小微企业金融服务变得更加有利可图，金融市场竞争更加充分，发展小微企业金融服务将成为越来越多金融机构开展差异化竞争而进行的主动战略选择，不再仅仅是应监管要求被动为之。这将对小微企业金融服务市场发展格局的变化产生重要影响。

　　我们有幸在长达7年的跟踪记录中见证了这个前所未有的变化，尽管变化才刚刚开始，但足以让我们欣喜和期待。

　　今年在继续秉承"客观、中立、严谨"的原则基础上，课题组对研究深度提出了更高的要求，除了在专业板块里做得更透，还力求打通各个板块之间的横向联系，洞察中小微金融服务市场发展的客观规律，而深入市场一线的调研活动为研究的深化提供了有力的支持。课题组开展了第三届商业银行小微金融经理人问卷调查；与《金融时报》合作开展农村金融新格局的调查；与中国小额信贷机构联席会合作开展全国小贷公司抽样调查；与零壹财经合作开展P2P小微金融服务数据调查以及融资租赁服务中小微企业的调研活动。课题组成员还走访了各类代表性机构对其开展小微企业金融服务开展了实地调研。此外，我们还开始了建立业界专家审稿机制的探索，得到了新老朋友无私的帮助。借此机会，向一直以来支持我们研究的一线实践者、业界专家和学者表示深深的感谢！确切地说，这份报告是所有参与者共同的智慧结晶。

　　特别值得一提的是，今年课题组在获取详细的小微企业贷款数据方面得到了银监会和人民银行的大力支持，银行业金融机构小微企业贷款的种类结构以及主要机构小微企业贷款的特点及贡献也得以借由今年的报告首次向社会披露。而且，银监会从今年起开始按季度对外正式披露银行业金融机构用于小微企业的贷款数据，这对促进全社会了解金融机构服务小微企业的情况以及促进金融机构之间开展竞争都将大有裨益。我们也期待看到政府监管部门更多的数据开放。

　　感谢中国金融出版社王效端主任和她的团队的鼎力支持，长期的合作达成的默契使得报告能以最好的品质和最快的速度面世。

　　最后，特别的感谢送给正在阅读这本报告的你们，从报告诞生的第一天起，我们就做好了接受市场检验的准备，希望阅读报告的人有所收获是我们最大的心愿。愿我们的坚持和努力继续得到你们的肯定，欢迎关注"中财民泰金融研究所"微信公众号，留下宝贵的意见和建议！

中财民泰金融研究所
微信号：mintaijinrong

中央财经大学民泰金融研究所所长

2015 年 7 月

目 录
CONTENTS

图

表

专题

附表

1

中小微企业金融服务发展环境

1.1 经济下行压力持续较大

2014 年，全球经济仍处于再平衡调整期，总体温和复苏，但增长动力依然不足；国内经济发展进入"三期叠加"阶段，经济下行压力持续较大。2014 年全国实现国内生产总值（GDP）63.65 万亿元，实际同比增长 7.4%，增速较上年小幅回落 0.3 个百分点，回落幅度有所增大。价格水平涨幅较低，全年居民消费价格比上年上涨 2.0%。固定资产投资增速放缓。全年全社会固定资产投资 51.28 万亿元，同比名义增长 15.3%，扣除价格因素实际增长 14.7%，较上年低 4.2 个百分点。消费增长相对稳定，社会消费品零售总额 26.24 万亿元，同比名义增长 12.0%，扣除价格因素实际增长 10.9%。网络零售保持高速增长，全年网上零售额 2.8 万亿元，比上年增长 49.7%。进出口增长依然乏力，全年货物进出口总额 26.4 万亿元，比上年增长 2.3%。其中，出口 14.4 万亿元，增长 4.9%；进口 12.0 万亿元，下降 0.6%[①]。

在经济整体持续下行的同时，经济结构调整出现了积极变化。消费对经济增长的贡献率上升 3.0 个百分点，达到 51.2%，需求结构进一步改善；第三产业增加值占 GDP 比重由 46.9% 提高到 48.2%，高于第二产业 5.6 个百分点；新产业、新业态、新商业模式不断涌现，电子商务、物流快递、传媒、通信等新业态活跃度持续提升，互联网对传统行业的渗透正在显示出巨大的变革力量；中西部地区经济增速快于东部地区，得益于产业承接及城镇化进程，中西部经济活力初显、贷款增速上升。

作为宏观经济敏感的"神经末梢"，在经济下行期，中小微企业抗风险能力较弱的特点充分暴露，2014 年，大量中小微企业在市场需求萎缩、经营成本上升的双重压力下，或主动或被动地关、停、转，其间还交杂民间借贷的灰色因素，一度偃旗息鼓的中小微企业主"跑路"消息再次甚嚣尘上。

---

① 资料来源：国家统计局：《2014 年国民经济和社会发展统计公报》。

中国中小企业协会发布的中小企业发展指数显示，中小微企业生存和发展的状况自 2010 年以来不断恶化，发展指数于 2011 年第二季度跌至景气临界值 100 以下，虽然 2013 年有所回调，在 2014 年第一季度短暂回升至 95.9，但随后便一路下滑，至今仍未恢复至景气区间。

图 1-1 中国中小企业发展指数（2010—2014 年）

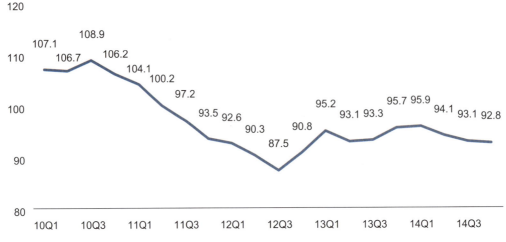

资料来源：中国中小企业协会：《中国中小企业发展指数》。

在中小微企业整体发展状况继续恶化的同时，我们注意到互联网等新兴产业的创业，尤其是科技创业热度高涨，传统产业借助信息技术全面升级过程中，也为中小微企业带来了商机。这也要求金融机构在关注经济下行带来的中小微企业业务风险的同时，更要高度重视新常态下出现的中小微企业金融服务新需求，并且做好调整业务模式的准备，迎接中小微企业金融服务的新变化。

1.2　金融运行基本稳定

2014 年，中国人民银行继续实施稳健的货币政策，按照"总量稳定、结构优化"的总体要求，创新调控思路和方式，在区间管理的基础上更加注重定向调控，在稳定经济运行的同时强调支持结构调整和转型升级。整体金融运行基本稳定，货币总量平稳增长，2014 年末，广义货币供应量 M_2 余额为 122.8 万亿元，同比增长 12.2%，比上年末下降 1.4 个百分点，但仍高出名义 GDP 增速 3 个百分点左右。

全年社会融资规模增量为 16.46 万亿元，同比减少 8598 亿元，为历史次高[①]。融资结构多元化发展，其中，直接融资显著增加，直接融资金额和占比都创历史最高，企业债券和非金融企业境内股票融资合计增加 2.86 万亿元，占比为 17.3%，比上年高 5.5 个百分点。直接融资发展带来的金融脱媒效应将有助于推动商业银行下沉客户结构，更加重视中小微企业金融服务。受规范非标及同业业务影响，表外融资增幅大幅下降，委托贷款、信托贷款和未贴现银行承兑汇票合计融资 2.90 万亿元，同比减少 2.27 万亿元。

---

① 历史最高为 2013 年的 17.32 万亿元。

人民币贷款平稳较快增长，扩张压力仍然较大。2014 年末，人民币贷款余额 81.68 万亿元，同比增长 13.6%，增速比上年末下降 0.5 个百分点。全年新增贷款 9.78 万亿元，创历史最高，超过了 2009 年的 9.59 万亿元。信贷结构继续优化，产能过剩行业中长期贷款增速继续回落，小微企业贷款余额增速超过同期各项贷款增速；西部地区贷款余额增速高于中部和东部地区。

此外，2014 年贷款利率有所下降，12 月，非金融企业及其他部门贷款加权平均利率为 6.77%，同比下降 0.42 个百分点。其中，一般贷款加权平均利率为 6.92%，同比下降 0.22 个百分点；票据贴现加权平均利率为 5.67%，同比下降 1.87 个百分点。但是，值得注意的是，调查显示，中小微企业贷款利率并未随之全面下行，这其中的原因可能来自于商业银行出于风险考虑"惜贷"程度提高而对小微企业信用风险溢价有更高的要求，这在一定程度上抵消了资金面趋松带来的利率水平下降的效应。

专题 1-1　降息和定向降准真的降低了小微企业的债务融资成本吗？

2015 年 6 月 27 日，中国人民银行宣布再度定向降准并同时下调存贷款基准利率。这是自 2014 年 6 月 16 日以来第二次定向降准，对于"三农"或小微企业贷款达到定向降准标准的国有大型商业银行、股份制商业银行、外资银行，其存款准备金率可执行较同类机构法定水平低 1 个百分点的存款准备金率；与此同时，这也是自 2014 年 11 月 22 日降息周期重启以来的第四次降息。

在《央行有关负责人就定向降准并结合下调存贷款基准利率答记者问》中，央行有关负责人认为："对部分金融机构实施定向降准"能够"加强信贷政策的结构引导作用，鼓励金融机构更多地将信贷资源配置到'三农'、小微企业等重点领域和薄弱环节"，并且"随着各项政策效果的逐步显现……各类市场利率均有所下行，企业融资成本高问题得到有效缓解。"

然而，"企业融资成本高问题得到有效缓解"这样的表述实在太过模糊暧昧。我们不妨让数据说话，看看降息和定向降准是否真的使小微企业融资成本高问题得到了"有效缓解"。

小微企业债务融资成本观察

银行贷款

鉴于监管部门没有单独披露小微企业银行贷款利率的数据，我们主要通过两个角度观察小微企业银行贷款融资成本的变化情况。

我们首先观察全部非金融企业及其他部门贷款加权平均利率的变化情况。根据人民银行公布的第一季度货币政策执行报告，"2015 年 3 月份，非金融企业及其他部门贷款加权平均利率为 6.56%，比 2014 年 12 月下降 0.22 个百分点，其中，一般贷款加权平均利率为 6.78%，比 2014 年 12 月下降 0.15 个百分点。"与此对应的是，2015 年 3 月末人民币贷款基准利率较 2014 年 12 月下降了 0.25 个百分点，即一般贷款加权平均利率虽然有所下降，但下降幅度明显小于基准利率的下降幅度。

如果说一般贷款加权平均利率水平代表了包括大、中、小企业在内的所有企业银行融资成本，那么，针对小微企业的贷款利率水平调查则更能反映出小微企业银行融资成本的变化。2015 年 4 月，中央财经大学民泰金融研究所开展了第三届商业银行小微金融服务经理人年度问卷调查活动。调查对象为来自环渤海、长三角、珠三角、东北地区、中部地区和西部地区的各类银行业金融机构小微金融经理人。在问及 2014 年小微企业贷款利率水平相较 2013 年有何变化时，选择"显著增加"和"有所增加"的受访者占比分别为 8.0% 和 33.1%，合计 41.1%，远高于"有所降低"的 27%，而且还有 28.2% 的受访者反馈"没有变化"。也就是说，调查显示，小微企业贷款利率水平并未随宽松的货币政策走低，甚至存在有所升高的现象。

为什么会出现这样的情况？通过受访者对于 2014 年小微企业贷款信用风险变化和银行审批通过率的整体感受可见一斑。

图 1-2　商业银行小微金融经理人对 2014 年小微企业贷款利率水平变化的评价

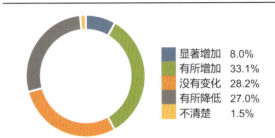

显著增加	8.0%
有所增加	33.1%
没有变化	28.2%
有所降低	27.0%
不清楚	1.5%

资料来源：中央财经大学民泰金融研究所第三届商业银行小微金融服务经理人年度问卷调查。

调查显示，有高达 93.2% 的受访者认为 2014 年小微企业贷款信用风险增加，其中认为信用风险"显著增加"的比例高达 50.9%，这一比例较上年调查结果高出 30 余个百分点。与此同时，有接近一半的受访者反映 2014 年所在行小微企业贷款审批通过率降低，这一比例比上年调查结果高出 23 个百分点，仅有不到三成表示通过率增加。反映出商业银行审批小微企业贷款的谨慎程度显著提高，银行"惜贷"的情况再次出现。

经济增速下行周期中，商业银行判断小微企业信用风险增加，在发放小微企业贷款时更为审慎，并要求提高小微企业贷款的风险溢价要求，从而在一定程度上抵消了贷款基准利率的下降，这或许解释了小微企业银行贷款利率水平并未全面同步下降的原因。

私募债券

发行中小企业私募债的小微企业并不算多，不过该债务融资方式下的成本数据相对易得。以月为频率对中小企业私募债发行利率进行统计，自 2012 年 5 月中小企业私募债问世以来，其月平均发行利率较为稳定，落于 9%～10% 的区间内。2014 年央行降息和定向降准推动债券二级市场收益率水平整体下行，但 2014 年中小企业私募债月平均发行利率仍然稳定在 9.00%～9.70% 的狭窄区间内，并未跟随基准利率大幅下行。

图 1-3　中小企业私募债月平均发行利率（2012—2014 年）

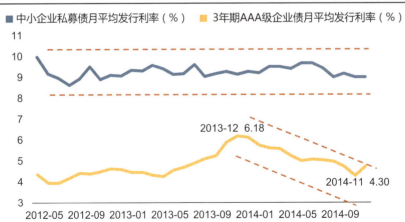

注：中小企业私募债月平均发行利率为每月发行的所有中小企业私募债发行利率的算术平均值。

资料来源：Wind 资讯。

中小企业私募债融资成本居高不下可能有两方面原因：一是与高等级企业债的投资者相比，中小企业私募债的投资者更倾向于以获得绝对收益为投资目标，AAA 企业债收益率下降能够为投资者带来资本利得，而中小企业私募债因流动性很弱，基本不存在获得资本利得的空间，因此在债券牛市中，对于追求绝对回报的投资者而言，其对于中小企业私募债的利率要求并没有降低；二是在经济增速下行的周期中，宽松的货币政策预期利好资金面和高等级企业债，但中小企业的信用风险反而在提升，2014 年 6 月起，首批发行的私募债迎来了一轮密集偿付期，中小企业私募债违约事件频出，信用风险的集中暴露显著削弱了投资者对于该债券品种的需求，投资者对于该品种的风险回报要求随之显著增加。扩大的信用利差在很大程度上抵消了基准收益率的下行，从而导致中小企业私募债的发行利率总体维持在高位并伴随窄幅震荡。就这一点而言，中小企业私募发行成本居高不下与小微企业贷款利率并未全面下降存在共通之处。

民间借贷

民间借贷是小微企业在正规融资体系之外进行债务融资的重要来源。根据微金所和汤森路透合作发布的微金所信贷市场利率指数[①]，2014 年 6 月定向降准后，民间借贷平均利率水平有所下降；然而，当年 11 月的降息却并未推动民间借贷平均利率的进一步下行，反而开始大幅回升。2015 年 4—5 月的民间借贷平均利率水平甚至超过了 2014 年同期的利率水平。

图 1-4　全国十六省市民间借贷平均利率水平

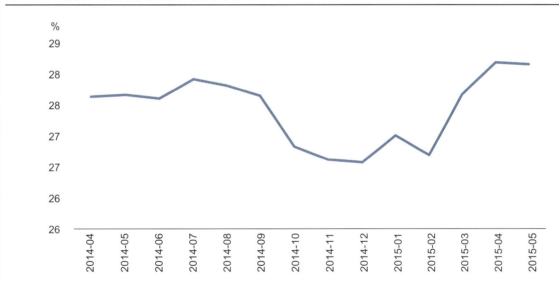

资料来源：微金所、汤森路透。

作为完全市场化的利率，民间利率水平的变化同样令人深思。经济增速下行不仅使大量集中在房地产等领域的民间金融活动风险爆发，也使众多小微企业的经营和财务状况出现恶化。一方面，民间金融主体间的信任关系在本息拖欠、债务人跑路的打击下变得更加脆弱；另一方面，大量小微企业经营和财务风险的增加，使其更加难以从正规金融机构获得融资，进一步加大了对民间金融的依赖，然而，普遍存在的悲观经济预期使得民间资金主体要求更高的风险溢价。两方面因素共同作用，使民间借贷利率在经历了短暂的小幅下行后再度回升。

---

① 该指数是微金所负责利率数据收集与整理、指数计算与分析，覆盖全国十六个省、直辖市和自治区，展现全国民间信贷市场平均利率水平的综合利率指数。该指数自 2013 年 11 月起实行按月发布，并通过汤森路透官方网站面向全球发布。

思考

　　综上，可供小微企业选择的债务融资工具并不少，再加上统计方法和信息披露方面的问题，小微企业综合债务融资成本的具体数字恐怕是个难解的谜团。然而，仅就目前可掌握的数据来看，无论是银行信贷、中小企业私募债还是民间借贷，小微企业贷款利率并未随基准利率的下降而明显下行。这其中的原因可能来自于，与基准利率相比，信用利差在小微企业债务融资成本中扮演着更为重要的角色——在经济下行周期中，小微企业抗风险能力弱的问题展露无遗，信用风险上升导致的风险溢价升高抵消了基准利率的下降。这或许很好地揭示了为什么我们在看到在小微企业贷款需求下降以及基准利率下降的同时，小微企业贷款利率水平却没有全面下行，甚至存在有所升高的现象。

图1-5　不同类型企业贷款需求指数

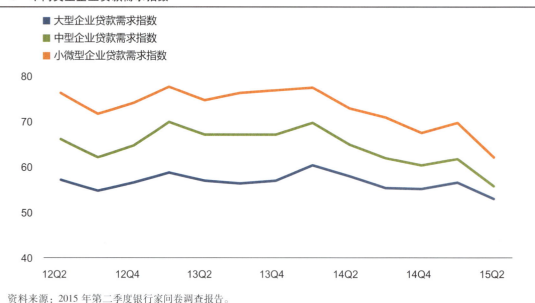

资料来源：2015年第二季度银行家问卷调查报告。

　　定向降准固然对鼓励商业银行增加对"三农"和小微企业贷款有一定作用，因为这在一定程度上降低了商业银行发放此类贷款的成本，但这种差异化监管激励的效果受到商业银行自身风险管理及业务结构调整的约束，这从定向降准标准动态考核的结果可见一斑。2014年6月对符合审慎经营要求且"三农"或小微企业贷款达到一定比例的各类商业银行实施定向降准时，参与考核的金融机构共377家，其中302家满足定向降准标准。人民银行2015年第一季度货币政策执行报告显示，2015年2月，人民银行对2014年6月定向降准参与机构范围实施了动态考核，参与此次考核的机构增至383家，但却仅有285家满足定向降准标准。

　　根据《中华人民共和国中国人民银行法》第三条，"货币政策目标是保持货币币值的稳定，并以此促进经济增长"。在利率市场化和人民币国际化的浪潮下，央行努力在"蒙代尔不可能三角"中维持货币币值稳定已实属不易。寄望货币政策能够调整信贷结构、降低小微企业融资成本或许并不现实。降低小微企业债务融资成本更为合理的逻辑应该在于切实降低小微企业的税负水平、有效改善小微企业的经营环境，为小微企业提供更大的发展空间，从而提升小微企业在经济结构转型期间的经营活力和抗风险能力，改善经营预期，从而降低其债务融资的风险溢价，才可能带来融资成本真正的下降。

1.3　政策环境

2014 年，利率市场化改革持续进行，资金价格由市场供求决定的机制逐步形成有利于矫正定价和配置方面的扭曲，使资金从效率低的企业流向效率高的企业，这对中小微企业金融服务的发展具有极其重要的意义。在中小微企业金融服务差异化监管与激励方面，2014 年延续了 2013 年的政策走向，总体来看，政策更加具体和有针对性。比较突出的亮点是，人民银行首次将定向降准政策的范围扩大至小微企业贷款达到条件的商业银行；涉农贷款和中小企业贷款损失的税前扣除政策终于放宽（2015 年）；扶持小微企业的减税政策显著加码。

1.3.1　利率市场化进程进一步加快

2013 年，利率市场化改革迈出新步伐，金融机构贷款利率管制全面放开，取消金融机构贷款利率 0.7 倍的下限，由金融机构根据商业原则自主确定贷款利率水平，利率管制仅剩下存款利率上限最后一道关口。2014 年，中国人民银行继续推进利率市场化改革，在放松利率管制、加强机制建设和推动产品创新等多个层面取得了新的重要进展。

2014 年 11 月，中国人民银行将金融机构存款利率浮动区间的上限由存款基准利率的 1.1 倍调整为 1.2 倍，并对存贷款基准利率期限档次作适当简并，金融机构自主定价空间进一步扩大。放开了中国（上海）自由贸易试验区小额外币存款利率上限。健全市场利率定价自律机制，逐步扩大自律机制成员范围。同时稳步推进同业存单发行和交易，相应扩大同业存单发行主体范围，同业存单发行交易日益活跃，市场规模不断扩大。存单利率逐步成为反映市场资金供求和预期变化的重要指标。这不仅有效提升了银行主动管理负债和自主定价的能力，也为推出面向企业和个人发行的大额存单积累了重要经验。2015 年 3 月，人民银行再次扩大存款利率上浮空间，将浮动区间的上限由存款基准利率的 1.2 倍调整为 1.3 倍；其他各档次存贷款基准利率及个人住房公积金存贷款利率相应调整。

利率市场化改革一方面为金融机构自主定价创造了空间，另一方面也促进了金融机构之间的市场化竞争。随着金融机构自主定价空间的进一步扩大，金融机构存款定价策略有所分化，各类型机构存款利率初步形成分层，部分金融机构还根据自身经营策略、不同区域市场竞争环境、客户综合贡献度等因素实行差别化、精细化定价。而作为具有风险定价优势的客户群，中小微企业有望受到金融机构更多的关注。

1.3.2　针对"三农"和小微企业的定向降准再现

2014 年，人民银行两次实施定向降准，建立引导金融机构提高"三农"和小微企业贷款比例的正向激励机制。2014 年 4 月和 6 月，分别下调县域农村商业银行和农村合作银行人民币存款准备金率 2 个和 0.5 个百分点，对符合审慎经营要求且"三农"或小微企业贷款达到一定比例的商业银行①下调人民币存款准备金率 0.5 个百分点，这也是央行首次将定向降准政策的范围扩大至小微企业贷款达到条件的商业银行。2015 年 2 月，人民银行下调金融机构人民币存款准备金率 0.5 个百分点，

---

① "三农"和小微企业贷款达到一定比例是指上年新增涉农贷款占全部新增贷款比例超过 50%，且上年末涉农贷款余额占全部贷款余额比例超过 30%；或者，上年新增小微贷款占全部新增贷款比例超过 50%，且上年末小微贷款余额占全部贷款余额比例超过 30%。按此标准，此次定向降准覆盖大约 2/3 的城商行、80% 的非县域农商行和 90% 的非县域农合行。

同时再次对小微企业贷款占比达到定向降准标准的城市商业银行、非县域农村商业银行额外降低人民币存款准备金率0.5个百分点。

1.3.3 支农、支小再贷款政策出台

2014年3月，中国人民银行印发《关于开办支小再贷款支持扩大小微企业信贷投放的通知》（银发〔2014〕90号），在信贷政策支持再贷款类别下创设支小再贷款，专门用于支持金融机构扩大小微企业信贷投放，同时下达全国支小再贷款额度共500亿元。8月，人民银行对部分分支行增加支农再贷款额度200亿元，引导农村金融机构扩大涉农信贷投放。

2014年12月，中国人民银行印发《关于完善信贷政策支持再贷款管理 支持扩大"三农"、小微企业信贷投放的通知》（银发〔2014〕396号），调整信贷政策支持再贷款发放条件，下调支农、支小再贷款利率，明确量化标准，对信贷政策支持再贷款业务管理进行全面规范完善。

1.3.4 小微企业及涉农不良贷款差异化监管继续实施

继2014年中国银监会对小微企业不良贷款实施差异化监管①之后，2014年，《中国银监会办公厅关于印发加强农村商业银行"三农"金融服务机制建设监管指引的通知》（银监办发〔2014〕287号）要求，对农村商业银行"三农"金融服务实施不良贷款适度容忍和尽职免责政策。允许结合农村商业银行实际，"一对一"制定差别化的涉农不良贷款率容忍度，原则上最高不超过上一年度当地银行业金融机构各项贷款平均不良贷款水平3个百分点。允许涉农贷款出现违约后对尽职的农村商业银行相关人员实施免责。允许涉农贷款不良率在容忍度以内的，资产质量要素相关评级指标不作扣分处理。

2015年，《中国银监会关于2015年小微企业金融服务工作的指导意见》（银监发〔2015〕8号）再次强调，要落实有关提高小微企业贷款不良容忍度的监管要求。小微企业贷款不良率高出全行各项贷款不良率年度目标2个百分点以内（含）的，不作为内部对小微企业业务主办部门考核评价的扣分因素。并且要求商业银行要落实小微企业贷款尽职免责制度，于2015年第二季度末前制定小微企业业务尽职免责办法，并报送监管部门备案。尽职免责办法应对尽职免责的适用对象、审核程序、认定标准、免责事由、免责范围规定具体明确的操作细则。

1.3.5 涉农贷款和中小企业贷款损失税前扣除认定条件放松

2013年，小企业贷款自主核销政策得到落实②，但涉农贷款和中小企业贷款损失税前扣除难的问题仍未得到解决。长期以来，涉农贷款和中小企业贷款损失税前扣除存在认定条件偏严的问题，影响了金融企业对涉农贷款和中小企业贷款的积极性。其一，实施简易税前扣除的限额（300万元）较低，导致大量的贷款损失不能得到及时扣除；其二，即使按简易方式扣除损失，但仍需提供较多的证据材料，且有些证据材料存在取证难、取证成本高的问题，从而加大了损失税前扣除难度。

---

① 《中国银监会关于进一步做好小微企业金融服务工作的指导意见》（银监发〔2013〕37号）提出适度提高对小微企业不良贷款容忍度，对小微企业贷款不良率高出全辖各项贷款不良率2个百分点以内的银行业金融机构，该项指标不影响当年的监管评级。

② 《金融企业呆账核销管理办法（2013年修订版）》对2010年的核销办法做了适度调整，使金融机构对小微企业贷款拥有更为宽松的自主核销权限。小企业贷款自主核销金额由500万元上调至1000万元，首次允许对500万元以下的个人经营贷款自主核销。金融企业对单户贷款余额在1000万元及以下的，经追索1年以上，仍无法收回的中小企业贷款和涉农贷款，可按照账销案存原则自主核销。

针对上述问题，2015 年，《国家税务总局关于金融企业涉农贷款和中小企业贷款损失税前扣除问题的公告》（国家税务总局公告 2015 年第 25 号）对 2014 年度及以后年度涉农贷款和中小企业贷款损失的税前扣除政策做了调整和完善，不仅放宽了损失税前扣除的认定条件，而且明确了新规适用于 2014 年度及以后年度的涉农贷款和中小企业贷款损失，而不是像过往一样只是一个短期的政策。这将真正促使金融机构根据自身的风险偏好确定不良贷款容忍度，真正落实小微企业贷款尽职免责，真正放开手脚做好小微企业金融服务。

新的规定要求金融企业涉农贷款、中小企业贷款逾期 1 年以上，经追索无法收回，应依据涉农贷款、中小企业贷款分类证明，按下列规定计算确认贷款损失进行税前扣除：（1）单户贷款余额不超过 300 万元（含 300 万元）的，应依据向借款人和担保人的有关原始追索记录（包括司法追索、电话追索、信件追索和上门追索等原始记录之一，并由经办人和负责人共同签章确认），计算确认损失进行税前扣除。（2）单户贷款余额超过 300 万元至 1000 万元（含 1000 万元）的，应依据有关原始追索记录（应当包括司法追索记录，并由经办人和负责人共同签章确认），计算确认损失进行税前扣除。主要调整体现在以下三个方面：

第一，将实施简易程序税前扣除的限额由目前的 300 万元提高到 1000 万元。

第二，将涉农贷款、中小企业贷款损失税前扣除的证据材料简化为金融企业涉农贷款、中小企业贷款分类证明，以及向借款人和担保人的追索记录（由经办人和负责人共同签章确认），删去了原规定中需要出具的"债务人和担保人破产、关闭、解散证明、撤销文件、工商行政管理部门注销证明或查询证明"等证据材料。

第三，对于原始记录，仅要求单户贷款余额超过 300 万元至 1000 万元（含 1000 万元）的，必须有司法追索记录方能计算确认贷款损失并进行税前扣除，但对不超过 300 万元（含 300 万元）的，即便没有司法追索记录但有其他追索记录之一的，也可计算确认贷款损失并进行税前扣除。

1.3.6　小微企业及"三农"金融服务效果评估与约束激励得以强化

继 2013 年银监会首次将小微企业贷款覆盖率、小微企业综合金融服务覆盖率和小微企业申贷获得率 3 项指标纳入监测指标体系，并按月进行监测、考核和通报之后，2015 年，《中国银监会关于 2015 年小微企业金融服务工作的指导意见》（银监发〔2015〕8 号）又将对小微企业贷款的两个"不低于"调整成了三个"不低于"，即小微企业贷款增速不低于各项贷款平均增速，小微企业贷款户数不低于上年同期户数，小微企业申贷获得率不低于上年同期水平。并要求各级监管部门要坚持正向激励的监管导向，在市场准入、专项金融债发行、风险资产权重、存贷比考核及监管评级等方面落实对小微企业金融服务的差异化政策。从 2015 年起，商业银行适用小微企业金融服务相关的正向激励政策，应以实现前述三个"不低于"为前提。

《中国银监会办公厅关于印发加强农村商业银行三农金融服务机制建设监管指引的通知》（银监办发〔2014〕287 号）明确要求，银监会各级派出机构应每年一次对农村商业银行"三农"金融服务效果进行评价。评价"三农"金融服务成效应综合考虑农村商业银行所在区域、第一产业占比、涉农信贷总量、客户覆盖面、金融服务便利度、消费者保护等因素。要加强对农村商业银行"三农"金融服务机制建设和执行情况的监督检查，并将监督检查和评价结果与机构市场准入、监管评级、标杆行评选、高管人员履职评价挂钩。

1.3.7 针对小微企业金融服务的突出问题提出窗口指导

为进一步做好小微企业金融服务，着力解决小微企业倒贷（借助外部高成本搭桥资金续借贷款）问题，2014 年 7 月，《中国银监会关于完善和创新小微企业贷款服务提高小微企业金融服务水平的通知》（银监发〔2014〕36 号）对完善和创新小微企业贷款服务有关事项进行的窗口指导。要求银行业金融机构根据小微企业生产经营特点、规模、周期和风险状况等因素，合理设定小微企业流动资金贷款期限，满足借款人生产经营的正常资金需求，避免由于贷款期限与小微企业生产经营周期不匹配增加小微企业的资金压力。鼓励银行业金融机构积极开发符合小微企业资金需求特点的流动资金贷款产品，科学运用循环贷款、年审制贷款等便利借款人的业务品种，合理采取分期偿还贷款本金等更为灵活的还款方式，减轻小微企业还款压力。特别是对流动资金周转贷款到期后仍有融资需求，又临时存在资金困难的小微企业，经其主动申请，银行业金融机构可以提前按新发放贷款的要求开展贷款调查和评审。符合一定条件的小微企业，经银行业金融机构审核合格后可以办理续贷。此外，还要求金融机构科学准确地进行贷款风险分类，切实做好小微企业贷款风险管理，不断提升小微金融服务技术水平。

在经济下行，小微企业贷款风险频频暴露的时期，监管层针对小微企业金融服务中的突出问题进行适度引导有其积极意义，但是，小微企业金融服务创新最终还是金融机构自身根据客户群及其需求变化主动作出的选择，在大多数金融机构积极"一刀切"收贷之时，认识到危机中的"机"而进行逆向创新的金融机构将是少数，这也恰恰成为检验金融机构小微专注度和客户管理精细化程度的一块试金石。

1.3.8 中小金融机构及分支机构市场准入放宽

继首批 5 家民营银行试点之后，监管部门进一步引导民间资本进入小微金融、农村金融等相对薄弱领域。《中国银监会关于鼓励和引导民间资本参与农村信用社产权改革工作的通知》（银监发〔2014〕45 号）提出按照"立足本地、面向市场；平等参与、公平竞争；主业涉农、资质优良"原则，鼓励民间资本进入农村金融服务领域，支持民间资本参与农村信用社产权改革，进一步提升农村信用社资本实力、经营活力与竞争能力。鼓励民间资本参与农村商业银行增资扩股。此外，《中国银监会农村中小金融机构行政许可事项实施办法》（中国银监会令 2014 年第 4 号）放宽了村镇银行在乡镇设立支行的条件，将设立支行的年限要求由开业后 2 年调整为半年，加快完善农村金融服务网络，提高金融服务均等化水平。

1.3.9 财税激励政策显著加码

2014 年，减税成为一大热点。具体到小微企业及小微金融服务领域，不仅小微企业税收优惠幅度扩大，减免的税种及政府基金更加多样，还特别强调加强小微企业税收优惠政策的执行力度。体现了国家加大对小微企业的扶持力度的决心，进一步降低了小微企业的税收负担。此外，还通过税收优惠鼓励金融机构对小微企业及农户提供金融支持。

■ 小型微利企业税收优惠幅度扩大

《关于小型微利企业所得税优惠政策有关问题的通知》（财税〔2014〕34 号）自 2014 年 1 月 1 日起，将享受减半征收企业所得税优惠政策的小型微利企业范围由年应纳税所得额低于 6 万元（含 6

万元）扩大到年应纳税所得额低于 10 万元（含 10 万元）[①]，执行期限截至 2016 年 12 月 31 日，即自 2014 年 1 月 1 日至 2016 年 12 月 31 日，对年应纳税所得额低于 10 万元（含 10 万元）的小型微利企业，其所得减按 50% 计入应纳税所得额，按 20% 的税率缴纳企业所得税。

《财政部国家税务总局关于进一步支持小微企业增值税和营业税政策的通知》（财税〔2014〕71号）进一步加大了对小微企业的税收支持力度，自 2014 年 10 月 1 日起至 2015 年 12 月 31 日，对月销售额 2 万元（含本数，下同）至 3 万元的增值税小规模纳税人，免征增值税；对月营业额 2 万元至 3 万元的营业税纳税人，免征营业税。

为进一步加大对小微企业的扶持力度，《财政部 国家税务总局关于对小微企业免征有关政府性基金的通知》（财税〔2014〕122 号）规定自 2015 年 1 月 1 日起至 2017 年 12 月 31 日，对按月纳税的月销售额或营业额不超过 3 万元（含 3 万元），以及按季纳税的季度销售额或营业额不超过 9 万元（含 9 万元）的缴纳义务人，免征教育费附加、地方教育附加、水利建设基金、文化事业建设费。

■ 小型微利企业税收优惠政策执行力度加强

为将优惠政策具体落实到位，使纳税人便捷享受优惠政策，同时，利于基层税务机关征管操作，国家税务总局出台了《关于扩大小型微利企业减半征收企业所得税范围有关问题的公告》（国家税务总局公告 2014 年第 23 号），对具体管理操作问题做了明确。尤其值得肯定的是，小型微利企业享受优惠政策，不再执行企业申请、税务机关批准的管理方法，统一改为备案方式。即符合条件的小型微利企业，在年度中间可以自行享受优惠政策，年度终了进行汇算清缴，同时，将符合小型微利企业条件的从业人员和资产总额情况说明报税务机关备案即可。随后，《国家税务总局关于进一步加强小微企业税收优惠政策落实工作的通知》（税总发〔2014〕122 号）再次强调要高度重视小微企业税收优惠政策的落实工作，并提升到"政治任务"层面，列入重要议事日程，下大力气抓好抓实。解决政策执行"最后一公里"问题。

■ 对金融机构服务小微企业及农户给予税收优惠

此外，为鼓励金融机构对小型、微型企业提供金融支持，《财政部 国家税务总局关于金融机构与小型微型企业签订借款合同免征印花税的通知》（财税〔2014〕78 号）规定，自 2014 年 11 月 1 日至 2017 年 12 月 31 日，对金融机构与小型、微型企业签订的借款合同免征印花税。为支持农村金融发展，《关于延续并完善支持农村金融发展有关税收政策的通知》（财税〔2014〕102 号）规定，自 2014 年 1 月 1 日至 2016 年 12 月 31 日，对金融机构农户[②]小额贷款[③]的利息收入，免征营业税。自 2014 年 1 月 1 日至 2016 年 12 月 31 日，对金融机构农户小额贷款的利息收入，在计算应纳税所得额时，按 90% 计入收入总额。自 2014 年 1 月 1 日至 2016 年 12 月 31 日，对保险公司为种植业、养殖业提供保险业务取得的保费收入，在计算应纳税所得额时，按 90% 计入收入总额。

[①] 为了进一步支持小型微利企业发展，《关于小型微利企业所得税优惠政策的通知》（财税〔2015〕34 号）再次将小型微利企业享受所得税优惠标准从年纳税所得额低于 10 万元（含 10 万元）放宽至自低于 20 万元（含 20 万元），即自 2015 年 1 月 1 日至 2017 年 12 月 31 日，对年应纳税所得额低于 20 万元（含 20 万元）的小型微利企业，其所得减按 50% 计入应纳税所得额，按 20% 的税率缴纳企业所得税。

[②] 本通知所称农户，是指长期（一年以上）居住在乡镇（不包括城关镇）行政管理区域内的住户，还包括长期居住在城关镇所辖行政村范围内的住户和户口不在本地而在本地居住一年以上的住户、国有农场的职工和农村个体工商户。位于乡镇（不包括城关镇）行政管理区域内和在城关镇所辖行政村范围内的国有经济的机关、团体、学校、企事业单位的集体户；有本地户口，但举家外出谋生一年以上的住户，无论是否保留承包耕地均不属于农户。农户以户为统计单位，既可以从事农业生产经营，也可以从事非农业生产经营。农户贷款的判定应以贷款发放时的承贷主体是否属于农户为准。

[③] 本通知所称小额贷款，是指单笔且该户贷款余额总额在 10 万元（含）以下贷款。

1.4　金融基础设施建设

1.4.1　征信系统建设加快步伐

2014 年，我国征信法规制度逐步完善。人民银行颁布了《金融信用信息基础数据库用户管理规范》和《征信机构信息安全规范》，分别就金融信用信息基础数据库用户行为和征信机构的信息安全制定了详细的行业标准，有利于防范征信信息泄露风险、保护信息主体合法权益，促进征信业健康快速发展。小微企业和农村信用体系建设稳步推进。《关于加快小微企业和农村信用体系建设的意见》明确了两个体系建设的指导思想、工作目标、工作内容和工作机制；确定 63 个小微企业和农村信用体系建设试验区，助力信用良好的小微企业、农户等经济主体融资。

人民银行金融信用信息基础数据库信息采集更加全面，年内启动了金融机构委托贷款和信托贷款信息采集，实现小额贷款公司和融资性担保公司互联网接入，与环保部、税务总局、外汇局等部门合作将相关信息纳入。截至 2014 年末，人民银行金融信用信息基础数据库分别收录有 8.57 亿自然人①和 1969.0 万户企业及其他组织的信用信息，全年累计查询 4.05 亿次和 1.00 亿次。面向社会公众的互联网个人信用报告查询服务覆盖全国。在小微企业和农户征信方面，累计补充完善小微企业信息近 250.6 万户，累计有 40.5 万户小微企业获得银行贷款，贷款余额 8.9 万亿元。共为 1.6 亿农户建立了信用档案，评定了 1 亿信用农户，9012 万农户获得信贷支持，贷款余额 2.2 万亿元②。

图 1-6　征信系统对放款机构的覆盖情况（截至 2014 年底）

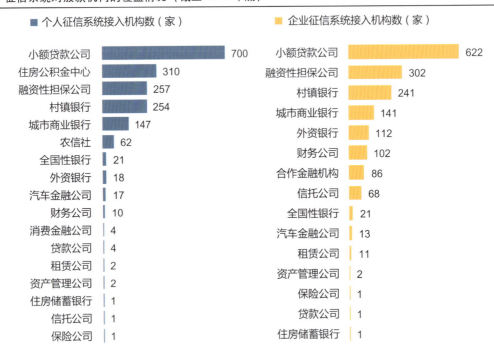

资料来源：王晓蕾：《大数据时代的金融征信》，中关村大数据产业联盟，2015-04-18。

---

① 其中有信贷记录的自然人 3.5 亿人。
② 资料来源：《中国人民银行年报（2014）》。

从接入和服务的机构来看，征信系统已经覆盖大部分从事信贷业务的机构，接入机构包括各类银行、信用社、财务公司、信托投资公司、租赁公司、汽车金融公司、小额贷款公司、住房公积金中心、保险公司等，对信贷市场的覆盖达 90% 以上。2014 年，为小贷公司、融资性担保公司和村镇银行等小微放贷机构开辟互联网接入征信系统的新渠道，简化接口规范。全年新增接入企业和个人征信系统的小微放贷机构分别为 982 家和 1032 家，通过互联网平台接入的分别有 693 家和 642 家。截至 2014 年底，企业和个人征信系统接入机构分别达 1724 家和 1811 家①。

此外，由于近年来 P2P 网贷机构发展迅速，出现一些借款人利用网贷机构之间信息不共享的漏洞，在多家网贷平台恶意欠款，带来很大的风险。因此，P2P 网贷机构对接入征信系统的需求十分强烈。在目前 P2P 网贷机构监管政策尚未明确的情况下，征信中心通过下属的上海资信有限公司建成了 P2P 机构之间共享自身信贷信息的网络金融征信系统（NFCS），帮助 P2P 机构实现同类型机构之间的信贷信息共享，防范信用风险。截至 2014 年 12 月末，共接入网贷机构 370 家，收录客户52.4 万人，目前日均查询量已近 5000 笔②。

1.4.2　征信市场步入多元化发展

随着社会多层次征信服务需求的兴起，征信市场主体、征信服务方式也将分层和多样化。2014年征信业最大的亮点是征信市场向民营征信机构敞开了大门，真正开始步入多元化发展阶段。2014年底，50 多家企业征信机构完成备案。2015 年初，人民银行印发《关于做好个人征信业务准备工作的通知》，要求芝麻信用管理有限公司、腾讯征信有限公司等 8 家机构做好个人征信业务的准备工作，我国第一批持牌经营个人征信业务的机构正式诞生。

这些公司中普遍具有获取商业性信用信息数据的优势。比如，芝麻信用公司依托阿里巴巴集团电商和支付宝优势拥有大量的淘宝商户和消费客户群交易数据、资金往来数据、消费支出数据；腾讯征信公司则凭借通信软件拥有大量与 QQ、微信以及财付通相关的个人社交情况、经济往来数据；拉卡拉征信公司的数据优势则是其掌握的大量小商户刷卡记录和个人公共事业缴费记录。这些拥有海量数据的机构进入征信市场，带来了互联网那个大数据征信新业态，将丰富征信数据的种类和征信应用场景，延展数据分析的维度，覆盖更大的客户群，与现有人民银行征信中心的官方征信形成互补，并相互促进。

具体到中小微企业金融服务领域，征信市场差异化服务和竞争的引入无疑意义更为重大。长期以来，大量的中小微企业由于没有获得过金融机构的贷款，在以信贷数据为基础的官方征信系统中缺乏信用记录，而中小微企业经营活动中因商品或服务赊购赊销而形成的商业信用记录、分散在民间的因小额借贷形成的信用记录也无法进入官方征信系统中，大量有价值的信用信息游离在征信系统之外，难以有效地刻画出中小微企业真正的信用状况。此外，由于中小微企业信用与企业主个人信用具有高度相关性，多维度的个人信用数据对揭示中小微企业信用状况具有重要的作用，尤其在互联网和电子商务高度发展的今天，互联网记录了借款人以前不可记录的行为，获得了以前无法获取或者获取成本很高的数据，有利于更全面地反映中小微企业主以及企业的信用状况。因此，具有不同数据优势的征信机构进入征信市场，对中小微企业金融服务的开展有着积极的作用，尤其对金

---

① 王晓蕾：《大数据时代的金融征信》，中关村大数据产业联盟，2015 – 04 – 18。
② 《370 家 P2P 网贷机构接入央行网络金融征信系统》，载新华网，2015 – 02 – 04。

融机构开发数据驱动的交易型小微信贷技术，降低服务成本，提高服务效率，进而扩大小微企业金融服务的覆盖程度具有重要的意义。

1.4.3 动产融资统一登记平台发展喜人

近年来，我国动产融资业务发展迅速，建立动产融资统一登记平台有利于改变权利登记分散状态，提高融资效率，有利于拓展银行的抵质押品范围，促进实体经济和中小微企业发展。作为中小微企业金融服务重要的金融基础设施，人民银行征信中心建设的中征动产融资统一登记平台[①]业务指标稳步增长，为动产融资的发展提供了有力的支持。截至 2015 年 1 月 23 日，动产融资统一登记平台审核通过常用户（要登记的用户）9592 家，注册普通用户（只查询不登记的用户）40596 家。累计发生应收账款质押和转让登记 1344047 笔；租赁登记 245597 笔；其他各类登记 3643 笔[②]。累计查询2901598 笔，提供查询证明 698755 笔。

于 2013 年末上线试运行的应收账款融资服务平台起步良好，2014 年用户注册量超过 3 万家，交易融资金额近 1000 亿元[③]。应收账款融资服务平台立足中小微企业的信用增进，利用特有资源优势将应收账款付款方（核心企业）与应收账款方（中小微企业）的信用、贸易真实性信息进行对接和匹配，撮合应收账款的流转。平台依托互联网在全国范围为应收账款融资参与机构提供服务，包括应收账款信息的上传和确认、有效融资需求和融资意向传递等。参与机构根据在融资服务平台获取的信息，可自主开展交易谈判和尽职调查，自行判断交易风险和达成交易。特别是通过大买家确认应付账款，使得中小微企业可以借助大买家的良好信用进行融资。

目前，应收账款融资服务平台注册的资金提供方涵盖商业银行、保理公司、贷款公司、财务公司等机构类型，范围覆盖全国。平台支持应收账款质押融资、明保理、暗保理、反向保理等多种业务类型，包括不同风险偏好的资金提供方和丰富的融资方式，可以满足中小微企业个性化融资需求。在不断推进应收账款融资服务平台建设的同时，2014 年，人民银行还启动了《应收账款质押登记办法》的修订，进一步规范登记活动，推进登记制度建设；增加存货和仓单质押登记、保证金质押登记等新的登记功能，拓展了登记服务范围。

此外，值得关注的是，融资租赁登记的司法效力于 2014 年得到明确，登记量同比上涨 175%[④]。2014 年，最高人民法院关于融资租赁合同的司法解释工作取得突破性进展，《关于审理融资租赁合同纠纷案件适用法律问题的解释》正式发布，并于 3 月 1 日开始实施。该司法解释针对融资租赁经营实践和审判实务中反映突出、争议较多的法律问题作出了规定，重点解决了融资租赁合同的认定及效力、履行和租赁物的公示、解除、违约责任以及案件的诉讼当事人、诉讼时效等问题。具体而言，最高人民法院发布的关于融资租赁合同的司法解释及人民银行总行发布的规范性文件相互配套，要求金融机构在动产融资业务当中有查询租赁登记的义务，否则不能认定对租赁物所有权或抵押权的

---

① 该平台从应收账款质押登记服务起步，根据市场需求逐步扩大服务范围。目前可以提供应收账款质押和转让、融资租赁、存货和仓单质押、保证金质押登记等九项登记服务，并实现了以上动产登记信息的统一查询。交易当事人通过一次查询，便可了解该平台记载的各类动产担保权益状况。相较将不同类型的动产分散在不同登记机构登记的做法，统一的动产融资登记平台可以节省当事人的登记成本，能更便捷地提供动产之上的各类融资信息。

② 除了应收账款融资和租赁登记外，其他几类动产融资登记都是 2013 年以后才陆续开始提供的服务。其中，保证金质押登记897 笔，存货和仓单质押登记 424 笔，留置权登记 81 笔，租购登记 218 笔，所有权保留登记 13 笔，动产信托登记 6 笔。

③ 数据来源：人民银行征信中心 2015 年动产融资服务工作会议，2015 – 03 – 31。

④ 数据来源：人民银行征信中心 2015 年动产融资服务工作会议，2015 – 03 – 31。

善意取得，进而保护融资租赁当中出租人的权益。此外，保理登记的法律效力在天津得到了认可。

1.4.4 支付清算基础设施不断完善

2014 年，人民银行稳步推进第二代支付系统建设，302 家法人机构已全部完成切换，逐步实现"一点清算"。新结算系统在降低银行资金结算风险的同时，大大提高银行资金清算效率和流动性管理水平。

全国各类支付系统安全稳定运行，业务量快速增长。各类支付系统全年处理支付业务 305.35 亿笔，金额 3388.85 万亿元，同比增长 29.51% 和 15.29%。中国人民银行支付系统处理支付业务 41.84 亿笔，金额 2455.79 万亿元，同比增长 50.24% 和 13.49%，日均处理业务 1291.64 万笔，金额 9.77 万亿元。其中，网上支付跨行清算系统业务量快速增长，处理业务 16.39 亿笔，金额 17.79 万亿元，同比增长 128.27% 和 87.88%。

零售支付创新不断涌现，提高了支付效率，降低了成本，改变了金融服务方式乃至社会公众的生活方式。尤其是电子支付保持增长态势，移动支付业务快速增长。2014 年，银行机构共处理网上支付业务 285.74 亿笔，金额 1376.02 万亿元，同比分别增长 20.70% 和 29.72%；移动支付业务 45.24 亿笔，金额 22.59 万亿元，同比分别增长 170.25% 和 134.30%。支付机构处理的网上支付业务 218.16 亿笔，金额 16.21 万亿元，同比增长 41.63% 和 75.50%；移动支付业务 154.66 亿笔，金额 8.41 万亿元，同比增长 299.53% 和 655.51%[1]。

近年来以信息技术在支付清算领域得到了广泛应用，不仅极大地提高了金融交易和结算效率，降低了资金成本，还极大地改变了金融服务的方式乃至社会公众的生活方式，促进了金融领域的深刻变革。特别值得一提的是，随着移动终端的普及率，移动支付有望替代现金和银行卡，被人们在商品劳务交易和债权债务清偿中普遍接受，移动支付突破了支付的时空限制，使得金融服务的提供变得更加便捷迅速，尤其对个人和小微企业小额频繁的金融需求的满足以及对缺乏物理网点的偏远农村地区支付服务环境的改善都具有重要的意义。

1.4.5 存款保险制度建设取得积极进展

2014 年 10 月，国务院常务会议审议通过存款保险制度实施方案。12 月 30 日，存款保险条例向社会公开征求意见工作结束。2015 年 3 月 31 日，《存款保险条例》公布，自 2015 年 5 月 1 日起施行。存款保险覆盖在中国境内设立的商业银行、农村合作银行、农村信用合作社等吸收存款的银行业金融机构。存款保险实行基准费率与风险差别费率相结合的制度。

存款保险制度的实施，有利于完善中国金融安全网，更好地保护存款人的利益，维护金融市场和公众对中国银行体系的信心，进一步理顺政府和市场的关系，深化金融改革，促进中国金融体系健康发展。更有助于营造公平公正的竞争环境，促进商业银行经营机制的市场化，增加商业银行在金融业务创新及风险承担机制方面的灵活性，迎接利率市场化的挑战。存款保险制度的建立也是放松金融业准入管制，促进中小金融机构培育和发展，推动形成更加竞争、多元、开放的金融体系的必要前提。

---

① 资料来源：《中国人民银行年报（2014）》。

2 中小微企业金融服务发展现状概述

2.1 中小微企业金融服务体系

本报告将中小微企业金融服务体系①分为银行业金融机构、保险机构、其他类金融机构、金融市场和民间金融五个大类（见图2-1）。

图2-1 中小微企业金融服务体系图

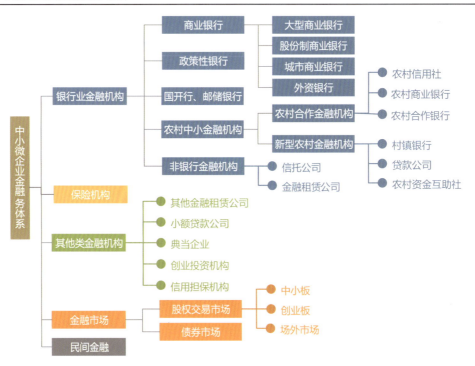

①广义的中小企业金融服务体系不仅包括服务机构和市场，还应包括其他服务中介以及服务环境，为了突出本报告的重点，这里的体系只包括主要服务机构和市场。

　　银行业金融机构中，涉足中小微企业金融服务领域的机构包括政策性银行及国家开发银行、邮政储蓄银行、大型商业银行、股份制商业银行、城市商业银行、外资银行、农村中小金融机构和非银行金融机构。其中，农村中小金融机构可进一步分为农村合作金融机构和新型农村金融机构两类，农村合作金融机构包括农村信用社、农村合作银行和农村商业银行；新型农村金融机构则包括村镇银行、贷款公司和农村资金互助社。非银行金融机构中，涉足中小企业金融服务领域的机构主要有信托公司和金融租赁公司。

　　除了银行业金融机构外，涉足中小微企业金融服务领域的其他类金融机构①包括小额贷款公司、典当行、创业投资机构和信用担保机构以及其他融资租赁公司。在金融市场方面，有股权交易市场和债券市场，其中，股权交易市场包括了创业板、中小板和场外市场。此外，还有民间金融，包括正式金融之外的金融服务形态。

　　从 2015 年起，报告除了关注提供融资服务的金融服务机构，还增加了保险机构这类虽然不直接提供融资但是提供风险管理服务的金融机构。

2.2　中小微企业金融服务概况

　　2014 年中小微企业金融服务市场发展遭遇风险寒流，经济增速下行，中小微企业受冲击严重，贷款不良率上升明显，提供中小微企业债权融资供给的机构普遍感受到了寒意，其中最大的供给主体——银行业金融机构放慢了规模扩张的脚步，个别机构甚至出现了负增长，银行"惜贷"现象再现。小贷、典当、融资租赁等类金融机构更难以幸免，尤其是在经济形势好的时期长期从事"类银行"业务的机构受到的冲击更为明显。受风险事件频频爆发的影响，民间信贷的信任关系也开始出现瓦解，中小微企业通过民间渠道融资愈加艰难。在债权融资市场一片哀号的同时，中小微企业股权融资在 2014 年却异军突起，创投市场和股权交易市场都出现了高速增长，为具有高成长性的创新型中小微企业开辟了更加多元的融资渠道。

　　"竞争"是 2014 年中小微企业金融服务发展的另一个关键词。由银行业之外的力量主导的互联网金融带来的竞争促使商业银行开始重视数据在小微企业金融服务中的作用，具有数据、渠道和技术优势的民营银行被现有商业银行视为小微金融领域最强劲的竞争对手。银行业金融机构持续下沉客户结构对小贷、典当等机构形成直接竞争，如何发挥行业独有的优势，与主流机构形成差异化竞争已经成为这些机构不得不正视的问题。可以确定的是，更多的中小微企业将因各类机构角力而更加受益。

　　图 2-2 展示了中小微金融服务体系中的主要供给主体提供的中小微金融服务规模。我们可以看到，银行业金融机构仍然是中小微企业最大的资金供给方，为千万户小微企业提供了万亿元级别的融资规模；而提供千亿元级别融资规模的有小贷、融资租赁、股市和创投，其中股市和创投受益于资本市场回暖和创业的热潮，为中小微企业提供的融资显著增长，首次跻身千亿元融资行列；相比之下，中小微企业典当余额仍未过千亿元，尽管债券市场 2014 年为中小微企业提供的融资规模较 2013 年有大幅提升，但仍然仅有数百亿元的水平。

---

　　① 这些机构虽然没有明确的法律或部门规章将其界定为金融机构，但鉴于其所从事业务的金融属性，我们称其为类金融机构。

图2-2 中小微企业金融服务概况（2014年）

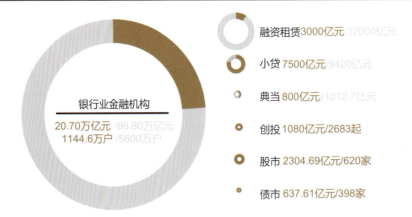

融资租赁3000亿元/32000亿元

小贷7500亿元/9420亿元

典当800亿元/1012.7亿元

创投1080亿元/2683起

股市2304.69亿元/620家

债市637.61亿元/398家

银行业金融机构
20.70万亿元/86.80万亿元
1144.6万户/5600万户

注：①银行业金融机构、融资租赁、小贷和典当的圆圈代表各类机构2014年提供的融资规模（灰色数字是具体融资规模），其中黄色部分代表中小微企业融资规模（黄色数字是具体融资规模），具体口径如下：银行业金融机构和小贷的统计/估算口径是广义的小微企业贷款余额（包括小型企业、微型企业、个体工商户贷款和小微企业主个人经营性贷款）；融资租赁和典当的估算口径是中小微企业业务余额。创投、股市、债市的黄色圆圈代表中小微企业2014年融资增量，其中创投部分是已披露的投资金额和投资起数，实际的规模会大于已披露的数据。

②2014年末，银行业金融机构小微企业贷款服务1144.6万户小微企业，约占全国5600万户小微企业的20.44%。

2.2.1 银行业金融机构

2014年银行业步入高风险、低回报，竞争主体更加多元化，金融风险更加复杂，监管更加严格的"新常态"发展阶段。利率市场化、技术变革以及行业对民营资本的开放，将促进银行业的内部竞争和差异化发展。经济持续减速换挡带来银行业利润增速放缓、风险加速提升的局面，以及直接融资市场的快速发展也为传统银行业带来更多的挑战。

一年一度的商业银行小微金融经理人问卷调查①结果显示，小微企业贷款风险增加是2014年最突出的特点，"风险增加"成为小微金融经理人在对2014年描述中提到最多的关键词。小微企业信贷风险的凸现已经从2014年银行不良贷款普遍上升中得到体现。

过往几年商业银行在小微企业金融服务领域的高歌猛进遭遇现实的冷水浇头，大部分商业银行采取了相对保守的防御性策略，普遍放慢了小微企业贷款规模扩张的脚步，把更多的精力放到了不良贷款清收和现有贷款的风险管理上。"稳中求进""加强风控"和"谨慎发展"成为2014年小微企业贷款风险增加的背景下大部分商业银行的普遍选择，甚至有部分银行的受访者提到了"发展停滞""乏善可陈"这样的关键词。

数据显示，银行业金融机构小微企业信贷规模增速继续放缓，部分小微金融标杆银行2014年小微企业贷款甚至出现了负增长，如民生银行和工商银行。与此同时，我们也看到，在利率市场化、金融脱媒、互联网金融迅速发展的推动下，银行业面临着更大的竞争压力，在加大风险控制力度的同时，继续深化组织架构变革，在服务小微企业的模式上坚持探索创新，并开始尝试利用信息技术服务小微企业。

---

① 调查详情参见附录：商业银行小微企业金融服务经理人调查报告（2015）。

■银行业金融机构小微企业贷款种类构成

根据中央财经大学《中国中小微企业金融服务发展报告（2015）》课题组的定义，广义的小微企业贷款从形式上可以分为两大类，一类是以企业贷款形式发放的小微企业贷款，即小型企业贷款和微型企业贷款（合称狭义小微企业贷款），另一类是以个人贷款形式发放的个体工商户贷款和小微企业主贷款。

■银行业金融机构小微企业贷款规模和结构

银监会数据显示，截至 2014 年末，银行业金融机构广义小微企业贷

图2-3　银行业金融机构小微企业贷款分类

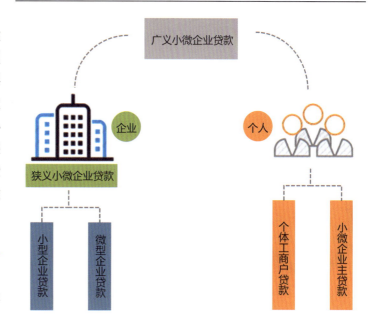

款（包括小型企业贷款、微型企业贷款、个体工商户贷款和小微企业主贷款，以下除非特殊注明狭义小微企业贷款，均为广义小微企业贷款）余额为 20.70 万亿元，比 2013 年增长 16.55%，比各项贷款增速高 4.2 个百分点，连续 6 年实现了"两个不低于"目标，但增速有所回落。全国小微企业贷款户数达 1144.6 万户，较上年同期增长 9.0%，约占 5606 万户小微企业（含 1170 户小型微型企业和 4436 万户个体工商户）的 20.44%。2014 年，银行业金融机构的小微企业贷款余额占全部贷款余额的比例为 23.85%，相比 2013 年的占比 23.20% 提升了 0.65 个百分点。

图2-4　银行业金融机构小微企业贷款余额及其占全部贷款余额比例（2009—2014 年）

注：2014 年小微企业贷款余额数据来自银监会相关数据，全部贷款余额数据来自人民银行提供的人民币贷款余额数据，2009—2013 年数据来自《中国中小微企业金融服务发展报告（2014）》。

在上述广义小微企业贷款中，以企业贷款形式发放的，即狭义小微企业贷款约占 8 成，以个人贷款形式发放的约占 2 成。进一步具体分析，大部分是小型企业贷款，占比高达 70.82%；而微型企

业贷款占比最低，仅为 7.81%；个体工商户和小微企业主贷款分别占 12.44% 和 8.92%。

■各类银行业金融机构小微企业贷款贡献

五家大型商业银行的小微企业贷款余额达 5.45 万亿元，占银行业金融机构小微企业贷款余额总量的 26.34%，位居首位。此外，股份制商业银行、城市商业银行和农村商业银行小微企业贷款余额也都超过了 3 万亿元。

图 2-5　银行业金融机构小微企业贷款结构
（2014 年）

小型企业贷款余额	70.82%
个体工商户贷款余额	12.44%
小微企业主贷款余额	8.92%
微型企业贷款余额	7.81%

资料来源：中央财经大学《中国中小微企业金融服务发展报告（2015）》课题组根据银监会数据整理得到。

图 2-6　各类银行业金融机构广义小微企业贷款余额及比例（2014 年）

大型商业银行	54518亿元	26.34%
股份制商业银行	36293亿元	17.53%
城市商业银行	30440亿元	14.70%
农村商业银行	30155亿元	14.57%
农村信用社	19867亿元	9.60%
村镇银行	3625亿元	1.75%
其他	32114亿元	15.51%

注：按照银监会机构范围解释，"其他"包括政策性银行及国家开发银行、邮政储蓄银行、外资银行和非银行金融机构。

资料来源：中央财经大学《中国中小微企业金融服务发展报告（2015）》课题组根据银监会数据整理得到。

无论从广义还是狭义的小微企业贷款余额来看，五大行在"量"上的贡献都是最大的，股份制银行位居第二。同时可以发现，股份制银行的广义和狭义小微企业贷款余额之间的绝对值差额最大，这也意味着股份制银行存在大量以个人贷款形式发放的小微企业贷款。

图 2-7　各类银行业金融机构狭义和广义小微企业贷款余额（2014 年）

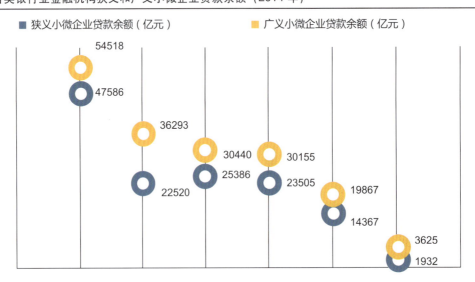

注：狭义小微企业贷款 = 小型企业贷款 + 微型企业贷款；广义小微企业贷款 = 狭义小微企业贷款 + 个体工商户贷款 + 小微企业主贷款。

资料来源：中央财经大学《中国中小微企业金融服务发展报告（2015）》课题组根据银监会数据整理得到。

我们进一步观察三类主要商业银行小微企业金融服务贡献度与其资产占比的匹配程度。大型商业银行、股份制商业银行和城市商业银行三类机构以占银行业约 70% 的资产规模提供了 60% 左右的小微贷款。其中，大型商业银行的小微企业贷款余额占比依旧小于其资产占比，股份制商业银行的小微企业贷款余额占比与资产占比基本持平，城市商业银行的小微企业贷款余额占比则比其资产占比高出近 4 个百分点。

图2-8　三类主要商业银行小微企业贷款贡献及资产占比比较（2014 年）

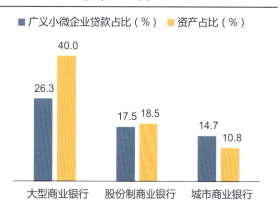

此外，我们还可以从各类机构小微企业贷款余额占其全部贷款余额中的比例来观察各类机构的贡献。如前所述，2014 年末银行业金融机构小微企业贷款余额占其全部贷款余额的比例为 23.85%，大型商业银行在这一比例上未达到银行业整体水平，而其他类型金融机构均超过银行业整体水平。在小微企业贷款余额占比上表现最好的是村镇银行，高达 74.51%。

图2-9　各类银行业金融机构广义小微企业贷款余额占其全部贷款余额的比例（2014 年）

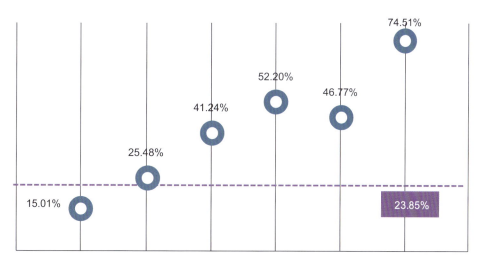

注：①图中紫色虚线为银行业金融机构小微企业贷款余额占全部贷款余额的平均比例 23.85%。
　　②农村信用社和村镇银行计算所用的全部贷款余额来自中国人民银行提供的银行业金融机构 2014 年末人民币贷款余额数据，其他类型金融机构计算所用的全部贷款余额为本外币贷款余额数据。
　　资料来源：中央财经大学《中国中小微企业金融服务发展报告（2015）》课题组根据银监会和人民银行数据整理得到。

进一步观察三类主要商业银行广义小微企业贷款余额占其全部贷款余额的比例变化，我们发现，大型商业银行小微企业贷款余额占全部贷款余额的比例 2013 年小幅提高之后，2014 年明显下滑；而股份制商业银行和城市商业银行该比例均有显著提升，尤其是股份制商业银行从 2013 年的 19.75% 提升至 2014 年的 25.48%。

■各类银行业金融机构小微企业贷款结构

五家大型商业银行的小微企业贷款中，主要以小型企业贷款的形式存在，这一比例高达81.66%，这也超过了银行业整体水平（70.82%）。值得注意的是，股份制商业银行的狭义小微企业贷款（即小型和微型企业贷款）余额所占比例远远低于五大行（仅高于村镇银行），而小微企业主贷款余额比例却远高于其他几类金融机构。随着小微企业金融服务零售化趋势的进一步明朗和强化，对个人经营性贷款的投放成为股份制商业银行拓展小微业务的重要突破口。

图2–10　三类主要商业银行广义小微企业贷款占全部贷款比例（2012—2014年）

资料来源：三类银行广义小微企业贷款余额及全部贷款余额数据来自中国银监会。

城市商业银行、农村商业银行和农村信用社的狭义小微企业贷款占比顺次递减，以个人贷款形式发放的小微企业贷款（即个体工商户和小微企业主贷款）占比顺次递增。在各类机构中，村镇银行的狭义小微企业贷款占比最低，略超5成，相对应地，以个人贷款形式发放的小微企业贷款占比是几类机构中最高的。

图2–11　各类金融机构小微企业贷款结构（2014年）

资料来源：中央财经大学《中国中小微企业金融服务发展报告（2015）》课题组根据银监会数据整理得到。

我们将前述小微企业贷款再分为两类：以企业贷款形式发放的小型企业与微型企业贷款和以个人贷款形式发放的个体工商户与小微企业主贷款。然后分析各类金融机构这两类小微企业贷款占各自企业贷款和个人贷款的比例。

在企业贷款方面，银行业金融机构小型企业与微型企业贷款余额之和占非金融企业及其他部门贷款的比例为27.90%，只有大型商业银行和股份制商业银行未达到银行业整体水平。这一比例最高的是村镇银行，超过了9成。

图2-12　各类金融机构小型企业与微型企业贷款余额占其非金融企业及其他部门贷款的比例（2014年）

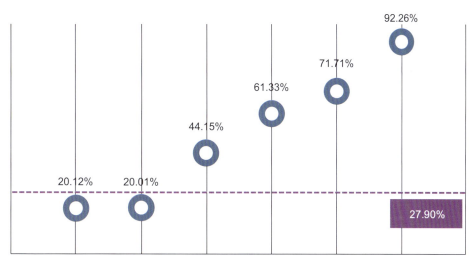

注：图中紫色虚线为银行业金融机构小型企业与微型企业贷款余额占非金融企业及其他部门贷款的平均比例27.90%。
资料来源：中央财经大学《中国中小微企业金融服务发展报告（2015）》课题组根据银监会和人民银行数据整理得到。

　　在个人贷款方面，银行业金融机构个体工商户与小微企业主贷款余额占住户贷款的平均比例为19.11%，除大型商业银行外，其他类型银行业金融机构在这一比例上均超过行业平均水平。村镇银行的这一比例最高，为61.10%。

图2-13　各类金融机构个体工商户与小微企业主贷款余额占其住户贷款的比例（2014年）

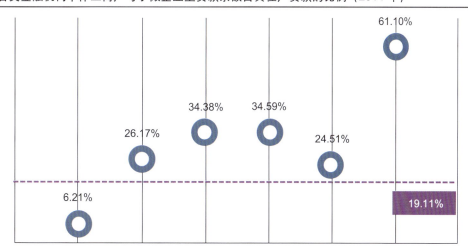

注：图中紫色虚线为银行业金融机构个体工商户与小微企业主贷款余额占住户贷款的平均比例19.11%。
资料来源：中央财经大学《中国中小微企业金融服务发展报告（2015）》课题组根据银监会和人民银行数据整理得到。

2.2.2 其他类金融机构

■小贷

2014 年，小额贷款行业规模持续扩大，但增长幅度连年急剧放缓，经营风险凸显，行业整体颓势显现。截至 2014 年末，全国共有小额贷款公司 8791 家，贷款余额 9420.38 亿元，同比分别增长 12.14% 和 15.01%，增幅显著回落。按小贷公司 8 成贷款流向小微企业估算，约有 7500 亿元的贷款余额是小微企业贷款。全国小贷公司抽样调查①显示，小贷公司在贷款行业、贷款对象、贷款利率、贷款担保方式方面已经呈现出与商业银行等传统金融机构显著不同的特征，但在贷款期限、贷款额度上的差异并不十分明显。在经济增速持续放缓背景下，传统金融机构服务下沉，电商及互联网公司跨界进入零售金融领域，小贷行业面临上下双重挤压，竞争压力持续增大。

■典当

尽管 2014 年典当业仍保持了增长态势，但增速放缓。截至年底，全国共有典当企业 7574 家，同比增长 10.8%；典当余额首次突破千亿元大关，达到 1012.7 亿元，增长 16.9%，增速均有所回落。按 8 成典当业务是中小微企业典当估算②，约有 800 亿元的典当余额流向了中小微企业。来自行业内外日趋激烈的竞争压力和经济增速下行带来的业务风险使典当业面临着前所未有的发展挑战。随着行业对大额房地产典当业务高度集中带来的风险认知的加深，动产典当的份额在逐步小幅提升，典当本源性的传统业务得到更多的重视，利用互联网技术加快典当业务创新也成为典当业寻求突破的一种选择。相关政策也在进一步鼓励典当行突出其"短期、小额、快捷、灵活"的经营特色，在中小微企业融资领域充分发挥"济危解困、拾遗补缺"的作用。在日趋激烈的市场竞争中，如何在回归本源业务的基础上积极创新，强化差异化竞争优势，在中小微企业融资领域充分发挥独特的作用，是典当行业需要积极应对的课题。

■融资租赁

与"新常态"下的中国经济增长速度逐渐回落形成强烈反差的是，在外资融资租赁公司如雨后春笋般快速增长的带动下，2014 年融资租赁行业出现了爆发性增长，截至 2014 年底，全国有融资租赁企业 2202 家，增幅高达 114.62%；注册资本 6611 亿元，增幅高达 116.05%；融资租赁合同余额约 3.2 万亿元，增幅 52.4%。然而，高速增长的背后大量租赁公司"空壳化"引发担忧。尽管融资租赁在服务中小微企业方面具有独特的优势，但作为一个赚"辛苦钱"的业务，对大多融资租赁公司吸引力有限，中小微企业融资租赁市场格局没有明显变化。我们估算中小微企业（含从事生产经营的个人）租赁规模在整个融资租赁行业中的占比仍然很低，不会超过 10%，即中小企业融资租赁合同余额约在 3000 亿元以内。值得肯定的是，一些重视市场细分、重视核心竞争力建设的融资租赁公司在这个领域坚持探索，尤其农机租赁、重卡租赁、工装租赁等中小微企业客户集中的业务领域有所建树。需要引起注意的是，经济增速下行，中小微企业经营风险上升，促使租赁公司开始收缩或谨慎对待中小微企业租赁业务。

■担保

2014 年担保业在经济下行中艰难发展，行业内部继续深度整合。多地融资性担保公司经历着行

---

① 估算依据详见本报告第 8 章小贷公司中的"全国小贷公司抽样调查"。
② 课题组根据我国典当业以生产性用途为主的特点以及对部分典当行实际调研获得的客户结构数据作出粗略的估算，由于缺乏细分的客户结构数据，与小贷估算小微企业贷款略有不同的是，典当估算的是中小微企业典当。

业震荡，许多民营性融资担保机构在行业洗牌中淘汰退市。部分地区融资担保额有所下降，代偿率上升，各地陆续对非融资性担保公司进行清理规范，监管力度不断加大。担保公司乱象横生导致银担合作日益艰难，一些银行大幅压低银担合作规模提高授信门槛，甚至终止与民营担保机构的业务合作。各地政府积极扶持担保行业稳健发展，采取措施推动政策性担保重回主导地位。与此同时，担保品管理行业发展恰逢其时，《担保存货第三方管理规范》出台，《仓单要素与格式规范》的国家标准确定实施，行业逐渐走向规范。

■创业投资

2014 年，中国创业投资生态环境发生巨大变化，以"草根创业者""民间创新力量"为代表的"中国式创客"得到全社会自上而下的关注。"大众创业、万众创新"时代的开启使中国创投行业迎来了快速发展的新阶段。2014 年的创投市场摆脱往年的低迷形势，转入上升发展态势，"募、投、退"各环节均出现不同幅度的增长。A 股 IPO 重新开闸，多层次资本市场建设提速，项目退出渠道多元化等激发了投资者热情，同时也增强了 LP 的投资信心。新募集基金 258 只，同比上升 29.6%，其中 253 只基金募资规模已知，新增资本量 190.22 亿美元，较上年增长 174.9%，是自 2011 年以来基金募资规模的首次正增长。2014 年共发生投资案例 1917 起，增长 67.0%，其中披露金额的投资交易 1712 起，共计投资 168.83 亿美元，同比增加 155.8%。在创新创业的背景下，中外创投机构进入投资"狂热期"。与此同时，新兴产业资本的加入、股权众筹新模式降低了投资门槛，同时也加剧了创投行业竞争强度。天使投资大幅增长，投资阶段愈发前移，使得更多年轻一代创业者在创业初期能够有更多的资源选择，实现快速发展。与此同时，我们也看到，某些领域由于过多资金的涌入也出现了估值过高的现象。

2.2.3 金融市场

■股权交易市场

2014 年，沪深股市全线飘红。借力牛市东风，多层次股权市场进一步深化发展，证监会宣布重启 IPO，创业板发布首发和增发新规，股转系统正式走向全国。通过股权交易市场融资的企业数量和融资额都出现大幅增长。全年在中小企业板、创业板和股转系统获得融资的中小企业共有 620 家，较 2013 年增长 313.33%；募资总额为 2304.69 亿元，较 2013 年增长 257.65%。其中，中小企业板 161 家公司募资总额 1631.06 亿元；创业板 114 家公司募资总额 543.64 亿元；股转系统 345 家挂牌企业募资总额 150.21 亿元。在多层次资本市场建设过程中，创业板、中小板与主板之间差异弱化的现象未见逆转，但 2014 年股转系统的快速发展令人瞩目，在挂牌数量、市场成交、融资能力等方面都有大幅提升，为中小微企业进入资本市场提供了门槛更低的渠道，同时也成为资本市场"去行政化"改革的"试验田"。随着新"国九条"的发布，建设多渠道、广覆盖、严监管、高效率的股权交易市场进程将进一步加快。

■债券市场

2014 年，债券市场迎来牛市。债券二级市场收益率水平的整体下行带动新发债券票面利率的下降，从而降低了企业的债券融资成本，助推企业债券融资规模的扩张。从绝对规模来看，经济体通过债券市场获得的融资规模大幅上升，企业债券融资规模增至 2.43 万亿元，在社会融资规模中的比重提升至 14.76%，均是自 2002 年的最高水平，债市促进金融脱媒的作用进一步增强。在为中小微企业提供直接融资方面，2014 年中小微企业通过发行债券直接融资的绝对规模和在企业融资规模中占比均有所提升。作为中小微企业债市融资的主要工具，中小企业私募债发行数量和融资规模继续维持快速发展的势头，带动中小微企业债券直接融资规模增至 637.61 亿元，比 2013 年增长 55%，其中包括中小企业私募债 628.83 亿元、中小企业集合票据 4.30 亿元以及中小企业集合债 4.48 亿元。中小企业集合票据发行遇冷，中小企业集合债仍处于名存实亡的边缘。尽管中小企业私募债一枝独秀，但随着偿债高峰的到来，中小企业私募债的信用风险逐渐暴露，承销商和担保人尽职履责问题凸显，后续发展存忧。在为中小金融机构提供债券融资渠道以助其提升中小微企业融资服务能力方面，通过债券市场融资的金融机构出现了明显的多元化趋势，2014 年共 25 家商业银行发行小微企业专项金融债 553 亿元，区域性商业银行成为发行小微企业专项金融债的主力。此外，资产支持证券的再度兴起在客观上为小贷公司、商业银行等金融机构盘活中小微贷款存量提供了路径，使得我们在债券市场为中小金融机构提供债券融资渠道方面看到了更多的可能性。

2.2.4　保险

2014 年保险业发展迅猛，是中国保险业历史中发展最好的一年，保费收入、赔款支出、资金运用、总资产、服务经济等各项指标都创造了历史最好水平。与保险业的快速发展相比，中小微企业保险市场的情况却并不乐观，保险意识较差、保险产品单一、保险不经济的问题仍然存在，中小微企业不了解保险，保险公司也未能足够关注中小微企业。可喜的是，淘宝卖家退货运费险的成功展示了中小微企业互联网保险产品的发展方向，这种需求开发、价格计算、网络投保、产品嵌入的新模式解决了中小微企业保险服务不经济的问题，将是未来中小微企业互联网保险产品创新的发展方向。随着互联网金融的冲击和保险知识的普及，中小微企业保险市场或将迎来新的发展契机。

2.2.5　民间金融

2014 年，民间金融激流勇进，大浪淘沙。在国家经济结构调整不断深化的大环境下，固定资产投资遭遇大寒潮，正规金融体系结构性紧缩，民间金融在迎来更大需求的同时也撞上了更多的暗礁，部分地区民间借贷经历了前所未有的信任危机。2014 年，中国 P2P 借贷行业继续大步向前，平台数量达到 1575 家，较 2013 年增长近 1 倍；年内总成交金额 2528 亿元，年末借款余额 1036 亿元，分别是 2013 年的 2.4 倍和 3.9 倍。值得注意的是，从服务个人和小微企业起步的 P2P 借贷平台在经历了爆发式发展后，实际上不再仅限于为个人和小微企业服务，而是在线上财富管理的广阔前景吸引下，演化成为各类资产与资金端连接的平台，在快速增长的同时也创下了问题平台数新高。发展元年众筹头角虽露，但也迎来了模式的质考。在经济增速整体下行和民间金融信任危机的双重影响下，中小微企业通过民间渠道融资愈加艰难。历史悠久的民间金融活动似乎又没有躲过这次"潮落"。然而，无论是民间金融活动的发展，还是民众投资风险意识的普及，都需要具有全局观的机制和制度来促进可持续发展的民间金融环境的形成。在新的经济背景下，真正融入了新技术力量的民间金融活动有望给中小微企业金融服务带来更高的服务效率和更丰富的选择空间，而要实现新技术背景下的民间金融新形态，中国民间金融环境走到了不得不变的路口。

3

商业银行：挑战与机遇并存

2014 年银行业步入高风险、低回报，竞争主体更加多元化，金融风险更加复杂，监管更加严格的"新常态"发展阶段。利率市场化、技术变革以及行业对民营资本的开放，将促进银行业的内部竞争和差异化发展。经济持续减速换挡带来银行业利润增速放缓、风险加速提升的局面，直接融资市场的快速发展也为传统银行业带来更多的挑战。在小微企业贷款基数已经很高且不良率不断攀升的背景下，监管部门对于商业银行小微信贷的要求从强调"量"的提升转为更注重"质"的考核，对小微信贷不良的容忍度也有所提升。2014 年，商业银行小微企业信贷规模增速继续放缓，信贷风险进一步暴露，商业银行普遍放慢了小微企业贷款规模扩张的脚步，把更多的精力放到了不良贷款清收和现有贷款的风险管理上，同时继续深化组织架构变革，在服务小微企业的模式上不断创新，充分利用互联网信息技术服务小微企业。民营银行的加入为商业银行小微金融服务注入了新的活力。

3.1 服务规模增长趋缓

自 2012 年起，部分商业银行中小微企业金融服务规模增长速度开始回落，2013 年延续了这一趋势，而在 2014 年，不只增速继续回落，部分商业银行甚至开始收缩小微贷款余额规模。为力求直观、全面、真实地反映我国商业银行 2014 年中小微企业金融服务领域的最新动态，我们选取了 5 家大型商业银行、11 家全国股份制商业银行和 22 家城市商业银行（含 3 家上市的城商行和 19 家未上市的城商行①）作为研究样本，分类剖析国有大型商业银行、股份制商业银行和城市商业银行在小微金融服务领域的供给状况。

---

① 19 家未上市的城市商业银行样本包括重庆银行、南昌银行、北部湾银行、浙江民泰商业银行、哈尔滨银行、宁夏银行、青岛银行、江苏银行、贵阳银行、沧州银行、河北银行、汉口银行、徽商银行、日照银行、盛京银行、莱商银行、苏州银行、长沙银行、成都银行。

3.1.1 大型商业银行小微企业贷款规模

■小微企业贷款余额情况

五家大型商业银行在小微企业贷款余额的绝对量上继续了往年的"辉煌"，在2014年都达到或接近了万亿元水平。其中，工商银行的小微企业贷款余额虽然较2013年有所下降，但是仍然以1.72万亿元的水平远远领先于其他银行。建设银行和中国银行的小微企业贷款余额均突破万亿元，名列第二、三名。农业银行小微企业贷款余额虽然低于其他几家银行，但也接近了万亿元的水平。此外，交通银行的中小微企业贷款余额为12591.5亿元。

图3-1 大型商业银行小微企业贷款余额（2012—2014年）

注：由于交通银行未披露小微企业贷款余额，此图中交通银行的数据选取的是"中小微企业贷款余额"的口径。

资料来源：2014年数据摘自各大银行2014年年报，2013年和2012年数据摘自《中国中小微企业金融服务发展报告（2014）》。

■小微企业贷款余额增幅情况

2014年，在小微贷款余额增幅方面，农业银行以19.87%的比例位居榜首，其次是中国银行和建设银行，增幅分别为16.30%和15.51%，工商银行则首次出现了小微企业贷款余额下降的情况，降幅7.93%。与2013年和2012年相比，大型商业银行的小微企业贷款余额增幅几乎全线收缩，只有中国银行独树一帜，连续两年增速加快，增幅从2013年的11.68%提高到2014年的16.30%。2014年，大型商业银行小微企业贷款余额整体增幅为9.66%，大型商业银行中在这一指标上超过整体水平的有农业银行、中国银行和建设银行。此外，交通银行的中小微企业贷款余额增幅从2013年的14.15%下降到0.32%。

与各行自身的全部贷款增幅进行比较，工商银行和交通银行的（中）小微企业贷款余额增幅均低于其全部贷款增幅。其中，工商银行的小微企业贷款余额增幅比全部贷款增幅低19.05个百分点，交通银行的中小微企业贷款余额增幅低4.74个百分点。除工商银行和交通银行外，其他三家大型商

图3-2 大型商业银行小微企业贷款增幅（2012—2014年）

注：①每个银行的折线上的三个数字从左到右分别表示2012—2014年小微企业贷款余额增幅。

②由于未披露小微企业贷款余额增幅，此图中交通银行的增幅为"中小微企业贷款增幅"。

③图中橙色虚线表示大型商业银行2014年小微企业贷款余额的整体增速9.66%，根据银监会披露数据计算所得。

资料来源：所示商业银行2014年小微企业贷款余额增幅是通过各行2013—2014年的年报计算所得，2013年和2012年增幅数据来自《中国中小微企业金融服务发展报告（2014）》。

业银行的小微企业贷款余额增幅均高于全部贷款增幅，农业银行、建设银行和中国银行的小微企业贷款余额增幅比全部贷款增幅分别高出7.78个、5.21个和5.00个百分点。

图3-3 大型商业银行小微企业贷款余额增幅与全部贷款增幅的比较（2014年）

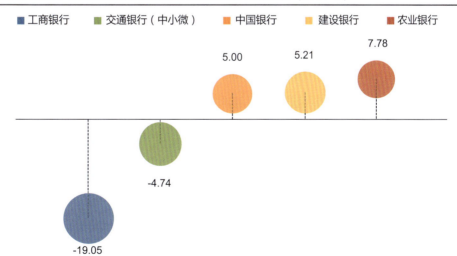

注：①图中圆圈大小表示银行2014年小微企业贷款余额的大小，圆圈旁边的数字表示银行小微企业贷款余额增幅比全部贷款余额增幅高出的百分点。

②由于未披露小微企业贷款余额增幅，此图中用做计算的交通银行的增幅为"中小微企业贷款增幅"。

资料来源：所示商业银行2014年小微企业贷款余额增幅是通过各行2013—2014年的年报计算所得，2013年和2012年增幅数据来自《中国中小微企业金融服务发展报告（2014）》。

■小微企业贷款余额占比情况

2014 年，在小微企业贷款余额占全部贷款余额比例方面，工商银行以 15.61% 的比例居于首位，其次是中国银行，这一比例为 14.07%，建设银行和农业银行分别为 12.06% 和 12.04%。此外，交通银行中小微企业贷款余额占全部贷款比例为 36.69%。根据银监会和人民银行提供的相关数据，2014 年大型商业银行小微企业贷款余额占全部贷款余额的整体水平为 15.01%。

对比五家大型商业银行 2012 年到 2014 年小微贷款余额占比变化情况，占比连续上升的只有农业银行和建设银行，且 2014 年上升幅度很小，均不超过 2 个百分点。中国银行和交通银行中小微企业贷款占全部贷款比例的指标在 2013 年小幅上升后 2014 年均下降。而工商银行则连续两年均为下降。

图 3-4 大型商业银行小微企业贷款余额占全部贷款余额的比例（2012—2014 年）

注：①图中橙色虚线表示 15.01% 的大型商业银行小微企业贷款余额占全部贷款余额的整体比例，根据银监会和人民银行提供数据计算所得。

②由于未披露小微企业贷款余额，此图中交通银行的占比为"中小微企业贷款余额占全部贷款比例"。

资料来源：所示商业银行小微企业贷款余额占全部贷款的比例是通过各行 2012—2014 年年报计算所得。

综合上述分析，大型商业银行在小微企业贷款余额的绝对量上依旧保持高位，但是受国内经济继续下行及风险不断暴露的影响，2014 年，除中国银行外，其他几家银行的小微企业贷款余额增速在 2013 年放缓的基础上继续回落，工商银行更是首次出现了小微企业贷款余额负增长。五家大型商业银行中，工商银行虽然在小微企业贷款余额收缩，但其在规模和占比上的优势依然存在。中国银行连续两年都是大型商业银行中小微企业贷款余额增速唯一保持提高的银行，继续其在小微企业贷款方面的赶超趋势。小微企业贷款规模相对较低的农业银行虽然增速回落，但仍保持了接近 20% 的增长，正在逐步与其他几家银行缩小差距。2014 年，在小微企业贷款余额增速指标上超过大型银行整体水平的有农业银行、中国银行和建设银行。

3.1.2 股份制商业银行小微企业贷款规模

■小微企业贷款余额情况

2014 年，披露了小微企业贷款余额数据的股份制商业银行中，浦发银行以 5288.56 亿元的规模居于首位，民生银行为4027.36亿元紧随其后，中信银行和招商银行以3499.47亿元和3356.37亿元分别居于第三位和第四位，光大银行的小微企业贷款余额超过了2000亿元，超过千亿元水平的还有广发银行、兴业银行和平安银行，仅浙商银行不足千亿元，为894.09亿元。2014年，只有华夏银行依然仅公布了"小企业贷款余额"，为2065.47亿元。

图3-5　全国性股份制商业银行小微企业贷款余额（2013—2014年）

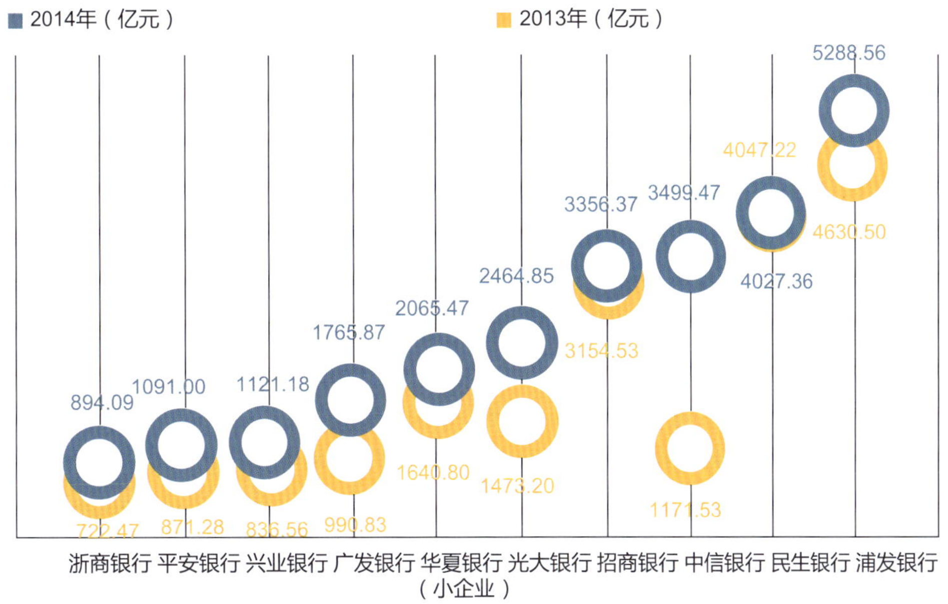

注：①由于未披露小微企业贷款余额，此图中华夏银行选取的是"小企业贷款余额"的口径。图中兴业银行2013年的数据为"小企业贷款余额"数据，而2014年为"小微企业贷款余额"数据。

　　②中信银行2014年披露的数据中，小微企业法人客户指符合"四部委标准"且单户授信金额1000万元（含）以下的小型、微型企业。

　　③光大银行2014年按照2011年工业和信息化部等四部门联合下发的企业划型标准和银监会监管口径，与往年披露口径不同。

资料来源：摘自各银行2014年和2013年年报及企业社会责任报告。

■小微企业贷款余额增幅情况

　　2014年，股份制商业银行小微企业贷款余额的整体增幅为18.99%[①]，除民生银行和浦发银行外，其他几家股份制商业银行均超过整体水平。具体而言，广发银行以29.10%的增幅居于首位，中信银行和平安银行增幅均超过25%，分别为25.33%和25.22%，排在第二、第三位。小微企业贷款余额增幅超过20%的还有兴业银行、浙商银行和光大银行。招商银行和浦发银行介于10%~20%，分别为19.01%和14.21%，而民生银行2014年的小微企业贷款余额下降了0.49%。此外，华夏银行的小企业贷款余额增幅为25.88%。

　　对小微企业贷款余额增幅进行年度纵向比较，相比于2013年，除浙商银行、华夏银行和广发银行有所增长，其余几家股份制商业银行均收缩，而民生银行和招商银行更是连续两年在小微企业贷款余额方面下降，连续两年上升的只有广发银行。

---

　　①　银监会披露数据。

图3-6　全国性股份制商业银行小微企业贷款余额增幅（2012—2014 年）

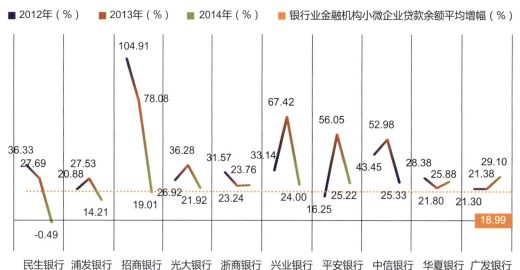

注：①每个银行的折线上的三个数字从左到右分别表示 2012—2014 年小微企业贷款余额增幅。
　　②由于未披露小微企业贷款余额增幅，此图中华夏银行的增幅为"小企业贷款增幅"。
　　③图中橙色虚线表示股份制商业银行 2014 年小微企业贷款余额的整体增速 18.99%，根据银监会披露数据计算所得。
资料来源：招商银行、兴业银行和广发银行 2014 年小微企业贷款余额增幅为年报中披露数据，其他商业银行数据是通过各行 2013—2014 年的年报计算所得，2013 年和 2012 年增幅数据来自《中国中小微企业金融服务发展报告（2014）》。

与全部贷款增幅进行比较，民生银行、招商银行和浦发银行的小微企业贷款余额增幅低于全部贷款增幅，分别低了 15.74 个、8.02 个和 0.55 个百分点，其余几家股份制商业银行的小微企业贷款余额增幅均高于全部贷款增幅，广发银行、中信银行和光大银行分别高出 18.44 个、13.17 个和 10.50 个百分点，小微企业贷款余额增幅超过全部贷款增幅不足 10 个百分点的有兴业银行、浙商银行和平安银行。此外，华夏银行的小企业贷款余额增幅比全部贷款增幅高 13.37 个百分点。

图3-7　股份制商业银行小微企业贷款余额增幅与全部贷款增幅的比较（2014 年）

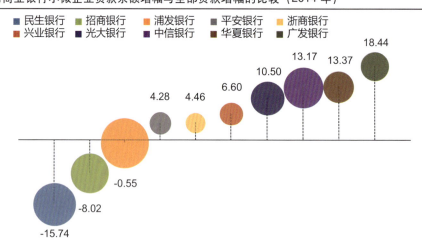

注：①图中圆圈大小表示银行 2014 年小微企业贷款余额的大小，圆圈旁边的数字表示银行小微企业贷款余额增幅比全部贷款余额增幅高出的百分点。
　　②由于未披露小微企业贷款增幅，此图用做计算的华夏银行的增幅为"小企业贷款增幅"。
资料来源：招商银行和兴业银行 2014 年小微企业贷款余额增幅为年报中披露数据，其他商业银行数据是通过各行 2013—2014 年的年报计算所得，2013 年和 2012 年增幅数据来自《中国中小微企业金融服务发展报告（2014）》。

■小微企业贷款余额占比情况

2014 年，股份制商业银行小微企业贷款余额占全部贷款余额的整体比例为 25.48%[①]，超过这一比例的有浙商银行和浦发银行，分别为 34.52% 和 26.07%，而其余几家股份制商业银行的小微企业贷款余额占全部贷款余额比例未超过整体水平。此外，华夏银行的小企业贷款余额占全部贷款余额的比例为 23.26%。

2014 年，除招商银行、民生银行和浦发银行股份制商业银行小微企业贷款余额占比较 2013 年有所下降之外，其他银行均上升。回顾股份制商业银行 2012 年到 2014 年小微贷款余额占比变化情况，连续两年上升的有平安银行、光大银行和浙商银行。此外，华夏银行的小企业贷款余额占比也是连续两年上升。

图 3－8　股份制商业银行小微企业贷款余额占全部贷款余额的比例（2012—2014 年）

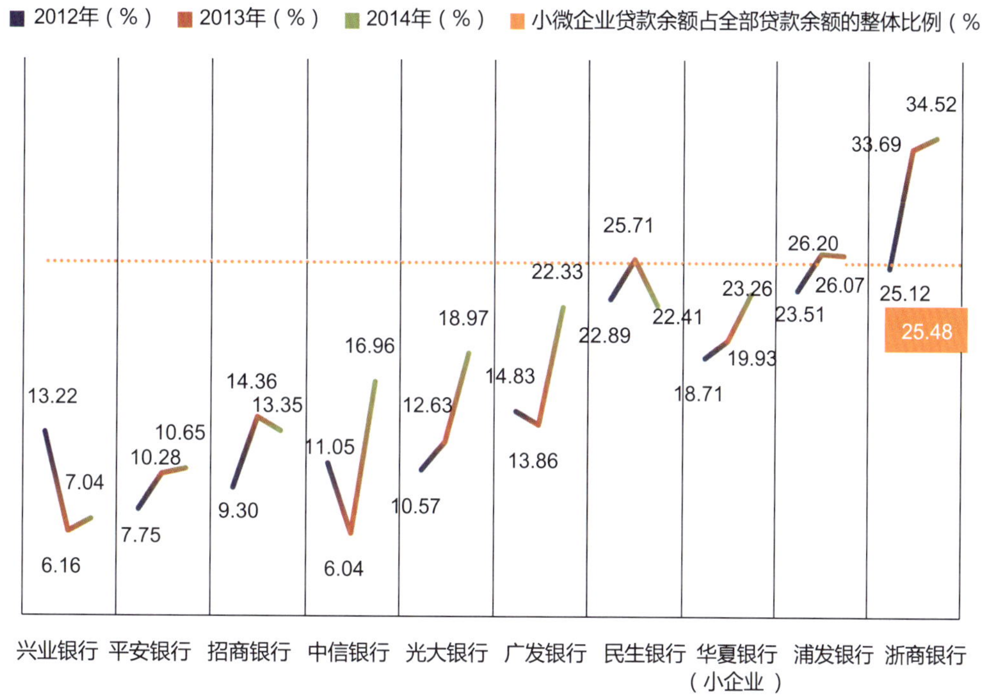

注：①图中橙色虚线表示 25.48% 的股份制商业银行小微企业贷款余额占全部贷款余额的整体比例，根据银监会和人民银行提供数据计算所得。

　　②由于未披露小微企业贷款余额，此图中华夏银行的占比为"小企业贷款余额占全部贷款比例"。

资料来源：所示商业银行小微企业贷款余额占全部贷款的比例是通过各行 2012—2014 年年报计算所得。

3.1.3　城市商业银行小微企业贷款规模

■小微企业贷款余额情况

2014 年，在小微企业贷款余额方面，北京银行和江苏银行分别以 1953 亿元和 1873 亿元居于前两位，以绝对优势领先于其他城市商业银行，超过 600 亿元的规模的城市商业银行还有徽商银行、

---

① 银监会披露数据。

宁波银行和南京银行，其余城市商业银行的小微企业贷款余额规模集中在 120 亿元到 500 亿元之间。此外，哈尔滨银行仅公布了"小企业贷款余额"口径，为 376.1 亿元。

图 3 - 9　部分城市商业银行小微企业贷款余额（2014 年）

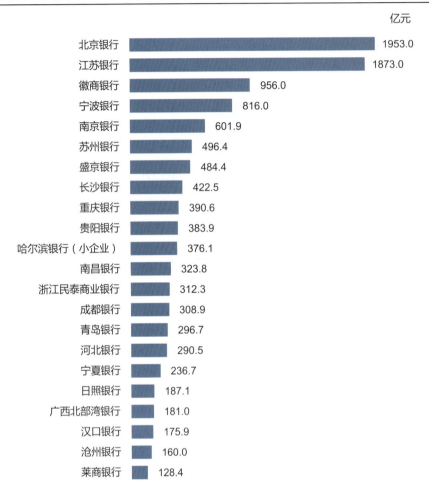

银行	金额（亿元）
北京银行	1953.0
江苏银行	1873.0
徽商银行	956.0
宁波银行	816.0
南京银行	601.9
苏州银行	496.4
盛京银行	484.4
长沙银行	422.5
重庆银行	390.6
贵阳银行	383.9
哈尔滨银行（小企业）	376.1
南昌银行	323.8
浙江民泰商业银行	312.3
成都银行	308.9
青岛银行	296.7
河北银行	290.5
宁夏银行	236.7
日照银行	187.1
广西北部湾银行	181.0
汉口银行	175.9
沧州银行	160.0
莱商银行	128.4

注：①由于未披露小微企业贷款余额，图中哈尔滨银行选取的是"小企业贷款余额"口径。

②广西北部湾银行数据来自《北部湾银行多措并举化解小微企业"融资难、融资贵"问题》，广西国资委，2015 - 04 - 03。

③河北银行数据来自《创新金融服务河北小微企业》，载《河北青年报》，2015 - 01 - 13。

④沧州银行为截至 2014 年 11 月末数据，来自《沧州银行荣获"2014 中国金融机构金牌榜——年度最佳小微金融服务银行"》，河北省人民政府网站，2014 - 12 - 31。

⑤徽商银行数据来自《徽商银行：做小微企业坚实后盾，创小微金融服务品牌》，载《安徽日报》，2015 - 01 - 26。

⑥日照银行数据来自《日照银行：邀您一起见证未来精彩》，载《日照日报》，2014 - 12 - 31。

⑦长沙银行为截至 2014 年 10 月末数据，来自《长沙银行董事长朱玉国详解小微金融长沙样本》，载《第一财经日报》，2014 - 12 - 31。

⑧莱商银行为截至 2014 年 8 月末数据，来自《创新"贷"动小微成长》，载《金融时报》，2014 - 10 - 21。

⑨苏州银行数据来自《苏州银行获评省、市级"小微企业金融服务工作先进单位"》，苏州银行网站，2015 - 04 - 07。

⑩宁夏银行数据来自《宁夏银行连续五年完成小微贷款"两个不低于"监管指标》，中国金融网，2015 - 01 - 12。

⑪江苏银行数据来自《江苏银行以实际行动破解小微"融资贵"》，中国金融网，2015 - 04 - 02。

⑫南昌银行数据来自《南昌银行小微金融快速成长》，载《江西日报》，2015 - 02 - 25。

资料来源：除以下特殊标注外，其余银行数据摘自各城市商业银行 2014 年年报；除以下特殊标注外，数据截至 2014 年 12 月 31 日。

■小微企业贷款余额增幅情况

　　2014 年，城市商业银行小微企业贷款余额整体增幅为 25.79%，超过这一幅度的有河北银行、苏州银行、盛京银行、南京银行和重庆银行，其中，河北银行的小微企业贷款余额增幅为 40.31%，增幅超过 30% 的还有苏州银行、盛京银行和南京银行。小微企业贷款余额增幅超过 20% 的还有宁波银行等 8 家银行，浙江民泰商业银行的增幅为 19.87%，也接近 20%，增幅相对较低的有莱商银行（9.56%）以及汉口银行（3.09%）。此外，哈尔滨银行的小企业贷款余额增幅为 15.10%。

图 3 - 10　部分城市商业银行小微企业贷款增幅（2014 年）

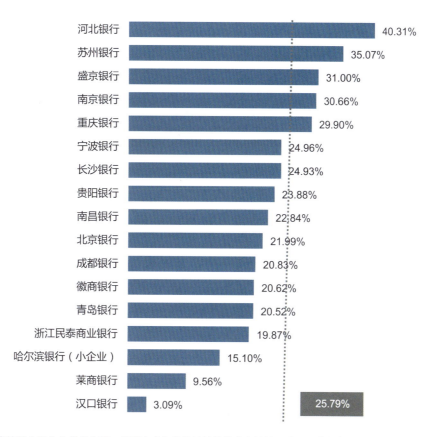

　　注：①由于未披露小微企业贷款余额，此图中哈尔滨银行的数据选取的是"小企业贷款余额"的口径。

　　②河北银行数据来自《创新金融服务河北小微企业》，载《河北青年报》，2015 - 01 - 13。

　　③徽商银行数据来自《徽商银行：做小微企业坚实后盾，创小微金融服务品牌》，载《安徽日报》，2015 - 01 - 26。

　　④长沙银行为截至 2014 年 10 月末数据，来自《长沙银行董事长朱玉国详解小微金融长沙样本》，载《第一财经日报》，2014 - 12 - 31。

　　⑤莱商银行为截至 2014 年 8 月末数据，来自《创新"贷"动小微成长》，载《金融时报》，2014 - 10 - 21。

　　⑥苏州银行数据来自《苏州银行获评省、市级"小微企业金融服务工作先进单位"》，苏州银行网站，2015 - 04 - 07。

　　⑦南昌银行数据来自《南昌银行小微金融快速成长》，载《江西日报》，2015 - 02 - 25。

　　⑧图中灰色虚线表示 25.79% 的城市商业银行小微企业贷款余额的整体增速。

　　资料来源：北京银行、南京银行及宁波银行的贷款增幅根据 2013 年及 2014 年贷款余额计算而得，除以下特殊标注外，其他各城市商业银行的数据均摘自各城市商业银行 2014 年年报；除以下特殊标注外，其他各城商行小微企业贷款增幅为与 2013 年 12 月 31 日相比较的数据。

■小微企业贷款余额占比情况

2014 年，城市商业银行小微企业贷款余额占全部贷款余额的整体比例为 41.24%，超过这一比例的银行有 8 家，其中苏州银行和浙江民泰商业银行的小微企业贷款余额占比超过了 70%，领先于其他城市商业银行，贵阳银行和沧州银行的小微企业贷款余额占比超过了 50%，超过整体比例的还有宁夏银行、青岛银行、广西北部湾银行和徽商银行。小微企业贷款占比超过 30% 的还有江苏银行、重庆银行和盛京银行。小微企业贷款占比超过 20% 的还有成都银行和汉口银行。此外，哈尔滨银行的小企业贷款余额占全部贷款比例为 31.08%。

图 3-11　部分城市商业银行小微企业贷款余额占全部贷款比例（2014 年）

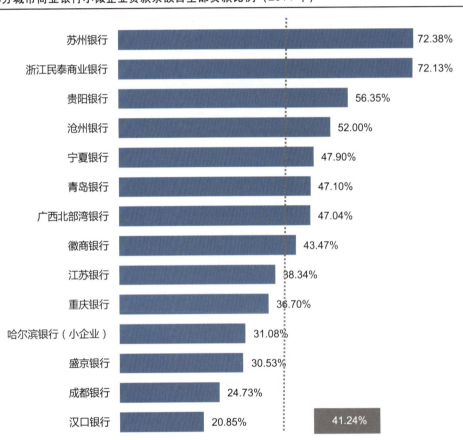

注：①由于未披露小微企业贷款余额，此图中用于计算的哈尔滨银行的数据选取的是"小企业贷款余额"的口径。

②苏州银行数据来自《苏州银行获评省、市级"小微企业金融服务工作先进单位"》，苏州银行网站，2015-04-07。

③沧州银行为截至 2014 年 11 月末的数据，来自《沧州银行荣获"2014 中国金融机构金牌榜——年度最佳小微金融服务银行"》，河北省人民政府网站，2014-12-31。

④宁夏银行数据来自《宁夏银行连续五年完成小微贷款"两个不低于"监管指标》，中国金融网，2015-01-12。

⑤北部湾银行数据来自《北部湾银行多措并举化解小微企业"融资难、融资贵"问题》，广西国资委，2015-04-03。

⑥徽商银行数据来自《徽商银行：做小微企业坚实后盾，创小微金融服务品牌》，载《安徽日报》，2015-01-26。

⑦江苏银行数据来自《江苏银行以实际行动破解小微"融资贵"》，中国金融网，2015-04-02。

⑧图中灰色虚线表示 41.24% 的城市商业银行小微企业贷款余额占全部贷款的整体比例，根据银监会和人民银行提供的数据计算所得。

资料来源：占比通过小微企业贷款余额和全部贷款余额计算而得，除以下特殊标注外，其他银行数据摘自各城市商业银行 2014 年年报。

3.1.4 大中小银行保持各自比较优势

在分别分析了大型商业银行、股份制商业银行和城市商业银行的小微企业金融服务情况之后，本节将对大中小型商业银行的小微企业金融服务进行横向综合对比分析，比较不同规模类型的商业银行在小微企业贷款余额规模、小微企业贷款余额增长、小微企业贷款占全部贷款的比例、网均贷款及户均贷款等方面的差异化特点。

■ 大中小银行比较优势的整体分析

由 2014 年各类商业银行主要指标的区间分布可以看出，大中小银行依然延续了在小微企业金融服务方面的比较优势。其中，大型商业银行在小微企业贷款余额的规模上遥遥领先，而中小银行在则在增速、占比、网均贷款效率方面更胜一筹，从户均贷款规模可以看出中小银行在客户结构重心方面相对于大型银行也更侧重于单户贷款规模较低的小微企业客户。与 2013 年相比，各类商业银行的小微企业贷款增速均有一定程度的降低，其余指标相差不大。

表 3-1	各类商业银行主要指标区间分布（2014 年）		
	大型商业银行	**股份制商业银行**	**城市商业银行**
小微企业贷款余额	接近或超万亿元	千亿元（高不过 5500 亿元，低不足千亿元）	百亿元（高度分散，高接近 2000 亿元，低不足 150 亿元）
小微企业贷款增幅	-8%~20%	-0.5%~30%	3%~40%
小微企业贷款余额占全部贷款比例	平均 15.01%（均不超 16%）	平均 25.48%（高超 30%，低不足 10%）	平均 41.24%（高度分散，高超 70%，低大约 20%）
网均贷款	1 亿元左右（最低 0.5 亿元）	0.7 亿~7 亿元	1 亿~6 亿元
户均贷款	千万元（个别数百万元）	数百万元（个别超千万元）	数十万元（个别超千万元，少数数百万元）

注：①本表格数据根据课题组 38 家商业银行研究样本的各类指标汇总整理。

②由于极少数商业银行公布了小微企业贷款户数，表中户均贷款仅根据少数商业银行整理，所以户均贷款的区间分布缺乏代表性。

2014 年，在小微企业贷款余额方面，五家大型商业银行全部超过 9000 亿元，遥遥领先于其他类型商业银行。股份制商业银行的小微企业贷款余额规模主要集中在 900 亿到 5000 亿元之间，次于大型商业银行。城市商业银行的小微企业贷款余额规模整体上低于大型商业银行和股份制商业银行，北京银行和江苏银行以 1953 亿元和 1873 亿元的规模领先，其他城市商业银行的小微企业贷款余额均不足 1000 亿元。

图3-12　主要商业银行小微企业贷款余额（2014年）

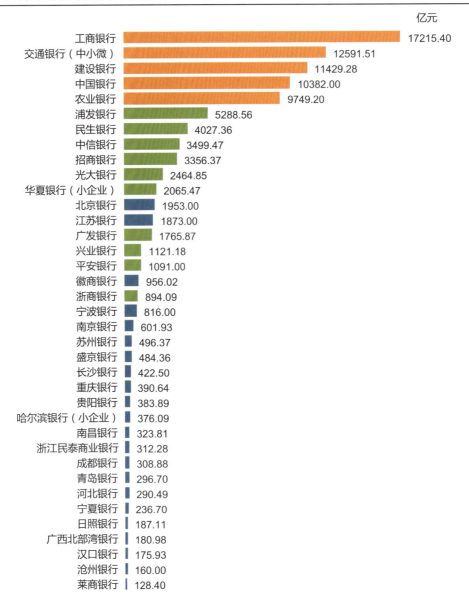

注：①由于交通银行未披露小微企业贷款余额，此图中交通银行的数据选取的是"中小微企业贷款余额"的口径，华夏银行和哈尔滨银行选取的是"小企业贷款余额"的口径。

②中信银行2014年披露的数据中，小微企业法人客户指符合"四部委标准"且单户授信金额1000万元（含）以下的小型、微型企业。

③光大银行2014年按照2011年工业和信息化部等四部门联合下发的企业划型标准和银监会监管口径，与往年披露口径不同。

④广西北部湾银行数据来自《北部湾银行多措并举化解小微企业"融资难、融资贵"问题》，广西国资委，2015-04-03。

⑤河北银行数据来自《创新金融服务河北小微企业》，载《河北青年报》，2015-01-13。

⑥沧州银行为截至2014年11月末数据，来自《沧州银行荣获"2014中国金融机构金牌榜——年度最佳小微金融服务银行"》，河北省人民政府网站，2014-12-31。

⑦徽商银行数据来自《徽商银行：做小微企业坚实后盾，创小微金融服务品牌》，载《安徽日报》，2015-01-26。

⑧日照银行数据来自《日照银行：邀您一起见证未来精彩》，载《日照日报》，2014-12-31。

⑨长沙银行为截至2014年10月末数据，来自《长沙银行董事长朱玉国详解小微金融长沙样本》，载《第一财经日报》，2014-12-31。

⑩莱商银行为截至2014年8月末数据，来自《创新"贷"动小微成长》，载《金融时报》，2014-10-21。

⑪苏州银行数据来自《苏州银行获评省、市级"小微企业金融服务工作先进单位"》，苏州银行网站，2015-04-07。

⑫宁夏银行数据来自《宁夏银行连续五年完成小微贷款"两个不低于"监管指标》，中国金融网，2015-01-12。

⑬江苏银行数据来自《江苏银行以实际行动破解小微"融资贵"》，中国金融网，2015-04-02。

⑭南昌银行数据来自《南昌银行小微金融快速成长》，载《江西日报》，2015-02-25。

资料来源：除以下特殊标注外，其余银行数据摘自各商业银行2014年年报和企业社会责任报告；除以下特殊标注外，数据截至2014年12月31日。

　　2014 年，在小微企业贷款余额增幅方面，银行业的整体增幅为 16.55%，其中，城市商业银行和股份制商业银行的表现要优于大型商业银行。股份制商业银行中，除招商银行、浦发银行和民生银行外，其他银行的小微企业贷款余额增幅均超过 20%。五家大型商业银行的小微企业贷款余额增幅均不足 20%。特别是民生银行和工商银行 2014 年小微企业贷款出现了负增长。

图 3 - 13　主要商业银行小微企业贷款增幅（2014 年）

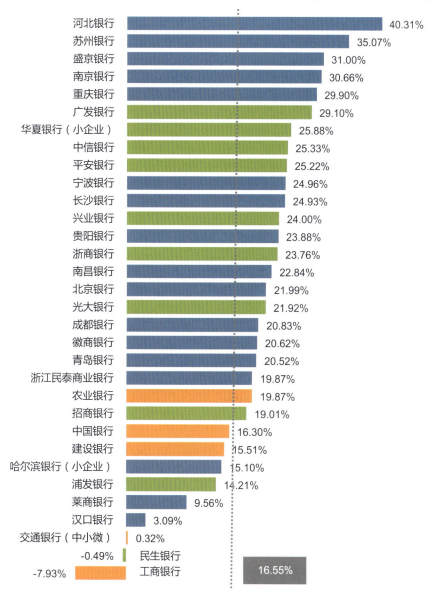

注：①图中灰色虚线表示银行业 2014 年小微企业贷款余额的整体增速 16.55%，根据银监会披露数据计算所得。
　　②由于未披露小微企业贷款余额增幅，此图中交通银行的增幅为"中小微企业贷款增幅"，华夏银行和哈尔滨银行的增幅为"小企业贷款增幅"。
　　③河北银行数据来自《创新金融服务河北小微企业》，载《河北青年报》，2015 - 01 - 13。
　　④徽商银行数据来自《徽商银行：做小微企业坚实后盾，创小微金融服务品牌》，载《安徽日报》，2015 - 01 - 26。
　　⑤长沙银行为截至 2014 年 10 月末数据，来自《长沙银行董事长朱玉国详解小微金融长沙样本》，载《第一财经日报》，2014 - 12 - 31。
　　⑥莱商银行为截至 2014 年 8 月末数据，来自《创新"贷"动小微成长》，载《金融时报》，2014 - 10 - 21。
　　⑦苏州银行数据来自《苏州银行获评省、市级"小微企业金融服务工作先进单位"》，苏州银行网站，2015 - 04 - 07。
　　⑧南昌银行数据来自《南昌银行小微金融快速成长》，载《江西日报》，2015 - 02 - 25。
　　资料来源：所示商业银行 2014 年小微企业贷款余额增幅是 2014 年年报披露数据或通过各行 2013—2014 年的年报计算所得。

2014 年，在小微企业贷款余额占全部贷款比例方面，银行业的整体比例为 23.85%①，城市商业银行的表现优于股份制商业银行和大型商业银行。苏州银行和浙江民泰商业银行的小微企业贷款余额占比均超过 70%，领先于其他银行，除成都银行和汉口银行外，其他城市商业银行的占比均超过 30%。股份制商业银行中，除浙商银行的小微企业贷款余额占比为 34.52%，其他股份制银行的占比均不足 30%。大型商业银行中，工、农、中、建四大行的小微企业贷款余额占比均不足 20%。

图 3-14　主要商业银行小微企业贷款余额占全部贷款比例（2014 年）

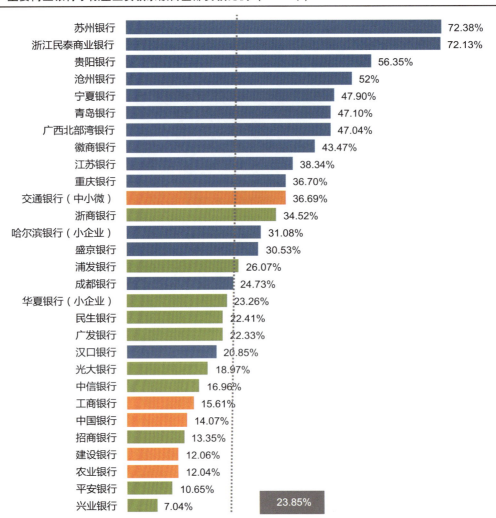

注：①图中灰色虚线表示 23.85% 的银行业小微企业贷款余额占全部贷款余额的整体比例，根据银监会和人民银行提供数据计算所得。
　　②由于未披露小微企业贷款余额，此图中交通银行的占比为"中小微企业贷款余额占全部贷款比例"，华夏银行和哈尔滨银行的占比为"小企业贷款余额占全部贷款比例"。
　　③苏州银行数据来自《苏州银行获评省、市级"小微企业金融服务工作先进单位"》，苏州银行网站，2015-04-07。
　　④沧州银行为截至 2014 年 11 月末数据，来自《沧州银行荣获"2014 中国金融机构金牌榜——年度最佳小微金融服务银行"》，河北省人民政府网站，2014-12-31。
　　⑤宁夏银行数据来自《宁夏银行连续五年完成小微贷款"两个不低于"监管指标》，中国金融网，2015-01-12。
　　⑥广西北部湾银行数据来自《北部湾银行多措并举化解小微企业"融资难、融资贵"问题》，广西国资委，2015-04-03。
　　⑦徽商银行数据来自《徽商银行：做小微企业坚实后盾，创小微金融服务品牌》，载《安徽日报》，2015-01-26。
　　⑧江苏银行数据来自《江苏银行以实际行动破解小微"融资贵"》，中国金融网，2015-04-02。
　　资料来源：所示商业银行小微企业贷款余额占全部贷款的比例摘自各商业银行 2014 年年报或通过各行 2012—2014 年年报计算所得。

---

　　①　根据银监会提供的银行业金融机构小微企业贷款余额和人民银行提供的人民币贷款余额计算所得。

2014 年，在网均贷款余额方面，股份制商业银行和城市商业银行相对大型商业银行表现更为突出，股份制银行的整体网均贷款为 3.71 亿元，城市商业银行为 2.49 亿元，而大型商业银行为 0.78 亿元。

浙商银行和北京银行网均小微企业贷款余额均超过 6 亿元，领先于其他商业银行。徽商银行、南京银行、宁夏银行和浦发银行的网均小微企业贷款余额均超过 4 亿元。大型商业银行中，四家大型商业银行的网均小微贷款均不足 1.5 亿元。从可获得数据的银行近 3 年网均贷款余额变化来看，部分银行网均贷款余额有所降低，部分有所升高，没有出现比较一致的变化方向。

图 3 – 15　主要银行业金融机构小微企业网均贷款（2014 年）

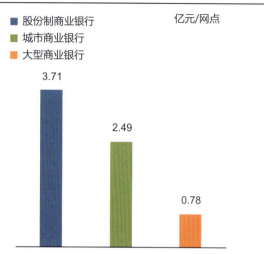

资料来源：根据银监会提供的各类银行业金融机构的 2014 年小微企业贷款余额和营业性网点数量计算所得。

图 3 – 16　主要商业银行小微企业网均贷款（2012—2014 年）

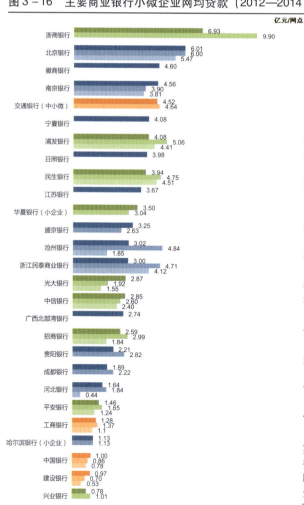

注：①广西北部湾银行、宁夏银行、沧州银行、河北银行、日照银行网点数量来自银行官网，其余银行的网点数量来自 2014 年年报。

②由于交通银行未披露小微企业贷款余额，此图中交通银行的数据选取的是"中小微企业贷款余额"的口径，华夏银行和哈尔滨银行选取的是"小企业贷款余额"的口径。

③中信银行 2014 年披露的数据中，小微企业法人客户指符合"四部委标准"且单户授信金额 1000 万元（含）以下的小型、微型企业。

④光大银行 2014 年按照 2011 年工业和信息化部等四部门联合下发的企业划型标准和银监会监管口径，与往年披露口径不同。

⑤广西北部湾银行数据来自《北部湾银行多措并举化解小微企业"融资难、融资贵"问题》，广西国资委，2015 – 04 – 03。

⑥河北银行数据来自《创新金融服务河北小微企业》，载《河北青年报》，2015 – 01 – 13。

⑦沧州银行为截至 2014 年 11 月末数据，来自《沧州银行荣获"2014 中国金融机构金牌榜——年度最佳小微金融服务银行"》，河北省人民政府网站，2014 – 12 – 31。

⑧徽商银行数据来自《徽商银行：做小微企业坚实后盾，创小微金融服务品牌》，载《安徽日报》，2015 – 01 – 26。

⑨日照银行数据来自《日照银行：邀您一起见证未来精彩》，载《日照日报》，2014 – 12 – 31。

⑩宁夏银行数据来自《宁夏银行连续五年完成小微贷款"两个不低于"监管指标》，中国金融网，2015 – 01 – 12。

⑪江苏银行数据来自《江苏银行以实际行动破解小微"融资贵"》，中国金融网，2015 – 04 – 02。

资料来源：2014 年网均贷款根据小微贷款余额与网点数量计算而得，除下列特殊说明外，数据摘自各银行 2014 年年报和企业社会责任报告；2013 年网均贷款数据来自《中国中小微企业金融服务发展报告（2014）》；2012 年网均贷款数据来自《中国中小企业金融服务发展报告（2013）》。每家银行对应从上到下依次为 2014 年、2013 年和 2012 年数据。

　　2014 年，公布贷款户数的银行较少，在户均小微企业贷款方面，民生银行为 13.83 万元，在客户结构重心下沉方面最为明显，户均贷款低于百万元水平的还有招商银行、兴业银行和哈尔滨银行，大部分银行的户均贷款在百万元的水平上，广发银行的户均贷款超过千万元。值得注意的是，在获得数据的大型商业银行中，农业银行和建设银行的户均小贷企业贷款余额在 400 万元上下，甚至低于部分股份制商业银行和城市商业银行。

图 3 –17　主要商业银行小微企业户均贷款（2013—2014 年）

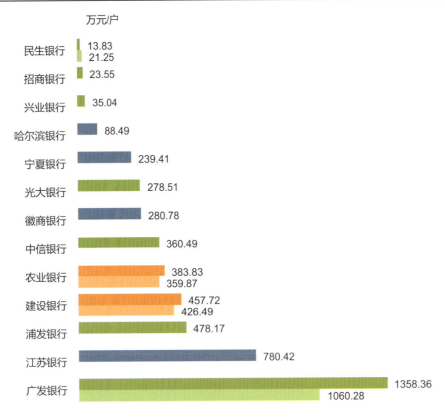

　　注：①中信银行 2014 年披露的数据中，小微企业法人客户指符合"四部委标准"且单户授信金额 1000 万元（含）以下的小型、微型企业。

　　②光大银行 2014 年按照 2011 年工业和信息化部等四部门联合下发的企业划型标准和银监会监管口径，与往年披露口径不同。

　　③宁夏银行数据来自《宁夏银行连续五年完成小微贷款"两个不低于"监管指标》，中国金融网，2015 – 01 – 12。

　　④江苏银行数据来自《江苏银行以实际行动破解小微"融资贵"》，中国金融网，2015 – 04 – 02。

资料来源：2014 年户均贷款根据小微贷款余额与贷款户数计算而得，除下列特殊说明外，数据摘自各银行 2014 年年报和企业社会责任报告；2013 年每家银行数据摘自各银行 2013 年年报和企业社会责任报告，对应从上到下依次为 2014 年和 2013 年数据。

3.2　小微企业信贷风险不断暴露

　　2013 年开始，银行业整体信用风险和小微信贷风险状况均开始出现恶化苗头，而 2014 年延续了这一趋势，小微信贷风险进一步暴露。2014 年，在"三期叠加"，宏观经济持续下行，结构调整任务艰巨等的大背景下，银行业整体盈利增长步入下降轨道，而不良贷款加速暴露。

3.2.1 小微信贷风险进一步凸显

银监会披露数据显示，截至 2014 年 12 月末，商业银行不良贷款余额 8426 亿元，较年初增加 2506 亿元；商业银行不良贷款率 1.25%，较年初上升 0.25 个百分点。截至 2014 年 10 月 31 日，金融机构小微企业不良贷款余额 4452 亿元，不良贷款率为 2.25%①。小微信贷的不良率比银行业贷款的整体不良率高出了 1 个百分点。

小微信贷的风险与企业的经营状况和生存环境息息相关。2010 年以来中小企业面临的生存和发展环境持续恶化，2013 年中小企业发展指数有所上升，但在 2014 年又下降，且连续三年都处在景气临界值 100 以下。中央财经大学民泰金融研究所发布的商业银行小微金融经理人调查报告（2015）②结果显示，受访的小微金融经理人中，近 6 成反映其所在区域小微企业经营状况在 2014 年变差，其中，小微企业较集中的长三角和珠三角地区的小微金融经理人相较其他地区更加悲观。超过 9 成的小微金融经理人反映 2014 年小微企业贷款风险比 2013 年增加，其中超过 5 成的人表示贷款风险显著增加。超过 7 成的小微金融经理人反映所在行小微企业贷款不良率增加。

图 3-18 小微企业贷款和全部贷款不良率及中小企业指数比较

注：2014 年小微企业不良贷款余额和不良贷款率为截至 2014 年 10 月末的数据，其余数据均截至当年末。

资料来源：小微企业不良贷款余额、不良贷款率及全部贷款不良贷款率来自银行业监督管理委员会网站公布数据，中小企业发展指数来自中国中小企业协会网站发布的《中国中小企业发展指数》。

多家商业银行在 2014 年年报中表示，部分企业尤其是小微企业在经济增速放缓、产业结构调整升级等背景下，出现了经营困难、资金链紧张、利润下滑等问题，进而影响到了整体的资产质量，多数商业银行 2014 年放慢了小微企业贷款规模扩张的脚步，把更多的精力放到了不良贷款清收和现有贷款的风险管理上，对小微存量业务资产结构进行调整，对高风险行业进行压降和退出。商业银行小微金融经理人调查也显示，2014 年商业银行审批小微企业贷款的谨慎程度显著提高，银行"惜贷"的情况再次出现。有接近一半的小微金融经理人反映审批通过率降低，只有不到 3 成表示通过率增加。

2014 年银行业金融机构小微企业贷款余额增幅为 16.55%，比 2013 年银行业小微企业贷款余额

---

① 银行业监督管理委员会公布的 2014 年相关数据。
② 详见本报告附录《商业银行小微金融经理人调查报告（2015）》。

平均增幅 20.24% 低了近 4 个百分点①。大部分商业银行 2014 年在小微企业贷款余额增幅上较 2013 年下降，其中，工商银行和民生银行更是出现了小微企业贷款余额的负增长。

民生银行和招商银行作为发展小微业务的典范，2013 年末，民生银行小微企业贷款余额达到 4047.22 亿元，比上年末增加 27.69%，招商银行小微企业贷款余额 3154.53 亿元，比上年末增加 78.08%②。2014 年，这两家银行在小微信贷上均"刹车"。民生银行 2014 年末小微企业贷款余额为 4027.36 亿元，比上年末下降 0.49%，招商银行 2014 年末贷款余额为 3356.37 亿元，较年初增长 19.01%，增幅及占比均下降③。即便如此，两家银行的小微企业不良贷款率仍然不容乐观。招商银行和民生银行 2014 年小微信贷不良率分别为 1.08% 和 1.17%，而这两家银行 2013 年小微信贷的不良率分别为 0.57% 和 0.48%，不良率上升非常明显④。

2014 年，银行业不良贷款还呈现出一些新的趋势，从地区看，不良贷款由东部沿海地区向中西部地区扩散，内蒙古、山西和四川等中西部省区不良贷款增长迅速；从行业看，不良贷款主要在制造业以及批发和零售等行业集中暴露，同时，已经向其上下游的相关行业扩散；从企业规模看，不良贷款由小微企业向大中型企业扩展，个人客户的不良率也有所上升⑤。

对于造成小微企业不良贷款的原因，商业银行小微金融经理人调查显示，根据受访者选择频次从高到低排序分别是：主营业务受到经济下行的影响造成资金周转困难（73.6%）、经济形势好时盲目扩张多元化经营导致在经济下行时资金链紧张造成违约（69.9%）、受关联企业风险传递或上下游客户影响（55.8%）、涉足民间借贷造成风险暴露（55.2%）、主营业务不符合经济结构转型的方向，缺乏核心竞争力，逐渐被市场淘汰（48.5%）、用银行贷款转向做其他行业的投资和投机造成风险暴露（46.6%）。值得注意的是，有近 4 成的股份制商业银行的小微金融经理人选择了"前期银行做小微过于激进，客户经理追求业绩与客户勾结骗贷的风险暴露"，这一比例显著高于其他类型的银行。

3.2.2　商业银行积极应对

在小微企业贷款风险不断暴露的情况下，商业银行纷纷采取措施积极应对，除了对现有不良贷款的主动清收之外，多家银行还创新小微企业信贷担保模式以控制小微信贷风险。

在"互联互保"模式被摒弃，"小微互助基金"效果尚未凸显，区域及行业性风险不断暴露的情况下，民生银行初步划定了数百家战略客户机构，进行深度整合，并以此将战略客户的上下游小微企业囊括其中，依靠战略核心客户开发上下游小微企业，寻求一种更为稳健的"小微之路"⑥。同时，民生银行对贷款产品业务进行升级，推出互助基金贷款升级版，推进旅游、物流、大农业等新兴行业贷款。为应对经济下行和区域风险加剧的局面，民生银行对小微金融风险管理体系建立了政策合规校验、征信评分和授信定价等七个专项化模型；整合行内外信息，开发出服务一线的垂直搜索引擎；推动微贷产品在信贷工厂审批处理，提高系统处理的标准化率。

---

① 银行业监督管理委员会提供数据。
② 《招商银行 2013 年年报》和《民生银行 2013 年年报》。
③ 《招商银行 2014 年年报》和《民生银行 2014 年年报》。
④ 《招商银行 2014 年年报》、《民生银行 2014 年年报》、《招商银行 2013 年年报》和《民生银行 2013 年年报》。
⑤ 《2014 年度中国银行业统计分析报告》，载《中国银行业》，2015 - 04 - 14。
⑥ 《民生银行重选一条稳健"小微之路"》，中国投资咨询网，2015 - 02 - 11。

建设银行推出"助保贷"业务，由政府和银行对企业进行筛选组成"小微企业池"，由政府提供的风险补偿资金和企业缴纳的保证金共同组成"助保金池"作为风险缓释方式，银行按照风险补偿资金的一定倍数向入池企业发放贷款，通过政、银、企三方合作，缓解银企信息不对称，为小微企业增信，进而控制小微企业信贷风险。截至 2014 年末，建设银行与各级政府搭建"助保贷"平台 700 余个，贷款客户 5000 余户，贷款余额超过 250 亿元，资产质量保持良好①。

3.2.3　小微信贷考核标准转变

银监会在 2015 年 3 月 6 日发布《关于 2015 年小微企业金融服务工作的指导意见》（以下简称《指导意见》），对小微企业业务设立专门的考核指标，小微企业贷款不良率高出全行各项贷款不良率年度目标 2 个百分点以内（含）的，不作为内部对小微企业业务主办部门考核评价的扣分因素，在政策上提高了对小微企业信贷不良率的容忍度。

《指导意见》还将实行了 6 年的"小微贷增速不低于平均、增量不低于上年"的"两个不低于"的考核要求进行了变更，取而代之的是"三个不低于"，即小微企业贷款增速不低于各项贷款平均增速、户数不低于上年同期、申贷获得率不低于上年同期水平。在小微企业贷款基数已经很高且不良率不断攀升的背景下，监管部门对于商业银行小微信贷的要求从强调"量"的提升转为更注重"质"的考核，从单纯追求贷款规模增长转向贷款规模和服务覆盖并重。

3.3　组织变革助力小微金融发展

在 2014 年的报告中，我们已经较为详细地介绍了商业银行在 2013—2014 年所做的组织架构变革。和上一年度相比，商业银行在组织架构变革方面仍在不断深化，并且更加注重从客户服务的角度对整体组织架构进行进一步的深化调整。2014 年，大零售概念下的事业部制改革获得多家银行的认可，并在这样的模式框架下进行了一系列的调整。交易银行的组织机构模式初显方向，部分银行开始了向交易银行转变的布局。围绕互联网金融热点，各家银行纷纷作出本行的创新调整，使得互联网金融能够更好地与传统银行相结合，提供更加周到的金融服务。

3.3.1　大零售思路下的事业部制改革助力小微金融零售化

目前，大零售思路已经渗透进银行的组织架构改革中。将一定规模以下的小微企业金融服务并入零售模式下，才可能真正做到下沉客户结构。以零售的模式做小微金融服务，可以将小微企业从客户群中细分出来，提高服务小微企业的效率，降低服务成本。更重要的是，在零售模式下进行小微企业金融服务，有利于银行采用数据驱动的模式管理风险，采用动态的交易数据对小微企业主个人信用以及小微企业信用进行评估分析，突破"人盯人"的关系型贷款的风险管理模式，实现效率的显著提升。因此，进行大零售思路下的事业部制改革也会推动银行业风险管控技术的转变，由之前关系型交易信贷技术转变为交易型信贷技术。因此，在银行业进行组织架构调整时，在大零售思路下的事业部制改革成为这一年组织架构调整的鲜明特点之一。

而在这样的组织架构调整中，几乎所有的银行都在总行层级添设小微企业部门，将服务小微企

---

① 《建设银行 2014 年年报》。

业作为银行的重点业务之一。针对小微企业提供的服务也被很多银行纳入零售业务中，这一点在部分银行的组织架构调整中也非常明显地体现出来。这说明我国银行业对小微企业服务的重视程度进一步提高，也将从更多的方面提升服务小微企业的效率和能力。

浦发银行对银行架构进行了整合调整，设立了包括小微企业服务中心、信用卡中心、零售总部、电子银行部等多个一级部门，这些部门都归属于零售业务。通过这样的调整，浦发银行在总行层级基本形成了金融市场、公司金融、大零售三大业务主线。平安银行根据目前银行的经营特点在已有的事业部内新成立利润中心，并在零售事业部内新成立零售网络金融事业部、财富管理事业部两个利润中心。此次的组织架构调整也是要进一步扩大零售条线的职能功能，拓展零售条线架构。

3.3.2 围绕客户需求的交易银行组织架构初探索

交易银行的组织架构初步显现。从近几年银行改革的方向可以明显看出，商业银行越来越注重根据客户的需求进行专业而全面的服务。在这种要求下，交易银行的组织架构逐渐进入我国商业银行的视野。交易银行的组织框架模式最主要的特点就是围绕客户需求进行服务。区别于传统银行的服务和组织模式，以客户为中心，为客户提供更加专业全面的服务。这样的组织架构调整虽然还未在我国银行业大规模开展，但是部分银行已经开始探索交易银行框架布局。

招商银行在 2015 年初提出要积极推进交易银行体系的组织架构改革，加速业务融合。招商银行将着力在分行层面进行改革，使分行向集约化、扁平化和专业化变革。具体措施为将分行的业务重点放在对公业务上，分行层面要建立产品和客户团队，提升专业化能力，而支行专注零售，业务以零售业务为主。浦发银行、民生银行虽然没有提出具体的组织机构调整措施，但是已经提出向交易银行转型的思路。其中，民生银行主要以贸易金融和供应链金融为核心业务，浦发银行则整合贸易金融和现金管理业务，提供综合解决方案。

可以看出，以客户为中心，围绕客户需求的交易银行组织结构目前已经受到国内多家银行的关注，部分银行开始着手探索交易银行组织架构布局。把金融嵌入到交易活动中去，比如供应链金融，这符合未来金融场景化的趋势，银行化无形于交易中。这对改变银行传统的小微金融服务模式将产生重大影响。因为交易银行的产品覆盖了企业交易结算、贸易融资，甚至集团内部的财资管理，因此可以密切地融入生产的整个供应链之中，并渗透到供应链的各个环节，因此可以帮助银行及时、全面地了解到企业日常的物流、资金流等信息，根据企业每日的交易数据产生的大数据，可以作为进行风险控制的有效方法，从而降低银行的风险。以交易银行作为主要发展战略，意味着银行将以企业的交易及业务为银行的业务着手点，这样交易银行的产品设计就会根据企业的具体交易进行，从而增加银行服务产品的多样性和个性化，也因此可以更加适应客户日益多样化的金融需求，从而增加客户黏性，提高银行在整个金融市场中的竞争力。

这样的组织机构调整对于银行来讲无疑是幅度较大的改革，是否能够很好地被银行适应还有待于进一步的检验。但是交易银行组织框架的调整已经反映出银行业开始以客户为中心，这样观念的逐步形成将促进我国银行业逐步缩小同质化程度，打造出更具特色的商业银行，从而提供更加高效全面的金融服务。

专题 3-1　招商银行的交易银行布局[①]

交易银行的概念是 20 世纪八九十年代一些大型跨国商业银行提出来的，如汇丰银行、巴黎银行和德意志银行的全球交易银行（GTB）、花旗银行的全球交易服务（GTS）、渣打银行的交易银行业务（TB）等，是指商业银行围绕客户的交易行为所提供的一系列金融服务。在组织架构方面，如花旗银行将交易银行作为虚拟业务线，汇丰、巴黎、德意志和渣打等银行则成立了独立的交易银行部。在全球范围内，交易银行业务成为商业银行的重要收入来源。

交易银行业务最主要的特点就是以客户为中心，并且具有专业性强、涉及面广以及与客户密合度高等其他特点。交易银行业务要求银行全面了解客户，深度地介入企业的活动并密切跟随企业客户。根据客户在生产经营销售中产生的多样化的需求提供相应的产品和服务，全面地提升银行的服务质量。

2015 年初招商银行的交易银行改革，以构建"聚焦产品、聚焦客户"的服务体系为中心任务，主要服务于客户的交易，以客户的财资管理愿景为服务目标，协助客户整合其上下游资源，最终实现资金运作效益和效率。对于商业银行而言，发展交易银行业务意味着服务的全面升级，从单一客户的服务逐渐延伸到整个产业链的金融服务，从本土服务向全球服务拓展。

招行的全球交易业务将主要涵盖五大业务板块，分别是供应链金融、结算与现金管理、跨境金融、贸易融资和互联网金融。招行将通过模式创新实现业务协同与融合。一是以"泛供应链"的思路推动供应链金融和现金管理的融合；二是构建基于互联网的企业资产证券化经营平台，推进互联网金融与供应链金融、贸易金融的融合；三是把握创新性结算业务"互联网化、移动化、远程化"的发展趋势，加速本外币、境内外结算业务与电子银行渠道融合；四是打造全球现金管理平台，统筹整合招商银行跨境金融海外联动平台的服务资源。

3.3.3　围绕互联网金融的组织架构改革成为热点

2014 年，互联网金融呈现出快速发展的趋势，而针对互联网金融这一不可阻挡的趋势，商业银行也在积极进行布局应对，调整或新设相关部门，以更好地运用互联网金融促进银行业自身的发展。从目前我国商业银行组织架构的改革来看，工、建、中、农和交行先后都在总行较高的层面出台了对发展互联网金融的布局规划。中行、农行在总行成立了网络金融部，使互联网金融业务运作的专业性与独立性大为提高。建行将原电子银行部更名为网络金融部，并计划加快推动传统信息系统管理向大数据管理模式转变，把上海数据中心打造成全行大数据中心。这些变革正说明了互联网金融对于商业银行组织机构变革的重要影响，银行业为获得更好的竞争力必须要主动结合互联网进行变革，但是，由于商业银行长期积累沉淀下来的传统和文化与新兴的互联网文化之间需要有磨合和调适的过程，围绕互联网金融作出的组织架构变革是否能够真正发挥作用，是否能够更好地支持银行服务小微企业，仍待实践检验。

3.3.4　小微专营机构改革仍在持续

尽管以民生、招商两家银行为代表的小微企业金融独立事业部改革在 2013 年谢幕，2014 年，银

[①]《招行设交易银行部整合传统批发线架构》，载《中国证券报》，2015-02-11；《招商银行"轻型银行"战略详解》，和讯网，2015-05-04。

行业对小微专营机构的关注度并没有下降，普遍将重点放在继续打造特色专业支行的专属性上，对小微专营机构倾向于通过设立特色专营机构支行开发和满足特定行业小微企业客户需求。具体的方式包括根据地区特色建设小微金融业务中心和打造小微企业专营支行。

2014年工商银行在小微专营机构中的改革措施是在小微企业集中的市、区、县设立小微金融业务中心；华夏银行部分地区通过四层结构构建小微专营机构。在总行成立小企业专营机构即中小企业信贷部，从总行层面确立小微专营机构地位，保证专营机构的整体运行。在分行成立小企业业务部，对分行的小企业业务进行全流程管理。分行下一级的下辖支行全部转型为小企业专营支行，更加贴近客户，以便更加快速地对客户的需求作出反应。同时，在小城市建设试点乡镇，设立小微企业专营支行，优化网点布局。可以看出华夏银行的小微企业专营机构的布局从线到面，实现了较为全面的覆盖。与此同时，城市商业银行也在抓紧设立小微企业专营机构。其中，泰隆银行、浙江民泰银行等城市商业银行都在主要营业省份开设了多家小微企业专营支行，通过小微企业专营支行提供更加有效的服务。

小微专营机构并不是2014年银行业组织架构改革的创新点，但是多家银行从组织架构探索更有效服务小微企业的举措。相比于2013年的专营机构变革，2014年，各家银行更加注重把小微企业专营机构的各项服务落到实处。银行更加注重小微企业专营机构的选址，把专营机构主要布局在城市中的特色商圈或是小微企业集聚的城镇，使得专营机构和小微企业可以近距离地接触，缩短银行与小微企业的物理距离，做到真正的客户结构下沉，使得专营机构更加了解小微企业的金融需求。

值得注意的是，商业银行小微金融经理人问卷调查显示，关于小微企业金融服务专营机构设立对小微金融服务工作的影响，有接近一半的受访者表示对工作有影响，但也有近4成的受访者表示基本没什么影响，还有超过1成的受访者表示"现在不怎么提专营机构了"。

在2014年发布的《国务院关于扶持小型微型企业健康发展的意见》中，明确指出鼓励大型银行充分利用机构和网点优势，加大小型微型企业金融服务专营机构建设力度。我们认为，商业银行对小微金融专业化发展的方向是确定的，但专业化发展和专营机构独立化并非完全等同，经过上一轮由监管层主导、民生招商等银行率先进行的小微专营机构建设探索，商业银行更加清楚地认识到，小微专营机构的建设不会是一个标准模式，而是根据银行小微业务的具体模式以及银行整体组织架构的调整不断调适的过程，而专营机构的模式也将因此呈现多样性。

3.4 商业银行探索多模式服务小微企业

3.4.1 供应链金融升级

自从2006年平安银行前身深圳发展银行在国内率先推出"供应链金融"的品牌以后，供应链金融逐渐吸引国内的银行的介入。在互联网金融快速发展的2014年，众多商业银行通过将供应链金融和互联网相结合，利用互联网的数据优势来支持供应链金融的运作，并且创新出相应的风险防控措施，从而进一步提高服务效率，使真正有潜力的中小微企业获得资金支持。

五大行中的中国银行已经推出了"融易达""销易达"等多个供应链金融方面的系列产品。中行的供应链金融业务发生额从2009年的740亿元增至2014年的近1万亿元，年均复合增长率达到

68%。截至2014年末，累计拓展了华为、富士康、比亚迪、东风汽车、宇通客车、徐工集团等超过500个供应链金融项目，为核心企业的超过8000家上下游中小企业提供融资支持。中国银行还将进一步拓展供应链金融，提供涵盖生产、销售甚至终端消费在内的全链条供应链金融行业。未来，中行也将通过与电商平台开展深度合作以及自建开放性平台的方式深入介入网络供应链金融。[①]

平安银行在供应链金融方面再次推出改革方案，推出第三代供应链金融橙e网。第三代供应链金融以互联网为中心，以企业的交易流程为核心。在橙e网这个平台上，企业的电子账务信息都可以被记录。通过这样的平台，不仅银行可以掌握企业的运营情况，与企业客户相关的其他企业也可以通过平台上的相关信息，与该企业实现订单协同。在这样的模式下，主要使用的是线上的平台，线下的圈和链的作用被弱化。第三代供应链金融颠覆过去以融资为核心的供应链模式，转变为以企业的交易过程为核心，拓展为围绕中小企业自身交易的"N+N"模式，即以上下游中小企业的交易作为供应链中心，并引入物流、第三方信息等企业，实现企业间的协同作业模式。[②] 这样的供应链金融已经跳出了银行发展供应链金融的一贯思路，改变了以一家企业为业务核心的思路，橙e网成为联系上下游企业之间的桥梁，成为"企业的ERP"。通过橙e网，银行可以获得大量的交易数据，并通过对交易数据进行分析，向核心企业、上下游中小企业甚至终端的消费者提供不同的金融服务，这样的服务将会更加具有及时性和多样化。通过这样和互联网相结合的供应链金融，将可以真正实现银行向整个供应链条各个环节的金融服务。通过这样多样化的服务，增加客户黏性，从而实现维护老客户、拓展新客户的目标。

招商银行在交易银行的组织架构下，推出"智慧供应链金融"，提供现代企业的客户结算、融资、理财和增值服务的一体式服务体系。在这样的供应链金融模式下，银行结合不同行业供应链的典型需求，深入企业日常的管理和运营，提供全方位的综合金融服务。"智慧供应链金融"独创"供应链数据驱动下的全新审贷模式"，以大量真实数据的支持为基础，实时分析处理供应链额度信息、交易信息、资金信息、物流信息等各类数据，实现由传统的"三表审查"向"三流"审查的转变[③]。

华夏银行则依托互联网技术，推出了"平台金融"的业务模式，批量、链条式地挖掘小微企业的需求。华夏银行创新推出"平台金融"，以资金支付管理系统为平台，以中小企业为主要客户，为其上下游和周边小企业提供在线融资、现金管理、跨行支付、资金结算等金融服务。平台内小微企业客户在授信额度内可随借随还，能够节省融资成本。[④]

通过对以上几家银行的分析，我们可以看出，2014年我国银行业的供应链金融与此前的供应链金融相比，比较大的特点就是将供应链金融和互联网相结合。对于融合了互联网的供应链金融来说，最大的优点在于利用数据优势实现了用可控的成本服务更多的客户并对企业的风险进行较为准确的预警。相比于此前银行的供应链金融形式，同时对上千家中小微企业进行"三表"审查并进行授信的成本过于庞大，银行对此缺乏动力。但是结合互联网的供应链金融可以有效节约成本，供应链金融积累了中小微企业的商流、物流、资金流"三流"信息，"三流"信息反映了企业的订单情况、发货情况、销售情况等，这些动态的数据得到了有效的收集使得金融机构实时掌握企业的经营情况，

① 姜煦：《中国银行将大力发展全球供应链金融》，载《中华工商时报》，2015-03-11。
② 《平安银行金晓龙详解橙e网：用互联网思维服务小微企业》，载《证券时报》，2014-07-10。
③ 《招商银行推"智慧供应链金融"》，和讯网，2015-03-11。
④ 《华夏银行以平台金融应对互联网金融挑战》，载《金融时报》，2014-08-01。

从而实现对企业的全面评估和风险预警，提高了服务效率。

此外，2014 年银行供应链金融中增加了服务内容，不仅提供贷款，还提供其他金融服务，包括理财、增值服务等。同时，供应链金融涵盖的范围更加广泛，基本可以覆盖生产、运输、销售一条龙。并且，在线供应链金融还可以打破传统的地域限制，不同的企业之间、企业和银行之间通过线上合作，可以跨区域进行沟通，企业可以互相合作，银行也可以为不同地域的企业进行授信贷款。因此，把互联网技术和供应链金融结合在一起，既可以使供应链金融所服务的客户群体进一步下沉，获得更深层次的挖掘，又可以通过互联网技术特有的大数据特点对整个供应链的生产运营情况进行监测，及时防范供应链运营中可能出现的风险。

3.4.2　"信贷工厂"模式被广泛采纳

"信贷工厂"模式并不是在 2014 年被创新出来的模式，但是却是在服务小微企业时被广泛使用的模式之一。"信贷工厂"指的是银行对中小企业的贷款业务按照专业化的标准流程进行操作。整个贷款作业过程就好像工厂的"标准化流水线"，从主动寻找中小企业客户到接触客户，从授信的审批、贷款的发放、贷款的日常监控及风险控制，到贷款的回收等整个授信流程均采用工厂流水线的标准化批量生产方式，所有业务均在部门内完成。这种模式可以有效精简业务流程，提高银行的工作效率，并有效控制风险。

中国银行根据国内外先进经验，根据中小企业的金融需求和行为特征，研发出"中银信贷工厂"业务模式，为中小企业提供全方位的服务。通过"中银信贷工厂"，中小企业贷款的审批层级大幅压缩，审批时间也可以缩短到一周内。但是采用这种批量发放贷款的业务模式并不意味着减少对风险的控制，信贷工厂将更多的精力放在贷前调查、市场分析和贷后管理方面，更全面地对企业的相关运营信息予以监测，从而控制风险，保证资金的安全。①

工商银行日前已完成对原有小企业中心的改造，升级后的"小微金融业务中心"将作为二级分行的一个内设机构，专营小微业务，将信贷业务进行全流程集中、批量管理。升级后的小微中心将获得审批权，实现营销、贷前调查、审批、贷后管理的"一站式"业务流程。下一步，工商银行还将在小微中心内对结算、理财、咨询等产品进行优化，运用集合票据、债券、上市等工具，进一步支持优质的小微企业获得更多的资金融通渠道。工行目前已经批准全国 50 余个二级分行开展小微中心试点，意味着工行进一步扩大信贷工厂的使用范围。②

北京银行也在积极探索"信贷工厂"模式，将中关村海淀园支行作为第一个试点单位，借鉴工厂流水线的操作方式，创新探索小微企业批量化的服务模式。并将"信贷工厂"模式中提出风险嵌入理念，让风险经理直接替代支行审查人，支行审贷会以及分行的审查人员各环节合一，让风险经理和客户经理一起下户，作出判断。

3.5　互联网金融变革倒逼银行小微金融服务创新

2014 年，互联网金融快速发展，各式网络平台层出不穷，各大金融机构百花齐放，相继推出了

① 《中国银行为中小企业融资出新招》，载《中国报道》，2015 - 03 - 10。
② 《"信贷工厂"折射银行创新发展大逻辑》，中国经济网，2015 - 03 - 03。

一大批新的互联网金融平台和产品服务等，呈现全面播种、次第开花的蓬勃景象。在这个过程中，商业银行通过对移动互联网、大数据、O2O 等创新业务模式的探索，在拓展移动互联经营平台、深耕细分小微企业客群与市场、降低银行运营及交易成本、提升客户体验、分散风险并扩大金融服务范围等方面取得了较为显著的进展。

商业银行在这场由互联网技术掀起的变革风潮中，面临了来自内部及外部的挑战。内部的挑战主要是滞后的传统金融服务模式无法满足客户的服务需求，外部的挑战主要来自逐渐降低的银行壁垒使得大量非传统金融机构进入引发更激烈的竞争。互联网时代，"大数据"的高速发展使银行在客户数据、交易数据、管理数据等均得以快速发展，为商业银行创造变革性价值提供了条件，但同时也为商业银行带来了前所未有的"场景化"挑战。目前大多数互联网金融都还是在传统互联网的框架内做互联网和金融的嫁接，而"场景化"将把这些嫁接嵌入日常生活，形式多样万千。在场景化的挑战中，新兴互联网企业凭借其电商平台积累的庞大数据库抢占先机，占据了大部分的流量入口。商业银行被动面对这一挑战，开始布局电商平台、综合移动金融平台、多样化零售产品等，占据应用场景。面对前有"互联网＋"迫在眉睫的服务创新堵截，后有第三方支付、电商等新兴互联网企业的蚕食追兵，各商业银行进行诸多改革创新，以应对金融的场景化趋势与挑战。其中，主要的创新方向可以归结为三类，第一类为风险管理创新，即银行通过互联网信息技术挖掘大数据，通过大数据分析对其金融业务的风险进行更高效的管理；第二类为服务渠道创新，通过搭建更新移动平台来提供更便捷全面的产品与服务；第三类为零售产品创新，通过对传统存贷款产品及理财产品的创新为客户提供更多的投融资服务。

3.5.1　数据驱动风险管理创新

长期以来，商业银行依赖关系型信贷技术开展信贷服务。在传统的融资过程中，需要银行信贷人员进行实地调查了解，对融资客户的资质水平进行评估并进行信贷部门的审批等流程才能完成一笔贷款，而这耗费了较长的时间与较多的人力，运营成本高企难下。随着互联网等技术环境的进步，另一类信贷技术——交易型信贷技术逐渐兴起。交易型信贷技术相较关系型信贷技术拥有更为标准化与可量化的评估模型，其主要依据企业的财务信息、抵质押物价值等易于编码量化与传递的硬信息。商业银行通过互联网进行数据计算分析，对企业资信水平进行评估。这大大降低了商业银行的运营成本，同时也有效降低了风险成本。而互联网金融发展的核心是风险管理，商业银行的信贷业务必然是建立在足够的风险管控上才能寻求创新和变革。

目前，我国征信系统的发展还未成熟，银行发展数据驱动的交易型信贷技术仍缺乏数据基础。就小微企业数据而言，相比其传统的财务报表等硬信息，小微企业的日常生产经营及交易活动所产生的数据、企业主个人的征信等这些多维度的"活数据"更能反映一个企业的风险状况。纵观市场不难发现，在这类"活数据"的归集和运用中，经过多年的发展与积累，做得最好的是阿里、京东等几大电商巨头。以阿里为首的电商进军金融，其最核心的资源就是平台上积累的大量数据。电商依托这些数据开发出多样化小额快速可循环的信贷产品，提供给在平台上经营的小微企业。阿里的成功跨界吸引各路电商进军金融，主战市场也更针对小微企业金融服务和个人的消费信贷这一领域。这样的风险管理模式降低了风险管理成本，使得原来不经济的业务变得更加经济。这对信贷机构起到了很好的示范作用，倒逼银行走上数据驱动的管理之路。商业银行小微金融经理人问卷调查（2015）也显示，"商业银行开始重视数据在小微企业金融服务中的作用"被小微金融经理人排在互联网给商业银行带来的影响首位，接近 7 成的受访者都选择了这一选项，并且有超过 6 成的受访者认为基于大数据的信用风险管理创新会是未来商业银行小微金融服务的主要创新方向。

目前，商业银行已陆续开始构建交易生态圈，构建大数据库。主要模式有两种，一种是银行与电商平台形成战略合作。银行与其他电商平台共享小微企业在电商平台上的经营数据和经营者的个人信息，由电商平台向银行推荐有融资需求的优质企业，银行通过交易流水、买卖双方评价等信息，确定企业资信水平，进行风险分析，最后给予授信额度。民生银行 2013 年与 B2B 平台慧聪网合作，经过电商平台的交易数据分析，为后者的商户提供最高额度不超过 50 万元的信用卡，取现额度相当于授信额的 90%。此外也有银行参股电商、开展数据合作等进行风控管理及金融服务。如民生银行与其间接控股的民生电商紧密合作，民生电商直接利用前者庞大的中小微客户规模和牢固的客户关系基础，为这些客户提供信息、服务、撮合、做市商平台等综合的电商和金融服务，而民生银行便可获取这些信息进行大数据分析，进一步优化其金融服务流程，降低服务成本。而于去年获批的五家民营银行中，有两家互联网背景行开始搭建有别于传统银行的创新运营模式，通过与同系电商平台的合作获取支撑业务的数据源。其中，前海微众银行通过采集处理包括即时通信、电商交易、虚拟消费等大范围数据来对客户的信用状况进行分析。浙江网商银行通过对企业或客户在支付宝、淘宝、天猫等第三方支付及电商平台上进行的商务商事、现金结算支付、生产流通销售库存等的金融交易数据进行挖掘，分析确定客户资信。掌握了完整健全的电商平台所产生积累的实际交易金融数据，银行信贷业务所依赖的信用评级才能更真实有效，将风险的管控做得更好。

另一种是银行自主搭建电商平台。银行通过自建电商平台，可获得数据资源的独立话语权。在为客户提供增值服务的同时，获得客户的动态商业信息，为发展小微信贷奠定基础，是银行搭建电商平台的驱动力。2012 年，建设银行率先上线"善融商务"，提供 B2B 和 B2C 客户操作模式，涵盖商品批发、商品零售、房屋交易等领域，为客户提供信息发布、交易撮合、社区服务、在线财务管理、在线客服等配套服务，提供的金融服务已从支付结算、托管、担保扩展到对商户和消费者线上融资服务的全过程。

专题 3－2　银行系电商平台现状

截至 2015 年 4 月底，上市的 16 家商业银行及部分未上市银行已陆续开始搭建电商平台并根据运营情况进行更新升级。实力雄厚的国有大型商业银行凭借自身的平台优势，在打造电商平台方面表现得更为积极主动。建设银行起步最早，于 2012 年 6 月推出"善融商务"。此后，交通银行推出"交博汇"、工商银行推出"融 e 购"、农业银行推出"E 商管家"电商服务平台等。同时，一些银行也通过平台对接将信用卡商城改为网上商城。由于众多银行的电商平台快速跟进，这一领域竞争十分激烈，部分银行的电商平台以"暂停"告终，淡出视野，如兴业银行的信用卡网上分期商城，由于平台模式规模有限、产品服务特色不鲜明等原因致使经营不善，于 2013 年 8 月 31 日关闭。

纵观 2014 年银行电商平台发展前进的足迹，却难寻到亮点。经过这一年的积累与更新搭建，银行电商在不断前行成长，但其规模与已在这个领域摸爬滚打数年的淘宝、京东等大型电商平台相比较，仍望尘莫及，面临诸多不足的挑战。比如商品不够标准化、大众化，内容匮乏；销售物流缓慢、平台封闭，客户群数量有限等，使得平台在拓展市场方面十分缓慢，市场份额占有率严重不足。

以最早搭建的银行系电商平台"建设银行——善融商务"为例，2014 年，建设银行"善融商务"电子商务平台增长保持高速水平，截至 2014 年报告期，累计交易额达到 462.79 亿元，增速高达 167%。同年，传统电商平台中，天猫总成交额为 7630 亿元，京东全年交易总额为 2602 亿元，较 2013 年分别增长 341%、260%。建行"善融商务"总交易额仅占这三位电商巨头的 6% 和 17%。横向比较下，不难看出银行系电商的市场份额与传统电商的差距一个在天、一个伏地。

究其原因，银行做电商平台的主要目的一个是在电商企业进军金融领域的一种自卫与反击，通过自建或合作的方式，保持自身相关业务的跟进。再一个是积累中小企业的真实数据，利用这些数据进行分析，为贷款类业务作决策参考，更好地服务中小企业金融业务需求。如果仅从电商的规模来评价银行系电商平台，那其难有翻身的可能，不论是运营还是供应链都难以与已成规模的传统电商竞争。

3.5.2　服务渠道创新

2014 年，随着互联网技术和运营思维的冲击，互联网金融对服务渠道及业务模式的影响更加明显，银行业开始更为积极地进行业务的互联网化。各行在这股潮流趋势中不甘落伍，赶超前列，紧抓互联网金融的战略机遇，主要围绕零售市场，多方位对其互联网金融的服务渠道进行创新。商业银行对其服务渠道的升级与创新主要体现在对其综合化移动平台的推出与相关产品服务的同步升级。

目前，商业银行提供网络金融服务的渠道仍是以电子网上银行为主。2014 年，我国商业银行网上银行个人客户数达到 9.09 亿户，较上一年新增 1.5 亿户，同比增加 19.71%，网上业务交易笔数升至 608.46 亿笔，同比增加 21.59%[①]。银行网银的总体规模稳步扩大，而其中占比最高的大型商业银行，其市场拓展的步伐开始有所减缓。不论是网银客户数，还是网银交易额来看，商业银行的增速水平基本只较 2013 年高出一点，且其中中国农业银行的网银交易额增速反而降至个位数，企业网银交易额更是出现了负增长。

而近年来，第三方支付平台发展势如破竹，迅速抢占了电子支付市场的份额，事实上这一业务领域已与商业银行产生了部分重叠和替代。第三方支付平台的本质是互联网在线支付服务平台，其通过不断挖掘和满足客服日趋多样化的需求，目前已经发展成为能够为客户提供多种增值服务的资金平台，满足客户进行货币支付、现金流转、资金清算等需要。2014 年，中国第三方支付企业互联网收单交易规模达 88161 亿元，环比增长 47.8%[②]。第三方移动支付交易规模达 77660 亿元，继 2013 年环比增长率达到 800% 的爆发式增长后，再度迎来近 500% 的环比增长。而随着移动支付浪潮的来临，还将会有很大一部分交易被移动端所分流。不难看出，商业银行网银规模的增长放缓甚至倒退实际上是部分地被逐渐发展壮大的第三方支付所分流与替代，这也为商业银行敲响了亟待创新面对挑战的警钟。

■综合化移动平台的推出

随着智能手机的普及和移动互联技术的成熟和应用，商业银行为使其金融服务更贴合应用场景化的趋势，进一步推动了传统电子银行渠道服务转型，全面整合手机银行与个人网银、企业网银服

① 《2014 年度中国银行业服务改进情况报告》。
② 《2014 年度中国互联网产业核心数据盘点报告》。

务，提供统一便捷的标准化服务，结合移动终端的智能化特点，使小微金融服务更加全面高效。2014 年，商业银行手机银行个人客户数达到 6.68 亿户，新增 1.56 亿户，同比增加 30.49%；交易笔数达 106.89 亿笔，同比增加 114.63%；交易总额达 31.74 万亿元，同比增加 149.12%[①]。继 2013 年直销银行概念的引入与普及，2014 年部分商业银行开始抢占先机，正式发布旗下的直销银行，搭建综合化金融服务平台，进军互联网银行领域。

首先，作为移动金融的重要组成部分，指尖上的金融——手机银行已成为各家商业银行在互联网金融探索开拓发力的重点。自手机银行业务推出以来，商业银行根据市场需求的变化及技术进步，对手机银行金融服务注入了更为个性化、全方位的功能平台。

截至 2014 年末，凭借多年积累的庞大客户群，大型商业银行在使用手机银行的客户中占比最多，超过一半，增长保持高速水平。其中，工商银行手机银行用户数量以 1.5 亿户问鼎行业第一，建设银行几乎与其持平达 1.47 亿户，增长近 26%。中国银行手机银行户数达 6460 万户，但其手机银行交易金额有 20548.17 亿元，同比增长 459.07%。而股份制银行在目标市场上推出的掌上银行服务得到了客户的更多关注与认可，无论是使用量、交易量还是网银使用替代率都出现了大幅提升，远超同业平均水平。其中，招商银行用户数 1150 万户，同比增长 277%，中信银行拥有 645 万户，用户增加约 300 万户，交易金额则是较 2013 年增加了 5.87 倍至 1161 亿元。随着手机银行的服务内容日趋完善、技术平台愈加智能，用户数量和交易额会持续以递增的速度上升。

图 3-19　2014 年部分商业银行手机银行概况（截至 2014 年 12 月 31 日）

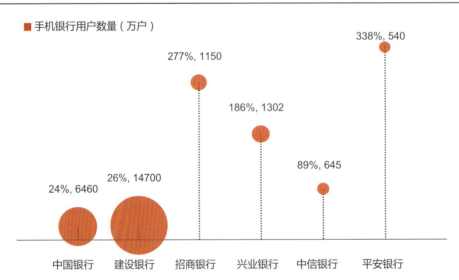

注：图中气泡大小代表手机银行用户数量，气泡高度代表手机银行用户数量的增长率。数据标签第一个数字为手机银行用户数量的增长率，第二个数字为手机银行用户数量，如"24%，6460"表示中国银行手机银行用户数量为 6460 万户，增长率为 24%，其他数据含义以此类推。

资料来源：各家商业银行 2014 年年报。

更值得关注的是，从组织架构到营销策略全方位互联网式探索的新型银行运作模式——直销银行，直销银行没有营业网点，不发放实体银行卡，客户主要通过电脑、电子邮件、手机、电话等远

---

① 《银行互联网服务大受欢迎 2014 年离柜率近 7 成》，中国新闻网，2015-03-16。

程渠道获取银行产品和服务，因没有网点经营费用，直销银行可以为客户提供更有竞争力的存贷款价格及更低的手续费率，具有客群清晰、产品简单、渠道便捷等特点。自 2014 年应运而生以来，正加速普及推广开来。据不完全统计，目前以各类形式推出直销银行的银行有近 30 家。其中四大国有商业银行中只有工商银行一家推出了"工行融 e 行"，股份制商业银行中，恒丰银行、南京银行、宁波银行、北京银行、平安银行、华夏银行、浦发银行、兴业银行、民生银行、浙商银行、渤海银行先后开通了直销银行，另外还有河北银行、上海银行、江苏银行、青岛银行、包商银行、南粤银行、重庆银行、华润银行、尧都农商银行也开通了此项业务。

直销银行是银行在迎合客户体验、创新发展模式、转型经营管理机制及应对互联网金融压力的产物，是银行业探索转型之路的重要方向之一。工商银行 2015 年加速布局互联网金融平台，从多维度建造全新的"e－ICBC"。其中的"融 e 行"为五大行中率先筹备上线的直销银行；民生银行秉承"简单的银行"推出直销银行，围绕互联网用户需求和习惯，开展平台建设和产品服务创新，打造专属网站、手机 APP、微信银行及 10100123 客服热线，为客户提供纯线上互联网金融服务。在个人版和小微版手机银行、个人网上银行、微信银行植入直销银行，拓展服务渠道。截至 2014 年末，民生直销银行客户规模达 146.81 万户。不过，尽管直销银行可以办理存款，购买理财产品等业务，还可与同名银行卡相互转账，但由于还不能发行实体银行卡，所以并不具备消费功能，这在一定程度上限制了直销银行的发展。

小微企业服务方面，直销银行为小微企业的投融资需求带来更加有针对性差异化的服务，使企业主可以随时随地办理业务，快速便捷解决资金问题。如恒丰银行布局的直销银行"一贯"，针对小微企业，推出基于银票的小额承兑汇票质押融资，将小微企业的银行承兑汇票跟 P2P 融资打通，盘活难以变现的资产，为小微企业提供便捷的直接融资渠道。

客观地看，在传统银行体制和构架下，很多银行的直销银行仅被视为网上银行的升级版，有的还要应对来自其他业务部门的竞争。此外，直销银行平台的主要形式是嵌入在手机银行的客户端中，增加直销银行入口。由于各商业银行手机银行的服务内容主要局限于网银，难以按照用户的使用频率来选择较优的交互模式，而直销银行所推出的产品可以较全面地满足用户日常的金融需求，对于手机银行来说是补充与优化。从目前的市场份额来看，我国直销银行还有较长的路要走。随着互联网金融的发展，直销银行也将迎来更广阔的发展空间。

表 3－2   部分银行手机银行及直销银行业务（截至 2015 年 4 月 30 日）

银行名称	手机银行及直销银行功能
工商银行[1]	• 发布互联网金融品牌"e－ICBC"，成为国内第一家发布互联网金融品牌的国有大型商业银行，初步建立了较完备的互联网金融服务和运营体系，即"三大平台"和"三大产品线" • 构建开放式直销银行平台工银"融 e 行"，通过互联网吸引、获取和服务客户，包含电子账户开立、存款、投资、交易等核心功能，为客户提供一站式的线上金融服务
民生银行[2]	• 民生小微手机银行具有跨行资金归集、跨行通、网点排号、手机号转账、二维码收付款、网购扫码付款等个人手机银行特色功能，还独创公私账户集中管理、大额汇款、乐收银账户管理、小微贷款、回单验证等满足小微客户需求的特色功能 • 民生直销银行建立了专属网站、手机银行、APP 和微信银行等服务渠道，与基金公司、电信运营商、电子商务公司等开展跨界合作，为更广泛的客户群体提供服务。提供货币基金产品"如意宝"、人民币储蓄增值产品"随心存"及基础资金汇划业务"轻松汇"

银行名称	手机银行及直销银行功能
包商银行[3]	• 推出"小马 bank"，该平台主打互联网综合智能理财概念，融合"直销银行"＋"智能理财"＋众筹等互联网金融模式。客户目标锁定为 25—40 岁的城市人群，根据客户的风险偏好及不同理财产品特性，提供理财指导和理财产品配置建议
上海银行	• 推出"上行快线"在线直销银行，针对客户理财需求，联手易方达基金和上银基金，全新推出了"快线宝"理财产品。提供"智惠保宝"四个系列产品，为中小企业提供差异化的理财服务
平安银行[4]	• 推出"平安橙子银行"，定位于"年轻人的银行"，目标客户是 25 至 45 岁之间的年轻群体。主打四款产品：智能存款产品"定活通"、类余额宝产品"平安盈"、银行短期理财产品，以及新型投资理财产品（如"养老保障"资产管理计划） • 以"口袋银行"（手机银行）和"平安橙子"（平安直通银行）为主要的移动入口，打造"客户资源整合、业务整合、数据挖掘及在线销售导向"的互联网经营平台 • 推出"口袋社区"的新型社区金融服务模式，细分客群与市场，为客户提供社区公告资讯、商户信息、社区金融服务、社区社交等多项服务
北京银行	• 服务对象主要为大众零售客户和小微企业客户。业务全流程办理可自助在线完成，银行呼叫中心可在客户操作遇到疑问时以多种形式为客户提供后台支持服务。北京直销银行经过一年多发展，已构建"网站、手机、微信、电话"四位一体的线上渠道，并推出"惠存类、慧赚类、会贷类、汇付类"四大产品体系 • 北京直销银行加大与北银消费金融公司、中加基金管理有限公司和中荷人寿保险有限公司等子公司的合作力度，探寻新的直销银行发展之路
浦发银行[5]	• 发布 7.0 版本手机银行，在原有统一账户管理、投资理财、汇款缴费、网点查询、商户咨询、生活服务等功能的基础上，进一步整合了小微手机银行、掌上金融超市、直销银行、聚宝盆、移动支付、实物金在线购等服务。新版本手机银行摒弃了客户"先登录，后选择服务"的封闭模式，打造成为开放的展示平台 • 提供一揽子金融理财投资服务，任意用户可通过直销银行的入口，开放式浏览和了解浦发银行的理财投资产品，并能够 7×24 小时实时在线开户和购买

注：①《工行直销银行加码互联网金融》，载《中国经营报》，2015－03－28。
②《民生银行创新小微移动金融助推实体经济发展》，载《金融界》，2014－10－28。
③《包商银行低调研发小马 bank，融合"直销银行"＋"智能理财"模式》。
④《"橙子银行"上线 平安银行正式推出直销银行－新闻－中国证券网》，中国证券网，2014－08－07。
⑤《浦发手机银行整合直销银行和小微手机银行功能》，人民网，2015－04－08。
资料来源：表中除以下注明数据来源的银行外，其他银行信息摘自各行 2014 年年报和企业社会责任报告。

■ 微信银行直观便捷

近年来，各大银行相继推出的结合社交通信软件微信的微信银行服务也带来了庞大的增量客户。截至 2014 年末，微信银行个人客户增至约 3666.81 万户，全年交易总量达 2.92 亿笔；交易总额达 1073.67 亿元，是 2013 年的 161.45 倍，实现了爆炸性增长。经过一年的用户沉淀，各行对微信银行的升级完善主要方向开始从单纯的宣传转向提供具体的服务内容，让客户可以直接通过操作微信银行便可获得相关的金融服务。部分率先推出直销银行的商业银行也直接将直销银行和微信银行绑定，最大限度优化客户的网络体验。

部分银行的微信公众平台仅能提供账户和金融信息查询服务而不能直接办理转账汇款等业务。

比如工商银行微信公众账号"中国工商银行电子银行"，提供账户余额、开户行、贵金属价格查询等26项查询服务，以及最新产品、优惠促销等资讯推送服务，但是不提供业务直接办理和生活服务等。

除了提供多种账户和金融信息的查询功能之外，部分银行还可以通过微信银行直接办理转账汇款、信用卡申请和还款等业务。如农业银行推出的"智慧 e 站""金融 e 站""生活 e 站"三大服务板块，提供营销资讯、借记卡和信用卡金融交易以及客户增值的多种服务。

招商银行、广发银行和华夏银行的微信银行还率先推出了在线申请贷款的服务。中国银行也将陆续推出"微信贷""微支付""微购物"等服务模块，实现小额信贷手机在线申请、审批、放款、还款。

此外，平安银行专门推出了针对小微企业的"贷贷平安商务卡"微信服务平台，客户可以在微信平台上实现查询、提款和还款等。

表 3 - 3   部分银行微信银行业务及其小微专属服务（截至 2014 年末）

银行名称	推出时间	账户查询	转账汇款	信用卡服务	贷款申请	生活服务
工商银行	2013 - 07	✓		✓		
农业银行	2014 - 04	✓	✓	✓		✓
中国银行	2013 - 07	✓		✓		✓
建设银行	2013 - 12	✓		✓		
交通银行	2013 - 08	✓		✓		
招商银行	2013 - 07	✓	✓	✓	✓	✓
民生银行	2014 - 02	✓		✓		
兴业银行	2013 - 08	✓	✓	✓		✓
中信银行	2014 - 12	✓		✓		✓
平安银行	2013 - 08	✓		✓		✓
光大银行	2014 - 04	✓		✓		✓
浦发银行	2013 - 08	✓		✓		✓
广发银行	2013 - 05	✓		✓	✓	✓
华夏银行	2014 - 04	✓		✓	✓	

资料来源：表中信息根据相关银行宣传材料及微信银行公众平台整理得到。

3.5.3 零售产品创新

互联网时代，商业银行大刀阔斧进行着改革创新，从后台的数据驱动风险管理创新，到中台的移动综合金融服务平台搭建的服务渠道创新，无一不是在互联网金融的激烈竞争中被迫求新，寻找开拓新的市场和商机。而前台零售产品的创新，银行也未曾停歇，除了传统业务的升级更新外，商业银行也在其他的金融产品进行创新，开辟新市场。由初期建立互联网渠道逐渐深化为研发基于数据的网贷产品、推出银行系"宝宝"类理财创新产品等，吸引个人投资及小微企业客户，优化资金配置。

■ **网贷产品**

在其他信贷服务网络化的进程中，为了满足客户的差异化需求，结合互联网信息技术的优势，各行陆续有针对性地推出并完善其网贷产品，提高网贷服务的效率和质量。其中，工商银行推出循环贷款产品"网贷通"，使企业可通过网上自助实现提款和还款，已累计为6.9万户小微企业提供小微企业贷款1.6万亿元，余额近3000亿元，成为国内单体金额最大的网络融资产品。中国银行创新网络融资模式，继续推广"网络通宝"服务，运用大数据分析技术，为小微客户提供快捷、高效的线上循环信用贷款，降低小微企业融资成本。招商银行推出"闪电贷"，通过大数据征信技术提高用户的信贷材料分析和审核流程，以电子化、自动化、数据化来满足中小企业贷款"短、频、急"特点的需求。

表3-4　　　　　　　　　　　　**2014年部分商业银行网贷产品及服务的拓展情况**

银行名称	网络贷款产品及服务
工商银行	• 易融通 • 发展基于居民线上线下直接消费的小额消费贷款品种"逸贷"
农业银行	• 互联网融资产品"数据网贷"正式试点，是基于交易数据决策提供的纯线上自助信贷服务
中国银行	• 创新"中银网络通宝""沃金融""一达通""中银网融易"等网络金融服务模式，进一步结合线上服务和线下服务
招商银行[1]	• 推出"闪电贷"，可自动化处理自主贷款办理流程，7×24小时全天实时运行
民生银行[2]	• 推出主动授信小微贷产品"民生e贷"和"民生e抵押"，通过调用数据平台信息筛选客户群，可提供最高高于e贷额度十倍的贷款
中信银行	• 在优化"POS商户网络贷款"基础上，推出基于供应链金融的汇通达在线经营贷款、基于代发工资数据的个人信用消费贷款和基于公积金缴存记录的个人信用消费贷款
平安银行	• 设计上线贷贷平安2.0小企业客户专属的保险商城、理财产品、记账产品等。 • 推出了"黄金银行""平安橙子""口袋社区""贷贷平安个性卡"等整合类服务产品
光大银行	• 升级"阳光融e贷"品牌，包括"节能融易贷""政采融易贷""设备融易贷""医健通""支票易"等系列特色产品
浦发银行	• 研发了全程在线申请、审批、放款的"零售网络信贷系统平台"，创新推出"网贷通"系列产品

注：①《招行"闪电贷"，开启银行业触网的新浪潮》，新华网，2015-01-20。
　　②《民生银行推出激进小微网贷产品》，新华网，2014-12-15。
资料来源：表中除以下注明数据来源的银行外，其他银行信息摘自各行2013年年报和企业社会责任报告。

■ **理财产品**

"宝宝"类产品是指支付宝的"余额宝"、腾讯的"理财宝"、平安银行的"壹钱包"等挂钩货币基金的互联网理财产品。自2013年余额宝上线以来，其资金规模爆发式的增长对银行业影响很广，助推了利率市场化的进程，倒逼商业银行调整存款利率保持银行吸储的竞争力。商业银行面对层出不穷的"宝宝"类产品，在它们逐渐积累客户群的上升期中，开始反攻围剿，纷纷推出高收益率的理财产品。据不完全统计，截至2014年4月，推出"宝宝"类现金管理产品的商业银行已达18家，目前最高收益率为4.86%①。银行系"宝宝"军团在2014年迅速壮大。大型银行方面除了中国农业银行尚未推出该类产品外，中行的"活期宝"、工行的"薪金宝"、交行的"快溢通"以及建行

---

① 《18家银行推宝类理财产品　近期最高收益仅为4.86%》，中证网，2014-09-18。

的"速盈"均已上线。银行系的"宝宝"产品，各具特色，有些可以直接取现，有些对接信用卡还款，都是为了优化产品的便捷性、收益性，满足广大客户的差异化理财需求。同时，为小微企业主理财和小额流动资金管理提供了渠道，使得小微企业客户针对他们资金需求"短、频、急"的特点对其闲散资金进行理财，创造收益。不难看出，商业银行通过结合自身情况，应对市场变化以及优化客户体验等方面设计升级金融产品是下了工夫的。

银行系"宝宝"类产品主要服务的客户群体为"草根"，而小微企业即是企业中的"草根"群体。小微企业由于资金规模小且分散，对银行的存款议价能力十分有限。更接地气的银行系"宝宝"类产品不仅可以为小微企业的经营性、财务性资金存款创造收益，降低企业资金成本，且对于商业银行来说，也可以更好地增加小微企业的客户黏性和活跃程度，同时也增加的自己的存款规模，最终实现双赢。

3.6 多家银行采用特色模式服务小微

2014 年，银行业更加重视小微企业的金融需求，将服务小微企业进一步提升到战略高度，从组织结构、服务模式、产品类型等多方面进行创新，以期更好地为小微企业提供更加全面到位的服务。在这一年，互联网金融对银行业的影响更加深远，银行主动跟上互联网金融大发展的步伐，纷纷探索传统银行业和互联网融合的新模式，积极构建基于互联网的金融平台，将物理网点和借助互联网的服务渠道相结合。虽然 2014 年的经济形势并不乐观，小微企业的风险有所上升，但是国内银行业仍然把服务小微企业作为主要业务之一，并探索有特色的服务模式，力求减少银行的同质化服务，构建特色服务模式。

图 3-20 小微金融经理人心目中的 2014 年小微企业金融服务最佳银行

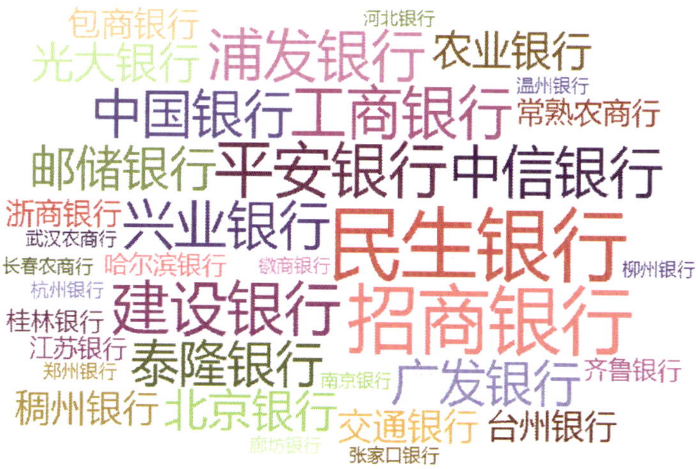

在商业银行小微金融经理人问卷调查中，我们请受访者写出了他们心目中 2014 年小微企业金融服务领域表现最好的 3 家银行，调查结果显示，民生银行、平安银行和招商银行分列前三甲，这在一定程度上反映了这三家银行在我国小微金融服务方面的竞争力和突出的表现。

3.6.1 民生银行——以小微金融和小区金融带动零售业务发展

面对 2014 年复杂的经济环境，民生银行仍以"小微企业的银行"为战略定位，坚持以小微金融作为主要业务方向之一，提出以"两小"带动零售业发展，积极推进小微金融和小区金融的发展。民生银行作为在国内率先发展小区金融的银行，目前仍在积极扩大小区金融的覆盖面，通过发展小区金融促进大零售模式的发展。但是，对比 2013 年小微金融的快速增长，2014 年民生银行的小微金融增长明显回落。根据 2014 年年报统计数据可以看到，2014 年该行小微企业贷款余额为 4027.36 亿元，与上年末相比基本持平，略有下降；小微客户数则为291.19万户，比上年末增长52.86%①。通过数据可以看出，民生银行在2014年对于小微金融业务的扩张有所放缓。

■小微金融2.0流程加快推进

随着民生银行事业部2.0改革基本实现，小微金融2.0流程再造也在2014年加快推进。民生银行以"批量化、流程化、标准化"为指导，使得小微金融的服务更加规范化、流程化。该行在小微2.0的基础上上线运行了16个子系统，通过系统化的操作提高服务效率。在小微金融服务中，民生银行逐渐改变粗放式扩大小微金融业务的方式，转而开始对小微金融业务进行适当的调整，提高小微企业服务的质量，并进一步下沉客户结构。通过计算，到2014年末，民生银行小微贷款客户的户均贷款水平为13.83万元，户均贷款水平的下降，能够切实地说明民生银行客户结构与上年相比有所下沉。

■大力发展小区金融

2013年7月民生银行小区金融战略正式启动，经过1年多的发展，小区金融已经成为该行的特色零售业务。民生银行2014年年报显示，截至2014年末，民生银行小区金融项目下的有效客户为30.24万户；金融资产余额为756.23亿元，较年初新增696.82亿元，占整个零售银行金融资产新增额的43%。对比于小微金融的规模调整，民生银行正在大力发展小区金融，积极扩张小区金融的规模。到2014年末，民生银行社区网点（含全功能自主银行）共4902家，其中获准挂牌的社区支行为743家。由此可以看出，小区金融正在成为带动民生银行零售业务发展的一支重要的力量。

在小区金融服务中，民生银行主要以"便民、利民、惠民"为宗旨，服务方式多样，服务内容也较为全面，为客户提供存款、投资理财、业务咨询等多种业务，力争能够解决小区内客户的综合金融需求，使得小区居民足不出小区门就可以实现日常金融需求的满足。针对小区金融的服务，民生银行提出"居住地战略"，并且把小区金融和互联网金融结合，积极与小区物业、居委会等开展合作，包括提供小区物业一卡通，上线关于小区生活的APP，并定期在小区内举办各种产品促销会。小区金融因为更加深入客户，因此更加具备了解客户需求优势，也就在同时可以提供更加到位有效的服务，使得银行的服务更加多样化和个性化。

民生银行在发展小区金融同时也将小区金融和小微金融相结合，为小微企业提供乐收银、移动POS机、免费结算、免抵押贷款等服务，通过小区金融的平台扩大小微金融客户。

民生银行大力发展小区金融业务不仅可以在小区金融领域取得竞争优势，还可以通过小区金融的拓展为小微金融输送客户，在小区金融和小微金融中提供交叉金融服务，以此增加客户黏性，进而帮助扩大小微金融的客户群体。在民生银行调研组对福州市的一份调研结果中显示，在所调查的小区居民中，绝大部分居民的首选仍然是以国有五大银行为主，而股份制银行中民生银行也并不是首选。因此，在这样的客户认知下，居民有从事个体户经营并需要办理小微贷款客户也不会首先选择民生银行。所以，通过小区金融全面而贴心的服务增加居民对民生银行的认知度，然后挖掘其中潜在的小微客户，是小区金融与小微金融相结合的重要方式。同时，小区金融本身也在提供小微金融相关的服务渠道，这样的交叉销售方式，可以帮助民生银行进一步发现潜在小微金融客户，扩大小微金融的服务广度。

---

① 《民生银行2014年年报》。

■围绕互联网金融，打造多种服务平台

2014 年 2 月直销银行上线，到 2014 年 12 月底，直销银行客户数已达 146.81 万户。通过直销银行，客户可以通过网络直接进行开户、存款、产品购买等业务。与直销银行可以进行对接的手机银行、微信银行在 2014 年客户使用量也有很大幅度的增长，民生银行手机银行交易金额与上年相比增长 185.81%，手机银行的客户数增长了 134.82%。手机银行的活跃主要依赖于民生银行针对移动终端所作出的特色功能开发。通过手机银行，客户可以完成自主注册、小微客户贷款签约等程序，还可以通过手机终端享受在线打车、交通罚款缴费等生活便民服务。

3.6.2 平安银行——以互联网金融带动小微金融

平安银行在 2014 年着重打造基于互联网的小微金融服务平台，以互联网为切入点进行了新一轮的组织架构、业务流程新调整。通过大力发展互联网金融，平安银行逐渐打造本行以客户交易为核心的业务流程，根据企业业务需要来提供相应的服务，走出不一样的银行发展变革之路。同时，平安银行依托平安集团的综合金融服务优势，在对企业提供贷款资金支持、理财业务帮助以外，还提供相应的保险服务等，为企业提供更为全面的综合金融服务。截至 2014 年 12 月 31 日，平安银行小企业金融事业部管理的贷款余额为 1091 亿元，较年初增幅 25%。虽然平安银行小微金融的贷款余额规模与大型国有商业银行以及民生银行的规模相差较多，但是平安银行的服务模式仍然非常有创新点，值得作为业界参考的标准之一。并且，因为平安银行大力开发互联网金融，2014 年该行的电子渠道业务分流率达到 91.37%，比上一年度提升了 8.33 个百分点[①]。这样的增长幅度也说明平安银行基于互联网金融构建的服务体系取得较为明显的成果。

■组织架构再调整，以互联网为中心

为更好地发展互联网金融，平安银行首先从组织架构进行调整，在原有组织架构调整基础上进行了重新的编排，针对互联网金融专门成立了一个新的平台事业部，即公司网络金融事业部。同时，平安银行还在零售事业部内新成立了零售网络金融事业部作为零售业中一个新的利润增长点。这些都表明，平安银行从组织架构开始进一步重视互联网的作用，并借助互联网金融拓展小微金融业务。

■大力发展基于互联网的供应链金融橙 e 网，助力小微企业发展

2014 年 7 月，平安银行以供应链金融为基础的互联网金融平台橙 e 网正式上线，橙 e 网的发布标志着平安银行尝试中小企业电子商务和互联网金融结合，以一种新型的方式来发展供应链金融。截至 2014 年末，"橙 e 网"注册客户近 22 万户，新增日均存款 1323 亿元。

橙 e 网作为第三代供应链金融，主要的特点就是全程依托互联网，以企业的交易流程为核心，通过"熟人交易"来扩大企业的营销圈，在实现帮助企业构造网上流程平台的同时，也在同时扩大银行的小微客户群。通过橙 e 网，平台客户可以实现供应链上"订单、运单、收单"的信息集成和闭环运作。并且，通过电子平台橙 e 网，供应链上的企业可以实现订单的协同，使得生产、销售等流程更加匹配，也能够提高企业的营运效率。此外，橙 e 网还提供一定的理财投资渠道，可以帮助中小企业实现流动资产的增值。通过橙 e 网，企业可以建立自己的生意系统平台，广泛联系自己的上下游企业，银行通过分析企业间的交易往来提供授信额度，以此实现"N + N"模式。

---

① 《平安银行 2014 年年报》。

相比较于平安银行供应链1.0和2.0，供应链3.0的设计理念发生了根本性的转变，银行在整个供应链中提供的是嵌入式的服务，是面对不同企业不同环节多角度的金融需求。因为银行在其中可以掌握企业的各项信息流，因此可以及时提供到位的嵌入式金融服务，包括结算、融资、保险等服务。相比于供应链1.0的"1＋N"模式中由核心企业作为信用支撑中心向N家供应链中的中小企业提供信用支持的设计，供应链3.0的"N＋N"是将供应链上下游的中小企业、第三方信息服务机构等相关机构都融入其中。"N＋N"模式表明平安银行的供应链不再以一家核心企业为中心，而是以中小企业的交易作为供应链的中心。和供应链2.0相比，虽然2.0已经把线下的供应链放在线上，但是"1＋N"的模式并未发生根本性的改变，并且供应链2.0的主要任务还是为银行信贷服务，通过在线上构建供应链体系，方便银行掌握核心企业与上下游中小企业的交易信息，从而方便银行为中小企业授信。而供应链3.0则本质不是为方便银行授信，而是真正以中小企业的交易行为作为核心，银行是电商平台的构建者，也是其中的服务者。供应链3.0的提出是方便中小企业与其上下游的企业之间进行电子信息的交换和沟通，使得中小企业的订单、运单、收单、融资、仓储等经营性行为都可以在网上实现协同，从而更方便在供应链中的每一个企业与其他企业进行沟通。通过供应链3.0，商业银行可以掌握与企业相关的所有"商流""物流"以及"资金流"，在需要提供金融服务时及时给予支持，企业之间的信息交流也更加快速，可以进一步借助供应链3.0解决生产、销售环节中的一系列问题，并实现价值的增值。

此外，供应链3.0还改变了银行在供应链中进行风险控制的基础。在供应链2.0中，银行需要根据企业提供的各项单据上的相关数据计算相应的贷款风险控制指标，从而判断企业可以获得的授信额度。但是在供应链3.0中，因为企业与上下游企业的信息流都是清楚的，银行可以根据企业动态的经营数据判断企业经营状况，进行授信判断。因此供应链3.0可以说是由数据驱动的，各种相关数据是供应链3.0得以运行的基础，也是供应链中的参与企业、银行作出判断的依据。因此，在供应链3.0下，银行采用的是交易型信贷技术而非传统的关系型信贷技术，这样的风险控制措施将会更加有效和高效。

与其他银行供应链金融较大的区别是，橙e网以互联网为平台，实现了企业之间的相互联系，企业间可以通过电子平台实现订单协同。这个平台不仅服务于银行，为银行提供授信的支持，更可以融入企业的生产流程中，帮助企业间实现交易。这一点是橙e网较为独特的创新点。

3.6.3 招商银行——在轻型银行战略下多角度服务小微

2014年，招商银行提出打造轻型银行战略，重点实现资产"轻"、经营模式"轻"以及管理方式"轻"。在轻型银行战略的指导下，招商银行以零售业务作为"一体两翼"中的主体业务，促进银行的发展。2014年，在轻型银行战略指导下，招商银行"两小"贷款余额合计实现6036.87亿元，比年初增长6.84%。小企业客户数54.88万户，小微客户数142.53万户，同口径较上年末分别增长38.52%和53.24%[①]，增长幅度较大。

■打造"智慧供应链金融"，促进小微企业发展

招商银行在2014年推出"智慧供应链金融"。"智慧供应链金融"是为客户提供结算、融资、理财、增值服务于一体的金融服务体系。区别于之前的供应链金融，智慧供应链金融依托互联网技术，通过采用大数据对于企业经营业绩的分析情况，对企业相关信息进行自动识别和风险控制。在部分业务中，招行通过智慧供应链实现了平台自动审批贷款手续，并实施发放贷款。平台的智能化是招商银行智慧供应链最大

---

① 《招商银行2014年年报》。

的特点。基于平台的智能化，企业可以通过网上包括贷款等金融服务，降低了融资成本，提高了效率。

■**着力打造综合化公司金融的互联网服务平台——小企业 E 家**

招商银行是国内首家推出公司金融的互联网服务平台的银行，其互联网平台小企业 E 家的客户群主要定位为中小企业客户，通过构架 O2O 模式实现对中小企业的金融服务。截至 2014 年底，小企业 E 家注册会员达到 53.8 万户，平台累计获得浏览量达到 9207 万人次，总访客数达 1391 万人次。

在小企业 E 家平台，中小企业不仅可以进行存、贷、汇等基本金融业务，还可以进行多方位的投融资活动。通过小企业 E 家，在平台上注册的企业还可以实现结算、理财、商机拓展、办公自动化，人力资源管理等多种金融服务。在小企业 E 家上，招商银行进行了多种创新。比如在理财方面，小企业 E 家为企业设立了类似余额宝的对接货币基金的账户"E +"账户。企业之间也可以使用基金份额进行直接交易，大大提高了企业间的流动性。同时，小企业 E 家还可以与智慧供应链相连接，实现信息的共享。

3.7　民营银行：　小微金融的新力量

2014 年政府工作报告提出"稳步推进由民间资本发起设立中小型银行等金融机构"，2015 年又指出"民间资本发起设立中小银行等金融机构，成熟一家，批准一家，不设限额"，而推出的存款保险制度也将为民营银行的建立提供制度基础。

2014 年 7 月和 9 月银监会先后批准了深圳前海微众银行、温州民商银行、天津金城银行、浙江网商银行和上海华瑞银行五家民营银行的筹建申请。五家民营银行坚持差异化的业务模式定位，深圳前海微众银行定位于"个存小贷"模式，浙江网商银行定位于"小存小贷"模式，天津金城银行定位于"公存公贷"模式，其他两家则定位于服务特定区域的小微企业和金融消费者。虽然五家民营银行的业务模式不尽相同，但纷纷将目光投向了小微企业和民营企业。

图 3 -21　五家民营银行的业务模式

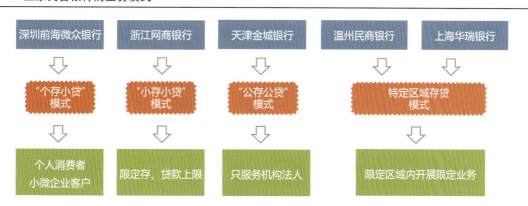

2015 年 1 月 4 日，微众银行向一名卡车司机发放了一笔金额为 3.5 万元的贷款，完成了民营银行的第一笔业务。2 月 12 日，微众银行与华夏银行签署战略合作协议，二者将在资源共享、小微贷款、信用卡、理财、同业业务、生态圈业务等领域进行合作。3 月 26 日，温州民商银行正式对外营业，在开业当天与温州龙湾高新区政府战略合作协议，意向授信 10 亿元，用于支持区内孵化园、创业园和小微企业。4 月 27 日，天津金城银行在天津自贸区中心商务片区开业运营。6 月 25 日，浙江网商银行正式开业。几家民营银行陆续开门营业，但市场上可见的相关业务和产品依然很少。

第一批开门营业的五家民营银行大致上可以分成两种类型，一类是具有互联网股东背景的全国性的民营银行，包括深圳前海微众银行和浙江网商银行，另一类是主要服务于区域经济的具有实业背景股东的民营银行，包括天津金城银行、温州民商银行和上海华瑞银行。第一类具有互联网基因的民营银行通过电商或社交等类型的平台积累了大量客户资源，占据了众多生活场景，同时在大数据、云计算等技术以及积累的海量数据上具有明显的优势，为发展依赖技术和数据驱动的小微金融发展模式，实现小微金融低成本、大规模的扩张提供了可能。而第二类主要服务于区域经济的具有实业背景股东的民营银行，在资产规模、网点数量等方面均不及传统银行，如何在本已竞争激烈的市场中避免同质化竞争是摆在这类银行面前的重要挑战。

在商业银行小微金融经理人问卷调查（2015）中，关于"民营银行将对现有哪些银行业务类型造成冲击"的调查显示，小微信贷高居受冲击榜首，接近9成的受访者选择了小微信贷。关于民营银行在小微金融服务方面的优势方面，从受访者选择的频次分布来看，优势首先是有互联网股东背景的民营银行具有电商小微企业风险管理的数据优势，选择该项优势的受访者比例超过7成；其次是机制灵活有利于提高小微企业服务效率；再次是实业背景的股东会带来相对优质的小微企业客户群，以及可以依托股东在当地的网络和影响力提高小微企业风险管理的有效性。可以看出，业界普遍预期民营银行将为小微金融服务带来新的变化。

3.8 商业银行小微企业金融服务发展趋势展望

2015年，在小微企业信贷风险进一步释放的情况下，商业银行尤其是小微企业贷款基数较高的银行将继续放慢小微企业贷款规模的扩张，把更多的精力放到不良贷款清收和现有贷款的风险管理上，银行业小微企业贷款的整体增长将继续放缓，不排除更多小微企业贷款负增长的银行出现。如何平衡好风险管理和业务发展的关系仍将是2015年商业银行小微企业金融服务面临的最大的挑战。在新的"三个不低于"的监管要求下，对商业银行的考核指标涵盖小微企业贷款的增速、户数及申贷获得率，这将推动商业银行从单纯追求贷款规模增长转向贷款规模和服务覆盖并重，从而有助于扩大小微企业金融服务的覆盖面。在户数增长的压力之下，商业银行小微金融零售化的趋势仍将继续。

2014年我们已经看到互联网金融促进小微金融创新的作用开始显现，大数据技术引发商业银行普遍关注。基于大数据的信用风险管理创新有望成为2015年商业银行小微企业金融服务创新的集中方向，尤其是以微众银行和网商银行为代表的民营银行将用数据和技术展现其独特的小微金融服务优势，为小微企业金融服务市场注入新的活力，激发新的变革。

与此同时，金融场景化的发展趋势也已经明朗，这对改变银行传统的小微金融服务模式将产生重大影响。如何提升触达客户的能力，如何将银行的服务嵌入到客户日常生产生活的场景中去，将是传统商业银行不得不认真思考的问题，尤其在小微金融服务领域，面临的挑战尤甚。在这样的新形势下，大中小型银行长期以来在小微企业金融服务市场的比较优势或将发生微妙的变化，大银行利用交易型信贷技术在小微企业金融服务市场取得后发优势的可能性大大增加。而更多的银行可能不得不依靠与拥有数据、渠道和技术资源的互联网机构或者新兴银行进行合作以在日益激烈的市场竞争中保住一席之地。2015年有望继续看到商业银行在服务模式、服务渠道、风险管理等方面的创新，小微企业金融服务市场格局发生明显变化的日子已为期不远。

附表 3 - 1

上市银行中小微企业贷款信息披露情况对比表（2014 年）

银行名称	中小企业				小企业				小微企业				选择性披露	小微企业口径
	贷款余额		贷款户数		贷款余额		贷款户数		贷款余额		贷款户数			
	绝对值	占比	绝对值	占比	绝对值	占比	绝对值	占比	绝对值	占比	绝对值	占比		
工商银行	✓	✓											个人经营性贷款余额；绿色信贷余额	✓
建设银行									✓◎	✓	✓◎		绿色信贷余额	✓
中国银行									✓◎	✓◎			绿色信贷余额	✓
农业银行									✓◎		✓◎		个人经营性贷款余额；文化及相关产业贷款余额；绿色类授信余额	✓
交通银行	✓◎	✓												✓
浦发银行	✓◎								✓◎	◎	◎		个人经营性贷款余额；节能环保类贷款余额；文化、体育和娱乐业贷款余额	✓
招商银行					✓◎	✓		◎	✓◎	◎	◎	✓	个人经营性贷款余额；绿色信贷余额	✓
民生银行											✓			◎
中信银行					◎		◎		◎				绿色信贷余额	◎
兴业银行							◎				✓		个人经营性贷款余额；文化、体育和娱乐业贷款余额	✓
平安银行									◎	◎	◎		绿色信贷余额	◎
华夏银行					✓◎		✓				◎		绿色信贷余额	◎
光大银行									✓◎	◎	◎		绿色信贷余额	✓

续表

银行名称	中小企业				小企业				小微企业				选择性披露	小微企业口径
	贷款余额		贷款户数		贷款余额		贷款户数		贷款余额		贷款户数			
	绝对值	占比	绝对值	占比	绝对值	占比	绝对值	占比	绝对值	占比	绝对值	占比		
北京银行									√◎				科技创新企业贷款余额；文化创意产业贷款余额；绿色信贷余额	√◎
宁波银行									◎				文化、体育和娱乐业贷款余额；节能环保行业贷款余额	◎
南京银行									√◎				科技贷款余额；文化贷款余额	√◎

注：①表中显示2013年上市银行年报和企业社会责任报告对中小企业贷款信息的披露情况，"√"表示年报披露，"◎"表示企业社会责任报告披露，"√◎"表示年报和企业社会责任报告均披露。
②表中"贷款余额占比"未做说明的均指占该行全部贷款余额的比重。

附表 3 – 2　　　　　　　　　　　主要商业银行中小微企业服务规模对比（2014 年）

银行名称	客户类型	余额 （亿元）	占全部贷款 比例（%）	增长变化情况	
				余额增幅（%）	增幅与全部贷款 增幅比（%）
工商银行	中小微企业	45254.44	41.04	3.17	-7.96
	小微企业	17215.4	15.61	-7.93	-19.05
建设银行	小微企业	11429.28	12.06	15.51	5.21
中国银行	小微企业	10382	14.07	16.30	5.00
农业银行	小微企业	9749.2	12.04	19.87	7.78
交通银行	中小微企业	12591.51	36.69	0.32	-4.74
浦发银行	中小企业	10280.14	50.68	8.07	-6.69
	小微企业	5288.56	26.07	14.21	-0.55
招商银行	小企业	2680.5	10.66	-10.65	-25.07
	小微企业	3356.37	13.35	19.01	-8.02
民生银行	小微企业	4027.36	22.41	-0.49	-15.74
中信银行	小企业	1218.47	5.90	4.01	-8.15
	小微企业	3499.47	16.96	25.33	13.17
兴业银行	小微企业	1121.18	7.04	24	6.60
平安银行	小微企业	1091	10.65	25.22	4.28
华夏银行	小企业	2065.47	23.26	25.88	13.37
光大银行	小微企业	2464.85	18.97	21.92	10.50
广发银行	小微企业	1765.87	22.33	29.10	18.44
宁波银行	小微企业	816	38.85	24.96	2.25
浙商银行	小微企业	894.09	34.52	23.75	4.46
北京银行	小微企业	1953	28.92	21.99	6.53
南京银行	小微企业	601.93	34.46	30.66	11.79

注：①此表中黑色字体的数据直接摘自 2014 年年报和 2014 年企业社会责任报告；具体来源参见如下的注释；蓝色字体数据根据查得数据计算得出。

②中信银行 2014 年披露的数据中，小微企业法人客户指符合"四部委标准"且单户授信金额 1000 万元（含）以下的小型、微型企业。

③光大银行 2014 年按照 2011 年工业和信息化部等四部门联合下发的企业划型标准和银监会监管口径，与往年披露口径不同。

附表 3-3 　　　　　　　　　主要商业银行中小企业金融服务品牌和产品一览表

品　牌	产　品　支　持
工商银行 ⊞ 小企业金融 财智融通	<ul><li>小企业金融业务——全方位、多角度的为小企业客户提供高效和专业的融资服务。该业务以融资产品为核心，辐射结算、理财、投资银行、电子银行、国际业务和银行卡业务，以及信托、证券、基金等其他各类金融产品。融资方式灵活，业务流程高效便捷</li><li>特色融资产品包括小企业周转贷款、小企业循环贷款、小企业网络融资、小企业贸易融资、经营型物业贷款、标准厂房按揭贷款六大类</li><li>"小企业周转贷款"额度最高可达 3000 万元，即可作为企业经营周转所需流动资金，也可用于小规模扩大再生产。融资期限最长可达 5 年</li><li>"小企业循环贷款"客户与工商银行一次性签订循环贷款借款合同，在合同约定的期限和额度内，客户可以多次提款、逐笔归还，循环使用授信额度</li><li>"小企业网络融资"包含"网贷通"和"易融通"两类产品。"网贷通"是企业网络循环贷款。一次性签订循环贷款借款合同，在合同规定的有效期内，企业可通过网上银行自助进行提款和还款申请，贷款最高额度可达 3000 万元。"易融通"是电子商务领域网络融资产品系列，涵盖了信用贷款、联保贷款、保证贷款和抵质押贷款等融资产品，形成了阶梯式的融资体系，能够满足不同层次中小网商的融资需求</li><li>"标准厂房按揭贷款"用于购买开发（工业园）区内标准厂房，贷款金额最高可达 2000 万元，期限最高可达 7 年</li><li>"小额便利贷"专门针对微型企业的信用贷款产品，企业无须提供任何担保，办理效率更高，最快一个工作日内就可完成贷款审批；单户贷款额度不高于 200 万元、期限不超过 7 个月</li><li>"网上商品交易市场融资"指工商银行与网上商品交易市场合作，以交易商品现货等作保障，开发计算机辅助评价和利率定价模型，为市场交易商提供自助申贷、提款和还款等服务的短期融资业务</li><li>"电子供应链融资业务"以核心企业为依托，供应链上下游客户与核心企业通过电子商务网站或 E-ERP 平台进行电子在线交易，由工商银行凭借电子在线交易信息、商业资信记录，并依托核心企业信用，通过电子化渠道为核心企业上下游提供的在线供应链融资服务</li><li>"小微商户逸贷公司卡"依托大数据技术，基于交易数据分析，以商户通过工行收单结算的实际刷卡销售记录作为授信依据，无担保、无抵押的小额信用贷款，企业可在授信额度内循环使用</li><li>"商友卡"针对市场经营户、中小型私营企业主、民营企业股东和管理人员等商人群体，是工银商友俱乐部会员享受工商银行专属产品及特色服务的身份标识。除具有储蓄卡传统的储蓄、结算、消费及投资理财功能外，还享有汇款结算套餐、"卡贷通""网贷通""循环贷"等融资服务</li><li>"融 e 购"：集网上购物、消费信贷于一体的 B2C 电商平台和面向企业客户的 B2B 平台，提供供应链、专业批发等市场模式</li><li>"融 e 联"：提供语音、文字、图片、视频等方式的智能服务的金融信息服务及社交沟通平台</li><li>"融 e 行"：提供电子账户开立、存款、投资、交易等功能的直销银行平台</li></ul>

品　牌	产　品　支　持
建设银行 "成长之路" "网络 E 贷款" 	• "速贷通"业务对象是因财务信息不充分而难以达到银行信用评级和授信要求，但对信贷需求迫切的小企业。优势表现为其业务流程及融资条件的方便快捷，不设门槛，在落实足额有效抵质押的情况下，可以不进行评级授信，采取高效快捷的"柜面式"操作，实行限时服务 • "成长之路"已形成了包括"联贷联保""诚贷通""租贷通"等30余项产品在内的综合性产品体系，其业务对象是信用记录较好、持续发展能力较强的成长型小企业。虽然需要评级授信，但授信额度确定后可以循环使用。在企业不同发展阶段，还针对性地提供配套产品和服务支持，如成长型小企业额度贷款、小企业联贷联保贷款、小企业贸易链融资贷款、小企业法人账户透支、小企业保理业务等多项产品 • "小额贷"向能够提供符合建设银行质押财产标准的企业、个体工商户和自然人办理发放小额短期流动资金贷款，当天就可完成审批和放款工作，流程简单快捷，效率比传统产品大大提高，单户贷款金额最高为1000万元 • "信用贷"可为无法提供抵押或担保的小微企业主提供信用贷款。建设银行在综合评价企业及企业主信用的基础上，对资信好的小微型企业发放小额的、用于短期生产经营周转的纯信用贷款业务。该业务具有无须抵押、无须担保、流程简单、审批快捷的特点，最高贷款金额可达1000万元，贷款期限最长9个月 • 对公网络银行信贷业务专门为网络交易平台上的电子商务客户提供融资服务。e商通电子商务信贷产品包括"网络联贷联保""网络速贷通""网络供应商融资"。网络银行"e贷款"系列产品包括"e贷通""e单通""e保通""e商通""e点通""e棉通" • "小企业网银循环贷"是向提供合格抵（质）押物的小企业客户发放，可通过企业网上银行进行自助支用和还款的循环额度贷款 • 推出小微企业"信用贷—善融贷"可循环的人民币信用贷款业务，依据小微企业交易结算及结算账户活跃程度，对结算稳定并形成一定资金沉淀的小微企业发放，用于其短期生产经营周转 • 推出"善融商务"电子商务金融服务平台，除涵盖传统的B2B采购批发业务和B2C零售网购业务外，还具有融资贷款功能 • 建设银行福建省分行推出"助保贷"业务，联合福建省政府共同设立"小微企业池"，由政府助保金管理机构和建设银行共同认定的优质小微企业组成。获得贷款的企业按其在建设银行获得贷款额度的规定比例自愿缴纳的资金即为助保金 • "股贷通"利用专业模型对证券抵质押品进行价值评估和动态监控，将证券质押作为缓释风险的主要手段，通过简化信贷流程，拓宽了小微企业融资渠道

续表

品　牌	产　品　支　持
农业银行 "简式贷" 	• 打造了融资融信、理财增值、支付结算、电子银行、代理业务和综合服务等六大系列的小企业金融服务产品 • "智动贷"小企业自助可循环贷款，满足小企业客户正常生产经营过程中周转性流动资金需要 • "简式贷"业务采取了灵活的授信和信用评级模式，实现了信用等级评定、授信、用信"三合一"办理，简化了业务流程，大大提高了小企业贷款的审批效率 • "厂房贷"是指农业银行向购买园区内工业厂房的小企业客户发放的，以其购买的工业厂房作为抵押，以借款人的经营收入和其他收入作为还款来源的贷款业务。该产品为小企业客户购置经营用的工业厂房量身定做，为满足小企业客户购买生产经营类用房的融资需求
中国银行 "中关村模式" "中银信贷工厂" "中小企业周期性产品系列"	• "中关村模式"充分考虑科技型中小企业的发展规律和特点，为科技型中小企业提供覆盖其初创期、快速成长期和稳定发展期的全产品体系，综合解决科技型中小企业的融资难题 • "中银信贷工厂"是中行专门为中小企业客户打造的服务品牌，通过"端对端"的工厂式"流水线"运作和专业化分工，有效提高贷款审批发放效率 • "中小企业周期性产品系列"是中国银行整合商业银行、保险、证券、基金、投资、租赁、资产管理等金融产品，向客户提供覆盖其不同发展期的全面金融解决方案，包含面向初创期企业的"中银创业通宝"、面向快速成长期企业的"中银助业通宝"和面向稳定发展期企业的"中银展业通宝" • "张江模式"是由中行市分行和张江高新技术产业开发区管委会共同推出的金融服务品牌，通过对张江高新区内科技型中小企业经营模式相关的重要"非财务信息"进行审核，对有成长性的优质企业给予融资支持 • "中小企业跨境投资撮合服务"以中国银行为中介，帮助国内外中小企业互联互通，实现对接合作 • "中银接力通宝"针对流动资金到期后仍有融资需求，又临时存在资金困难的小微企业，经申请和审批合格后，允许小微企业通过新发放贷款结清已有贷款，继续使用银行贷款资金
交通银行 "蕴通财富·鲲鹏计划"	• 包括6个产品组合套餐：生产经营一站通、贸易融资一站通、工程建设一站通、结算理财一站通、厂商联动一站通和个人投资一站通。包括17个系列产品组合。另有针对小额贷款授信需求的信贷产品"展业通快车"和知识产权质押贷款和文化创意企业贷款特色产品 • "网上应收账款质押贷款"为大中型企业上游供应商提供网银自助申请应收账款质押贷款，并实现贷款流程全程电子化，银行自动审批通过后客户即可自助申请放款，随借随还 • "蕴通电子供应链"是交通银行依托自身IT基础，在同业率先创新推出的以"电子化、信息化"为核心特色的电子供应链服务 • 推出"小企业e贷在线"为小企业客户提供了一个通过互联网自主进行贷款申请、贷款审批状态查询的渠道，具有服务效率高、成本低、互动性强等特点 • 推出的"鲲鹏计划"服务方案全面地涵盖了"融资计划""结算计划""投资计划""理财计划"和"个人财富计划"五项子计划及数十项特色产品组合，致力于为中型企业客户群体降低融资成本、提升结算效率

续表

品 牌	产 品 支 持
招商银行 "U－BANK 中小企业 专属服务" "小贷通"  	<ul><li>"U－BANK 中小企业专属服务"品牌包含专门面向中小企业的现金管理、电子供应链、商贷融资、电子商务四大类近三十项产品，以及在线客服、电子账单、手机银行、主动追踪等十项中小企业专属增值服务，充分体现供应链金融的特点。且此品牌分为三个阶段：伴您成长方案、高级财务筹划、全面领先行动，根据各个阶段的显著特点以及对银行电子金融服务的需求特征提供不同服务</li><li>"千鹰展翼"计划：该计划于 2010 年开启，包含"投融通""股权管家服务"等产品。其中"投融通"是实现企业 PE 股权投资资金的提前进入和无缝转换，促成企业、PE 和银行三赢的融资产品；"股权管家服务"是借助招行建立的私募股权合作平台，企业引入私募股权融资的服务</li><li>推出"助力贷"，针对广大中小企业各类融资需求，精心设计了一整套符合中小企业特征的特色化融资产品，有效解决中小企业融资实际问题。囊括自主贷、订单贷、置业贷、收款易、担保贷与集群贷六大产品体系</li><li>推出"生意贷"，针对经营稳定、信用记录良好、能提供房产抵押或其他符合条件的担保的中小企业主、个体工商户推出的个人经营性贷款产品</li><li>"生意一卡通"是国内首创，集融资、结算和生活于一体的小微企业主专属金融服务工具。客户可享受更便捷、省息的贷款服务；同时还享有汇款、结算、理财等金融增值服务的一站式体验</li><li>推出重点为小企业服务的资金收付管理产品"记账宝"，企业可通过网上企业银行在一个公司结算账户下自助开立多个子账户，用分别记账的方式提高资金运作效率</li><li>推出国内首个创新成长企业专属融资服务品牌"展翼通"，包含四大系列近 30 项融资产品，通过"鹰眼系统"和"脸谱识别模型"等风险识别新技术，有效控制信贷风险</li><li>"小企业 E 家"专门面向中小企业客户的开放式、综合化互联网金融创新平台。围绕中小企业存、贷、汇等基本金融需求，创新开发了企业在线信用评级、网贷易、惠结算、我要理财等互联网金融产品，并实现了与银行中后台系统的对接，初步形成了从客户接触、跟进营销，商机发掘、产品销售到在线业务办理的全链条"O2O"（Online to Offline）经营模式。同时，通过与广泛的第三方机构开展异业合作，小企业 E 家整合研发了 E＋账户、商机平台、企业云服务、企业商城、在线财务管理、投融资平台等创新的互联网应用，打通和融合了企业在结算融资、投资理财、商机拓展、办公自动化、财务管理、供应链运营等多方面的行为，沉淀了传统银行难以获得的"大数据"</li><li>2013 版"生意贷"内容包括三大产品和三项配套，三大产品：抵押加成贷、小额信用贷款、供销流量贷款；三项配套：生意一卡通、超级网银、周转易</li><li>推出"小贷通"，子产品包括易速贷系列、信用贷系列、供应链融资系列、中长期贷系列和特色贷系列</li><li>"闪电贷"：基于大数据和云计算风控的移动互联网贷款产品，可通过手机银行或网银自助办理，贷款申请、审批、签约和放款全流程系统自动化处理、无人工干预</li></ul>

续表

品 牌	产 品 支 持
兴业银行 "兴业财智星" 	• "兴业财智星"企业金融服务品牌汇集七大类基础产品，根据不同客户对金融服务的多样需求，提供了"金芝麻——中小企业金融服务方案""金立方——现金管理解决方案""节能减排——企业可持续金融服务方案"等，全面满足企业的发展需求 • "金芝麻"品牌针对生产、采购、销售三个财务需求环节，以一站式解决之道，解决中小企业8大资金难题。与小企业现金流、物流紧密结合，提供低成本采购、融资采购、扩大采购、快速回笼、扩大销售、避免坏账、资金临时短缺、创业投资在内的8大金融服务方案，依托动产（仓单）质押、厂房贷款、商票保贴、票易票、T/T押汇、保理融资等便利性产品 • "节能减排"项目贷款是国内首个绿色信贷产品，用于借款人在中国境内提高能源利用效率、促进新能源和可再生能源的开发和利用、推广节能设备的应用、减少主要污染物（包括温室气体、二氧化硫、工业和生活污水、固体废弃物）排放等 • "兴业增级贷"：该产品面向合作关系良好、信誉优良、有发展前景的中小企业客户，通过盘活企业各类资产，放大资产担保的抵押率，根据企业在兴业银行的结算情况、客户分层等级、内部授信评级等情况，给予不同的授信额度调增，其抵押率最高可约达150% • "兴业芝麻开花"中小企业成长上市计划。除了能够为企业提供贷款之外，还能够为企业的直接融资提供专业的顾问服务和技术指导。比如，针对初创期企业，兴业银行与风险投资机构合作，为企业提供创业投资支持，帮助企业尽快进入稳定期；针对成长期企业，该行与私募股权投资机构、信托公司合作，为企业引入私募基金、提供多种直接融资服务和财务顾问服务，帮助企业规范发展，争取尽快达到上市条件；针对成熟期企业，该行与券商、战略投资者、专业投资机构、上市中介服务机构等合作，筹划、辅导企业上市，加快企业公开上市进程 • 小企业"三剑客"："易速贷""连连贷""交易贷"。"易速贷"主要依托小企业优质抵押品，为小企业客户提供便捷快速的融资业务；"连连贷"为配套业务品种，当小企业借款客户结算量达到一定标准后，在贷款到期日无须偿还本金，通过放款与还款的无缝对接，延长还款期限；"交易贷"业务主要以结算交易为抓手，对于将兴业银行作为主要结算银行的小企业客户，无须提供抵质押担保，通过信用方式，为企业提供信贷资金支持，从而深化双方合作
平安银行 	• 推出"小微企业金融"综合服务，包含房易贷、组合贷、营运车辆／机械设备贷、助赢贷、融赢贷、共同基金担保和收银宝七类产品，提供灵活的贷款、支付结算方式，极大提高了资金运作效率 • 推出"供应链金融2.0"，涵盖了预付线上融资、存货线上融资、线上反向保理、电子仓单质押线上融资、核心企业协同、增值信息服务、公司金卫士等7大产品与服务，在线整合与衔接各方流程，共享银行、核心企业与上下游企业，以及物流伙伴之间的分散信息 • "贷贷平安商务卡"借贷合一卡，为小商户提供无抵押、无担保的贷款服务，随借随还。产品定位于衣食住行等民生相关行业的小微商户，户均授信额度在100万元以内。为小微客户量身定制的以小额信用循环贷款为核心，集融资、结算、增值服务等功能于一体 • "口袋银行2.0"是平安银行推出的移动金融服务平台，全新2.0版进一步优化功能架构和用户体验，可个性化定制首页；并在转账汇款、资产管理、投资理财等功能的基础上，新增了二维码应用、手机充值、优惠商户、电影票购买等创新功能；7×24小时全天候的服务，转账、汇款资金实时到账 • "橙子银行"，平安直通银行，依托于互联网和移动互联网开展业务，个人客户可实现在线开立账户、在线投资与交易

续表

品　牌	产 品 支 持
中信银行  "中信·小企业成长伴侣"	● "中信小企业成长伴侣"涵盖了"基础融资产品""集群服务方案"和"特色增值服务"三大类24项产品，满足不同行业、不同类型、不同成长周期中小企业的金融需求 ● "成长贷"是中信银行"小企业成长伴侣"品牌下的特色金融产品，是针对"一链两圈三集群"（一链指供应链上下游，两圈指商贸集聚圈和制造集聚圈，三集群指市场、商会、园区集群）内优质小企业客户量身定制的金融产品，具有产品组合专业、审批流程高效和担保方式灵活三大特点，为小企业的不同发展阶段提供充足的成长动力 ● 针对"一链两圈三集群"内优质小企业客户推出了供应贷、销售贷、市场贷、园区贷和商会贷、组合贷等创新性特色金融产品 ● 信捷贷、种子贷、商户贷、POS贷。"信捷贷"系列：主要适用于经营情况及信用情况良好、有固定营业场所的小企业、个体工商户和小企业主，最高授信额度可达1000万元；"种子贷"系列：以政府、园区、供应链核心企业等第三方合作机构或多个借款人自身提供资金形成的种子基金为主要担保方式；"商户贷"系列：针对批发、零售商贸市场内的个体工商户及企业主，以商户经营情况或经营所用的商铺租售价值为授信依据；"POS贷"系列：以POS机刷卡流量为授信依据 ● "快快贷"系列产品，该系列产品囊括了商贸、流通、餐饮、生产制造、科技文化等6大行业领域11款特色产品，分别是刷刷贷、存存贷、酷酷贷、联联贷、急急贷、光光贷、棒棒贷、串串贷、火火贷、秀秀贷、点点贷
民生银行 	● 传承和延续"财富罗盘"品牌，赋予"金融管家"核心服务内涵，具体包括融资结算、投资银行、财富罗盘、价值提升等四方面服务 ● "财富罗盘"包括生产经营、国内贸易、物流融资、票据产品、国际贸易、便利和零售7个金融套餐，易捷贷、组合贷、联保贷、循环贷、供应商融资和法人按揭6个标准化产品 ● "商贷通"专门针对小微企业主进行个人贷款的服务，其担保方式灵活、申办程序精简 ● "4008695568"小微金融服务专线 ● "乐收银"，专为批发贸易类小微企业定制的新型支付结算服务产品，支持使用个人借记卡和企业结算账户进行相关支付结算，集合了传统POS机和许多第三方电话支付终端产品的优点，刷卡收款、转账付款、缴费、信用卡还款等常见功能 ● "小微金融2.0提升版"，商户融资在"商贷通"原有的11种担保方式贷款的基础上，有了"超短贷""存易贷"等新的贷款产品；商户结算相继有了商户卡、伙伴账户和乐收银等产品；小微企业融资包括了小微企业法人授信和小微企业票据融资；电子银行在小微服务专线的基础上，又增加了商户版网银 ● "网乐贷"：为信用记录良好、与银行有密切往来的小微客户推出的最高不超过50万元的互联网自助无担保信用贷款

品　牌	产　品　支　持
浦发银行 "助推器"	• "助推器"品牌包括成长型企业金融服务方案及十大特色产品。分为助推器"第一档"——企业生产经营过程的金融服务方案；助推器"第二档"——企业扩大再生产过程的金融服务方案；助推器"第三档"——企业经营升级过程的金融服务方案 • "成长型企业金融服务方案"针对小企业成长初期、快速发展期、成熟期等各阶段提供完整的金融服务方案，包括"政府采购贷""循环融资易""共赢联盟""黄金水道""玲珑透"等特色金融产品 • "供应链融资"结合互联网媒介和电子信息技术，为企业提供信用服务、采购支付、存货周转、账款回收支持；包含在线供应链、绿色供应链、1＋N供应链、跨境供应链、供应链金融平台五大类支持方案 • 推出"吉祥三宝"中小企业批量开发模式和服务品牌，重点主要包括服务于开发园区、工业园区的"银元宝"，专业交易市场的"银通宝"，核心企业供应链上下游的"银链宝"。联合基金、风投、信托、担保等多方机构，为小微企业提供从创业顾问、银行贷款到集合融资、上市服务等全程一揽子金融服务 • 联合上海国际集团创业投资有限公司（"国际创投"）、上海市再担保有限公司（"市再担保公司"）共同推出标准化投融资创新产品——"投贷宝"，为科技型中小企业提供"投资＋贷款＋担保"的一揽子解决方案 • 推出"浦发科技金融α模式"，针对高科技小微企业初创期、快速成长期及成熟发展期的不同需求，以及科技型小微企业普遍存在的技术风险、市场风险和财务风险等特点，集科技专营机构、科技专营机制、科技专属产品和流程、专业的风险防范体系于一体，旨在为高科技小微企业提供一站式、全覆盖的金融服务 • "微小宝"是浦发银行针对小微企业设计的一套以小额、信用、灵活为主要特征的创新授信产品系列，旗下包括网络循环贷、积分贷、组合贷和小额信用贷四个子产品。"微小宝"系列产品通过弱化抵押担保、有针对性的服务、多维度的评价标准和标准化的业务流程，着力解决小微企业"短、频、急"的融资需求
光大银行 阳光创值计划 助力中小企业　成就无限未来	• "阳光创值服务"品牌以配套型、集聚型和科技创新型三类中小企业为目标市场。包含6种12款阳光套餐，为中小企业提供从项目融资、财务顾问、战略咨询、融资培训、现金管理和上市辅导等一系列综合性服务 • 阳光创值计划是包括传统融资、特色融资和增值服务等在内的一系列金融服务方案。包括政府采购模式、银租通模式、联保模式、电子商务模式、选择权模式、光合动力低碳金融服务套餐、阳光设备融易贷、抵押融易贷 • "阳光创值计划"选择权模式，与国家级高新技术产业园区搭建融资合作平台，为区内企业发放认股权贷款，由指定PE或VC在一定条件下行使认股权，并由园区提供认股权贷款风险补偿的一种融资模式 • 国内首推"企业家手机银行"，提供账户管理、收付款、贷款、商户管理、投资理财、金阳光俱乐部等服务，及代发工资、银企对账、循环贷提款、POS贷等特色功能 • 推出"易快发"——小微采购卡业务，由供应链的上游挑选优质的下游企业，当天审批，当天放款，隔日到账 • 光大银行上海市分行创新推出"企业法人保证保险贷款"，引入平安财产保险股份有限公司小微型企业贷款保证保险担保方式，无须客户提供抵、质押物或第三方保证担保 • "易管家"包括资金结算、融资服务和投资功能三大主题，面向中小企业群体，通过对企业内部资金的全流程管理，从风险控制、资金结算、流动性管理、投资融资等方面提供金融服务

品　牌	产　品　支　持
华夏银行 华夏银行　龙舟计划 中小企业金融服务商	• 根据小企业发展的不同阶段特征及需求，分别推出华夏银行"龙舟计划"之创业通舟、卓业龙舟、展业神舟，针对各阶段实际需求提供不同种类的系列服务。包含快捷贷、循环贷、联贷联保、增值贷、接力贷、网络自助贷、法人按揭贷等15个产品 • "商圈贷"作为"龙舟计划"的创新产品，由华夏银行于2010年7月首家推出，立足营销模式创新，在传统单一客户开发的基础上研发，主要针对交易市场内小企业客户，依托交易市场、商场等商圈的小企业金融服务产品，实现批量解决小企业融资问题 • "助力贷"，针对小型企业、个体工商户和小企业主，借款人在贷款发放前自愿与该行及第三方合作公司签订《三方业务合作协议》，约定在信贷资产满足协议约定的信贷资产转让条件时转让信贷资产，该行在此基础上向借款人提供融资服务的产品 • "卖断型接力贷"，与小贷公司共同为小微企业提供贷款服务，对于双方认可的小微企业客户，贷款分为两个阶段，第一阶段由银行发放贷款；第一阶段到期后，根据协议约定条件转入第二阶段，由小贷公司承接贷款 • "买断型接力贷"，与第三方合作机构分两个融资时段共同向借款人发放的自营信贷资产业务。借款人、担保人在贷款发放前与华夏银行、第三方机构签订《买断型接力贷四方业务合作协议》第一融资时段，由第三方合作机构向借款人发放贷款；第二融资时段华夏银行依照《协议》约定受让第三方合作机构信贷资产
北京银行 小巨人 中小企业最佳融资方案 短贷宝 有了短贷宝·生意跑不了	• "小巨人"产品体系经过进一步的整合，成为包括"创融通""及时予""腾飞宝"三大核心基本产品包和"高科技类""文化创意类""节能减排类"三大行业特色附加产品包的融资方案。同时，重点针对文化创意、高科技、节能减排、再就业工程等领域的中小企业开发了"创意贷""融信宝"、知识产权质押贷款、中国节能减排融资项目贷款及小额担保贷款等特色产品 • 推出个人经营性贷款专属产品"短贷宝"，定位于为中小企业主和个体工商户量身打造紧急融资平台。北京银行"短贷宝"产品具有五大特点与优势：贷款申请简易快、担保方式多样化、一次授信循环用、授信额度有保证和资金到账讲速度 • "小微贷"是为小微企业量身定制的、基于账单流水实现融资的信用贷款产品。除了支付贷款利息外，企业无须支付评估、抵押、担保等其他费用；适用线上模式，通过与互联网公司的合作，打造集线上数据整合与线下金融服务于一体的服务模式 • "现金 e 通"为客户提供在线账户管理、结算管理、资金集中管理、增值管理、融资管理、风险管理等多项功能，满足不同类型客户专业化、个性化、便捷化的现金管理需求
宁波银行 金色池塘 中小企业全面金融服务 金色池塘	• "金色池塘"具有三大特色：资金融通新渠道、零成本财务顾问、现金流增值新方式，能很好地契合中小企业发展的需求 • "金色池塘"旗下产品包括信用类产品：诚信融、透易融；抵押类产品：贷易融、便捷融、定期融；保证类产品：友保融、专保融、联保融；贸易融资类产品：业链融；区域特色产品：文贷融、订单融、租金融、退税融、农贷融、设备融、科贷融等十九种标准化特色融资产品（另有押余融、互助融、小额贷）以及即时灵账户信息服务和特色积分增值服务。其中，子产品"透易融"是内地首个为小企业定制的免担保、免抵押、按日计息、随借随还的账户透支产品 • "金色池塘"小企业资讯通计划，定期给小企业直投个性化电子杂志，电子杂志内容不仅涉及最新经济金融政策、重点行业政府最新优惠政策、同期银行推荐的信贷产品或理财产品，还包括了相关行业招标采购信息等商机 • "金色池塘"小企业大讲堂计划，以"与广大中小企业共成长"为出发点，为小企业提供多维度的专业知识，方便客户不断提高资金管理能力和企业营运能力 • "银企沙龙"，针对中小企业管理"短板"专门开展的活动，通过各种形式的培训、交流，帮助中小企业管理人员进一步了解金融知识，提升财务管理能力，并通过运用金融产品规避金融风险、实现企业增值 • 推出"宁行E家人"中小企业金融商务网络社区，企业通过"E家人"申请的贷款，可在3天内获得银行人员回复；当小企业在融资、国际业务、理财产品等方面遇到困惑时，可直接在"E家人"上联系各类银行业务专家，解决问题 • 升级版"金色池塘"保留一次授信三年有效、额度内循环使用、随借随还等特点，将最高抵押率提高到100%，最长授信期延长到8年，同时结合打分卡自动审批，将其审批期限缩短为2天

续表

品　　牌	产　品　支　持
南京银行	• "鑫动力"，已经推出了包括"订单融资业务""知识产权质押贷款""应收账款质押""法人账户透支业务"四大特色产品在内的 40 多个产品满足不同类型、不同规模的小企业需求，为企业提供个性化的金融服务方案 • "鑫智力"，专属于科技型企业的特色产品，根据不同科技型企业的不同发展阶段为客户量身定制差别化的金融产品和全方位金融服务的系列产品，项下主要包括知识产权质押贷、应收账款质押贷、联合贷、投联贷、税联贷、保联贷、倍增贷、政府采购贷等近 20 个科技企业专属产品 • "鑫微力"，专属于微型企业、个体工商户和个人的纯信用信贷产品系列，无须抵押担保，审批速度快，3—5 个工作日资金即可到账 • "福鑫卡"，专为微型企业、个体工商户量身定制，具有一次授信、循环使用、自助操作，随借随还的特点，最高授信 100 万元，客户可通过 ATM、网上银行、电话银行实现自助放款、自助还款，手续简便
宁夏银行 "如意系列"	• "如意"系列特色业务，包含如意百货贷、如意农资通、如意机电通、如意循环贷和如意农金宝五项产品，运用创新开发的提货权质押、商标权质押、存货质押、应收账款质押等担保方式，满足中小企业融资需求 • "成长之星"金融服务，通过向"成长之星"企业提供快速审批通道、下浮利率和承兑保证金、减免结算手续费等优惠措施支持中小微企业发展，是一项覆盖全区的长期性系统工程
青岛银行	• "青易贷"业务，向符合条件的企业法人、个人独资企业、个体工商户等发放的小额贷款业务，无须抵押，以两名自然人家庭连带责任担保即可 • "科易贷"业务，联合青岛市科技局、青岛市担保中心共同发起建立"青岛市科技信贷风险准备金池"，向科技创新型中小企业发放贷款，解决其在经营过程中面临的资金瓶颈问题
哈尔滨银行	• 乾道嘉小微企业"商全通"贷款产品，围绕核心企业或大型交易市场展开，创新运用 12 种担保方式，通过"铁三角"平行作业模式，批量开发，提高贷款效率 • 乾道嘉"供应链"小微企业融资产品组，包括商超通、医保通、政采通及佳易通四种产品，突破了传统抵押保证担保方式，以借款人稳定的销售回款作为还款保障，通过封闭现金流控制资金回行防范风险，信用贷款额度最高达到 500 万元 • 乾道嘉小微企业粮煤仓单质押贷款，专为粮食煤炭经销或加工型小微企业量身打造，用于粮食收购或煤炭储备，以企业自有的存货质押，无须提供其他担保，贷款额度最高可达 1000 万元

注：表中红色字体代表银行 2014 年推出的新产品和服务。

4

国家开发银行、邮政储蓄银行及
政策性银行：特色服务中小微企业

2014 年，政策性银行继续拓展服务范围，服务规模进一步扩大，政策性银行植根于本行的特殊定位，通过探索特色服务模式以提升本行的服务质量。其中，邮储银行在自身庞大的网点优势下，结合互联网平台，着重拓展县域和农村小微企业；国家开发银行在"四台一会"模式下，加大和地方金融机构的合作，增加对小微企业的授信额度，进出口银行和农业发展银行继续发挥政策性优势支持相关中小微企业发展。

4.1 国家开发银行多方向探索服务小微企业

2014 年，国家开发银行仍然在不断探索其他更好地支持小微企业发展的途径。和 2013 年相比，批量融资使用规模不断扩大，通过和"四台一会"的合作开展服务，更好地服务小微企业。"开鑫贷"的模式仍然在不断探索，此外国家开发银行首次通过创新供应链票据的方式尝试为供应链中上下游中小企业提供资金支持。从 2014 年国开行对小微企业金融服务来看，国家开发银行仍然在延续 2013 年和其他小微金融服务机构的合作模式，在服务方式上并没有幅度更大的创新，而无论是"开鑫贷"还是供应链票据都是小部分进行了试点，还不能成为国开行进行大规模小微金融服务的特色模式。

4.1.1 小微企业贷款余额过万亿元

根据 2014 年国开行年报数据显示，2014 年中小企业贷款余额共 2.47 万亿元，其中小微企业贷款余额共 1.03 万亿元。[①] 中小企业的贷款余额相比于 2013 年增幅达到 18.61%，贷款增幅比 2013 年再次上升，反映出国开行 2014 年在中小微企业风险进一步扩大的情况下对中小微企业的服务力度不减。进一步和商业银行小微企业金融服务规模的数据对比，国开行的资产规模相比于五大行来说介于中国银行和交通银行之间，而小微企业贷款余额相比也处于交通银行和中国银行之间。

---

① 《国家开发银行 2014 年年报》。

图 4 - 1　国家开发银行中小企业贷款余额及增幅（2012—2014 年）

4.1.2　通过"四台一会"开展批发零售模式，扩大服务小微范围

受到国开行自身定位限制，其营业网点的数量比较少，为了弥补网点不足、人员缺少的自身问题，国开行仍然沿用我们去年在报告中提到的"国家开发银行—机构合作伙伴—中小企业"的服务链条，通过与地方"四台一会"进行合作，扩大服务范围，拓展支持小微企业的深度和广度。"四台一会"主要是指贷款平台、担保平台、公示平台以及中小企业信用协会，通过和本地的机构进行合作，解决国开行在地方力量有限，无法根据地区特色为当地小微企业作出具有针对性的资金支持措施的问题。通过和地方平台协作，并有国开行对地方平台进行指导可以节省发放资金的成本，使得对于小微企业的支持落到实处。

而在放贷模式上，国开行小微金融服务的核心是采用批发—零售业务模式。在批发—零售模式下，国开行利用自身准政策性银行的优势向地方金融服务机构批发贷款，再由这些机构面向小微企业提供贷款服务。批发—零售模式简单讲就是开展统贷统偿业务，通过各地分行向地方平台授信，以平台公司为载体向当地小微企业提供贷款服务。除了和政府共建平台以外，国开行还正积极和地方中小商业银行、村镇银行进行合作，努力扩大服务半径。同时，国开行还通过产业链贷款方式向中小企业提供贷款服务。以分行围绕产业链上的核心企业，以"应收""应付"和存贷为信用基础，根据交易中构成的链条关系和行业特点设计融资方案，增强产业链整体的竞争能力。

国开行的小微贷款规模反映了和其他小微金融服务机构合作，采用批发融资的方式是现实可行的，并且也是目前国开行持续在使用的方式。但是，这样的小微企业服务模式仍面临一定的问题。第一，通过平台公司为载体的业务模式还需要进一步提升。国开行的营业网点十分有限，而通过有政府背景、专业化的平台公司作为贷款服务的载体的数目十分有限，无论是从服务方式还是服务的数量上都还不足以满足更加广泛的需求。第二，国开行的融资模式社会化程度不够，对政府平台、担保公司的依赖较高，可进一步探索和中小商业银行、地方商会等机构合作拓展更为市场化的服务小微企业的模式。

2014 年，国开行还创新了 TCL 供应链票据，并在银行间市场成功发行。这次供应链票据的成功发行标志着国开行正在跳出传统的中小微企业融资支持的模式，探索通过创新供应链票据的方式尝试为供应链中上下游中小微企业提供资金支持。

4.1.3　大力支持新农村建设

2014 年，国开行发放新农村建设贷款 1893 亿元人民币，主要用于支持新农村及县域基础设施、农业产业化龙头企业、农村医疗卫生等事业。截至 2014 年底，国开行累计发放新农村建设贷款 1.6 万亿元人民币，贷款余额为 7549 亿元人民币。[①] 这些金融支持对改善农村生产建设环境有着重要的作用，进而有利于吸引商业化的金融机构加大对农村及农村小微金融服务市场的投入。

村镇银行也是国开行重点支持农村建设的渠道之一。截至 2014 年末，国开行控股村镇银行 13 家，参股 2 家，向农村共发放贷款余额为 72.5 亿元人民币，其中小微贷款余额 49.9 亿元。尽管从国开行年报公布的数据中我们可以看出村镇银行所发放的贷款数额和农村贷款总额以及国开行支持小微企业的贷款数额相比体量小很多，但是村镇银行仍然是国开行服务农村、支持农村小微企业的重要渠道，并且国开行村镇银行的数量仍然在增加，服务农村和小微企业的能力也在不断增强中。

总体而言，2014 年，国家开发银行保持了支持小微企业贷款增长的态势，并没有随小微企业在这一年中风险暴露更大而缩小资金支持力度，在通过以较为成熟的和地方金融机构合作采用"四台一会"模式进行小微企业金融服务的同时，也在更多的方向探索以本行的特色支持小微企业发展的其他渠道。此外，主要适用于江苏地区的"开鑫贷"仍然在努力进行改进，试图提高可复制性以推广到更多的地区。

4.2　邮储银行专注普惠金融和小微金融发展

中国邮储银行是目前全国网点最多、网点覆盖面积最广以及客户数量最多的金融机构，定位于服务"三农"、服务中小企业和服务社区。2014 年，邮储银行专注普惠金融，把支持农村建设、服务小微企业及带动社区金融建设作为主要业务，通过产业链带动、搭建互联网金融平台等方式积极促进小微企业的发展。

4.2.1　服务小微企业规模进一步扩大

截至 2014 年末，邮储银行小微企业贷款余额 5574 亿元，占全行贷款余额的 34.57%，增速为 12.22%[②]，增速大幅放缓。累计有效解决了 1200 万户小微企业的经营资金短缺困难。邮储银行小微贷款余额虽不及五大行，但与股份制商业银行相比，仅次于招商银行，超过了民生银行、浦发银行等其他股份制商业银行。

---

① 《国家开发银行 2014 年年报》。
② 《中国邮政储蓄银行普惠金融报告（2014）》。

图 4 –2　中国邮政储蓄银行小微企业贷款余额及增速（2012—2014 年）

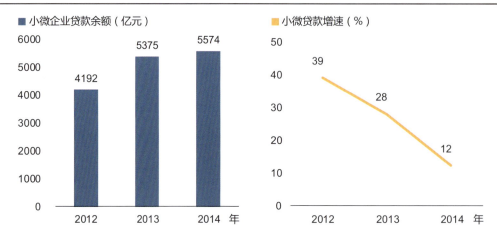

注：2014 年数据来自《中国邮政储蓄银行普惠金融报告（2014）》，2013 年和 2012 年数据来自《中国中小微企业金融服务发展报告（2014）》。

4.2.2　特色支行 + 产业链带动县域小微金融发展

邮储银行网点众多，其中有 70% 的网点在县域地区。因此，邮储银行推出特色支行并以产业链为切入点，扩大服务小微企业的覆盖面积，促进县域经济的发展。

截至 2014 年底，邮储银行共有小企业特色支行 201 家，覆盖了包括西藏、新疆、青海、宁夏等在内的全部 36 家一级分行，涉及农业、工业制造业、科技文化等服务业在内的 117 个细分行业小类①。通过大力建设小企业特色支行，可以使得银行更加贴近核心市场和目标客户群体，更了解地区内小微企业的需求，从而提供专业化的产品和服务，使得邮储银行提供的服务能够真正满足客户的需求，打造差异化的服务优势。为进一步推动特色支行服务地域的特色经济发展，邮储银行为小企业特色支行单列出 89 亿元专项信贷额度支持特色支行服务小企业客户。

在产业链方面，邮储银行确定了为海洋渔业、中药材等八大重点产业以及连锁、科技两大类型企业提供集约化服务。并通过引入"政府增信""行业自律""产学研联动"等一系列机制，实现产业链的链式开发，扩大小微企业的支持范围。

4.2.3　以服务"三农"为重点任务支持农村经济

2014 年，邮储银行的涉农贷款余额达到 5902 亿元，较上一年增长达到 50% 左右。截至 2014 年末累计发放小额贷款超过 9700 亿元，家庭农场贷款当年累计放款 17 亿元。②

针对农村普遍缺乏抵押品的情况，邮储银行结合地区特色创新担保方式，通过银政、银协、银担、银保和银企五种合作平台，重点解决农村的融资难问题。在四川省，邮储银行通过和农技协合作，将农民组织在一起，以集体的方式向邮储银行贷款。同时，邮储银行还开展了"三权"抵押贷款试点，根据地区特点，农民可以使用土地承包经营权、宅基地使用权和林权作为抵押获得贷款。

---

① 《让创新成为农村金融发展的新常态——邮储银行"三农"普惠金融实践调查》，中国邮储银行网站，2014 – 12 – 24。
② 《中国邮政储蓄银行普惠金融报告（2014）》。

为解决部分农村地区较为偏远，办理业务不方便的问题，邮储银行在广大农村地区还推广移动支付方式，方便银行的业务员在移动终端为客户办理各项业务。邮政银行在福建、河北等地区进行了相应的试点，通过使用 PAD 终端来进行贷前和贷后的各项管理，既方便了农村各项金融服务的办理，又提高了服务"三农"的效率，使得邮储银行的资金可以更加快捷地到达农户手中。

从邮储银行 2014 年的发展情况来看，邮储银行以服务小微、服务"三农"为普惠金融的主要着力点，通过不断创新服务来推进普惠金融的发展。明显不同于其他商业银行的特点就是，邮储银行根据自身网点分布情况，以县域和农村的具体情况进行业务服务，无论是服务方式还是服务内容都紧紧围绕县域和农村，邮储银行的服务没有相对于其他商业银行复杂的操作流程和较为"高端"的金融产品，其突出的产品和服务都相对更加贴近县域和农村的实际需求，使得邮储银行对农村和县域的广大客户的服务更加到位和直接，相比之下客户的结构也更加下沉，使得资金直接支持到距离银行物理距离最远的一些小微企业和个体农户，也使得普惠金融更加落到了实处。

4.2.4 借助互联网拓展小微金融服务

在互联网飞速发展的 2014 年，邮储银行业开始布局互联网业务。因为邮储银行超过一半以上的客户都在县域甚至是农村，邮储银行在使用互联网时也充分考虑到了客户的接受程度。因此和其他商业银行互联网金融不同的是，邮储银行的互联网金融需要满足不同人群的需求。在扩展互联网金融业务时将业务分为城市和农村两种方式，在城市小微企业方面，邮储银行和 1 号店合作，开发电商供应链金融，产品涵盖"小微贷""信用贷"和"金融团"。邮储银行和 1 号店合作推出的"1 金融"已经发行了面向供应商的"1 保贷"和面向用户的"1 元保险"。同时，邮储银行充分考虑客户的需求，推出的手机客户端包括了智能手机和非智能手机两种方式；同时推出了便捷版，将操作设计得更加简单明了，方便外来务工以及县乡以下的客户群使用。

截至 2014 年底，邮储银行的电子银行业务达到 1.15 亿户，较上一年度增长 39%。同时，邮储银行的电子银行交易替代率也增加到了 63.2%，同比增长了 13.2%。对于主要服务对象是县域及农村客户群来说，这样的水平已经显示出了非常大的进步。而这样的互联网金融也包含了邮储银行自身的客户特点，可以较为有效地提高在某些农村或偏远地区的服务效率。

同时，邮储银行为更好地支持服务"三农"，已经在山东、江西、河北、湖北、贵州等多地推广使用"邮掌柜"电商平台，其中湖北省农村地区共有 1744 个"邮掌柜"布局点[①]，江西省则共建成"邮掌柜"网点 7612 个，便民服务代收费金额达到 21.97 亿元。

"邮掌柜"在各地上线帮助当地小微商户获得了方便快捷的物流，支持了小微商户的发展，同时为当地民众增加了一系列缴费、购物等便民服务，积极推动了农村电商的发展。农民通过在家使用"邮掌柜"系统，就可以购买到日常所需的商品。邮储银行通过和邮政集团积极开展合作，实现了保证无论地区多么偏远，都可以送货上门，这是绝大多数电商平台所不能做到的。"邮掌柜"通过我国布局广泛的邮政系统，保证农民所购买的商品可以送货到家。这样的方式不仅方便了农民的生活，更加支持了农村小微企业的发展。很多农村的便民商铺在"邮掌柜"的支持下，逐渐走向正规。同时，通过"邮掌柜"，很多农村都出现了缴费一站通，给农民的生活带来了极大的便利。就山东省来

---

① 《湖北农村冒出 1744 个"邮掌柜"》，凤凰网，2015 – 03 – 23。

看，邮政公司安装了1.3万个"邮掌柜"，占到全省农村商超便民服务站的20%以上，并实现销售金额3800万元。[①]

图4-3 中国邮政储蓄银行电子银行使用客户数及电子银行交易替代率（2012—2014年）

注：数据来自2012—2014年《中国邮政储蓄银行社会责任报告》。

4.3 进出口银行、农业发展银行政策性扶持中小微企业

2014年，中国进出口银行以"批发"理念开展小微企业信贷"零售"业务，推进"统借统还"的贷款模式，健全小微企业信贷制度和风险防控体系。截至2014年8月末，小微企业贷款余额达到1167.89亿元，占全行表内贷款比重为7%，实际支持各类小微企业客户1413户。[②]

2014年，农业发展银行继续履行政策性银行职能，支持农村流通体系建设、新农村建设、农村基础设施建设等"三农"领域贷款业务，从而间接服务农村地区的小微企业。农业发展银行2014年全年累计发放农业生产资料贷款267.24亿元，贷款余额219.67亿元；棉花类及非粮棉油产业化龙头企业贷款758.88亿元，贷款余额791.04亿元，支持客户1439家；农村流通体系建设贷款92.64亿元，贷款余额208.52亿元，支持项目437个；其他涉农企业贷款43.96亿元，贷款余额42.8亿元。[③]

---

① 《山东邮政村级电商服务点已达1.3万个 年底实现一村一点》，中国网，2015-04-13。
② 《进出口银行扶持小微企业的探索》，金融时报，2014-10-13。
③ 《中国农业发展银行2014年年报》。

5

农村金融：创新集聚下的新格局

2014 年，经济新常态下的"三农"发展仍是政府工作的重点，以农村基础设施建设等财政投入激活农村生态、电子商务高调进入农村市场、农民工返乡创业为热点，新型农业生产主体发展迅速，在创新集聚的能量推动下，"三农"新格局正在形成。传统的农村金融机构在过去一年中总体上稳步发展，但也同时显现出来自自身和外部的问题和威胁。经济增速下行中，农村金融机构依靠"农"以外的途径赚钱变得越来越困难，如何抓住自身的优势，克服积累已久的问题，为农村建设、农业发展、农民创业找到合适的金融服务方式是摆在农村金融机构面前不得不面对的问题。与此同时，传统企业以及互联网企业纷纷进入农村，期望以服务链占领农村市场，这其中也包括后续跟进的金融服务。尤其是在国家农业产业政策处于重大调整阶段，普惠金融受到高度重视的大背景下，加之基于移动互联平台的集大数据、云计算以及金融场景化体验的实践对现有农村金融服务模式带来"冲击"，农村金融市场未来将是最为活跃和充满变数的"焦点"。

今年，农村金融研究小组从农村金融服务对象入手，即从需求方角度进行定性的研究，在分析"三农"金融需求正在发生的变化的同时，洞察供给方的金融服务现状以及市场创新行为对于农村金融的影响，旨在了解农村金融服务者所处的发展环境，为其今后的战略发展、创新服务提供有益的参照，进一步促进农村金融市场的健康发展。

5.1 "三农"发展环境正在改善

5.1.1 农村基础设施不断提升

■多部委合力推动农村基础设施升级

为解决城乡二元结构和推进城镇化发展，政府在农村的公共财政投入继续加大，从村庄规划、基础建设等多方面对农村环境进行改善。同时，政策性银行对农村基础设施建设给予了较为充分的支持。

2014 年农业部发布《关于切实做好 2014 年农业农村经济工作的意见》，提出启动"信息服务进村入户工程"，直接面向农民开展全方位信息服务。在北京、辽宁、吉林、黑龙江、江苏、浙江、福建、河南、湖南、甘肃等 10 个试点省市建成一批村级信息服务站，培育一批村级信息员，推动各类农业公益服务和公共服务资源接入村级站，并初步形成可持续运营机制。财政部和商务部联合在部分地区开展电子商务进农村示范，一方面推动阿里巴巴、京东、苏宁等大型电商和快递企业布局农村市场；另一方面鼓励传统的供销、邮政等实体企业在农村积极尝试线上线下融合发展。

■农村基础金融服务进一步提升

农村基础设施的完善为金融服务提供了保障，从中国人民银行到银监会都在大力推动农村基础金融服务的完善。中国人民银行 2014 年年报显示，截至 2014 年末，农村地区金融机构开立个人银行账户 27.45 亿户，各类银行卡 17.37 亿张，人均持卡 1.95 张。助农取款服务点达 92 万个，覆盖行政村近 50 万个，行政村覆盖率超过 85%；2014 年财政涉农补贴非现金发放 45.09 亿笔、金额 3271.69 亿元。助农取款业务达到 1.57 亿笔，共 494 亿元，分别同比增长 69.3% 和 73.9%。

5.1.2 农村产权制度改革激活"三农"沉睡资产

农村产权制度改革的内容包括开展农村集体土地所有权、集体土地使用权、土地承包经营权和房屋所有权确权登记，推动农村产权的流转。

2014 年 10 月，中共中央办公厅、国务院办公厅印发了《关于引导农村土地经营权有序流转发展农业适度规模经营的意见》（以下简称《意见》），要求农村土地流转不能搞大跃进，不能搞强迫命令，不能搞行政瞎指挥，避免走弯路。村级组织只能在农户书面委托的前提下才能组织统一流转，禁止以少数服从多数的名义将整村整组农户承包地集中对外招商经营。《意见》明确提出，坚持农村土地集体所有，所有权、承包权、经营权三权分置，引导土地经营权有序流转。首先要维护好农村土地集体所有权。其次，要保障好土地承包权。同时，要放活经营权。鼓励创新土地流转形式，鼓励农民以多种形式长期流转承包地，鼓励通过互换解决承包地细碎化问题，稳步推进土地经营权抵押、担保试点，允许农民以承包经营权入股发展农业产业化经营等。《意见》是今后一段时期指导农村土地制度和农业经营制度改革的重要政策性文件。近年来，农村土地流转呈加快之势。截至 2014 年 6 月底，全国家庭承包经营耕地流转面积 3.8 亿亩，占家庭承包耕地总面积的 28.8%，比 2008 年底提高 20%[①]。

5.1.3 普惠政策撬动金融供给

金融监管部门顺应国家大力发展农村，支持农业现代化的导向，2014 年出台多项普惠金融政策以引导金融资源更多服务"三农"。

人民银行 2014 年两次定向下调存款准备金率，实施一次非对称下调金融机构人民币存款和贷款基准利率。同时新设信贷政策支持再贷款，包括支农再贷款和支小再贷款，全年多次调增再贷款、再贴现额度，并完善相关管理，对涉农、小微企业票据优先办理再贴现，并要求再贴现票据的贴现利率低于同档平均利率，鼓励金融机构扩大对"三农"和小微企业信贷投放。此外，针对新型农业经营主体和适度规模经营的新特点、新需求，出台《关于做好家庭农场等新型农业经营主体金融服务的指导意见》，并在年初同时发布《关于全面推进深化农村支付服务环境建设的指导意见》和《关于加快小微企业和农村信用体系建设的意见》。

---

① 数据来自农业部。

银监会 2014 年也出台了一系列办法和意见，指导农村金融机构更好地开展"三农"服务，其中，《农村中小金融机构行政许可事项实施办法》要求农村中小金融机构注重内部治理和风险防控机制的完善；《关于推进基础金融服务"村村通"的指导意见》引导银行业金融机构向行政村延伸基础金融服务，力争用三至五年时间，总体实现行政村基础金融服务"村村通"。此外，对村镇银行和农村商业银行的发展和改革提出了具体的要求，包括《关于进一步促进村镇银行健康发展的指导意见》和《加强农村商业银行"三农"金融服务机制建设监管指引》，指出了目前村镇银行发展中仍存在的一些问题，包括数量增长乏力，规模效应不足；社会认知度低，吸收存款压力大；贷款结构失衡，偏离"支农"政策初衷等，要求农村商业银行建立包括股权结构、公司治理、发展战略、组织架构、业务发展、风险管理、人才队伍、绩效考核和监督评价在内的保障农村商业银行支持"三农"发展的系列制度安排，并加强相应能力建设，促进农村商业银行持续提升服务"三农"的特色化、专业化、精细化能力和水平。

5.2　"三农" 格局变化对农村金融服务提出新要求

5.2.1　返乡创业促进农业生产主体和业态多元化

■内外因素力促农村返乡创业潮

从研究组走访发现，近年来农村创业者层出不穷，他们中有在外务工多年回乡的村民，也不乏青睐"三农"的城市居民，内外因素促农村返乡创业成为一种潮流。

从外因来看，第一，城市的发展和扩张速度放缓，对低层次就业的需求降低，同时生活成本提高，而进城农民工普遍文化程度较低，大多从事基础服务和建设工作，在城市发展中成为第一批被"淘汰"的群体；第二，多年的农村劳动力输出，使得出现了大批空心村，或大多是老人和小孩留守农村，留有大批闲置或利用率低的土地；第三，政策引导部分人到农村参与建设和创业，土地流转制度的推行为规模化、集约化现代农业生产提供了基础保障。另外，针对农业的财政补贴及金融支持政策也为农村创业提供了支持。

从内因来看，第一，从 20 世纪 80 年代末开始的农民进城务工、创业潮已经近三十年，一部分农民已经扎根城市，但也有一大批农民仍然无法融入城市生活，他们的很多亲人还生活在农村，使他们对农村生活念念不忘，正在寻找一个契机回到农村。第二，返乡创业者经历了在城市的打拼，开阔了视野，积累了人脉，最重要的是能从城市带回创业启动资金。研究小组在广东粤北地区调研时发现，一位 90 年代初就到"珠三角"地区打工的农民，先后在中山大学做过门卫、电工以及帮助该校教授做生物实验，工作中让他接触了中山大学的部分教授。2011 年决定回乡创业，从事种养结合的立体农业，种植优质水稻，养殖生态鸡，其创业指导和技术支持就来自在中山大学工作期间结识的教授，为其创业提供了有力的指导和保障。第三，城市的污染等生活质量下降和激烈的竞争环境，促使一部分城市中产阶级向往农村进行创业和生活，形成一股"逆城市化"的潮流。

与此同时，农村返乡创业潮引发了社会资本及城市创业者的极大关注，这种关注促使更多受教育程度较高、素质较高的创业者加入到新一轮的乡村建设之中，调研组在调研中发现，农村返乡创业有一种"城乡组合式"的现象存在，即真正的城市创业者正在和农村当地的创业者做"合伙人"，这种合伙人方式达到了优势互补的效果，即城市创业者具备较高的文化水准、市场能力、技术能力等，农村创业者拥有本地化资源优势及农业生产基本技能，这种创业组合的成功率会更高。

随着农村生产经营主体多元化，尤其是教育程度和视野更宽的创业主体进入农村，农村生产及经营的内涵发生了较大的变化，从传统的分散式的、小规模、单一的生产方式，正在向着集约化、规模化、多元化的方式迈进，尤其是以有机生态农业以及民宿经济为代表的生产经营业态发展迅速。

■ **创业形式丰富，呈现新的农村金融需求**

过去的农业生产大多是"小而散"，生产效率低、附加值低，难以产生效益。返乡创业使传统农业生产方式发生了改变，朝着规模化、集约化发展，使农业生产更加资源集中、技术集中，机械化程度提高，劳动力成本降低，同时，顺应生产的要求，出现了一批新型农业生产主体，包括家庭农场、种粮大户以及生产合作社等，具备一定的农业生产和管理协作能力。丰富的创业形式在带动农村经济发展的同时，也产生了与传统"小而散"的农业生产需求所不同的金融服务需求，新型的农业生产主体在金融服务的需求上呈现多元化、多层次的趋势，尤其是基于其生产、加工以及营销全链条的需求与以往的传统的生产方式大不相同，要求农村金融服务机构在服务对象、服务规模、服务内容、服务渠道等方面随之发生改变。

5.2.2 农村电子商务发展带来农村金融服务新需求

2014 年的农村电子商务发展可谓如火如荼，从政府示范到企业纷纷"刷墙"，再到全村开网店，普遍认为农村电子商务是未来的一块大蛋糕。随着农村网络建设进程的不断加快，其信息化程度不断提高，农村网购需求已经呈现爆发式增长。随着网络基础设施的完善，农村网民大幅增长，中国互联网络信息中心的统计数据显示，截至 2014 年末，我国网民中农村网民占比 27.5%，规模达 1.78 亿人。2014 年全国农村网购市场总量超过 1800 亿元，预计 2016 年会达到 4600 亿元[①]。值得注意的是，农村移动端网民增速更加迅猛，截至 2013 年末，农村网民使用手机上网的比例已达到 84.6%，高出城镇 5 个百分点，农村网民手机上网规模已达到 1.49 亿人，较 2012 年增加了 3220 万人，同比增长 27.5%[②]。农村网民的快速增长，使得席卷全国的商务浪潮正向农村全面渗透，可从三方面来看农村电商的价值：

一是买的潜在价值，城镇化的进程及土地流转制度的铺开，农民从事非农生产的比例在上升，农村自给自足经济正在消失，大部分的生活、生产物资需要通过购买获得，产生了买的客观需求，但农村消费不振，一部分原因是买不起，更多的是由于地理因素等增加了购买成本，造成买不到而不买的情况，电商的网络如果能覆盖农村，农村消费必将被激发。

二是卖的潜在价值，环境污染及食品安全等问题越来越被城市居民关注，使得对农村的原生态农产品的需求增长，若能用农村电商来解决卖的问题，将带动农村创业的吸引力。

三是在数据积累基础上的金融服务潜在价值，买和卖的数据积累到一定程度后，相应的金融服务也变得水到渠成，同时农村电商也可以为农民互联网理财打开一个窗口，获得更多样化的金融服务。

如果能解决好以上三个方面，对促进农村消费，激活农村经济具有重要的意义。

■ **农村电商发展激活农村消费及农产品流通**

（1）政府搭平台培育本地网商。由于单个农村网商面对市场时存在信息、技术等诸多弱点，要想在市场中站稳，需要包括信息、技术等一揽子综合服务。调研小组在粤北英德市调研了解到，该市由团委发起设立英德市青年网上创业服务中心，旨在免费帮助当地青年借助电子商务创业，服务项目涉及电子商务

---

① 数据来源：阿里研究院网站。
② 数据来源：中国互联网络信息中心。

代运营、电商培训、品牌策划、开店指导、网络推广、创业孵化以及电子商务软件开发等。目前英德市共有网店 127 家，服务中心开展电商培训 212 人次，运营中心集中处理相关农产品的展示及物流配送。

（2）供销、邮政借物理网点服务农村电商。全国供销合作社和中国邮政在县域都存在广泛的物理网点，虽在过去的市场竞争中呈现颓势，与农业和农民的关系逐渐疏远，但两者在农村电商发展的关键时期都有所动作。2015 年 3 月发布的《中共中央国务院关于深化供销合作社综合改革的决定》把供销合作社的未来发展定位在从农产品的流通、建立综合服务中心（站）、发展农村合作金融、领办创办农民专业合作社等方面力图包办"三农"各项事务的组织。此外，中国邮政也在 2015 年全国邮政工作会议中提出，要加快综合便民服务平台建设，重点加强农村电商服务能力建设。一方面整合线下渠道，中国邮政目前包括 5 万多个邮政局所、12.3 万个"三农"服务站、11.7 万个村邮站，虽然网点分布广泛，但目前还处于分散状态，不能形成合力；另一方面在更多人口聚集地推广自身的"邮掌柜"农村电子商务平台，进一步拓展范围。调研小组在粤北南雄市调研时了解到，该地邮政通过电子商务创业园平台为农产品网商提供技术、物流支持，并在其网点开展代购服务。

此外，从 2014 年开始，电商巨头纷纷指向农村市场，阿里巴巴、苏宁、京东均将电商的触角向农村伸展。

（1）阿里巴巴推进"千县万村"计划。从阿里研究院 2014 年 10 月发布的阿里农村电子商务战略解读中了解到，农村作为其未来三大战略布局共有四大要点，即投资基础、激活生态、创新服务和创造价值。同月，阿里巴巴集团宣布启动"千县万村"计划，在三至五年内投资 100 亿元，建立 1000 个县级运营中心和 10 万个村级服务站。村级服务站一般设立在村中心，提供代买和代收服务。同时，阿里巴巴也与浙江、广东、福建等重点省份开展了深度合作，帮助阿里巴巴快速布局县域及农村市场。

（2）苏宁计划 5 年内设立 1 万家乡镇服务站。苏宁在 2008 年就提出了加快三四级市场发展的战略，确立了县镇店的业态，对发达的三四级市场进行渗透，2014 年成立专门项目部，对三四级市场进行全面开发和运营提升，而苏宁易购服务站就是承担这一任务的重要载体之一。服务站帮助农村消费者在苏宁易购上下单，同时还承担部分物流自提、物流配送和售后服务的功能。除销售商品外，服务站将同时具备品牌推广、购物消费、金融理财、物流售后、便民服务、招商等功能。苏宁易购服务站采用加盟方式拓展，预计在 2015 年新建 1500 家乡镇服务站，5 年内将至少落地 1 万家，覆盖全国四分之一以上的乡镇，彻底打通农村电商的"最后一公里"。

（3）京东设立县级"京东帮服务站"和村民代理。2014 年 11 月，京东集团全国大家电"京东帮服务店"第一家店在河北省赵县开业。依托厂家授权的安装网络及社会化维修站资源的本地化优势，通过口碑传播、品牌宣传、会员发展、乡村推广、代客下单等形式，为农村消费者提供配送、安装、维修、保养、置换等全套家电一站式服务解决方案。从根本上解决农村消费者购买大家电价格高、不送货、安装慢、退货难等问题。京东计划在 2015 年把门店数增加至 500 家，到 2017 年实现一县一店达到 2000 家，意图快速实现渠道下沉和 O2O 落地双重战略。

■农村电子商务激发农村金融需求

电子商务的发展使农村产生新的金融需求，这种金融需求包括消费性需求、经营性需求和理财需求。目前来看，消费性需求和理财需求更容易解决，而批量性地解决经营性需求还有待探索。

消费信贷需求随网购到来。电子商务进入农村，最先激活的是消费需求，农村电商成为农民购买生活用品和生产资料的新途径。而且在满足原本消费需求的基础上，电商有利于激发农民潜在消费需求。目前已经在电商平台上实现的嵌入网购交易行为的小额消费贷款服务延伸至农村市场的路线清晰可见。

农村电商服务点成互联网理财触角。长期以来农民缺乏正规、安全的投资理财渠道，一方面是农民理财意识问题，但另一方面，也是因为农民资金小和物理距离难以触及导致。电子商务进入农村，并起初以设立服务点的方式扩张，也为向农民推广通过第三方支付理财提供了触角，农民可以通过服务点了解理财的知识，并通过互联网获得理财投资服务。

经营性金融服务需求寻找新的解决方案。对于经营性的金融需求，农村经济主体普遍缺乏抵押品和合格的财务报表，其金融服务需求很难从主流金融机构得到满足，亟需新的金融业态介入。在网络交易和消费行为尚未在农村地区大范围推开的情况下，农村电商的数据优势在促进农村金融供给方面的作用尚未充分发挥。农村经营性金融服务需求仍将有赖于传统的信贷调查模式开展。设立在村内的农村电子商务服务点具有了解农民消费习惯、家庭生产以及信用等一手信息的优势，成为一个信用信息的收集中介，为电商平台提供经营性金融服务提供数据基础。2015 年 7 月 1 日，浙江省桐庐县的一位从事毛竹经销的农户，通过农村淘宝站合伙人在网络提交材料后，24 小时内就获得 2 万元信用贷款，放款方正是同为阿里巴巴旗下的蚂蚁小贷。

5.3 多元化农村金融服务主体共同支农支小

5.3.1 农村中小金融机构整体保持增长

2014 年，作为农村金融的主要供给主体，农村中小金融机构①稳步发展。截至 2014 年末，农村中小金融机构资产总额达 22.12 万亿元，较 2013 年增加了 16.46%，但增速下降了 2.5 个百分点。图 5－1 展示了农村中小金融机构资产总额在银行业金融机构资产总额中的占比情况，2009 年到 2014 年保持着逐年上升的态势。

图 5－1　农村中小金融机构资产总额及在银行业金融机构资产总额中占比（2009—2014 年）

资料来源：银监会。

---

①　农村中小金融机构包括农村合作金融机构（农村信用社、农村合作银行、农村商业银行）和新型农村金融机构（村镇银行、贷款公司和农村资金互助社）。

■农村合作金融机构加快改制，农村信用社在农村地区仍具服务优势

银监会数据显示，截至 2014 年末，全国共有农村合作金融机构 2350 家，其中农村信用社 1596 家、农村商业银行 665 家、农村合作银行 89 家。农村合作金融机构改革不断推进，实力较强的农村合作金融机构纷纷改制为农村商业银行，按照从外部引进民资战略投资合作者、向社会自然人或职工募集部分股本、政府土地置换或现金注入等方式，按股权比例建立了形式上的股份制农村商业银行，并用上述途径筹集的股本金消化处理历年遗留的亏损挂账及不良贷款包袱。

表 5－1　　　　　　　　　农村合作金融机构数量变化（2008—2014 年）　　　　　　　　　单位：家

年份	2008	2009	2010	2011	2012	2013	2014
农村信用社	4965	3056	2646	2265	1927	1803	1596
农村商业银行	22	43	85	212	337	468	665
农村合作银行	163	196	223	190	147	122	89

资料来源：银监会。

尽管农村信用社的数量在减少，但在县域范围农村信用社网点仍具有明显优势，长期以来扎根农村，农信社与地方建立了深厚的人缘亲和力，培育起一支以广大农民、个体工商户、农村集体经济组织为主的客户群，已成长为农村地区机构网点分布最广、支农服务功能最强的银行业金融机构。与此同时，需要引起注意的是，农村信用社改制为农村商业银行过程中出现的同质化严重和脱农的现象。

图 5－2　农村合作金融机构数量占比情况（2008—2014 年）

资料来源：银监会。

■ 村镇银行仍一枝独秀，"村镇银行不村镇"现象仍未改观

2014 年，银监会发布《关于进一步促进村镇银行健康发展的指导意见》（银监发〔2014〕46 号），提出在商业可持续和有效控制风险的前提下，加大村镇银行在县域范围全覆盖的推进力度。加快推动村镇银行本地化、民营化和专业化发展，加强"三农"和小微企业金融服务工作。

截至 2014 年底，全国银行业金融机构共发起设立 1216 家新型农村金融机构，其中村镇银行 1153 家，比 2013 年增加 82 家；贷款公司和农村资金互助社分别为 14 家和 49 家，数量从 2013 年起已经两年没有增加。

表5-2	新型农村金融机构数量（2010—2014年）				单位：家
年份	2010	2011	2012	2013	2014
村镇银行	349	726	876	1071	1153
贷款公司	9	10	14	14	14
农村资金互助社	37	46	49	49	49

资料来源：银监会。

截至2014年底，村镇银行在全国范围内共设立了3092个营业网点，较2013年末的2186个营业网点新增906个，增速为41.45%，增速较上年下降11.1个百分点。

图5-3 村镇银行营业网点数（2009—2014年）

注：相关数据根据中国银监会网站金融许可证查询系统统计而得，"营业网点"包括村镇银行总行、支行、办事处和管理站等。

从村镇银行的营业网点设立情况来看，2010年到2014年的村镇化率逐年增加，2014年末，村镇化率进一步提高到48.09%，但仍未达到50%，"村镇银行不村镇"的现象在2014年仍然存在。

图5-4 全国三大地区村镇银行的村镇化率（2013—2014年）

注：①相关数据根据中国银监会网站金融许可证查询系统统计而得，"营业网点"包括村镇银行总行、支行、办事处和管理站等。
②西部地区包括省级行政区共12个，分别是四川、重庆、贵州、云南、西藏、陕西、甘肃、青海、宁夏、新疆、广西、内蒙古；中部地区包括8个省级行政区，分别是山西、吉林、黑龙江、安徽、江西、河南、湖北、湖南；东部地区包括北京、天津、河北、辽宁、上海、江苏、浙江、福建、山东、广东和海南等11个省（市）。

从地区分布来看，东、中、西三大地区村镇银行的村镇化率均未达到50%，但地区间有所差异，东部地区最低，为47.16%，比2013年降低了0.41个百分点；西部地区最高，为49.52%，也比2013年降低了0.7个百分点；仅有中部地区村镇银行的村镇化率上升了1.88个百分点，达到47.86%，也因此从村镇化率最低的地区变为居中的地区。

5.3.2 农村中小金融机构小微贷款规模和结构

■农村中小金融机构小微贷款规模

2014年，各类银行业金融机构小微企业贷款余额为20.7万亿元，其中农村中小金融机构小微企业贷款余额为5.36万亿元①，接近五家大型商业银行的小微企业贷款余额（5.45万亿元），占银行业金融机构小微企业贷款余额总量的25.91%。在三类主要农村中小金融机构中，农村商业银行小微企业贷款余额及占比都最高，余额30155亿元，占比达56.2%；村镇银行两项指标都最低；农村信用社居中。

图5-5 农村中小金融机构小微企业贷款余额及占比（2014年）

农村商业银行	30155亿元，56.2%
农村信用社	19867亿元，37.0%
村镇银行	3625亿元，6.8%

资料来源：中央财经大学《中国中小微企业金融服务发展报告（2015）》课题组根据银监会数据整理得到。

■农村中小金融机构小微贷款余额占其全部贷款余额的比例

我们可以从各类农村中小金融机构小微企业贷款余额占其自身全部贷款余额的比例来观察各类机构的贡献。2014年末银行业金融机构小微企业贷款余额占其全部贷款余额的比例为23.85%，农村中小金融机构的小微企业贷款余额占比都远远高于这一行业平均水平。在小微企业贷款余额占比上表现最好的是村镇银行，高达74.51%。

图5-6 农村中小金融机构小微企业贷款余额占其全部贷款余额的比例（2014年）

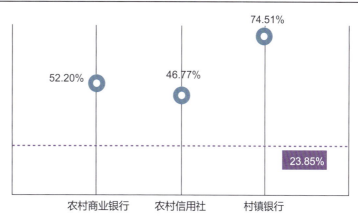

注：①图中紫色虚线为银行业金融机构小微企业贷款余额占全部贷款余额的平均比例23.85%。
②农村信用社和村镇银行计算所用的全部贷款余额来自中国人民银行提供的银行业金融机构2014年末人民币贷款余额数据，其他类型金融机构计算所用的全部贷款余额为本外币贷款余额数据。
资料来源：中央财经大学《中国中小微企业金融服务发展报告（2015）》课题组根据银监会和人民银行数据整理得到。

---

① 因农村合作银行、贷款公司、农村资金互助社在农村中小金融机构中的占比极小，故未将其计算在内。

■农村中小金融机构小微企业贷款结构

农村中小金融机构小微企业贷款结构与其他银行业金融机构最大的不同在于，以个人贷款形式发放的小微企业贷款（即个体工商户和小微企业主贷款）的比例显著高于银行业平均水平，尤其是村镇银行接近5成的小微企业贷款都是以个人贷款形式发放，而银行业这一比例仅有2成。银行业小微企业贷款主要以小型企业贷款的形式存在，比例高达70.82%，而农村中小金融机构普遍低于这一水平。与此同时，我们也可以看到，农村商业银行小微企业贷款结构与银行业整体的结构最为接近，这也在一定程度上说明了农村商业银行与非农商业银行的差异化相对其他两类机构要小。

图5-7 农村中小金融机构小微企业贷款结构（2014年）

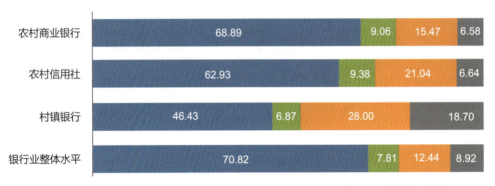

资料来源：中央财经大学《中国中小微企业金融服务发展报告（2015）》课题组根据银监会数据整理得到。

5.3.3 农户贷款保持增长

农户贷款呈较快速度增长趋势，截至2014年末，全部金融机构农户贷款余额为5.4万亿元，同比增长19.0%，自中国人民银行2007年开始统计农户贷款以来，已连续7年保持增长，年平均增长22.0%。与此同时，2014年末，农户贷款占各项贷款比例为6.4%，同比上升0.5%，自2007年以来呈稳定上升趋势①。

图5-8 全部金融机构农户贷款余额情况（2007—2014年）

注：数据来自中国人民银行《中国农村金融服务报告（2014）》，图中农户贷款包括了全部金融机构的数据。

---

① 资料来源：中国人民银行：《中国农村金融服务报告（2014）》。

5.3.4　产品和服务创新迎合"三农"需求

■**农村产权制度改革，促抵押贷款形式多样化**

农村小微企业、农民专业合作社和农户在进行贷款时，缺少抵押品是主要制约因素。在调研小组走访的粤北地区反映出农业生产主体因为没有合格的抵押品在贷款时遇到很大的阻碍。长期以来，农民的宅基地及农房、林权、承包地"三大资产"因法律障碍，不能充当抵押物，融资多依靠农户小额信用贷款，难以满足专业大户、经济能人、农民专业合作社等进行规模化生产的大额资金需求。为提高农村金融服务满意度、便利度和可得性，《国务院办公厅关于金融服务"三农"发展的若干意见》（国办发〔2014〕17号）专门对推进农村金融服务进行了全面部署，鼓励在法律允许、财产权益归属明晰的前提下，积极探索、创新农村抵质押担保新方式。随着农村产权制度改革的推进，农村集体土地所有权、集体土地使用权、土地承包经营权和房屋所有权确权登记逐步展开，进而推动了农村金融机构在抵质押品方面的创新。2014年浙江、安徽、四川和江苏等地纷纷开展了包括林权、土地承包经营权和宅基地使用权这"三权"在内的抵押贷款试点。

■**农村金融产品和服务不断优化**

2014年各地农村金融机构积极创新农村金融产品和服务，创新贷款形式，简化贷款流程，提高贷款效率。在调研小组走访的浙江和粤北等地均有"因地制宜"的创新产品。

专题5–1　安吉农商行的特色产品和服务

调研小组走访的浙江省湖州市安吉县创新的"丰收彩虹贷"业务，实现整村授信签约。一直以来，农户"贷款难"问题是制约农村经济发展的一大障碍。早在2008年，安吉农商行就以农村信用工作为突破口，创新推出了"诚信彩虹"工程。2014年初，该行依托前期信用工程建设营造出良好信用环境，在原支农产品中融入更多普惠元素，创新推出了以"整村授信"为模式的"丰收彩虹贷"产品，为百姓开启便捷融资的绿色渠道。

该产品作为安吉农商行普惠"三农"的一大"拳头"产品，通过对贷款流程、授信方式、担保方式、签约方式的创新，将"调查、授信、签约"环节前移，采用整村授信、集中签约模式，实现了"柜面直接放款"的贷款最简模式，从"农户申贷"的被动服务转变为"银行送贷"的主动服务，让农户不再为反复跑贷而受累，有效提高农户获贷率，使受益面更广泛，真正将"基础金融不出村"目标落到实处。为加强该项工作的成果，该行在推进"丰收彩虹贷"产品的同时，继续深入开展"信用户、信用村、信用乡镇"的等级评定，实施差别化优惠措施。通过"诚信彩虹"活动有效载体，积极推进"信用户、信用村、信用乡镇"创建工作，加强各方参与力度，完善政府牵头、农商行主导、部门配合、整体联动的工作机制，并引入村级信用小组评定模式，使农户真正参与到信用户评定当中，激发评定主体参与积极性。截至2014年12月末，该行已完成139个行政村的授信签约工作，授信农户数达54964户，授信金额达56亿元。

为有效获取农户信息，安吉农商行在各村成立村级信用评定小组，充分发挥村集体人头熟、情况明的优势，将授信决定权下放，由信用小组根据村民实际信用情况，采用集中授信方式进行授信评定，并打破了以往"先申请，后调查"的传统放贷流程，将调查授信及签约发卡环节前移，使客户在有信贷需求的时候直接可到柜面取得贷款，真正享受到"随用随贷"的便捷融资服务。同时，该产品全部采用信用免担保方式发放，并且将最高信用贷款额度提高到30万元。

> 总结来说，"丰收彩虹贷"产品的创新如下：
>
> 一是贷款流程创新。该产品打破了"先申请，后调查"的传统放贷流程，将调查授信及签约发卡环节前移，使客户在有信贷需求的时候直接可到柜面取得贷款，真正享受到"随用随贷"的融资便捷。
>
> 二是创新授信模式。该行创新采用集中授信方式（整村授信）进行授信评定，并突破传统，创新采用村级信用小组评定模式，引入农户话语权，充分发挥村集体人头熟、情况明的优势，将授信决定权下放，做到阳光授信。
>
> 三是创新担保方式。在该行前期通过数据分析该县农户违约率极低的基础上，该产品全部采用信用免担保方式发放，免除了农户找担保的烦恼，且充分考虑农户实际需求，将最高信用贷款额度提高到 30 万元，有效提高农户获贷率，使受益面更广泛。
>
> 四是创新服务方式。该行通过集中或上门签约的惠民服务，切实提高服务质量，从"农户申贷"的被动服务转变为"银行送贷"的主动服务，让农户不再为反复跑贷而受累，将"基础金融不出村"目标落到实处。

5.3.5 农村金融服务主体多元化促进市场竞争

目前我国正在形成银行业金融机构、非银行业金融机构和其他微型金融组织共同组成的多层次、广覆盖、适度竞争的农村金融服务体系。近年来随着互联网技术的深入普及，通过互联网渠道和电子化手段开展金融业务的互联网金融发展迅速，许多新兴的业态也进入农村金融领域，农村金融市场竞争激烈。

■互联网+农村金融的优势逐渐在农村地区显现

互联网金融在农村发展的时间较短，但是已经在我国出现若干种互联网金融模式，互联网+金融对农村地区的覆盖成本要低于传统金融，优势逐渐显现。

（1）电商瞄准互联网金融+"三农"。随着互联网金融的普及，国内各大电商平台率先瞄准"三农"这一广大的领域。以阿里巴巴和京东为例，其中蚂蚁金服旗下的余额宝在短短的一年时间新增的农村用户就超过 2000 万。阿里巴巴启动了"千县万村"计划，以电商为站点带动金融同步发展。蚂蚁金服可以借助淘宝、天猫走进农村市场的同时向农村地区进军。支付宝目前作为国内第一大线上支付平台，此前在农村地区就已经拥有了众多的用户，余额宝、招财宝、娱乐宝等阿里互联网理财产品试图借助支付宝的客户资源快速积累大量农村用户并渗透到农村。

京东金融则通过为乡村推广员试点授信，引入京东金融的白条、小额信贷等金融产品，2014 年 3 月京东乡村推广员就突破了 3000 人，覆盖 50 个县级以上农村地区。京东自建的物流体系目前已经深入到广大的农村地区，并且覆盖到了近 2000 个行政区域①，京东金融所推出的乡村推广员试点授信能够借助自身强大的物流队伍，为连接京东金融线上线下打通闭环。

（2）P2P 网贷在农村地区竞争激烈。P2P 网贷行业如今也将目光聚集在了广阔的农村市场，巨大的市场需求吸引了宜信、翼龙贷、贷帮、开鑫贷等 P2P 争相布局农村金融市场。宜信已经通过农

---

① 数据来源：京东金融官方网站，http://jr.jd.com/。

村信贷业务、小微融资租赁、宜农贷、普惠 1 号等业务布局到农村地区。截至 2014 年末，宜信农商贷已覆盖全国 8 个省 66 个县（区），其中大部分为中西部贫困县，借款客户超过 2.3 万户，余额超过 8 亿元，全部为无抵押信用借款服务①。同样瞄准了农村金融领域的翼龙贷，在其网站发布的借款标简单的分类中，就包括了"农业贷款"，这是将资金用于农村种养殖业的普通农户贷款。在查阅的页面中，每一个网页的 10 个借款标中，标注为"农业贷款"的标都会出现 1—2 次②。据翼龙贷介绍，其 95% 的业务都在县域和农村。贷帮网主要针对农村地区经营性融资需求，希望通过在农村小微金融领域的试验，实现农村小额信贷的商业可持续发展。

（3）农产品和农场众筹等新形式出现。"尝鲜众筹"于 2014 年 3 月上线，是中国第一家农业领域专门性众筹平台，为农业项目的创业发起人提供募资、投资、孵化、运营的一站式专业服务。农产品和农场众筹是一个新兴的概念，满足了"小众"需求，尊重了投资者意愿。目前涉及的农业众筹项目包括私家认养、挽救濒危的农耕文明、发展立体农业等。农业众筹将众筹的概念引进到农业领域，具有众筹的全部特征，是新农业革新的有力手段。它的突出优势是缩短农产品流通环节，提高农业流通效率，降低农业生产的市场风险，形成农业垂直众筹的新农业体系。与此同时，把最优质安全的农产品从产地直接送到消费者手中，在食品安全问题方面具有重要意义。

■农业上市公司涉足农村金融

2014 年开始，史丹利就尝试与分销商合作，除了卖化肥外，还为用户提供小额贷款。该公司植根于当地的经销商团队，熟悉自己的用户，能够更好地开展金融服务和控制风险，经销商也可以借此转型。大北农创新盈利模式，推出一系列互联网金融产品，如具有理财和支付功能的农富宝、支付平台农付通、农村信贷方面的农银贷、农农贷、扶持金等。大北农已经成立小额信贷公司，2015 年将重点做自己的"农银贷"。除史丹利、大北农外，目前辉丰股份、金正大、芭田股份、新希望、康达尔、江淮动力等 A 股农业上市公司都已经在做或有计划涉及互联网金融业务。

新希望金融是其中最早涉足，且动作最大的公司。早在 2007 年，为解决农户融资难的问题，新希望在山东省成立了中国第一家养殖担保公司，为购买公司饲料产品的养殖户提供担保。2013 年，新希望推出技术服务"福达计划"寻找潜在客户，然后对接自己体内的养殖户资金需求。新希望金融也类似于 P2P 模式，2015 年 3 月，"希望金融"平台上线。

■供销社拓展服务领域，发展农村合作金融

2015 年 4 月 2 日国务院发布《关于深化供销合作社综合改革的决定》，其中在拓展供销合作社经营服务领域、更好履行为农服务职责方面提出"稳步开展农村合作金融服务，允许符合条件的供销合作社企业依照法定程序开展发起设立农村互助合作保险组织、中小型银行试点、融资租赁公司"。同时指出，发展农村合作金融，是解决农民融资难问题的重要途径，是合作经济组织增强服务功能、提升服务实力的现实需要。有条件的供销合作社要按照社员制、封闭性原则，在不对外吸储放贷、不支付固定回报的前提下，发展农村资金互助合作。这也被业内人士视为农村金融领域改革的亮点。

当前供销社发展农村合作金融的政策，主要涉及"发展农村资金互助合作""设立农村互助合作保险组织""设立中小型银行试点""设立融资租赁公司、小额贷款公司、融资性担保公司，与地方

① 数据来源：宜信官方网站，http：//www.creditease.cn/。
② 数据来源：翼龙贷官方网站，http：//www.eloancn.com/。

财政共同出资设立担保公司"等。后续随着供销社发展合作金融经验的积累和人才储备的增加，不排除获得更多农村金融业务和更多优惠政策的可能。

截至2014年3月末，开展资金互助的供销社341家，分布在15个省，主要集中在山东、贵州、浙江，参与社员15.1万人，筹资余额26.7亿元，放款余额19.2亿元①。

■内生性金融试点边缘发展潜藏风险

内生性金融本身是早于银行等外部金融存在的，资金互助社既是一种广泛存在内生性金融形式，事实证明，内生性金融有利于盘活农村产权，解决贷款效率成本问题，成为农村农户及小微企业的主要资金来源之一。设置在村内部的资金互助社可以使农村产权的功能充分实现，包括抵押、流转、储存、变现和退出等。同时，困扰外部金融的小微贷款两大问题——效率问题和成本问题在村社区信息相对对称的环境下可以较好地得到解决，贷前可以了解借款人的资产和信用，贷后可以掌握借款人的生产经营情况，并能及时发现风险。

调研小组实地考察了内置金融的典型代表——河南郝堂村"夕阳红养老资金互助合作社"。该社设立初衷是为解决本村老人的养老问题，包括村支书在内的7位村民每人出资2万元，吸收本村15名老人作为合作社社员，每人出资2000元，当地区科技局出资12万元，中国乡建院李昌平个人出资5万元，2009年挂牌，本金共计34万元。资金用做本村的生产，利润40%用于老人分红，30%作为公积金，15%用做管理费支出，15%作为风险金。从2009年以来，每位入社老人已累计获得分红3990元，另外，每个社员老人有5万元的存款额度，可以获得年化9.6%的利息（其他非老人存款获得年化3.6%利息）。目前合作社资金已超过340万元。村内若有人需要贷款，2万元以内可以找老人社员担保（5000元担保额/老人），超过2万元需要林权抵押办理，贷款利息约为年化15.6%②。

2015年6月12日珠海市华厦农业专业合作社联合社挂牌成立，成为我国首家内置金融村社联合社，由6家内置金融村社共同发起，珠海供销社、珠海农控金融集团、海源水产公司、珠海农产品流通协会、中国乡建院等涉农服务企业和机构加入，创建联合社，联合社原始股金5000万元③。

需要引起注意的是，目前农村地区的资金互助社合作社存在良莠不齐的现象，很多资金互助社的管理封闭，过于依赖少数人的影响力，没有完全做到公开、透明，发展中屡屡爆发风险，致使其长期处于边缘，监管层的态度是只要不暴露风险，不鼓励也不限制。近年来，内生性金融发展迅速，形式多样，也爆发了一些影响较大的事件。2014年12月，河北"三地农民专业合作社"因涉嫌非法集资80多亿元被查处，该合作社跨地区以高息回报（四个月利率30%，一年利率100%）吸收农民资金，采用以新补旧的方式，不断发展"会员"，终因资金链断裂，庞氏骗局才暴露于众，此类事件在各地层出不穷。建议监管部门应该肯定内生性金融对于农村发展的积极作用，鼓励积极探索，但也不能因为"内生性""村级管理"而不予关注，关注并不是干预日常管理和决策来控制信贷风险，而是关注资金管理中容易发生的风险，督促资金合作社对全体社员公开信息，促进其健康规范发展。

---

① 资料来源：中国人民银行：《中国农村金融服务报告（2014）》。
② 数据来自郝堂村实地调研，采访对象为郝堂村村支书。
③ 资料来自珠海特区报，http://www.zhuhaidaily.com.cn/text.php? ud_key=59176&ud_date=。

5.4　农村金融供给存在的问题

■农村金融供需错位明显

总体来说，农村金融的供给相对于需求来说是不充分的，这种不充分表现在"量"的不充分和"质"的不充分。所谓"量"的不充分主要表现在农村金融机构针对"三农"的总体信贷投放不够，而且，在县域的商业银行可谓参差不齐。一般情况是，农信社针对"三农"的信贷投放所占的比例较高，而诸如邮储、农行、工行等金融机构充当的角色基本上是"抽水机"，这个现象在欠发达地区尤其明显，有的县域金融机构的贷存比竟然都低于10%，而部分农信社的贷存比接近"红线"，总体信贷投放量严重不均衡。

从供给方"质"的不充分表现在两个方面：一方面是结构性的问题，另一方面是时序性的问题。结构性问题主要表现在针对"三农"金融支持存在"垒大户"的问题，缺乏针对小微企业、专业合作社以及农户需求的信贷产品及服务；时序性的问题表现在，由于农业的特殊性，金融服务需要考虑农业生产整体的投入期长度，需要顺应农业生产的周期。一是资金需求季节性强。这与农业作物的生长有密切关系，比如购买种子、化肥，资金需求就在特定一个时间段，过了时间就影响后续的所有生产，所以要求金融服务需要简化程序提高效率。二是贷款周期长。这也同时受到生产本身的影响，从流转土地、购买种子到收获产生收益需要一个较长的周期，有的果树到收获期可能需要三至五年，所以贷款的周期设计也要考虑到农业生产的周期。

与此同时，供给方与需求方存在着较为严重的信息不对称的问题。一般表现为以下两个方面：

其一，信用风险评估难。农村地区的征信环境建设长期落后使得大部分信贷的发放还是要"抵押"，虽然土地确权等工作正在得到落实，但是在实践中，农地、林地及地上物，抑或农村房产缺乏变现和流通功能，无法提供实现意义上的抵押功能。

其二，惠农政策得不到有效落实，仍存在行政"不作为"的现象。国家为了鼓励发展"三农"经济，出台了诸多的惠农政策，但是部分政策很难落实到真正有需求的生产主体上。一方面，惠农政策存在被"锁进"柜子里的问题，很多农户并不知情；另一方面，受惠对象的评估程序烦琐，财政兑付缓慢，落实程序冗长。

此外，农村金融的供给方在产品及服务上缺乏创新，信贷服务还缺乏公开化、透明化，工作推进趋于保守。除了银行类金融机构的信贷投放问题，还有诸如保险、担保等金融主体缺失，直接融资渠道匮乏等因素影响着县域"三农"经济的发展[①]。

■农村金融机构面临的诸多挑战

在安吉调研的过程中某农村金融机构也反映出一些问题：

（1）存款资金组织形势更趋严峻。从2014年该机构资金组织现状来看，一是各基层单位对存款的可控度不强，存款波动性太大，存贷比超限的突发风险仍存；二是稳定性存款增长缓慢，大额对公存款在存款结构中占比仍然较大；三是随着利率市场化改革力度的加大及存款保险制度的落地，

---

① 资料来源：张宏斌：《浅析农村金融供给与需求的错位》，载《金融时报》，2015-05-14。

存款竞争将更加白热化，特别是财政、土管等大额存款资金来源单位可能会逐步采用竞价等方式确定存款资金在各行的布放分配，资金组织形势将更趋严峻。

（2）保持以往盈利水平将成为经营中的难题。该机构目前业务品种相对较少，特别是中间业务的发展还较为滞后，主要从事的中间业务还停留在代发工资、代收电费等低附加值的产品，理财业务由于开办时间较短，业务品种较少，主要盈利来源依然还是依靠存贷款利差，随着利率市场化的推进，该机构依靠存贷款利差创造的利润将进一步压缩。该机构要保持盈利水平，一是加大信贷投入，以量保持利润增长，但随着目前安吉县辖内金融机构日益增多，信贷规模投放总量日益增大，信贷投放空间较以往已大大缩小。二是创新开发差别化、特色化的"拳头"产品或高附加值的"吸金"产品，以质保证盈利水平，这对该机构的创新能力及营销策略都将带来极大的考验。

（3）创新型贷款的推进存在困难。该机构目前已创新出台了包括商标专用权质押贷款、专利权质押贷款、存货质押贷款、应收账款质押贷款、农村土地承包经营权贷款等多项支持小微企业发展的专项融资业务，拓宽了企业融资渠道。但由于目前外部环境制约，导致上述创新贷款在推广中存在一定阻力及困难。一是专业评估体系缺失。该县目前尚未设立能够对企业知识产权、存货等抵质押物进行评估的专业评估机构，导致在实际操作中评估标准缺失，价值难以估量。二是抵质押物处置困难。由于知识产权、存货等部分抵质押物市场狭小，且缺乏完善的处置体系，其短期内的变现能力较弱，占用银行大量信贷资金。

■农村金融机构应对需求变化和竞争反应迟钝

农村的新格局也在促使着农村金融新格局的形成，从农村金融服务客体到主体都在发生着变化，如果农村金融机构还是延续以前的思想，必将慢慢远离客户和市场。

这样的反应迟钝表现在两个方面。一方面是对农村金融服务客体变化的反应迟钝，我们看到了投资几百万元的果园但是只能拿到5万元公务员担保贷款的情况，也看到了从创业初期获得70万元贷款的凉茶厂，到现在做到产值超两亿元，一直都是当地金融机构的客户。农村金融机构对市场变化的反应能力参差不齐。另一方面是应对农村金融服务主体竞争的反应迟钝，互联网企业的高调进入农村，绝不仅限于农村建设、农业生产、农民消费本身，时机成熟必将带入金融服务。在调研中，我们看到了贷存比不到10%的金融机构和涉农贷款比例仅为1%的机构。

上述现状不得不令人担忧，农村金融服务主体的创新意识和行为是直接影响农村金融发展的微观因素，而当前来自互联网电商的外部竞争已经逼到门前，这就更需要传统的农村金融机构能够大胆创新，因地制宜，探索符合自身优势发展的道路，以在竞争立于不败之地。

5.5 农村小微金融发展展望

从2014年到2015年的中央一号文件，有一个共同的核心词——农业现代化建设，区别在于，2014年是"深化农村改革"，2015年是"加大改革创新力度"，反映出国家对于长期发展滞后的农业产业变革的紧迫感。2015年的中央一号文件还特别强调了"人"的新农村，这也是首次围绕人本理念的农村建设的指导纲领。

农业产业未来将基于规模化、现代化、集约化的发展理念基础上，形成全产业链的基本格局。

在一二三产业融合式发展的指导思想下，将农业与加工制造业、电子商务、现代服务业等形成价值环路。同时，结合各地方自身特点，提升和完善农村发展环境，尤其是在基础设施建设、公共服务管理以及宜居生活环境改善、环境保护及可持续发展等方面，政府及社会资本将给予更大的投入与支持。

2015 年，国务院办公厅印发《关于支持农民工等人员返乡创业的意见》，进一步推动农民工等人员返乡创业，提出要坚持普惠性与扶持性政策相结合，坚持盘活存量与创造增量并举，坚持政府引导与市场主导协同，通过引导一二三产业融合发展、支持新型农业经营主体发展等渠道带动返乡创业。

沉寂多年的农村金融有望在蚂蚁金服等新型金融供给主体大举进入的带动下成为 2015 年金融领域的亮点之一。2015 年我们有望看到更多返乡创业和逆城市化的人群在农村开展生产经营和服务活动，农村生产经营业态将进一步丰富，与此同时，农村消费升级在电商下乡的推动下有望提速。农村发展新格局的出现对农村金融服务提出了新的需求，农村金融的内涵与外延都在发生着巨大的变化。拥有互联网基因的新型金融供给主体 2015 年在农村地区的布局将更侧重于行为习惯的培育和基于移动互联技术的服务渠道拓展，在金融产品上也将小试牛刀，尤其在理财和消费信贷方面会出现让人眼前一亮的产品。传统农村金融机构在农村地区的优势地位短时间内尚不能被动摇，但有危机感的机构将抓住这一时间窗口跟上行业变迁的脚步，与新型金融供给主体开展优势互补的合作将成为越来越多机构的现实选择。一个竞争与合作并存，相互融合创新的多元化农村金融供给体系正在形成。

6

信托：转型中加快创新

2014 年，受监管再度收紧，泛资管持续、风险事件增加、经济增长减速等因素影响，信托传统业务进一步承压。在此背景下信托业转型提速，并初具成效：创新性业务模式种类及规模不断增长，以小额贷款信托、信贷资产证券化信托、新三板信托、土地流转信托为代表的创新性业务已初具规模，并有望成为下一轮行业增长点。

伴随金融自由化、利率市场化进程深入，金融抑制正逐步被改善，优质企业和项目渐次回归以银行、资本市场为主的主流融资渠道。一直以来，作为传统融资渠道的补充，信托业只有发挥其灵活的制度优势、强大的创新力，差异化服务于中小企业，才能获得更大的发展。

6.1　行业整体增速回落　业务进一步分化

6.1.1　资产规模增速回落　新增信托贷款规模骤降

2014 年，中国经济进入新常态，三期叠加，特别是受到房地产调控深化和地方政府债务问题的影响，加之"泛资产管理"竞争加剧，信托业整体发展告别过去的快速增长，延续了 2013 年"一增一减"的趋势：信托资产总规模持续增长，年增长率大幅回落。全年管理的信托资产规模逼近 14 万亿元，但增速较 2013 年下降了近 18 个百分点，系 2008 年以来最低增速（见图 6 - 1）。

除受弱经济周期和强市场竞争对手的影响外，信托业传统业务萎缩的速度与新业务模式的培育速度之间存在"时间落差"，创新业务需要培育过程，而传统业务在多方冲击下萎缩加速，由此造成信托资产增速持续放缓。

长期以来，我国金融体系一直是以银行间接融资为主，信托公司对实体经济的融资支持相当有限。2014 年，受局部地区经济形势恶化、对实体经济风险担忧程度上升等因素的影响，新增信托贷款规模及其占社会融资比例较往年出现断崖式下降，信托贷款退居于人民币贷款、委托贷款、

图6-1 信托资产规模与年增长率（2008—2014年）

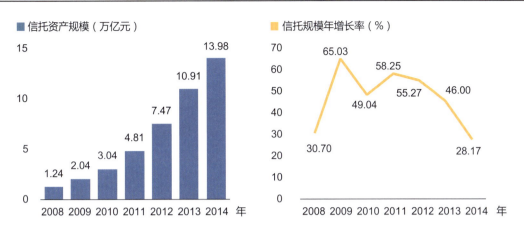

资料来源：2008—2014年资产总量数据来自中国信托业协会网站，年增长率为计算所得。

企业债券之后，降为第四大社会融资渠道。数据显示，新增信托贷款规模在2012年、2013年连续两年突破1万亿元大关后，2014年缩减到0.52万亿元，占社会融资规模比重下降到3.14%（见图6-2）。

图6-2 新增信托贷款规模及其占社会融资比例（2006—2014年）

资料来源：2006—2014年信托贷款新增数据来自中国人民银行网站，新增信托贷款占社会融资比例为计算所得。

6.1.2 管理财产信托与集合资金信托表现抢眼

从受托的财产来源看，2014年各类信托财产规模都保持平稳增长，占比较上年略微发生变化。其中，单一资金信托仍是信托财产的主要来源，2014年管理的资产金额达8.75万亿元，占比进一步下降到62.58%；集合资金信托作为信托财产的第二大来源，2014年受托资产4.29万亿元，占比进一步上升到30.70%；2014年管理财产信托总规模为0.94亿元，占比上升到6.72%（见图6-3）。

图6-3　信托资产来源分布情况（2010—2014年）

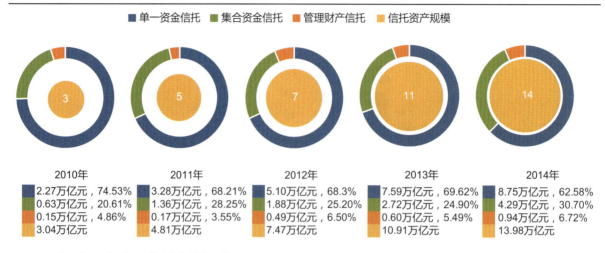

注：①图中黄色圆圈大小代表信托资产规模大小，圆圈中的数字为当年信托资产规模，单位为万亿元。
　　②"2.27万亿元，74.53%"表示2010年单一资金信托规模2.27万亿元，占比74.53%；"3.04万亿元"表示2010年信托资产规模为3.04万亿元。其他数据含义以此类推。
　　资料来源：2010—2014年信托财产来源情况数据来自中国信托业协会网站。

从增量角度来看，新增信托规模的占比分化较为显著。受资产证券化、土地信托、家族信托等创新业务驱动，全年管理财产信托异军突起，新增管理财产信托规模较2013年增加142.91%，规模占比进一步增长到10.66%；新增集合资金信托规模较2013年增加20.47%，规模占比进一步增长到26.79%；而单一资金信托新增规模不增反降，较2013年减少17.30%，其规模占比也降到62.55%，较上年的73.97%下降了11个百分点（见图6-4）。受单一资金信托规模减小的拖累，2014年新增信托资产规模较2013年整体减少2.21%。

图6-4　新增信托资产来源分布情况（2010—2014年）

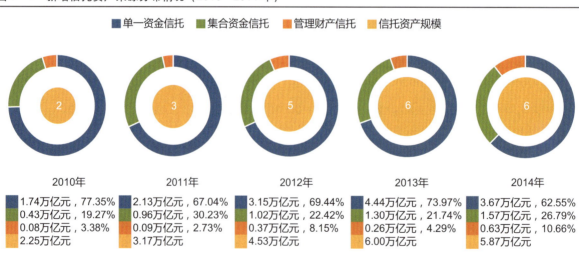

注：①图中黄色圆圈大小代表新增信托资产规模大小，圆圈中的数字为当年新增信托资产规模，单位为万亿元。
　　②"1.74万亿元，77.35%"表示2010年新增单一资金信托规模1.74万亿元，占比77.35%；"2.25万亿元"表示2010年新增信托资产规模为2.25万亿元。其他数据含义以此类推。
　　资料来源：2010—2014年新增信托财产来源情况数据来自中国信托业协会网站。

长期以来，信托业招致诟病的一个主要原因就是主动管理能力不足，表现之一即集合资金信托的比例不高。2014 年度在信托资产总规模增速下滑的同时，集合资金信托占受托财产比例却加速提升，并创历史新高，表明信托业主动管理能力正不断得到提升，转型效应初显。集合资金信托占比快速增长的背后，信托行业主动谋求转型是一个推力，但短期内监管政策的推动效果更显著。

2014 年初银监会以《国务院办公厅关于加强影子银行监管有关问题的通知》（简称"107 号文"）、《关于规范金融机构同业业务的通知》（简称"127 号文"）、《中国银监会办公厅关于信托公司风险监管的指导意见》（简称"99 号文"）等为代表的相关政策开始限制单一资金信托业务。5 月保监会下发《关于保险资金投资集合资金信托计划有关事项的通知》，强调保险资金不得投资单一资金信托，从而将险资对信托产品的需求转移到集合信托产品。

就资金信托这一大类品种而言，不同类别资金信托的分化趋势也日益显现。其中，集合资金信托增长迅猛，规模由 2013 年的 2.72 万亿元迅速增长到 4.29 万亿元，占全部资金信托之比提升至 32.91%。银信合作单一资金信托占全部资金信托[①]的比例一改 2010 年以来连续下降的态势，提升至 23.73%。与之相反的是，非银信合作单一资金信托增长乏力，占全部资金信托的比例一改连续上升的态势，下降至 43.35%（见图 6 – 5）。

图 6 – 5　资金信托分布情况（2010—2014 年）

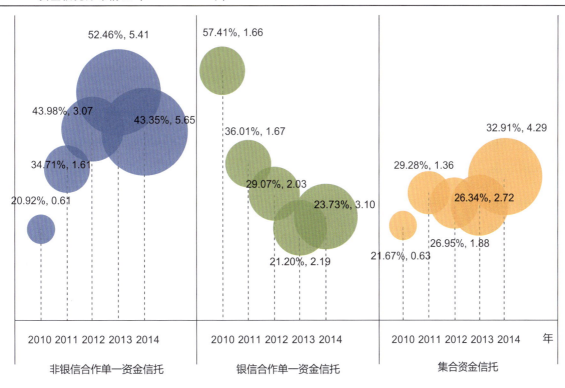

注：①图中气泡大小代表相应类别信托规模大小，气泡高度代表相应占比。
　　②"20.92%，0.61"表示 2010 年非银信合作单一资金信托 0.61 万亿元，占比 20.92%。其他数据含义以此类推。
资料来源：2010—2014 年资金信托分布情况数据来自中国信托业协会网站。

---

① 信托财产可以划分为资金信托和财产信托两类，其中资金信托对应单一资金信托和集合资金信托，财产管理信托对应管理财产信托。

信托原为银行表外业务需求提供便捷的通道，直接促成了单一资金信托规模的迅速膨胀。但2010年以来，监管机构陆续通过提高资本计提、限制非标资产比例等办法①不断打压银信合作单一信托。与此同时，泛资管竞争持续加剧，基金子公司、券商资管计划因更为激进的业务模式以及更为宽松的监管等优势，对银信合作也形成了一定程度的冲击和替代。受此双重因素的影响，自2010年开始，银信合作单一资金信托占比逐年下降。

然而为补位这部分规模，创新的银信同业合作（统计口径上表现为银信合作单一资金信托）开始崛起，尤其是以信托受益权买入返售为代表的银信同业合作业务自2013年后开始集中增长。相较于传统的由银行理财驱动的银信合作，这种业务模式更加复杂，权利关系变得更加不透明，也加大了金融机构之间的风险暴露。

6.1.3　信托业务功能持续优化

从信托功能来看，受益于层出不穷的市场创新，2014年服务信托（统计口径上表现为事务管理类信托）表现十分抢眼，自2012年以来，规模每年翻一番，正如我们在去年报告里指出的一样，在传统业务领域竞争加剧的趋势下，信托公司的产品创新动力更足，信托的市场服务功能得到更充分的发挥，服务信托正日渐成为信托业发展的重要引擎。2014年事务管理类信托资金规模达到4.56万亿元，占信托总资产规模的比例高达32.65%，同比增加近13个百分点。以事务管理驱动的服务信托业务，比如资产证券化信托、土地信托、消费信托、年金信托、养老信托等获得显著发展。

同时，信托公司的"代客理财"业务目前仍以理财信托为主（统计口径上表现为融资类信托和投资类信托）。2014年，理财信托规模继续保持平稳增加，但相较于信托总资产28.14%的年增长率，其增速偏低，规模占比进一步由80.3%大幅下降至67.36%。其组成结构中的融资类信托和投资类信托呈现一大减一小增的态势：2014年融资类信托资产规模为4.70万亿元，占信托总资产33.65%，同比减少14.11个百分点；投资类信托管理资产4.71万亿元，占比33.71%，同比增长1.17个百分点。这一减一增的态势反映出的是信托行业正在转型的过程，信托业在降低融资信托业务的同时，加大了具有浮动收益特征的权益性产品的开发，诸如现金流管理业务、私募基金合作业务、私募股权投资业务、基金化房地产信托业务以及受托境外理财业务等资产管理产品均获得一定的发展。

此前理财信托中融资信托业务一枝独秀，是由当时的市场需求结构决定的。从资金需求角度来看，一级发行市场上（银行信贷市场和资本市场）因金融压抑而难以满足企业融资需求，由此积累了大量高质量私募融资②需求；从资金供给角度来看，二级交易市场因长期低迷而难以满足投资者的收益风险偏好，由此催生了融资信托业务以具有固定收益特征的非标准化债权资产为主要标的的配置模式。

但是，自2013年后，信托业融资信托业务模式所依赖的市场需求结构开始发生巨大的变化：从资金需求角度来看，传统通道型融资信托业务竞争激烈且监管再度收紧，信托一级市场业务模式开

---

① 2013年3月，《关于规范商业银行理财业务投资运作有关问题的通知》（银监发〔2013〕8号）设定银行理财产品所有非标准化债权类投资不高于35%银行理财和4%银行资产的上限；2014年4月银监会发布《关于调整信托公司净资本计算标准有关事项的通知（征求意见稿）》，给予"通道类"业务明确的界定标准，通道与非通道业务按不同标准计算风险资本；2014年4月8日，银监会下发《中国银监会办公厅关于信托公司风险监管的指导意见》（"99号文"）通过明确项目的风险责任承担主体，清理资产池，收紧了通道性质的信托合作业务。

② 私募融资指不采用公开方式，而通过私下与特定的投资人或债务人商谈约定，以筹集资金。通道型单一资金信托业务模式便是私募债权融资的一种形式。

始萎缩；从资金供给角度来看，资本市场二级行情逐渐走强，加上高净值客户个性化资产配置的财富管理需求日益强烈，固定模式的融资信托业务已难以满足投资者多元化的理财需求，客观上推动了信托业的创新与变革。

2014年度，信托业务功能"三分天下"的形成，正是信托业适应理财市场需求结构变化、主动谋求转型的结果。信托功能的多元化，对于信托业的转型发展具有重大意义。一是融资信托的大幅度下降，在微观上适应了私募融资市场萎缩的变化，在宏观上消除了长期笼罩在信托业头上的"影子银行"阴影；二是投资信托和事务管理信托的稳步提升，微观上适应了投资者的多元化资产管理需求和高净值客户的财富管理需求，宏观上预示了信托业转型发展的方向。

图6-6 信托资产功能分布情况（2010—2014年）

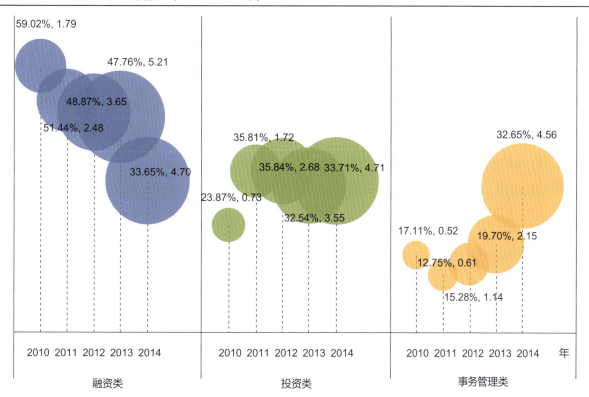

注：①图中气泡大小代表相应资产规模大小，气泡高度代表相应规模占比。

②"59.02%，1.79"表示2010年融资类信托规模1.79万亿元，占比59.02%。其他数据含义以此类推。

资料来源：2010—2014年信托财产功能情况数据来自中国信托业协会网站。

6.1.4 传统业务承压机构竞合加速

2014年4月银监会下发了《中国银监会办公厅关于信托公司风险监管的指导意见》（即"99号文"），强化信贷类资金信托业务监管力度，使信托公司的传统业务进一步承压。与此同时，"99号文"也为信托业指出了转型方向，明确列出了债权型信托直接融资工具、资产证券化、并购业务、资产管理等转型发展方向。受监管引导以及市场竞争的冲击，2014年信托业加快了业务创新，相继与其他金融机构开展合作。

信银合作层面上，作为"99号文"中提及的六个转型路径之一，各信托公司纷纷瞄准信贷资产证券化带来的机会。截至 2014 年底，资产证券化发行主体日趋多元化，城商行、农商行、汽车金融租赁公司、资产管理公司等机构均是资产证券化的对象，特别是股份行、城商行、汽车金融租赁公司等中小金融机构对资产证券化的兴趣更大，这类机构对改善信贷结构、资产出表的需求更加强烈。同时，银监会规定信托公司是银行业金融机构信贷资产证券化试点业务唯一受托人[①]，因此，信托公司作为信贷资产证券化业务结构里必需的一环，该业务未来将持续享受政策红利，快速增长。

从实际操作情况来看，由于我国证券化产品透明度和标准化程度不高，分层定价机制与流动性安排尚不完善，目前信贷证券化业务的基础资产以优质资产为主，一定程度上限制了银行资产出表的积极性。随着信贷资产证券化产品常态化发行的推进，监管层也表示将积极研究小微企业、个人消费信贷等服务实体经济的新型基础资产类型，而基础资产由现在的优质资产向一般资产和不良资产延伸也将是未来趋势。

信基合作层面上，目前信托与基金子公司之间的合作基本都源于规避监管。一是信托公司与其控股基金子公司之间合作，通道类业务转移到没有净资本要求的基金子公司进行监管套利；二是基金子公司成立 FOT 资管产品，专门对接投资集合信托计划，将信托的大份额通过基金子公司资管产品进行拆分销售；三是利用基金子公司承接部分无法通过信托发售的受限业务。

信保合作层面上，以往信保合作主要集中在保险资金购买信托产品，而且在多数情况下，是由保险寻找投资标的并提供认购资金，信托公司仅是一个"通道"。信保合作的创新在 2014 年迈出了一大步。如保险金信托，由信托公司和保险公司联合推出了兼具资产管理和事务管理功能的保险金信托产品[②]，站在消费终端产品层面，实现保险服务和信托服务的创新融合。

6.2　平稳度过兑付高峰，风险管理进一步强化

伴随着近年来信托业的快速发展，信托业的风险也在积聚和逐步显现。2011—2013 年是信托产品发行的高峰，而信托平均 1—2 年的存续期限意味着 2014 年迎来了信托产品兑付洪峰。在三期叠加和经济下行的大环境下，信托行业个案信托项目风险事件有所增加，从 2013 年底的 213 笔、规模 593 亿元、占比 0.54% 上升至 2014 年末的 369 笔、规模 781 亿元、占比 0.56%。

2014 年信托行业共化解了包括诚至金开 1 号、超日太阳能等多笔重点项目在内的 142 笔风险项目，涉及金额 374 亿元。总体来看，目前信托行业整体风险可控，尚未发生系统性和区域性风险，但行业风险防控压力增大。一是受经济增速降档和产业结构调整深化影响，实体经济风险进一步暴露，此前大规模扩张的行业面临深度调整，个别产业风险显著上升，企业经营周转困难加剧，影响相关信托项目的兑付。二是在当前金融环境形势严峻，其他金融行业风险上升的情况下，风险的横纵传导使得债务风险的联动性大大增强，信托业交叉违约风险加大。三是部分信托公司履职尽责不到位，风控措施缺乏，未能发现交易对手涉及民间借贷以及违规担保或项目实际控制人挪用信托资金等问题。

---

① 2005 年由银监会颁布并至今执行的《金融机构信贷资产证券化试点监督管理办法》第八条提到"受托机构由依法设立的信托投资公司或者银监会批准的其他机构担任"。

② 保险金信托是指投保人在签订保险合同的同时，将其在保险合同下的权益（主要是保险理赔金）设立信托；一旦发生保险理赔，财产权信托会转换成为资金信托，中信信托将按照投保人事先对保险理赔金的处分和分配意志，长期且高效地管理这笔资金，实现对投保人意志的延续和忠实履行。

图 6-7 信托项目风险事件数量及金额（2013 年第四季度末至 2014 年第四季度末）

注：信托业协会未披露 2014 年第一季度末信托项目风险事件的相关数据。

资料来源：中国信托业协会网站。

我们根据公开信息整理了部分（18 笔）风险项目的信息，总结出现兑付危机的产品往往具有共同的特征：一是融资方所处行业集中在前期扩张过快的地产、矿产等产能过剩行业。二是普遍缺乏有力的抵质押物，部分担保机构往往担而不保，延缓兑付，伴随经济下滑风险波动加大，融资方债务积聚，一旦资金周转不畅，即引发兑付危机。虽然监管层以及行业内部均对打破"刚性兑付"形成了共识，但从多起项目风险事件中的处置结果看，却还没有任何一家信托公司敢于第一个"吃螃蟹"。

无论是从经济基本面，还是从信托业发展周期与市场竞争态势上看，可以确定未来信托业风险事件将较以往更加常态化，从而逐渐改变信托产品的"刚性兑付"属性，带动信托业无风险收益的理性回归。这对于信托业来讲，短期将会形成转型阵痛，长期则将刮骨疗伤，促进行业可持续发展，在此过程中，违约现象的出现将是信托业正常的"新陈代谢"与"自我更新"。

专题 6-1   "99 号文" 监管整顿行业基础设施不断完善

"99 号文"发布，对信托治理八项机制（公司治理、产品登记、分类经营、资本约束、社会责任、恢复与处置、行业稳定和监管评价机制）进行明确的阐述、细化和落实，并对信托公司在防范化解风险、推动转型发展以及完善监管机制等方面提出了若干意见。

同时，为配合"99 号文"，信托业基础设施不断完善，这又进一步夯实了信托业变革的基础。8 月银监会下发《信托公司监管评级与分类监管指引（修订稿）》、10 月银监会正式批准全国信托登记中心落户上海自贸区、12 月中国信托业保障基金有限责任公司宣布成立，信托业基础设施项目的不断落地为整合全行业资源，加快信托业转型提供了必要条件。

信托业制度红利减少

"99 号文"确定了信托业需要重点规范的范围：一是强化股东责任，当信托公司出现流动性风险时股东应给予必要的流动性支持，当公司经营损失侵蚀资本时股东应及时补充资本；二是叫停第三方代销，禁止信托公司委托非金融机构以提供咨询、顾问、居间等方式直接或间接推介信托计划，切断第三方风险向信托传递的渠道，避免法律风险；三是清理资金池，强调信托公司不得开展非标准化理财资金池等具有影子银行特征的业务，对已开展的非标准化理财资金池业务，要查明情况，摸清底数，形成整改方案。值得注意的是，"99号文"首次明确事务管理类业务参与主体的责任，也就是俗称的通道业务的参与主体责任。监管的强化虽有利于信托业的良性发展，但在泛资管的竞争中，监管在一定程度上弱化了信托业在通道业务上的竞争优势。

监管评级鼓励创新

在2014年信托业风险事件逐步增加的背景下，8月银监会下发《信托公司监管评级与分类监管指引（修订稿）》，结合行业的最新变化，在2010年修订过的《信托公司监管评级与分类监管指引》的基础上再次进行修订。监管评级结果的影响主要有以下几个方面：首先，评级结果作为衡量信托公司风险程度的主要依据；其次，评级结果也将作为监管规划和合理配置监管资源的主要依据；再次，评级结果将作为市场准入工作的重要参考因素。简言之，评级将会与业务范围挂钩，信托牌照将从"万能"变为"有限"。在新的分类监管中，"扶优限劣、分类经营"的思路或将进一步得到强化。评分领先的信托公司将被鼓励开展更多的创新业务，而评级靠后的公司将只被允许开展一定规模的基础业务。

信托业保障基金正式成立

为建立信托行业市场化风险处置机制，信托业保障基金公司于2014年12月在北京宣布成立，旨在为信托业构建起一道"安全网"和"防火墙"，将信托风险在行业内部进行消化，阻隔其传染到其他经济领域中。由于此前信托市场并未发生实质性违约，保障基金是否能发挥安全垫的作用还尚待观察。但是按照保障基金管理办法，"资金信托按新发行金额的1%由信托公司或融资者认购"，这意味着本来资金成本已经偏高的信托融资更加雪上加霜。

全国信托登记中心紧张筹备，为实现信托转让作准备

全国信托登记中心目前正在紧锣密鼓地筹备中，但其雏形隐现。2014年末，银监会已经初步形成信托登记、受益权转让等操作方案，比如在信托登记环节，拟先引入信托产品登记制度，再择机启动信托财产登记制度；在交易模式设定环节，则考虑采取撮合、做市等交易制度。

全国信托登记中心的最大好处就是解决信托登记过程中法律保障缺失的隐患，确保信托财产的独立性。更进一步，随着信托登记制度的确立，信托产品份额转让业务也有望实现阳光化操作。

此前多家信托自建产品受益权转让平台，但并未引入其他信托公司产品，究其原因，一是市场缺乏行业性的信托登记制度，就无法对其他公司产品运作状况了如指掌，买卖双方产品信息不对称；二是引入其他信托公司产品，就可能要额外承担这些产品刚性兑付义务。若产品登记制度得以确立，即便信托产品出现逾期兑付，信托公司也有法律依据，协助买家对信托产品份额卖方与发行机构进行问责。

一旦实现信托产品流转，一是有助于改变现在产品普遍高收益、短期化的特点。目前信托公司往往采用连续多期，滚动发行的系列化方式，甚至同一家融资企业的单笔长期融资也会被拆成多个短期，进行滚动发行。究其原因，在不可转让的情况下，信托产品长期面临风险过高，同时资金成本中包含了较高的流动性溢价，通过期限错配可以适当降低长期面临的风险及流动性溢价。信托产品流转有助于改变这一现象。二是有助于整个市场的规模扩大。信托产品可流转，将创造

出一个庞大的信托产品二级市场，极大地吸引资金流入。三是有助于建立市场化的风险处置机制。信托产品可流转，有助于引入市场化定价方法对不同评级、不同风险程度的二级市场信托产品进行再定价，通过市场化的方式反映风险，为打破刚性兑付奠定基础。

6.3 工商企业资产配置榜首地位动摇 市场闪耀新的增长点

6.3.1 工商企业卫冕，存量与增量配比规模增长缓慢

2014 年，随着宏观经济的持续下行以及泛资管的竞争加剧，信托资金的五大投资领域均受到不同程度的冲击。尽管传统业务仍是信托行业收入与利润的主要来源，但是在金融政策调整以及信托谋求转型的大背景下，信托的传统投资领域也出现了一些分化。而这反映出来的实质是，信托公司在平衡风险控制和经营收益中作出的业务结构调整。

从存量资金投向看，受经济下行的影响，信托业对工商企业的资金支持力度开始偏向谨慎。截至 2014 年末，信托资金投向工商企业领域的规模较上年小幅增加 8.02%，增速较 2013 年的 55.84% 大幅下降。2014 年工商企业类信托资金规模和占比一升一降，规模增长到 3.13 万亿元，较 2013 年增长了 0.23 万亿元，占比微降至 24.03%，较 2013 年减少了 4.11 个百分点（见图 6-8）。值得注意的是，尽管工商企业当前仍是信托资金配比的最大领域，但按季来看，2014 年不论是新增规模还是余额占比都呈下降趋势。在规模上，2014 年第三季度和第四季度投向工商企业的资金连续两个季度出现了负增长：第二季度规模为 3.22 万亿元，第三季度回落到 3.15 万亿元，第四季度进一步减少到 3.13 万亿元。

图 6-8 资金信托投向分布情况（2010—2014 年）

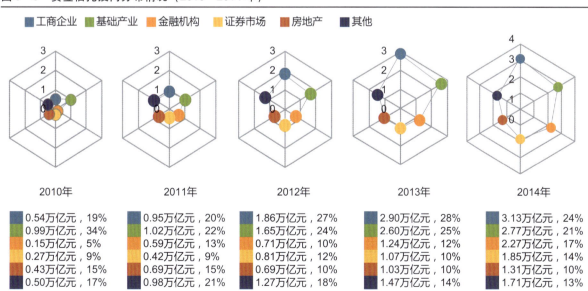

■ 工商企业 ■ 基础产业 ■ 金融机构 ■ 证券市场 ■ 房地产 ■ 其他

2010年	2011年	2012年	2013年	2014年
0.54万亿元，19%	0.95万亿元，20%	1.86万亿元，27%	2.90万亿元，28%	3.13万亿元，24%
0.99万亿元，34%	1.02万亿元，22%	1.65万亿元，24%	2.60万亿元，25%	2.77万亿元，21%
0.15万亿元，5%	0.59万亿元，13%	0.71万亿元，10%	1.24万亿元，12%	2.27万亿元，17%
0.27万亿元，9%	0.42万亿元，9%	0.81万亿元，12%	1.07万亿元，10%	1.85万亿元，14%
0.43万亿元，15%	0.69万亿元，15%	0.69万亿元，10%	1.03万亿元，10%	1.31万亿元，10%
0.50万亿元，17%	0.98万亿元，21%	1.27万亿元，18%	1.47万亿元，14%	1.71万亿元，13%

注：①雷达图中为各投向的规模数据，单位为万亿元。

②"0.54 万亿元，19%" 表示 2010 年投向工商企业的资金信托 0.54 万亿元，占比 19%。其他数据含义以此类推。

资料来源：2010—2014 年资金信托投向分布情况数据来自中国信托业协会网站。

从增量资金投向看，2014 年工商企业领域新增资金 1.72 万亿元，较上年的 2.05 万亿元增量下降 16.10%，增量占比从上年的 35.64% 下降到 32.86%，减少了 2.77 个百分点，打破了新增工商企业资金信托规模逐年上涨的态势（见图 6-9）。此外，据信托业协会相关数据显示，目前新增工商企业资金信托产品仍以单一类资金信托为主，工商企业资金信托全年新增规模中，集合类资金规模新增 2879.48 亿元，占比为 14.07%，单一类资金规模新增 17583.39 亿元，占比高达 85.93%。

图 6-9　新增资金信托投向分布情况（2010—2014 年）

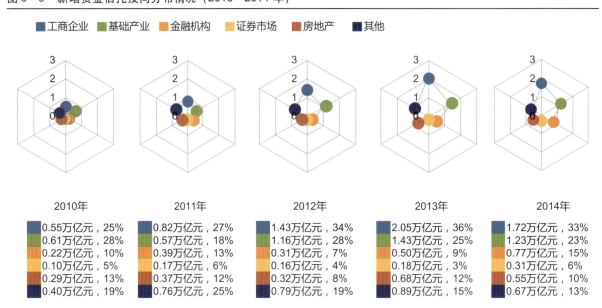

| 工商企业 | 基础产业 | 金融机构 | 证券市场 | 房地产 | 其他 |

2010年	2011年	2012年	2013年	2014年
0.55万亿元，25%	0.82万亿元，27%	1.43万亿元，34%	2.05万亿元，36%	1.72万亿元，33%
0.61万亿元，28%	0.57万亿元，18%	1.16万亿元，28%	1.43万亿元，25%	1.23万亿元，23%
0.22万亿元，10%	0.39万亿元，13%	0.31万亿元，7%	0.50万亿元，9%	0.77万亿元，15%
0.10万亿元，5%	0.17万亿元，6%	0.16万亿元，4%	0.18万亿元，3%	0.31万亿元，6%
0.29万亿元，13%	0.37万亿元，12%	0.32万亿元，8%	0.68万亿元，12%	0.55万亿元，10%
0.40万亿元，19%	0.76万亿元，25%	0.79万亿元，19%	0.89万亿元，15%	0.67万亿元，13%

注：①雷达图中为各投向的规模数据，单位为万亿元。
　　②"0.55 万亿元，25%"表示 2010 年投向工商企业的新增资金信托 0.55 万亿元，占比 25%。其他数据含义以此类推。
资料来源：2010—2014 年新增资金信托投向分布情况数据来自中国信托业协会网站。

工商企业资金信托 2011 年、2012 年、2013 年连续三年在规模和增量上快速膨胀，主要受以下三个层面的因素驱动：企业层面，资金需求旺盛，传统融资渠道不畅或受限；信托公司层面，地方政府融资平台、房地产等资金配置领域或受制于监管收紧，或因行业风险凸显，信托公司转向工商企业资金信托；投资者层面，工商企业资金信托风险收益适中、相对稳健的特点吸引了投资者的资金。

但 2014 年，工商企业资金信托规模暴增所依赖的市场基础有所变化：企业层面，产品需求不振，利润率下滑，企业经营困难，导致优质信托项目匮乏；信托公司层面，"泛资产管理"行业的竞争加剧，原"有限牌照"所带来的制度福利被削弱，既有的成熟模式被外来者复制，同质竞争加剧，信托业市场份额被抢夺；投资者层面，前几年发行的部分工商企业资金信托产品兑付困难，使得工商企业资金信托吸引力下降，同时伴随 2014 年下半年 A 股市场火爆，利用杠杆的投资者更是赚得盆满钵满，逐利资金的投向从工商企业分流。

虽然今年工商企业资金信托表现不佳，但是我们认为，未来一段时间，工商企业资金信托仍有发展空间。首先，政府层面上，政府强调金融服务实体经济，促进产业升级，制定了一系列政策对实体经济的发展进行引导，着重鼓励金融机构加大对实体经济的支持；其次，可选行业上，房地产市场面临深度盘整、基础设施行业深陷政府债务危机、证券市场资金信托易受股市行情波动影响，而且目前政策面依然不鼓励信托资金大规模流入房地产行业和地方政府基础设施建设行业，因此工商企业资金信托仍属于限制较少的可选择行业。

与去年我们在报告中指出的一样，信托市场实际投向情况可能并不如统计数据显示的乐观。一方面，由于监管部门对行业投向数据划分得过于粗糙，部分信托公司在业务数据统计中可能存在分类口径模糊的问题；另一方面，作为市场上最为灵活的金融机构，信托公司可以利用信托制度的优势，通过产品创新、融资主体置换等安排来规避对受限行业投放的监管，从而导致部分信托资金统计规模与实际流向不符的情况。因此，我们并不排除基于上述原因的资金分流，真正进入工商企业实业经营的资金可能会存在部分"被挤出"。而获得信托融资的工商企业中，中小企业的占比亦相当有限。

2014 年基础产业仍是信托资金投资的第二大领域，但相比 2013 年的占比下降 4.01 个百分点，为 21.24%。在中央加强对地方政府债务约束的背景下，基础建设已告别蛮荒生长。对于信托公司而言，传统的以平台公司的名义融资加上政府信用背书的运行模式已成过去时，面对地方政府融资平台的改革与转型，未来信托公司需要顺应政策变化，探索更为可行的业务模式。2014 年信托资金在房地产领域的配置依旧不温不火，一是房地产业深度盘整，房地产企业盈利状况告别过去"黄金十年"；二是其他泛资管行业对房地产信托的蚕食；三是 2015 年以来信托产品兑付危机持续暴露，使各信托机构对新上房地产信托项目慎之又慎。2014 年房地产资金信托存量维持增长，但占比保持在上年的水平，房地产信托的增幅同步于信托业的整体增幅。

信托业在金融机构和证券市场两大领域的配置在 2014 年大幅增加。其中，2014 年资金信托对证券投资的配置规模为 1.85 万亿元，占比 14.18%。相比 2013 年末 10.35% 的占比，上升 3.73 个百分点。2014 年资金信托对金融机构的投资规模为 2.27 万亿元，占比为 17.39%，相比 2013 年末 12.00% 的占比，提升了 5.39 个百分点。伴随 2014 年下半年债市股市纷纷转牛，因借道信托能增加杠杆，在转牛的证券市场获得更大的收益，证券投资信托在 2014 年受到大额资金的追捧。信托资金对金融机构投资的增加，主要源于信托业强化金融协同、金融业投资波动不大和回报稳定等市场因素。除此之外，信贷资产证券化的爆发也是促进信托增加在金融机构的资金配置的一大因素，根据 Wind 资讯的数据，2014 年信贷资产证券化规模 2827.76 亿元，而 2013 年规模仅为 157.73 亿元，规模扩大了接近 18 倍。可以预见，随着备案制的落地，产品发行效率进一步提高，2015 年信贷资产证券化还会继续维持超高速增长的态势。

6.3.2　融资主体倾向大型民营企业[①]

据用益信托工作室不完全统计，2014 年共成立了 990 款工商企业类集合信托产品，其中融资主体为大型企业的有 551 只，占成立总数量的 55.66%，融资规模约为 906.44 亿元，占总融资规模的 70.73%；融资主体为中小型企业融资的产品有 385 只，占总量的 38.89%，融资规模约为 306.32 亿元，占总规模的 23.90%；另外由于信息披露原因，有 54 只产品的融资主体信息未公开披露[②]（见图 6 - 10、图 6 - 11）。

---

①　由于信息披露原因，单一资金信托的信息难以获取，因此本节以集合资金信托的客户结构为例进行分析。

②　数据来源：用益信托工作室：《2014 年工商企业集合信托市场年度发展报告》。由于信息披露等原因，用益信托工作室的统计数据并不完全，只统计了工商企业类集合信托产品规模，且统计结果小于中国信托业协会公布的 2014 年新增工商企业类集合信托 3147.52 亿元的规模。

图 6-10　工商企业类信托数量占比（2014 年）

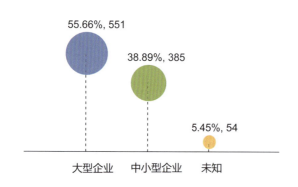

55.66%，551

38.89%，385

5.45%，54

大型企业　　中小型企业　　未知

注：①气泡大小表示工商企业类信托产品数量，气泡高度代表相应企业产品数量占比。

②"55.66%，551"表示投向大型企业的工商企业类信托产品 551 只，占比 55.66%。其他数据含义以此类推。

资料来源：用益信托工作室。

图 6-11　工商企业类信托规模占比（2014 年）

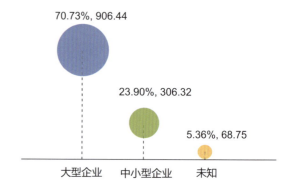

70.73%，906.44

23.90%，306.32

5.36%，68.75

大型企业　　中小型企业　　未知

注：①气泡大小表示工商企业类信托规模，气泡高度代表相应企业产品规模占比。

②"70.73%，906.44"表示投向大型企业的工商企业类信托 906.44 亿元，占比 70.73%。其他数据含义以此类推。

资料来源：用益信托工作室。

2014 年，工商企业类集合信托产品不同规模融资主体的成立数量和融资金额进一步分化。在集合信托产品数量的占比上，大型企业相较中小企业高出 16.77 个百分点，二者融资规模占比更为悬殊，相差 46.83 个百分点，大型企业融资规模接近中小企业融资规模的 3 倍。

一直以来，信托公司的经营模式沿袭了传统银行的信贷模式。受限于人员、渠道、数据、系统等资源不足，以成本效益为驱动，信托公司的经营特点使得其服务主体一般较集中于大型企业。

相较 2013 年，2014 年信托公司对大型企业的偏爱程度进一步上升。究其原因，在经济下行的环境下，中小企业业务量萎缩，产品价格走低，利润减少，经营陷入困境，在抵御风险的能力上，中小企业与大型企业的差距逐渐拉大，如作为 2012 年、2013 年服务中小企业信托一大亮点的金谷向日葵中小企业发展信托计划便折戟 2014 年（见专题 6-2）。基于审慎经营原则，信托公司越来越倾向于与大型企业合作。然而一个尴尬的事实却是，优质的大型企业资源将更多地回归主流融资市场。2014 年金融自由化、利率市场化进程深入，金融抑制逐步被改善，资本市场的活跃、沪港通的开启也为大型优质企业提供了广阔的平台，信托业较高的融资成本成为其竞争的一大短板。不仅是信托业内部的竞争日趋白热化，泛资管行业的类信托业务、银行企业金融服务的创新，都在倒逼信托业拓展新的工商企业融资领域。风险频发，但不能因噎废食，信托业应以其灵活的创新力为后盾，立足于风险控制，加大对中小型工商企业领域的布局。

用益信托工作室的数据显示，2014 年全年工商企业类信托的融资主体中，民营企业和国有企业仍然占据主要地位，尤其是民营企业，在全年成立的 990 款产品中有 800 款的融资主体是民营企业，数量占比高达 80.81%；融资规模约 923.39 亿元，占总成立规模的 72.05%，远高于其他类型融资主体。

图 6-12 工商企业类信托数量占比（2014年）

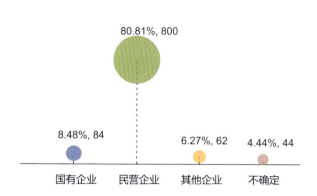

80.81%，800

8.48%，84   6.27%，62   4.44%，44

国有企业   民营企业   其他企业   不确定

注：①气泡大小表示工商企业类信托产品数量，气泡高度
代表相应企业产品数量占比。

②"8.48%，84"表示投向国有企业的工商企业类
信托84只，占比8.48%。其他数据含义以此类推。其他企
业指上市企业、外资、港澳台资和混合体。

资料来源：用益信托工作室。

图 6-13 工商企业类信托规模占比（2014年）

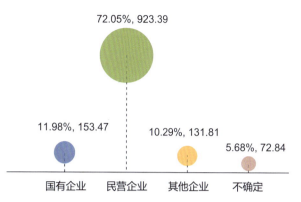

72.05%，923.39

11.98%，153.47   10.29%，131.81   5.68%，72.84

国有企业   民营企业   其他企业   不确定

注：①气泡大小表示工商企业类信托规模，气泡高度代表
相应企业产品规模占比。

②"11.98%，153.47"表示投向国有企业的工商企
业类信托153.47亿元，占比11.98%。其他数据含义以此类
推。其他企业指上市企业、外资、港澳台资和混合体。

资料来源：用益信托工作室。

2014年成立的工商企业类集合信托产品，不论数量还是资金规模，民营企业都占绝对多数。对比来看，在产品数量的占比上，民营企业与国有企业相差72.33个百分点，民营企业信托数量接近国有企业信托数的10倍，二者融资规模占比同样悬殊，相差60.07个百分点，民营企业融资规模为国有企业融资规模的6倍多。

这也充分体现了信托作为银行以外的第二大金融支柱，对实体经济尤其是民营经济提供金融支持的重要辅助作用。而国有企业相对民营及其他类型企业，不论是通过银行还是资本市场等其他渠道融资，都有着先天的优势。尤其是在经济下行周期，民营企业经营风险大幅增加的环境下，信托公司投向国有企业的意愿会有所增加，但由于国有企业其他融资渠道通畅特别是低成本银行贷款容易取得，国有企业没有动力寻求高成本的信托资金。这些决定了信托只有深耕民营企业，服务民营经济才能作出成绩。

6.4 中小企业集合信托发展遭遇减速，信托公司加快创新

2014年中小企业集合信托产品上线规模和数量双双下降。尽管形势不容乐观，但也有不少信托公司陆续尝试中小企业集合信托创新业务，探索在平衡风险与收益的基础上，如何更有效地对接资本市场与实体经济，服务中小企业。

6.4.1 中小企业集合信托发展概况

据公开披露的不完全统计，2014年全年共有12家信托公司发行了带有"中小企业"或"小微

113

企业"字样的集合信托产品 82 只①，累计融资 48.86 亿元。与 2013 年公开披露的数据相比，发行信托公司数量减少 7 家，集合信托产品数量比上年少 18 只，累计融资余额略比上年减少 0.9 亿元（见图 6-14）。

图 6-14　公开披露的中小企业集合信托产品数量及融资规模（2009—2014 年）

资料来源：2014 年中小企业信托产品数据根据网站、报纸等媒体公开信息整理。2009—2013 年数据分别来自《中国中小企业金融服务发展报告》。

从融资规模来看，2014 年中小企业集合信托产品的平均融资规模为 5958.54 万元，相较 2013 年的平均融资规模增加了 933 万元。相较于大型企业平均 1.65 亿元的融资规模②，中小企业集合信托产品平均融资规模约为大企业的 1/3 水平。

从收益率来看，披露的中小企业集合信托产品收益率有所下行，预期收益率分布区间为 6.4%～9.5%，平均收益率为 7.36%，较上年的 8.28% 下降 0.92 个百分点③。但是需要注意的是，由于信息披露原因，信托产品增信情况披露不完整，上述收益率统计并不能充分反映信托融资利率的市场化水平。比如，华澳中小企业发展基金系列集合资金信托采取结构化增信措施，但公开信息仅披露该系列计划优先级

图 6-15　公开披露的中小企业集合信托产品平均融资规模（2010—2014 年）

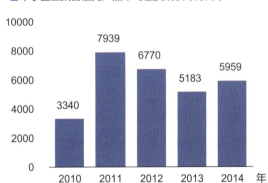

注：此处平均值的计算原则是将所有披露数据的总和除以总的披露个数，未披露相关数据的信托产品不纳入平均值的计算范围。

资料来源：2014 年中小企业信托产品数据根据网站、报纸等媒体公开信息整理。2010—2013 年数据分别来自《中国中小企业金融服务发展报告》。

---

① 受披露信息不充分的限制，本报告只统计了在集合资金信托计划中带有"中小企业"或"小微企业"字样的信托计划，部分信托计划名称上没有显示"中小企业"或"小微企业"，但其投向是中小微企业的信托计划，这类信托计划并未纳入统计，单一资金信托因其私密性而极少披露，难以从公开渠道获得相关信息，故本节统计数据并未涵盖单一类中小企业信托产品，综上所述，本节对中小企业信托的统计并不能全面反映市场真实的规模。

② 数据来源：用益信托工作室。

③ 此处平均值的计算原则是将所有披露数据的总和除以披露个数，未披露相关数据的信托产品不纳入平均值的计算范围。

收益，并未披露劣后级收益，而劣后级承担的风险水平更高，其收益率也会显著高于优先级收益。此外，还有部分中小信托产品采用了担保增信措施，但是并未具体披露担保方名称，也相应影响上述收益率统计的准确性。另外，考虑到信托公司 1%～2% 的受托报酬率、0.5%～2% 投资顾问、担保机构、银行等参与方的费用，中小企业实际平均承担的融资利率或将超过 10%，远高于银行同期贷款利率。

从产品期限来看，披露的中小企业集合信托产品期限区间最短为 1 年，最长为 5 年，平均产品期限为 1.20 年，产品期限大于 1 年的仅有 10 只。相较去年"1 年及以下的有 50 只，1 年以上的有 30 只"的期限结构，今年中小企业信托集合信托产品短期化的特征更为明显。

从投向地区分布来看，信托资金投向主要集中在东部和中部省份地区，相较往年，公开披露产品投向的 82 只中小企业集合信托产品在数量占比和规模占比结构上呈现如下特征（见图 6 - 16 和图 6 - 17）：产品数量上，中西部地区产品数量占比锐减，87.80% 的产品投向东部地区，6.10% 的产品投向中部地区，6.10% 的产品投向西部地区，中西部地区合计 12.20%，较 2013 年 29% 的占比下降 16.8 个百分点；在资金规模上，2014 年中西部特别是中部地区资金规模占比取得大幅增加，53.71% 的资金投向东部地区，35.59% 的资金投向中部地区，西部地区得到 10.70% 的资金支持，而 2013 年仅 26% 的资金投向中部地区，7% 的资金投向西部地区，中小企业信托资金投向中西部地区的规模明显提升，这也验证了我们去年报告的判断"市场竞争加剧导致信托公司融资企业客户结构下沉的同时，企业融资区域也将出现由大型中心城市向外辐射的趋势。信托公司需要进一步提高其深度区域的项目资源获取能力，扩大融资企业地域覆盖范围，并选择性地向更多二三线城市延伸，更好地服务不同区域中小企业的融资需求"。

图 6 - 16　中小企业集合信托投向地区数量占比（2014 年）

东部，88%
中部，6%
西部，6%

图 6 - 17　中小企业集合信托投向地区规模占比（2014 年）

东部，54%
中部，36%
西部，11%

注：此处平均值的计算原则是将所有披露数据的总和除以披露个数，未披露相关数据的信托产品不纳入平均值的计算范围。
资料来源：2014 年中小企业信托产品数据根据网站、报纸等媒体公开信息整理。

6.4.2　系列化发行收缩，业务创新加速

2014 年，多数公开披露的中小企业集合信托产品采取了连续多期、滚动发行的系列化方式，仅上海爱建信托的"上海国际创投中小企业股权投资信托计划"这一只产品没有实现系列化发行。虽然今年系列化发行继续占据主流，但是系列化发行出现了一些新的特征：首先，系列化发行品种收缩，从 2013 年的 30 种减少到 2014 年的 17 种；其次，公开披露发行的产品有较大部分来自于单一的信托公司，其金额及数量存在进一步下降的风险。在系列化发行品种收缩的背景下，今年云南国际

信托的"云福·中小企业优选基金系列集合资金信托计划"在中小企业集合信托产品中一枝独秀，数量上发行了53只，占总发行数量的64.63%，金额18.34亿元，占总发行金额的37.54%。

今年大部分产品还是以融资为主，但是也有一些新的探索，比如上海爱建信托的"上海国际创投中小企业股权投资信托计划"、天津信托的"文化产业集合资金信托计划"和万向信托的"优聚工行中小企业私募债"。

但是需要注意的是，信托计划的名字虽然包含"股权投资"，但其实是假股真债，依然是类债权融资。上海爱建信托的"上海国际创投中小企业股权投资信托计划"将信托资金与上海国际集团创业投资有限公司共同成立有限责任公司制的投资公司，尝试对上海市的中小企业进行股权投资，成立投资公司的同时还与合作方签署了回购协议，约定了回购价格。天津信托的"文化产业集合资金信托计划"受让天津海泰数字版权交易服务中心的特定资产收益权，约定到期海泰数字版权中心再溢价回购信托计划受让的特定资产收益权。上述两个信托计划因为约定了未来将由合作方回购，所以整体来看还是类债权融资，仅收取固定的资金利率。

未来，中小企业信托有望实现由融资类业务独大到兼具融资类业务和投资类业务的转变，信托公司由被动管理转向主动管理，综合运用多样化金融工具和交易结构，为中小企业量身定做融资方案，以满足企业深层次的融资需求。目前，在新三板扩容的背景下，信托资金已开始深度介入高成长性企业（详见6.7信托掘金新三板）。

万向信托的"优聚工行中小企业私募债"则聚焦工商银行浙江省分行的优质中小企业客户，浙江股权交易中心为"优聚工行"项目发债；万向信托以集合方式实现认购资金分级募集、批量匹配；优先级资金由工商银行对接；劣后资金级资金则由中新力合股份有限公司对接。"优聚工行中小企业私募债"的操作方式是信托设立信托计划募集资金后，通过购买中小企业私募债，间接将资金提供给中小企业。这一信托计划的特点是期限达到了5年，相较一般信托1—2年的存续期限，更能有力地支持中小企业的发展。但缺点是企业融资成本较高，达到了11%～12%；另外风险较大，中小企业私募债原本仅面向合格机构投资者发行，属于高风险债券，通过信托绕道监管的方法，在信托刚兑还未被打破的背景下，信托公司将面临最终兜底的风险。

表 6－1 　　　　　　　　2014 年公开披露的系列化发行中小企业信托产品一览

信托公司名称	系列化产品名称	公开披露发行数量（只）	公开披露发行金额（万元）
华澳国际信托	中小企业发展基金集合资金信托计划	9	27400
华鑫国际信托	鑫汇中小企业发展集合资金信托计划	3	42500
建信信托	国控阳光中小企业发展集合资金信托计划	1	10000
	合肥市大湖名城中小企业创新发展基金投资集合资金信托计划	1	90000
中国金谷国际信托	向日葵中小企业发展基金信托计划	2	17057
厦门国际信托	集美中小企业贷款集合资金信托计划	1	3000
	国贸增信中小企业贷款集合资金信托计划	1	3000
	锦绣鹭岛中小企业贷款集合资金信托计划	1	2450
山西信托	信裕集合资金信托计划	2	2800

续表

信托公司名称	系列化产品名称	公开披露发行数量（只）	公开披露发行金额（万元）
天津信托	文化产业集合资金信托计划	2	11000
万向信托	优聚工行中小企业私募债	1	3500
	小微信贷资产收益资金信托计划	1	71095
西部信托	北京朝阳中小企业集合资金信托计划	1	7700
云南国际信托	云福·中小企业优选基金系列集合资金信托计划	53	183410
长安国际信托	天骄10号中小企业发展集合资金信托计划	1	4806
	西安市科技型中小企业成长基金集合资金信托计划	1	5000

资料来源：根据网站等媒体公开信息整理。

6.4.3 中小企业信托高风险性亟须创新增信方式

在信托产品增信措施方面，由担保公司担保和采取结构化设计是业内较为普遍的做法。据不完全统计，在披露了采取增信措施的 37 只中小企业集合信托产品中，有 31 只引入担保，在引入担保的产品中有 28 只为云南信托"云福·中小企业优选基金系列集合资金信托计划"；有 9 只采取了结构化设计；有 3 只信托产品在引入担保的同时采取了结构化设计，这 3 只分别是"长安信托·西安市科技型中小企业成长基金（第 1 期）集合资金信托计划""金谷·向日葵 1 号—广东佛山中小企业发展信托基金（计划）第 5 期"和"金谷·向日葵 22 号—广州华佑中小企业发展信托基金（计划）第 1 期"。

值得一提的是，"金谷·向日葵 1 号—广东佛山中小企业发展信托基金（计划）第 5 期"采取了三档增信措施，首先当出现不良时，禅城集成小额贷款公司承诺收购；其次信托贷款由广东集成融资担保公司进行担保；最后劣后级信托由广东集成金融集团认购，同时广东集成金融集团承诺出现风险会通过追加次级信托资金以保证优先级投资者本金、收益安全。

除此之外，2014 年，基于权益的抵/质押也进一步增多。基于权益的抵/质押设立的信托计划有"上海国际创投中小企业股权投资信托计划"、万向信托的"优聚工行中小企业私募债"和天津信托的"文化产业集合资金信托计划"。其中，"上海国际创投中小企业股权投资信托计划"的质押物是融资方母公司持有的合资投资公司 61% 股权，同时融资方母公司承诺对信托存续期间每年预分配收益予以补足。"优聚工行中小企业私募债"则是在信托资产—私募债原有中小企业抵/质押资产的基础上，进一步采取了分级设计的增信措施。"文化产业集合资金信托计划"则是信托计划受让特定资产收益权，约定未来再由融资方溢价回购，同时政府提供了隐性担保的支持函。而在 2014 年爆出的多个兑付风险事件中，担保公司"担而不保"，甚至出现担保公司合谋骗贷最后跑路的恶性事件[①]，导致原有的通过担保增信的办法受到质疑，市场呼吁信用增级措施的创新。

中小企业集合信托计划作为高收益产品，不仅为投资者带来了高收益，更为中小企业发展提供了宝贵的资金，但是仅仅是高风险高收益的产品很难满足不同风险偏好者的需求，因此，通过信用增级、风险与收益的结构化重组等措施，创造不同风险收益的产品以满足不同投资者的需求，将原

---

① 《四川汇通担保高管跑路，警方将发"红色通缉令"》，网易财经，2014 - 08 - 15。

始资产拆分成不同产品并差别定价，实现资金总成本下降，最终降低中小企业融资成本。

表 6-2　　　　　　　　　　　　2014 年部分结构化中小企业集合信托产品一览

信托公司名称	信托产品名称	产品结构化特点
华澳国际信托有限公司	华澳·中小企业发展基金 8 号集合资金信托计划	设置 800 万元次级 B 类信托单位，为优先级投资者提供劣后增信，且优先级信托单位与次级信托单位之比不超过 6:1
	华澳·中小企业发展基金 10 号集合资金信托计划	优先级信托单位信托资金 1800 万元，次级信托单位信托资金 1200 万元
	华澳·中小企业发展基金 11 号集合资金信托计划	优先级信托单位信托资金 1800 万元，次级信托单位信托资金 1200 万元
建信信托有限责任公司	建信信托·国控阳光中小企业发展集合资金信托计划（2014 年第 1 期）	优先级信托受益权（优先级受益人）规模占信托总规模的 70%，预计不超过 5600 万元，由符合《信托公司集合资金信托计划管理办法》的合格投资者以现金方式认购；次级信托受益权（次级受益人）规模占信托总规模的 30%，预计不超过 2400 万元，由国正资产认购
长安国际信托股份有限公司	长安信托·西安市科技型中小企业成长基金（第 1 期）集合资金信托计划	本项目分为 A 类信托单位、B 类信托单位，其中 A 类信托单位面向社会发行，B 类信托单位由西安投资控股有限公司代表政府扶持资金认购
中国金谷国际信托有限责任公司	金谷·向日葵 1 号—广东佛山中小企业发展信托基金（计划）第 5 期	优先级信托资金为 8114 万元，次级信托资金为 1623 万元，次级部分由广东集成金融集团持有
	金谷·向日葵 22 号—广州华佑中小企业发展信托基金（计划）第 1 期	优先级资金 5850 万元，次级资金 1470 万元

资料来源：根据网站等媒体公开信息整理。

专题 6-2　金谷中小企业集合信托风险失控

2014 年，"金谷·向日葵 3 号中小企业发展信托计划""金谷—黄山江滨大厦度假酒店特定资产收益权集合资金计划""金谷·香山游艇泊位收益权信托计划"均被曝出现兑付危机。

以"向日葵 3 号"中小企业发展基金信托为例，总募集资金 27235 万元，其中一期规模为 11525 万元，二期规模为 15710 万元。"向日葵 3 号"采取三档风险控制措施，首先，该计划为结构化产品，优先级与次级的结构比例为 8:2，次级份额由玉环县中小企业投资管理有限责任公司以自有资金认购。优先级信托本益未达到预期目标的投资风险由次级投资人提供全额补足义务。

其次，信托计划还引入了担保公司进行担保。由台州市首信担保投资有限公司、台州市和信担保投资有限公司、台州市元融担保有限公司及浙江鼎隆担保有限公司提供连带责任保证担保。

最后，所有申请贷款的企业均需通过金谷信托、中小企业投资管理公司及担保公司的三级审核。

2013 年经济下行，特别是江浙地区出现大规模的中小企业倒闭潮。2013 年 8 月，"向日葵 3 号"兑付出现困难，由金谷信托以自有资金先行兑付，但伴随大量借款企业倒闭、破产清算，借款的 92 家中小企业贷款本息全部还清的仅有 20 多家，为信托计划担保的 4 家担保公司已无力负担全部资金。2014 年，金谷信托将为该信托计划担保的 4 家担保公司以及被投企业中的 30 多家违约企业告上法庭。

处在经济下行，大量中小企业倒闭这一大背景因素下，"向日葵 3 号"的艰难处境似乎具有合理性。但如联金塑业，在从金谷信托借到 350 万元材料款后，仅过了三个月就以股东会决议为由将公司解散注销，这 350 万元贷款顿成死账。联金塑业是如何通过金谷信托、中小企业管理公司及担保公司的三级审核成功拿到贷款不得而知，但这不得不让人怀疑业务背后审核的质量。

借助区域性小贷、担保、资产管理公司渠道寻找目标借款人并进行贷前贷后管理，只投入了很低的成本做业务，风险却主要由合作的小贷、担保、资产管理公司承担。因此，在业务尽职调查及后续管理工作上，信托公司可能存在不审慎的道德风险①。

创新业务模式、加强风险控制是在经济新常态下信托公司从事中小企业集合信托必须努力的方向。

6.5 信托与小贷、P2P 联姻，为中小微企业输血

信托横跨货币、资本、实业三个市场，可以股权、债权、贷款等多种方式进行灵活运作，这是其他金融机构无法比拟的。这种制度优势为信托行业提供了发展空间。

近年来，在传统的银行业金融机构之外，出现了小贷公司、P2P 等更多主要面向个人及小微企业服务的机构，为小微企业开辟了融资渠道。但此类机构的发展易受资金不足困扰，融资渠道少和可贷资金不足现象普遍②，亟待补充融资途径。

一般而言，小贷公司和 P2P 平台掌握大量存在小额借贷需求的客户资源，且平台借贷收益率普遍偏高，能够覆盖信托资金的高成本。因此，在平台整体风险可控的情况下，以该类机构客户作为合格投资标的对接信托资金，无疑为信托公司提供了一条可行的业务选择。

基于此，在支持中小微企业融资需求方面，越来越多的信托公司开始进行跨界运作，寻求与小贷、P2P 等机构的合作，信托与其他金融业态的融合正不断向纵深发展。

事实上，信托公司入局小额信贷业务已早有实践。自 2011 年外贸信托推出"汇金"系列消费信贷信托，与捷信③和维视投资④合作试水金融消费贷款业务后，天津信托、中航信托、华澳信托和万向信托也纷纷筹谋小贷领域。据不完全统计，2014 年外贸信托、中航信托、天津信托、华澳信托、

---

① 道德风险指合同一方不完全承担其行为所产生的风险后果时所采取的使自身效用最大化的自利行为。
② 《关于小额贷款公司试点的指导意见》（以下简称《指导意见》）指出小额贷款公司是由自然人、企业法人与其他社会组织投资设立，不吸收公众存款，经营小额贷款业务的有限责任公司或股份有限公司。小额贷款公司的资金来源只能是股东缴纳的资本金、捐赠资金，以及来自不超过两个银行业金融机构的融入资金，且融入资金的余额不得超过资本净额的 50%。
③ 深圳捷信金融服务有限公司成立于 2010 年，是中国首批四家试点消费金融公司中唯一一家外商独资企业，是中东欧地区最大的国际金融投资集团 PPF 旗下的全资子公司。主要业务是向信用记录缺失或很少的人群提供贷款，以及简单、方便和快捷的消费金融服务。
④ 维视投资咨询（上海）有限公司成立于 2008 年，属外商独资企业，主要面向个人、个体工商户、中小企业提供贷款等融资服务，包括提供贷款融资及提供汽车、家庭耐用消费品及其他消费品之租购融资服务。在国内拥有包括小额贷款、融资担保、融资租赁、金融服务在内的多家子公司及业务分部。

万向信托共发行了 184 只①小额贷款信托产品，相比去年，成立数量大幅翻番。

表 6-3　　　　　　　　2014 年部分公开披露的与小额贷款公司、P2P 公司合作发行信托产品一览

产品名	产品数量（只）	加权平均期限（月）	加权平均预计年收益率	发行规模（万元）	合作方性质及作用
华澳·人人微贷基金 1 号集合资金信托计划	2	N/A	N/A	3000	兼具小贷公司及 P2P 公司（投资顾问②）
天津信托·金融产业（捷信金融消费贷款）集合资金信托计划	6	12.86	8% ~8.2%	28000	小贷公司（借款人）
外贸信托·汇金 1 号、2 号消费信贷集合资金信托计划（捷信消费贷款项目）	39	12	8% ~8.5%	N/A	小贷公司（借款人）
外贸信托·汇金 5 号二期（中兴微贷消费信贷系列融资项目）集合资金信托计划	6	N/A	N/A	N/A	小贷公司（投资顾问）
万信·小微信贷资产收益权集合资金信托计划（1 号）	1	12	N/A	71095	N/A
中航信托·天驰 2 号车辆抵押贷款结构化集合资金信托计划	8	13.5	8.60%	42240	兼具小贷公司及 P2P 公司（投资顾问）
中航信托·天惠 8、11 ~22、44 号信贷及车贷结构化集合资金信托计划	26	19.5	9.51%	略微大于 132865③	兼具小贷公司及 P2P 公司（投资顾问）
中航信托·天宜 23 ~30 号小额贷款结构化集合资金信托计划	96	6.5	7.50%	285120	兼具小贷公司及 P2P 公司（投资顾问）

资料来源：金融界及各信托公司官网信息整理。

　　根据公开资料统计，资金规模上，2014 年全年，中航信托"天宜""天惠""天驰"三个与宜信合作的产品系列共成立产品 130 只，为宜信平台输入资金约 46.02 亿元；华澳信托的"人人微贷基金"系列发行了 2 只产品，向友信金融输送资金 3000 万元；天津信托的"金融产业（捷信金融消费贷款）"系列发行了 6 只产品，向捷信金融输送资金 2.8 亿元。

　　产品系列化发行占主流，除"万信·小微信贷资产收益权集合资金信托计划（1 号）"2014 年仅发行了一只，一次性规模 7.11 亿元外，其余的产品均根据需求进行了系列化发行。这体现出该类信托产品与传统中小企业信托产品的相似之处，只要选择一次合作方，产品按期发行即可。另外，与小贷机构合作中，信托资金最终对接的是分散、不同的个体，相较于传统中小企业信托产品中单个或少数交易对手的融资需求，前者的每笔资金数额小，交易风险分散。

　　从信托期限来看，所有公开披露的产品期限均较短，平均期限在 12 个月左右，其中有 56 只信托产品的期限是 12 个月，占比 30.4%，其次是 24 个月的信托产品，共有 15 只，占比 8.2%。

　　从信托利率来看，12 个月期的信托产品年化收益率约为 8%，伴随期限增加，年化收益率增加。中航信托与宜信合作的"天宜""天惠""天驰"的加权平均期限分别为 6.5 个月、19.5 个月、13.5 个月，对应加权平均预计年化收益率是 8.6%、9.51%、7.5%。

---

①　不同于理财周报按信托名称统计信托产品数量，此处的 184 只信托产品还按照同一名称不同期限加以区分进而统计。
②　投资顾问指为信托公司推荐符合贷款条件的个人而发放贷款，投资顾问本身并没有介入借贷关系。
③　因"中航信托·天惠 44 号信贷及车贷（24 月期）结构化集合资金信托计划"募集金额不详，所以采用估计数。

图6-18　2014年部分公开披露的合作发行信托产品期限结构情况

资料来源：金融界及各信托公司官网信息整理。

从资金投向来看，中航"天宜""天惠""天驰"的投向是发放小微信贷和车辆抵押贷款，华澳·人人微贷的投向是个人贷款，其余产品则表明仅限于为消费者发放消费金融贷款。

表6-4　　　　　　2014年部分公开披露的与小额贷款公司合作发行信托产品一览

产品名	投资领域	信用增级
华澳·人人微贷基金1号集合资金信托计划	向友众信业金融信息服务（上海）有限公司推荐的符合贷款条件的个人发放贷款	1. 结构化设计：优劣比9:1 2. 风险监控：设定监管指标红线，存续期友信金融通过自有资金补充信托计划受损部分，保证相关指标不超线 3. 担保：友信金融承诺为逾期还款的借款人承担无条件代偿责任，以及对不良贷款的无条件回购责任
天津信托·金融产业（捷信金融消费贷款）集合资金信托计划	向捷信消费金融有限公司发放流动资金贷款，捷信金融将信托资金用于向不同消费者发放消费金融贷款	无
外贸信托·汇金1号、2号消费信贷集合资金信托计划（捷信消费贷款项目）		结构化设计：存续期间优劣比不高于4:1
外贸信托·汇金5号二期（中兴微贷消费信贷系列融资项目）集合资金信托计划	本期所募资金用于向原信托计划追加优先级信托资金，信托资金用于发放个人消费贷款	1. 结构化设计：存续期间优劣比不高于3:1 2. 担保：关联公司提供连带担保责任
中航信托·天驰2号车辆抵押贷款结构化集合资金信托计划	发放小微信贷和车辆抵押贷款，将信托基金以贷款形式发放给经过宜信审核的借款人	1. 结构化设计：优先：劣后＝10:1 2. 进一步追加劣后资金：坏账率达到2%及以上的，宜信按照届时优先级信托资金总规模的5%追加劣后信托资金 3. 担保：宜信及其关联公司承担连带保证责任
中航信托·天惠8、11～22、44号信贷及车贷结构化集合资金信托计划		
中航信托·天宜23～30号小额贷款结构化集合资金信托计划		

资料来源：金融界及各信托公司官网信息整理。

不可否认，信托公司与小贷、P2P 等机构的合作确实能够做到资源优势互补，实现资产端与资金端的有效对接。但是信托青睐的背后，风控仍是市场上最关注的问题。

目前此类业务中，最常见的风控措施大致有四种：一是结构化设计，其中劣后资金通常由合作公司出具，或从市场第三方募集；二是劣后资金追加补足承诺，当坏账率达到一定比例时，需追加劣后资金不足风险垫；三是信托账户截流，信托公司有权对信托专户内的资金存量进行控制和截流，并以截留资金用于优先受益人信托利益分配；四是连带责任担保，一般由合作公司签订无限连带责任担保协议，作为逾期代偿的连带责任。

上述产品采取担保与非担保的差异是由借贷法律关系差异引起的，提供担保的产品仅有一层借贷关系。合作公司在其中的角色是贷前借款人审核、贷后管理，以及辅助风控，法律上与资金提供方和资金需求方均无借贷关系，因此才会额外提供担保。而不提供担保的产品则是有两层借贷关系，第一层关系是合作公司与资金提供方有借贷关系，合作公司充当借款人借入资金；第二层关系是合作公司与下游资金需求方产生借贷关系，此时合作公司充当贷款人贷出资金。因为法律上合作公司此时已介入资金提供方和资金需求方之间，所以已没有必要再进行担保的设定。

在优劣比例设置上，行业过去的优先—劣后比 4:1 是主流，也就是说，只要平台借贷的坏账率控制在 20% 以内，优先级的收益是可以保证的。而这个杠杆比率也是监管与市场默认的一个风险基调。但从 2014 年发行的产品设计来看，有杠杆升高的趋势。其中，华澳·人人微贷基金 1 号集合资金信托计划的优劣比为 9:1，中航信托与宜信合作的"天宜""天惠""天驰"的优劣比均为 10:1，远高于一般标准。

正如去年我们在报告中指出，此类业务在实际操作中类似于"半通道"，信托公司本身对交易对手的掌控度并不高，而高杠杆劣后级资金提供的安全垫并不全然有效，一旦平台坏账率抬高，信托资金的安全性也无法保证。而这也是部分信托公司一直不拓展此类业务的重要原因。

6.6 资产证券化业务[①]如火如荼

我国信贷资产证券化自 2005 年国家开发银行和建设银行试点以来，一直受限于审批，发展迟缓。在 2013 年"钱荒"发生后，为盘活存量资金，金融支持实体经济迫在眉睫，因此发展信贷资产证券化被提上议事日程。2013 年 7 月国务院颁布"金十条"提出：逐步推进信贷资产证券化常规化发展。并扩大了金融机构信贷资产证券化的额度。信贷资产证券化发展逐渐步入快车道。2014 年 11 月 20 日，银监会正式下发《关于信贷资产证券化备案登记工作流程的通知》（银监办便函〔2014〕1092 号），信贷资产证券化业务由审批制转变为备案制，大大提高了信贷资产证券化产品的发行效率。

根据 Wind 资讯的数据，2014 年信贷资产证券化规模 2827.76 亿元，较 2013 年 157.73 亿元的规模扩大了接近 18 倍。其中，12 月信贷资产证券化规模更是创下新高，达到 534.86 亿元。

---

① 资产证券化是指将把缺乏流动性，但具有未来现金流的资产汇集起来，通过结构性重组，将其转变为可以在金融市场上出售和流动的证券，据以融通资金的过程。其强调的重点一是以特定的资产组合或现金流为支持，二是形成可交易的证券以提高流动性。

图 6-19　新增信贷资产证券化规模（2013 年 1 月至 2014 年 12 月）

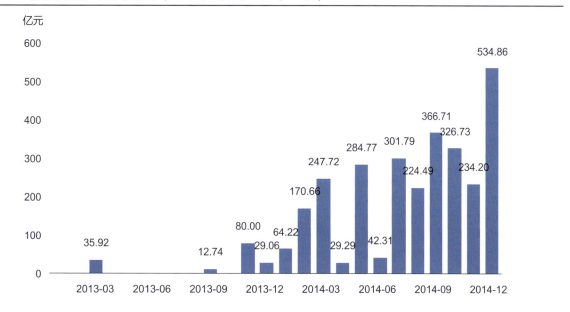

从目前市场上已开展的信贷资产证券化业务来看，基础资产有信用贷款资产、个人汽车抵押贷款、个人住房抵押贷款、融资租赁资产、小额消费贷款等，都是以贷款受偿权打包进行的资产证券化，这些业务实践为银行中小微企业贷款剥离进行证券化提供了很好的借鉴。通过将金融机构持有的流动性相对较差，但具有稳定未来现金流的贷款汇集切割成资产包，经过担保或其他形式的增级后，以可交易收益权凭证的形式出让给投资者，盘活存量。

目前，监管层正积极研究将中小微企业贷款作为基础资产类型，从银行等金融机构的角度来看，首先它提升了银行信贷资产的流动性，有利于社会信贷规模的扩张；其次实现信用风险的转移，中长期有利于隔离信贷资产违约对银行的不利影响；最后将不良率较高的中小微企业信贷资产转出表，有利于降低商业银行不良贷款率以及改善商业银行的资本充足率。

从中小微企业的角度来看，通过中小微企业信贷资产证券化转移信用风险的同时扩展可贷资金来源，在隔离了风险的基础上银行可以扩展风险和利率均较高的中小微企业贷款，有助于破解银行对中小微企业的"惜贷"困局；同时信贷资产证券化引入了市场资金，有利于打破利率管制，从而更加市场化地对中小微企业贷款进行定价，降低中小微企业融资成本。

专题 6-3　平安银行 1 号小额消费贷款证券化信托资产支持证券

在目前如火如荼开展的信贷资产证券化业务中，信托公司的位置是作为受托机构或发行人。图 6-20 是平安银行 1 号小额消费贷款证券化信托资产支持证券的交易结构图。平安银行作为发起机构首先将相关信贷资产委托给作为受托人的华能贵诚信托，由华能贵诚信托设立一个特定目的信托。华能贵诚信托将发行以信托财产为支持的资产支持证券，所得认购金额扣除发行费用的净额支付给兴业银行。华能贵诚信托向投资者发行资产支持证券，并以信托财产所产生的现金为限支付相应税收、信托费用及本期资产支持证券的本金和收益。同时，华能贵诚信托负责协调资产支持证券的发行，委托平安银行对信贷资产的日常回收进行管理和服务；委托兴业银行对信托财产产生的现金资产提供保管服务；委托中债登对资产支持证券提供登记托管和代理兑付服务。

图6-20　平安银行1号小额消费贷款证券化信托资产支持证券交易结构图

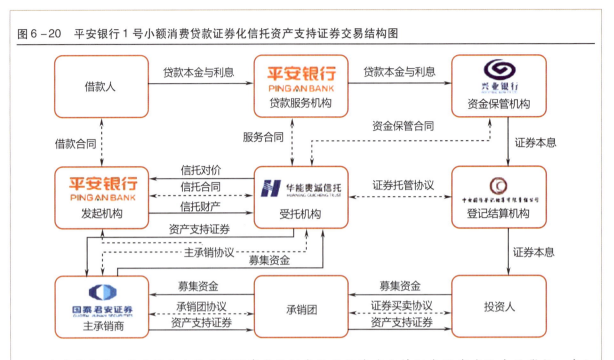

从资产上看，平安银行1号小额消费贷款证券化信托资产支持证券的资产池中的贷款，在初始起算日的单笔贷款余额介于500元到15万元之间，属于典型的小额贷款。资产池未偿本金金额合计约26.31亿元，贷款笔数96187笔，加权平均贷款剩余期限2.21年，加权平均贷款年利率8.61%。

从风险防范上看，首先，所有入池资产由平安产险提供信用保证保险，当贷款任何一期发生逾期达80天，平安产险将全额赔付应偿还而未偿还的金额。其次，针对市场利率可能的波动，该资产支持证券还进行了分级设置，分为A级01档资产支持证券、A级02档资产支持证券和B级资产支持证券，其中A级01档资产支持证券为固定利率，金额占比45.99%；A级02档资产支持证券为浮动利率，金额占比50.97%；B级资产支持证券，无利率，待到A级01和A级02偿还完毕后分配剩余收益。特别的，在违约事件后，受偿权"A级01＝A级02＞B级"。最后，针对提前还款的风险，A级01和A级02同顺序按比例分配本金，当A级未偿本金余额为零后才分配B级资产支持证券的本金。

6.7　信托掘金新三板[①]

2013年6月国务院确定将中小企业股份转让系统试点扩大至全国后，2014年新三板迎来爆发式增长。发行数量进一步加快，融资能力大幅增加，总市值不断攀升。2014年8月做市商制度推出后，新三板市场成交开始活跃。在中国经济加速转型和建立多层次资本市场的背景下，通过投资新三板市场，将有机会挖掘价值洼地，分享新经济代表企业价值成长红利，并通过制度变革、流动性溢价和转板等方式实现理性套利。

---

① "新三板"是经国务院批准设立的全国性证券交易场所，又名全国中小企业股份转让系统。

高额的回报率吸引了包括信托在内的各类资管。2015年2月5日，全国信托行业首只"新三板"投资集合信托计划——中信道域1号"新三板"金融投资集合资金信托计划问世。信托计划资金拟参与项目为新三板二级市场股票投资、新三板定向增发股票投资，以及拟挂牌新三板企业股权投资。其起购金额定在500万元，最低成立规模5000万元，产品的期限设定为2＋1年。据不完全统计，截至2015年4月18日，总共有6家信托机构发行了10款新三板信托产品。

信托掘金新三板的同时，也为新三板扩容带来了亟需的资金。同时，相较个人投资者，信托等专业机构投资者更能把握公司风险、产业方向，通过投资优秀的、有潜力的企业，扶优汰劣，促进优质中小企业的成长。

虽然各类资管机构正如火如荼掘金进新三板，但亦有不少信托机构对新三板业务持观望态度。它们认为相对公募基金、券商等机构，信托在证券投资领域并无固有优势和经验，无论从投研能力，还是交易投资能力，都不具备突出优势。此外，新三板企业良莠不齐，这当中必然要求新三板产品管理机构具备相当突出的辨别企业投资价值的能力。而且新三板投资建仓周期较长、封闭周期亦较长、流动性弱于主板等问题，对于信托而言更是具有很高的操作难度。

专题6－4 信托投资新三板的方式及模式

信托如何介入新三板

信托投资新三板，则主要集中在如下几个环节：

一级市场PE式投资：针对拟挂牌企业，在挂牌之前对其进行增资等方式的投资，为非公开交易方式。该方式成本较低，未来最具增值潜力；但是壁垒高，需要足够强的公司资源，较为适合大型机构投资者。

一级半市场定增式投资：针对已挂牌企业，通过定增对其进行股权投资，为非公开交易方式。该方式介于一二级之间，也是目前新三板企业常用的融资模式，尤其针对具有做市潜力的企业来讲，增值的空间同样不小；但是壁垒仍不低，需要很好的投行资源，较为适合拥有丰富投行资源的机构投资者。

二级市场交易式投资：针对已挂牌企业，在新三板二级市场对其进行投资，为公开交易方式。但目前由于流动性问题，该方式难以进行大规模投资，但是随着做市的活跃以及准入门槛的降低，类似目前创业板、中小盘的交易方式会逐渐兴起。由于新三板企业尚没有公允的估值方式，因此该模式的壁垒主要在投研体系的建立，适合有较强投研体系的机构投资者。

图6－21 信托介入新三板投资环节

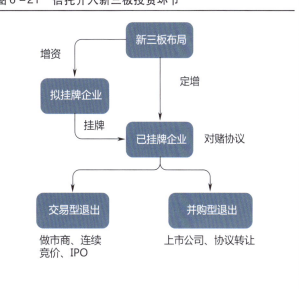

信托计划合作主要模式

目前，新三板信托计划主要的模式是投顾合作模式。该模式下，信托公司作为产品受托人，同时引入投资顾问，共同开发管理新三板产品，目前已发行的新三板信托产品基本都采用此种模式。

投资顾问的选择是投顾合作模式的关键。一般而言，券商、部分私募基金、部分公募基金公司各具优势，都可以成为合格投资顾问，如券商作为挂牌企业承销商和做市商，拥有丰富的挂牌企业资源，而私募基金公司的 PE 业务背景非常适合新三板投资。因而，信托公司在选择投资顾问时需要充分考虑投资顾问在新三板的投资经验、相关产品管理经验、研发团队水平等。同时，为了促进投顾有效履职，通过投顾跟投、投顾认购劣后级产品以及与投顾共同出资成立合伙人企业等形式加以约束（如图 6 – 22 所示）。

而在已经落地的新三板项目中，信托公司未扮演绝对主导的角色，投资标的选择和策略主要还是由投资顾问操刀，但信托拥有一票否决权。

图 6 – 22　新三板信托计划交易结构

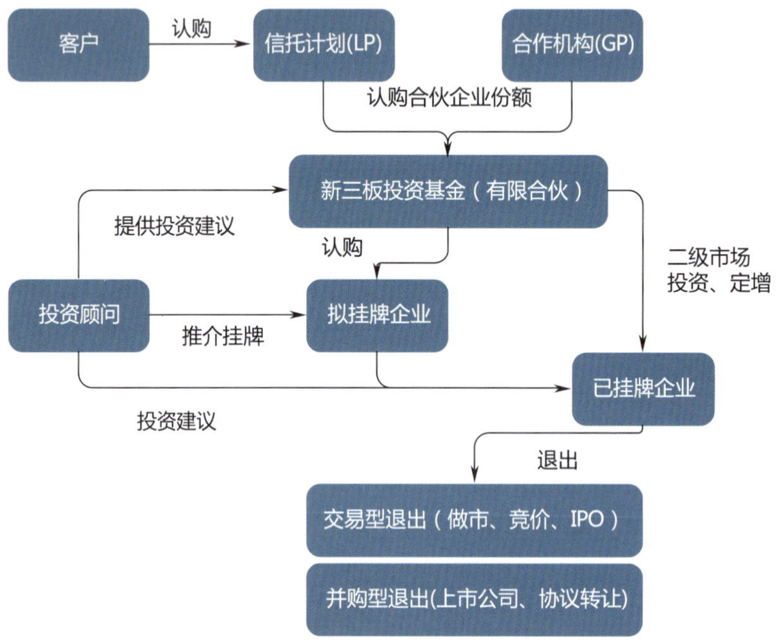

6.8　介入土地流转市场，服务乡镇企业

深化土地改革是我国城镇化发展的重要一环。2013 年国家提出土地流转制度改革，国务院一号文强调"创新符合农村特点的抵（质）押担保方式和融资工具，建立多层次多形式的农业信用担保体系"。2014 年以来，加快土地经营权流转的政策信号不绝于耳。2014 年中央一号文件再次将金融提升到农村工作的前台，提出"允许土地经营权向金融机构抵押融资"。2014 年 11 月 20 日，中共中央、国务院办公厅印发《关于引导农村土地经营权有序流转发展农业适度规模经营的意见》，提出健全土地承包经营权登记制度，用 5 年左右时间基本完成土地承包经营权确权登记颁证工作，鼓励创新土地流转形式。2014 年 12 月 23 日，中央农村经济工作会议重申引导和规范土地经营权有序流转。

虽然目前农村土地确权、流转机制、盈利模式尚不完善，但是土地流转的信托模式早已成为信托创新的热点。2013 年 10 月 10 日，中信信托发行了首单土地流转信托①——中信·农村土地承包经营权集合信托计划 1301 期，期限 12 年，可流转面积初步达 5400 亩，由安徽帝元现代农业投资有限公司提供服务，以安徽宿州为试点农区建设现代农业循环经济产业示范园。此后，中信信托又陆续在山东、河南等地试水土地流转项目。与此同时，北京信托和中建投信托也相继推出各自的土地流转信托，并都因"地"制宜地采用了不同的合作运营模式。

表 6－5　　　　　　　　　截至 2014 年末各信托机构推出土地流转信托产品一览

信托产品	信托公司	产品类型	服务商	产品期限（月）	设立时间	实际到期日	投资领域
中信·农村土地承包经营权集合信托计划 1301 期	中信信托有限责任公司	权益投资信托	安徽帝元现代农业投资有限公司	144	2013 - 10 - 10	2025 - 10 - 10	其他
中信·济源农村土地承包经营权集合信托计划	中信信托有限责任公司	权益投资信托	鄢陵县花艺绿化工程有限公司	168	2014 - 03 - 06	2028 - 03 - 06	农林牧渔
北京信托·阳山镇桃园村集体土地承包经营权信托计划	北京国际信托有限公司	其他	灵俊水蜜桃专业合作社	180	2013 - 11 - 07	无固定期限，但不早于 2028 年 12 月 31 日	特定物业权
北京信托·金色田野土地信托 1～5 号信托计划	北京国际信托有限公司	其他	圣水樱桃专业合作社	—	2013 - 11 - 18	—	其他

资料来源：各信托官网公开资料整理。

信托模式的引入，实现了土地承包经营权、土地使用权和收益权的完整分离，促进了土地的有效流通转让，让专业大户或农业企业获得了土地使用权并进行规模化、专业化、集约化生产，为现代农业提供有力的融资支持。

更为重要的是，农村土地承包经营权通过信托机制产生了一个比较明确的现金流，从而具备了价值评估和价值确定的基础。在此基础上，这种经营权通过信托公司的增信机制产生了质押融资、转让等行为的可能性。可以说，信托在农村土地经营权上的创新已不单单是为农民、专业大户、农业企业提供金融服务及产品，而是为产权交易提供更为丰富的方式，有利于加快城镇化的进程和实现农业现代化。

虽然行业内已纷纷试水土地流转信托，但是大部分信托公司还是对此采取观望态度。究其原因，除项目期限长，盈利、政策、法律等技术层面的不确定性太大之外，最主要的是目前信托公司还没有看到一种大家都比较认可的模式。

土地流转信托没有固定的模式，要一地一议，很难完全复制。首先，不同地区土地状况、土地性质不一样，不同地区土地自然环境适合的种植模式和种植作物也不一样，针对不同土地的特点，信托公司必须因地制宜，设计出相适应的信托产品，所以在模式上也不可能完全相同。其次，在土

---

① 《全国首个土地流转信托项目落户安徽宿州》，新华网，2013 - 10 - 20。

地流转信托中，必须要充分依靠当地政府，但是不同地区的地方政府、农民的意愿、对金融的理解程度都是不同的，这些都会最终影响到模式的选择。

土地流转信托的主要模式

中信信托采用的是引入第三方机构模式，即农民将土地经营权委托给地方政府，地方政府交给信托公司，信托公司设立信托产品，将土地委托给专业的农业产业公司经营。信托产品同时向社会资金进行出售，以募集运营土地所需的资金。而且，第三方机构经营中雇佣当地村民，解决了部分村民就业问题。

图6－23　中信信托土地信托交易结构图

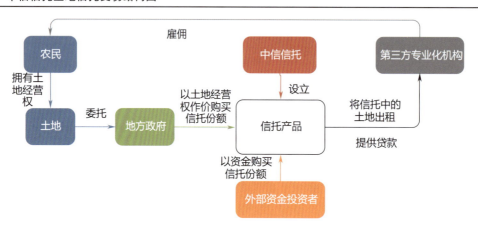

北京信托采用的是"土地合作社＋专业合作社"的双合作社设计，即将拟进行信托的土地经营权确权到村民，再由村民以其土地经营权入股土地合作社，土地合作社作为委托人以土地经营权在北京信托设立财产权信托。当地的种植大户成立专业合作社，北京信托将土地租赁给专业合作社。合作社全体股东均为该村有技术特长的村民，员工亦为村民，同时解决了部分农民就业问题。

图6－24　北京信托土地信托交易结构图

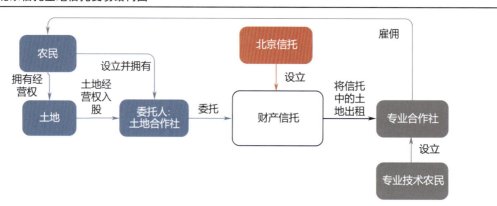

土地流转信托的特点

从服务商来看，中信信托的上述两款产品是将土地交由当地较有实力的农业企业经营。而北京信托的上述两款产品则是将土地交由当地的专业合作社经营。

从委托人的角度看，中信信托的模式与北京信托存在明显差异。中信信托是通过同一信托发行两类产品，村民可以把土地承包经营权委托给中信信托，以此购买信托产品，中信信托统一进行规模化管理，找专业化公司进行出租。而北京信托则是村民先将土地经营权通过股份经济合作社集中起来，再由合作社作为委托人成立财产权信托，委托北京信托管理土地经营权，再由北京信托将土地进行出租。

从信托产品结构设计看，两家信托公司考虑到后续建设以及其他的资金需求，均在设计了财产权信托的同时，加入了资金信托，但两家信托公司又存在差异。中信信托采用结构化混合型设计，既有财产权（土地承包经营权），又有资金信托产品。北京信托则是将财产权和资金分别做成两款信托产品。

从期限结构来看，上述土地经营权信托计划中，财产权信托的期限均在十年以上，甚至如"北京信托·阳山镇桃园村集体土地承包经营权信托计划"的设定是无固定期限，但不低于15年，如若运行顺利且收益好，运行期限将会大大长于预定时间。因为农业产业化的投资回收时间长，这样的时间设定有利于稳定经营。同时，上述土地经营权信托计划中的资金信托计划期限则不尽相同。中信信托产品的资金信托计划期限在两年以内，而北京信托产品的资金信托计划期限则更久，如与"北京信托·金色田野土地信托1~5号信托计划"配套的资金信托——"兴农财富2014001号集合资金信托计划"的期限是8年。

从收益形式和来源上来看，受益人利益包括固定收益和浮动收益两部分。两家信托公司产品的固定收益均来自土地承租方以定期支付的租金，在浮动收益上则各不相同。北京信托产品的受益人依据信托合同在农业种植成熟后，可以分享合作社的年经营净收益，获取浮动信托利益。中信信托产品的受益人可获取扣掉税费后的土地增值部分以及在园区工作农户的工资性收入。

7

融资租赁：尚待深耕

2014 年，与"新常态"下的中国经济增长速度逐渐回落形成强烈反差的是，融资租赁行业出现了爆发性的增长，但高速增长的背后大量租赁公司"空壳化"引发担忧。尽管融资租赁在服务中小微企业方面具有独特的优势，但作为一个赚"辛苦钱"的业务，对大多融资租赁公司吸引力有限，中小微企业融资租赁市场格局没有明显变化。值得肯定的是，一些重视市场细分、重视核心竞争力建设的融资租赁公司坚持在这个领域的探索，尤其农机租赁、重卡租赁、工装租赁等中小微企业客户集中的业务领域有所建树。需要引起注意的是，经济增速下行，中小微企业经营风险上升，促使租赁公司开始收缩或谨慎对待中小微企业租赁业务。

7.1 行业高速发展下的隐忧

7.1.1 行业规模保持高速增长

2014 年，融资租赁行业在 GDP 增速不断放缓的阶段呈现出逆势高速增长的发展态势，社会资金持续踊跃流入融资租赁行业，融资租赁公司数量和注册资本均较上年翻番，其中，外资租赁公司由于具有外债额度相对较高的优势，成为境外低成本资金进入中国境内的重要载体，其高速增长令人侧目，成为拉动整个融资租赁行业增长的主要力量。

截至 2014 年底，全国融资租赁企业总数约 2202 家，增长率高达 114.62%。其中，外资租赁公司数量如雨后春笋般快速增长，公司数量高达 2020 家，增幅 129.5%，延续了在三类融资租赁企业中数目增长最快的态势。金融租赁企业 30 家，增幅 30.4%；内资租赁 152 家，增幅 23.6%。

从融资租赁企业注册资本规模上看，截至 2014 年底全国融资租赁公司累计注册资本 6611 亿元，增幅高达 116.05%。其中，金融租赁公司累计注册资本 972 亿元，增幅 26.4%；内资租赁公司累计注册资本 839 亿元，增幅 52.3%；外资租赁公司累计注册资本 4800 亿元，增幅 175.9%（见图 7 - 2）。以上数据可以看出，融资租赁行业累计注册资本的迅速积累主要得益于 2014 年外资租赁规模的高速扩张。

图7-1　三类融资租赁公司数量及累计增长率（2010—2014 年）

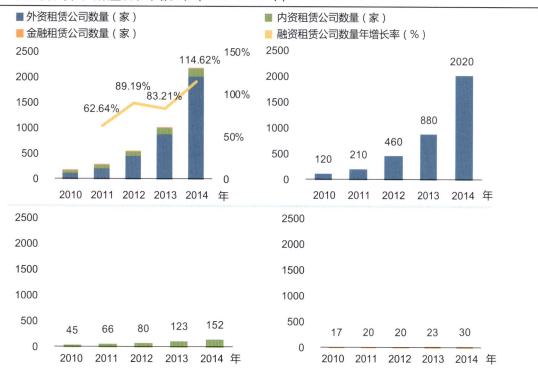

资料来源：2014 年数据来源：2014 年度《中国融资租赁业发展报告》；中国融资租赁联盟（http：//www. zgzllm. com）。2010—2013 年数据来源：Wind 资讯。

图7-2　三类融资租赁公司注册资本及累计增长率（2011—2014 年）

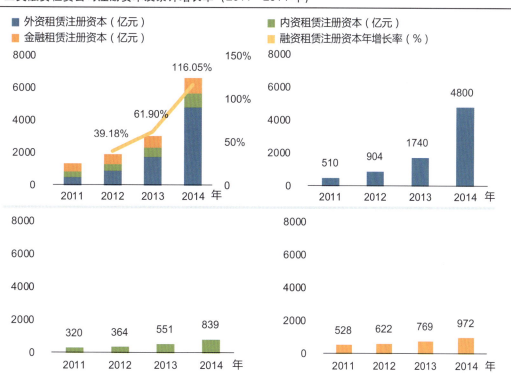

资料来源：2014 年数据来源：2014 年度《年中国融资租赁业发展报告》；中国融资租赁联盟（http：//www. zgzllm. com）。2011—2013 年数据来源：Wind 资讯。

　　从租赁合同余额规模上看，截至 2014 年底，全国融资租赁合同余额约 3.2 万亿元，增幅 52.4%。可见，2013 年行业受"营改增"税收制度改革调整造成的税务负担加大而导致的合同余额增速放缓的局面已经被逐步调整回来。观察三类公司，合同余额增幅均超越去年同期水平，其中外资租赁依旧是全行业增速最快的部分，合同余额 0.9 万亿元，增幅 63.6%；金融租赁合同余额约 1.3 万亿元，增幅 51.2%；内资租赁合同余额约 1 万亿元，增幅 44.9%。

图 7－3　三类融资租赁公司合同余额及累计增长率（2010—2014 年）

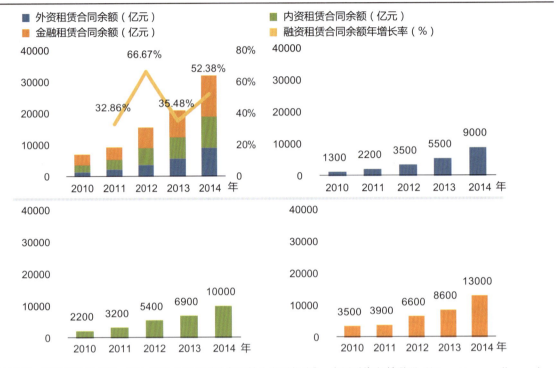

资料来源：2014 年数据来源：2014 年度《年中国融资租赁业发展报告》；中国融资租赁联盟（http：//www.zgzllm.com）。
2010—2013 年数据来源：Wind 资讯。

　　截至 2014 年底，从我国融资租赁三类公司的结构来看，外资租赁公司的公司数量、注册资本和合同余额占比分别为 91.7%、72.6% 和 28.1%，与 2013 年比较均有提升。金融租赁公司仅占全部租赁公司数量的 1.4%，却提供了 40.6% 的合同余额。内资租赁公司注册资本依旧最低，占比 12.7%，合同余额占比和企业数量占比居于中间位置，分别为 31.3% 和 6.9%。与 2013 年相比较，三类融资租赁公司合同余额占比变化较小，外资租赁公司数量占比和注册资本占比都有明显提升。

图 7－4　三类租赁公司企业数量占比、注册资本占比、合同余额占比对比图（2014）

资料来源：Wind 资讯。

从总体格局上看，我国融资租赁行业依旧主要集中在东部沿海地区，但产融结合的融资模式已经开始深入到经济欠发达的内陆地区，许多省份2014年实现了融资租赁公司的零突破。截至2014年底，全国31个省市区均有融资租赁公司设立。

7.1.2 租赁公司空壳化现象普遍

2014年融资租赁公司数量增长114.62%，注册资本增长116.05%，但是合同余额仅增长52.38%。这反映出2014年融资租赁行业的发展状态是实质业务的增长跟不上规模扩张的速度，也进一步说明行业内部可能存在"有名无实"的公司。数据分析可知，金融租赁公司和内资租赁公司的合同余额增长率都超过或接近与公司数量和注册资本的增长率，而外资租赁公司合同余额增长率远远低于公司数量和注册资本的增长率。说明尽管外资租赁公司的高速扩张为融资租赁行业的表面数据增添诸多亮点，但对实际业务的贡献却捉襟见肘，也在一定程度上说明外资租赁公司"空壳化"格外严重。据报告调查组了解，在2200多家公司中，实际在做融资租赁业务的公司不到500家，也就是说空壳公司数量超过四分之三。

融资租赁公司空壳公司出现与外汇监管套利活动有直接的关系，大量的融资租赁公司，尤其是外资租赁公司仅仅是境外低成本资金进入境内的载体，并无专业的从事融资租赁业务的人力配置，难以开展实质性的融资租赁业务。此外，刚性兑付的普遍存在抬高了社会无风险收益水平，银行理财、信托计划等带来了大量"低风险高收益"的投资机会，在一定程度上也诱使部分融资租赁公司偏离融资租赁主业而进行性价比更高的副业。目前国内大多数融资租赁公司的融资成本在5%～7%。融资租赁业主流利率较低的一般在8%～9%，主要集中在单笔过亿元的优质大单；中档的为9%～13%，较高的为15%～17%，中档和较高利率主要针对中小微企业的中小设备租赁业务。根据对狮桥融资租赁公司调研所得数据显示，狮桥融资租赁作为一家针对中小微企业以及个人开展融资租赁业务的租赁公司，其目前提供的融资租赁资本成本年化10%～16%。总体而言，融资租赁公司的毛利率集中在4%～6%，净利率普遍低于3%。以上各种因素导致众多租赁公司在收益相差不多的情况下，不愿将资金投放风险相对高的真实租赁业务，进而投向风险相对低的理财产品。这在很大程度上影响了融资租赁实际业务的有效开展，而中小微企业融资租赁这类赚"辛苦钱"的业务更难成主流。

7.2 中小微企业融资租赁尚待深耕

7.2.1 中小微企业融资租赁市场格局原地踏步

2014年，我国融资租赁行业直租与售后回租比例约为1:3，其中小额合同以直租形式为主，中大额合同以售后回租形式为主。数据显示，余额低于50万元的合同主要集中在中小微企业以及个人客户群，直租与售后回租比例约为3:1；余额高于3000万元的合同主要集中在中大型企业客户群，直租与售后回租比例约为1:3；余额在50万—3000万元的合同主要集中在中型企业客户群，直租与售后回租比例约为2:3[①]。整体来看，直租业务约占全部合同额的1/4，而直租中还包含大中型企业租

---

① 《2014年上海市租赁业年度报告》

赁业务，仅有小部分是中小微企业融资租赁，我们估算中小微企业（含从事生产经营的个人）租赁规模在整个融资租赁行业中的占比仍然很低，不会超过10%。

目前，我国市场上主要有四类融资租赁公司：厂商系融资租赁公司、金融系融资租赁公司、产业系融资租赁公司和独立第三方融资租赁公司。而开展中小微企业融资租赁业务的租赁公司通常集中在厂商系和独立第三方融资租赁公司，金融系和产业系的融资租赁公司涉足中小微融资租赁业务的非常有限。尽管融资租赁行业在高速增长，但中小微企业融资租赁业务规模有限的局面并没有得到明显改善，实际情况依旧不容乐观。

表7-1 四类融资租赁公司特点比较

	资金来源	业务来源	业务类型	风险控制
厂商系	厂商优质的资产负债表和银行信用衍生出融资优势，厂商租赁业务优势带来融资优势	与其设备销售业务相伴而生，业务来源充足	以直租为主，占9成以上	熟悉行业及客户，依靠厂家进行再制造、二手设备销售等方式退出，风险控制能力较强
金融系	母行和关系银行带来资金来源优势，同时具备资本市场融资优势	与银行其他业务产生交叉销售机会，主要为银行客户固定资产盘活和新建工程项目提供服务	以售后回租为主，占7成以上	具有客户诚信系统，风险控制能力较强
产业系	通常具有国有资本背景，附属于大型企业集团，资金一般由母公司提供	主要为集团内部企业购买设备提供融资租赁服务	售后回租为主，占8成以上	对客户熟悉，风险控制能力较强
独立第三方	主要通过银团贷款或资本市场融资	对行业和客户的了解不如厂商系，但因为其独立性，重视市场研究，主动选择客户	直租相对较多，占6成，近年售后回租明显增加	业务选择的独立性使其在风险控制上具有优势

资料来源：《中国中小微企业金融服务发展报告（2014）》。

7.2.2 中小微企业融资租赁风险凸显影响业务拓展

2014年，经济景气度回升乏力，中小微企业经营风险普遍增大。随着固定资产投资尤其是房地产投资增速持续放缓，工程机械行业国内需求持续低迷，厂商系融资租赁公司由于受到母公司行业外部环境的影响，融资租赁业绩下滑。以中联重科为例，环卫机械同比上涨22.6%；混凝土机械收入同比下降38.6%；起重机械同比下降40.5%；路面及桩工机械同比下降9.6%；土方机械下降9.6%；其他机械和产品同比下降41.3%。受此影响，2014年公司融资租赁业务实现收入9.3亿元，同比下降36.3%[①]。公司应收账款增加，经营性现金流大幅下滑。柳工、徐工等其他机械设备生产企业的年报也可以不同程度印证工程机械设备销售收入下滑的状况，种种迹象表明，机械行业背影下的厂商系融资租赁公司呈现出了盈利阶段性停滞甚至下降的状态。可见，2014年机械行业除环保板块，与其他板块相关中小微企业的发展态势都不容乐观，进一步导致制造业、工业装备的租赁资产不良率居高不下。

---

① 《中联重科股份有限公司2014年年度报告》，2015-03。

第三方融资租赁公司远东宏信 2014 年公司不良资产率由 0.80% 上升至 0.91%，其中交通行业不良资产占比 51.94%；包装行业不良资产占比 20.00%；工业装备行业不良资产占比 13.13%；建设行业不良资产占比 11.06%[①]。交通运输业下的航运业持续低迷的运营状态，许多航运企业入不敷出，相关上下游中小微企业受核心航运企业的影响明显。企业规模小、行业集中度低是我国包装行业的主要特点，大量涌现的包装企业同时也激化了容量有限的竞争市场，在经济下行的影响下，出现不良的概率显著升高。

由于工程机械租赁、制造业工业装备租赁等业务的客户群很多都是中小微企业，这些业务板块不良率的上升反映出这些领域中小微企业经营的困境，也促使租赁公司开始收缩或谨慎对待中小微企业租赁业务。比如远东宏信在年报里阐述了其应对策略，即在资产端继续加大对医疗、教育、纺织、电子信息等安全性较高的资产行业配置，向高端优质客户倾斜资源。狮桥租赁在调研中也表示要适度控制对其四大板块之一——制造业工装的租赁业务拓展，转而加大对弱周期的医疗行业的投放。

7.2.3 中小微企业融资租赁市场先行者的探索

通过调查小组在报告期间进行的中小微企业融资租赁调研，可以比较清晰地看到真正的融资租赁和银行等传统金融机构在中小微企业市场是错位竞争的关系，通常这些机构主要服务于那些从银行得不到融资或融资不足的客户，而且相较于银行提供的小微企业贷款一般都在 1 年以内，融资租赁的期限一般为 2—5 年，而且还款的节奏与企业现金流相匹配。在融资成本方面，中小微企业融资租赁的利率水平高于银行抵押贷款的利率水平，但显著低于中小企业民间借贷的利率水平。

尽管融资租赁在服务中小微企业方面具有优势，但不得不承认的是，中小微企业业务是一个赚"辛苦钱"的业务。为了有效控制风险，融资租赁公司通常要建立高度下沉的服务渠道，而这种人力密集型的业务策略也带来了较高的成本，单笔业务金额小、利润薄的客观事实也是阻碍融资租赁公司深耕中小微企业融资租赁市场的重要原因。

值得关注的是，一些重视市场细分、重视核心竞争力建设的融资租赁公司坚持在这个领域的探索，尤其在农机租赁、重卡租赁、工装租赁等中小微企业客户集中的业务领域有所建树。

从 2012 年开始，宜信租赁推出了农机租赁项目，经过两年的发展，已经在中国的粮食主产区黑龙江、吉林、内蒙古、山东、河南等地区，为近 1000 个用户提供了农机租赁服务，机型覆盖了动力机械、收获机械、耕整机械、粮食加工设备等 6 个大类，基本满足用户耕、种、收的全面要求。宜信租赁目前小微租赁的业务模式为小额、标准化的融资租赁产品，每笔融资额平均是在 20 万元到 30 万元之间，正好满足一个粮户或者一个家庭农场对购买农机资金的需求。目前，宜信租赁已与黑龙江省的 30 多家涉及农业、农民专业合作社、农业大户、农业龙头企业等多种新型的农业经营主体签订金融服务合作协议。2015 年的中央一号文件明确指出要"开展大型农机具融资租赁试点"，各地区纷纷颁布农业发展金融改革方案，这也将进一步推动农机租赁行业的切实发展。

电子商务的发展带动了物流行业的发展，近年来很多中小微企业（包括个体工商户和各个人）投入到开重卡跑运输的市场中来，因而带来了重卡租赁的需求。开元汽车集团和狮桥融资租赁公司

---

① 《远东宏信有限公司 2014 年年度报告》，2015 – 04。

是重卡租赁行业的典型代表。仲利国际租赁有限公司则是专注中小微企业工装租赁的典型代表。

专题 7－1　狮桥租赁——一家专注于中小微企业的融资租赁公司[①]

狮桥融资租赁（中国）有限公司成立于 2012 年 4 月，是一家经商务部批准成立的外商投资融资租赁公司。公司专注于重卡、物流、工业、医疗、农业等行业领域，为这些领域的中小微企业和个人客户提供完善的融资租赁服务。

狮桥融资租赁公司经营的核心思想是"以零售融资租赁模式服务中小企业"。覆盖目标市场的网络布局是零售金融模式成功的基础，目前公司网点覆盖的县市已达 600 多个。重卡板块，合作的重卡代理商已有 400 多家；农机板块，在东北地区每个农场均设置有网点；医疗板块，每个省市都设有网点。服务客户数量超过 7000 户，其中近 98% 均为自然人。

● 重卡租赁是公司最主要的业务领域，占总业务量约 45%，已属重卡租赁行业中的龙头。重卡租赁目标客户定位于个体运输户，租赁期限通常为 9 个月至 2 年。相比融资租赁期限，设备在租赁期限结束后仍具备较高残值。重卡设备单个大约在 30 万元，企业风险较为分散，而租用设备的个人一般要出 30% 的首付，然后需要交保证金、保险费、上牌费等税费，一台重卡从付首付到上路大约花费 15 万元，重卡的残值始终保持大于未归还的租赁款，大大提升了个人违约的成本。

● 医疗租赁业务占总业务量约 30%，目标客户锁定为国营中小型二级甲等资质以上的医院，为其提供医疗设备融资租赁服务。

● 工装租赁业务占总业务量约 15%，主要针对年销售收入低于 10 亿元的经营稳定、现金流充足、声誉优良的中小企业，租赁期限相对更长，部分可达到 3 年。在提供融资标的物时，通常会选择通用性高、二次处置能力强、适用范围广的数控机床设备。通过对标的物的评估，为企业提供不超过实际净值的 50% 的资金支持。

● 农机租赁业务占总业务量约 5%，主要针对有购买农业设备需求，但资金不足的农户。农机承租方首付比例较高。农机项目 50% 的首付中，财政补贴最多可占 30%，承租人自筹 20% 即可取得该设备的使用权；而狮桥租赁仅需投放 50% 的款项即可拥有农机设备 100% 的产权。

狮桥租赁在利用资产证券化解决融资租赁资金的来源问题上进行了积极的探索。由长江证券管理的"狮桥一期资产支持专项计划"于 2015 年 1 月 23 日完成全部 4.82 亿元的资金募集并经验资正式成立。本次发行亮点是未提供外部担保增信措施，完全依赖于基础资产的优良性，同时具有基础资产分散程度高、质量优越等特点。依据募集说明书摘要中信息，重卡租赁业务是最主要的基础资产类别，占比约 84.39%；所有租赁资产加权平均租赁合同期限约 2.1 年。重卡租赁主要就集中在广东、安徽、四川、湖南、辽宁和江西六个地区，租金余额约占比约 54.1%；工装租赁主要集中在天津、北京、福州、贵阳和长沙五个地区，租金余额约占比约 87.67%；农机租赁全部集中在黑龙江地区。

狮桥租赁高度零售化的租赁资产提供了良好的资产基础，而公司专业化的租赁风险管理也为该计划的顺利发行提供了保障。

---

① 资料来源：狮桥租赁公司的调研及狮桥一期项资产支持专项计划募集说明书。

- 通过合理的定价机制设置，使承租人承担较高的违约成本

（1）承租人支付30%的设备首付款与保证金；（2）为避免出现车辆财产损失，承租人需支付车辆保险费，保险费相当于车辆价格的约10%；（3）车辆在登记机关上牌前，承租人必须缴纳车船使用税、契税、购置税等费用，税费价款约占车辆价格的10%。

- 提高设备回收残值

融资租赁公司将设备出租给承租人后，仍保留设备所有权，在合同法及破产法的保护下，融资租赁公司能够在客户违约情况下直接取回租赁物。狮桥在融资租赁方案设计时确保每一时点上取回车辆的再处置价值超额覆盖剩余应收租金。

- 租赁物处置体系健全

狮桥租赁成立2年来建立了庞大的二次销售网络、具备专业的处置人员和丰富的客户资源。对于回收的车辆，可方便地进行二次出售。鉴于所设置的回收残值体系，真正产生坏账的情况非常少见。

我们认为，与商业银行下沉客户结构的趋势类似，中小微融资租赁市场的价值也将被越来越多的租赁公司所认知，回归本源，做好真正的租赁业务，成为推动我国实体经济发展的有力金融工具。随着更多租赁公司的加入，将会有更多领域的中小微企业享受到融资租赁的服务，充分利用融资租赁这种特殊的金融工具进行生产经营设备的升级换代，提升技术实力和生产效率，实现更好的发展。

7.2.4 中小微企业融资租赁"触网"

2014年融资租赁行业的一个热点主要集中在融资租赁与互联网金融的结合。最常见的结合是融资租赁公司的租赁资产上线交易，由于融资租赁资产作为生产性资料，具有高价值、高产值和高通用性，可以回收、二次拆卸和二次安装使用的特点使得租赁资产在对债权人的保护上具有优势，相对较高的专业壁垒为融资租赁公司"触网"提供了空间。在平均融资成本方面，线上的融资租赁平台比线下实体融资租赁公司略高，但是线上融资租赁平台打破了资金来源的地域和资金规模的限制，不失为打破资金来源受制于银行垄断局面的一种尝试。

截至2014年底，已经有13家互联网平台涉足融资租赁产品，以债权转让形式为主，交易总规模约52亿元，平台名义融资利率平均约为11.29%，平均融资期限约为7个月。除广金所单笔融资租赁业务有过亿元大单以外，其他融资租赁平台的单笔业务规模主要集中在10万—1000万元。可见，众多的线上融资租赁平台主要的服务对象依旧是中小微企业。由于融资租赁线上交易平台的主营业务和经营时间不尽相同，所以融资租赁相关产品的交易规模差别较大。E租宝是一家以融资租赁债权交易为基础的互联网金融服务平台，进入互联网融资租赁行业较早，所以占据大部分的市场份额，累计成交额约32亿元，约占市场交易总额的六成（见图7-5）。

图7-5 融资租赁互联网平台累计交易份额分布（2014年）

资料来源：各企业数据平台和其他网络公开数据。

除了将租赁资产上线之外，自身拥有大量小微企业及个人客户资源的租赁公司也在尝试通过互联网更好地服务客户以及扩大小微金融服务的范围，比如，2014 年，在重卡租赁的龙头企业开元汽车集团正式推出"垫付宝"，全面开启互联网金融模式，"垫付宝"针对群体是运输行业的客户，是开元汽车公司下辖全国 550 多家服务网点为需要资金周转的汽车企业或个人提供消费垫款服务。垫付宝以先垫后付款的运作模式，服务于广大卡车用户，为上千万卡车车主及分期公司提供无息贷款。业务包括加油垫款、购买配件垫款、维修垫款、结运费垫款、购车垫款、购买保险垫款等数十种模式，通过给予用户会员一定的资金垫付，用户可以到指定的会员（商户）处凭额度消费，再由垫付宝将用户消费项定期支付给商户，最后用户定期向垫付宝还款。基于互联网模式的垫付宝业务大大伸展了数以万计卡车客户群的产业链，利用互联网技术，结合电子商务模式实现交易全过程①。此外，开元汽车集团旗下的开元金融还凭借其线下 500 多家直营服务网点与数千家加盟店的实体资源优势携手旗下互联网金融平台轻易贷启动"百亿普惠"计划。计划以互联网金融的方式向中国大陆地区 5000 家卡车服务商及 10 万卡车车主提供 150 亿元人民币信贷支持，覆盖卡车领域的经销商、分期公司、物流公司、加油站、加气站、汽配店、汽修店等卡车服务全链条。让每家入围的卡车服务商获得 100 万—1000 万元不等的低息贷款、无息贷款。改变目前行业资金支持少、融资难的现状②。

7.3　中小微企业融资租赁发展展望

融资租赁业在我国的发展从默默无闻到爆发性增长，取得进步的同时也带来了隐忧。2014 年融资租赁行业高速增长的背后隐含着多大规模的泡沫是值得思考的。行业内"空壳"公司的存在，融资租赁巨大的合同余额规模下隐藏着众多"类贷款"的非实际租赁业务，实体经济中现实和潜在的融资租赁需求却得不到真正的满足，这些问题不能够得到迅速有效的解决，融资租赁行业的快速增长就只是社会融资的一种虚假繁荣，大量的资金仍然无法进入到实体经济中来。我们希望在加强监管的前提下，资产泡沫褪去的同时，融资租赁行业能够回到正常的增长轨道，真正服务于实体经济。

客观地说，近年来，我们看到了鼓励融资租赁发展的相关政策频繁出台，但从内容来看多集中于与大资本和大企业相关的"大租赁"业务，针对中小微企业的"小租赁"支持政策则显得捉襟见肘。人民银行动产融资统一登记平台的建设，融资租赁登记的司法效力于 2014 年得到明确，为融资租赁行业的发展提供了良好的基础设施。但是，与大企业融资租赁不同的是，由于中小微企业融资租赁业务面对的大多是小微企业及自然人，小微企业及小微企业主个人的信用风险是开展这类租赁业务需要重点关注的风险。而目前人民银行的企业和个人征信系统的接入机构中，只有十几家汽车租赁公司和不过十几家租赁公司，大量融资租赁公司尚未能接入征信系统，这对中小微企业融资租赁的发展形成了桎梏。我们期待，在促进融资租赁发展的金融基础设施建设中，更加关注中小微企业融资租赁的客观需要，同步推进征信系统向融资租赁公司放开，降低中小微企业融资租赁的风险，从而促使更多的融资租赁公司进入这个市场。

在经济增速下行，银行业金融机构对中小微企业放贷趋于谨慎的背景下，同样谨慎对待中小微企业租赁客户将成为多数租赁公司的理性选择，然而，作为与银行贷款差异化的融资方式，利用专

---

① 资料来源：《王嘉伦：本土财务》，载《首席财务官》，2015 - 03。
② 资料来源：开元金融官网。

业能力和融资租赁的业务优势控制风险，吸引和服务好在经济转型升级中努力坚持、主动创新的中小微企业更是融资租赁公司面临的机遇。

"新时期"带来新思路，"新常态"引领新模式，融资租赁作为创新性金融制度安排，在产业结构转型升级和拉动社会有效需求等方面将发挥重要作用，可以成为新常态下推动我国经济转型升级的有效手段。我们期待更多专业化的融资租赁公司将目光投向中小微企业，俯下身子做小微，不同类型的融资租赁公司形成不同的行业和客户群定位，开展差异化的竞争，并且充分利用互联网、物联网等技术创新小微企业融资租赁新模式，在服务小微企业的过程中不断夯实自己的核心竞争力，在急速变化的时代赢得更加稳定和持久的竞争优势。

8

小贷：困境中探索前行

2014 年，小额贷款行业规模持续扩大，各地区均有增长，但增长幅度大幅下降。江苏、浙江等地区小贷发展趋于饱和，行业逐渐往西南、西北转移。在全国经济增速持续放缓背景下，传统金融机构服务下沉、网贷平台加速小贷市场布局，小贷行业面临上下双重挤压，竞争压力持续增大。各主体小贷发展分化，公益小贷遭遇困境，融资仍成难题；外资小贷加快"本土化"进程；电商与互联网企业加速小贷布局，传统小贷公司主动"触网"，与 P2P 平台深入合作，联姻前景未明。全国小额贷款公司协会成立，《小额贷款公司管理办法（征求意见稿)》出台，但预期并不明朗。小贷行业在融资、风险管理等方面坚持探索创新，在困境中艰难前行。

8.1 小贷增速明显放缓，行业疲态出现

8.1.1 小贷增幅放缓

2014 年，小贷公司持续发展，机构数量、从业人员、实收资本、贷款余额继续保持了增长的态势，但相比 2013 年及以前，主要规模指标的增幅均表现出大幅下降。截至 2014 年末，全国共有小额贷款公司 8791 家，增幅 12.14%，远低于上年 28.93% 的增幅；从业人数 109948 人，增长 15.57%，远低于上年的 35.25% 增幅；贷款余额与实收资本分别为 9420.38 亿元和 7133 亿元，增长 15.01% 和 16.12%，均远低于 2013 年的 38.33% 和 38.59%。从图 8 - 1 可以看出，小贷公司的增长连年急剧放缓，小贷行业整体颓势初显。

8.1.2 小贷地区差异仍大

2014 年，小贷公司数量增长放缓的同时，部分省市甚至出现了负增长，如安徽省、内蒙古自治区与青海省小贷公司数量均有所下降。从绝对数量看，小贷公司按省份集中的现象并无改变。江苏、辽宁分列第一、第二位，超过 600 家，随后是河北、内蒙古、安徽。前五位均超过 450 家，集中度大致不变。其中，仅河北的排名从第五升至第三。从增长幅度看，除陕西省继续增速发展外，其他所有省份小贷公司数量增长幅度均较往年大为下降。增长幅度最大的省份是西藏、青海、新疆、甘

图 8-1 全国小贷公司主要规模变化（2010—2014 年）

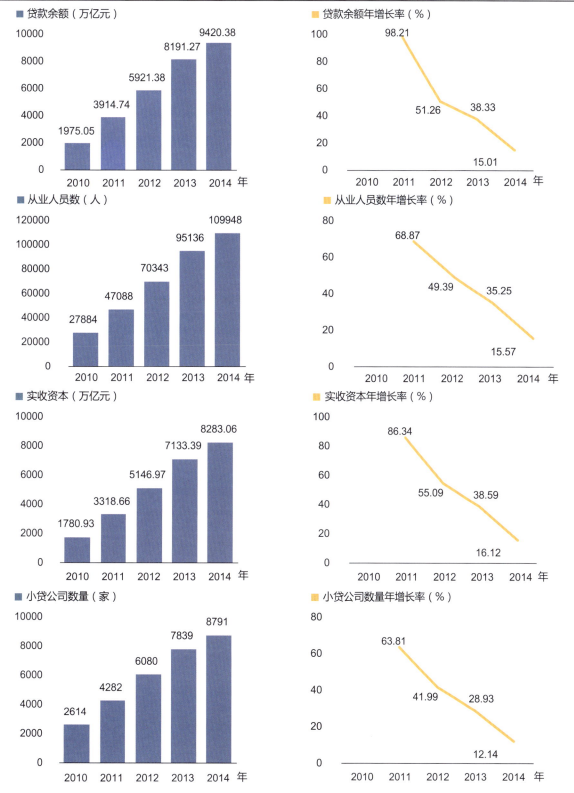

资料来源：中国人民银行：《2014 年小额贷款公司分地区情况调查表》、《2013 年小额贷款公司分地区情况调查表》、《2012年小额贷款公司分地区情况调查表》、《2011 年小额贷款公司分地区情况调查表》、《2010 年小额贷款公司分地区情况调查表》，部分经计算得到。

肃与湖北，均在 24% 以上，主要集中在西北地区。西南如重庆、云南等增速也在前列，而传统强势地区如东南、华南等地后劲不足。整体来看，2014 年小贷公司呈现向西南、西北转移的趋势。

2014 年各地区小贷公司实收资本持续增长，但增长幅度出现分化。排名前五的省份与 2013 年完全相同，江苏、浙江蝉联前二，但增长幅度只有 3% 与 8%，而排在第三、第四、第五位的四川、广东与重庆均表现出 30% 左右的增长。五省小贷公司实收资本均超过 550 亿元。其他省份如青海、西藏、陕西、湖北和广西的增幅也在 30% 以上。

2014 年各地贷款余额变化情况与实收资本相当，虽然前六位的省份依然未变，绝对数量也只有江苏省超过 1000 亿元，但从增幅看，位居前二的江苏、浙江增幅不足 1%，而重庆、四川、广东的增幅却均超过 25%，相差巨大。其中，重庆增幅高达 46%，排名也从第四超过四川上升至第三。其他省份，除内蒙古减少 4% 外，均保持约 5% 以上的增幅。此外，贷款余额集中情况也略高于 2013 年，排名前六的省份之和超过了全国总数的一半。

图 8-2　小贷公司各项指标全国前六名（2014 年）

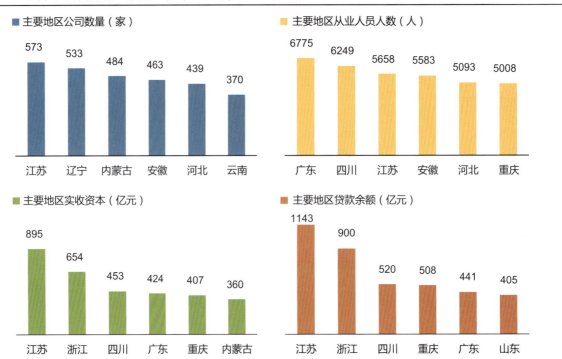

资料来源：中国人民银行：《2014 年小额贷款公司分地区情况调查表》。

8.1.3　小贷经营规模降速缓增

从小贷公司的经营规模看，2014 年全国小贷公司平均贷款余额与平均实收资本分别为 1.07 亿元/家和 0.94 亿元/家，增幅分别为 2.88% 与 3.30%。其中浙江、福建、重庆、江苏、四川在这两项位居前五，江苏省两项数据均呈下降趋势。

图 8 - 3　小贷公司经营规模变化（2010—2014 年）

资料来源：中国人民银行：《2014 年小额贷款公司分地区情况调查表》、《2013 年小额贷款公司分地区情况调查表》、《2012年小额贷款公司分地区情况调查表》、《2011 年小额贷款公司分地区情况调查表》、《2010 年小额贷款公司分地区情况调查表》，部分经计算得到。

图 8 - 4　全国主要地区小贷公司的平均实收资本及平均贷款余额（2014 年）

资料来源：中国人民银行：《2014 年小额贷款公司分地区情况调查表》。

8.1.4　小贷行业竞争压力凸显

2014 年小贷行业增速明显放缓，一方面是因为小贷行业经过几年爆炸式发展，进入瓶颈期，逐渐趋于饱和，另一方面也是由于小贷领域日益受到关注，参与者不断涌入，从而使得小贷行业受到"两头夹击"：一边是不断下沉服务重心的传统金融机构挤占"大额"借贷业务，另一边则是新兴互联网金融机构对"小额"借贷的侵蚀。

小贷行业得以迅速发展，很大程度上与以商业银行为代表的传统金融机构长期忽视小微企业贷款业务有关。小微企业资金短缺，却又无法从传统金融体系获得贷款，只能求助于小贷公司。然而随着银行体制改革以及利率市场化的推进，商业银行下沉业务重心，谋求转型升级成为主流，而拓宽业务范围，加强服务小微企业是其必然的选择。2014年，越来越多的商业银行不断加大对中小微企业业务的重视程度，放宽对中小微企业的贷款限制，这与小贷公司的"大额业务"产生了明显的重叠。而事实上，小贷公司面对商业银行的竞争，在资金规模、贷款利率、风险控制等方面并不存在绝对的优势。可见，随着传统金融机构的客户结构下沉，小贷行业的生存空间将受到进一步的挤压。

而另一方面，小贷公司的小额信贷业务又受到电商金融、P2P等新兴的互联网金融机构的夹击。过去数年，依托于互联网的P2P网贷平台发展迅猛，主要定位于服务个人与小微企业，凭借其突破地域限制、拓宽融资渠道、网络服务便捷等特质在竞争中占据一定的优势，在一定程度上压缩了小贷公司的生存空间。而腾讯、阿里旗下的微众银行和网商银行凭借其庞大的数据基础和客户群以及触达客户的能力，开发出基于数据驱动的小额信贷模式，摆脱了人力和渠道的约束，有望迅速抢占个人和小微企业小额融资的市场，从而对小贷公司"小额"借贷的市场空间形成侵蚀，并将改变长期以来形成的小额贷款市场格局。

8.2　全国小贷公司抽样分析

为了深入了解小额贷款公司业务经营情况，中国小额信贷机构联席会与课题组联合开展了全国小贷公司抽样调查活动，对小贷公司贷款客户群、行业、额度、期限、担保方式、贷款利率等方面的特点进行了数据采集与统计分析。

8.2.1　调查概况

本次调查按华北、华东、华中、华南、西南、西北、东北七个地区的小贷公司实际数量比例，抽取了总计279家小贷公司样本，采集了各家小贷公司截至2014年9月底的贷款余额及笔数、贷款行业、贷款对象、贷款期限、贷款额度、贷款担保方式和贷款利率共八个方面的数据。

279家样本小贷公司中，华东和西南地区的比例较大，分别占比30.82%和19.35%。选取的小贷公司中，有243家是中国小额信贷机构联席会评选出的百强小贷，数据具有一定的代表性。

图8-5　样本小贷公司分布及比例

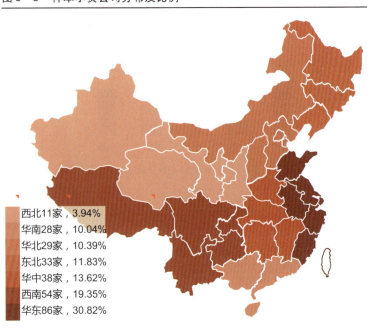

西北11家，3.94%
华南28家，10.04%
华北29家，10.39%
东北33家，11.83%
华中38家，13.62%
西南54家，19.35%
华东86家，30.82%

8.2.2 样本小贷公司整体贷款特征

■贷款余额普遍在亿元量级，贷款笔数普遍在百笔量级

从样本小贷公司的贷款余额分布来看，截至2014年9月底，样本小贷公司贷款余额均值是3.11亿元/家，中位数是1.93亿元/家。279家样本小贷公司中，仅有5%的小贷公司余额超过10亿元，83%的小贷公司余额都在5亿元（含）以下，其中，不足1亿元（含）的占到20%。

从样本小贷公司的贷款笔数分布来看，贷款笔数均值是1284笔/家，但中位数却是129笔/家，几乎仅是均值的1/10。原因是279家样本小贷公司中，仅有6%的样本贷款笔数超过1000笔，其中又有两家的贷款笔数分别高达219912笔与35894笔，极大地抬高了样本小贷公司的贷款笔数均值。整体来看，65%的小贷公司贷款笔数均未超过200笔，其中39%的小贷公司贷款笔数在100笔（含）以下。

图8-6 不同贷款余额及笔数区间的样本公司数量分布

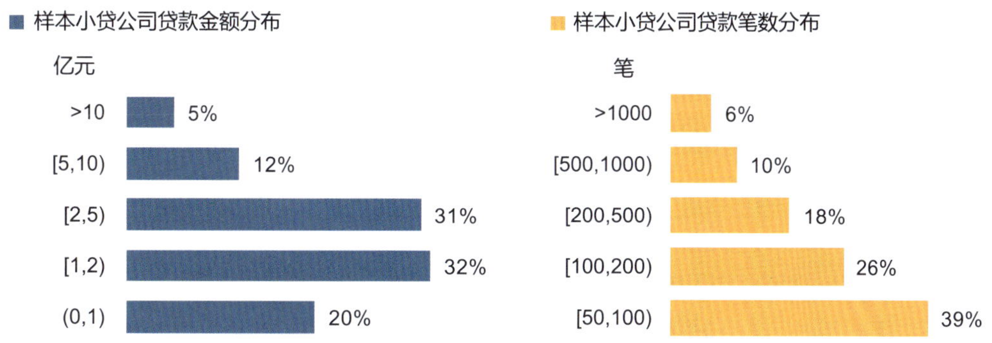

■ 样本小贷公司贷款金额分布　　　　　　■ 样本小贷公司贷款笔数分布

亿元		笔	
>10	5%	>1000	6%
[5,10)	12%	[500,1000)	10%
[2,5)	31%	[200,500)	18%
[1,2)	32%	[100,200)	26%
(0,1)	20%	[50,100)	39%

■农林牧渔牵头，传统行业仍为主流

从行业看，样本小贷公司贷款主要投向农林牧渔业、批发零售业和制造业，三个行业的贷款笔数平均占比分别为28.9%、19%、13.9%，金额平均占比分别为25.4%、18.8%、16.9%，三个行业的总和占样本总数六成以上。其中，农林牧渔业贷款无论笔数还是金额都排在首位。能源生产供应、

图8-7 各行业贷款笔数与金额占比

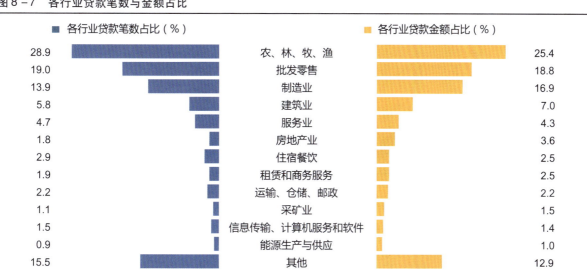

各行业贷款笔数占比（%）	行业	各行业贷款金额占比（%）
28.9	农、林、牧、渔	25.4
19.0	批发零售	18.8
13.9	制造业	16.9
5.8	建筑业	7.0
4.7	服务业	4.3
1.8	房地产业	3.6
2.9	住宿餐饮	2.5
1.9	租赁和商务服务	2.5
2.2	运输、仓储、邮政	2.2
1.1	采矿业	1.5
1.5	信息传输、计算机服务和软件	1.4
0.9	能源生产与供应	1.0
15.5	其他	12.9

信息传输、计算机服务与软件行业得到的贷款几乎可以忽略不计，可见样本小贷公司贷款行业流向分布反映了小贷公司主要客户群体仍以传统行业为主。

■小微企业获近八成贷款，其中约半数为个人经营性贷款

从贷款笔数看，小贷公司以个人客户为主，笔数占比为56.6%，个体工商户贷款笔数占14.4%，而狭义的小微企业贷款（含以企业贷款形式发放的小型企业贷款和微型企业贷款，下同）笔数占24.3%。从贷款金额来看，个人贷款金额占到了46.2%，个体工商户贷款金额占12%，狭义的小微企业贷款占33.5%。

需要说明的是，广义的小微企业贷款不仅包括狭义小微企业贷款，还包括个体工商户贷款和个人经营性贷款（即以小微企业主名义发放的实际用于企业经营的贷款），由于个人贷款包括个人消费性贷款和个人经营性贷款，从前述样本小贷公司贷款的行业分布数据来看，"其他"类的贷款中包含了不具有行业属性的个人消费性贷款和未能列入具体行业的其他行业贷款，据此推算，个人消费性贷款的笔数占比不会高于15.5%，金额占比不会高于12.9%，也就是说，按保守估计，从个人贷款中剔除个人消费性贷款，剩下的个人经营性贷款的笔数和金额占比水平分别是41.1%和33.3%。因此，样本小贷公司广义的小微企业贷款（包括狭义小微企业贷款、个体工商户贷款和个人经营性贷款）的笔数和金额占比分别应该在79.8%和78.8%的水平。

图8-8　各贷款对象笔数与金额占比

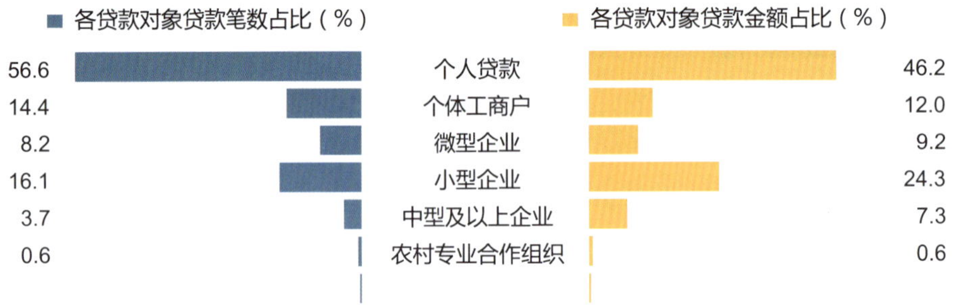

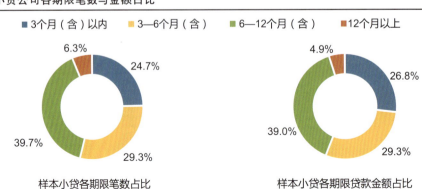

■1年期以内贷款成主流，6—12个月的贷款占比最高

样本小贷公司绝大多数贷款期限集中在1年以内，12个月以上贷款只占笔数的6.3%，金额更不足5%。无论是贷款笔数还是金额，3个月以内、3—6个月占比相差不大，而6—12个月的贷款则均为最多，笔数和金额占比分别达到39.7%和39.0%。

图8-9　样本小贷公司各期限笔数与金额占比

■保证贷款超半壁江山，信用贷款占比较低

从样本小贷公司的贷款担保方式看，保证贷款是最主要的手段。无论是笔数还是金额，保证贷款都占据了近60%的份额；排在第二的是抵押贷款，笔数占19.4%，金额占了21.5%；信用贷款的笔数仅占16.1%，金额占比也仅有12%。

图8-10　各担保类型笔数与金额占比

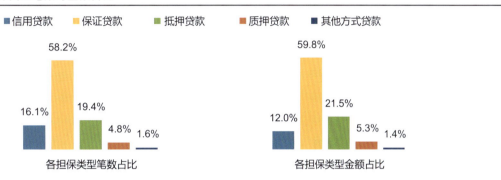

从样本小贷公司信用贷款占比分布可以更好地反映这一点。从笔数看，样本中73%的小贷公司信用贷款笔数占比低于20%，仅有4%的小贷公司信用贷款笔数超过80%。从金额看，81%的样本小贷公司信用贷款的金额小于贷款总额的20%，而大于80%的更是只有3%，结果与笔数占比十分相似。

图8-11　不同信用贷款比例区间样本公司数量分布

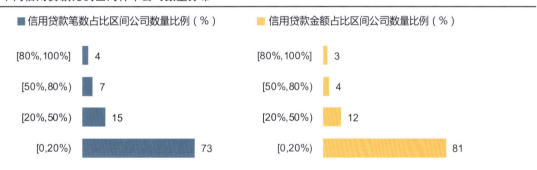

■贷款利率集中在10%～25%

样本小贷公司贷款利率分布较为分散，从低于10%到高于25%都有，但主要集中在10%～25%，其中，贷款利率在15～20%（含）的贷款占比最高，笔数和金额都占三成。此外，几乎没有高于25%的利率，而低于10%的利率比重也很少。

图8-12　样本小贷公司利率区间笔数与金额占比

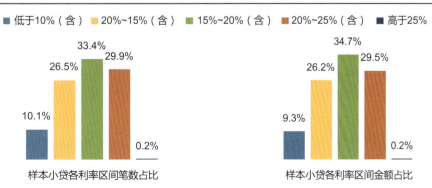

此外，样本小贷公司中，平均利率的中位数为 17.42%，有四分之一的样本小贷公司平均利率高于 19.2%，最高达 24%，也有四分之一的样本小贷公司平均利率在 14.60% 以下。

■ 小贷不"小"，百万级贷款客户仍是重点

279 家样本小贷公司的平均笔均贷款余额为 190 万元/笔，中位数为 127 万元/笔，有 1/4 的样本小贷公司笔均贷款大于 228 万元/笔，有 1/4 的样本小贷公司笔均贷款小于 75 万元/笔。样本小贷公司笔均贷款在 75 万—228 万元/笔区间内较为集中。

图 8-13 样本小贷公司年平均利率箱形图   图 8-14 样本小贷公司笔均贷款余额箱形图

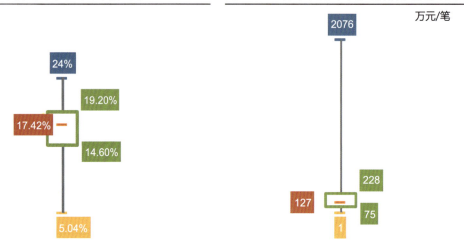

从笔均贷款余额区间分布看，笔均贷款在 100 万—200 万元/笔的小贷公司数量最多，占 35%；其次是笔均贷款在 50 万—100 万元/笔与 200 万—500 万元/笔（含）的贷款比重相仿。笔均贷款在 10 万—50 万元/笔的小贷公司略少，为 12%。甚至还有 6% 的小贷公司的笔均贷款超过 500 万元/笔。而真正足够小的，笔均贷款在 5 万元/笔以下以及 5 万—10 万元/笔的小贷公司合计仅占 2%。

图 8-15 不同笔均贷款余额区间的样本公司数量分布

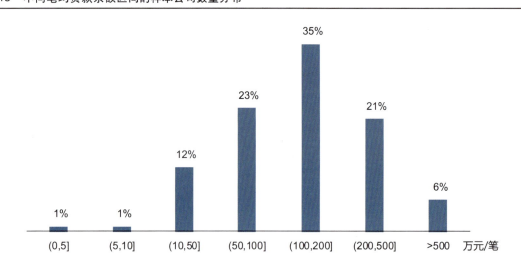

进一步观察样本小贷公司单笔贷款额度的分布。单笔 5 万元（含）以下的贷款笔数占比仅有 11.7%，金额只占 1.5%。相比之下，单笔 100 万元以上的贷款笔数占到了 38.3%，金额占比高达 67.9%，可见百万级别以上的贷款仍然是小贷公司的主要选择。

图 8-16　样本小贷公司单笔笔数与金额分布

观察各家样本小贷公司不同额度单笔贷款占比的数据会更清楚地看到，拓展万元级别小额贷款业务的小贷公司依然还是少数，超过八成的小贷公司单笔5万元（含）以下贷款笔数占比均低于20%，仅有5%的小贷公司单笔5万元以下的贷款笔数超过60%。当我们将单笔贷款额度放大至10万元（含）以下，也只有10%的小贷公司单笔10万元（含）以下的贷款笔数占比超过60%。

图 8-17　小额贷款笔数与金额区间的样本公司数量分布

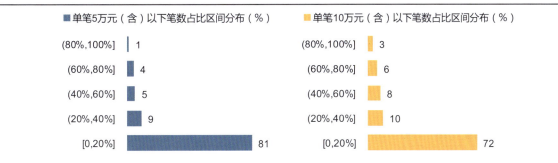

■各类贷款笔均差异

从各行业笔均贷款看，农林牧渔业、服务业、住宿餐饮业笔均贷款余额最低。笔均较大的行业主要分布在房地产业、建筑业和采矿业，尤其是房地产业，626万元/笔的笔均贷款余额几乎是排在第二位的建筑业的两倍。虽然这几类行业的贷款笔数与金额占比都不高，但仍拉高了小贷公司的整体笔均贷款水平。

图 8-18　各行业笔均贷款余额

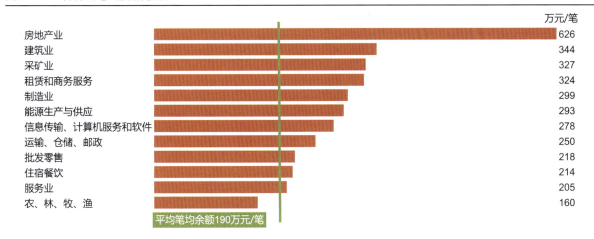

从各贷款对象笔均贷款余额看，个人笔均贷款余额 129 万元/笔，个体工商户笔均贷款余额 119 万元/笔，狭义的小微企业笔均贷款 248.2 万元/笔。其中，微型企业笔均贷款 175 万元/笔只比个人笔均贷款余额略高，而小型企业笔均贷款 400 万元/笔是抬高小微企业笔均水平的重要因素。中型及以上企业笔均贷款为 589 万元/笔，与小型企业笔均贷款相比，虽然略高，但没有明显的量级差异，这在一定程度上反映了样本小贷公司对中型及中型以上企业客户的贷款强度持相对谨慎态度，这与小贷公司本身的体量以及贷款集中度管理内在需求有一定关系。

图 8-19　各贷款对象笔均贷款余额

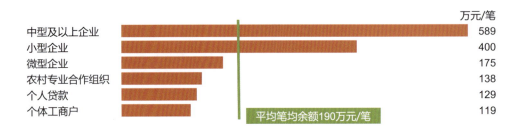

从各期限贷款的笔均贷款余额看，笔均贷款余额与期限呈现近负相关的关系，期限越短，笔均贷款余额越高。3 个月以内的笔均贷款余额高达 266 万元/笔，3—6 个月的也有 217 万元/笔，6—12 个月期限的贷款所占金额与笔数最多，笔均贷款余额却少于前两者，为 213 万元/笔。一年以上贷款笔均余额最低，仅为 130 万元/笔。可见，作为传统金融机构的补充，小贷公司在提供短期大额资金周转如过桥贷款方面，发挥了一定的作用。

图 8-20　各期限贷款笔均贷款余额

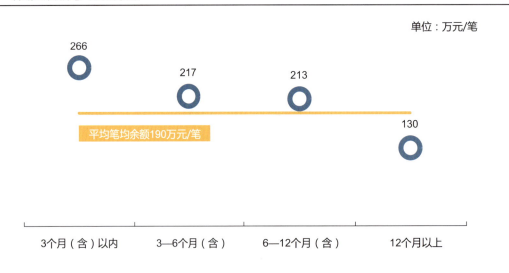

从各类型担保贷款的笔均贷款余额来看，信用贷款笔均只有 171 万元/笔，保证贷款为 247 万元/笔，抵押贷款为 271 万元/笔，质押贷款更是高达 319 万元/笔。可见，小贷公司对于金额较小的业务，也在尝试使用信用贷款方式降低成本，而对于金额较大的业务，仍然以传统的风险管理办法为主。

图 8-21　各担保类型笔均贷款余额

单位：万元/笔

信用贷款　保证贷款　抵押贷款　质押贷款　其他方式贷款

从各利率区间笔均贷款余额看，笔均贷款余额在 15% ~ 20%（含）利率区间达到最高，为 284 万元/笔，然后随利率下降或上升，笔均贷款余额也递减。低于 10%（含）和高于 25% 的利率区间的笔均贷款余额仅分别为 150 万元/笔和 138 万元/笔。

图 8-22　各利率区间贷款笔均贷款余额

万元/笔

>25%　138
(20%,25%]　225
(15%,20%]　284
(10%,15%]　218
(0,10%]　150

平均笔均余额190万元/笔

8.2.3　主攻低额度贷款的小贷公司贷款特征

为了更清楚地呈现坚持"小额分散"原则，做以低额度小微贷款为主的小贷公司的特征，我们从 279 家样本小贷公司中，选择笔均贷款余额小于 10 万元/笔，并且贷款笔数大于 1000 笔的小贷公司进行进一步分析，共得到 7 家样本小贷公司，其中，3 家来自华北地区，2 家来自西南地区，另外 2 家分别来自华南地区和西北地区。这 7 家样本小贷公司贷款余额笔数从 1306 笔到 219912 笔不等，笔均贷款余额均在 10 万元/笔以下，最小仅为 1 万元/笔。我们继续观察其在贷款对象、贷款行业、贷款额度、贷款期限、贷款担保方式、贷款利率方面呈现出来的不同于总体分布的特征。

■农林牧渔业仍牵头，运输、仓储、邮政业比重明显上升

与 279 家小贷总体贷款流向类似的是，主攻低额度贷款的小贷公司贷款中，农林牧渔业、批发零售业和制造业仍是最主要的三种行业。其中，农林牧渔业的比重明显提高，笔数占比从 28.9% 上升至 39.7%，金额则从 25.4% 升至 38.8%。此外，运输、仓储、邮政业和租赁与商务服务业这两类在总体分布中并不突出的行业却受到了主攻低额度贷款的小贷公司的青睐，尤其是运输、仓储、邮政业，贷款笔数与金额占比分别从 2.2% 和 2.2% 提升到 7.9% 和 6.6%。而建筑业、房地产业和采矿业这类所需资金较多、笔均较大的行业，所占比重与总体样本相比明显下降。此外，低贷款额度样本小贷公司贷款流向信息传输、计算机服务与软件业，能源生产与供应业，以及采矿业这三类行业的贷款最少，几乎可以忽略不计。

图 8 –23　主攻低额度贷款小贷公司各行业笔数与金额占比

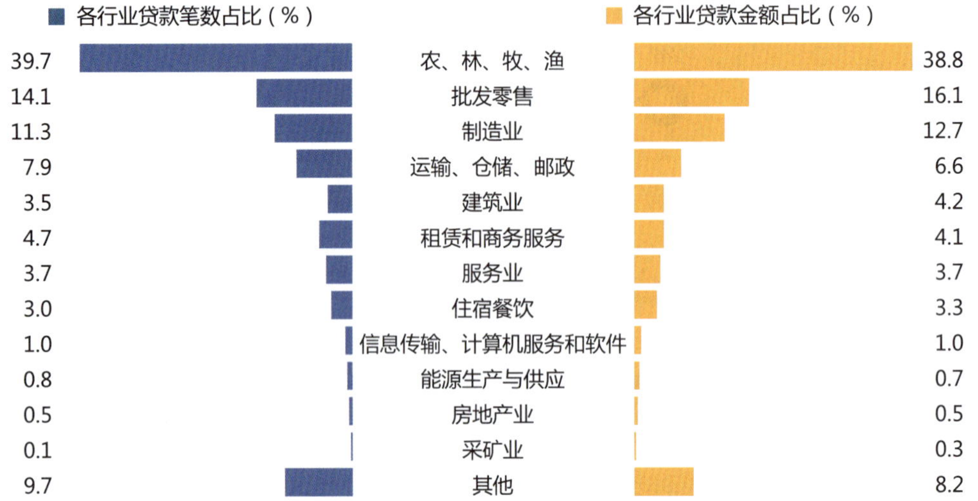

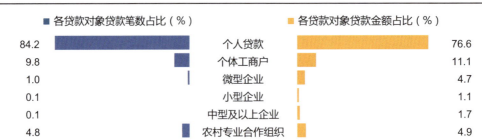

各行业贷款笔数占比（%）		各行业贷款金额占比（%）
39.7	农、林、牧、渔	38.8
14.1	批发零售	16.1
11.3	制造业	12.7
7.9	运输、仓储、邮政	6.6
3.5	建筑业	4.2
4.7	租赁和商务服务	4.1
3.7	服务业	3.7
3.0	住宿餐饮	3.3
1.0	信息传输、计算机服务和软件	1.0
0.8	能源生产与供应	0.7
0.5	房地产业	0.5
0.1	采矿业	0.3
9.7	其他	8.2

■个人贷款显著增加，个人经营性贷款尤为突出

　　7 家样本小贷公司中，按贷款对象分类的贷款，个人贷款的笔数和金额占比分别为 84.2% 和 76.6%，占据了小贷公司贷款的极大比例，显著高于总体水平（56.6% 和 46.2%）。与之对应的是流向企业客户的贷款大幅缩水。主攻低额度贷款的小贷公司对狭义小微企业的贷款笔数和金额占比只有 1.1% 和 5.8%，显著低于总体水平（24.3% 和 33.5%）。可见主攻低额度贷款的小贷公司对企业的贷款选择更为谨慎。

　　由于行业分类中"其他"类贷款的大部分是个人消费性贷款，根据行业分布中"其他"类贷款，个人消费性贷款笔数和金额占比分别不超过 9.7% 和 8.2%，从个人贷款中剔除个人消费性贷款，剩下的个人经营性贷款的笔数和金额占比保守估计为 74.5% 和 68.4%，显著高于总体水平（41.1% 和 33.3%）。而加上个人经营性贷款，广义小微企业贷款笔数和金额占比分别在 85.4% 和 85.3% 的水平，略高于总体样本的广义小微企业的占比（79.8% 和 78.8%）。由此可见，主攻低额度贷款的小贷公司更倾向于以个人经营性贷款的形式发放小微企业贷款。

图 8 –24　主攻低额度贷款小贷公司各贷款对象笔数与金额占比

各贷款对象贷款笔数占比（%）		各贷款对象贷款金额占比（%）
84.2	个人贷款	76.6
9.8	个体工商户	11.1
1.0	微型企业	4.7
0.1	小型企业	1.1
0.1	中型及以上企业	1.7
4.8	农村专业合作组织	4.9

■半年期以上贷款成主流，一年期以上贷款占比显著提高

　　主攻低额度贷款的小贷公司在贷款期限选择上与总体样本小贷公司存在明显的区别。主攻低额度贷款的小贷公司的贷款期限高度集中在 6 个月以上，笔数与金额分别高达 95.6% 与 95.6% 。其中，一年以上的贷款占比显著提升，笔数与金额占比高达 19.5% 和 14.2% ，而总体样本对应的比重分别只有 6.3% 和 4.9% 。在总体样本中，6 个月（含）以下的贷款超过一半（笔数和金额分别为 54% 和 56.1% ），而主攻低额度贷款的小贷公司这一期限的贷款比例无论是笔数还是金额均为超过 5% 。

图 8−25　主攻低额度贷款小贷公司各期限笔数与金额占比

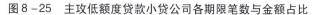

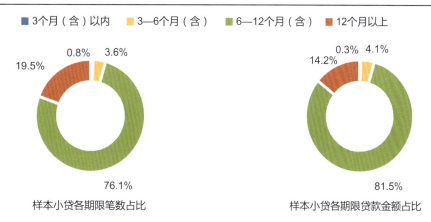

样本小贷各期限笔数占比　　　　　　　样本小贷各期限贷款金额占比

■信用贷款显著提升，抵押贷款大幅下降

与总体样本相比，主攻低额度贷款的小贷公司信用贷款的笔数与金额占比均大幅提高，笔数从 16.1% 提升至 41.9% ，金额从 12% 提升至 41.2% 。与之相对应的则是抵押贷款与质押贷款比例的明显下降，抵押贷款从 19.4% 和 21.5% 下降至 0.8% 和 2.1% ，质押贷款则几乎消失不见。

主攻低额度贷款的小贷公司更多选择信用贷款与其特点有关。一方面，主攻低额度贷款的小贷公司贷款笔数过大，必须选择成本更低的担保方式，即信用贷款。另一方面，这类小贷公司的贷款对象主要是个人与个体工商户，信用较之企业更容易控制；单笔贷款额度偏小也使得每一笔贷款违约损失更能被接受。因此，在贷款担保方式上与样本总体出现了显著的偏差。

图 8−26　主攻低额度贷款小贷公司各担保类型笔数与金额占比

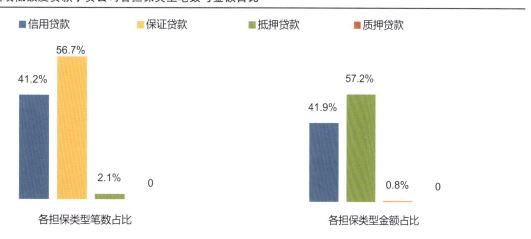

各担保类型笔数占比　　　　　　　　各担保类型金额占比

■贷款利率分布更为集中，年平均利率低于总体水平

主攻低额度贷款的小贷公司，其贷款利率在 10% ~ 15% （含）区间内的笔数和金额占比明显上升，分别为 44.3% 和 45.7% ，高于总体样本的 26.5% 和 26.2% 。20% ~ 25% （含）区间内的贷款笔

数和金额占比下降最为明显，分别从 29.9% 和 29.5% 下降至 17.8% 和 19.0%。

图 8-27　主攻低额度贷款小贷公司各利率区间笔数与金额占比

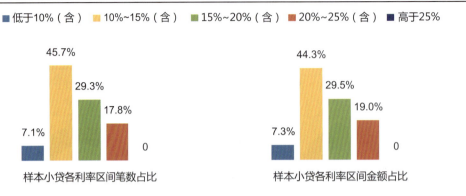

图 8-28　主攻低额度贷款小贷公司年平均利率一览

此外，从年平均利率看，主攻低额度贷款的小贷公司年平均利率从 11.7% 至 22.4% 不等，主要集中在 13% ~ 17%。与样本总体相比，主攻低额度贷款小贷公司的平均利率更为集中，且大多较总体样本中位数（17.42%）更低。

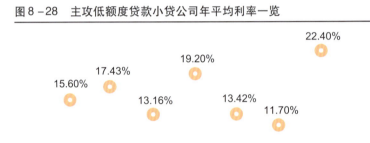

8.2.4　调查小结

从调查结果来看，总体上，样本小贷公司在贷款行业、贷款对象、贷款利率、贷款担保方式方面已经呈现出与商业银行等传统金融机构显著不同的特征，但在贷款期限、贷款额度上的差异并不十分明显。

从资金流向看，样本小贷公司的贷款流向的最主要行业是农林牧渔业、批发零售业和制造业三类传统行业，新兴产业分流资金很少。小贷公司已经成为小微企业在商业银行以外的一个重要贷款来源，超八成贷款流向广义小微企业（包括小型企业、微型企业和个体工商户贷款以及小微企业主个人经营性贷款），其中约半数为个人经营性贷款。小贷公司的利率大多分布在 10% ~ 25%，其年平均利率相对集中在 17% 左右的水平（约合民间月息 1 分五，大致相当于商业银行信用卡透支的利率水平），相较于商业银行小微企业贷款，小贷公司的贷款利率水平则相对更高。从贷款担保方式看，与商业银行抵押担保为主相比，保证贷款是小贷公司最重要的担保手段，其次是抵押贷款；而与商业银行类似的是，信用贷款占比相对较低。

从贷款期限看，1 年期以内的贷款成为样本小贷公司贷款的主流，这与商业银行小额贷款的期限相类似。从贷款额度看，虽然理论上，小额分散是小额贷款区别于大额贷款的主要特点，也是小贷公司与传统金融机构差异化经营的方向。但在实际中，小贷公司同样会根据自身的资源禀赋评估贷款的规模经济性，在做大量小额贷款和做少量较大额贷款之间作出选择。尽管样本小贷公司的体量普遍不大，贷款余额集中在亿元量级，贷款笔数集中在百笔量级。但与体量小形成反差的是，小贷的业务却普遍不小，百万级贷款客户仍是样本小贷公司的主要客户群，真正能做足够"小贷"的公司仍属少数。而这些主攻低额度贷款的样本小贷公司在贷款对象、贷款期限、贷款担保方式以及贷款利率方面表现出与总体样本不同的特征，比较好地呈现了此类小贷公司的经营特点，真正坚持小而分散的经营原则，高度注重贷款客户数量而非单纯贷款金额的增长，实现了与传统金融机构的差异化竞争。

需要说明的是，在商业银行等传统金融机构不断下沉贷款客户结构重心的背景下，主流的以百万元量级贷款为主的小贷公司面临着直接的竞争。而那些已经和传统金融机构实现差异化竞争的真正经营小额贷款的小贷公司也并非高枕无忧，随着互联网金融的发展和个人征信市场的开放，基于数据驱动的小额贷款摆脱了人力和渠道的约束，效率大为提升，而成本显著降低，从而将得到快速发展，改变长期以来形成的小额贷款的市场格局，对小贷公司构成直接竞争，并且影响更为深远。

8.3　不同类型小贷服务小微企业

8.3.1　公益性小贷：聚焦扶贫，可持续发展成疑

公益性小额贷款又称 NGO 小额贷款，是通过向低收入群体提供无抵押的小额贷款，达到增加收入、增进福利的小贷主体。NGO 不以盈利为目的，运作经费来源于政府扶持、基金会和国际组织资助、企业和个人的捐赠以及机构自身的积累。公益性小贷对小微企业的支持更多地体现在对个体工商户的扶持上，其目的在于扶贫，是小贷机构普惠金融理念的重要补充。

自 20 世纪 80 年代初被引入中国后，公益小额信贷经历了试点、过渡、转型、发展分化阶段。然而，经历了 2003 年公益小贷的巅峰期后，这一类型的小贷却处于不断萎缩的状态。据不完全统计，目前全国纳入比较研究的公益性小额信贷机构约有 35 个，其中包括联合国开发计划署（UNDP）体系下 20 家，联合国儿童基金会系统下 4 家，国际计划体系下的陕西西乡妇女发展协会等在内 4 家，在社科院扶贫社系统下的河南省虞城县扶贫经济合作社等 4 家，以及中国扶贫基金会、宁夏惠民小额贷款公司与北京富平学校。NGO 小贷出资机构以及所属的管理体相当为分散。数量上，与 2003 年超过 300 家的数字相比，公益性小贷机构减少近九成[①]。

自 2005 年起，国际组织停止对中国公益性小贷提供资金，这使得资金主要依靠捐赠、商业资金入股和银行贷款的公益性小贷损失巨大。国内民间资本的捐助很少流向缺乏公信力的 NGO 小贷行业，商业资金的逐利性则往往导致公益小贷的扶贫使命偏离。银行对公益小贷机构也并不感冒，公益小贷机构的实体资产有限，其最大的资产即来自农村贫困农户的债权，抵质押和担保不足。于是，随着农村市场对小额贷款的需求越来越大，公益小贷如何扩大可持续融资规模成为行业发展的主要课题。

2014 年，公益性小贷发展并不理想，大体仍呈现中和农信一枝独秀的情形。中和农信前身是中国扶贫基金会的直属分支机构，后转型为公司型公益小贷机构，目前已成为国内最大的公益性小额信贷机构。截至 2014 年底，中和农信公益性小额信贷已累计放款 93 万笔、84 亿元，覆盖 16 个省、141 个贫困县，有效客户数 23 万户，贷款余额 18 亿元。其他公益性小贷机构一直在寻找扶贫目标与

---

① 《公益小额信贷机构寻求转型》，载《金融时报》，2014 - 08 - 30。

可持续经营的平衡点，但始终规模狭小，难以得到发展壮大。赤峰昭乌达妇女可持续发展协会是为数不多尚在运营的协会类 NGO 小贷机构之一，近年来，它将国外融资和国内融资相结合，捐赠融资和债务融资相结合，并更多地转向债务融资。截至 2014 年底，协会资产 3331 万元，累计发放贷款 3.3 亿元，3.4 万个家庭、13 万人口受益，还款率 99% 以上[1]。

专题 8-1　中和农信——探索公益小贷融资新模式[2]

2014 年 12 月 9 日，证监会公布资产证券化新规后的首单产品——中和农信 2014 年第一期公益小额贷款资产支持专项计划成功设立。

专项计划由证券公司中信证券和公益小贷机构中和农信联合推出，计划管理人——中信证券将购买中和农信的公益扶贫小额贷款，并以贷款回收的现金流为支持发行资产支持证券，该资产支持证券已于 2015 年 1 月 15 日在深圳证券交易所挂牌上市。

专项计划发行总额为 5 亿元，预期发行期限为发行之日起 3 年以内，其中循环期 2 年，分配期预计不超过 1 年。该专项计划的基础资产是以中和农信作为原始权益人、对 18—60 岁已婚女性发放的小额贷款，资产池共有 122438 笔小额贷款，平均单笔贷款余额 4492 元。根据联合信用评级公司的评估结果，产品中优先级证券占比为 86%，本金总额为 4.3 亿元人民币，信用等级达到了 AAA 级；次级证券占比 14%，本金总额为 0.7 亿元人民币，由中和农信全额自持。

产品的现金流来源主要为小额贷款正常到期回收的本金和利息、催收逾期的贷款本息和罚息以及专项计划的合格投资收入。产品的现金流在扣除税金及其他交易费用后，将首先用于支付优先级证券的预期收益及优先级证券本金，剩余回收款将分配给次级投资人。

中信证券债务资本市场部执行总经理汤峻表示，中和农信深耕农村小额信贷领域长达 18 年，通过反复实践，已构建起优秀的公益小额信贷风险控制体系，使中和农信能够快速稳步发展，并始终保持极为优秀的资产质量。

该专项计划的成功发行，让一直备受资金困扰的公益小贷找到了一种全新的融资模式。

8.3.2　外资小贷：聚焦个体客户，积极推进本土化

中国小贷行业中，外资小贷占比不足 1%，但凭借其母公司的雄厚实力与成熟的内部运营机制，随着对中国经济环境的不断适应，2014 年外资小贷持续发展，加快向中国内地布局。

以重庆为例，截至 2014 年 6 月末，重庆市累计筹建的小贷公司有 248 家。其中，来自日本、新加坡、韩国、中国香港等地的外资小贷公司占到重庆小贷公司数的 15%，高于国内平均水平。37 家外资小贷公司总注册资金 112.70 亿元，占全市总计划注册资本的 21.24%；其中外资资本 104.16 亿元，占到外资公司总注册资本的 92.4%。且外资小贷公司平均注册资本 3.05 亿元/家，是内资小贷公司的 1.5 倍[3]。重庆是 2014 年小贷公司发展最为迅猛的地区，其中外资小贷在重庆的发展功不可没。

---

① 中和农信与赤峰昭乌达妇女可持续发展协会官网整理所得。
② 《公益小贷首发资产证券化产品》，载《人民日报》，2014-12-10。
③ 《外资小贷蜂拥入渝　严防"潜规则"》，广东之窗，2014-10-11。

外资小贷对中国小微企业的支持更多地体现在对个体工商户的支持上。截至 2014 年 9 月，富登小额贷款（重庆）有限公司累计发放贷款 2202 笔，其中个体工商户贷款占 97%，其余为微型企业贷款。南充美兴总计发放 12587 笔，个人贷款（含个体工商户）占 93%，亚联财则为 99%，而根据全国小贷公司抽样调查，样本小贷公司 2014 年个人贷款（含个体工商户）平均占比在 70% 左右。

与内地小贷公司相比，外资小贷对本地市场的熟悉程度不足，更倾向于进行标准化经营，以精简的产品结构降低自身 IT 成本和员工培养成本等。如亚联财小贷公司专注开发企业贷、楼易贷、车主贷、生意贷、薪易贷五款产品，只在风险价格上对不同客户进行细分。同时，相对经营性信贷而言，消费性信贷运营成本和人力成本较高，单笔盈利能力较小，需要较大的规模和坚固的后台支持，却可以尽可能地减少因对中国本土企业不熟悉而造成的损失，而有母公司支持的外资便在"做小"方面具有充分优势。因而消费性信贷也是外资小贷的主攻方向。以美兴、亚联财为例，它们的信用贷款占比分别达到了 88% 和 100%（2014 年样本小贷公司平均仅为 16%）。而在这其中，大多数公司主攻的又是个人消费金融市场。

2014 年，外资小贷不断寻求合作以更好地适应中国市场。作为中国最大的外资小贷公司，亚联财在国内 15 个省市设有分支机构，在内地和香港的分支机构总数超过 160 多家。在 2014 年 7 月，亚联财与 58 同城宣布战略合作，涵盖在线业务推广与销售、数据库分享及产品推广、跨地域金融合作等多个方面。通过数据库整合，亚联财为 58 同城用户提供定制化的融资产品和融资服务，58 同城则在用户进行交易前和交易时进行重点推荐。同时，通过成熟的风险管理系统，亚联财将帮助 58 同城用户控制风险。随后，亚联财又与搜易贷、点融网签署了战略合作协议，进一步推进小贷"本土化"。

8.3.3 互联网小贷：电商加速布局，小贷主动触网

2014 年小贷公司面临巨大的由外而内的挑战，经济下行带来的资金需求的减少，以及银行小贷业务、P2P 平台网贷的飞速发展极大加剧了小贷行业的竞争压力。小贷公司要突破区域界限，获取竞争优势，与互联网的进一步联合，谋求线上资源，打开新市场是其必然选择。电商与互联网企业对此具有天然优势，纷纷凭借互联网基础成立小贷公司涉足小贷行业，以实现金融领域布局。传统小贷公司则积极开展线上业务，并与 P2P 平台深度合作，实现小贷公司的转型发展。

■ 电商与互联网企业加速布局小贷市场

阿里巴巴于 2010 年及 2011 年先后在浙江与重庆设立了小额贷款有限公司，开启了互联网企业进军小贷行业的大幕。随后腾讯、京东、百度等也着手成立了小贷公司，2014 年又有多家电商与互联网企业进入小贷行列。唯品会与上海嘉定区金融办等部门协商计划设立小贷公司，并于 2014 年 7 月正式拿下小贷公司牌照，开始经营小贷业务。截至 2014 年，唯品会已通过旗下公司为平台上的一百多商家提供基于应收账款的融资，累计放款额度超过 3 亿元人民币。携程网与搜房网同样在上海筹划发起小贷公司。

互联网企业与电商成立小贷公司，对于小微企业的支持作用有其特有的优势。基于互联网平台，企业可以掌握供应链体系中的充分信息，包括客户习惯、物流信息、供应商资金链等，从而实现有效的风险控制。无论是面向产业链末端消费者提供小额消费信贷，还是面向上游供应商提供经营小额周转信贷，都在其有效经营范围之内。以阿里和百度为例，阿里依托于淘宝电子商户平台、支付

宝、阿里云和菜鸟网络物流体系的建立，得以实现客户、资金和信息的封闭运行，并根据对客户个人信息、征信信息、历史表现、交易信息等的分析，实现风控体系的优化。截至 2014 年上半年，阿里小贷累计发放贷款突破 2000 亿元，服务的小微企业达 80 万家，不良率在 1% 左右[①]。

互联网与电商涉足小贷体现的是其在数据上的优势与竞争力。这类小贷公司主要依托其原有的平台，展开价值链的延伸，在交易链范围内充分发挥生态圈数据的作用。因此，以上平台的小微企业只要有充分的行为数据和良好的信用记录，都可以更为容易地获得贷款，实现资金的周转。

而不同的互联网小贷也各有特色。以京东、苏宁、百度、阿里小贷为例，简要分析各小贷公司的模式、风控方式以及成立小贷的目的。

表 8 - 1 不同互联网小贷公司模式比较[②]

小贷名称	模式	风险控制	目的
京东小贷	供应链金融，分析京东自营平台的上游供应商、开放平台的电商卖家以往交易记录与资金周转状况，选取交易信用评级较高的客户，用于采购上游商品等用途	• 创新天平模型、浮标模型等用于商家评价和风控； • 依托自建大型货物仓储物流基地存放货物作为抵押物，降低坏账风险	• 获取客户的网上的交易数据； • 丰富京东供应链金融的产品，满足京东合作伙伴的金融需求； • 走出京东，将供应链金融产品拓展到生态圈以外，助力小微经济发展
苏宁小贷	供应链金融，其小贷公司、第三方支付公司均主要围绕供应链融资，而消费信贷、余额理财则主要为消费者提供分期服务	• 基于供应商在苏宁易购的账期与库存评估后进行贷款	• 实现已有流量变现，并获取利息收入； • 加速开放平台建设，为公司"去电器化"战略提速
百度小贷	借助百度关键字搜索排名大平台，优先选取点击率领先的电商卖家列为贷款对象，再根据这些企业销售数据与资金周转状况作为发放小额贷款的依据	• 借助搜索平台掌握客户信用信息； • 提高违约成本，如将违约客户名称从关键字搜索排名目录剔除	• 转变思路，致力于扶持中小微企业，拓展其一直以来服务中小企业的局面； • 通过加强金融服务方面扩大对小微企业扶持与影响
阿里小贷	为阿里巴巴 B2B 业务、淘宝、天猫三个平台的商家提供订单贷款（基于卖家店铺已发货、买家未确认的实物交易订单金额，系统给出授信额度，到期自动还款，实际上是订单质押贷款）和信用贷款（无担保、无抵押贷款，在综合评价申请人的资信状况、授信风险和信用需求等因素后核定授信额度）	• 封闭运行，通过阿里巴巴、淘宝、天猫、支付宝、菜鸟网络等一系列平台，实现客户、资金和信息的封闭运行； • 结合卖家个人信息、征信信息、历史表现、交易信息等进行定量分析，进行信用评级	• 获取客户的网上的交易数据； • 借助网络减少人工参与，简化了小微企业融资的环节，也可以同一时间为大批量的小微企业提供服务； • 配合公司整体战略，打造阿里生态圈，致力于以更低成本、更快捷程序为合作伙伴提供更好的融资服务

■ 小贷公司与 P2P 平台深度合作：联姻多久尚未可期

P2P 网贷与小贷公司既存在相互竞争，又具有深度合作的基础。渴求投资标的、交易规模的 P2P

---

① 阿里小贷官网整理所得。
② 《互联网公司扎堆办小贷，他们想要做什么？》，虎嗅网整理所得。

借贷平台与亟待提高融资规模、突破地域限制的小贷公司，有望通过合作资源互补，快速扩张版图。2014 年也是 P2P 平台与小贷公司探索深入合作的一年。

开鑫贷是国内首家与小贷公司合作的 P2P 平台，截至 2015 年 4 月，共与江苏省内 100 家左右的小贷公司开展合作，比 2013 年新增 50 余家。开鑫贷以国资背景，借助其五级风控体系以及其大股东江苏金农建立的省级小额贷款公司 IT 运营系统，实现了较低的风控成本，累计支持小微企业 2600 家次，小微企业的融资成本下降到 13.5%。有利网的模式则是上接投资人，下接小贷公司，作为纯粹的平台不介入交易，所有的业务与风险均由小贷公司承担。截至 2014 年 5 月，与有利网正式合作的小贷公司共 11 家左右。有利网坚持"小额分散"模式，据统计，有利网的小贷产品大部分在 30 万元以下，平均每单仅为 5 万元左右[①]。

小贷公司与 P2P 平台的合作有其合理的一面。P2P 平台能够借助小贷公司的资产生产能力和风险管理能力迅速做大规模，而小贷公司可以借助 P2P 平台"突破"资本金限制，为客户扩大资金来源渠道，从赚取利息转为赚取中介费用。但 P2P 平台与小贷公司的合作能持续多久，仍然存在不确定性。在 P2P 和小贷行业均在经历大规模洗牌的背景下，平台和小贷机构对自己核心竞争力的认知将会进一步加深，合作双方也将对合作模式的可持续性进行重新评估。

8.4　小贷融资：尝试探索，积极创新

小贷公司发展在 2014 年遇到了瓶颈，仅在上半年全国就有超过 72 家小贷公司退市，外部是其面临双重竞争压力，从内部看，融资困难则成为制约其发展的重要因素之一。

因"只贷不存"的规定，长久以来小贷公司一直面临资金欠缺的问题，部分省份统计显示，平均只有不到 20% 的小额贷款公司获得银行贷款，且获得银行贷款额度占小贷公司贷款余额比重极小。2014 年，许多小贷公司也在不停探索拓宽融资渠道的办法，包括上市融资、资产证券化、成立拆借市场、组建平台等，虽然可持续性有待验证，但确实为小贷公司缓解融资困境提供了思路。

8.4.1　上市融资：三条渠道皆破冰，但效果有限

上市融资主要有三种方法，在 2014 年已全部破冰尝试。一是赴国外上市。目前只有一家，即江苏鲈乡小贷在 2013 年底赴美纳斯达克上市，也是国内第一家上市的小贷公司。二是赴港上市。2014 年 6 月 19 日，瀚华金控挂牌，2015 年 1 月 27 日佐力小贷上市，汇通金控、华丰融资等均已提交申请。三是选择新三板。据统计，截至 2015 年 2 月，新三板现有已挂牌小贷公司 8 家[②]。

小贷公司上市是其拓宽融资来源的一个有力途径，一方面扩展了其融资来源，增强了小额贷款公司为中小微企业服务的资金实力；另一方面，小贷公司的上市也有助于其治理结构的改善。但小贷公司一直以来面临的财务杠杆率过低进而影响资本收益率的问题并不能通过上市来缓解。

另外，目前小贷公司包括监管制度在内的制度框架并不完善，投资者会面临较大的不确定性，这也限制了小贷公司融资的强度。此外，新三板交易量偏低，上市的小贷公司市盈率也不高，吸引

---

① 资料来源：开鑫贷与有利网官网整理所得。
② 8 家小贷公司分别是琼中农信、海博小贷、通利农贷、鑫庄农贷、天元小贷、文广农贷、昌信农贷、恒晟农贷。

率不足，对缓解小贷公司融资困境效果也十分有限。

8.4.2　资产证券化：多方试水，并非普适良药

2013 年 7 月，两只阿里巴巴小额贷款资产证券化产品在深圳证券交易所挂牌上市，成为国内首只在交易所上市的券商类信贷资产证券化产品。此后，资产证券化成为小贷公司再融资的可行途径之一。2014 年，小贷信贷产品资产证券化进一步提速，成为部分小贷公司解决融资问题的选择，这与 2014 年 11 月，证监会发布的《证券公司及基金管理公司子公司资产证券化业务管理规定》（以下简称《管理规定》）及配套《证券公司及基金管理公司子公司资产证券化业务信息披露指引》《证券公司及基金管理公司子公司资产证券化业务尽职调查工作指引》不无关系。在新发布的《管理规定》及配套指引中，资产证券化产品的监管方式由审批制改为备案制。这被市场解读为监管层释放出鼓励发行资产证券化产品的积极信号。2015 年小贷资产证券化有望进一步发展。

所谓小贷资产证券化，即小贷公司照要求将其所持有的流动性相对较差，但具有较稳定的未来现金流的贷款汇集切割成资产包，经过担保公司担保和其他形式的信用增级后，以可交易收益权凭证的形式出让给投资者。当前，针对小贷公司资产证券化制度较为成熟的是重庆金融资产交易所。截至 2014 年 8 月，该交易所已经为 68 家小贷公司再融资筹得 66 亿元人民币。

以重庆金融资产交易所为例，小贷公司作为发行人发行的资产证券化产品是以小额贷款收益权凭证的形式在交易所上市交易。该凭证是经有关部门批准由小额贷款公司发行的、由三峡担保或瀚华担保公司等重庆金交所认可的 AA 级担保公司担保、在重庆金融资产交易所上市交易的债权类投资产品，到期还本付息。此外，小贷公司在金交所发行产品所能融得的资金至多为打包后资产的一半，此举缩小了小贷公司的杠杆，但是提高了对投资者的保护。当前在重庆金交所上市的资产证券化产品分为 3 个月、6 个月和 1 年，预期年化收益率分别为 6.6%、7.5% 和 9%。

除重庆以外，浙江、广州、海南也同样提出了以回购方式开展资产转让业务，天津、深圳前海等地都在着手推进小贷公司资产证券化。2014 年 4 月，广州金融资产交易中心正式开业，首期上线了小贷资产收益权、应收账款收益权、商业汇票收益权和信托受益权四类产品。2015 年 2 月 10 日，瀚华金控宣布其子公司瀚华小贷委托设立的"银河金汇—瀚华小额贷款资产支持专项计划 1 号"资产证券化产品在上海证券交易所挂牌上市。此外，国内首只区域性集合小贷 ABS——"镇江优选小贷 1 号资产支持专项计划"成立，拟在上交所挂牌。

资产证券化有助于机构盘活资产，增加了小贷公司的融资来源，进而有助于增加小微企业的贷款规模。但即使如此，资产证券化并不能成为小贷公司解决融资问题的灵丹妙药。一方面，成本是限制小贷公司资产证券化冲动的主要因素。资产证券化操作给小贷公司增加了不小的费用成本，如交易所、承销商、担保公司等，加重了小贷公司的资金压力。另一方面，门槛也是部分小贷公司对资产证券化望而却步的原因。通常，在发行 ABS 产品之前，承销商、担保公司等机构会对小贷公司及所要发行的资产包进行评估，考察小贷公司的内部风险防控体系、偿债能力以及担保方式等。这就意味着，只有达到一定规模的小贷公司才能从事资产证券化业务。而很多规模较小的小贷公司则无缘以这种方式获得资金。

专题 8 - 2   扬州首单小贷公司贷易宝产品面世①

2015 年 1 月 26 日，江苏金创信用再担保股份有限公司与江苏小微企业融资产品交易中心合作，携手仪征市嘉禾农村小额贷款有限公司，成功发行扬州首单小贷公司贷易宝产品。该业务目前已在南京、苏州、扬州等地开展并推广，受到了各方广泛关注和好评。

"贷易宝"产品指江苏小贷信贷资产分层转让业务，系优选江苏省内监管评级较高的小贷公司，将其拥有的若干笔信贷资产按照约定日期和价格转让给投资人。该创新投资产品精心设计了八重风险防控体系来充分保障投资者利益：优选的小贷公司、优质的信贷资产、贷款保证人提供连带担保、新颖的内部信用增级、贷款如逾期小贷公司行使本息优先回购、金创再担保提供连带再担保、小贷公司提供连带反担保、小贷公司股东提供连带反担保。

此次发行的扬州首单"贷易宝"产品总募集金额 200 万元。其中，优先级募集金额 180 万元，收益率定为富有吸引力的 10%。所转让优质信贷资产由仪征市嘉禾农村小额贷款有限公司提供。截至 2015 年 4 月 16 日，"贷易宝"产品已总计发行 388 期，均已认购成功。

江苏金创的所有小额贷款业务均由金创再担保公司提供担保服务，形成了小额贷款、担保一体化。而在 2015 年 4 月 3 日，江苏金创与江苏银行合作，携手南京金骐林农村小额贷款公司，成功试点全国小贷行业首单"小贷卡"业务，即由小贷公司向微贷客户借助合作银行发放联名卡模式，一方面，有助于小贷公司优化负债模式，控制流动性风险，更好地落实"小额、分散"的监管要求；另一方面，架起了银企互通的桥梁，为小微客户群开辟了成本较低、便捷高效的融资新渠道。

8.4.3　同业拆借及抱团建平台尝试

小贷公司之间相互合作共同解决资金融通问题，在 2014 年也有了新的尝试。其中比较典型的有两类，一是组建小贷公司之间的同业拆借市场，二是抱团共建小贷公司综合服务平台。

小贷公司之间的同业拆借市场在 2014 年成为深圳、天津等地方政府扶持小贷发展的重要举措。2014 年 2 月 20 日，深圳市政府金融办下发《关于我市小额贷款公司开展融资创新业务试点的通知》，允许小额贷款公司通过前海金交所、前海股权交易中心等平台，由深圳担保集团创新提供了拆借担保服务，进行同业拆借等金融创新。8 月，深圳小额贷款公司同业拆借市场正式启动，深圳也成为国内率先启动市场化小额贷款公司同业拆借市场的城市。天津融鑫小额贷款有限公司也在尝试以小贷公司之间同业拆借的方式弥补资金短板。目前，由天津市金融局按照信用等级、资本金规模、规范管理程度等指标排名筛选，融鑫小贷联合八九家公司做同业试点，以自由参与、利率自由协商的方式开展同业拆借活动。重庆小贷融资中心同样帮助资金短缺的小贷公司做"同业拆借"。由融资中心居中协调，拥有闲置资金的小贷公司可以把钱汇集成一个"资金池"用于出借，类似于委托贷款，同时享受一定的利息收益。此外，温州市范围内，以温州小贷协会为平台，小额贷款公司同业调剂拆借业务也已经开始运行，并由温州市金融办进行风险监控。

组建综合服务平台也是小贷公司之间的一项尝试创新。2014 年 9 月，山东省由淄博张店汇通小

---

① 资料来源：江苏金创官网整理所得。

额贷款股份有限公司等 26 家发起人共同出资的惠众新金融公司挂牌成立，该公司主要服务于山东省现有的 400 家小额贷款公司和将来新设立的小额贷款公司，拓宽小贷公司融资渠道，推动该行业规范持续发展。惠众公司将按照市场化、商业化规则运作，为小贷公司提供全方位支持，未来将根据市场发展需要，与相关机构合作，将开发票据、债券、资产管理、征信、互联网金融、开放性金融等新的金融产品。在此之前，国内已有河北、江苏等省份成立省级小额贷款行业综合服务平台。

8.5 小贷新政策： 扶持与监管并重

2014 年 5 月初，银监会、人民银行下发《小额贷款公司管理办法（征求意见稿）》，多项政策松绑，融资限制和业务范围放开。此外，各地方政府也对小贷进行了多种扶持，而监管方面也提出了新的要求。2015 年 1 月 30 日全国小额贷款公司协会成立也提出了要统一行业标准和业务规范。

8.5.1 小额贷款公司管理办法（征求意见稿）出台①

随着 2014 年 1 月治理影子银行的"107 号文"的出台，小贷公司的管理政策的全国性法规开始步入快车道。2014 年 5 月初，银监会会同央行起草的《小额贷款公司管理办法（征求意见稿）》（以下简称《征求意见稿》）正式征求省级地方政府层面的意见。

《征求意见稿》显示，新规在融资限制、业务范畴等方面会有实质性突破。小贷公司从银行融入资金的杠杆率以及其放贷金额不再设限。以往"从银行业金融机构获得融入资金的余额，不得超过资本净额的 50%""只能向不超过 2 家银行业金融机构融资"，同一借款人的贷款余额不得超过小贷公司资本净额的 5% 以及小贷公司七成贷款要求在 50 万元以下等规定都将取消。此外，小贷公司将可以买卖债券和股票等有价证券，开展企业资产证券化。小贷公司业务范畴将大幅扩容。新规将小贷公司的业务范围进一步拓宽至买卖债券和股票等有价证券、开展权益类投资、开展企业资产证券化、发行债券、经监管机构批准的其他业务等，甚至打破地域局限，可跨省经营。但这五类业务需经监管机构和相关部门批准。在放宽的业务领域中，小贷发行 ABS 产品最具市场想象空间。由于小贷公司属于"一般工商类企业"，而非"金融机构"，所以其资产证券化将不像"信贷资产证券化"一般受到严格的额度限制，可操作性较强。

然而，新规释放利好消息的同时，在小贷行业的身份认定上仍语焉不详，对其发展前景也未置一词。

小贷行业一直最希望解决的是其主体资格问题，希望能以金融机构的身份参与市场，获取税收优惠与行业优待。可惜在此次征求意见稿中，虽未明确小贷公司的属性为一般工商企业或者金融机构，但却提出小额贷款公司向银行业金融机构融入资金属于一般商业信贷业务，似从侧面仍将小贷公司定性为一般工商企业。这就意味着两点，一是小贷公司无法享受金融机构的税收优惠，二是从银行贷款时不能享受银行间同业拆借利率。小贷身份的确定将导致财政、工商、税务、司法等连锁反应，部分地区小贷公司此前享受的相关优惠政策或待遇或将随之产生变数。

其次，新规中放开融资限制，开放业务范围在实际应用中未必能有成效。据统计，小贷公司

---

① 部分观点引自嵇少峰：《2014 小贷新规，兴奋剂 OR 安慰剂》，http：//jdxd. net/TopicPageD2. asp？id = 17，2014 - 05 - 16。

50%的金融机构融资上限只有约三分之一的小贷公司全部实现，大多数小贷公司本就未从金融机构获得足够贷款，不少银行甚至取消了小贷公司的授信。从这个角度看，开放融资限制仅对部分实力雄厚的小贷公司发挥效果，对大部分小贷公司来说并无实际意义。而新规将小贷公司的业务范围进一步拓宽至买卖债券和股票等有价证券等，而业务范围其实大多是一般工商企业本身应拥有的权利，仅是之前的监管过度产生了松绑的反差。规定将本身不需要审批的一般工商企业正常的权利进行了明确的审批限制，对小贷公司而言是不公平的。此外，各地小贷监管部门早就在小贷公司业务范围上进行了多方面创新的尝试。资产证券化、发行债券、办理票据贴现等业务，在江苏、浙江、四川等地早就进行了试点，本次明确经营许可，尽管有积极意义，但由于确定了准入审批认可及更多的限制性条件，对小贷行业发展较好的地区而言反而是一种退步。

最后，新规中对小贷公司未来的发展方向只字未提，仅作为一般工商企业的社会身份认定，理论上在相当长的时间内熔断了小贷公司向准金融、金融机构发展的可能。2009年银监会出台了《小额贷款公司改制设立村镇银行暂行规定》，但至今没有一家小贷公司被改造为村镇银行。这会从根本上打消众多民营企业发起成立小贷公司的积极性，也会给小贷行业的发展带来影响。

8.5.2　各地相继出台政策响应小贷新规

《征求意见稿》下发后，各省也相应出台了各自的小贷新政策，响应新规精神，更好地服务当地的小贷公司。

2014年8月1日，由上海市金融办牵头制定《关于进一步促进上海市小额贷款公司发展的若干意见》，被业内称为"小贷新政"的实施，进一步放宽了小贷公司融资渠道限制，允许优质小贷公司通过发行债务融资工具、上市挂牌、信贷资产转让、行业内部拆借等融入资金，为金融机构开展小贷公司金融创新提供了空间，也为小贷私募债成功发行提供了重要的制度环境。

贵州省则是从小贷公司税收优惠的角度出发。2014年8月，贵州省出台小额贷款公司税收优惠政策，营业税和企业所得税分别有所减免。被认定为西部地区鼓励类产业项目的小额贷款公司，可减按15%税率缴纳企业所得税。符合税法规定的小型微利企业条件的小额贷款公司，减按20%税率征收企业所得税，对年应纳税所得额低于10万元（含10万元）的，自2014年1月1日至2016年12月31日，其所得减按50%计入应纳税所得额，按20%的税率缴纳企业所得税。为当地农民、农业和农村经济发展提供金融服务的小额贷款公司，取得的金融保险业营业和收入，在2015年12月31日前可减按3%的税率征收营业税。

广东省则对小贷公司的未分配利润的使用限制进一步地放开。广东省金融办2014年12月23日发文，对符合要求的小贷公司，可以利用其未分配利润进行放贷，缓解了小贷公司的融资压力。

江苏省则在2015年2月16日发文，支持农村小额贷款公司和科技小额贷款公司发展。农贷公司方面，支持符合条件的投资者设立农贷公司；鼓励农贷公司探索开展不良资产处置工作，如采用债转股形式，探索开展不良信贷资产打包转让试点，在省内各金融资产交易中心挂牌转让等，强化市场手段运用；鼓励农贷公司开展小微贷业务；调整完善农贷公司监管评级指标体系；支持各地试点开展农贷公司信息公开披露制度。科技小额贷款公司方面，放宽大股东持股比例，降低注册资本金标，调整指导利率，放宽经营区域范围与创投业务比例。同时，开展互联网科技小额贷款公司试点。

8.5.3 中国小额贷款公司协会成立

2015 年 1 月 30 日，中国小额贷款公司协会在北京正式成立。该协会经中国银监会领导，由小贷机构和地方行业自律组织自愿结成的全国性行业自律组织。其职能在于：打通小微金融服务"最后一公里"，引领行业服务实体经济；及时反映行业诉求，切实维护行业权益；发挥内引外联作用；推动探索"小微"贷款技术，降低小微融资成本；促进小贷公司建立健全业务统计与披露制度等。

中国小额贷款公司协会的成立旨在发挥连接中央和地方政府、行业主管部门、地方监管机构、小贷公司、小贷合作机构以及社会大众等的桥梁纽带作用，组织制定统一的行业标准和业务规范，协助推进小贷行业信用体系建设，防范化解系统性行业风险。同时，引导小贷公司加强风险管理内部控制，促进行业有序发展。

各地的小贷公司协会成立已久，而中国小贷公司协会与其并没有直接的领导关系。因而，中国小贷协会如何发挥作用，领导全国近 9000 家小贷公司成为接下来关注的重点。可以预见的是，随着中国小贷协会的发展，小贷行业的规范发展将成为监管的重要方向。

8.5.4 小贷服务中小微企业展望

小贷行业经过连续多年的爆炸式发展，目前正处在一个相对艰难的时期，在整体经济下行背景下，外部面临传统金融机构与 P2P 网贷平台的双重竞争，内部则是融资问题始终不能妥善解决。如何保持行业发展趋势，是小贷行业当前考虑的重要课题。

对小贷公司本身而言，最关键的在于提高自身的核心竞争力，加强风险控制技术，拓宽业务范围，以在激烈的竞争中占据一席之地。在与传统金融机构竞争时，小贷公司应明确区分"小贷"和"微贷"，专注于"微贷"业务，更好地发挥自身优势，实现与银行的业务分离。而在与 P2P 网贷平台的竞争中，小贷公司积极触网发展线上业务的过程中，应更注重发挥线下优势，实现差异化竞争，同时加强创新，为服务小微企业提供更具针对性的产品。

小贷公司是支持中小微企业的重要力量，也在逐渐成为民间资本投资的重要途径。尽管市场增速在放缓，但民间资本的巨大体量，以及相应监管政策与指导意见的落实，可以预见小贷行业竞争必将更加激烈，对我国中小微企业的支持作用也将愈加明显。

9

典当：竞争促回归探索

2014 年，尽管典当业仍保持了增长态势，但增速放缓。截至年底，全国共有典当企业 7574 家，典当余额首次突破千亿元大关，全年典当总额 3692.1 亿元，但增速均有所回落。来自行业内外日趋激烈的竞争压力和经济增速下行带来的业务风险使典当业面临着前所未有的发展挑战。随着行业对大额房地产典当业务高度集中带来的风险认知的加深，动产典当的份额在逐步提高，典当本源性的传统业务得到更多的重视，利用互联网技术加快典当业务创新也成为典当业寻求突破的一种选择。相关政策也在进一步鼓励典当行突出其"短期、小额、快捷、灵活"的经营特色，在中小微企业融资领域充分发挥"济危解困、拾遗补缺"的作用。

9.1 行业规模增速放缓 面临竞争加剧

9.1.1 行业增速回落，盈利水平显著下降

2014 年，我国典当业的发展规模持续扩大。截至 2014 年底，全国共有典当企业 7574 家，同比增长 10.8%；典当余额首破千亿元大关，达到 1012.7 亿元，增幅 16.9%，较上年回落了 5.8 个百分点；全年典当总额 3692.1 亿元，同比增长 10.7%[①]，较上年回落了 10 个百分点。

随着利率市场化改革加速推进，商业银行更加重视中小微企业客户，加上小贷公司等准金融机构以及互联网金融的迅猛发展，典当业的生存空间受到竞争对手的挤压，整个行业面临着前所未有的发展压力。为了维持市场份额，典当行纷纷降低息费率，压缩利润空间。数据显示，典当行息费率持续走低，典当行的盈利水平受到影响。浙江省典当业 2014 年全行业综合息费率[②]为 1.96%，比 2013 年下降了 0.13 个百分点[③]；以上海为例，息费率从 2009 年的 2.67% 下降到 2014 年的 2.11%[④]。

---

① 资料来源：《2014 年全国典当行业保持稳步增长》，商务部流通业发展司网站。
② 典当息费率是指当户每月交给典当行的利息和综合费用占当金的比例，综合费用包括各种服务及管理费用。
③ 资料来源：浙江省商务厅：《2014 年度浙江省典当行业发展报告》。
④ 资料来源：上海典当行业协会：《上海典当行业 2014 年度统计分析报告》。

图 9-1   全国典当业发展情况（2011—2014 年）

资料来源：《2012 年中国典当行业发展情况》《2012 年全国典当行业保持平稳增长》《2013 年全国典当业务保持稳定增长》
《2014 年全国典当行业保持稳步增长》，商务部流通业发展司网站。

此外，经济发展减速、企业经营风险上升以及房地产市场不景气也对典当行的盈利水平产生了实质
性的影响。浙江省 2014 年共有 182 家典当企业出现亏损，占总数的 36%，亏损总额为 6059 万元[①]。内
蒙古典当行业全年营业收入 1.65 亿元，同比下降 12.31%；净利润 0.21 亿元，同比下降 56.70%[②]。

9.1.2   房地产典当风险加大，动产典当占比略有提升

截至 2014 年底，房地产典当业务、动产典当业务和财产权利典当业务的占比分别为 52.4%、
29.8% 和 17.8%[③]。与 2013 年相比，2014 年全国房地产典当占比基本持平，动产典当业务所占比例
有所增大，财产权利典当占比出现下滑。

图 9-2   全国典当业务结构概况（2012—2014 年）

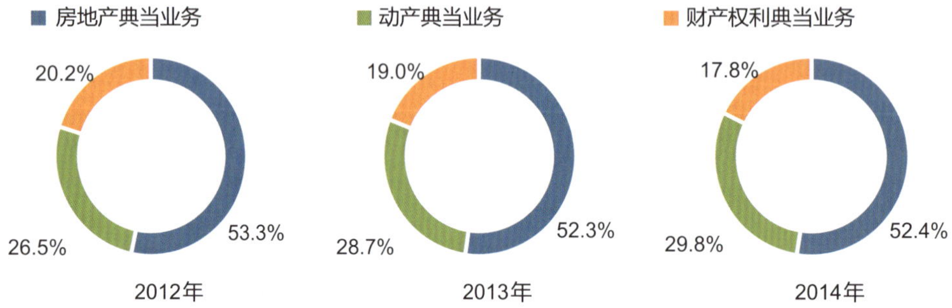

资料来源：商务部流通业发展司网站。

房地产典当的业务主体是拥有房产所有权和土地使用权的个人与企业，所涉及的房地产主要包
括商业用房、办公楼、仓库、厂房、土地等。房产典当在给典当业带来丰厚利润的同时，也带来了
较大风险。2014 年，我国房地产投资增速显著放缓，房地产销售面积和销售额同比大幅下滑。从 6
月开始各地政府逐步松绑或取消限购，人民银行和银监会也于 9 月底发布通知放松首套房认定政
策[④]，房地产市场调控逐步由"过紧"回归常态。然而，房地产市场继续向下调整的预期很难发生

---

①　资料来源：浙江省商务厅：《2014 年度浙江省典当行业发展报告》。

②　资料来源：内蒙古自治区商务厅：《2014 年度内蒙古典当行业运行分析》。

③　《典当管理办法》规定了典当行的经营范围：（1）动产质押典当业务；（2）财产权利质押典当业务；（3）房地产抵押典当
业务；（4）限额内绝当物品的变卖；（5）鉴定评估及咨询服务；（6）商务部依法批准的其他典当业务。在分析典当业务结构时，重
点关注前三个方面。

④　2014 年 9 月，中国人民银行、银监会联合发布《关于进一步做好住房金融服务工作的通知》，对拥有一套住房并已结清相应
购房贷款的家庭，为改善居住条件再次申请贷款购买普通商品住房，银行业金融机构执行首套房贷款政策。

改变。这一形势给典当行开展房地产相关业务带来了较大的不确定性，增加了典当企业的经营难度。以内蒙古为例，2014 年 1 月至 5 月，典当业逾期贷款余额 7176 万元，其中逾期房地产抵押贷款就有 6227 万元，同比增加 49.3%。杭州典当逾期贷款余额达 6 亿多元，逾期情况比较多的同样是房产业务[1]。房地产典当业务单笔金额通常达几百万元甚至上千万元，在房地产市场整体不景气的情况下，一旦出现绝当，典当行会面临很大的处置压力。

与此相对应，动产典当业务保持了近几年的增长态势。2012 年至 2014 年，全国典当业动产业务占比依次比上一年度增加了 0.7 个、2.2 个和 1.1 个百分点。当户需要将动产移交典当行占有，将质押的动产作为债权担保，主要涉及生产资料、机动车和民品等，中小企业涉及动产质押典当时，当品既可以是企业所有的生产资料或机动车辆，也可以是企业主（或股东）私人所有的艺术品、奢侈品、金银饰品等，形式十分灵活。其中民品典当业务近年来占比增幅明显。以上海市为例，民品典当业务占比从 2011 年的 6.1% 增长到 2014 年的 20.9%，生产资料典当业务却从 25.5% 下降至 6.9%，趋势差异十分显著[2]。

根据《物权法》的相关规定，可以作为财产权利质押典当的标的主要包括：汇票、支票、本票；债券、存款单；仓单、提单；可转让的基金份额、股权；可转让的知识产权中的财产权；应收账款等。从全国范围来看，财产权利典当业务占比呈逐年下降趋势，2012 年至 2014 年依次为 20.2%、19.0% 和 17.8%，基本上每年都会降低一个百分点左右。由于财产权利并非实物资产，价值更易发生变动，另外在审当、验当及绝当处置阶段需要更高的专业技能。从风险控制及业务实操等角度考虑，财产权利典当目前仍难成大器。

9.1.3　行业立法尚无进展，现行制度有待突破

目前典当行开展业务仍处于有章可循但无"法"可依的境地。我国典当业现行的监管依据是 2005 年 2 月由商务部、公安部联合发布的《典当管理办法》。该办法属于部门规章，效力层级低于法律和行政法规。2009 年，商务部起草了《典当行管理条例》并报送国务院法制办进入立法程序；《典当行管理条例（征求意见稿）》于 2011 年 5 月公布，开始广泛征求社会各界意见，也多次向业界和专家征求意见，但由于各方代表的意见存在较大分歧，到目前为止仍迟迟未能出台。

随着典当业的快速发展，《典当管理办法》已经不能完全适应典当业持续发展的实际需要。由于其法律层次过低，其规定的业务范围、息费标准等在诉讼案件中往往不被法院认可，最终给典当行带来了资产缩水甚至败诉的风险[3]。2015 年 3 月，商务部办公厅印发《2015 年流通业发展工作要点》，推动《典当行管理条例》的出台再次被列为 2015 年的工作要点之一[4]。立法效率的低下和现行监管规定的滞后、低效与缺失，已经严重阻碍了典当行业的健康发展。建议加快立法进度，尽早出台《典当行管理条例》，并为未来起草《典当业法》奠定前期基础。

除《典当管理办法》之外，我国现行法律体系中涉及典当的主要包括《担保法》及《物权法》，原有的定义不清、对典当企业合法权益保护力度不够等问题依然存在。现代法律并未将典权及营业质权写入《物权法》，同时流质条款违反担保原则被视为无效，由此导致"典"关系及"当"关系

①　资料来源：王晓旭：《房产典当逾期现象趋升》，载《中国商报》，2014 - 08 - 14（C01）。
②　资料来源：上海典当行业协会：《上海典当行业 2014 年度统计分析报告》。
③　资料来源：王刚、李佳芮：《我国典当业发展现状、面临挑战与政策建议》，载《金融与经济》，2015（1）。
④　资料来源：商务部办公厅：《2015 年流通业发展工作要点》（商办流通函〔2015〕98 号）。

只能分别转化为抵押关系及质押关系。这样在逾期绝当后，若绝当品股价金额高于3万元，典当行将无法直接取得当物所有权[1]，需要与当户协议确定处置方式（折价或者拍卖、变卖）；价款超过债权数额的部分归客户所有，不足部分由其继续清偿。事实上，"典当权"的定义无明文规定导致在出现法律纠纷时，典当行只能根据抵（质）押权的相关规定来维护自身权益，绝当后缺乏自主性，当户也没有足够的还款动机；典当企业需要承担大量资金占用成本、运营成本、诉讼成本和时间成本。

9.2　政策促进典当业强化优势服务中小微企业

2014年12月，商务部、银监会联合发布了《关于完善融资环境加强小微商贸流通企业融资服务的指导意见》，提出要深化银商合作，完善小微商贸流通企业融资环境，拓宽小微商贸流通企业融资渠道。其中关于典当业，要求其继续发挥短期应急融资服务功能，加强特色服务和创新服务。作为小微商贸流通企业"一揽子融资解决方案"中的重要一环，典当行的角色不可或缺。

2015年1月，商务部流通业发展司发布了《关于进一步引导和支持典当行做好中小微企业融资服务的通知》（以下简称《通知》），首次明确了典当业在解决中小企业融资难方面的优势。在这之前，典当行仅仅作为拓宽融资渠道的方式之一，在国务院及商务部关于支持小微（商贸流通）企业健康发展的文件中被简单提到；此次单独发文体现了政府部门对典当业在融资体系中地位的重视，同时也为典当业发展提供了良好契机。为了更好地为中小微企业提供服务，《通知》引导典当行树立提供快捷、灵活、短期、小额融资的理念，实行与银行业的差异化经营，充分发挥为金融体系"拾遗补缺"的重要作用。此外，《通知》还要求各地商务主管部门积极将典当行纳入中小企业融资服务体系，争取将其纳入各项政策支持范围；支持在中小微企业较多的区域设立典当行和分支机构，鼓励和组织典当企业与中小微企业的对接，加强宣传和推广，种种举措有望为典当行业营造良好的政策环境及舆论环境。

从2014年7月1日起，全国典当行业增值税征收率从原来的4%降至3%[2]。此项税收优惠政策主要减轻了绝当品出售及拍卖业务的税负，有助于典当行尽快以较低的处置价格回笼资金，流动性得以提升。2015年2月，国务院发布《国务院关于取消和调整一批行政审批项目等事项的决定》[3]。其中将典当行开业所需的《特种行业许可证》置于工商登记之后，使其可以降低开业成本，缩短开业所需时间；有助于在中小微企业密集的区域根据需要迅速设立典当行及分支机构，促进建立完善的融资网络，为中小微企业提供及时的资金支持。

9.3　典当业回归本源服务中小微企业

9.3.1　突出比较优势，谋求差异化经营

目前，全国典当行业务对象约80%是中小微企业[4]。相对银行、小贷等融资方式，典当融资的比较优势在于其主要基于当物本身的价值放款，即"认物不认人"，可以省却烦琐的调查审批程序，放款便捷，

---

[1]《典当管理办法》规定如果绝当物估价金额不足3万元，典当行可以自行变卖或者折价处理，损溢自负。
[2] 资料来源：财政部、国家税务总局《关于简并增值税征收率政策的通知》（财税〔2014〕57号）。
[3] 资料来源：《国务院关于取消和调整一批行政审批项目等事项的决定》（国发〔2015〕11号）。
[4] 资料来源：商务部办公厅《关于进一步引导和支持典当行做好中小微企业融资服务的通知》。

资金立等可取，从而可以实现"救急"的功能。许多典当行已经能够实现"房屋典当24小时放款、汽车典当1小时放款"，能够满足中小微企业短期资金[1]快速融通的需要，只要拥有真实足值的抵（质）押物[2]，中小微企业一般都能在典当行得到及时、便捷的资金支持，解决生产经营中的燃眉之急。

除了坚持"短期、小额、快捷、灵活"的行业经营基本原则，找准自身的经营特色及目标客户，谋求与银行业的差异化经营，以获得更大的发展空间成为越来越多典当企业的选择，以专业化的人才与手段，专注于某个细分领域的专业市场，做深做透特定类型的客户群体，形成独特的经营特色，与银行业、小贷公司及同业构成鲜明的错位竞争优势，如北京荣宝斋典当、成都中铁和众典当、郑州绿城典当、广州公恒典当。

专题9-1 华夏典当行：三大业务平台为支柱服务中小微企业[3]

华夏典当行成立于1993年初，是北京市最早成立的股份制典当连锁企业，也是全国规模最大的典当行之一。二十余年来，华夏典当行不断研究市场动态及客户结构变化，针对需求积极进行产品创新，坚持以典当融资、物品流通和线上典当三大业务平台为支柱，走出了一条带有"华夏模式"的品牌连锁经营之路。

典当融资方面，华夏典当行以房产、机动车、财产权利典当为主，还专门开设了服务中小企业的快速融资平台。与全国典当业总体情况类似，华夏典当行的房地产抵押业务也占到了50%以上。房地产抵押典当单笔金额较高，息费率相对于其他品种来讲最低，能够满足企业相对大额的短期融资需求。华夏典当行在融资方面的业务产品主要有以下几种。

房易贷：是北京市全款房产贷款业务，能够快速解决客户临时贷款需求，从洽谈、评估、签约、抵押公证到放款，整个流程最快8小时完成。息费标准为7天1%、15天1.5%、30天2.5%，第二个月5日计息。借款额度最高可达房产评估价值的75%。

增值贷：针对北京市商业银行已抵押房产，特点就是每月可增加贷款额度、扩大资金使用量；在银行还款后，典当行就可以立即释放授信额度。放款速度也是最快8小时完成，息费每月2.8%，第二个月5日计息。

中意贷：针对北京市全款房产的中长期贷款业务，在全国首推年化利率，可以满足中长期贷款需要，1—3个工作日即可完成放款。息费较为优惠，月均最低可达1%，年化12%。

车易贷：针对北京市全款机动车，最快30分钟放款，额度最高可至评估金额的90%。私家车、公司用车、专用车、未上牌车等均可操作，息费标准分别为3天1.0%、7天1.5%，15天2.0%，30天3.5%。

车企贷：专门针对4S店、经销商、二手车经纪公司等开展的贷款业务，最快24小时放款，折当率最高可至评估金额的90%。特点是不会影响4S店正常经营，还款方式灵活，可随时部分还款并提供车辆替换服务，息费每月最低3.0%。

助企贷：是企业多元化资产组合贷款业务，可以有效增加企业贷款额度、扩大资金使用量。担保物包括但不限于房产、汽车、应收账款、公司股权、知识产权、租赁权、经营收益权等内容，计息灵活，息费每月最低3.0%，第二个月5日计息，整个放款1—5个工作日内即可完成。

---

① 融资期限多在6个月以内，3—5天甚至1天的短期融资业务也不在少数。
② 相比银行，典当行可接受的抵（质）押物范围要宽得多。
③ 资料来源：田君：《华夏典当行的双行线》，载《首席财务官》，2015（Z1）；华夏典当行、华夏e当网站。

最高额循环贷款：是指在约定时间及约定额度内，客户可循环使用借款资金，随借随还。类似银行的信用贷款，客户可以根据自身用款需求制定资金使用方案，十分便利。该品种适用于房地产典当、机动车典当、财产权利典当及中小企业融资等。

物品流通方面，华夏典当行以民品典当、绝当品销售为核心业务，搭建了物品的变现与再次销售的流通平台。绝当品销售是华夏典当行的一大特色，主要涉及贵金属、名表、珠宝玉石、艺术品、奢侈品及其他民品，质押价格一般为市场流通价格的60%～80%。通过与商场合作，华夏典当行率先在人流密集的繁华路段开设"商场店"和"精品店"，在促进绝当品销售的同时也扩大了品牌的知名度。

线上典当方面，主要以"华夏e当"电商网站为支撑。华夏典当行计划通过这一平台实现绝当品线上销售、在线典当及专家在线咨询三项主要业务，目前主要集中于线上零售。所出售商品秉承"真品好价格"的理念，实现最优性价比，同时出具专业鉴定证书。类似O2O模式，一些货品为线上线下共用，顾客在网站选好之后可以再去店铺实地考察，权衡之后再决定是否购买。

通过典当融资，华夏典当行为中小微企业提供了及时、优惠、适当的资金支持；通过促进物品流通及线上典当，使得资金得以尽快回流，避免被长时间占用，进而帮助更多的中小微企业；此外实体连锁及网上销售还起到品牌宣传的作用，加深了中小微企业对典当行的认识与理解。华夏典当行将三大业务平台有机结合，真正成为了中小微企业创富的助力机构。

相对于房地产等大额典当业务，动产抵押业务的单笔规模一般较小，而且需要将当品转移至典当行保管，风险较为可控，绝当品的处理也更为便捷迅速。其中，民品典当是典当业的传统优势，是其安身立命之根本。典当行一般都会配备专业的鉴定评估人员，贵金属、珠宝玉石、钟表、艺术品、奢侈品等细分门类基本都被覆盖，已经形成了相当成熟的操作流程和经验，绝当品变现容易，周转速度快，经营风险较低。众多细分的当品种类需要专业化的风险管理能力，并不是银行、小贷公司、P2P等机构擅长的领域，正是典当业可以强化优势实现差异化经营的业务。

专题9-2　上海民品典当份额大幅提升

截至2014年底，上海共有259家典当法人企业，完成典当总额449.34亿元，同比下降8.73%。其中房地产典当下降10.65%，财产权利典当下降1.35%，动产典当下降5.32%。上海典当业将动产典当进一步分类为生产资料、机动车辆及民品等三类，民品典当逆势上涨幅度最显著，全年共完成94.09亿元，同比增加21.41%。

图9-3　上海典当业务结构（2012—2014年）

回溯近几年的历史数据，可以看出民品典当的增长趋势十分明显。与此形成鲜明对比的是生产资料典当业务，最近一直处在连年下滑态势，基本抵消了民品典当带来的增长效应，使得动产典当总体份额止步不前甚至略有缩减。

图 9-4　上海民品典当业务典当总额及增长率（2011—2014 年）

近年来，上海市从事民品典当的企业数量逐年增长，2014 年全市共有 189 家法人企业开展了民品典当业务，占总体的 73%，仅次于房地产业务（占 82.6%），远远超过从事财产权利、机动车及生产资料业务的典当企业数。民品业务收入所占比重保持在 30% 左右，超过其规模所占比重（22.1%），表明其具有收益率高的特点。此外，上海市民品典当品种逐步增加，现已由单一的金银珠宝首饰及名表业务扩展到翡翠玉石、古玩字画、木器家具、日常生活用品等，基本覆盖了常见的民品当物种类，业务规模随之迅速扩展。许多典当行凭借自身股东背景，或者加入宝玉石、黄金饰品、钻石等行业协会，专门深入某一品类开展业务，增强了民品典当的专业性。

此外，中小微企业也可以考虑将财产权利进行质押典当。传统典当业比较注重实物，即看得见摸得着，财产权利典当对大部分典当企业来讲属于创新业务类型，目前尚处于起步阶段，风险程度较高。以上海市为例，目前从事财产权利业务的典当企业大多以股权质押业务为主[①]，有部分从事仓单的质押，未发现有从事应收账款等保理类业务[②]。2014 年，我国股权交易市场飞速发展，IPO 重新开闸，沪深股市全线飘红，多层次市场体系建设继续推进。股转系统走向全国，全年新增挂牌公司 1216 家。股转系统的挂牌条件更为宽松，全部挂牌企业中有 95% 属于中小微企业，95% 以上是民营企业[③]。也就是说，中小企业可用于股权质押的标的变得更加多元，而且股转系统也为典当行提供了便捷的交易平台，在一定程度上解决了其处置变现难的后顾之忧。

9.3.2　联姻互联网探索新模式

互联网对传统行业的渗透逐年加大，古老而传统的典当业也在经历一次技术变革。一些典当行

---

①　商务部 2012 年 12 月印发的《典当行业监管规定》指出，要禁止和预防典当行违规融资参与上市股票炒作，或为客户提供股票交易资金；同时禁止以证券交易账户资产为质押的股票典当业务。然而，该监管规定主要针对股票市场中的投资者而言，并不影响中小企业将自身的股权进行质押典当。
②　资料来源：上海典当行业协会：《上海典当行业 2014 年度统计分析报告》。
③　资料来源：全国股转公司副总经理隋强在全国股转系统 2014 年 12 月 22 日新闻媒体沟通会上的讲话。

开始积极探索"互联网＋典当"的创新模式，开展网上营销及典当业务。目前，互联网技术主要在两个方面对典当业产生影响。

一是通过互联网营销低成本获客。互联网具有传播广、速度快、成本低、无地域和时间限制等优势，典当行可通过互联网拓展新型、便捷的营销渠道，在线上与客户达成交易意向，审当、验当、收当等环节在线下完成，提高客户服务效率。二是利用互联网提高绝当品处置效率。绝当物品处置是典当经营的特色，也是实行差异化经营、发挥典当经营优势的重要体现。建立绝当品网上展示和销售平台，可以提高绝当品处置变现效率，快速处理绝当品，加速资金回笼，形成良性循环。

专题 9–3　　"淘当铺" 的运营模式

"淘当铺"是目前国内领先的绝当品专业交流平台，于 2013 年 9 月上线。淘当铺的经营使命是：让互联网去进化一个存在了千年的典当行业。平台建立了一种 O2O 的运营模式，主要涉及两大业务：第一，为绝当品的展示及销售提供途径，还会定期在线下商场组织特卖会，可以帮助典当企业尽早回款；第二，为有融资需求的企业及个人客户提供实体典当行的匹配，帮助客户找到能接收相应抵押品、距离最近的典当行，节省找寻成本。

目前，淘当铺的线上销售平台包括名表、黄铂金、珠宝、玉器、木质等品种，基本覆盖了常见的民品当物类型。通过与全国多家典当行合作，淘当铺可以保证所售货品的真实性，并提供专业的鉴定证书。由于典当行在收当放款时会设定折当率，因此绝当品的销售价格会比市场上同类产品低一些。

图 9–5　"淘当铺" 全国合作典当行分布状况

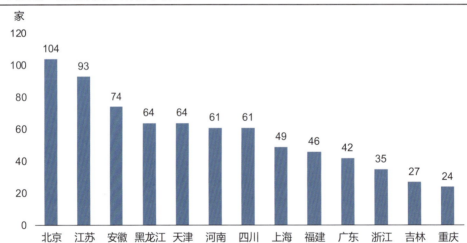

资料来源：淘当铺网站。

融资服务方面，淘当铺主要涉及房产典当、车典当、贵金属典当、名表典当、珠宝典当及其他民品典当。中小企业或个人客户只需要在平台上填写典当期限、金额等信息，就可以匹配到最合适的典当行。随后，典当师会主动联系当户，客户带上所需材料到实体店办理成交就可以获得所需资金。

其实，类似的网络当铺在国外早有先例。Borro 是英国一家专做奢侈品典当业务的网上典当行，旨在向个人和企业提供中等规模（约 5000 至 2 万美元）的贷款。Borro 的核心竞争力是其打造的鉴定师网络，规模庞大、门类齐全，精通各种奢侈品和艺术品的鉴定估值。鉴定师可上门服务，进行当物的鉴定及提取。在 2014 年 3 月和 2015 年 2 月，Borro 已分别获得 1.12 亿及 1950 万美元的两轮融资，足可见其业务规模及实力。

此外，还有部分 P2P 网贷平台与典当结合，推出了 P2W 模式。传统的 P2P 模式对借款人的信用状况依赖度较高，一旦发生逾期违约、平台倒闭，投资者极易遭受损失。然而，典当本质上是短期抵（质）押贷款，其交易基础是抵（质）押品的价值。典当行对借款人提交的抵（质）押品审验无误后，可在网络平台上发布其资金用途、融资期限、当物信息等；投资人通过平台选择合适的项目，资金通过第三方机构（如银行）交由借款人。一旦借款人未能按期还款，典当行即可将其保管的当物进行处置，用变现所得弥补投资者损失及自身佣金收入。相对于 P2P 平台的第三方担保及专业机构实地认证等风控措施，P2W 模式抵质押的担保方式更加直接、安全，能够吸引更多投资者，从而帮助更多个人及中小微企业筹集所需资金。

9.4　典当服务中小微企业展望

典当业凭借"短期、小额、快捷、灵活"的经营特色，"济危解困、拾遗补缺"的定位，在服务中小微企业方面的作用已经为监管层更清晰地认知，在国家加大中小微企业扶持力度的大背景下，典当业发展的政策环境及舆论环境将持续向好。

作为传统银行融资体系的有益补充，经济增速下行，银行对中小微企业"惜贷"再现，在一定程度上固然可为典当业增加业务机会。但是我们预期，更为严峻的是，典当业将面临愈发激烈的外部竞争，体现在"大额"抵押贷款业务和"小额"信用贷款业务所面临的双重夹击。房地产典当业务的风险上升的势头不会在短期内逆转，这也将继续引发业界对这一目前占半壁江山的业务的深度思考，在商业银行不断创新房地产抵押贷款产品，对审批周期、用款灵活度以及利率水平作出不断优化的情况下，房地产典当的比较优势将进一步减弱。与此同时，互联网金融触发了金融行业基于大数据的小额信贷模式创新，包括网商银行、微众银行在内的新老机构在小额信用信贷领域展开了激烈的角逐，这为典当行小额典当业务带来的竞争将逐渐显现。

回归本源，立足优势业务、提高专业度、深化差异化竞争优势已经成为典当业不得不面对的现实。在日趋激烈的市场竞争中，典当业的个体分化将进一步加大。我们有望看到越来越多的典当企业开始从粗放式发展转向做专、做精、做强，积极进行业务转型，注重开拓动产及财产权利典当业务，立足传统经营优势，强化差异化竞争，切实扮演好"拾遗补缺"的角色。与此同时，如何深度融合互联网技术，利用其真正促进差异化竞争优势的提升，而非仅是简单地赶"互联网＋"时髦，也是典当业目前面临的一项重要课题。

此外，我们也期待着典当相关的法律体系逐步完善，专门针对典当业的更高层级法律文件得以尽快出台，进一步明确"典当权"的定义，在绝当品处置阶段赋予其更大的自主权，提升典当行处置绝当物品的效率，使得典当企业的合法权益能够得到有效保障，为典当业提高差异化竞争优势创造条件。

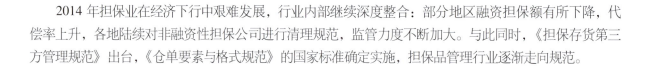

10 担保：行业发展规范化

2014 年担保业在经济下行中艰难发展，行业内部继续深度整合：部分地区融资担保额有所下降，代偿率上升，各地陆续对非融资性担保公司进行清理规范，监管力度不断加大。与此同时，《担保存货第三方管理规范》出台，《仓单要素与格式规范》的国家标准确定实施，担保品管理行业逐渐走向规范。

10.1 全面回归政策性融资担保

10.1.1 担保风险事件频发

经过 20 余年的发展，担保业面临着经济环境和内部发展瓶颈的双重压力，同时也不得不对自身的行业定位和发展模式进行深入的探索。截至 2013 年末，担保行业法人机构数量为 8185 家，在保余额 2.57 万亿元，较上年末增长 22.2%。

图 10 –1 全国法人机构数量和在保余额（2011— 2013 年）

资料来源：Wind 资讯和融资担保行业年度数据，2014 年数据暂未披露。

174

步入 2014 年，多地融资性担保公司经历着行业震荡，许多民营性融资担保机构在行业洗牌中淘汰退市。担保行业的洗牌一方面与政策因素有关，行业政策的逐步完善和监管力度的不断增大对担保公司的合规经营提出了更高的要求；其次，经济增速下行，企业违约风险上升的背景下，担保公司的代偿压力不断加大也对担保业的发展造成了一定的冲击。融资担保业代偿率自 2011 年开始逐年上升，从 2011 年的 0.5% 上升到 2012 年的 1.3%，增幅达 160%，2013 年，代偿率上升到 1.6%；第三，担保业案件频发，不断打击原本已经脆弱的行业信誉，很多民营担保机构难以继续生存。

图 10-2　融资担保业代偿率（2010—2013 年）

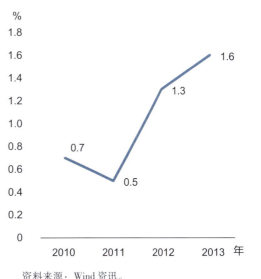

资料来源：Wind 资讯。

担保公司屡屡发生危机，超额担保，资金链断裂、非法吸存、放贷屡禁不止。2012 年年底和 2013 年初北京和广州爆发的华鼎和中担事件余音未了，2014 年 7 月，四川汇通信用担保公司股东集体失联，骗取金额数十亿元，给业界信誉造成了又一沉痛打击。汇通主要从民间、银行和理财公司三方渠道融通资金，过分夸大包装融资项目，将融资资金投入到房地产等高风险领域最终导致资金链断裂，陷入危机。而汇通公司是一家曾获国家 3A 信用评级资质的企业，是四川省乃至西南地区最大的融资性担保公司之一。2014 年下半年，沈阳、西安、河南又有数十家担保公司陷入法人代表失踪、老板跑路等状况，广东、浙江出现担保公司倒闭潮，众多投资者遭受巨大经济损失。

此外，随着业务范围的不断扩大，担保公司也逐步将融资性担保业务延伸到直接融资市场，如债券担保等。然而，一些担保公司只收取担保费用，在债券出现违约时拒绝承担代偿义务，使得签约时承诺的"不可撤销连带责任担保"成为空头支票。2014 年 7 月 28 日，在上交所挂牌上市的"12 津天联"私募债发生违约，按照担保合同，国有担保公司海泰担保应在债券持有人或受托管理人发出索赔通知的七个工作日内承担赔偿责任，但由于海泰担保本身已经陷入破产，因此明确表示无法承担相关代偿责任。根据《融资性担保公司暂行条例》规定，担保公司的融资性担保责任余额最多不能超过其净资产的 10 倍，而海泰担保早在 2013 年第一季度末的担保余额就已达 75.92 亿元，担保倍数高达 13 倍。这是国有担保公司发生的第一例违约事件。除了"12 津天联"之外，"14 中森债""12 金泰债"等其他私募债也遭遇了相似的情况。2015 年，私募债"12 蒙恒达"又陷入了相同的困境。

要分析担保业的乱象，有必要回顾我国担保行业的发展。担保业务产生于计划经济向市场经济转轨的背景之下，最初的兴起和发展是源于支持某些特定领域的政策性目的，并主要由财政出资建立。1992 年，中国确立社会主义市场经济体制目标，市场代替计划在资源配置中发挥基础作用，国家信用逐步从一般经济领域退出，客观上对商业信用产生巨大的需求；此后，随着经济体制改革的逐步深入，四大国有银行先后从中国人民银行分离，改革成为商业银行，对放贷企业的信用和贷款的质量日益重视。与此同时，市场经济的发展又催生了一个庞大的中小企业群体需要融资支持，中小企业信用担保正是在此背景下应运而生。1999 年以来，随着担保机构的准入门槛的下降，以及前期政策的大力引导支持，市场性担保公司的数量和规模迅速扩张。2004 年底，民营担保机构已经占到中国担保机构总数的 50%。此后，民营担保机构一直保持迅速增长的态势，打破了"政府为主，民间为辅"的格局。

然而，纯粹的信用担保业务却缺乏收益与风险相匹配的商业模式，担保机构作为银行和授信企业之间的风险屏障，年担保费率一般在 2%～3% 左右，但发生风险却要承担 100% 的损失。政府出资的政策性担保机构由于有财政资金的代偿补贴，尚能维持经营。而大部分民营担保机构为了盈利，只能铤而走险，从事资金拆借、保证金挪用、理财计划等投资类业务，偏离甚至不从事主营业务。一旦非担保业务风险暴露，或者被担保企业出现大规模违约，大多数民营担保公司都难以承受损失，陷入倒闭潮，老板跑路事件频发。这又进一步导致银行对民营担保机构愈加不信任，不断提高授信门槛，甚至终止业务合作。民营担保机构普遍存在着"散、小、弱"的特点，注册资金规模较小，在银行收紧甚至终止业务合作的形势下生存愈加艰难。

10.1.2 银担合作门槛提高

在银行重抵押、重担保的信贷模式没有发生根本性改变之前，银担合作对于增加中小微企业的银行贷款授信，缓解其融资困境具有积极作用。然而，近年来担保公司乱象横生导致银担合作日益艰难，一些银行大幅压低银担合作规模提高授信门槛，甚至终止与民营担保机构的业务合作。

因此，有的地方也在积极寻求银担合作的破题方法。比如，北京市通过再担保公司提供比例责任再担保的方式推动银行与民营担保公司的合作，即若代偿发生之后民营担保公司不能足额履行代偿责任，再担保公司需要在宽限期之内向银行进行代偿。

此外，还应该引起注意的是，随着征信体系建设的加快，尤其是小微企业和个人的征信环境的改善，银行针对小微企业开发无担保、无抵押的信用贷款产品创新有望提速，这对定位于增进银行和小微企业互信的中介——担保公司而言，银担合作的发展空间也将受到压缩。

10.1.3 政策性融资担保体系建设力度加大

2013 年 7 月，国务院发布《关于金融支持经济结构转型调整和转型升级的指导意见》（国办发〔2013〕67 号），指出"鼓励地方政府出资设立或参股融资性担保公司，以及通过奖励、风险补偿等多种方式引导融资性担保公司健康发展，帮助小微企业增信融资，降低小微企业融资成本，提高小微企业贷款覆盖面"。2014 年 12 月 18 日，在国务院召开的全国促进融资担保行业发展经验交流电视电话会议上，李克强总理指出"要有针对性地加大政策扶持力度，大力发展政府支持的融资担保和再担保机构"。马凯副总理随后也在会议上强调"设立更多由政府出资控股参股的融资担保机构"。

在政策支持下，各地政府积极扶持担保行业稳健发展，采取措施推动政策性担保重回主导地位，主要集中在以下两个方面。第一，以政府注资或由政府直接设立担保公司的形式提升信用担保能力。安徽省全省 138 家政策性融资担保机构初步形成了以省担保集团为龙头、市级政策性担保机构为主体、县级政策性融资担保机构为基础的担保体系；宁夏银川市则由政府出资成立国有独资政策性融资担保公司；山东的许多民营担保公司则寻求政府注资提升自身担保信誉和能力。第二，财政出资设立代偿补偿基金。例如，山东省财政厅于 2014 年初步建立了小微企业融资担保代偿补偿制度，对融资担保机构开展的单户 500 万元及以下的小微企业担保业务，由代偿补偿基金、省级再担保机构和担保机构共同承担代偿责任。首批代偿补偿基金 1.5 亿元已经落实到位。福建省将建立省级代偿补偿资金，由省级财政连续四年每年安排 5000 万元并联合国家补助资金共同组成，规模可达 5 亿元①。改善了原来只有政策性担保公司才能享受代偿补贴的情况。

专题 10 - 1　安徽试水　"银政担"　　共解小微融资难

2014 年 12 月 21 日，安徽省召开银政担合作试点座谈会，会上省经信委、省商务厅、合肥市等 11 家市级政府、肥东县等 25 家县级政府、省担保集团、农行安徽省分行等 10 家银行业金融机构分别签署新型银政担战略合作协议。安徽省作为"中央与地方参政担保风险分担补偿"的政策试点省份之一，推出了"银政担"安徽模式，破解小微企业融资难。

安徽银政担合作新机制的主要特点是构建"一个平台"，完善"三个机制"。"一个平台"就是将小微企业 2000 万元及以下的担保贷款业务作为政策性服务项目重点支持。"三个机制"即通过实现比例责任再担保机制、银担风险分担机制、财政风险补偿机制三位一体、互为前提，推动银行、政府、担保机构之间实现资源共享、风险共担、优势互补、多赢互利。将小微企业融资担保服务作为政府提供的公共产品。稳定银担合作架构，积极助力金融资源流向小微企业。

12 月 21 日，淮北市、合肥市、中国银行安徽分行、邮储银行安徽分行、省联社作为首轮合作方与省信用担保集团签署《银政担合作框架协议》。在这一框架内，相关方以"4∶3∶2∶1"承担担保责任：小微企业和农户单户在保余额 2000 万元及以下的政策性融资担保业务如出现代偿，由承办的县（市区）政策性融资担保机构承担 40%；省担保集团（含中央和省财政代偿补偿专项资金）承担 30%，试点银行承担 20%，所在地财政分担最后的 10%。此前，上述责任全部由担保机构承担②。

10.2　再担保机构业务稳定发展

再担保机构主要是为中小企业融资性担保机构提供再担保服务，有效地分散了担保风险，提高了担保信用等级，发挥着融资担保行业"稳定器"的重要职能，一般有约定和比例承担责任两种业务模式。2014 年在政策指导下，各地的再担保机构基本维持了平稳健康发展，继续发挥再担保业务的增信分险功能。

北京中小企业信用再担保有限公司在稳步发展的基础上设计并推出"附宽限期比例再担保"和具有一般保证责任性质的"一担通"再担保产品，加大了对债权人的保护力度。其中"付宽限期比例再担保"是在原有的比例再担保产品的基础上以设置一定期限的代偿宽限期为前提，将再担保责任直接与银行对接，突破了银行只能向债务人和担保公司进行追偿的局限性。"一担通"则是在担保

---

① 福建省《关于进一步扶持小微企业加快发展七条措施的通知》，http：//www.pinghe.gov.cn/cms/html/fpb/2015 - 05 - 27/1138010298.html。

② 《缓解小微企业融资难，安徽启动新型银证担合作试点》，http：//news.xinhuanet.com/fortune/2014 - 12/22/c_1113735499.html。

公司清偿期过长的条件下约定由再担保公司直接向担保受益人代偿，去除了担保公司因破产清算流程过长而长期无法偿还债务的弊端。

江苏省创新了再担保体系的风控模式，探索构筑了四方协作的"增信分险"的合作模式，结合再担保机构、银行、担保公司、中小微企业的实际"增信—分险"需求，形成业务创新，促进了区域金融生态的优化。

山东省则是以山东省再担保集团牵头创立了省再担保体系，整合了优秀担保资源，强化了风险控制，依托平台效应使得业务规模不断扩大，目前在国内已经成为特色鲜明的成功实践案例。截至2014年底，山东省再担保体系成员已达到98家，体系平台内合作银行和非银行金融机构60多家，丰富了中小微企业融资渠道，累计再担保业务额达到1134亿元；并推出了"股权贷""年审制"贷款担保等创新业务，增强了核心竞争力。[①]

10.3　政策不断出台支持担保业发展

为促进担保业的健康发展，建立全面的担保监管体系，2014年，针对担保业发展现状和发展方向制定的政策相继出台。

4月，国务院办公厅发布《国务院办公厅关于金融服务"三农"发展的若干意见》，对担保机构发挥支持"三农"方面提出具体意见：鼓励组建政府出资为主、重点开展涉农担保业务的担保机构或基金，支持其他融资性担保机构为农业生产经营主体提供融资担保服务，在有条件的地方，探索建立合作性的融资担保基金。中国银监会7月发布了《关于促进融资性担保机构服务小微企业和"三农"发展的指导意见》，规范融资性担保机构业务经营范围，督促各监管部门做好融资性监管机构的监管评价和分类监管工作，严厉打击各种违规性监管行为。同时鼓励担保机构利用自身的信息优势积极发挥服务"三农"、服务小微的作用。7月末，银监会下发《关于加强企业担保圈贷款风险防范和化解工作的通知》，首次提出限制联保贷款规模，严防担保圈风险。8月，国务院办公厅发布《关于多措并举着力缓解企业融资成本高问题的指导意见》，共提出十条意见，其中第九条明确提出积极发挥担保的功能和作用，"进一步完善小微企业融资担保政策，加大财政支持力度，大力发展政府支持的担保机构，引导其提高小微企业的担保业务规模"。2014年8月，由中国融资担保业协会主办的《融资担保公司信息披露指引（征求意见稿）》修订座谈会在广州举行，针对担保行业在与银行等金融机构合作过程中的信息披露问题提出意见和建议，对披露方式、内容、进度等问题进行了讨论。

除了从政策层面不断规范担保业的行业发展，各级政府还不断对融资担保机构服务小微企业提供资金支持。2014年，北京市有13家担保机构获得中小企业发展专项资金服务体系和融资环境项目补助[②]。截至2014年，山东省财政累计出资13.4亿元力促融资担保业发展[③]。

---

① 《省再担保集团2014年各项工作成绩显著》，http：//www.sdzdb.com/channels/ch00016/201503/60bbe4d9 - fda1 - 494c - a055 - 0e96df2a1ee.htm。

② 数据来源于北京信用担保业协会，http：//www.bjdbxh.org.cn/。

③ 本节及下节山东省数据来源于《山东出资13.4亿元，力促融资性担保担保行业发展》，中国山东网，http：//news.sdchina.com/show/3167209.html。

10.4 担保品管理①行业步入正轨

10.4.1 担保品管理行业发展恰逢其时

经济下行期，商业银行等金融机构在面对中小企业发放贷款时更加谨慎，更加偏向基于担保品的融资。近年来供应链融资成为中小企业融资的一个新热点，担保品管理则是供应链融资中的关键环节。一个成熟的担保品管理公司可以为信贷机构（包括银行和其他非存款类放贷机构）提供以下服务：一是识别何种物品为合格担保品并评估其价值；二是对担保品进行监控和管理；三是对担保品进行处置，必要时帮助银行实现担保物权；四是提供与担保品有关的市场信息服务（具体流程见图10-3）②。担保品管理方发挥的这种作用取决于其实际监督、控制和保护所签署协议下货物的能力、专业的风险管理能力以及长期积累的严密监管经验。

图10-3 担保品管理公司的角色

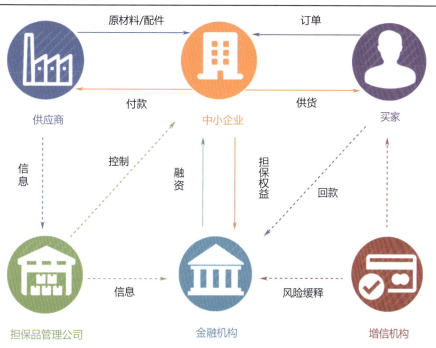

资料来源：赖金昌：《把脉中国存货融资体系》，载《当代金融家》，2014（9）。

担保品管理公司一般有三种组建形式：一是由私人企业独立组建，一般也称为金融仓储公司，如浙江涌金仓储股份有限公司。在其开展的金融仓储业务中，仓储公司受银行委托提供第三方风险管理服务，银行则依赖仓储公司对中小微企业用于担保的财产进行价值评估和监管。二是由大型物流和仓储企业组建的子公司或者业务线，如中储、中外运、南储等大型国企。三是由银行组建的担保品管理公司。目前，国内的担保品管理公司的组建形式主要以前两种为主。

---

① 担保品管理（Collateral Management）所指担保品包括存货、设备、应收账款及其他动产，在我国，目前存货更为普遍，故文中会出现"担保存货管理"一词，特指担保品是存货的情形。

② 叶燕斐、赖金昌、黄琳：《动产抵质押登记公司及押品管理公司的监管》，载《中国银行业》，2014（7）。

以金融仓储模式为例，中小企业用原材料或产成品作为质押物或反担保品向金融机构申请动产质押贷款；银行以符合抵（质）押品要求的动产作为授信条件，委托仓储企业对中小企业提供的动产进行价值评估，并提供相关的评估证明给金融机构；中小企业将作为质押物的动产移交至仓储企业的仓库，仓储企业验收合格后通知金融机构发放贷款并在此后的还款过程中对质押资产进行监控直至银行收到回款。金融仓储模式是将银行资金流与企业物流有效结合起来为中小企业提供融资、资金结算等多项金融服务，将供应链上的每个节点都连接起来。仓储企业利用其信息管理系统，根据合同的不同要求对质押物资进行监管或监控，节省了不同结点的时间消耗，提高了融资效率。对物流企业来说，开拓了业务领域，增加了收入渠道，将其业务拓展到了金融领域；对于银行来说，扩大了客户基础，提高了贷款质量，有助于银行跟踪和监管中小企业的经营状况；对于中小企业来说更是一种革新，金融仓储已经成为一种较为成功的缓解中小企业融资困境的创新型融资模式，不同于传统的信用贷款，它使得企业可以将流动资产作为质押向银行等金融机构进行贷款，不仅降低了融资成本，而且加快了资金周转率。

10.4.2　行业发展有喜有忧

上海钢贸案余音未了，青岛港有色金属案又在行业掀起了新一番波澜。两起案件对 2014 年的行业发展产生了直接的影响。各家金融机构、担保存货第三方管理企业包括开展存货融资业务的仓储物流企业纷纷采取了不同的措施。

国有大型银行存货融资规模在 2014 年呈现明显下降趋势[1]。上海、青岛等地某些区域性银行原本在 2013 年尝试某些存货融资业务，受两起案件的影响，全面停止了动产融资业务。在大型银行收缩这些业务的同时，一些地区银行、中小银行、信用社等在此方面仍然采取了积极的态度，开展对第三方担保管理企业的准入、评价及管理工作。四川省农信社在担保存货第三方管理规范的国家标准颁布实施之后，即向全省印发了《担保存货第三方管理企业合作管理暂行办法》。此外，一些非银行金融机构在结合自身优势的条件下也发展了这项业务，如京东金融等。

2014 年，民营仓储公司迅速发展。据金融仓储分会的不完全调查统计，专业民营金融仓储公司 2014 年管理担保存货的年平均估值为 37.81 亿元，新增 13.85 亿元，同比增长 57.8%。2014 年委托服务的贷款人平均为 30 家，新增 13 家，同比增长 77.5%；2014 年借款人数量为 123 家，新增 26 家，同比增长 26.7%[2]。此外，一些担保公司、期货公司、资产管理公司也尝试进入这一领域。以四川省为例，2014 年成立的专业金融仓储公司为 24 家。然而，2014 年国有大型物流企业在担保存货第三方管理业务方面发展缓慢甚至有所收缩。几家大型物流仓储企业已经全面退出这项业务。

10.4.3　案件频发呼吁行业监管

自 2000 年以来，我国的一些仓储企业陆续开展担保存货监管业务。总的来说，我国的担保品管理行业起步时间不长，存在着诸多管理上的漏洞，并且在发展过程中一些突出问题逐步显现：借款人与担保品公司串通，虚开、变造甚至伪造仓单，重复质押骗贷，行业监管主体和管理办法缺位以及银行与企业之间缺乏信息沟通等。

---

① 本节数据摘自中国仓储协会金融仓储分会：《2014 年中国担保存货管理行业的最新发展》。
② 数据摘自中国仓储协会金融仓储分会：《2014 年中国担保存货管理行业的最新发展》。

从 2011 年的上海钢贸事件到 2014 年 6 月发生在青岛港的德正公司融资骗贷案牵扯 17 家中（外）资银行、风险敞口超过 160 亿元人民币，担保品融资领域发生案件的频率、规模都令人震惊。就案件本身而言，除了涉事企业都是大宗物资的工商企业之外，二者发生的根本原因相同，即融资企业与担保品管理公司串通，就同一批货物开具虚假仓单，融资企业凭借虚假仓单到多家银行重复质押贷款，而银行由于信息不对称无法得知该批货物是否已经进行过担保融资。

针对中国目前融资担保品管理戡乱引发的案件频发的现象，我们应该对此进行深入分析。我国尚未形成一个统一的担保物权登记系统，现有的动产登记公示的主要缺陷有：一是存货和设备的抵（质）押登记没有以互联网为基础，登记公示的效应受到极大限制，难以避免重复（抵）质押的问题。如国家工商局的存货设备抵押登记在县区级工商局办理，纸质档案，或局限于本机构网页，难以做到低成本、快速查询。二是基层工商局往往趋向于实质审查，难免登记难、收费高。三是不同类型的动产分开登记，如存货、设备在工商局，农业机械、渔船、农业车辆在农业部，交通车辆在公安部。四是动产与应收账款分开，目前一般企业的应收账款在中国人民银行，动产在其他部委[①]。

因此，一个统一的担保物权登记系统必不可少，将所有抵（质）押品上的权利统称为担保权益（Security Interest），在此基础上确定所有动产（包括应收账款）的统一登记机关。这种登记系统的关键是在于"形式审查"，即登记只需符合登记系统的技术要求，发挥公示作用，无须进行实质审核，节约成本，而且提升效率。一个统一的担保物权登记系统可以通过互联网、银行、担保品管理公司和上下游企业之间实现系统直连，或 ERP 对接，对各类担保品所有权的变动等信息进行实时掌握，使企业难以利用信息不对称获得重复（抵）质押融资。而且由于应收账款与动产是经常转换的，在企业经营中会形成现金——存货——应收账款——现金的循环，因此存货与应收账款的登记公示应集中在一个统一的担保物权登记机构办理。

与此同时，担保品管理公司也应该不断加强内部的正规化经营。这包括建立完善的风险管理机制，不断提高自身的资质和信誉，培养有能力的专业队伍，规范担保品的管理和操作流程，对借款人和仓库做尽职调查，对担保品的真实性、数量变化和担保品质量进行确认、检测、监管和维护，密切关注担保品的市场价格变化以及对自身监管仓库人员进行定期审计和轮换等；行业协会作为行业自律组织应不断督促担保品管理行业内部通过市场化竞争实现优胜劣汰，对协会会员进行评级制度，供银行或其他信贷机构参考。

针对担保品管理公司、借款人和贷款人三方权利和责任应有明确的划分。目前，担保存货第三方管理企业在三方当事人中仍处于弱势地位。据金融仓储分会 2014 年担保存货管理行业的发展报告中指出，某些银行对担保存货第三方管理企业提出非常苛刻的准入门槛，如有效净资产达到数千万，对于监控业务，要求第三方存货管理企业缴存比例不低于对应贷款额度 5% 的监管责任保证金，远高于这项业务所收取的费用。此外，还存在着担保存货第三方管理企业发现风险并提示，但贷款人不认可或处理落后，第三方管理企业难以单方面退出；合同明确定位存货验收的责任是外观验收还是内在质量验收，但出现问题之后，第三方管理企业仍被追究责任。上述问题也呼吁政府、法院以及行业组织进一步研究，明确划分三方的责任承担范围。

适当的政府监管也必不可少。到目前为止，我国没有担保品管理行业的监管制度，政府对提供

---

① 叶燕斐、赖金昌、黄琳：《动产抵质押登记公示及押品管理公司的监管》，载《中国银行业》，2014（7）

担保存货管理的企业没有资质要求，对信贷机构、借款企业与担保寻获管理企业三者的权利义务也没有明确的法律规定。必须认识到，以仓储企业为主提供的担保存货管理服务，在广大中小企业的融资发展中发挥着重要的作用，必须由政府部门出台相关的法规与标准，实施经营许可或备案制度与日常的监督管理。

10.4.4 担保品管理制度日趋完善

2014 年，我国担保品管理行业处于整改、提升的阶段。《担保存货第三方管理规范》国家标准颁布并于 2015 年 3 月 1 日起实施。全国担保存货管理企业评价委员会制定《担保存货管理企业评价办法》并组织开展担保存货管理企业资质评价。随着互联网和大数据的兴起，担保品管理行业正在逐渐由原来以人工管理为主转向基于互联网、移动互联网和人工智能相结合的技术体系。

随着中国经济步入新常态，对担保存货管理机制的规范化提出了迫切的要求。2014 年 5 月，《担保存货第三方管理规范》由中国银行业协会与中国仓储协会合作制定完成并要求于 2015 年 3 月 1 日起实施。《担保存货第三方管理规范》以《担保法》和《物权法》为基础，明确规定了第三方管理企业的资质，并对三方当事人（借款人、贷款人和第三方管理企业）提出了主要要求，其中着重规定了第三方管理企业的管理规范、指标体系和评价方法。同时明确区分为监管方式和监控方式，解决了我国以往使用监管这一概念进行统一概括的误区。其中，监管方式的定义是担保存货第三方管理企业对担保存货实施唯一、持续、明示的占有、保管和控制的管理方式，即第三方担保企业要对担保存货承担全面责任。监控方式是第三方管理企业对担保存货进行核实与报告的管理方式。这种区分明确了不同监督方式下所承担的监管责任，有助于解决借款人与第三方管理企业之间的纠纷。《担保存货第三方管理规范》的出台即符合我国现行法律，又引进了国际的通行标准，对于规范我国担保存货管理的健康发展以及厘清三方当事人的责任划分上具有重要的现实意义。

与此同时，为了规范与促进仓储服务业的发展，2014 年 7 月 1 日《仓单要素与格式规范》的国家标准业已确定实施。在此之前，物流工作中一直使用"入库单"和"出库单"，且缺乏统一仓单格式，管理混乱，阻碍了金融仓储的规范发展。标准仓单的设立，切断了不法分子通过伪造、变造、涂改仓单等方式冒领货物、损害银行和仓储公司利益的行为，使得标准仓单在全国范围内具有共同的质量标准和流通能力。该规范规定了仓单的类型、要素、格式和填写要求，既适用于普通仓单，也适用于质押融资业务、期货交易中的可流转仓单等。其中，普通仓单的必备要素 14 项，可流转仓单的必备要素 28 项。促进仓单从传统基本的存储功能向现货和期货交易、质押融资功能转变，推动仓单业务使用范围的扩大。确定了仓单和仓储合同之间的关系，明确仓单是在仓储合同成立前提下的证明文件。本规范的制定对于推进我国现代仓储业及其与商品交易、金融和资本交易等市场的健康发展、保障相关各方的权益，维护社会经济秩序具有重要意义。电子仓单业务正在得到逐步重视与推广，不但成本低、更便利，而且可控性大大增加，业务开展更加安全。

此外，由国家级行业协会联合支持的"中国物流金融服务平台"业已上线，这是首家全国性物流金融业务管理平台。致力于通过三大风控模块（事前风控、事中风控、事后风控）的服务，为信用风险、权属风险、价值风险、操作风险、保管风险、意外风险、法律风险和处置风险等八大风险提供全过程的有效解决方案，实现金融机构、物流监管企业和借款人三方共赢。[1]

---

[1] 中国物流金融平台，http://www.chinawljr.cn/security/bada.html。

2014 年 9 月商务部印发《关于促进商贸物流发展的实施意见》，高度重视商贸物流工作，要求提高社会化、专业化、标准化、信息化、组织化以及国际化水平。明确指出"规范化第三方物流发展，鼓励仓储，引导仓储企业规范开展担保存货第三方管理"。仓储业将步入规范化发展阶段。

专题 10 –2 《担保存货第三方管理规范》 国家标准正式发布

由中国银行业协会和中国仓储协会共同组织起草的国家标准《担保存货第三方管理规范》（GB/T 31300—2014），经由国家质量监督检验检疫总局、国家标准化管理委员会批准并发布，已于 2015 年 3 月 1 日正式实施。参与本标准的起草单位有：中国仓储协会、中国银行业协会、中国民生银行股份有限公司、渣打银行（中国）有限公司、中国招商银行股份有限公司、中国工商银行股份有限公司、浙江涌全仓储股份有限公司、上海运亚仓储管理有限公司、南储仓储管理集团有限公司、中国铁路物资股份有限公司。

本规范规定了担保存货第三方管理企业应具备的条件、三方管理的基本要求、管理规范、评价指标与方法，适用于动产担保（含质押与抵押）融资所涉及的担保存货第三方管理。

《担保存货第三方管理规范》国家标准的制定其亮点在于：首先，扩大了使用于动产担保（含质押与抵押）融资所涉及的担保存货第三方管理的使用范围；其次，将担保存货管理方式区分为"监管方式"和"监控方式"，其中对监管方式的定义是"担保存货第三方管理企业对担保存货实施唯一、持续、明示的占有、保管和控制的管理方式"，对监控方式的定义是"担保存货第三方管理企业对担保存货进行核实与报告的管理方式"，解决了我国之前对担保存货管理方式不明的问题。本规范在不违背我国现行法律的前提下，将"监管协议"视同仓储合同，将"监控协议"视同委托合同，并明确监管方式下第三方管理企业有开具仓单的义务，承担存货保管责任，有存货留置权，而监控方式下第三方管理企业没有开具仓单的义务、不承担保管责任。

此外，《担保存货第三方管理规范》对第三方存货管理企业应具备的资质条件、三方管理的基本要求（监管方式下和监控方式下对三方当事人的要求）、第三方管理企业的管理规范（包括操作规范和管理质量要求）以及评价指标与方法都做了详细的规定。

《担保存货第三方管理规范》的实施，明确了监管与监控模式下第三方监管企业的责任，厘清了银行、借款人、第三方监管企业之间的法律地位，对于推动银行业开展存货（抵）质押融资业务以及我国担保存货第三方管理业务的健康发展具有重要意义。

11 创业投资：推动全民创业和社会创新

2014 年，中国创业投资生态环境发生巨大变化，以"草根创业者""民间创新力量"为代表的"中国式创客"得到全社会自上而下的关注。"创客精神""创新文化"的传播与弘扬，创新创业人才培养机制的完善，创业交流、孵化平台的出现等多重因素发力，共同演绎"大众创业、万众创新"的时代，中国创投再一次处于时代的风口浪尖。

过去的一年，中国创业投资市场摆脱往年的低迷形势，转入上升发展状态，"募、投、退"各环节均出现不同幅度的增长。A 股 IPO 重新开闸、多层次资本市场建设提速、项目退出渠道多元化等激发了投资者热情，同时也增强了 LP 的投资信心。新兴产业资本的加入、股权众筹新模式降低了投资门槛，同时也加剧了创投行业竞争强度。天使投资大幅增长，投资阶段愈发前移，创业投资回归本质。在此背景下，中外创业投资机构进入全新的充满热情与忙碌的时代，也给年轻 GP 提供更好的成长机会和空间。

11.1 募资热情高涨行业恢复增长

2014 年中国创业投资机构募资和投资均表现出增长态势。受国内经济结构调整、政府简政放权，行政流程改革以及创客精神被认可等多重因素的影响，全民创新创业热情点燃，我国创投行业进入快速发展阶段。募资方面，新增基金数和新增资本量都出现大幅增加。

11.1.1 募资规模同比大涨近 2 倍

2014 年中国创业投资市场快速回暖，新增基金数量和募资规模均大幅增加。新募集可投资中国大陆的基金 258 只，同比上升 29.6%，其中 253 只基金募资规模已知，新增资本量为 190.22 亿美元，较上年增长 174.9%。全年已披露基金平均金额为 7518.49 万美元，同比增长 116.2%。这是自 2011 年以来基金募资规模方面的首次正增长。

基于对中国宏观经济发展的判断，投资者对未来经济发展及其带来的投资机会期望值提高；创业、创新文化正在形成，"创客精神"得到弘扬，创投行业容量大增；A 股 IPO 重新开闸，多层次资本市场建设提速，项目退出渠道多元化，投资者退出选择更加灵活增强了投资信心。多方面因素共同影响导致募资规模出现大幅增长。

图 11 – 1　创业投资机构新增募集资本数量和基金数量

资料来源：清科集团：《2014 年中国创业投资年度报告》。

11.1.2　人民币基金数量规模均领先

2014 年，人民币基金表现突出，新增数量和募资规模均大幅增长。全年新募集人民币基金 228 只，占全年新募集基金支数的 88.4%，募集金额达 108.43 亿美元，占全年新募集金额的 57.0%；新募集美元基金 30 只，占全年新募集基金支数的 11.6%，募集金额达 81.79 亿美元，占全年新募集金额的 43%。然而，与新增基金数量和募资规模不同，单只美元基金平均募资金额远超人民币基金，达 2.73 亿美元，而同期人民币基金募资金额为 4862.43 万美元。

表 11 – 1　　　　　　　　　不同币种新募基金比较（2012—2014 年）

年份	人民币新增资本量（亿美元）	美元新增资本量（亿美元）	人民币新募集基金平均规模（万美元）	美元新募集基金平均规模（万美元）
2012	69.38	23.74	2990.54	14834.38
2013	63.77	5.42	3374.4	5414.4
2014	108.43	81.79	4862.43	27300

资料来源：清科集团：《2014 年中国创业投资年度报告》。

与两年前不同，2014 年，人民币基金比较受欢迎，新增人民币基金数量和规模都出现大幅上涨。不同币种基金受欢迎的程度差异，反映出投资人对经济发展趋势的预期判断。过去两年，受中国互联网企业赴美上市、A 股市场 IPO 暂停等因素的影响，美元基金优势凸显，加速了外资机构对美元基金的设立与募集，激发了外资 LP 的投资热情。2014 年，受政府简政放权、经济结构调整、创新创业环境完善、A 股 IPO 重新开闸等多重因素影响，国内经济发展预期良好，国内资本市场回暖，人民币基金有望强势回归。

11.1.3 天使募资达历史最高，市场活跃呈爆发趋势

2014 年，天使投资市场新增基金数量和募资规模均达历史最高。全年新募集天使投资基金 39 只，同比增长 30%，其中专业天使投资机构新募集基金 31 只，占全年新募集天使投资基金总数的 79.49%。全年新募资 10.68 亿美元，其中专业天使机构募资达 7.73 亿美元，占全年募资总额的 72.38%。

图 11-2 天使投资机构新增募集基金数量和新增金额（2008—2014 年）

资料来源：清科集团：《2014 股权投资市场》。

近年来，受多方面因素影响，天使投资市场持续活跃，即使在股权市场整体遇冷的情况下，依然繁荣发展。一方面，以"创客"为代表的创新创业文化土壤正在形成，创客精神得到弘扬与传播，创新创业不再是找不到好的工作机会的"备胎"，人们对创新创业的认识发生改变，越来越多的年轻人成为创客，从而对天使投资的需求大大增加；另一方面，天使投资相关政策陆续出台，天使投资市场逐渐成熟，天使投资人专业技能不断提升，能理解年轻创客的"奇思妙想"，从而投资案例数量不断上升。天使投资融资、投资需求的增加，促进创业投资阶段的前移，天使投资市场活跃。

11.1.4 股权众筹吸引"碎片化"资金

互联网与金融行业的深度融合，加快了金融服务创新的速度，也改变了传统金融服务的方式。互联网的开放性、信息对称性大大提升市场在资源配置中的作用，提高资源配置效率，同时形式多样的金融服务创新给中小企业融资带来了更多渠道。

股权众筹是创投行业拥抱互联网思维的创新之举，大大降低了创投行业进入门槛。目前，虽然股权众筹在创投融资总量中占比非常小，但其创新的参与方式深刻影响了创投行业的发展，已经成为创投行业发展新趋势。股权众筹模式使得广大投资者有机会参与到以前只有高资产净值人士才能参与的投资项目和机会，大大降低了投资门槛，促进了创投行业的快速发展。分散的投资者可以通过众筹平台参与到创新创业企业早期阶段，拓宽了融资渠道。而且，股权众筹能给投融资双方带来基于互联网平台的互动和价值共创机会。

与传统创投机构相比，股权众筹还是新生命，诞生于互联网经济时代，投资者非常分散，所占份额受到限制。另外，众筹方式也在不断演变，属于快速发展期，对股权众筹发展，我们持乐观态度，并认为会得到不断的规范，为中小微企业融资作出巨大贡献。然而，股权众筹发展需要解决一些问题，比如对投资者的分类、对认证投资者的界定、制定相应法律法规、给投资者以合法身份和保护投资者利益。

11.2 投资高速增长 "互联网＋" 引领投资热点

2014 年，创业投资高速增长，投资活跃度、投资规模均出现大幅增加，达历史最高点。与 2011 年 "全民 PE" 繁荣不同，2014 年创业投资在理性中快速发展，投资更加频繁高效，单笔投资额度大幅增加，创业投资阶段愈发前移。

11.2.1 投资数量与规模双双突破历史纪录

2014 年，中国创业投资市场共发生投资案例 1917 起，比上年同期增长 67.0%；其中披露金额的投资交易 1712 起，共计投资 168.83 亿美元，同比增加 155.8%。在创新创业的背景下，中外创投机构已经进入投资 "狂热期"。

在新 "国九条" 的大力支持下，股权投资必定迎来更加广阔的发展空间，市场资源配置不断优化，中外创投机构的投资力度不断加强，投资竞争更加激烈。另外，以互联网为代表的新一代信息技术与传统经济的融合不断深入，彻底改变传统行业的发展轨迹和经营模式，创造出巨大的投资机会，从而进一步促进创投行业的发展，VC/PE 们有更多的选择机会。

图 11 -3　创业投资行业投资情况（2004—2014 年）

资料来源：清科集团：《2014 年中国创业投资年度报告》。

天使投资市场空前繁荣，2014 年共完成投资案例 766 起，同比增长 353%，已披露投资金额超过 5.26 亿美元，同比增长 161.7%。主流天使投资机构年均完成投资案例 50 起，平均每周投资一个项目，投资节奏快且没有放缓迹象。

图 11 -4 天使投资机构投资案例数及投资金额（2008—2014 年）

资料来源：清科集团：《2014 股权投资市场》。

11.2.2 初创期项目占比过半，单笔投资额度增加

2014 年，创投单笔投资额大幅提高，全行业平均投资 986.17 万美元/起，约合人民币 6034.37 元/起，比 2013 年增长 49.5%，平均单笔投资额达历史最高。尤其值得注意的是，1917 起投资案例中，1120 起投资于初创期项目，约占投资总量的 58.4%，为近十年来的最高占比。

图 11 -5 创业投资笔均投资情况（2004—2014 年）

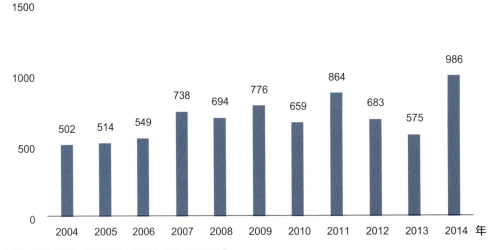

资料来源：清科集团：《2014 年中国创业投资年度报告》。

单个项目投资强度的增加、初创期项目增多，反映出创业投资行业竞争加剧，机构投资策略发生变化。一方面，随着股权投资市场的快速发展，市场参与者和资金的进入、累计，市场中活跃的 VC/PE 机构超过 8 万家，管理资本量超过 4 万亿元人民币，市场竞争强度不断提升，投资压力和项目估值水平均节节攀升，竞争强度加剧。另一方面，随着项目来源渠道多元化、机构全产业链的布局，VC 投资机构投资阶段前移，甚至有机构投资天使项目。

近五年的创投案例数据显示，投资策略已发生演变。2011 年"全民 PE"主要投资 Pre - IPO 项目，投资阶段靠后；而现在投资逐渐向优质早期项目演变，初创期项目投资占比逐年提高。2014 年，天使投资占全体投资案例的 38.28%，A 轮投资占全体投资案例的 40.83%。对于中小微企业金融服务而言，VC 机构投资阶段的前移，有利于更多初创期中小企业获得来自 VC 机构的资金支持。

图 11 -6　创业投资阶段

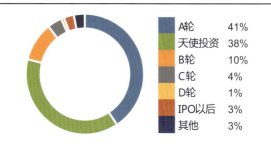

A轮	41%
天使投资	38%
B轮	10%
C轮	4%
D轮	1%
IPO以后	3%
其他	3%

资料来源：IT 桔子数据库。

11.2.3　TMT 领域相关企业备受热捧

2014 年，各行业创投活跃度差异依然巨大，全年完成的 1917 起投资案例分布于 24 个一级行业中。从投资案例数方面看，TMT 领域依然是 2014 年创业投资的核心领域，无论是投资金额还是投资案例数量都远远领先其他领域。其中互联网行业以 503 起交易位列第一；电信及增值业务其间共发生 338 起交易，排名第二；第三名为 IT 行业，全年共发生投资 181 起。

图 11 -7　创业投资领域分布（2014 年）

投资金额（百万美元）		投资案例（起）
3595.67	互联网	530
2852.20	电信及增值服务	338
1556.49	半导体	12
1530.30	金融	110
1419.47	生物技术/医疗健康	172
819.22	IT	181
653.06	娱乐传媒	64
647.32	机械制造	68
514.76	清洁技术	70
418.02	化工原料及加工	30
339.62	汽车	9
301.56	电子及光电设备	63
222.96	食品&饮料	16
158.39	建筑/工程	9
158.30	房地产	11
128.29	农林牧渔	12
101.50	物流	14
83.25	能源及矿产	10
59.91	纺织及服装	10
46.32	连锁及零售	11
38.99	教育与培训	14
0.00	广播电视及数字电视	1
365.16	其他	45
872.48	未披露	144

资料来源：清科集团；《2014 年中国创业投资年度报告》。

从投资金额方面看，互联网以 35.96 亿美元的成绩稳居首位；紧随其后的是电信及增值业务，本年度共涉及投资金额 28.52 亿美元；其次是半导体行业，共产生 15.56 亿美元的投资金额。

11.2.4 互联网大佬跻身创投，投资市场竞争激烈

2014 年国内互联网创业投资如火如荼，以百度、腾讯、阿里巴巴以及小米（雷军）系等为代表的产业资本加快战略性部署，弥补自身短板业务，全面深入移动互联网领域。

"互联网+"加速融合传统行业，改变了传统行业发展模式，使得传统行业中出现重塑、重组，以及创业的机会。BAT 仍然是互联网融合过程中投资并购的主力，三巨头在保持各自领域绝对优势的同时积极抢占"互联网+"与传统行业融合出现的新机会，尤其是在消费升级领域，如汽车交通、生活消费、医疗健康、教育、旅游、金融、房产酒店等方向竞争激烈。

整体来看，BAT 及小米系共披露国内投资及并购 115 起，国际投资及并购 24 起，投资横跨天使种子、VC/PE 阶段，以财务投资为目的的较少，战略投资意图明显。在这些案例中，天使投资 7 起，A 轮融资 47 起，B 轮融资 26 起，C 轮融资 20 起，D 轮融资 5 起，E 轮融资 3 起，IPO 及以后融资 17 起，战略投资 21 起。从投资阶段的结构看，BAT 及小米系投资偏向于早、中期项目，投资围绕各自整体战略和优势展开。

表 11-2	2014 年度互联网巨头产业资本投资/收购情况			单位：起，亿美元
公司名称	国内投资	国内收购	国外投资	投资金额
阿里巴巴	23	7	6	170
腾讯	31	2	13	70
百度	8	3	4	15
小米（雷军）系	39	2	1	32

资料来源：IT 桔子数据库。

在美国 IPO 成功之后，阿里巴巴不断加快构筑"互联网帝国"版图的步伐，通过自有业务、投资并购等手段，实现其在全球化的生态链中不断扩张。2014 年阿里巴巴在投资和收购上特别活跃，先后进行了超过 40 起投资、并购案例，其中国内共披露投资 23 个项目，收购 7 个项目，投资金额都比较大，亿元人民币以上案例超过 20 起，全年投资总额超过 170 亿美元。

腾讯平台战略与"互联网+"概念高度吻合，凭借微信、QQ 两大平台优势，在社交、游戏、文化娱乐等领域具有绝对行业领先地位。与此同时，借助投资手段，实现在消费生活 O2O、金融、医疗健康、汽车交通等领域的布局。2014 年腾讯所投资、收购案例超过 46 起，其中国内共披露投资 31 个项目，收购 2 个项目。根据公开金额的投资粗略估算达到 70 亿美元。

与 2013 年的积极大手笔相比，2014 年百度在投资方面非常谨慎，投资公司数量不多，但对特别看好的领域动作非常快速。2014 年，百度先后进行了 15 起投资、并购案例，其中国内共披露投资 8 个项目，收购 3 个项目。

2014 年是小米科技成长最快的一年，成为全球市值最高的非上市公司，业务从手机、数码扩展到智能家居、医疗健康等多个领域。与单一公司不同，小米（雷军）系投资平台数量较多，包括小米、金山、顺为、猎豹移动等，其投资围绕小米生态链的构建展开，无论在自有业务还是投资方面

都跨越式发展。2014 年小米（雷军）系生态链投资和并购的公司共有 42 起，金额近 32 亿美元，数量和金额都比较大。与 BAT 创始人不同，小米创始人雷军同时扮演着天使投资的角色。自 2004 年起至今雷军共投资了包括卓越网、凡客诚品、UC 优视等在内的 20 多家创业公司，这也使得投资在小米生态链构建中发挥极其重要的作用。

与传统金融资本侧重财务投资不同，互联网产业资本围绕各自战略积极开展战略投资，所投企业所处阶段多处于成长期。一方面，产业资本投资缓解小微企业融资难的问题。另一方面，产业资本能在投后管理方面给予成长期企业更多的资源和帮助，实现其快速成长。在投资对象的选择方面，产业资本以各自战略发展为中心，在细分领域选择合适企业投资，以所投企业为抓手，给予充分的资源实现其快速做大做强，然后打通行业产业链上下游，构建防护墙。

互联网新兴产业资本投资并购过程中，激烈竞争造成人力资源和资本从现有行业中释放出来，而这些受过专业培训的人才正式成为创业的新力量，拥有新点子的创业者能够创造性重塑经济，从而加快了创新创业速度，起到正向促进作用。

11.2.5 互联网金融项目催热相关投资

P2P、众筹、第三方支付、金融网销、互联网小贷、虚拟货币、理财 APP 等新兴模式的互联网金融创业项目如雨后春笋般出现，倒逼传统金融机构拥抱互联网，积极发展特色的互联网金融服务。

2014 年，我国互联网金融投资出现井喷现象，全年完成投资案例 193 起，同比增长 1186.67%，投资金额超过 15.44 亿美元，平均每笔投资金额超过 800 万美元。投资细分领域也发生变化，2014 年，P2P 和金融网销是互联网金融重要投资方向，平均投资金额领先于其他方向。与去年不同，第三方支付在 2014 年投资热度下降。

图 11–8　互联网金融投资数量（2010—2014 年）

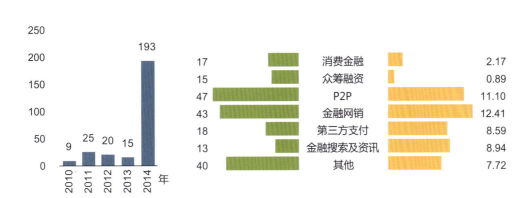

资料来源：清科集团：《互联网金融研究报告》。

11.3　渠道畅通，退出活跃

退出策略和退出方式一直是 VC/PE 关注的焦点，也是实现其资本收益的重要节点。纵观 2009 年至 2014 年中国股权投资市场数据发现，其间共发生投资案例 11159 起，而同期退出案例数为 2648

起，退出案例数仅占投资案例数的 23.73%。退出渠道和退出方式创新将成为行业关注的重点。

曾受创业投资退出方式限制、多层次资本市场建设速度缓慢的影响，我国创业投资市场发展缓慢。近年来随着国内经济环境的改善，创客精神得到弘扬与传播，大众创业、万众创新氛围的逐渐形成，中央和地方政府一系列政策的出台等措施推动了我国创投市场的发展，创投退出活跃。2014年度，A 股退出渠道恢复，IPO 退出重夺退出"宝座"，并购退出渠道未来优势明显。

11.3.1 A 股开闸 IPO 退出重夺"宝座"

IPO 退出能快速实现高额的利润回报，成为投资人的首选退出方式。2014 年，全年共发生 444 起 VC 退出案例，同比增长 93.0%。退出方式占比也发生变化，受 A 股 IPO 退出渠道恢复的影响，IPO 退出成为本年度最主要的退出方式，共发生 172 起，占全年退出总数的 38.7%，其中阿里巴巴、京东、聚美优品、猎豹等公司赴美上市，使得软银中国、今日资本等投资机构获得惊人投资回报。并购退出紧随其后，全年共计实现 111 笔，占比 25.0%；排名第三的是股权转让退出方式，本年度共涉及 70 笔，占比 15.8%；此外，2014 年创业投资市场有 20 笔退出交易，通过借壳上市的方式退出。

进一步分析 2004—2014 年创业投资退出案例数量，发现我国创投退出呈整体上升趋势，但退出情况按照波动性可分为两个阶段。第一阶段为 2004—2009 年，这一阶段退出案例呈小幅波动，创投退出案例数量趋势不明显，退出市场比较稳定。第二阶段从 2010 年至今，退出市场波动性较大，退出数量较第一阶段有较大提升。结合近五年历史资料发现，创投市场发展很快，但受政策影响很大，尤其是受 A 股 IPO 暂停的影响，退出数量急剧下降。随着行业发展的不断成熟、行业竞争强度加剧、创业群体的扩大，未来几年退出数量会快速上升。

图 11-9　创业投资退出数量和退出方式（2004—2014 年）

资料来源：清科集团：《2014 年中国创业投资年度报告》。

11.3.2 并购退出回归主流

并购退出依然是 2014 年度创业投资退出的主要方式之一，逐渐受到投资机构的认可和追捧。2014 年共发生并购退出案例 111 起，同比减少 47.98%。受 IPO 重新开闸影响，并购退出数量出现下降，但创投并购退出依然是未来几年的看点。2014 年 3 月 24 日国务院公布《关于进一步优化企业兼并重组市场环境的意见》（以下简称《意见》），《意见》从行政审批、交易机制、金融支持、支付手段、产业引导等方面进行梳理革新，全面推进并购重组市场化改革。《意见》释放出巨大的制度红利，将推动资本市场并购迎来新一轮高潮，VC/PE 机构的退出策略也会发生调整，可以预见并购推窗将会与 IPO 退出并为创投退出的两大主流方式。

图 11 -10　创业并购退出数量（2007—2014 年）

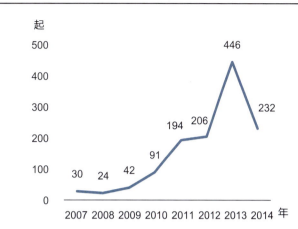

资料来源：清科集团：《2014 年中国创业投资年度报告》。

并购退出分布于企业发展的各个阶段，尤其是在经历过几轮融资之后，企业发展初具规模，竞争更加激烈，产业资本围绕各自战略布局会加快并购步伐。另外，并购将缩短资本回报周期，退出资本重新投资到创业项目中，从而进一步促进创投行业的繁荣发展。另外，一些新兴行业快速发展，将会出现大量并购机会，如生物技术/医疗健康、清洁技术、互联网等行业的并购将会非常活跃，VC/PE 并购退出选择更加灵活。

11.4　创投行业变化对中小企业金融服务的影响

2014 年，中国创投行业及其发展环境发生了巨大变化，给中小微企业金融服务带来了多方面的影响。首先，创新创业环境得到改善，中央和地方政府都相继出台了一系列财政、税收政策法规，引导科技金融资源发挥第一推动力作用。尤其是中关村国家科技创新示范区国家科技金融创新中心的建设，凝聚中小微金融服务的全要素市场，积极推动了创投行业的发展，也有力地改善了中小微企业金融服务的环境和服务效率。其次，创投行业发展驶入快车道，正面临历史最好的机遇期，尤其是借助互联网平台筛选投资项目、众筹资金等都改变了传统创投的服务方式，也大大提高了中小微企业金融服务的效率。最后，我国创投行业经过几十年的发展，行业逐渐成熟，投资阶段前移，更多处于种子期、初创期企业获得金融服务，回归行业本质。另外，互联网产业资本内部创业逐渐流行，内部孵化频率加快。

这一年，我国创业投资行业表现出强劲的发展动力，创业投资环境竞争更加激烈，专业化投资研究水平和投后参与管理水平给中小企业发展带来多种资源与服务。

11.4.1　创客精神被认可，众创空间加速创新项目孵化

2014 年，创客群体应该是最有社会认同感的一年，并首次"闯入"《政府工作报告》，令创新创业者对前途充满憧憬。政府出台一系列全方位政策，旨在通过营造宽松便捷的创新创业准入环境、拓宽创业投融资渠道、支持创业担保贷款发展、加大减税降费力度、培育创业创新公共平台等措施，在全社会营造创新创业的文化环境。同时，支持高校大学生创新创业，提供创新创业培训，提升创业成功率。

"创客"精神在全社会的弘扬与传播，与以往创业不同，创新创业要求更高，这也是我国社会经济结构转型，由"中国制造"向"中国创造"转变的内在要求。"创客"有望给中国创新带来"潜力无穷的产品""致力于创新的精神"以及"开放共享的态度"，这将推动整个社会、经济的变革。

民间对"大众创业、万众创新"的热情如江流奔涌，各类民间创客团体如创客空间、创业咖啡、创新工场等新型孵化模式如雨后春笋般出现。市场化、专业化、集成化、网络化的众创空间，实现创新与创业、线上与线下、孵化与投资相结合，为创业者提供低成本、便利化、全要素、开放式的综合服务平台和发展空间成为未来的发展趋势。创投热情已被点燃，创投行业的发展速度会进一步加快，竞争强度也会提高。

创客精神被认可、各类众创空间的出现，无疑为中小微企业金融服务提供了积极正面的环境。虽然全社会都关注"创客"，但"创客运动"仍有待扶持。这种扶持需要政府进一步落地相关政策法规，做到负面清单管理，充分发挥民间智慧。

11.4.2　股权众筹正在改变创新参与方式

从目前现有的创投平台看，基本上可以分为创业信息平台、股权投资信息平台和各行业信息平台三大类。其中股权众筹是创投拥抱互联网思维的创新之举，降低投资者门槛，拓宽投资渠道。更多的资金通过股权众筹平台流入创业者手中和中小微企业，尤其是种子期和初创期内的小微企业。

一些创投机构开始借助互联网金融平台筛选优质项目，拓宽项目来源渠道。如"创投梦工厂""投融圈""投融界""帮客网""汇富创投网"等。以往的创投机构基本上依靠自有渠道和政府渠道获得投资信息，自有渠道主要包括已投资企业关系网络、投资人员关系网络，而政府渠道主要包括引导基金平台推荐和招商引资平台推荐。股权众筹平台的出现，为创业者和投资人之间搭建了面对面交流的平台，草根投资人可以在创投平台与创业者沟通，创业者可以展示自己的创意，这种方式正在改变大众参与创新的方式。

然而，股权众筹相关监管法律法规仍处于空白阶段，对投资者保护力度不够。目前通过发展担保业务、建设征信体系等方式仍然不能短期内解决这一问题，远没有达到社会层面，不能产生约束作用。

11.4.3　创投主体多元化，市场竞争激烈

随着互联网的介入，创业投资主体多元化趋势更加明显。除了传统的天使投资、风险投资等专业的机构投资者外，借助于互联网金融的快速发展，不仅有"高富帅"还有众多的草根大众进入这个领域，使得创投参与主体呈现多元化。"高富帅"既包括传统产业中一些领军企业旗下的产业资本，还包括互联网巨头的投资资本，比如以 BAT 及小米系为代表的互联网产业资本，而股权众筹为普通分散的个体提供了参与投资的渠道和机会，未来投资随着互联网金融的创新，将会有更多的个体和机构参与到创投行业中来。

创投投资主体的多元化，一方面有利于创投行业资金的募集，另一方面也加剧了对优质投资项目的竞争和对优秀人才的争夺。一些创投非常关注互联网金融，在该领域的许多细分方向上都进行了布局，如 IDG、红杉、源码资本、盛大资本、华创等，甚至专门关注互联网金融的天使基金也已出现，包括陶石资本、恩惟资本等。"互联网＋"与金融行业的融合，催生金融服务新模式，降低门

槛、提高金融服务效率，同时对创投也提出了新的要求。由于现在的互联网创业环境对创业项目要求"新""快"，只有两个方面都处理好才可能在激烈竞争中成功。因此，互联网 3.0 时代的创投业将面临更多的挑战与创新。创投行业竞争加剧，对创投人才队伍的要求也越来越高，尤其是创投行业研究人员、投资决策者以及投后管理人员。创投机构资源整合能力、投后参与管理能力都更加专业、高效，与所投企业的协同效应不断增强。投后管理参与到企业生产、营销、管理的不同环节、不同阶段和不同方面，整合利用资源，从而产生的整体效应。

另外，早期清晰的天使投资人、VC、PE 等投资边界越来越模糊，资本交叉涉足已经非常普遍，这也是行业竞争加剧导致资源整合力度更大的表现。另外，创投资金投资方式也不断创新，如联合投资、GP + LP 众筹、PE + 上市公司等，投资方式的创新给行业的发展带来巨大收益。

11.4.4　投资竞争激烈投资阶段前移

2014 年，中国投资市场已经进入高度增长期，行业的爆发有其深层次原因：第一，受国内经济结构调整、产业升级转型、创新性国家战略推进的影响，"资本 + 科技创新"的需求旺盛，科技成果成功转化率不断上升；第二，"互联网 +"与传统行业的深度融合，改变传统行业发展模式和行业竞争格局，为创业者制造更多的机会，同时也降低了创业成本；第三，我国经济社会改革开放积累了大量的财富和经济建设经验，而在传统实体经济发展低速、投资渠道受限，资本必定会追求更高利润增长空间的机会；第四，当前中小板块、创业板块成熟期项目越来越少，投资竞争强度不断加大，投资者更加倾向于投资初创期企业；第五，VC 的财富效应带来账面回报比较出色，给投资者极大的诱惑和鼓励。

2014 年，早期投资机构正在不断创造"投资"神话。创投行业竞争加剧，使得投资阶段的加速前移，初创期企业备受瞩目。另外，天使投资机构化，部分 VC/PE 机构开始投资早期项目，投资边界淡化。整个创业投资市场空前活跃，竞争更加激烈，行业发展进一步回归"创业投资"的本质，行业发展更加成熟。

11.4.5　70 后和 80 后创投者更钟情于互联网机会

70 后和 80 后创投者正在成为创投行业的主力军。这些"青壮派"投资人，伴随着中国互联网发展而成长起来，他们熟悉互联网，习惯基于互联网的生活，因此也钟情于互联网的投资机会。不可忽视的是，他们在传统创投机构从事投资业务多年，积累了丰富的投资经验和案例，已形成了明确的投资理念，锻炼出了独特的投资能力，在募资、投资、管理及退出各环节均出现大量成功案例。这些"青壮派"凭借对互联网思维独特的理解，再加上从事创投积累的经验，使得他们更容易和年轻的创客们展开有效沟通，准确把握创业过程的"痛点"，而"痛点"问题的解决也是创投参与投后管理的重要形式。

一般而言，创业企业都会在公司发展战略、融资阶段及规模以及公司发展的人才补充等多个方面出现问题，且在企业发展的不同阶段会表现出不同的需求。70 后和 80 后的"青壮派"创投者积极进取，在创业创新项目的孵化过程中，在资源和机会的结合中，为创投行业的发展作出尝试，作用日益凸显。

11.5 创投行业发展展望

经历创业、投资环境的改善，创新创业文化的培育，我们认为，2015年，在股权交易市场将会持续地扩容和改善，创投行业也将充分受益于多层次资本市场建设、并购重组浪潮以及国内经济结构优化的机会，行业发展迎来了一个新的风口。

首先，宏观经济转型亟需加快资本与科技的低成本对接，为创投业提供机会。国内经济结构调整、产业升级、大众创业、万众创新的主基调已经确定，也即意味着信息技术、生物医药、新能源、移动互联网等技术密集型产业将成为经济增长点。而这些行业中的企业大多数处于初创和成长期，具有高风险、轻资产等特征，因此难以得到银行信贷等间接融资方式的支持。创投公司则能在融资上填补空白，且股权投资可以缓解企业融资杠杆的压力。另外，由于部分成熟的创投公司具备专业的投后管理能力和丰富的产业资源，因此能带给企业更多的资源和经验。

其次，创投行业创新速度加快，投资人参与创业投资门槛降低，退出方式更加多样而不仅依赖Pre – IPO的路径，这一系列的变化给创投业带来更强劲的发展动力。随着认证投资者的法律界定的修订和出台，更多的投资者将涌入创投行业。长期以来，由于IPO审查制度带来的资源稀缺性，一、二级市场存在巨大溢价，创投依赖于IPO退出的模式。而随着注册制的改革，IPO退出的溢价倍数会有所下降，并效仿实行注册制的欧美市场，创投以并购、同业转让、重组等方式退出。在多层次资本市场改革中，创业投资的模式将更具特色和专业化。

最后，年轻创投者更青睐互联网和大数据的创业投资机会。随着信息化的推进，"互联网＋"与传统行业的融合以及大数据分析技术的发展，互联网和大数据行业成为未来社会的支柱性产业，将会出现巨大的投资机会和获利空间。尤其是互联网思维创业项目的迭代速度快，发展迅速，募投退周期短等特点，使得年轻创投们对其青睐有加。当前，已有大量投资互联网和大数据的成功案例，未来这一趋势将更加明确。

12

股权交易市场：牛市背景下的创新发展

2014 年，沪深股市全线飘红。借力牛市东风，多层次股权市场进一步深化发展，证监会宣布重启 IPO，创业板发布首发和增发新规①，股转系统正式走向全国。全年在中小企业板、创业板和股转系统获得融资的中小企业②共有 620 家，较 2013 年 150 家增长 313.33%；募资总额为 2304.69 亿元③，较 2013 年的 644.40 亿元增长 257.65%。随着新"国九条"④的发布，多渠道、广覆盖、严监管、高效率的股权市场正在逐步形成。

12.1 多层次市场深化发展，IPO 重启增发占据主流

12.1.1 中小企业募资总量回升，股权市场倒三角结构弱化

中小板、创业板定位于服务高成长性、流通股本规模较小的公司。股转系统定位于服务未能在证券交易所上市的中小微公司。我们研究中小企业在股权市场的融资，一般从这三个板块入手。

从场内市场来看，A 股多年的熊市行情使得市场交易清淡，2012 年 10 月开始的第八次 IPO 暂停又关闭了企业通过上市融资的大门，这些原因共同导致股权市场募资额连年下滑。2014 年沪深股市全线飘红，市场成交活跃，市值总规模达到 37.11 万亿元，成为仅次于美国的全球第二大股票市场。二级市场的活跃助推了一级市场的扩容，IPO 重新开启，创业板首发和增发新规发布，使得 2014 年 A 股市场共募集资金 7718.10 亿元⑤，较 2013 年大幅增长 89.00%。其中中小板募集资金 1631.06 亿元，创业板募集资金 543.64 亿元，分别是上年同期的 2.94 倍和 6.86 倍。但无论是中小板还是创业

---

① 2014 年 5 月 16 日，创业板市场发布《首次公开发行股票并在创业板上市管理办法》和《创业板上市公司证券发行管理暂行办法》。

② 事实上，在三个板块上市或挂牌的企业并不全是中小企业，详细的分析可参考本章专题 12 – 1。

③ 中小企业板有 161 家公司，募资总额 1631.06 亿元；创业板有 114 家公司，募资总额 543.64 亿元；股转系统有 345 家挂牌企业，募资总额 150.21 亿元。

④ 2014 年 5 月 9 日，国务院发布《国务院关于进一步促进资本市场健康发展的若干意见》。

⑤ 包含沪深主板、中小板、创业板。

板，募资总量均没有达到 2010 年的数值。

场外市场中，2010—2013 年还是"新三板"的股转系统募资金额虽然有小幅上涨，但总体规模极小，在中小企业三个板块融资额中的占比徘徊在 1% 左右。2014 年扩容到全国的股转系统呈现爆发式增长，全年募集资金 150.21 亿元，是上年同期 9.84 亿元的 15.27 倍。

可以看到，虽然股权市场依旧呈现明显的倒三角结构，但中小板、创业板、股转系统的规模在逐渐壮大。2014 年中小板、创业板在 A 股市场融资总额中的比重相对 2013 年分别上升了 7.5 个百分点和 5.1 个百分点，达到 21.13% 和 7.04%。而股转系统虽然受制于挂牌企业规模，单个企业的融资额较低，但融资总额增长极快，在中小企业三个板块融资总额中的占比从 2013 年的 1.53% 上升到 6.46%。

图 12-1 中小板、创业板、股转系统募资规模及家数（2010—2014 年）

资料来源：Wind 资讯。

从融资家数来看，与融资金额的变动幅度一样，2010—2013 年在股权市场三个板块融资的中小企业数量逐年下滑，从 2010 年的 376 家减少至 2013 年的 150 家。而 2014 年，得益于创业板、股转系统准入门槛的放宽，共有 620 家中小企业通过中小板、创业板、股转系统募得资金，是 2013 年的 4.13 倍。

2014 年中小板首发重启，融资家数从 2013 年的 77 家增长到 161 家。创业板首发条件放宽，并首次允许以再融资为目的的增发，使得融资家数从 16 家增长到 114 家，在中小企业融资中的占比从 10.67% 上升到 18.39%。

与 2010—2013 年市场总体融资家数萎缩不同，股转系统的募资家数一直保持稳步增长，并于 2013 年达到 57 家，在三个板块募资家数中占比为 38.00%。进入 2014 年，股转系统正式走向全国，不仅募资家数上升到 345 家，占比也突破五成，达到 55.65%。

专题 12 - 1　各板块差异及中小微企业分布分析

我国最初设立沪深交易所时，只有为大型成熟企业服务的主板市场；2003年提出建立多层次资本市场，2004年增设中小企业板，作为创业板的过渡；2009年进一步增设创业板，主要为高成长性的中小企业和高科技企业服务；2012年成立全国中小企业股份转让系统（又称"新三板"），主要为创新型、创业型、成长型的中小微企业服务；区域性股权市场则主要为特定区域内企业提供服务。至此，我国已初步形成了由主板（含中小板）、创业板、新三板和区域性股权市场构成的多层次资本市场体系，不同的市场层次各有侧重、相互补充，有效适应了不同企业的融资需求。

通常意义上，我们研究中小企业在股权市场的融资状况，主要从中小板、创业板、股转系统三个板块入手。但由于我国的多层次资本市场尚不完善，股权市场存在板块定位不清、板块间差异弱化等问题，在这三个板块上市的企业并不一定都是中小企业。另外，我国的转板制度尚未推出，导致一部分最初在这三个板块上市的中小企业，经过一段时间的发展后已经成为了大型企业，却继续留在该板块。

为了更细致地研究中小企业在各个板块的分布状况，以便对各个板块的实际功能有更清醒的认知，我们依据国家统计局2011年9月颁布的大中小微型企业划分办法，将主板、中小板、创业板、股转系统中上市/挂牌的企业，按2014年各公司年报所披露的从业人员、营业收入及资产总额等信息，划分为大型、中型、小型、微型四种类型。

可以看到，股转系统的中小微企业占比高达94.15%，充分体现了股转系统服务于未能在场内市场上市企业的功能。而令人意外的是，中小板和创业板内的中小企业占比并不高。中小板的占比最低，为8.61%，低于主板的18.97%；创业板的中小微企业占比为24.14%。

此外，为了衡量各个板块服务科技型、创新型企业的能力，我们选取了信息传输、软件和信息技术服务业[①]，对各板块中该类企业占比进行分析。该门类是新兴行业和新型业态的象征，门类中企业大都成立年限较短、规模较小、风险较大，具有高风险、高成长性特征。

股转系统中该行业企业数量占比依然最高，达到22.90%；创业板、中小板、主板中该行业企业数量占比依次下降。这基本符合中小板、创业板、股转系统促进创新创业，推动高科技知识产权向实体经济成果转化的板块定位。

表 12 - 1　　　主板、中小板、创业板、股转系统上市/挂牌公司类型对比（2014年）　　单位：家，%

板块名称	主板（不含中小板）	中小板	创业板	股转系统
公司数量	1576	732	406	1572
中小微企业数量	299	63	98	1480
中小微企业占比	18.97	8.61	24.14	94.15
信息传输、软件和信息技术服务业数量	35	32	71	360
信息传输、软件和信息技术服务业占比	2.22	4.37	17.49	22.90

注：①本表中小微型企业划分标准为国家统计局颁布的国统字〔2011〕75号《统计上大中小微型企业划分办法》，按照Wind资讯证监会行业门类、大类，依据从业人员、营业收入、资产总额等指标，将我国股权交易市场各板块的企业划分为大型、中型、小型、微型等四种类型。

②"公司数量"指相应板块在2014年底所有上市/挂牌公司总数。

③"中小微企业占比"指统计上中小微企业数量/公司数量。

资料来源：根据Wind资讯各板块上市/挂牌企业财务数据整理。截至2014年12月31日。

---

①　信息传输、软件和信息技术服务业：国民经济行业门类代码 I；该门类包含63—65大类。

进一步对板块中已上市企业进行分析，可以发现各板块上市企业的规模层次分明：中小板、创业板企业的规模显著低于主板，股转系统又显著低于场内市场。

从资产负债相关项来看，中小板、创业板企业资产均值分别是主板企业的5.05%和1.67%，股东权益均值分别是主板企业的15.69%和7.92%。从利润表相关项来看，中小板、创业板企业的营业收入均值分别是主板企业的15.48%和4.53%，净利润均值分别是主板企业的11.03%和5.76%。

但各板块在2014年的单笔募资均值的差别却没那么显著。中小板平均单笔募资额10.13亿元，创业板平均单笔募资额4.77亿元，分别占到主板单笔募资额的62.30%和29.21%。

表12-2　　　　主板、中小板、创业板、股转系统已上市/挂牌公司指标对比（2014年）　　　　单位：亿元

板块名称	主板（不含中小板）	中小板	创业板	股转系统
公司数量（家）	1576	732	406	1572
资产均值	976.92	49.29	16.35	1.92
股东权益均值	134.88	21.16	10.68	0.89
营业收入均值	177.23	27.44	8.03	1.35
净利润均值	16.32	1.80	0.94	0.10
2014年平均单笔募资额（亿元/家）	16.26	10.13	4.77	0.44

注：①所统计公司为2014年12月31日前在各板块上市的企业。财务数据为各企业2014年报表。

②2014年平均单笔募资额=该板块2014年募资总额÷2014年中该板块募资家数。

资料来源：Wind资讯。

12.1.2　A股市场IPO缓慢开闸，增发量大幅上涨

2014年A股市场首次公开发行125家，募集资金668.89亿元，首发募集资金仅占募资总额的8.67%；增发478家，募集资金6911.24亿元，占比89.55%；配股13家，募集资金137.97亿元，占比1.79%。

从历史趋势来看，A股IPO总量连年下滑，2011—2012年每年首发募资额仅为上一年的一半左右。2013年IPO暂停，全年零首发。而2014年IPO虽开闸但放行速度缓慢。2014年2月19日，IPO大门又短暂关闭，直至6月26日才重新开启。截至2014年底，排队企业共647家，发行堰塞现象非常严重。

与此相对应的增发市场则显得较为活跃，大量未成功上市的企业选择注资已上市企业，进行借壳融资。2010—2013年，增发募资额占比稳步上升。2014年A股市场增发募资额同比增长92.07%，增发家数同比增长71.94%，增发占募资总额的比重与全年零IPO的2013年基本持平。

图 12-2　A 股市场募资方式及其占比（2010—2014 年）

资料来源：Wind 资讯。

除各板块首发募资额均有下降之外，主板和中小板的首发募资额占市场首发募资总量的比重也逐年下降，而创业板的首发占比稳步提升，一度与中小板持平。但是 2014 年 IPO 重新开闸后，主板市场的 IPO 再次占据主导地位。

图 12-3　各板块 IPO 募资额及占比（2010—2014 年）

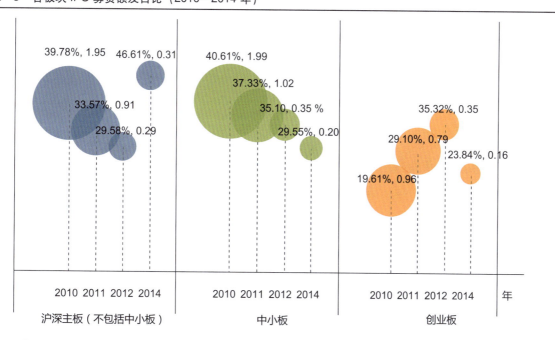

注：①2013 年 IPO 暂停，因此图中未显示该年数据。

②图中气泡大小代表相应板块首发募集资金规模大小，气泡高度代表该板块首发募集资金占当年首发总募资额比例。

③"39.78%，1.95"表示 2010 年沪深主板（不包括中小板）首发募资额 1.95 千亿元，占比 39.78%。其他数据含义以此类推。

资料来源：Wind 资讯。

2012—2014 年，中小板和创业板增发募资额占市场增发募资总量的比重稳步提升。创业板增发占比一直较小，原因是 2014 年前仅允许创业板企业通过股权或现金置换资产的并购重组模式进行增发。2014 年创业板增发新规发布，首次允许公司通过增发获取再融资。新政利好为创业板公司在股权市场融资开辟了新的途径。

图 12-4　各板块增发募资额及占比（2012—2014 年）

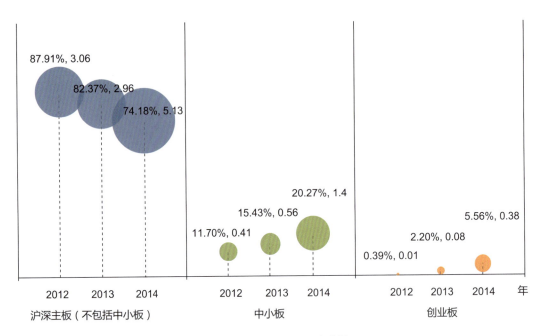

注：①2012 年首家创业板企业定向增发，因此图中仅显示 2012—2014 年数据。

②图中气泡大小代表相应板块增发募集资金规模大小，气泡高度代表该板块增发募集资金占当年增发总募资额比例。

③"87.91%，3.06"表示 2012 年沪深主板（不包括中小板）增发募资额 3.06 千亿元，占比 87.91%。其他数据含义以此类推。

资料来源：Wind 资讯。

专题 12-2　主板、中小板、股转系统首发及增发办法对比

首发办法

我国的股权交易市场可以分为主板（不含中小板）、中小板、创业板、股转系统及区域交易中心等五大层次。其中主板的条件和要求最为严格；创业板上市门槛往往较低。股转系统探索注册制，致力于服务未能在证券交易所上市的股份有限公司，挂牌条件更为宽松。

表 12-3　　全国股转系统、创业板、主板（含中小板）上市办法对比

市场制度	全国股转系统	创业板	主板（含中小板）
文件规定	《全国中小企业股份转让系统股票挂牌条件适用基本标准指引（试行）》	《首次公开发行股票并在创业板上市管理办法》	《首次公开发行股票并上市管理办法》
上市主体资格	证监会核准的非上市公众公司	股票以公开发行	股票以公开发行
股东数要求	可超过 200 人	不少于 200 人	不少于 200 人
存续时间	存续满两年	存续满三年	存续满三年

续表

市场制度	全国股转系统	创业板	主板（含中小板）
盈利指标要求	具有持续盈利能力	1. 近 2 年连续盈利，净利润累计不少于 1000 万元；或 2. 最近 1 年盈利，营业收入不少于 5000 万元	近 3 个会计年净利润为正，累计超 3000 万元
现金流要求	无	无	1. 近 3 个会计年经营活动产生的现金流累计超 5000 万元；或 2. 近 3 个会计年营业收入累计超 3 亿元
净资产要求	无	最近一期末净资产不少于 2000 万元	最近一期末无形资产占净资产比例不高于 20%
股本总额	公司法要求，股份有限公司注册资本最低限额 500 万元	发行后股本总额不少于 3000 万元	发行前股本总额不少于 3000 万元
主营业务要求	业务明确、持续经营	主营一种业务，且最近 2 年内未发生变更	最近 3 年内主营业务没有发生重大变化
董事及管理层、实际控制人要求	没明确要求设置独董和董秘	最近 2 年内未发生重大变化	最近 3 年内没有发生重大变化

注：除新发行股本一般小于 3000 万元外，中小板与主板的上市要求没有区别。

资料来源：根据公开资料整理。

增发办法

为充分发挥股权市场再融资的功能，各板块针对市场内上市/挂牌企业的特点，积极探索新的政策，致力于提供多样化的金融服务。创业板增发再融资办法给予了创业板公司优于主板的再融资政策；全国股转系统对股票发行实行事后备案和信息披露监管政策，为挂牌公司创造了宽松的再融资环境。

表 12 – 4　　　　全国股转系统、创业板、主板（含中小板）增发办法对比

市场制度	全国股转系统	创业板	主板（包括中小板）
文件规定	《全国中小企业股份转让系统发行业务细则（试行）》	《创业板上市公司证券发行管理暂行办法》	《上市公司证券发行管理办法》
发行时点	可在挂牌同时发行	只适用于挂牌后发行情形	只适用于挂牌后发行情形
盈利指标要求	无	最近 2 年盈利并有现金分红	公开发行：最近 3 年连续盈利
公开发行负债率要求	无	最近一期末资产负债率高于百分之四十五	无
发行对象	非公开发行对象不超过 35 名，发行对象包括挂牌公司股东、董事监事高级管理人员或员工、其他个人或机构投资者	非公开发行对象不超过 5 名，除原前 10 名股东外，还可为控股股东、实际控制人或关联方、董事监事高级管理人员或员工	非公开发行对象为原前 10 名股东

续表

市场制度	全国股转系统	创业板	主板（包括中小板）
非公开发行价格和锁定要求	发行定价市场化；股票无限售要求，股东可随时转让	放宽股票锁定要求：发行价格不低于发行期首日前一个交易日公司股票均价的，本次发行股份自发行结束之日起可上市交易	1. 发行价格不低于定价基准日前 20 个交易日公司股票均价的 90% 2. 12 个月内不得转让；控股股东、实际控制人认购股份 36 个月内不得转让
小额融资豁免	挂牌企业发行股票后股东小于 200 人的，或者在 12 个月内发行股票累计融资额低于公司净资产 20% 的，豁免向证监会申请核准	上市公司非公开发行小额股票（融资额不超过 5000 万元且不超过最近一年末净资产的 10%），证监会将适用简易程序，自受理之日起十五个工作日内作出核准或者不予核准决定，股票的发行也不需要经过保荐人保荐。	无

资料来源：根据公开资料整理。

12.2 中小板：首发趋于理性增发主导融资

中小企业板是深圳证券交易所为了鼓励自主创新而专门设置的中小型公司聚集板块，于 2004 年 5 月正式推出。截至 2014 年末，共有 732 家企业在中小板上市，总发行股本 3470.59 亿股，总市值 51058.20 亿元，流通市值 36017.99 亿元[①]。

中小板在 2014 年共募得资金 1631.06 亿元，其中有 31 家企业首发上市，首发募资额 197.66 亿元，占总融资额的 12.12%；122 家企业共进行 150 笔增发筹资，增发募资额 1400.62 亿元，占比 85.87%；8 家企业进行配股，募得资金 32.78 亿元，占比 2.01%。

12.2.1 首发超募显著下降，融资需求趋于理性

自 2010 年之后，中小板首发融资额度和公司数目一直呈现下降趋势。2014 年 IPO 重启后，选择在中小板首发的企业依然较少，共有 31 家企业首发上市，比 2012 年 55 家下降了 43.63%；募得资金 197.66 亿元，比 2012 年下降了 43.40%。

为了保证 IPO 重启过程的平稳，证监会在 2014 年 6 月曾向发行人和承销方下达"窗口指导"，以行业市盈率为参考红线，对公司发行价格进行限制。中小板在 2012 年的首发市盈率为 28.48 倍，超募比率达 84.21%，2014 年分别为 23.45 倍及 8.38%。此外，创业板在 2014 年的首发市盈率为 26.16 倍，超募比率 11.58%，同比降幅更为显著。首发超募比率下降有利于上市公司提高资金的利

---

① 数据来源：深圳证券交易所。

图 12 −5   中小板 IPO 公司数目与募集资金规模（2009—2014 年）

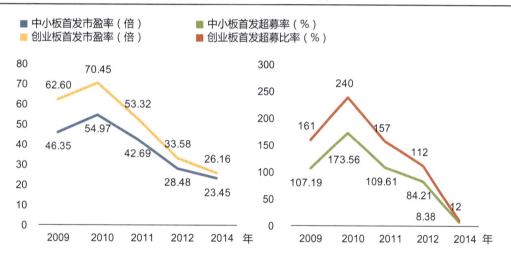

注：2013 年 IPO 暂停，因此图中未显示该年数据。

资料来源：Wind 资讯。

用效率，更好地发挥证券市场合理配置资源的作用。但是，由于首发市盈率被限制在 23 倍，与市场行业市盈率差距较大，导致上市后市场热炒更为疯狂，连续涨停板已成常态。

图 12 −6   中小板、创业板首发市盈率及首发超募比例（2009—2014 年）

注：①2013 年中小板和创业板 IPO 暂停，因此图中未涉及该年数据。

　　②首发超募比率 =（募资总额 ÷ 预计募资额）− 1

资料来源：Wind 资讯。

从行业分布来看，IPO 企业数量最多的是制造业，占中小板 IPO 募资总额的 46.64%。金融业唯一首发企业国信证券（002736.SZ），募资总额为 69.96 亿元，为单笔募资额最高。

表 12 −5　　　　　　　　　**中小板 IPO 行业分布及募集资金概况（2014 年）**　　　　　单位：家，亿元

所属证监会行业	企业数量	募资总额	行业平均募资额
制造业	22	92.19	4.19
社会服务业	3	7.07	2.36
建筑业	2	7.46	3.73

所属证监会行业	企业数量	募资总额	行业平均募资额
交通运输、仓储业	1	5.83	5.83
金融、保险业	1	69.96	69.96
农、林、牧、渔业	1	7.22	7.22
批发和零售贸易	1	7.94	7.94
总计	31	197.66	6.38

资料来源：Wind 资讯。

专题 12 - 3　中小企业板差异弱化

2014 年中小板首发家数占上市公司总数的 4.23%，虽高于主板的 2.73%，但低于创业板的 12.56%。公司选择中小板上市的热情并不太高。分析认为，这与中小企业板与主板差异弱化有关。

中小板作为创业板与主板之间的过渡层次，一直面临处于定位不清的尴尬境地。从 2014 年首发募股来看，主板进行 IPO 的 43 家公司平均募资总额为 7.25 亿元，中小板有 31 家公司 IPO，平均募资额为 6.38 亿元，差距并不明显。从发行费率来看，主板 IPO 为 9.84%，比中小板 IPO 略低 0.83 个百分点。此外，从各板块 IPO 公司的资产总额、股东权益、营业收入及净利润等财务指标来看，中小板与主板的差异也明显弱于其与创业板的差异。

表 12 - 6　　　　主板、中小板、创业板、股转系统 2014 年 IPO／新挂牌公司指标对比　　　　单位：亿元

板块名称	主板（不含中小板）	中小板	创业板	股转系统
2014 年首发／挂牌家数	43	31	51	1216
资产均值	54.68	68.69	10.87	2.26
股东权益均值	28.75	20.50	7.49	1.00
营业收入均值	30.17	21.40	5.59	1.51
净利润均值	3.04	2.57	0.96	0.11
IPO 募资均值（亿元／家）	7.25	6.38	3.13	N/A

注：由于股转系统公司挂牌后并不一定发行股票，所以未统计 IPO 募资均值。

资料来源：Wind 资讯。

由此可见，中小板与主板之间存在差异弱化的倾向。另外考虑到中小板的市场层级低于主板，公司在主板 IPO 的信号效应更加显著；如果中小板在发行成本、审核时间等方面没有明显优势，就会使得中小企业（尤其是高新技术企业）更多选择主板上市，很难实现市场层次过渡的功能。

12.2.2　定向增发主导再融资市场活跃

目前，中小企业板股权再融资的方式主要有定向增发、公开增发、配股三种方式。2014 年，仅有 8 家企业进行配股，且都采取了代销的方式，募资总额 32.78 亿元，行业主要分布于计算机、通信、纺织服装等。相比之下，2014 年增发市场则显得更加活跃；全年中小板共发生 150 笔增发筹资，相比于 2013 年的 84 笔增长了 78.57%，发行方式均为定向增发。实际募资总额为 1400.62 亿元，同比增长 152.28%。近年来中小板上市公司进行增发的数量和规模都呈总体上升态势。

图 12 – 7　中小板增发公司数目与募集资金规模（2010—2014 年）

资料来源：Wind 资讯。

　　从行业分布来看，2014 年中小板实施定向增发的 122 家企业分布在 14 个行业。其中，增发行为最集中的是制造业，代表新兴行业和新型业态的信息传输、软件和信息技术服务业中增发的企业有 17 家，成为中小板增发的第二大行业。金融业实施增发的唯一企业宁波银行（002142），募资总额达到了 30.93 亿元，这也使得金融业成为平均募资额最高的行业。

表 12 – 7　　　　中小板上市公司增发融资行业分布及募集资金概况（2014 年）

所属证监会行业	企业数量	数量占比（％）	行业募资总额（亿元）	募资总额占比（％）	行业平均募资额（亿元/家）
制造业	83	68.03	890.09	63.55	10.72
信息传输、软件和信息技术服务业	11	9.02	139.26	9.94	12.66
建筑业	7	5.74	74.10	5.29	10.59
农、林、牧、渔业	4	3.28	71.04	5.07	17.76
水利、环境和公共设施管理业	3	2.46	16.75	1.20	5.58
租赁和商务服务业	3	2.46	61.57	4.40	20.52
批发和零售业	2	1.64	23.39	1.67	11.69
采矿业	2	1.64	26.00	1.86	13.00
文化、体育和娱乐业	2	1.64	40.99	2.93	20.49
电力、热力、燃气及水生产和供应业	1	0.82	10.00	0.71	10.00
房地产业	1	0.82	8.00	0.57	8.00
交通运输、仓储和邮政业	1	0.82	5.00	0.36	5.00
金融业	1	0.82	30.93	2.21	30.93
住宿和餐饮业	1	0.82	3.50	0.25	3.50
总计	122	100.00	1401	100.00	—

资料来源：Wind 资讯。

12.3　创业板：门槛放宽新政利好

创业板又称二板市场，是指主板之外专为暂时无法在主板上市的中小企业和新兴公司提供融资途径的场所。2009 年 10 月，创业板正式推出。截至 2014 年末，创业板共有 406 家上市公司，总发行股本 1077.26 亿元，流通市值 13072.90 亿元，占 A 股流通市值的 13.74%。2014 年创业板指数涨幅 12.83%。

证监会于 2014 年 5 月发布《首次公开发行股票并在创业板上市管理办法》和《创业板上市公司证券发行管理暂行办法》，创业板迎来了 IPO 和再融资的春天，2014 年总募资额达 543.64 亿元。其中共有 51 家公司在创业板上市，募得资金 159.46 亿元，占比 29.33%；63 家公司实施定向增发，募得资金 384.18 亿元，占比 70.67%。相比 2013 年创业板仅有 16 家公司通过增发募集 79.20 亿元资金，募资额大幅上涨。

12.3.1　首发条件简化，增发更多便利

创业板上市的原首发办法为 2009 年 3 月 31 日发布的《首次公开发行股票并在创业板上市管理暂行办法》（以下简称《首发暂行办法》）。2014 年 5 月 16 日，证监会颁布了《首次公开发行股票并在创业板上市管理办法》（以下简称《首发管理办法》），与原办法相比，新办法降低了创业板准入门槛，强调了信息披露要求，进一步明确了发行人和中介机构的事中事后监管义务。

表 12-8　　　　　　　　新《首发管理办法》与原《首发暂行办法》在发行条件上比较

主要修订内容	原《首发暂行办法》	新《首发管理办法》
申报行业	《关于进一步做好创业板推荐工作的指引》指出，保荐机构应推荐新能源、新材料、信息、生物与新医药、节能环保、航空航天、海洋、先进制造、高技术服务等九大领域的企业	新《首发管理办法》对《关于进一步做好创业板推荐工作的指引》进行废止，申报的企业不再局限于九大行业
财务准入指标	1. 近 2 年连续盈利，净利润累计不少于 1000 万元且持续增长；或 2. 最近 1 年盈利，净利润不少于 500 万元，最近 1 年营业收入不少于 5000 万元，最近 2 年营业收入增长率均不低于 30%	1. 近 2 年连续盈利，净利润累计不少于 1000 万元（不再要求持续增长）；或 2. 最近 1 年盈利，营业收入不少于 5000 万元（不再要求净利润不少于 500 万元，最近 2 年营业收入增长率）
持续盈利能力要求	发行人应当具有持续盈利能力，不存在对持续盈利能力产生影响的因素	不对发行人持续盈利能力作实质判断
其他若干发行条件	关于发行人：依法纳税，不存在重大偿债风险，具有严格的资金管理制度，公司章程明确对外担保的审批权限和审议程序，董事、监事和高级管理人员了解股票发行上市相关法律法规，建立募集资金专项存储制度等条款	删去相关条款，但重大信息应予以披露
信息披露内容	限售股份安排，稳定股价预案，依法承担赔偿责任的承诺，填补被摊薄即期回报的措施及承诺，利润分配政策等五大要求	除既有信息披露要求外 1. 对持续盈利能力产生重大不利影响因素； 2. 相关责任主体等约束措施

主要修订内容	原《首发暂行办法》	新《首发管理办法》
披露时间及准确性	无	1. 预先披露，受理即披露； 2. 强调预披露招股书准确性； 3. 信息披露"及时性"
发行人的责任义务	发行人依法披露的信息必须真实、准确、完整，不得有虚假记载、误导性陈述或者重大遗漏	进一步明确发行人作为信息披露第一责任人，及时向保荐人、证券服务机构提供资料，全面配合开展尽职调查
核准后发行时限	核准之日起六个月内发行	核准之日起十二个月内发行

资料来源：巨潮资讯网。

在《首发管理办法》发布的同一天，《创业板上市公司证券发行管理暂行办法》（以下简称《再融资暂行办法》）发布，首次允许上市公司通过增发进行再融资。《再融资暂行办法》设置了简明统一的发行条件，强化了对再融资的约束机制，增发可以采用公开或非公开发行的方式。此外，办法还推出了"小额快速"定向增发机制，如果融资额不超过人民币 5000 万元且不超过最近一年末净资产的百分之十，则允许"不保荐不承销"，证监会应在受理之日起 15 个工作日内作出核准或者不予核准的决定，为创业板公司的再融资带来了极大便利。

12.3.2　首发占比增大，定增需求井喷

2014 年创业板首发新政发布后，IPO 募资规模和上市公司数量虽然不及 2010—2012 年，但值得关注的是，首发新规对准入指标的放宽和发行条件的简化，使得 2014 年创业板依靠首次发行的融资比例达到 29.33%，显著高于主板的 5.62% 和中小板的 12.12%。相对灵活宽松的入市条件降低了中小企业进入资本市场的门槛。

图 12 –8　创业板 IPO 公司数目与募集资金规模（2009—2014 年）

注：2013 年 IPO 暂停，因此图中未显示该年数据。

资料来源：Wind 资讯。

从行业分布来看，2014 年创业板首发上市的公司分布于四个行业，上市最集中的是制造业。信息传输、软件和信息技术服务业作为高新技术行业上市数量占比 23.53%，体现了创业板市场为高科技企业提供融资的功能。

表 12 – 9   创业板 IPO 公司行业分布及募集资金概况（2014 年）

行业	IPO 数量	数量占比（%）	行业募资总额（亿元）	募资总额占比（%）	行业平均募资额（亿元）
制造业	37	72.55	115.20	72.24	3.11
信息传输、软件和信息技术服务业	12	23.53	37.49	23.51	3.12
科学研究和技术服务业	1	1.96	4.09	2.56	4.09
水利、环境和公共设施管理业	1	1.96	2.68	1.68	2.68
总计	51	100	159.46	100	3.25

资料来源：Wind 资讯。

从再融资角度来看，2014 年共有 63 家创业板上市公司通过增发募集资金（以增发发行日期为准），增发次数 104 次，募集资金 384.18 亿元，平均募资规模 6.10 亿元，是 2013 年增发募得资金 79.20 亿元的 4.85 倍。创业板上市公司定增需求呈现井喷之势。

图 12 – 9   创业板增发公司数目与募集资金规模（2012—2014 年）

资料来源：Wind 资讯。

新增发办法对增发条件的放宽和简化，使得创业板在增发市场中的占比不断上升。2012—2014 年，创业板在 A 股市场完成定向增发次数中的比重分别为 3%、8% 和 16%，提出定向增发预案次数的比重分别为 4%、15% 和 23%，创业板公司在定增市场扮演的角色越来越重要。

而结合创业板公司的高成长性可以看到，公司增发的主要目的是资产并购重组，横向并购以提升盈利能力，或者纵向并购以延伸产业链。定向增发成为创业板公司取得高增长速度的主要手段。

从行业分布来看，2014 年在创业板增发融资的上市公司分布于 9 个行业，与 2013 年相比，行业分布更为广泛。其中增发最集中的仍然是制造业，35 家增发公司占全年增发上市公司总数的 55.56%。

表 12 – 10   创业板增发公司行业分布及募集资金概况（2014 年）

行业	增发数量	数量占比（%）	行业募资总额（亿元）	募资总额占比（%）	行业平均募资额（亿元）
制造业	35	55.56	201.17	52.36	5.75
信息传输、软件和信息技术服务业	14	22.22	89.95	23.41	6.43

行业	增发数量	数量占比 （%）	行业募资总额 （亿元）	募资总额占比 （%）	行业平均募资额 （亿元）
文化、体育和娱乐业	5	7.94	63.23	16.46	12.65
科学研究和技术服务业	3	4.76	6.49	1.69	2.16
建筑业	2	3.18	10.12	2.63	5.06
水利、环境和公共设施管理业	1	1.59	4.48	1.17	4.48
采矿业	1	1.59	4.10	1.07	4.10
租赁和商务服务业	1	1.59	3.17	0.83	3.17
批发和零售业	1	1.59	1.47	0.38	1.47
总计	63	100	384.18	100	6.1

资料来源：Wind 资讯。

12.4　股转系统：融资功能得到强化，政策利好不断释放

2014 年对股转系统是具有里程碑式意义的一年，以 1 月 26 日首批全国企业挂牌为标志，股转系统正式走向全国。作为多层次资本市场的基石，股转系统在成交量、流动性、融资能力等方面，都有大幅度的提升。此外，股转系统做市转让方式的实施，两只市场指数——全国中小企业股份转让系统成分指数（三板成指，899001）、全国中小企业股份转让系统做市成分指数（三板做市，899002）的正式发布，标志着市场日趋活跃与成熟。

截至 2014 年末，股转系统挂牌公司数量达到 1572 家，总股本 658.35 亿股，总市值 4591.42 亿元。全年成交量 22.82 亿股，成交额 130.36 亿元，分别是上年同期的 11.30 倍和 16.01 倍。全年股票发行次数 420 次，发行家数 345 家，融资金额 150.21 亿元。

12.4.1　挂牌范围深度覆盖资本市场门槛降低

2014 年全年新增挂牌公司 1216 家。宽松的挂牌条件和市场化的审核机制，吸引了大批处于创业期和成长初期的企业。总共 1572 家挂牌公司中，95% 属于中小微企业，95% 以上是民营企业，平均股东人数 30 人[①]。截至 2015 年 4 月，股转系统共有 1083 家企业披露了 2014 年年报。其中营业收入在 5000 万元以下的公司 466 家，占比 43.03%，净利润在 500 万元以下的公司 529 家，占比 48.85%，亏损企业 139 家，占比 12.84%[②]。

根据国家统计局颁布的《统计上大中小微型企业划分办法》对股转系统挂牌的企业进行分析显示，列入统计的 15 个行业门类及社会工作大类中 1554 家挂牌企业里，共有中型企业 446 家，占比 28.70%；小型企业 996 家，占比 64.09%。而未列入统计口径的金融业，共有 2 家证券公司、1 家私募投资机构、1 家融资担保公司、3 家农村信用社、3 家小贷公司、1 家保险公司和 1 家融资租赁公司在股转系统挂牌。其中 6 家公司按 "其他未列明行业统计口径" 中从业人员标准，应为小型企业。

---

① 数据来源：全国股转系统 2014 年 12 月 22 日新闻媒体沟通会上全国股转公司副总经理隋强表示。
② 创业板的上市条件为最近两年连续盈利，净利润累计不少于 1000 万元；或者最近一年盈利，最近一年营业收入不少于 5000 万元。

图 12 - 10　2014 年每月挂牌公司家数、总市值变化

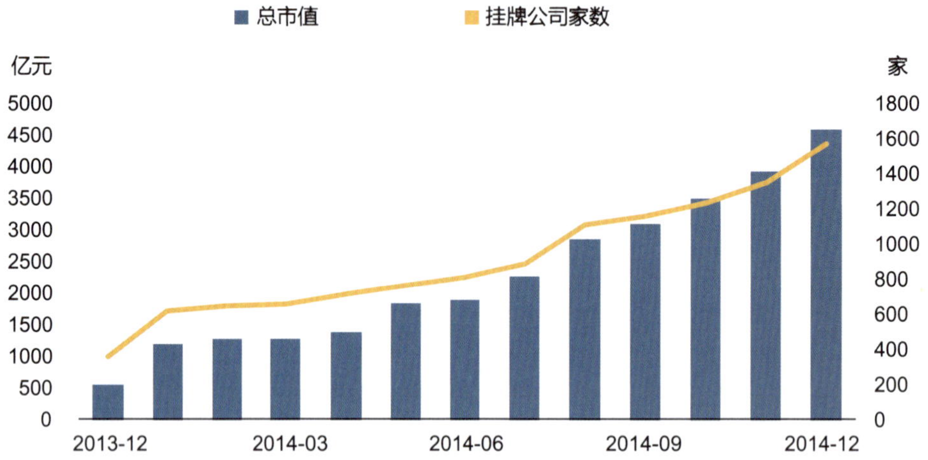

资料来源：全国中小企业股份转让系统。

表 12 - 11　　　　　　　　　　股转系统挂牌公司中小微企业分布（2014 年）　　　　　　　　　　单位：家，%

行业名称	中型企业数量	小型企业数量	微型企业数量	中小微企业占比	行业企业数量
农、林、牧、渔业	13	14	0	72.97	37
工业 *	176	697	8	97.46	904
建筑业	33	16	0	85.96	57
批发业	13	0	0	76.47	17
零售业	1	1	0	22.22	9
交通运输业 *	3	8	0	84.62	13
仓储业	2	0	0	100.00	2
住宿业	1	0	0	100.00	1
信息传输业 *	32	27	0	100.00	59
软件和信息技术服务业	153	146	0	99.34	301
租赁和商务服务业	9	16	0	83.33	30
其他未列明行业 *	40	71	0	89.52	124
列入大中小微型企业划分办法的企业数量	476	996	8	95.24	1554

　　注：①表中中小微型企业划分标准为国家统计局颁布的国统字〔2011〕75 号《统计上大中小微型企业划分办法》。本办法按照行业门类、大类、中类和组合类别，依据从业人员、营业收入、资产总额等指标或替代指标，将我国的企业划分为大型、中型、小型、微型等四种类型。

　　②带 * 的项为行业组合类别，其中，工业包括采矿业、制造业、电力、热力、燃气及水的生产和供应业；交通运输业包括道路运输业、水上运输业、航空运输业、管道运输业、装卸搬运和运输代理业，不包括铁路运输业；信息传输业包括电信、广播电视和卫星传输服务、互联网和相关服务；其他未列明行业包括科学研究和技术服务业、水利、环境和公共设施管理业、居民服务、修理和其他服务业、社会工作、文化、体育和娱乐业，以及房地产中介服务、其他房地产业等，不包括自有房地产经营活动。

　　③"列入大中小微型企业划分办法的企业数量"指符合国家统计局统计口径的 15 个行业门类以及社会工作行业大类。不包括金融业、综合业和教育业。

　　资料来源：Wind 资讯。

从挂牌公司行业分布来看，挂牌公司涵盖 18 个大类，其中制造业及信息传输、软件和信息服务业的企业挂牌家数最多，分别占 56.17% 及 22.90%。总市值前 10 名挂牌公司当中，金融行业 3 家，分别是九鼎投资、联讯证券和湘财证券；医疗保健行业 3 家，分别是新产业、仁会生物和星昊医药；信息技术 2 家，分别是中科软和凯立德；其余两家分别是锡成矿业（材料）和金达莱（工业）。

表 12-12　　　　　　　　　　　　股转系统挂牌公司行业分布及募集资金股本概况

行业名称	挂牌公司家数	家数占比（%）	总股本（亿股）	总股本占比（%）
制造业	883	56.17	339.73	51.60
信息传输、软件和信息服务业	360	22.90	84.85	12.89
建筑业	57	3.63	26.85	4.08
科学研究和技术服务业	55	3.50	13.15	2.00
农、林、牧、渔业	38	2.42	23.87	3.62
租赁和商务服务业	30	1.91	11.41	1.73
文化、体育和娱乐业	28	1.78	7.09	1.08
批发和零售业	26	1.65	12.37	1.88
水利、环境和公共设施管理业	24	1.53	9.12	1.39
交通运输、仓储和邮政业	15	0.95	6.55	1.00
采矿业	14	0.89	7.22	1.10
金融业	12	0.76	106.44	16.17
卫生和社会工作	11	0.70	3.21	0.49
居民服务、修理和其他服务业	7	0.45	2.19	0.33
电力、热力、燃气及水的生产和供应业	5	0.32	1.91	0.29
教育	4	0.25	0.91	0.14
综合	2	0.13	1.18	0.18
住宿和餐饮业	1	0.06	0.30	0.05
合计	1572	100.00	658.35	100.00

资料来源：全国股转系统。截至 2014 年 12 月 31 日。

从地域分布来看，挂牌公司数量达到 50 家以上的省份有北京、江苏、上海、广东、山东、湖北、浙江和河南，合计占比 73.99%。新三板呈现明显的地域化特征，集中在北京（占 23.03%）、江苏（占 10.88%）、上海（占 10.56%）和广东（占 9.48%）等地。

12.4.2 拓展直接融资渠道，定增次数总额翻番

2014 年，全国股转系统共计实施定向发行 420 次，发行家数 345 家，募得资金 150.21 亿元，为 2007 年新三板成立以来发行次数总量的 3.78 倍和融资总额的 4.82 倍；平均单笔融资额 3576.43 万元，为 2013 年单笔融资额的 2.18 倍；融资 1 亿元以上的发行共计 18 次。无论从发行总规模、发行家数还是单笔发行额来看，股转系统的发行融资都增长明显。

图 12 –11　股转系统挂牌公司地域分布（2014 年）

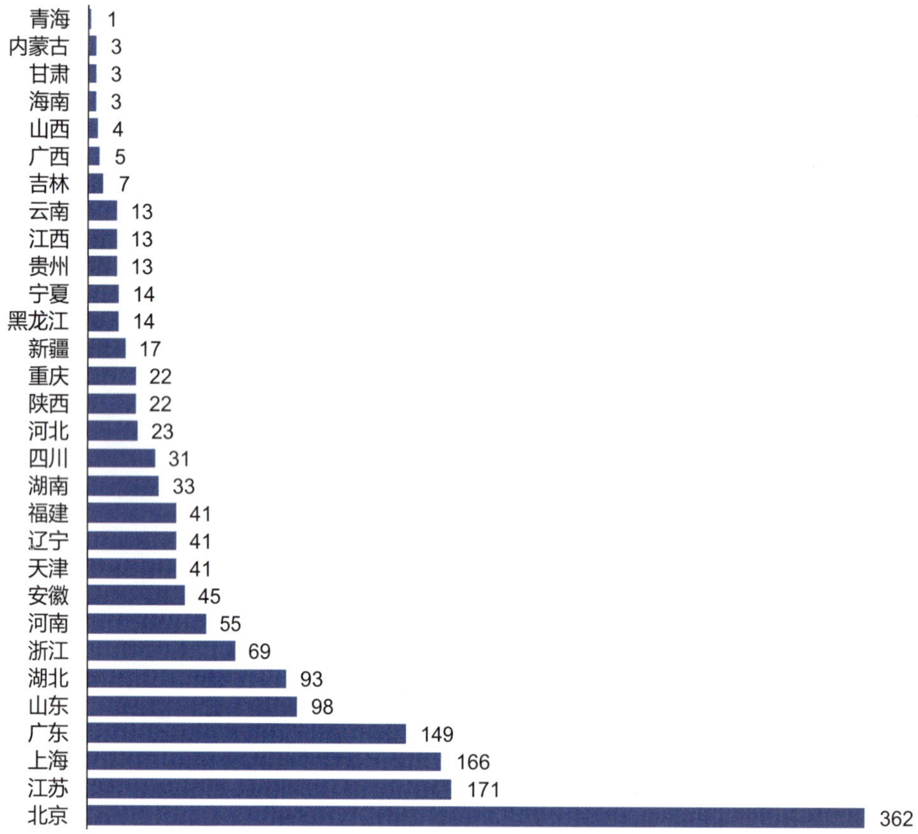

青海	1
内蒙古	3
甘肃	3
海南	3
山西	4
广西	5
吉林	7
云南	13
江西	13
贵州	13
宁夏	14
黑龙江	14
新疆	17
重庆	22
陕西	22
河北	23
四川	31
湖南	33
福建	41
辽宁	41
天津	41
安徽	45
河南	55
浙江	69
湖北	93
山东	98
广东	149
上海	166
江苏	171
北京	362

注：数据截至 2014 年 12 月 31 日。

资料来源：全国中小企业股份转让系统。

图 12 –12　股转系统募资规模与发行家数（2010—2014 年）

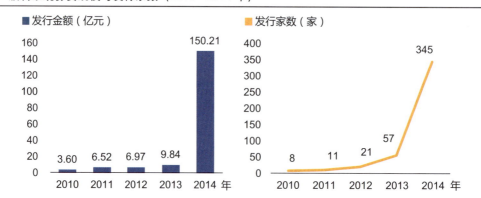

资料来源：Wind 资讯。发行年份按"发行日期"划分。

　　从定向发行的行业分布来看，制造业、信息技术和建筑业的发行占比最多。

　　此外，2014 年有多家企业多次定向发行融资，体现了股转系统灵活便捷的投融资机制。2014 年发行次数居前的公司是楼兰股份（5 次）、凯立德（4 次）、布雷尔利（3 次）和扬讯科技（3 次），还有 28 家挂牌公司发行次数为 2 次。

表 12 – 13   股转系统定向发行行业分布及募集资金概况（2014 年）

行业名称	发行金额（千万元）	发行金额占比（%）	发行股数（千万股）	发行股数占比（%）	发行次数
制造业	312.58	24.05	69.70	26.37	157
信息传输、软件和信息服务业	167.26	12.87	27.05	10.24	97
建筑业	14.51	1.12	4.43	1.64	14
农、林、牧、渔业	18.84	1.45	4.33	1.64	14
科学研究和技术服务业	10.60	0.82	3.34	1.26	8
文化、体育和娱乐业租赁和商务服务业	17.56	1.35	3.00	1.14	7
水利、环境和公共设施管理业	21.06	1.62	5.01	1.90	6
卫生和社会工作	6.39	0.49	1.75	0.66	5
交通运输、仓储和邮政业	3.24	0.25	1.19	0.45	5
批发和零售业	4.99	0.38	1.80	0.68	5
采矿业	4.80	0.37	8.73	0.33	4
租赁和商务服务业	20.22	1.56	11.25	4.26	4
金融业	678.68	52.21	129.39	48.96	3
综合	16.00	1.23	415.96	0.16	1
电力、热力、燃气及水的生产和供应业	820	0.06	410	0.16	1
教育	2.31	0.18	350	0.13	1
合计	1299.88	100	264.30	100	327

资料来源：全国中小企业股份转让系统。

在普通股融资之外，全国股转系统又在 2014 年 3 月 21 日发布《优先股试点管理办法》，指出非上市公众公司可以非公开发行优先股，进一步扩大企业直接融资渠道。

但是值得注意的是，在股转系统上挂牌的企业中，有很大一部分从未发行股票进行融资。在 2010 年至 2014 年间，发行家数占挂牌家数的比率一直徘徊在 10% 左右。而 2013 年与 2014 年，发行家数占比虽然增大，但是比率依然较低，约有八成 2014 年挂牌企业在该年度并没有发行股票。

图 12 – 13   股转系统挂牌家数与发行挂牌比（2010—2014 年）

资料来源：Wind 资讯。

仅仅挂牌并不能起到为公司融通资金的作用，较低的发行挂牌比体现了股转系统较差的流动性。但是，我们也应该看到，随着做市交易的逐渐完善和竞价交易的渐行渐近，股转系统的成交量和流动性必将大大提升，无论是投资者还是中小企业都会逐渐将目光聚焦到股转系统上来。未来的发行挂牌比将进一步保持上升趋势。

12.4.3　并购重组渐趋活跃，资源配置效应初显

2014 年全年共计 8 家挂牌公司涉及重大资产重组事项，涉及资金 13.74 亿元，其中新冠亿碳被东江环保子公司东江环保再生能源有限公司收购而摘牌。

表 12-14　　　　　　　　　　股转系统重大资产重组事项（2014 年）　　　　　　　　　单位：万元

证券代码	证券简称	交易金额	交易类型
430075	中讯四方	7980.00	股票发行购买资产
430141	九日化学	14800.00	股票发行购买资产
430275	新冠亿碳	7104.00	出售资产，已摘牌
430437	绿洲生化	8800.00	股票发行购买资产
430011	指南针	14000.00	股票发行购买资产
430463	汽牛股份	48922.73	股票发行购买资产
830851	骏华农牧	4707.00	股票发行购买资产
831182	堃琦鑫华	1056.00	现金收购资产
合计		137369.45	

注：全国股转系统重大资产重组是指公司及其控股或者控制的企业在日常经营活动之外购买、出售资产或者通过其他方式进行资产交易，导致公司业务、资产发生重大变化的资产交易行为。

此外，又有 8 家挂牌公司被收购而终止挂牌，涉及资金 15.01 亿元，收购涉及资金金额最大的为铂亚信息，收购市盈率最高的为屹通信息。全国股转系统与交易所市场的联动效应初步显现，22 家上市公司及其关联方参股或控股了 20 家挂牌公司。

表 12-15　　　　　　　　　　股转系统挂牌公司被收购终止挂牌事项（2014 年）

证券代码	证券简称	收购方	交易金额（万元）	公司估值（万元）	收购市盈率
430531	瑞翼信息	通鼎光电（002491）	11500.00	22577.00	18.9
430364	屹通信息	东方国信（300166）	45100.00	45100.00	80
430026	金蒙制药	沃森生物（300142）参股子公司	—	—	—
430679	嘉宝华	拟上市公司	—	—	—
430115	阿姆斯	芭田股份（002170）	14260.00	14260.00	23.7
430708	铂亚信息	欧比特（300053）	52500.00	52500.00	17.66
430710	激光装备	亚威股份（002559）	10586.58	10586.58	7.54
830804	日新传导	宝胜股份（600973）	16200.00	16200.00	11.44
交易金额合计			150146.58		

资料来源：Wind 资讯。

12.4.4　做市转让制度出台，流动性水平显著提升

2014 年 6 月 5 日，《全国中小企业股份转让系统做市商做市业务管理规定（试行）》公布，8 月 25 日，做市商制度正式实施。截至 2014 年 12 月 31 日，共有 164 家公司参与做市转让，占新三板公司总数的 8.3%。164 家标的公司的总市值达 934.74 亿元，平均市值为 5.7 亿元。

对于上市公司来说，股票挂牌时拟采取做市转让方式，应当具备以下条件：（1）2 家以上做市商同意为申请挂牌公司股票提供做市报价服务，其中一家做市商为推荐该股票挂牌的主办券商或该主办券商的母（子）公司；（2）做市商合计取得不低于申请挂牌公司总股本 5% 或 100 万股（以孰低为准），且每家做市商不低于 10 万股的做市库存股票。

表 12－16　　　　　　股转系统做市转让行业分布及规模概况（2014 年）

行业名称	做市转让股票只数	股份总量（万股）	可交易股份数量（万股）
制造业	93	474779.45	209104.52
信息传输、软件和信息技术服务业	39	157587.20	76640.97
建筑业	7	42536.03	17226.88
农、林、牧、渔业	6	57242.12	29764.16
科学研究和技术服务业	4	8227.80	3032.34
文化、体育和娱乐业	4	23070.00	11566.45
水利、环境和公共设施管理业	3	22752.24	12625.08
批发和零售业	2	13562.14	5401.06
电力、热力、燃气及水的生产和供应业	2	11331.43	4051.18
租赁和商务服务业	1	20000.00	5408.33
综合	1	6869.45	4092.50
卫生和社会工作	1	1500.00	439.56
采矿业	1	1095.00	213.28

资料来源：Wind 资讯。

从流动性来看，通过比较做市转让企业和协议转让企业的换手率、成交量可以发现，做市商制度显著地提高了挂牌企业的流动性。做市转让企业年平均换手率为 27.72%，高于股转系统总体平均换手率 6.08% 和协议转让平均换手率 3.41%。有交易记录的上市企业中，做市转让企业平均成交量为 460.81 万股，高于股转系统总体平均成交量 409.90 万股和协议转让平均成交量 386.91 万股。

参与做市转让的企业中有 19.65% 的换手率在 5% 以下，有 15.03% 的企业换手率超过 50%。相比之下，2014 年参与协议转让的企业有 1017 家无成交记录，占比达 72.69%；如果考虑换手率在 5% 以下的企业，则二者之和占比 88.34%；另外仅有 1.86% 的协议转让企业换手率超过 50%。从换手率区间分布可以明显看出，做市商制度对于增强股转系统流动性具有重要意义。

从做市标的的估值来看，2014 年底做市转让公司平均市盈率（剔除负值和 500 倍以上极值）为 33.92 倍，做市转让公司的市盈率高出协议转让 72%，绝大多数公司市盈率稳定在 10~30 倍，但与

创业板相比，新三板做市企业市盈率仍处低位。

图12-14　做市转让及协议转让换手率分布（2014年）

注："19.65"表示采用做市转让且换手率在0至5%之间的企业占所有采用做市转让企业的19.65%；其他数据以此类推。

资料来源：Wind资讯。

从做市标的定增融资概况来看，2014年共计88家做市企业累计实施104次股票定向增发，共发行股票5.09亿股，平均发行价格7元/股。增发募集资金达到或超过1亿元的企业有6家。

专题12-4　2014年全国股份转让系统的发展与完善

2013年6月，国务院决定将中小企业股份转让系统试点扩大到全国。自此，股转系统作为重要的场外市场，迅速由中关村科技园区、上海张江高新产业开发区、武汉东湖新技术产业开发区和天津滨海高新区扩展到全国。2014年在挂牌数量、市场成交、估值、融资能力等方面，新三板市场都有大幅提升。这一年，做市交易、并购重组、注册制、分层管理是新三板政策的热点。预计2015年，新三板指数发布、竞价交易、市场分层、放宽投资者准入等政策值得期待。

表12-17　　　　　　　　　　　　　2014年股转系统政策梳理

时间	关键词	具体内容
3月21日	股转系统可发行优先股	发布《优先股试点管理办法》，指出非上市公司可以公开发行优先股
4月17日	分层时机不成熟	股转系统发布公告称，自国务院决定（2013年12月）发布以来，全国股份转让系统挂牌企业的数量和规模增长迅速，但考虑到目前市场仍处于快速发展和功能培育期，存在挂牌公司指标变化快、市场数据分布不规律、不稳定的情况，因此，近期实施市场分层的时机尚未成熟
5月9日	发展多层次股票市场	《国务院关于进一步促进资本市场健康发展的若干意见》（新"国九条"）发布，致力于加快完善全国中小企业股份转让系统，建立小额、便捷、灵活、多元的投融资体系
5月19日	尚未盈利企业上市	证监会决议提出，研究在创业板建立单独层次，支持尚未盈利的互联网和高新技术企业在新三板挂牌一年后到创业板上市

续表

时间	关键词	具体内容
8 月 25 日	做市商制度实施	全国中小企业股份转让系统做市转让方式正式实施。全年共计 164 家公司参与做市转让
10 月 17 日	证券法修改，注册制提出	证监会表示，为推进多层次资本市场建设，呼应国务院提出的新"国九条"，将积极研究新三板挂牌一年的股票转板到创业板上市。在研究专门层次时，把创业板专门层次改革与证券法修订、注册制改革、多层次资本市场的建立和完善有机衔接起来
11 月 21 日	投资者门槛	日前，各界机构向股转市场提出"500 万元证券类资产"的准入门槛过高，建议适当降低投资者管理标准，以适应市场发展的需要。全国股份转让系统有限公司将结合市场的功能定位、服务模式及监管体系进行深入研究
12 月 22 日	分层管理、竞价交易	预计明年年中前后，竞价交易系统上线，市场分层方案明年第三季度征求意见
12 月 26 日	证监会活化股转系统重要通知	证监会发布证券经营机构参与新三板相关业务有关问题的通知，允许主办券商探索股权支付、期权支付等新型收费模式，支持基金管理公司子公司、期货公司子公司、证券投资咨询机构等开展推荐业务、做市业务。明确提出券商自营资金、资管产品和公募基金产品可以投资新三板，支持证券期货经营机构利用全国股转系统补充资本

专题 12 – 5　2015 年全国股份转让系统展望

　　做市交易制度的推出是 2014 年最受瞩目的新三板政策。与此同时，竞价交易也已提上议程。随着三种交易模式的出现，股转系统的流动性将大幅提升，市场定价将更为合理。随着注册制的渐行渐近，新三板对接创业板的转板机制被寄予厚望，但现实中还需要经历交易所之间的竞争博弈。

图 12 – 15　多层次资本市场的建立

图 12 – 16　股转系统制度推进阶段图

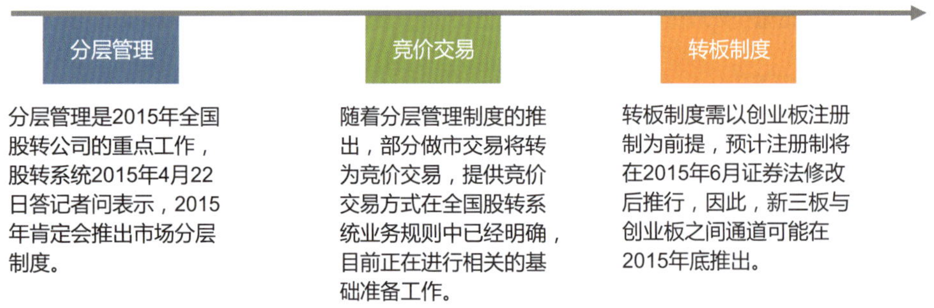

分层管理	竞价交易	转板制度
分层管理是2015年全国股转公司的重点工作，股转系统2015年4月22日答记者问表示，2015年肯定会推出市场分层制度。	随着分层管理制度的推出，部分做市交易将转为竞价交易，提供竞价交易方式在全国股转系统业务规则中已经明确，目前正在进行相关的基础准备工作。	转板制度需以创业板注册制为前提，预计注册制将在2015年6月证券法修改后推行，因此，新三板与创业板之间通道可能在2015年底推出。

12.5　区域市场：因地制宜，突破发展

区域性股权交易市场是为特定区域内的企业提供股权、债权的转让和融资服务的私募市场，是我国多层次资本市场的重要组成部分。2015 年 3 月 5 日，第十二届全国人民代表大会第三次会议在京举行。国务院总理李克强向大会做了《2015 年国务院政府工作报告》。其中明确提出要加强多层次资本市场体系建设，发展服务中小企业的区域性股权市场。

12.5.1　区域市场全国覆盖，因地制宜服务本地企业

近年来，我国区域性股权交易市场发展迅速。截至 2015 年 3 月 11 日，全国共有 28 家区域股权交易中心（所），基本形成了"一省一市场"的格局。各地股权交易中心的挂牌企业总数达 17217 家；然而，只有上海、浙江、甘肃等七地的股权交易中心披露了股份总量信息，其挂牌企业总数为 8449 家。另一方面，由于各地股权交易市场发展的不均衡，部分交易中心还存在着挂牌企业数量不多、交易不太活跃、业务范围还比较窄的问题。

截至 2015 年 3 月 11 日，挂牌企业数量排在第一位的是前海股权交易中心，其次为上海股权托管交易中心和浙江股权交易中心。从挂牌企业资产总额来看，排在第一位的同样是前海股权交易中心，其次为天津股权交易所和辽宁股权交易中心。最后，根据挂牌企业资产均值，排在前三位的是江苏股权交易中心、重庆股份转让中心和湖南股权交易所，户均资产分别为 1.67 亿元、1.27 亿元和 1.08 亿元。

表 12 – 18　　区域股权交易中心（所）挂牌企业家数、资产合计（2014 年）

交易所	挂牌家数	股份总量（万股）	资产合计（亿元）	资产均值（亿元）
前海股权交易中心	4524 *	N/A	501.75 *	50.18 *
上海股权托管交易中心	3929 *	83614.46 *	150.61	0.68
浙江股权交易中心	1480 *	16352.00 *	45.85	11.46
海峡股权交易中心	1226	N/A	3.9	0.98
甘肃股权交易中心	1107	3000.00	3.35	1.12
广州股权交易中心	940	3300.00	4.28	0.39
辽宁股权交易中心	572	N/A	163.61 *	40.9

交易所	挂牌家数	股份总量（万股）	资产合计（亿元）	资产均值（亿元）
天津股权交易所	476	8323.22	470.49 *	1.41
新疆股权交易中心	460	N/A	134.29	67.15 *
齐鲁股权交易中心	394	6635.15	158.31	1.88
武汉股权托管交易中心	311	N/A	4.51	2.25
青岛蓝海股权交易中心	289	N/A	1.08	1.08
成都（川藏）股权交易中心	188	N/A	0.35	0.35
重庆股份转让中心	123	14450.00 *	155.95	7.8
北京股权交易中心	119	N/A	4.49	4.49
江苏股权交易中心	76	N/A	127.09	127.09 *
湖南股权交易所	64	N/A	68.92	17.23
广东金融高新区股权交易中心	38	N/A	3.64	3.64

注：①通过 Wind 资讯终端只能查询到最新数据，表格中统计结果截至 2015 年 3 月 11 日。

②根据"资产合计"不为零，表格筛选出 18 家区域股权交易中心。

③"资产合计"与"资产均值"均为 Wind 资讯直接导出，由于大部分挂牌企业并未公布资产信息，所以"资产均值"不能简单用"资产合计"与"挂牌家数"的比值代替。

④部分股权交易中心的挂牌条件中并不要求企业改制成股份公司，因此缺少"股份总量"的信息。

⑤每列中加 * 的数据代表以相应指标为准排名前三位的区域股权交易中心。

资料来源：Wind 资讯。

由于不同省市的中小微企业特征千差万别，区域性股权交易市场又主要为本地企业的发展提供金融服务，因此发展区域股权交易中心要因地制宜，根据自身条件及环境选择合适的组织形式以及交易制度等。只有充分了解当地企业在不同阶段的不同融资需求，才能据此设计出真正符合要求的融资工具，有效防范各类潜在风险，更好地服务中小微企业。

12.5.2 繁荣背后隐忧凸显，统一规范防范风险

当前，区域性股权交易市场发展速度迅猛，在交易中心（所）的数量以及挂牌企业数量等方面都非常明显。但是，繁荣的背后往往存在着隐患。对于目前区域股权市场所存在的问题，应该早作分析并积极采取有效措施，防止出现较大规模的系统性风险。

首先，缺乏系统的顶层设计。无论是现行的《公司法》还是《证券法》，都未对区域性股权交易市场进行明确的规范和界定。目前相关的法规主要是《国务院关于清理整顿各类交易场所切实防范金融风险的决定》（国发〔2011〕38 号）以及《关于规范证券公司参与区域性股权交易市场的指导意见（试行）》（证监会公告〔2012〕20 号）。国家的统一规划不出台，这就使区域股权市场的发展面临很大的困惑，导致各地都在摸索发展，缺乏制度保障。

其次，市场竞争有待进一步规范。全国已开业的 28 家区域性股权交易场所，均没有明确统一的市场监管模式、主体和内容。各地政府及各家区域性股权交易中心（所）往往从自身利益出发，自定市场准入条件、交易规则制度。由于在市场运行机制、挂牌企业准入门槛等方面的差异较大，加之各市场大多有跨区域经营的动机，会纷纷降低条件面向全国企业开放。在市场功能定位相近的情况下，容易出现盲目降低投资和挂牌门槛、操纵价格等无序竞争的情况，阻碍了各区域性交易市场

的有序发展。

再次，与全国股转系统之间尚未形成互通机制，没有建立"转板便捷通道"；区域股权市场上的挂牌企业如果要进入全国股转系统，同样需要进行必要的审核程序。同时，各地区域性股权交易市场建设各自的交易系统，尚未形成互联互通，投资者的信息渠道不够畅通。

最后，监管体系不够完善。目前，区域性股权交易市场实行各省级政府监管和企业自律监管为主的监管制度，监管体制面临着一定的风险。

专题 12 - 6　前海股权交易中心

前海股权交易中心（深圳）有限公司（以下简称前海股权交易中心）位于深圳前海深港现代服务业合作区，注册资本 5.55 亿元。中心共有 8 家股东，前三大股东为中信证券、国信证券、安信证券等三家专业券商，持股比例分别达到 25.98%、21.65%、17.32%。

在前海股权交易中心挂牌的企业分为标准板和非标准板两类，其中后者主要以一些个体工商户为主。截至 2015 年 3 月 11 日，标准板挂牌企业共有 4524 家，非标准板有 18 家。从挂牌企业的资本规模来看，500 万元以下的企业占到了总数的 50%，500 万至 1000 万元的企业约占 17%，充分体现了中心为中小微企业提供金融服务的初衷。

表 12 - 19　　　　　　　　　　前海股权交易中心企业挂牌的"3211 标准"

代号	具体标准
3	最近 12 个月的净利润累计不少于 300 万元
2	最近 12 个月的营业收入累计不少于 2000 万元；或最近 24 个月营业收入累计不少于 2000 万元，且增长率不少于 30%
1	净资产不少于 1000 万元，且最近 12 个月的营业收入不少于 500 万元
1	最近 12 个月银行贷款达 100 万元以上或投资机构股权投资达 100 万元以上

资料来源：前海股权交易中心。

融资方面。截至 2015 年 3 月 11 日，前海股权交易中心已累计为 463 家企业提供了 704 笔资金，融资金额达 61.24 亿元；每家企业融资额平均为 1322.68 万元，每笔融资额平均为 869.89 万元，基本符合中小微企业的融资特征。针对不同企业的实际情况及融资特点，中心主要提供短期周转融资、私募债融资、股权融资、小额融资等四种融资工具，充分做到了短、中、长期相结合。除了在平台上发布股权融资信息，前海股权交易中心还会通过组织线下融资项目推介会、直接向企业定向推荐等方式来帮助企业快速找到股权投资者。但另一方面也要注意到，相对于中心内 4524 家的挂牌数量来讲，融资业务的覆盖率还存在很大的提升空间。中小企业经营过程中遇到的主要难题还是集中在融资方面，前海股权交易中心未来有必要继续进行资源配套，将解决"融资难"做到实处。

服务方面。深圳前海股权交易中心为企业提供了挂牌、登记托管、培训咨询以及转让见证等四大基础服务。此外，中心还专门针对股权服务设计了四个细分项目。前海股交中心创设了"前海智媒"培训咨询公司，开设前海 Mini - MBA 在线学习项目，同时还在线下组织梧桐聚会、总裁沙龙、梧桐私董会等活动，为企业提供先进的管理经验及方法，充分做到了将"融智"和"融资"相结合。

　　单就挂牌而言，前海股权交易中心提出了独具特色的"十无模式"，具体来讲就是"无审批，无中介，无改变企业原有形态和方式，无登记托管挂牌费用，无发行方式、批次、数量限制，无强制性信息披露，无行业限制，无企业组织形态限制，对未来转交易所上市无阻隔和为挂牌企业提供无止境的培训"，非上市企业只需存续期满一年且满足"3211 标准"中的任一项即可申请挂牌。该模式的主要意义就在于降低了企业的改制成本和挂牌门槛，让中小企业得以突破地域限制，在更宽广的领域扩展市场。

12.6　股权交易市场服务中小微企业展望

　　2015 年，股权交易市场改革被寄予厚望，注册制改革箭在弦上；转板制度的试点提上日程；沪市酝酿战略新兴板以吸引在境外上市的高新技术企业回归；股转系统的交易制度和分层制度有望完善。每一项市场化改革的落地都将为股权交易市场带来发展的信心和力量。2015 年上半年 IPO 审批速度明显加快，新三板的活跃度显著提升，成为越来越多中小微企业进入资本市场的选择。然而，普遍被认为缺乏真正业绩支撑的"快牛"行情在一年过半之际戛然而止，引发政府救市的同时也引发对资本市场制度建设和金融监管的反思，计划之中的各项改革恐难如期推出。2015 年中小微企业通过股权交易市场融资的增长情况变得不确定。

13

债券市场：势、危与机

2014 年，债券市场迎来牛市。中债总财富（总值）指数全年上涨 11.23%，10 年期国债收益率由年初的 4.60% 降至年末的 3.62%。债券二级市场收益率水平的整体下行带动新发债券票面利率的下降，从而降低了企业的债券融资成本，助推了企业债券融资规模的扩张。与此同时，债券市场的创新与变革不断出现，永续债、永续中票、可交换债等债市新品种纷至沓来，资产支持证券在沉寂多年后再度勃兴。在为中小微企业提供直接融资方面，中小企业私募债融资规模和发行数量继续维持快速发展的势头，品种也出现了中小企业集合私募债等新品种，但随着偿债高峰的到来，中小企业私募债的信用风险逐渐暴露，承销商和担保人尽职履责问题凸显。在为中小金融机构提供债券融资渠道以助其提升中小微企业融资服务能力方面，通过债券市场融资的金融机构出现了明显的多元化趋势，区域性商业银行成为发行小微企业专项金融债的主力。此外，资产支持证券的再度兴起在客观上为小贷公司、商业银行等金融机构盘活中小微贷款存量提供了路径，使得我们在债券市场为中小金融机构提供债券融资渠道方面看到了更多的可能性。

回望 2014 年，我们此前的判断和担心在一定程度上成为了现实，但与此同时，我们的期待和关注也正在酝酿。历史数据和事件确认了企业债券融资比重上升的"势"，暴露了中小微企业通过债券市场直接融资的"危"，也展现了债券市场在扩宽中小金融机构债务融资渠道方面的"机"。

13.1 债市推动 "金融脱媒" 趋势持续

相对于信贷市场，债券市场的利率管制相对宽松，定价机制也更加市场化，因此债券市场规模的扩大在客观上推进了利率市场化进程。随着债券市场中新品种的加入（2005 年的短期融资券、2008 年的中期票据、2010 年的超短期融资券），社会融资规模中债券直接融资比例也在趋势性提升。从某种意义上讲，企业更多地通过发行债券进行直接融资，终将对商业银行传统的信贷业务模式构成冲击，从而促使商业银行提升风险定价能力，并将更多的信贷资源投放到中小微企业融资服务上。

13.1.1 企业债券净融资规模增加

2014 年，社会融资规模为 16.46 万亿元，较 2013 年减少 4.8%，自 2002 年开始公布社会融资规模数据以来，第三次出现规模缩减①。在社会融资规模缩减的同时，直接融资规模却出现大幅上涨：企业债券净融资规模②和非金融企业境内股票融资规模分别增加35%和96%③（见图13-1）。

图13-1 社会融资总量中各类融资形式占比变化（2002—2014年）

注：图中标记数据为每年企业债券净融资规模。
资料来源：中国人民银行、Wind资讯。

在去年的报告中，针对2013年企业债券融资在社会融资规模中占比下滑的现象我们曾指出，"企业债券融资占比下滑只是因为其对利率较为敏感而受到相对较大的冲击而已"，"但我们相信企业债券融资占比下滑的现象不会成为趋势"④。2014年，我们的判断得到了验证——伴随着债市走牛，债券收益率整体下行，二级市场收益率下行带动一级市场发行利率下行，融资成本的下降刺激了企业债券融资的迅速反弹，这种反弹不仅体现在绝对规模上，也体现在相对比例上。

从绝对规模来看，经济体通过债券市场获得的融资规模大幅上升，企业债券融资规模继2013年大幅下降20%后，2014年大幅增长至2.43万亿元，这也是自2002年来企业债券融资规模的最高值；从相对比例来看，企业债券融资在社会融资规模中的比重进一步提升，2014年该项占比提高了4.35个百分点，达到14.76%，也使得2014年成为2002年以来企业债券融资规模在社会融资规模中占比最高的年份（见图13-2）。

---

① 第一次是2004年，较2003年减少16.07%；第二次是2011年，较2010年减少8.48%；与2004年和2011年两次规模缩减不同，2014年社会融资规模减小并未伴随新增人民币信贷的减少，而是主要源于新增信托贷款和新增未贴现银行承兑汇票大幅减少。
② 根据中国人民银行对于社会融资总量的统计口径，此处的企业债券不同于一般意义上的"企业债"，还包括公司债、短期融资券、中期票据等债券类投资品种。社会融资总量中的企业债券融资额是一个增量概念，为当期发行或发生额扣除单期兑付偿还额的差额，且为了避免金融资产的市场价格波动扭曲实体经济的真实筹资规模统计，企业债券融资额均采用发行价或账面价值进行计值。
③ 股票融资规模大幅上涨主要源于2014年1月17日IPO重启（2012年11月16日暂停）。
④ 史建平：《中国中小企业金融服务发展报告（2014）》，北京，中国金融出版社，2014，257页。

图13-2　企业债融资净额在社会融资规模中占比（2002—2014年）

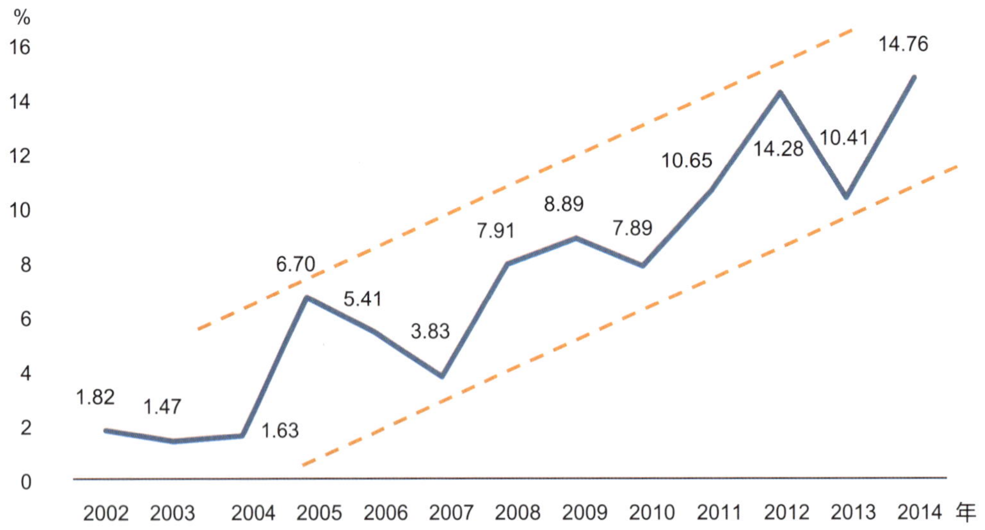

资料来源：Wind 资讯。

2014 年企业债券净融资规模和占比提升主要有两方面的原因：首先，2014 年债券市场收益率整体下行，降低一级市场新发行债券的票面利率，企业通过发行债券进行融资的成本随之下降，从而更多地选择通过债券市场融资，推升了企业债券净融资规模。通过对企业债券融资规模和债券融资成本与贷款成本比价关系的走势进行分析，可以对该结论加以验证。5 年期 AAA 级企业债收益率水平[1]自 2013 年底高于银行贷款成本后开始逐渐回落（见图 13-4）：5 年期 AAA 级企业债收益率从年初的 6.31% 降至第一季度末的 5.89%，降幅约 42bp，

图13-3　企业债券融资累计值（2013—2014年）

■ 2013（亿元）　　　■ 2014（亿元）

资料来源：Wind 资讯。

而同期 5 年以上银行贷款的基准利率则维持在 6.55% 的水平；自 2014 年 2 月 13 日开始，AAA 级企业债融资成本低于下浮 5% 后的中长期贷款基准利率[2]，并且由于人民银行降低存贷款基准利率的操作滞后于债券市场的调整，二者之间利差逐渐扩大。对比图 13-3，分季度看，债券融资成本与贷款融资成本的差额变动决定了债券融资规模。由于年初企业债券收益率依旧高企，第一季度企业债券融资规模同比减少 3727 亿元，而从第二季度开始，随着债市收益率水平的下降，企业债券融资开始发力，第二季度企业债券净融资累计值反超 2013 年 861 亿元。第三、第四季度，随着债券融资成本

———————————

① 由于企业债发行利率数据不连续，此处由中债企业债到期收益率水平代替，鉴于企业债一级发行时的票面利率水平当期可比券的到期收益率水平基本一致，中债企业债到期收益率水平基本可以反映企业债券融资成本。

② 通常 AAA 级偿债主体可获得的贷款利率水平为中长期贷款基准利率下浮 5%。

和贷款成本的差距的扩大，债券累积融资规模同比增幅也进一步拉大。全年来看，2014 年企业债券净融资超出 2013 年 6300 亿元。

图 13 - 4 AAA 级企业债融资成本与贷款成本对比

资料来源：Wind 资讯。

其次，债券投资需求方面，在"开正门、堵偏门"的监管思路下，"非标转标"的趋势渐成主流，对信托贷款、委托贷款等监管和约束的增加，在客观上刺激了银行理财、同业等资金对标准化债券的需求。为了扫清银行理财产品进入银行间债券市场的制度障碍，2013 年 2 月人民银行发布了《关于商业银行理财产品进入银行间债券市场有关事项的通知》（银市场〔2014〕1 号），首次公布银行理财产品进入银行间债券市场的细则，规范了银行理财产品投资银行间债券市场的行为，为银行理财更好地参与银行间债券市场投资铺平了道路。2013 年 3 月 25 日银监会下发了《中国银监会关于规范商业银行理财业务投资运作有关问题的通知》（银监发〔2013〕8 号），规定"商业银行理财资金投资非标准化债权资产的余额在任何时点均以理财产品余额的 35% 与商业银行上一年度审计报告披露总资产的 4% 之间孰低者为上限"。2012 年底至 2013 年上半年，除五大行外，大部分上市股份制商业银行非标理财占总资产余额比例在 4% 以上，非标理财资产余额占理财资产比重也基本都高于 35%[1]，由于非标理财短期内规模难降，因此通过做大以标准化债券作为投资标的的标准理财成为做大理财产品基数，以便尽快达到监管要求的快捷方式。2014 年 5 月 16 日，一行三会[2]加国家外汇局联合发布《关于规范金融机构同业业务的通知》（银发〔2014〕127 号），对同业业务和买入返售业务进行规范。监管层对非标的整治范围和力度逐渐加大，银行理财和同业业务对非标资产需求的减弱使得其对固定收益类资产的结构发生了变化，导致金融机构对标准化债券的需求增加。以国内银行理财业务规模最大的工商银行为例，2014 年其资产管理部直接管理的理财规模约为 1.6 万亿元，其理财策略在市场上具有风向标作用。据《21 世纪经济报道》，2014 年工行理财增加对债券的配置

---

① 数据来源：上市公司年报、中金研究所。

② 一行三会，即中国人民银行、银监会、证监会、保监会。

力度，约为 2013 年的 2 倍，配置比例超过非标①。由此观之，银行理财资金投向由非标资产转向标准化债券，在客观上配合宽松的货币政策环境推动了债券市场收益率的下行，推升了企业债券净融资比例的提升。

综合来看，债券收益率下行带来的债券市场供需两旺的格局，是 2014 年企业债券融资出现恢复性增长的主要原因。

13.1.2　工商企业债券融资规模增长

2014 年，非金融企业在一级市场新发行各类企业债、公司债、中期票据、短期融资券、定向工具、可转债、可交换债②共 4494 只③，较 2013 年增加 1595 只，融资规模约为 5.03 万亿元④，较上年增长 40.50%。需要注意的是，虽然城投平台拥有企业属性，在社融规模统计中其发行的债券也被纳入企业债券净融资规模口径，然而究其本质，城投平台并不属于严格意义上的工商企业，其融资行为具有一定程度的非市场化属性。因此，在剔除了 1731 只城投债⑤后，工商企业共发行债务融资工具 2763 只，融资规模约为 3.23 万亿元，较上年增长 25.68%，约占非金融企业融资规模的 64.21%，较 2013 年下降 7.57 个百分点（在 2011 年和 2012 年，这一比例曾为 82.74% 和 73.74%），占比连续三年下滑（见图 13 - 5）。我们认为，这一结构变动趋势发生在特殊的政策背景之下，2015 年，普通工商企业发行人融资规模在非金融企业债券融资规模中的比例或将出现反弹。

图 13 - 5　非金融企业债券融资额成分表（2011—2014 年）

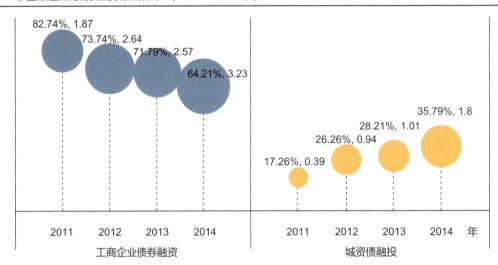

注：①图中气泡大小代表相应类别融资规模大小，气泡高度代表相应占比。

②"83.74%，1.87"表示 2011 年工商企业债券融资规模为 1.87 万亿元，占比 83.74%。其他数据含义以此类推。

资料来源：Wind 资讯。

---

① 《2015 解构工行万亿固定收益投资图谱》，载《21 世纪经济报道》，2015 - 02 - 11。
② 2013 年之前报告中工商企业债券的统计口径为企业债、公司债、中期票据、短期融资券，2014 年将统计口径扩展为企业债、公司债、中期票据、短期融资券、定向工具、可转债、可交换债，并对历史数据进行追溯更新。
③ 同时在银行间市场和交易所市场交易的债券虽有两个代码，但是按一只债券计算。
④ 此处统计的融资规模为一级市场新发债券融资金额，由于未剔除统计期内的到期债券金额，因此数值上大于中国人民银行在社会融资总量中的相关统计。
⑤ 城投债统计口径为 Wind 资讯城投标准下的企业债、公司债、中期票据、短期融资券、定向工具、可转债、可交换债。

作出这一判断的主要依据有三点：第一，"传统"城投债发行窗口收紧。2014年，《关于加强地方政府性债务管理的意见》（国发〔2014〕43号）、《地方政府存量债务纳入预算管理清理甄别办法》（财预〔2014〕351号）先后出台。这意味着，随着地方政府性债务的清理规范，城投债将遭遇地方政府债券、地方政府专项债券和PPP项目融资的分流，供给将被显著压缩。第二，城投债信用风险出现分化，投资者更加谨慎。"43号文"和"351号文"出台后，对于纳入政府性债务口径的城投债而言，其信用资质等同于地方政府信用，对于未纳入政府性债务口径的城投债而言，其信用资质主要取决于企业自身信用，债务类型界定上的差异将导致城投债的信用风险出现显著分化。由于债务甄别结果在短期内难以明确公布，因此投资者对城投债特别是新发城投债的投资更加谨慎，从而导致城投债需求受限。第三，部分中低等级城投债的质押融资功能丧失，削弱了投资者对于城投债的配置需求。2014年12月8日，中证登发布《关于加强企业债券回购风险管理相关措施的通知》（中证登149号文），文件规定"地方政府性债务甄别清理完成后，对于未纳入地方政府一般债务与专项债务预算范围的企业债券，仅接纳债项评级为AAA级、主体评级为AA级（含）以上，（主体评级为AA级的，其评级展望应当为正面或稳定）的企业债券进入回购质押库"。未提交入库的中低评级城投债因此失去了交易所质押资格，杠杆收益率降低，投资价值显著降低，削弱了投资者的配置需求。2014年各月份城投债的发行数据可以很好地验证上述推断（图13-6）。

图13-6 城投债单月发行规模与占比（2013—2014年）

注：柱状图表示城投债每月发行规模，折线图分别表示2013年和2014年城投债单月发行规模在全年发行总量中的占比。
资料来源：Wind资讯。

2015年，在地方政府性债务甄别清理的大背景下，城投债发行规模增速将显著下降，普通工商企业债券融资在非金融企业债券融资中的比重有望得到回升，债券市场将更多地为普通工商企业提供债券融资服务。

在利率市场化和金融"脱媒"的大背景下，企业债券融资规模在社会融资规模中比重的提升无可避免，工商企业债券融资在企业债券融资规模中的比例也有望迎来反弹回升。因此在促进金融脱媒、推动商业银行下沉客户结构重心方面，债券市场将发挥愈来愈重要的作用。在这一过程中，随着资质优良的大中型企业越来越多地通过债券市场获得债务融资，将为中小微企业腾出更多的信贷资源空间，中小微企业的债务融资需求也有望更多地得到商业银行的关注，从而有助于缓解中小微企业的"融资难"问题。当更多的金融机构将目光投向为中小微企业提供债务融资服务时，"融资贵"问题方有望得以进一步缓解。

13.2　中小企业私募债成为带动中小企业债市融资增长的主力品种

13.2.1　中小企业发行债券直接融资持续增长

2014 年，中小企业①通过发行债券直接融资的绝对规模和在企业融资规模中占比均有所提升。中小企业债券直接融资规模为 637.61 亿元（中小企业私募债 628.83 亿元，中小企业集合票据 4.30 亿元以及中小企业集合债 4.48 亿元），比 2013 年增长 226.29 亿元，占当年工商企业债券②融资总额的比重也由 2013 年的 1.60% 提升至 1.97%（见图 13 - 7）。从品种结构来看，中小企业私募债成为中小企业直接发行各类债券的绝对主力，在各类中小企业债发行量中占比高达 98.62%。2014 年，中小企业私募债增加 281.90 亿元，较 2013 年增长 81.26%，增速放缓③；中小企业集合票据发行遇冷，2014 年仅发行 3 只产品，发行额不足 5 亿元；中小企业集合债依旧处于名存实亡的边缘，仅发行 2 只产品，发行额亦不足 5 亿元。

图 13 -7　中小企业债券直接融资规模（2011—2014 年）

注：工商企业债券总额中已剔除城投债。

资料来源：Wind 资讯。

---

① 债券融资目前尚不能覆盖微型企业，因此，本节用中小企业。

② 工商企业债券总额中已剔除城投债。

③ 增速放缓的原因之一在于规模增大后的基数效应。

13.2.2 中小企业私募债危机不断

■**发行量维持快速增长，融资成本仍居高位**

自 2012 年 5 月开闸至今，中小企业私募债已经出现了约两年半时间。从规模来看，2014 年共有 382 只中小企业私募债起息发行，共筹集资金 628.83 亿元，较 2013 年增加 120 只，发行规模增长了 81.25%。

具体来看，2014 年中小企业私募债的增长主要源于上交所私募债的大幅增长，上交所私募债比 2013 年增发 120 只，发行规模增长 141.69%，而深交所私募债发行数量、规模与 2013 年差别不大，创业板私募债的发行甚至略有缩水。从单只发行规模来看，单只平均融资规模自 2012 年连续 3 年上涨，2014 年达到了 1.65 亿元。细分来看，上交所和深交所中小企业私募债单只融资规模相近，创业板私募债单只融资规模远高于上交所和深交所私募债（见表 13 - 1）。

表 13 - 1 　　　　　　　　　　中小企业私募债发行情况（2012—2014 年）　　　　　　　　　单位：亿元

私募债类型	2012 年			2013 年			2014 年		
	发行只数	发行规模	单只发行规模	发行只数	发行规模	单只发行规模	发行只数	发行规模	单只发行规模
上交所私募债	60	60.63	1.01	130	192.45	1.48	250	465.13	1.86
深交所私募债	48	55.18	1.15	127	134.49	1.06	128	152.70	1.19
创业板私募债	6	15.50	2.58	5	20.00	4.00	4	11.00	2.75
合计	114	131.31	1.15	262	346.94	1.32	382	628.83	1.65

注：由于各地股权交易中心挂牌的中小企业私募债统计信息不够完备，故此表中未予统计。

资料来源：Wind 资讯。

以月为频率对中小企业私募债发行利率进行统计，自 2012 年 5 月，月平均发行利率较为稳定，大致落于 9%～10% 的区间内。虽然 2014 年债券二级市场收益率水平整体下行，3 年期 AAA 级企业债到期收益率较年初下降 154bp，但 2014 年中小企业私募债月平均发行利率仍然稳定在 9.00%～9.70% 的狭窄区间内（见图 13 - 8），并无大幅下行。这主要有两方面的原因：一是与高等级企业债的投资者相比，中小企业私募债的投资者更倾向于以获得绝对收益为投资目标，AAA 企业债收益率下降能够为投资者带来资本利得，而中小企业私募债因流动性很弱，基本不存在获得资本利得的空间，在债券牛市中，对于追求绝对回报的投资者而言，其对于中小企业私募债的利率要求并没有降低；二是在经济增速下行的周期中，宽松的货币政策预期利好资金面和高等级企业债，但中小企业的信用风险反而在提升，扩大的信用利差在很大程度上抵消了基准收益率的下行，从而导致中小企业私募债的发行利率总体维持在高位并伴随窄幅震荡。

图 13 –8　中小企业私募债月平均发行利率（2012—2014 年）

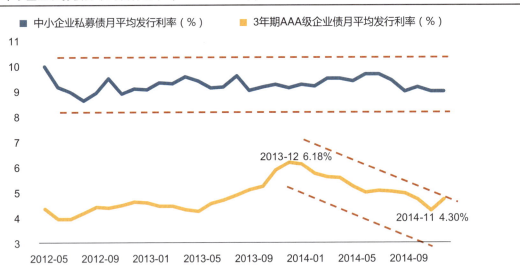

注：中小企业私募债月平均发行利率为每月发行的所有中小企业私募债发行利率的算术平均值。

资料来源：Wind 资讯。

以年为频率对中小企业私募债发行利率进行统计，自 2012 年 6 月，年度平均值和年度中位数连续两年稳步上升，2014 年年平均发行利率为 9.39%，同比上升 13bp，发行利率的中位数为 9.50%，同比上升 20bp。2014 年中小企业私募债最高发行利率为 15%，最低发行利率为 3.68%①，二者的差距和发行利率的标准差均达到自 2012 年来最高，分别为 11.32% 和 1.17%（见图 13 –9），这主要因为随着中小企业私募债发行主体资质逐步出现分化，不同资质发行主体的发行利率差异逐渐扩大。

图 13 –9　中小企业私募债发行利率统计（2012—2014 年）

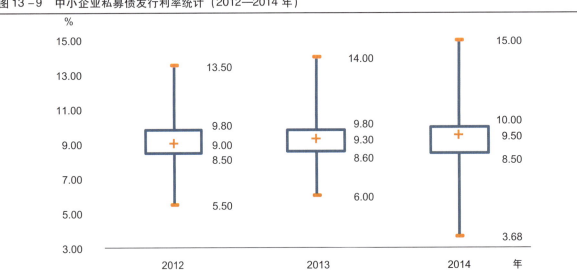

注：每一个箱形图上的 5 个数字从上至下分别表示最大值、上四分位数、中位数、下四分位数和最小值，例如，2012 年中小企业私募债发行利率的最大值、上四分位数、中位数、下四分位数和最小值分别为 13.5%、9.80%、9.00%、8.50% 和 5.50%。

资料来源：Wind 资讯。

---

① 发行利率较低的中小企业私募债多为外资企业在中国境内设立的子公司，尽管资产规模和营业收入少，但因投资者对其母公司认可度较高，因此利率相对较低。

　　中小企业私募债的发行期限以 3 年期和 2 年期为主，其中 3 年期多为"2 +1"形式（即 2 年末赋予投资者回售选择权）。中小企业私募债期限总体偏短，大概与发行人自身信用情况多变以及该品种缺乏流动性有一定关系：投资者难以对中小企业的中长期信用情况作出准确判断，加上私募债流动性差，一旦情况有变也难以及时脱手，因此更倾向于短期投资。从 2014 年中小企业私募债的发行情况来看，382 只中小企业私募债中 2 年期的 78 只，占 20.4%，3 年期 284 只，占 74.4%（见图 13 – 10）。其中 3 年期中有 227 只含提前回售条款，占 3 年期发行总量的 79.9%。

图 13 –10　中小企业私募债发行期限（2012—2014 年）

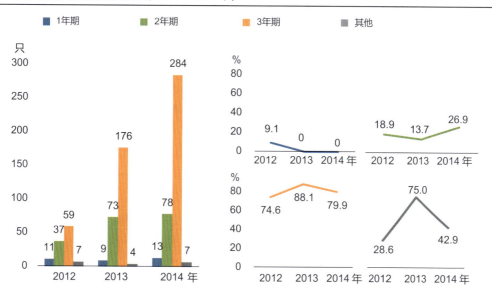

　　注：①柱状图表示各类期限的中小企业私募债发行只数，比如 2012 年发行 1 年期中小企业私募债 11 只；折线图表示各类期限中小企业私募债中含提前回售条款的债券占比，比如 2012 年 1 年期的中小企业私募债中有 9.1% 的债券含提前回售条款。
　　②其他期限包括 1.5 年期、1.75 年期、2.5 年期、4 年期、5 年期，因为每年发行数量较少，所以合并分析，2012 年这 5 类期限分别发行 3 只、0 只、2 只、0 只和 2 只，其中 5 年期的债券均含提前回售条款；2013 年这 5 类期限分别发行 1 只、0 只、0 只、1 只和 2 只，其中 4 年期和 5 年期的中小企业私募债均含提前回售条款；2014 年这 5 类期限分别发行 3 只、1 只、0 只、0 只和 3 只，其中 5 年期的债券均含提前回售条款。
　　资料来源：Wind 资讯。

专题 13 – 1　中小企业集合私募债崭露头角，政策变化致其前景黯淡

　　去年报告中我们指出"中小企业集合私募债正在酝酿"，2014 年，该产品果然顺利发行。2014 年 1 月 28 日，"13 华耐 01"即北京华耐立家建材有限公司和天津华耐立家建材销售有限公司 2013 年中小企业集合私募债券（第一期）作为首只交易所中小企业集合私募债在深交所上市发行。全年共 5 只中小企业集合私募债产品发行，分别为"13 沪灞债""13 华耐 01""13 华耐 02""13 云公投"和"13 恒钛 01"，每只产品都只有两家发行主体，一共融资 7.3 亿元，其中第一只产品在上交所上市发行，后 4 只产品在深交所上市发行。
　　值得注意的是，上述中小企业集合私募债的发行主体均隶属于同一个集团或拥有相同的最大控股股东。"13 沪灞债"的发行主体均为西安市沪灞河发展有限公司 100% 控股的子公司，"13 华耐债"的发行主体均隶属于华耐立家建材有限公司，"13 云公投"的发行主体的第一股东均为云南

省公路开发投资有限公司（对发行主体云南云岭高速公路交通科技有限公司控股 85%，对云南云岭高速公路养护绿化工程有限公司控股 95.89%），"13 恒钛 01"的发行主体为山东恒通膨胀节制造有限公司和山东钛宝钛业务有限公司，这两个公司的实际控制人同为王焕庆。这也印证了我们此前对于中小企业集合私募债发展趋势的判断："中小企业集合私募债有可能在日后成为控股公司'化整为零、化大为小'的私募融资手段。"

同时也应注意到，集合私募债由于涉及多个融资主体，如果发行主体之间缺乏一定的从属关系，那么在发行过程中就需要协调多方的时间进度和利益关系，后期存续期间对主承销商的后续督导提出较高要求，且多个融资主体的存在增大了投资人判断债券风险及出险损失的难度，因此集合私募债发行主体之间关联关系的存在具有一定的合理性，但这种合理性掩盖了规模超过中小企业私募债发行要求的企业通过子公司进行债券私募融资的套利行为。

然而，随着《公司债券发行与交易管理办法》的出台，企业发行私募公司债不再需要满足中小微企业的要求，因此未来企业通过化整为零发行中小企业集合私募债的动力趋于弱化，该品种的前景也随之黯淡。

■中小企业私募债步入偿债高峰，"刚兑"迷梦破裂暴露深层次问题

尽管整体上中小企业私募债发行规模和数量上保持了良好的发展势头，但 2014 年也是中小企业私募债"心惊肉跳"的一年——随着中小企业私募债逐步进入偿债高峰，2014 年至少有 5 只产品被曝光出现实质性违约，中小企业私募债刚性兑付预期被打破，危机不断。

2014 年 6 月起，首批发行的私募债迎来了一轮密集偿付期，中国版"高收益债"中小企业私募债的信用风险"水落石出"，"裸泳者"频现——至少有 5 只中小企业私募债（被曝光）出现实质性违约，分别是"13 中森债""12 华特斯""12 金泰债""12 津天联"和"13 华珠债"。中小企业私募债违约，无论对融资方、承销商还是对投资者而言都不是光彩的事情，其"私募"性质也免除了对公众披露的义务，因此出现信用事件的中小企业私募债恐怕远不止上述被媒体曝光的 5 只，这些出现信用事件的中小企业私募债最终采取了何种措施解决、是否兑付，外界仍不得而知。

在一个正常的债券市场中，债券出现信用事件并不值得大惊小怪。打破"刚性兑付"和"隐性担保"也是中国债券市场走向成熟的必由之路。但问题是，中小企业私募债风险事件频现是否只是中小企业信用质量的原因？承销商是否做到充分的风险揭示和及时的信息披露？其他中介机构是否做到尽职履责？

从公开信息来看，中小企业私募债兑付危机除了反映出中小企业抗风险能力弱、治理结构不完善等问题外，还暴露出了三方面非市场因素问题：承销商信息披露不到位、投资者保护机制不足以及"流氓担保"[1]，若这些问题得不到有效解决，中小企业私募债未来的发展必将遭受严重挫折。下面我们将具体分析这三方面非市场因素问题：

（1）承销商信息披露不全制约中小企业私募债发展。相比在证券交易所上市的企业，发行私募债的中小企业在信息披露方面的监管要求相对较低。中小企业私募债采用备案制发行，发行所需材料少，发行速度快，曾一度成为券商盈利"新宠"，但发行前承销商尽职调查不足，信息披露不全，

---

[1] 流氓担保指在中小企业私募债发生违约后，担保公司不进行代偿。

影响了投资者判断，为信用风险事件出现后投资者与承销商之间发生纠纷埋下了隐患，严重制约中小企业私募债发展。这一现象的产生，主要有两方面原因：一是承销商依旧秉承承销企业债、公司债等公募债券的旧思维，长期刚性兑付的历史经验导致承销商和投资者均缺乏对于偿债主体发生违约的风险意识，承销商未能进行充分的尽职调查，偏听偏信发行人提供的资料；二是中小企业私募债发行规模小，导致该项业务中介机构收费相对较少，人员配备不足，进行尽职调查时存在投入不足的问题。上述问题从《投资者报》① 对"12 金泰债"的相关报道中可见一斑，被曝光的"12 金泰债"信息披露问题并非个案，信息披露不充分广泛存在于中小企业私募债的发行中。

（2）投资者法律保护机制不足。由于私募债相关的法律法规制度不健全，当中小企业私募债发生违约时，投资者很难通过法律手段维护自己的利益。此外，机构投资者出于自身声誉考虑，对通过诉讼手段保护自身权益的重视程度也不够，很多机构投资者为了减少声誉方面的负面影响，不愿将自己暴露于镁光灯下，对于庭外和解存在侥幸，使得债务人有机可乘。而在成熟的资本市场上，一些所谓"秃鹫基金"往往通过购买法律文件或信息披露存在瑕疵的债券，并聘请律师等中介机构以诉讼手段索取巨额赔偿获利。秃鹫投资者的这种盈利模式，不但为自身谋求了巨额利润，也清理了债券市场。而国内投资者法律保护机制不足以及传统文化对投资者法律维权的影响，已成为中小企业私募债市场健康发展的一大障碍。

（3）"担"而不"保"的"流氓担保"。2012 年以来公募发行的中小企业集合债券和集合票据曾多次发生主体偿债危机，不过由于上述债券均具有较好的担保增信，多由担保人或反担保人进行代偿②，因此投资者未发生实质损失。但对于中小企业私募债，最终被代偿的较少，投资者遭遇了"担"而不"保"的"流氓担保"。

2014 年被曝光的 5 只违约的中小企业私募债中，多只被曝出存在"担而不保"问题。其中以中海信达担保有限公司（以下简称中海信达）最为典型③。Wind 资讯显示，截至 2014 年 12 月 31 日，中海信达一共为 14 只私募债提供不可撤销连带责任担保，为 3 只债券提供连带责任担保，担保总额为 12.89 亿元。无独有偶，"担"而不"保"的并不只是中海信达一家。据《21 世纪经济报道》，"12 津天联"的担保人为天津海泰投资担保有限责任公司（以下简称海泰担保），在 7 月 29 日"12 津天联"发生违约事件后，海泰担保由于能力有限，亦无法履行担保责任。

按照合同约定，若中小企业私募债出现违约，担保方在接到代偿通知后应无条件先行代偿，但不少担保公司以自身面临经营困难或其他原因拒绝代偿。由于这些担保公司自身实力本身就比较有限，投资者即使起诉担保公司也很难获得代偿。另外，在部分中小企业私募债的募集说明书中，甚至存在夸大担保公司担保能力的误导性陈述（例如中海信贷在私募债募集说明书声称自己为国有企业，然而其实际控制人实为社会集团法人"北京国际友好联络会"而非国有企业）。

■中小企业私募债制度改进与挑战

显然，监管部门也意识到了私募债存在的上述问题，并指导交易所有针对性地加以规范。2014

① 《起底"12 金泰债"》，载《投资者报》，2014（29）。
② 如"10 中关村债"中地杰通讯违约由北京中关村科技融资担保有限公司代偿、"10 京经开 SMECN1"中康特荣宝违约由北京首创融资担保有限公司代偿等。
③ "13 中森债"由中海信达提供不可撤销连带担保责任，违约后虽然中海信达向投资者出具代偿承诺函，但却没有履行，最终由发行人自行筹措资金归还了利息。另外，中海信达还为 8 月违约的"13 华珠债"提供不可撤销连带责任担保，在"13 华珠债"发生违约后，据上海商报称，中海信达仍未对是否代偿作出表态。

年 12 月 30 日，深交所发布《关于加强中小企业私募债券风险防控工作相关事项的通知》（深证会〔2014〕152 号），主要强调以下三方面内容：一是加强对私募债的信息披露，细化私募债受托管理人、会计师事务所在信息披露中的作用，比如私募债券受托管理人应当在每年 4 月 30 日前，根据对发行人的持续跟踪情况向私募债券持有人出具年度受托管理事务报告并向深交所提交报告，会计师事务所在进行年度审计的同时，需就私募债募集资金使用情况开展专项审计。二是增加了承销商尽职调查的内容，进一步明确发行人、承销商和担保人的责任，发行人未履行私募债兑付兑息义务、担保人未履行担保责任的，发行人及其相关人员、担保人及其相关人员的相关失信信息将记入诚信档案，本所及相关单位将对相关主体的证券业务予以审慎对待。三是进一步收窄私募债合格投资者的范围，明确了三类投资主体不得作为私募债合格投资者，分别是除发行人的董事、监事、高级管理人员及持股比例超过 5% 的股东外的个人投资者、针对个人投资者的非主动管理的金融产品和全部资金仅用于购买单一私募债券的金融产品、有限合伙企业。

无独有偶，2015 年 1 月 7 日，上交所也发布了《关于加强中小企业私募债券风险防控工作相关事项的通知》（上证发〔2015〕2 号），内容与深交所发布的通知基本相同，但在细节上的规定更为严格，例如，上交所规定个人投资者不得作为私募债券的合格投资者，而深交所则将"发行人的董事、监事、高级管理人员及持股比例超过 5% 的股东"等个人投资者进行了豁免；再如，上交所要求"在私募债券到期日前的第 30 日，如发行人仍未将不低于私募债券代偿本金 20% 的资金存入偿债保障金专户"，受托人应及时履行信息披露义务，而深交所并无相关规定。从表面来看，关于收窄合格投资者范围的规定对私募债的冲击较大，加强信息披露和强调承销商尽调责任的规定对于规范私募债市场有积极作用，但就短期而言，增加承销商的尽职调查内容，强调信息披露责任拉长了发行周期，增加了发行费用和债券存续期的后督成本，特别是发行人未兑付、担保人未履行担保责任的私募债承销商券商将会受到交易所的"审慎对待"，因此可以预见，未来承销商在开展中小企业私募债业务上将更加审慎。

总体而言，我们赞同监管部门和交易所对中小企业私募债进行必要的规范，特别是加强信息披露和中介结构尽职调查责任的部分，因为这部分体现了"卖者有责"；但是在合格投资者的认定和限制方面，其核心应该是"买者自负"以及确保投资者人数在限制内的私募性质，过于苛刻细致的合格投资者要求则显得有些武断。例如，上交所规定个人投资者不得作为私募债券的合格投资者，可是对于某一特定的中小企业而言，有什么证据能够表明机构投资者一定比个人投资者更了解其信用风险？虽然深交所对"发行人的董事、监事、高级管理人员及持股比例超过 5% 的股东"等个人投资者进行了豁免，但是发行人董事、监事、高级管理人员及持股比例超过 5% 个人股东的朋友、上下游企业的董事、监事和高级管理人员就一定不了解发行人的信用风险吗？由于"针对个人投资者的非主动管理的金融产品"也不属于合格投资者范围，因此那些有风险承担能力、对发行人信用质量相对了解的个人投资者也难以通过借用金融机构"通道"进行中小企业私募债投资。"全部资金仅用于购买单一私募债券的金融产品、有限合伙企业"这一条本意是强调投资者应该进行分散投资，可是，把鸡蛋放在几个篮子应该是投资者自己选择风险控制策略的权利，而不应由监管部门或是交易所来决定。如果某个投资者只了解一个中小企业私募债的发行人，那他也一定要通过投资其他完全不了解私募债来"分散风险"？

总体而言，在短期内，监管部门从严限定合格投资者的范围对于中小企业私募债这个品种的存续是必要的，但长期看仍应在"买者自负""卖者有责"的框架下减少对投资者范围的约束。"机构投资者比个人投资者风险识别和承担能力更强"的监管思路，在长期来看是值得商榷的。

综上，2014 年，虽然中小企业私募债成为中小企业债券融资的绝对主力，但违约频现、承销商信息披露不到位、投资者保护机制不足以及"流氓担保"问题成为中小企业私募债发展的重要掣肘，《关于加强中小企业私募债券风险防控工作相关事项的通知》和《公司债券发行与交易管理办法》的出台，一面使合格投资者范围收窄，一面使承销商更加审慎，中小企业私募债发行规模和数量增速将难以维持。

13.2.3 中小企业集合票据遇冷

2014 年中小企业集合票据发行规模锐减，发行数量及规模均为 6 年来最低。年内仅发行 3 只中小企业集合票据，分别为"14 宿迁 SMECN Ⅱ 001""14 许昌 SMECNⅡ001"和"14 中关高科 SMECN001"，较 2013 年减少 27 只，涉及 6 家企业，3 个地区（北京、河南、江苏），融资总金额不足 5 亿元（见表 13－2），大幅缩减为去年的 7% 左右。其中，中关村高科技和江苏宿迁属于续发（中关村高科技在 2010 年、2011 年均有发行中小企业集合票据，江苏宿迁从 2012 年连续 3 年发行中小企业集合票据）。2014 年 8 月 18 日，江苏省南京市 2014 年第一期区域集优集合票据本来有可能成为当年发行的第 4 只中小企业集合票据，但该集优集合票据在一级发行时遇到困难，最终由于市场投资者认购不足而不得不取消发行，发行情况几近"搁浅"。值得注意的是，该区域集优票据的评级在增信机构的作用下获得的是最高评级 AAA 级，但作为利率具有吸引力的中小集合票据依旧"流标"。

表 13－2 　　　　　　　　　集合票据发行概况（2009—2014 年）

年份	2009	2010	2011	2012	2013	2014
发行集合票据数量（只）	4	19	22	44	30	3
发行企业数量（家）	23	72	98	137	83	6
分布地区（个）	2	11	11	17	14	3
发行总金额（亿元）	12.65	46.57	66.23	93.02	60.39	4.3
平均票面利率（%）	5.33	4.46	6.47	6.37	6.16	7.60

资料来源：Wind 资讯。

中小企业集合票据遭遇寒冬主要有以下两方面原因：一是中债信用增进投资股份有限公司（以下简称中债增）继续拓展中小企业集合票据业务的动力不足[①]。在经济增速下滑的周期背景下，中小企业抗风险能力弱，发生在中小企业集合债、中小企业集合票据方面的违约事件频出，导致对该类债券进行担保的业务利润率下降，削弱了其担保动力，缺少了中债增的信用增进，作为中小企业集合票据主要模式的"区域集优"模式便无法开展，从而导致该品种供给减少。二是受违约事件影响，投资者对以中小企业为融资主体的债券品种投资意愿下降。在供需双双走弱的背景下，中小企业集合票据发行遭遇滑铁卢。

2014 年 3 只中小企业集合票据发行期限均为 3 年，单只票据平均参与企业数量继续下降，由 2013 年的 2.77 家下降至 2 家，单只票据融资金额均值继续收缩，2014 年降至 1.43 亿元，比 2013 年

[①] 中债增在中小企业集合票据的担保增信领域地位突出，因此中债增在中小企业集合票据业务方面策略的转变，将直接影响到未来中小企业集合票据的发展。

下降 0.58 亿元。尽管 2014 年财政政策和货币政策总体宽松，但 3 只集合票据平均票面利率较 2013 年大幅提升 144bp，提高至 7.6%。与间接融资成本相比，中小企业集合票据发行的票面利率均高于贷款基准利率和主要经济区域票据直贴利率，中小企业集合票据在降低企业融资成本方面的优势有所下降。这一现象的原因与中小企业私募债发行利率高位窄幅震荡的原因基本类似——2014 年中小企业债遭遇多次违约危机，刚性兑付预期被打破，信用利差扩大，导致中小企业集合票据融资成本仍维持在高位。

13.2.4　中小企业集合债名存实亡

以"统一冠名、分别负债，统一担保、集合发行"为特征的中小企业集合债券业务模式打破了单一企业发行债券的惯例，在 2007 年诞生之时曾被寄予厚望，但随后中小企业集合债一直裹足不前，处于名存实亡的边缘。2014 年，仅有 2 只中小企业集合债发行，融资规模为 4.48 亿元，分别为"14 邯郸中小债"和"14 扬州中小债"，其中扬州市在 2012 年发行过规模为 2.18 亿元的中小企业集合债，邯郸市为首次发行该产品。虽然 2014 年货币政策基本宽松，但中小企业集合债平均票面利率却高达 8.99%，是自 2007 年来最高值（见表 13 - 3），融资成本偏高。

表 13 - 3　　　　　　　　中小企业集合债发行概况（2007—2014 年）

年份	2007	2009	2010	2011	2012	2013	2014
发行集合债数量（只）	2	1	2	3	4	1	2
参与发行企业数量（家）	24	8	18	26	21	6	10
发行总金额（亿元）	13.05	5.15	5.83	14.18	9.81	4	4.48
平均票面利率（%）	6.19	6.53	4.91	6.54	7.31	7.60	8.99

资料来源：Wind 资讯。

13.3　中小金融机构债市融资多极化发展

经过多年的发展，尽管与中小企业融资相关的债券品种花样不断翻新，但中小企业通过债券市场直接融资的规模小得几乎可以忽略不计。2014 年，中小企业债券直接融资规模仅为 637.61 亿元，在商业银行发行的中小微贷款规模面前，这个数字只是一个零头；在中小微企业的债务融资需求面前，这个数字小到可以忽略不计。从某种意义上讲，中小企业通过债券市场直接融资目前还只是"实验室级别"。解决中小微企业"融资难"问题，当下仍主要依赖各类金融机构为中小微企业提供融资服务。因此，更多为中小微企业提供融资服务的金融机构通过债券市场获得更多的资金，仍是目前维持乃至推升这些金融机构为中小微企业提供融资服务能力最重要的途径。

13.3.1　债市融资的金融机构多元趋势明朗化

2014 年，我国金融机构共发行金融债 31485.88 亿元（见图 13 - 11），总规模较 2013 年有显著增长，增幅达 32.1%，除商业银行债发行有所下降外，其余品种金融债发行规模均呈增长态势。其中：政策银行债 23305.52 亿元，同比增长 13.2%；商业银行债 824 亿元，同比下降了 26.1%；商业银行次级债 3448.5 亿元，是 2013 年的 200 倍；保险公司债 332.03 亿元，较 2013 年翻了近两番；证券公司债 2447.05 亿元，同比增长 107%；其他金融机构债 1128.78 亿元，增幅达 43.4%。

图 13 – 11　金融机构债市融资（2008—2014 年）

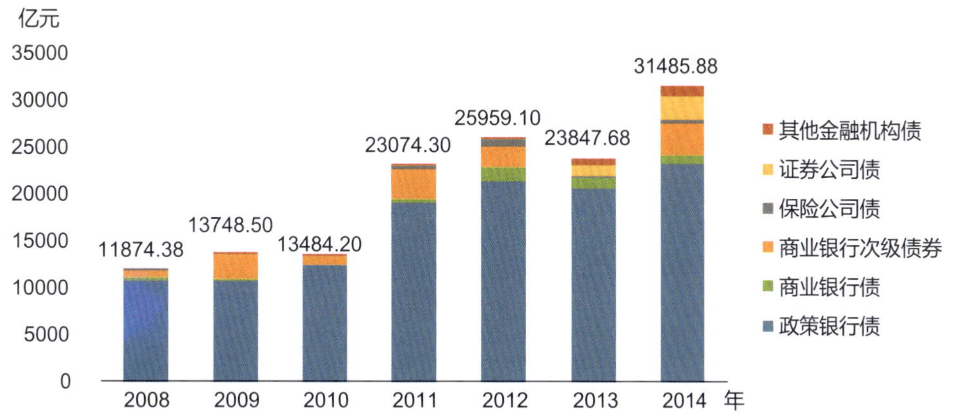

资料来源：Wind 资讯。

总体来看，政策银行债规模仍占绝对优势，稳中有升，占全年金融债总规模的 74%，但较 2013 年 86% 的比例有明显下降。与此同时，商业银行次级债、证券公司债、保险公司债及其他金融机构债则呈现井喷式发展，通过债市获得融资的金融机构多样化趋势进一步明朗。

2014 年，商业银行共发行金融债① 4273 亿元，同比增长 277.43%，主要源于商业银行次级债的大幅增长②在商业银行金融债中占比达 80.71%。剔除商业银行次级债后，2014 年，一般性的商业银行债发行数量 45 只，融资规模 824 亿元，其中，小微企业专项金融债 35 只，发行规模为 553 亿元，依旧是商业银行债的主力③（见图 13 – 12）。

图 13 – 12　商业银行金融债发行情况

资料来源：Wind 资讯。

---

① 包括商业银行债和商业银行次级债，其中商业银行债中包含小微企业专项金融债。
② 商业银行次级债发行具有周期性，2013 年仅发行 17 亿元，2014 年发行 3449 亿元，创历史新高。
③ 自 2011 年小微企业专项金融债诞生，带动商业银行债规模的增长，并成为商业银行债的主力（见图 13 – 10）。

13.3.2　区域性商业银行接棒小微企业专项金融债

小微企业专项金融债于 2011 年破茧而出，通过为金融机构提供特殊的债券融资渠道，助其扩大对中小微企业融资服务的规模，间接助力于小微企业融资，在为小微企业提供金融服务方面扮演着重要的角色。虽然如此，小微企业专项金融债的发行规模却不尽如人意，小微企业专项金融债自 2012 年发行规模达到 1680 亿元峰值后，随后发行规模逐年递减，2014 年融资规模降至 553 亿元，仅为 2012 年发行规模的三分之一，在商业银行金融债中的占比为 12.94%[①]（见图 13–12）。值得注意的是，小微企业专项金融债的产品发行数量和参与主体数量却逐年递增（见图 13–13），2014 年共发行 35 只，同比增加 2 只；参与主体为 25 家，同比增长 4 家。

图 13–13　小微企业专项金融债发行情况

资料来源：Wind 资讯。

规模缩减，发行数量不减反增，反映出单只债券的融资金额降低，这主要源于区域性商业银行接棒小微企业专项金融债，成为此产品的主要融资主体。2011 年小微企业专项金融债诞生于全国性股份制商业银行，2012 年，其融资主体依旧为全国性股份制商业银行，占比 83.07%（按发行规模）；2013 年，区域性商业银行开始成为小微企业专项金融债的主角，占比 72.07%（按发行规模），2014 年继续提升 19.79 个百分点达到 91.86%，成为小微企业专项金融债发行的绝对主力（见图 13–14）。

图 13–14　小微企业专项金融债融资主体结构（按发行规模）

注：圆环图中间黄色圆代表小微企业专项金融债总融资规模，圆圈越大，融资规模越大，2012 年融资规模最大，为 1565 亿元。

资料来源：Wind 资讯。

---

① 该统计的分母含商业银行次级债券。2013 年小微企业专项金融债占比达到 98.5% 为偶然情况，因为 2013 年商业银行次级债仅发行 17 亿元。

相对于五大行和全国性股份制银行，区域性商业银行在争夺大客户方面并不具备优势，中小微企业则构成了其客户群的主体，因此，区域性商业银行更有动力发行小微企业专项金融债。对比图13-14和图13-15，不难发现单只小微企业专项金融债融资金额降低的原因：2012年全国性股份制商业银行按发行规模来看占比为83.07%，按发行数量来看占比仅为31.82%，2013年其按发行规模来看占比为13.51%，按发行数量来看占比仅为6.06%；反观区域性商业银行，2013年其按发行规模来看占比为72.07%，按发行数量来看占比为84.85%，2014年按发行规模和按发行数量的占比分别为91.86%和97.14%。与全国性股份制商业银行相比，区域性商业银行受制于资产规模，单只债券的发行规模小，因此，随着区域性商业银行逐渐登上小微企业专项金融债的舞台，平均单只债券的发行规模也随之变小。

图13-15　小微企业专项金融债融资主体结构（按发行数量）

注：圆环图中间黄色圆代表小微企业专项金融债总发行数量，圆圈越大，发行数量越多，2014年发行产品最多，为35只。

资料来源：Wind资讯。

具体来看，2014年共25家商业银行发行小微企业专项金融债，其中包括1家全国性股份制商业银行（浙商银行）和24家城市商业银行（广西北部湾银行、滨海农商行、阜新银行、富滇银行、桂林银行、海口农商行、杭州联合农商行、河北银行、嘉兴银行、江苏银行、金华银行、柳州银行、鹿城农商行、洛阳银行、齐商银行、瑞丰农商行、三峡银行、厦门银行、绍兴银行、台州银行、威海银行、潍坊银行、芜湖农商行、长安银行）。除浙商银行、广西北部湾银行、滨海农商行的发行属于续发，其余22家全部为初次发行，且均为城市商业银行，发行额达508亿元，占当年新增小微专项金融债的92%。五大行和外资银行在2014年则未参与发行。小微企业专项金融债利率相对较高，政策优势主要体现在贷存比方面，大行筹资渠道广，且贷存比压力相对较小，对提升资本充足率的需求更为强烈，因此多通过发行次级债进行融资。在此背景下，城商行携手股份制商业银行，正式成为发行小微企业专项金融债的主力。

我们在去年报告中提到，在小微企业专项金融债的带动下，区域性中小商业银行（城商行、农商行等重点经营范围在省域或部分省域内的非全国性商业银行）通过债券市场融资的规模在全部商业银行金融债融资总量中所占的比重在2012年达到了18.66%，2013年这一比例大幅提升至72.17%（存在偶然性，2013年无商业银行次级债发行）。2014年，这一比例为29%，较2012年有所提升，这主要归功于小微企业专项金融债，通过小微企业专项金融债融资508亿元，占比为41%，较 2012 年（2013 年占比较高是因为无商业银行次级债发行）提升 7 个百分点。

图 13－16　区域性商业银行金融债发行情况

资料来源：Wind 资讯。

　　观察小微企业专项金融债的发行利率，2011—2014 年，小微企业专项金融债的年度平均发行利率分别为 4.20%、4.59%、4.94% 和 5.69%，平均发行利率逐年上升。以月为频率对发行利率进行更细致地分析（见图 13－17），2014 年 4 月之前月平均发行利率表现出明显的上升趋势，2014 年 4 月出现反转，进入下降通道，这主要是因为 2014 年债券二级市场收益率的整体下行带动一级市场发行利率下降。期限方面，除 2012 年发行 1 只 1 年期，2013 年发行 1 只 10 年期，其他小微企业专项金融债的发行期限均为 3 年或 5 年。

图 13－17　小微企业专项金融债发行期限与月平均发行利率

　　注：在小微企业专项金融债月度平均发行利率的统计中，2012 年 1 月、6 月、9 月、10 月，2013 年 6 月、12 月以及 2014 年 1 月无小微企业专项金融债发行，这些月份的平均利率取前后两个月的平均值，例如，2012 年 1 月的平均发行利率 =（2011 年 12 月平均发行利率 + 2012 年 2 月平均发行利率）÷2。

　　资料来源：Wind 资讯。

尽管小微企业专项金融债确实起到了服务中小商业银行融资的作用，然而其发展前景却并不能让人感到乐观。2014 年 6 月 30 日，银监会发布《中国银监会关于调整商业银行存贷比计算口径的通知》（银监发〔2014〕34 号），第二条明确规定未来商业银行在计算存贷比分子（贷款）时，除了可以从中扣除"小微企业专项金融债所对应的小微企业贷款"外，还可扣除"商业银行发行的剩余期限不少于 1 年，且债权人无权要求银行提前偿付的其他各类债券所对应的贷款"，这意味着，商业银行发行的其他剩余期限在 1 年以上的各类债券所对应的贷款都可以不计入存贷比的分子项。小微企业专项金融债最大的优势在于其融资规模所对应的贷款可不计入存贷比分子项，而"34 号文"的出台，将原本属于小微企业专项金融债的特殊优惠政策变为一种普惠政策，因此从政策优惠的角度看，小微企业专项金融债对于商业银行的相对吸引力总体减弱。另外，我们仍然坚持认为小微企业专项金融债信息跟踪披露问题亟待解决，对于债券所募集资金使用情况，债券相关信息的披露与监测应逐步规范化，使得小微企业专项金融债可以真正服务于中小企业。遗憾的是，2014 年我们并未有幸目睹此方面的改进。小微企业专项金融债是否真的起到了促进中小微企业贷款的作用？在多大程度上增加了中小微企业贷款规模？我们无从知晓。

13.3.3　资产证券化助力中小微企业融资任重道远

资产证券化的再度勃兴，为提升金融机构的中小微企业融资服务能力提供了更多选择。一方面，银监会信贷资产证券化有助于降低商业银行的风险加权资产敞口和经济资本占用。2013 年 7 月，国务院下发《关于金融支持经济结构调整和转型升级的指导意见》，明确提出"逐步推进信贷资产证券化常规化发展，盘活资金支持小微企业发展和经济结构调整"。如果说，小微企业专项金融债为中小商业银行打开债券市场大门获得增量资金，那么，信贷资产证券化则有望舒缓商业银行在发放中小微企业贷款过程中所带来的风险加权资产和经济资本占用增加的矛盾。另一方面，证监会小贷资产证券化丰富了小贷公司的资金来源。通过部分出售小贷资产，盘活了小贷资产存量，提升了小贷公司的资产周转速度，对促进中小微企业债务融资服务业务的影响更为直接。此外，未来对于部分有条件的中小微企业，特别是业务模式趋于明晰、现金流入稳定的中型企业，可以将未来现金流的受益权作为标的进行证券化，实现主体信用和证券化资产信用的剥离，从而实现丰富融资渠道、降低融资成本的目标。

■资产证券化再度进入发展新阶段

2014 年，我国资产证券化产品再度勃兴，在发行数量和规模上均取得突破性增长。2014 年，资本市场上共有 99 只①资产证券化产品发行，总规模达 3309.59 亿元，较 2013 年增长近 11 倍，占全年新发债券总规模的 2.72%，比 2013 年提高 2.41 个百分点（见图 13 - 18、图 13 - 19）。具体来看，银监会主管的信贷类 ABS 增长最快，2014 年共发行 63 只产品，为 2013 年的 10 倍，发行规模为 2819.81 亿元，为去年的近 18 倍，占当年资产证券化产品总量的 85.20%；企业类资产证券化产品 36 只，其中证监会主管 ABS 26 只，发行规模 400.58 亿元，同比增长 4.4 倍，交易商协会 ABN 10 只②，发行规模 89.2 亿元，较 2013 年翻了近一番。

---

① 1 只 ABS 产品的优先级、劣后级份额合并计算。
② ABN 产品的基础资产不出表，风险未进行转移，不属于真正意义上的资产证券化产品。

图 13-18　资产支持证券发行数量

资料来源：Wind 资讯。

图 13-19　资产支持证券发行规模

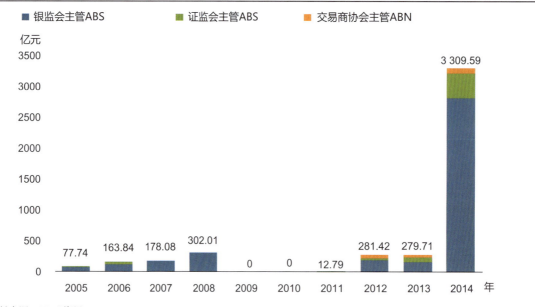

资料来源：Wind 资讯。

2014 年资产证券化市场的繁荣主要有以下三方面的原因：

（1）政策倾斜，改审批制为备案制。2014 年 11 月，银监会和证监会相继出台关于资产证券化业务备案制的规定，银监会 ABS 和证监会 ABS 的发行由审批制改备案制，而交易商协会 ABN 本就为注册制发行，这意味着我国资产证券化市场已经全面迈入备案制时代。备案制出台之前，资产证券化产品审批时间长，部分产品面临资产池中的资产在审批之前就已经到期的尴尬处境，备案制缩短了项目操作周期，提高了发行效率，极大地提高了发行积极性。2014 年 12 月共发行资产证券化产品 19只，居全年之首，占全年总发行数量的 16.8%，发行热情可见一斑。

（2）金融机构和企业需求使然。资产证券化产品在补充流动性、盘活存量资产、提高资金周转率、节省资本金、转移风险等方面可以发挥极其重要的作用。对商业银行来说，自理财产品发行以来，商业银行面临存款搬家的窘境，而理财资金一般周期较短，这对银行资产的流动性提出了更高的要求；另一方面，2010 年《巴塞尔协议Ⅲ》公布，一级资本充足率从 4% 提高到 6%，核心一级资本充足率从 2% 上调至 4.5%，商业银行面临更大的资本金压力，相对于其他融资手段，资产证券化产品正是解决商业银行流动性短缺和资本金不足的良方。对于企业而言，资产证券化是盘活资金存量、提高资金使用效率的有效手段。因此，作为原始权益人的金融机构和企业对发行资产证券化产品有很大的动力。

（3）资产证券化为投资者提供了新的投资渠道。"43 号文"对城投债进行规范，"127 号文"对"同业业务"和"买入返售金融资产"项下的非标投资有了更严格的限制，资产证券化产品成为继城投债和非标投资后新的投资热点。综合来看，在供需两旺的背景下，2014 年资产证券化市场屡创新高。

■银监会主管的信贷资产支持证券出现爆发式增长

2014 年，银监会 ABS 不仅在数量和规模上呈现爆发式增长，原始权益人的结构也由 2012 年的政策性银行、全国性股份制商业银行和汽车金融公司这三类扩展到政策银行、五大行、全国性股份制商业银行、城商行/农商行、邮政储蓄银行、资产管理公司、汽车金融公司和金融租赁公司这 8 类。政策性商业银行依旧是资产支持证券发行的绝对主力，发行规模占比连续 3 年居于首位，但 2014 年占比大幅下滑，同比下降 20.69%，降至 36.62%。2014 年全国性股份制商业银行发行规模占比大幅提高，达到 25.67%，在 2014 年各类占比中排名第二，为自 2012 年来最高值。值得注意的是，自 2005 年信贷资产证券化大幕拉开以来，城商行、农商行首次加入资产支持类证券发行行列，并且发展非常迅猛。2014 年 21 家城商行及农商行（重庆银行、湘江银行、龙湾农商银行、无锡农村商业银行、南充市商业银行、广饶农村商业银行、南昌银行、江南农村商业银行、河北银行、杭州银行、青岛银行、九台农村商业银行、徽商银行、汉口银行、江苏银行、南京银行、顺德农商行、台州银行、宁波银行、北京银行、上海银行）共发行 535.35 亿元信贷资产支持证券，约占信贷类 ABS 发行总规模的 18.99%（见图 13 - 20），排名第三。

商业银行将对中小微企业的小额贷款打包作为基础资产进行资产证券化，再将融得的资金用于为中小微企业提供贷款，盘活存量资产的同时扩大了对中小微企业的贷款规模。2013 年 12 月 13 日，民生银行首单信贷资产支持证券在银行间市场招标发行，发行总额 13.67 亿元，该产品以"中小微企业贷款"作为基础资产，而腾挪出来的信贷规模将继续用于支持小微企业的发展，在国内已发行的信贷资产证券化产品中尚属首例。

备案制出台后，2015 年 1 月，银监会批准中信银行等 27 家股份制商业银行和城商行开办 ABS 业务的资格，其中 10 家为全国性股份制银行，剩下的 17 家均为城市商业银行，可以预见，未来将越来越多的中小型商业银行将通过信贷资产证券盘活存量信贷资产，从而提升支持实体经济、服务中小微企业的能力。

图13-20 银监会 ABS 发起人结构（2012—2014 年）

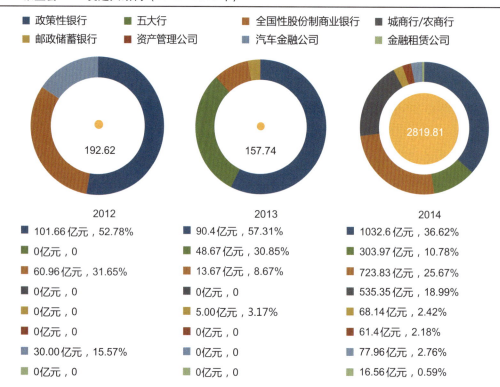

注：圆环图中间黄色圆代表银监会 ABS 总融资规模，圆圈越大，融资规模越大，2014 年融资规模最大，为 2819.81 亿元。

资料来源：Wind 资讯。

■证监会主管 ABS 将成为小贷资产证券化的主要载体

与交易商协会主管的 ABN 主要承载城投平台和大型企业的证券化资产不同，证监会主管的资产支持证券标的更为广泛，品类更为丰富。2014 年，证监会主管的 ABS 在数量和规模上均取得突破性进展，全年共发行 26 只，发行规模总计 400.58 亿元。这主要得益于政策的松绑——2014 年 9 月，证监会出台《证券公司及基金管理公司子公司资产证券化业务管理规定（修订稿）》及配套法规，11 月发布正式《证券公司及基金管理公司子公司资产证券化业务管理规定》，文件规定实行备案制和负面清单管理，允许 ABS 在全国中小企业股份转让系统交易，并将租赁债权纳入基础资产范围。该管理规定出台后，证监会 ABS 发行明显加速。

对于大型企业来说，资产证券化可以在不增加资产负债率的前提下达成融资目的，从而改善企业资本结构，降低资产负债率，盘活企业资产，提高资产周转率。大企业进行周期长、金额巨大的筹资活动适宜选择这种融资方式。

由于资产证券化的信用评级更重视资产本身而非创设人的信用质量，因此信用评级低，甚至无评级的企业只要有能带来稳定现金流的优质资产即可进行资产证券化，且募集资金用途不受限制，理论上可以成为中小微企业盘活资产、直接融资的新渠道。然而，由于中小微企业往往是轻资产企业，并没有足够的资产用于证券化。因此在现阶段，相对于中小微企业作为发起人直接发行资产支持证券，小贷资产证券化对中小微企业融资的服务更大。

在"只贷不存"制度框架下，小贷公司的资金主要来源于股东投入的自由资本，以及不超过两个银行金融机构的融入资金。狭窄的资金来源，使得小贷公司有动力盘活资产存量、提高资金的周转速度。在证监会资产证券化采取备案制之前，阿里小贷和东证资管合作发行了 10 期总额 50 亿元的小贷资产支持专项计划。2014 年，共有 3 个发起人发行了总计 35 亿元的 ABS，除阿里巴巴小贷公司的 ABS 外，另外 2 只分别为 2014 年 12 月 4 日中和农信在深交所发行"中和农信 2014 年第一期公益小额贷款资产支持专项计划"和 12 月 18 日瀚华金控①发行的"银河金汇—瀚华小额贷款资产支持专项计划 1 号"（首只在上交所发行的小贷 ABS）。两只 ABS 融资规模均为 5 亿元，优先级分别给予 AAA 和 AA + 评级。预计在备案制实施后，将会有更多的小贷资产支持证券发行，为小贷公司扩宽融资渠道、提高资金利用效率，以促进小贷业务开展助力中小微企业的债务融资。

■资产证券化助力中小微企业融资任重而道远

必须认清的是，目前我国信贷资产证券化仍处在起步阶段，资产证券化市场还存在很多问题制约着资产支持证券功能的发挥：（1）投资者结构单一。以信贷资产证券化产品为例，其主要在银行间债券市场发行交易，投资者主要为银行间的商业银行，互持现象普遍。ABS 由其他银行购买，相当于银行信用投放额度的"搬家"，资产仍在银行体系内，对整个银行体系来讲，ABS 节省资本金的作用并未最大化。（2）风险隔离机制存在不足。发起人为了发行 ABS 一般选择自留次级，但是在遭受损失时次级是首先受到冲击的层级，相当于发起人将很大比例的风险留在表内，并未实现将风险完全转移。很多 ABS 甚至加入了创设人差额补足条款，严重背离了 ABS 强调"真实出售"的初衷。（3）分业多头监管。在我国，信托计划的资产证券化受人民银行、银监会监管，证券公司、基金子公司资管计划的资产证券化受证监会、基金业协会、交易所监管，保险公司资管计划的资产证券化受保监会监管。资产证券化产品发行交易涉及多个监管部门，传统监管模式容易产生监管盲区，导致效率低下。这些问题的存在，制约了资产支持证券的健康、合理发展。

在助力中小微企业融资服务方面，资产证券化模式仍然任重道远。商业银行信贷资产支持证券的互持以及次级的自持现象，削弱了 ABS 在降低风险资产规模和经济资本占用方面的缓释作用；小贷 ABS 刚刚起步，绝对金额还十分微小，而且在经济增速下行、中小微企业信用风险暴露增加的背景下，基础资产违约率历史数据的可靠性逐渐为投资者所担忧，优先次级比例有进一步下行的趋势，加上小贷 ABS 融资成本偏高，小贷公司的利润被明显压缩。在此情形下，小贷公司有多大动力通过证券化小贷资产进行融资值得怀疑。由此产生的逆向选择和道德风险问题也值得长期关注。

13.4 债券市场服务中小微企业融资展望

在进一步提升工商企业债券融资、推动利率市场化以便促进商业银行更多地下沉贷款客户结构方面，我们将看到企业债券融资规模在社会融资规模中比重的提升持续，普通工商企业债券融资在企业债券融资规模中的比例也有望迎来反弹回升。在促进金融脱媒、推动商业银行下沉客户结构重心方面，债券市场将发挥愈来愈重要的作用。

在为中小微企业提供直接债务融资服务方面，占比最高的中小企业私募债增速或将放缓，其余品种也将难见起色，因此，我们认为，中小企业通过债券市场直接融资规模增速放缓将较为确定。2015 年，中小企业私募债将逐步进入偿债高峰，偿债压力逐渐增大。2015 年到期的中小企业私募债

---

① 瀚华金控为国内首家整合融资担保和小额贷款两大业务在港上市的金融机构。

有 133 只，待偿本金 141.51 亿元，分别占 2014 年底存量的 20% 和 14.4%。不难预见，在违约事件多发和监管缰绳收紧的背景下，2015 年中小企业私募债的发行节奏将放缓。此外，新颁布的《公司债券发行与交易管理办法》全面建立了公司债非公开发行制度，除负面清单外，其对发行主体的条件和资信标准未作硬性规定，这使得中小企业私募债目前相对宽松的发行条件不再具有特殊的试点性质。在这一文件出台之前，资质好的企业通过 PPN（非公开定向债务融资工具）在银行间融资，但承销商几乎被商业银行垄断，该办法颁布后，公司债可在交易所非公开发行无疑为券商提供了分一杯羹的机会，承销商或将精力转移至资质好的公司债的非公开发行，这对中小企业私募债的发展无疑是雪上加霜。在该办法出台后，发行可在交易所交易的私募债不再是中小企业的专利，控股公司也不再有"化整为零、化大为小"发行中小企业集合私募债的动机，中小企业集合私募债甫一问世便面临了生存危机。

在为中小金融机构提供融资、间接助力其提升中小企业融资服务能力方面，2015 年将见证更多类型的中小金融机构通过债券市场进行更大规模的融资，这将有助于其更好地为中小企业提供融资服务。然而小微企业专项金融债的光环也将随着优惠政策的普惠化而消失。债券市场为中小金融机构提供融资的亮点将来自资产证券化。预计 2015 年资产证券化产品规模与数量将继续扩张，产品也应更趋于多样化（原始权益人类型多样化、基础资产类型多样化、投资者多样化等），其在中小企业融资中也将扮演愈来愈重要的角色。然而，我们仍保持一份清醒，冷静看待资产证券化的多头监管、风险隔离不足以及投资者单一问题在短期内对资产证券化的掣肘。

综上，展望 2015 年，债券市场服务中小微企业融资方面仍将有所作为，只是在结构和影响力度方面恐怕难以做到齐头并进——中小企业直接通过债券市场进行债务融资这条路虽然直接，但崎岖坎坷、荆棘遍布，短期难以满足广大中小微企业的债务融资需求；另两条路虽然相对间接，但对中小微企业债务融资的影响规模更大、范围更广，且更为深远。

14

民间金融：激流勇进浪淘沙

2014 年，民间金融激流勇进，大浪淘沙。在国家经济结构调整不断深化的大环境下，固定资产投资遭遇大寒潮，正规金融体系结构性紧缩，民间金融在迎来更大需求的同时也撞上了更多的暗礁。部分地区民间借贷经历了前所未有的信任危机，P2P 借贷行业在快速增长的同时也创下了问题平台数新高；发展元年众筹头角虽露，但也迎来了模式的质考。在经济增速整体下行和民间金融信任危机的双重影响下，中小微企业通过民间渠道融资愈加艰难。历史悠久的民间金融活动似乎又没有躲过这次"潮落"，在国家发展变革的时代，避免民间金融兴衰重演的路径或许正是让激流淘出真正历久闪烁的"金子"。然而，无论是民间金融活动的考验、成长，还是民众投资风险意识的普及，都需要具有全局观的机制和制度来促进可持续发展的民间金融环境的形成。在新的经济背景下，真正融入了新技术力量的民间金融活动有望给中小微企业金融服务带来更高的服务效率和更丰富的选择空间，而要实现新技术背景下的民间金融新形态，中国民间金融环境走到了不得不变的路口。

14.1 新经济时期民间金融酝酿新游戏规则

14.1.1 民间金融非理性繁荣风险集中爆发

在国家经济发展模式深入变革的开端，大部分参与民间金融投资的普通老百姓通常对经济和产业发展形势变化尚无及时的了解和把握。当中国房地产业近 10 年的持续增长首遇大范围寒潮，从实业转向房地产业，甚而庞氏骗局的民间金融活动再也无法继续疯狂的金钱游戏，而身处其中的个人投资者可能直到倾家荡产才知道个中风险暗藏。此外，在国家大力反腐阶段，地方大拆大建渐息，加上"43 号文"出台后地方融资平台收紧、PPP 模式暂时未能有效对接地方融资功能，2014 年下半年，地方基础建设投资从上半年超过 20% 的正增长锐减至负增长。当房地产市场和地方基础建设投资同时遇冷，与之相关的庞大上下游产业链条均受到影响，也直接导致了连通产业的资金链的断裂。民间金融在多年来的实践中已与正规金融体系形成灵活的互补关系，共同维持着企业的连续运转。然而，从已公布的年报来看，2014 年国内各大银行坏账率全线上升。在宏观紧缩的经济背景下，银行体系往往会结构性地对一些企业采取惜贷、抽贷的措施。银行体系的结构性业务调整使习惯了同时运用各种来源资本的企业主措手不及，也对风控基础薄弱的民间金融产生了联动影响。在上述因素的共同作用下，民间金融活跃地区纷纷进入了风险集中爆发阶段。

根据课题组调研及媒体公开信息，国内绝大部分省份均在 2014 年内发生了大规模的民间集资纠纷案件。从民营经济最活跃的江浙地区到云贵川湘鄂等内陆各省，从经济发达的珠三角到陕甘青等西北各省，从冀鲁豫等华北中原各省到老工业基地东北三省，纠纷案例金额从千万元到超百亿元不等，数万亿元的民间金融震荡深且广。虽然不断获得专业资本的青睐，目前千亿元级别的 P2P 借贷市场也仍旧问题频出。纵观 2014 年以来各地的纠纷案例，当前民间金融活动呈现出愈加明显的地缘弱化、利率分化和急需联动监管的态势。

■ **地缘弱化：跨区复杂链条导致民间投资风险倍增**

在人类社会日新月异的互联网时代，距离早已不是问题。然而，传统的、建立在熟人网络基础上的民间金融活动却因此面临着挑战。从 2014 年媒体公开信息可发现，各地民间金融活动地缘弱化明显，河南房地产商融资融到了东北，陕西民间金融辐射西北各省，江浙民间资本进驻四川……作为非专业的投融资活动，"熟人"约束尚不能保证完全靠谱，如今愈加分散蔓延的借贷关系如何维系？我们看到，P2P 借贷、众筹等新兴模式正在通过互联网和数据技术突破民间金融活动地域限制，提高远程风控的可靠性，但国内目前相关技术还处在研发和初步测试应用阶段，具备技术条件的企业少，距广泛应用尚有一段距离。在地缘特性日趋弱化的形势下，实际仍采用传统风控模式的民间投资活动因几乎脱离了"熟人"约束而风险倍增。

■ **利率分化：借出利率低不代表风险低**

在房价不断上涨的近 10 年来，民间金融活跃地区往往都有多元化的投融资活动，呈现出明显的利率层次分化。虽然各地民间借贷整体年利率水平在 20% 至 30% 之间波动的居多[①]，但单一企业在不同的情况下既可能从民间融得接近银行同期利率的资金，也可能不得不接受年利率超过 120% 的烫手急救资本。此外，同一时期、不同地区（或是不同 P2P 借贷平台）、具有类似资信水平的借款人所获借款利率可能相差很大，这也进一步推动了跨地区、跨平台的民间金融活动的火热。如果说利率高反映风险溢价高，从各地发生纠纷的案例来看，利率低却并不一定代表风险低，低至银行贷款利率水平的民间投资活动也可能遭遇血本无归的结局，这也进一步体现了在经济活动日新月异的环境下，传统模式的民间投融资活动信息不对称问题加剧的现状。当前借款利率高低暂难成为衡量民间金融活动风险情况的主要标准。

■ **监管分散：自融自保自用何以实现**

从 2014 年四川、陕西、河南、辽宁等地的民间借贷案例中可以发现，部分陷于纠纷的投资公司、担保公司要么同时实际控制融资方、担保方，要么以虚假的实业企业信息、虚假的担保资质信息融资，融得资金后先是挥霍无度，被怀疑后则卷款跑路，让大量赌上个人和亲友所有积蓄的投资人血本无归、众叛亲离。当前，投资公司等民间类金融机构往往不在地方金融监管之列，由工商部门管理。而担保公司的注册门槛则较低，并常常存在虚报注册资本的情况，后续对资金进出流向的监管也较弱。在国家大力推进简政放权和财税金融改革的契机中，在注重分享的"云时代"到来之际，相关部门如何高效地实现对类金融机构的准入资质、行业规范的联动监管，是这个变革的时代需要给出的答案。

---

① 参考微金所信贷市场利率指数，http://www.weijinsuo.com/news/#wjs-news-rate。

14.1.2　经济下行及民间金融大劫加剧中小微企业融资难问题

目前民间金融活跃地区中小微企业常常通过直接向个人融资的方式筹集资金，房地产、采矿业等资金密集型企业甚至可能长期"开门揽储"。根据国家统计局山西调查总队的调查数据，山西省小微企业在有融资需求时有超过半数是向个人借款，其次才是从银行贷款①。在经济向好时期，这种民间的"直接融资"通常能给企业和投资者带来令人满意的降低融资成本和提高投资收益的双赢局面。然而，在近年来的经济高速增长和房地产热潮中，大量成长起来的实业企业在资本快速增值的诱惑下盲目扩张或转向房地产等高利润同时高资本要求的行业，而诸如此类遍地开花的企业布局在缺乏经验的民间投资者眼里往往被误解为还钱是有保障的——至少有工厂、门店或是楼房在那里，殊不知对于不断扩张的企业而言，任何可供抵押的资产可能都已经用来融资了。

2014 年，当经济增速继续下行，房地产市场走向大范围低迷，企业再也无法继续高利润率的经营，企业和民间投资主体之间互利互惠的民间金融活动自然也难以为继，曾经连借条都不用的信任关系在拖欠、跑路的打击下瞬间崩塌。在长达 10 年的房地产业黄金发展期直至泡沫期，民间金融几乎与其同兴共衰。通过采访多年参与民间投资活动的人士可以发现，绝大部分参与主体都清楚投资的对象大部分为房地产业，也清楚只有房地产业或采矿业等高利润率行业才能轻易地承受如此高的利息。还有一个不能回避的一个事实是，多年来民间资金大比例地参与高息产业的投资也推高了中小微企业整体融资成本。当以房地产业为核心的民间金融游戏崩盘，曾经美好的信任关系不再，相对风险较低的中小微实业企业的融资却变得更加困难。

实际上，2014 年中小微企业通过民间渠道融资难是多重因素的叠加，与整体经济形势和民间金融大环境是分不开的：首先是在经济增速持续下行的背景下，民间投资者往往也对企业的经营持悲观预期；其次是民间金融大劫后民间资金面的紧张和相应的参与恐慌，这是随泡沫破灭而来的主要影响因素；最后则是被高利率"宠坏"的民间投资者正在进入一个接受更低借贷利率的心理调整阶段。以上各点综合体现出民间金融参与主体"一哄而上""一枪而散"式的群体非理性。

14.1.3　传统民间金融象欲起舞

当互联网深入渗透人们的生活，当新兴民间金融模式渐得人心，传统民间金融犹如闻乐之象，虽然身重体庞，亦欲迎风起舞。近年来，中国互联网金融的火爆发展很大一部分源于民间金融活动的互联网化迁移，即在已有的民间投融资活动的基础上建立线上平台作为筹集资金的渠道。我们不得不承认，这种暂无专门监管的民间投融资活动的线上化在提高集资效率、降低集资成本的同时也增大了投资者面临风险时收回资金的难度。然而，这种大规模的模式转变自有其产生的原因和存在的意义。相较信息几乎完全隐蔽的传统民间金融活动，依托于互联网的 P2P 借贷和众筹等新兴民间金融模式将更易监测和管理。此外，互联网金融交易具有融资面广、边际成本相对低、竞争激烈等特点，有望通过充分竞争和市场检验使能实现更高审信效率和更低借贷成本的新型中介存活下来，在传统金融不经济的领域满足更多层次的金融需求。在科学技术和人类生活形态不断改变的过程中，

---

① 参考《山西小微企业缺钱多靠个人借款 民间借贷空间大》，央广网，http：//wcm. cnr. cn/pub/en_ US/jingji/jjpl/20150408/t20150408_ 518266065. shtml。

人类社会代际更替的趋势不可逆转，传统民间金融与新兴互联网金融活动的融合愈加明显，预计民间金融活动将逐渐迎来新的游戏规则。

民间金融活动面临的两大难题是民间金融资质的合法性和民间金融契约要件的标准化问题。历时多年、修改数稿的《放贷人条例》因在资金流向如何控制，对催收措施有何规定，监管责任在地方金融办还是银监会、人民银行等问题上仍有很大争议，至今仍未出台。P2P 借贷、回报众筹平台等的经营资质和相关配套管理措施也还在监管部门商议中。从民间金融发展的历史长河来看，与其堵灰向黑，不如促灰成白，推进民间金融活动有章可循、有制可依。2014 年 7 月深圳"两会"期间，前海深港现代服务业合作区管理局同深圳银监局等监管部门研究，借助深港区域优势，参考早在 1980 年颁布的香港《放债人条例》，争取在前海率先试行放贷人制度。在中国辽阔的疆土和复杂的社会发展形态中推进符合地区经济特色的金融管理制度不失为未来地区金融监管的发展方向，但在民间金融发展地域限制逐渐弱化的趋势下，最基本的民间投融资活动资质和民间金融契约要件还需从国家层面来确定。

14.2　P2P 借贷起伏跌宕，铺就行业创新试错中国路

2014 年是我国 P2P 借贷行业蓬勃发展的一年，体量迅速扩大，社会影响力与日俱增，众多资本涌入，出现群雄逐鹿的混战局面。同时，2014 年是 P2P 借贷扎根中国的第七个年头，行业遭遇"七年之痒"，问题平台创出历史新高，行业经受着巨大的考验，各界期待的监管规则仍然"箭在弦上"。

14.2.1　P2P 借贷激荡中大步向前

2014 年，中国 P2P 借贷行业继续大步向前。年内总成交金额 2528 亿元，年末借款余额 1036 亿元，分别是 2013 年的 2.4 倍和 3.9 倍。平台数量达到 1575 家，较 2013 年增长近 1 倍。

图 14 –1　中国 P2P 借贷行业增长趋势（2010—2014 年）

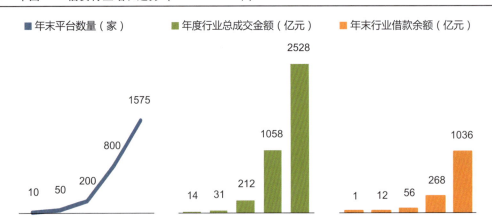

资料来源：网贷之家。

与此同时，问题平台不断涌现，全年问题平台数量高达 276 家，是 2013 年的 3.6 倍，仅 12 月一个月的问题平台数量就超过了 2013 年全年。

图 14 -2　中国 P2P 借贷行业问题平台数量（2011—2014 年）

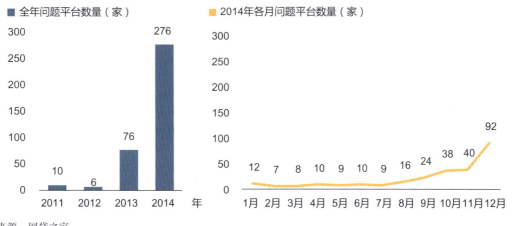

资料来源：网贷之家。

　　从人气来看，2014 年 P2P 借贷行业投资人数与借款人数分别为 116 万人和 63 万人，分别是 2013 年的 4.6 倍和 4.2 倍，充分体现出 P2P 借贷行业的成长态势，越来越多的人正参与到 P2P 借贷活动中来。

　　从借款期限来看，2014 年 P2P 借贷行业平均借款期限为 6—12 个月，较 2013 年增长 1.39 个月，增长 29.4%。总体仍然以短期借款为主，平均期限在 1—3 个月区间的平台数量占比最多，达 59.2%。虽然行业平均借款期限约为半年，但平均借款期限在半年以上的平台数量占比仅为 12.3%，主要包括陆金所、积木盒子、爱投资和人人贷等成立时间较长或银行系、国资系背景的平台，可见该类平台在市场规模上所占据的重要地位。整体而言，P2P 借贷较为灵活的期限可选择性与传统金融机构贷款形成了良好的互补。

图 14 -3　中国 P2P 借贷行业人气状况（2013—2014 年）

资料来源：网贷之家、第一网贷。

图 14 -4　不同平均借款期限的平台数量占比（2014 年）

1个月以下　6%
1—3个月　29%
3—6个月　23%
6—12个月　11%
12个月以上　1%

资料来源：网贷之家。

　　从综合收益率来看，行业全年平均综合收益率为 17.9%，明显低于 2013 年的 21.3%。自 2014 年 2 月以来，行业月度平均综合收益率呈现持续下跌趋势，截至 12 月底跌至 16.08%。导致 P2P 借贷收益下降的既有内在因素也有外部因素。内在因素体现为：随着行业日趋成熟，部分平台开始追求盈利，最初为了吸引顾客而设置的诸多优惠政策逐渐减少，收益率水平随之有所下行；国资、银行、上市公司背景的平台利率普遍降低，拉低行业整体利率；同时，问题平台的大量爆发也使得投资人规避风险意识增强，进一步向大平台转移。外在因素主要体现为：人民银行降息、百度限制收益超过18%的平台推广等。尽管综合收益率不断下降，目前 P2P 借贷的收益仍然远高于多数银行理财产品、货币基金等理财渠道，行业在收益上的竞争力与吸引力仍然较强。

图 14 -5　P2P 平台综合收益率月度走势（2014 年）

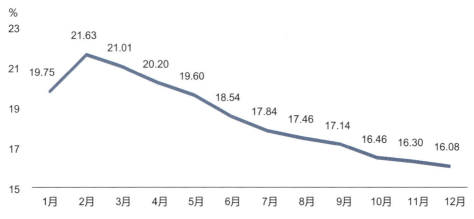

资料来源：网贷之家。

从地区分布来看，运营平台主要分布在经济发达或者民间借贷活跃的地区。广东省平台数量居首位，为 349 家，浙江、北京、山东、上海、江苏紧随其后。同时，随着 P2P 借贷逐渐被大众所熟知，在以四川、湖北等为代表的内陆省份，P2P 借贷行业也得到快速发展。8 省市平台数量占全国总数的 78.1%，累计成交金额占据全国的 89.8%。值得注意的是，山东省平台数量不断增多，但普遍规模不大，成交金额不高，反映出较为激烈的市场竞争。

图 14 -6　P2P 借贷行业平台数量地区及成交金额分布（2014 年）

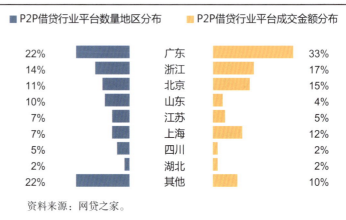

资料来源：网贷之家。

14.2.2　资本大鳄打破行业格局

在 2014 年，在监管政策缺位、行业任性发展的情况下，风投资本、银行、国企、上市公司等各路"正规军"不断涌入行业，加速布局。大鳄进场可能会带来三方面影响：一是会带来丰厚的资本，为整个行业注入更多的新鲜血液；二是让更多人关注并参与 P2P 行业，提高其社会关注度和认可度，也会提高整个 P2P 行业的规范度，促进行业向良性方向发展；三是提高了行业准入门槛，加剧了行业竞争，使得草根平台进入行业难度加大。总体而言，具有金融背景的大资本的加入对 P2P 借贷行业的市场份额、人才流动等方面影响明显，加速了行业的洗牌进程。

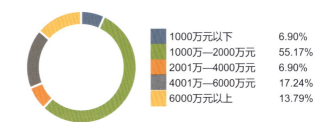

■国资系平台

2012 年 12 月在江苏成立的开鑫贷，是当时国内唯一具有国资背景的 P2P 借贷平台。仅一年多时间，全国各地国资背景的平台纷纷成立。目前，国资系平台主要有三种模式：一是由国企全资筹办，如北京市海淀区国有资产投资经营有限公司投资的"众信金融"；二是由国企控股和参与管理，如由安徽省供销社参股、安徽新力投资有限公司控股和管理的"德众金融"；三是由国企入股，如国资控股的中元国信风险管理咨询（北京）有限公司战略入股"星投资"。

国资系 P2P 借贷平台具有以下特点：

（1）强大的实力。从 29 家国资系 P2P 平台的注册资本可以看出，93.1% 的平台注册资本在 1000 万元（含）以上，超过 1 亿元（含）的也有 4 家。另外国企多以大集团为依托，本身拥有大量稳定的客户群，在项目资源和行业资源上都具有得天独厚的条件，与行业协会、金融机构保持了紧密良好的合作关系，能够获得大量低风险的优质项目。

图 14 - 7 国资 P2P 平台注册资本分布

1000万元以下	6.90%
1000万—2000万元	55.17%
2001万—4000万元	6.90%
4001万—6000万元	17.24%
6000万元以上	13.79%

资料来源：P2P 借贷平台官方网站、网贷之家、网贷天眼及主流媒体报道。

（2）投资收益率低于行业平均收益率水平。国资系 P2P 借贷平台年化收益率普遍偏低，大部分平台收益率在 8% 至 12%，小部分在 13% 至 16%，都低于行业平均年化收益率 17.86%。并且某些平台部分项目收益率低于 8%，最低为 6%。但是投资收益率低这并不意味着国资系平台借款利率就低。造成这种现象有两方面的原因：一是国资系平台中间渠道环节多，中间费用叠加导致融资利率偏高；二是一般投资人认为国资背景平台较为规范并且有较强的公信力，安全系数较高，愿意接受低一些的收益率。

（3）起投门槛普遍较高。相比于大部分平台 100 元起投，国资系 P2P 平台起投金额多数是 1000 元、1 万元，最高达到 5 万元起投，远高于行业平均水平。

（4）业务模式普遍采用资产团购模式。国资系 P2P 平台项目与小贷公司和担保公司进行合作，并且由合作伙伴提供本息担保，平台仅帮助实现资金供给和提供信息服务。在这种模式下，平台充当信息中介，提供中介服务，收取中介费用。

（5）平台标的规模大。国资系 P2P 平台标的多为百万元级，产品种类局限，多数平台产品种类不超过 3 种，而且局限于企业贷款。这与"坚持小额化"的原则有所背离，且"大标"使得平台风险比较集中，对平台的风险控制形成了较大的挑战。

表 14 - 1 国资系 P2P 借贷平台

平台	成立时间	国资背景	地区	注册资本（万元）
开鑫贷	2012 - 12	国开金融有限责任公司、江苏金农股份有限公司	江苏	1000
华众财富	2013 - 03	山东省经济资产管理中心	山东	10600
乾贷网	2013 - 10	贵州省中小企业服务中心	贵州	1000

平台	成立时间	国资背景	地区	注册资本（万元）
众信金融	2014－03	北京市海淀区国有资产投资经营有限公司	北京	1000
国控小微	2014－03	河南国控小微信息咨询有限公司	河南	1000
德众金融	2014－04	安徽省供销社	安徽	1000
惠融投资	2014－04	重庆农畜产品交易所股份有限公司	重庆	2000
贷贷兴隆	2014－04	重庆兴农鑫电子商务有限公司	重庆	2000
金开贷	2014－05	陕西金融控股集团、国开行陕西分行	陕西	1000
前海理想金融	2014－05	浙报传媒控股集团	广东	2000
楚金所	2014－06	武汉高科国有控股集团有限公司	湖北	5000
京金联	2014－07	中农基金控股企业—中农高科（湖北）科技产业投资管理有限公司	湖北	6000
中广核富盈	2014－07	中国广核集团	广东	1000
金宝保	2014－07	重庆市三峡担保集团有限公司	重庆	3000
紫金所	2014－07	南京紫金投资集团	江苏	1000
金粮宝	2014－07	重庆粮食集团投资信息咨询有限公司	重庆	500
呼啦贷	2014－07	海航集团	北京	1000
金控网贷	2014－08	广州金融控股集团	广东	10000
蓝海众投	2014－08	广东金融高新区股权交易中心	广东	1000
投宝金融	2014－08	安徽天成资产管理运营有限公司	安徽	5000
星投资	2014－03	中元国信风险管理咨询（北京）有限公司	上海	2000
海金仓	2014－09	北京海淀科技金融资本控股集团股份有限公司	北京	3000
保必贷	2014－09	上海科技投资公司	上海	971
金宝会	2014－09	北京金马甲产权网络交易有限公司	北京	5050
汇付四海	2014－10	云南物流产业集团投资控股有限公司、云南报业传媒（集团）有限公司	云南	未知
文创汇	2014－10	重庆华龙网集团有限公司	重庆	1500
投促金融	2014－11	四川省投资促进会	四川	2000
365易贷	2010－02	陕西关天西咸股权投资有限公司	江苏	4500
冀金宝	2014－12	河北产权交易市场有限公司	河北	1000
民贷天下	2014－12	广州基金旗下广州科技风险投资有限公司	广东	10000
首金所	2015－01	中融金华（北京）投资基金管理有限公司	北京	10000

注：①中元国信风险管理咨询（北京）有限公司于2014年8月战略入股星投资。

②陕西关天西咸股权投资有限公司于2014年11月入股365易贷。

③此表为截至报告期国资系P2P借贷平台情况。

④部分平台既有国资背景，又有银行背景；完全由银行控股的平台如小企业e家等，不包含在国资系P2P中。

资料来源：P2P借贷平台官方网站、网贷之家、网贷天眼及主流媒体报道。

■银行系平台

2014年，银行系P2P借贷平台从年初的3家增长到年末的13家，增长超3倍。现有的银行系P2P平台主要有三种经营模式：一是银行自建P2P平台，如招行的小企业e家、包商银行的小马bank；二是由子公司投资入股新建独立的P2P平台，如国开金融设立的开鑫贷；三是银行所在集团设立的独立 P2P 平台，如平安集团的陆金所。尽管经营模式有差异，但其有许多共同点。

首先，银行系 P2P 平台平均年化收益率较低，普遍在 8% 以下，最高的也仅徘徊在 10% 左右，其中开鑫贷、金开贷、民贷天下收益率相对较高，在 8% 至 12%。这些平台多数起投金额限制在 1000 元或 1 万元。

其次，虽然银行系 P2P 收益不高，但是吸引力却不小。这些平台借助强大的银行品牌背书可以快速提高平台在投资者中的认可度。如陆金所拆分前旗下的 Lufax 背靠平安集团，由于有平安集团的信用背书，加上发生逾期平安担保代偿本息的机制，其项目自推出便引人瞩目。通过比较主流平台过去一年内借款标平均"满标用时"[①] 可发现，Lufax 的满标用时统计为 0 秒，而绝大部分平台满标用时以分、时，甚至天计数，充分体现出平安集团旗下 P2P 借贷平台的受欢迎程度。

最后，在银行系 P2P 平台中真正有银行线下做风控的并不多，仅有恒丰银行"一贯"、招商银行"小企业 e 家"、兰州银行"e 融 e 贷"和民生银行"民贷天下"，在其官网注明所有投资项目均由银行来实行内部审核，而国开行的"金开贷"和"开鑫贷"、民生银行的"民生易贷"和平安的陆金所等则是由其他公司实际操作。[②]

表 14 – 2   银行系 P2P 借贷平台

平台	成立时间	银行背景	年化收益率
陆金所	2012 – 06	平安集团	5.6% ~ 8.8%
开鑫贷	2012 – 12	国开金融	8% ~ 12%
小企业 e 家	2013 – 04	招商银行	5.8% ~ 7.8%
民生易贷	2014 – 04	民生银行	8% ~ 12%
金开贷	2014 – 05	国家开发银行	6.5% ~ 7.5%
小马 bank	2014 – 08	包商银行	5.8% ~ 7.5%
e 融 e 贷	2014 – 10	兰州银行	6.3% ~ 7.2%
融 e 信	2014 – 11	江苏银行	未知
白领通	2014 – 11	宁波银行	5.8% ~ 7%
齐乐融融 E	2014 – 11	齐商银行	7% ~ 8%
一贯	2014 – 12	恒丰银行	5.5% ~ 5.7%
民贷天下	2014 – 12	民生银行	8% ~ 12%
民生转赚	2014 – 12	民生银行	7.2% ~ 8%
资产交易平台	2015 – 01	华润银行	未知

注：此表为截至报告期银行系 P2P 借贷平台情况。

资料来源：P2P 借贷平台官方网站、银行官方网站、网贷之家、网贷天眼及主流媒体报道。

截至目前，银行系 P2P 尚未实现抢眼的成交量，也暂时未给整个行业带来太大的影响。网贷之家的数据显示，作为银行系领头羊的陆金所，其 2014 年 12 月的成交额为 17.25 亿元，仅为红岭创投的 60%；具有国开行背景的开鑫贷，2014 年全年的交易量为 60 亿元，而红岭创投单月平均的交易量

---

① 参考网贷之家 – 数据 – 自定义 – 满标用时。
② 参考刘佳昕：《11 家银行抢滩 P2P 仅 4 家银行直接风控》，载《投资时报》，2014 – 12 – 08。

就达到 25 亿元以上。整体而言，银行系 P2P 尚未发力。

与先期发展起来的"草根"平台相比，银行系 P2P 其实拥有着得天独厚的优势，平台资金实力雄厚，流动性充足，项目源优良，银行的品牌背书对投资者很有吸引力，便于前期的平台推广。

然而，金融"科班出身"的银行系 P2P 目前却存在一些源自传统金融模式的"桎梏"。

首先，银行系 P2P 门槛相对较高、收益相对较低。P2P 借贷模式获得投资者青睐的主要原因就在于低门槛、高收益，而银行系 P2P 普遍都存在起投金额高、利息低的特点。银行系平台预期年化收益率处于 5.5% ~ 8.6%，略高于银行理财产品，但处于 P2P 行业较低水平，对投资人吸引力有限。并且，除小马 bank、民贷天下起投金额为 100 元外，其余银行系 P2P 借贷平台最低起投金额达到了 1000 元，开鑫贷的苏鑫贷系列产品起投金额更是达到 5 万元。而"草根"平台投资收益率则更具吸引力，大多在 15% ~ 20%，部分甚至动辄 20% ~ 30%，处于 P2P 行业较高水平。此外，这些平台门槛极低，多为 50—100 元起投，能服务更多的小微额投资者。

其次，银行系 P2P 便捷性较低。银行系 P2P 受到的约束相对较多。从金融办到银监局等监管部门对每个流程都会进行监管，审核的手续相对烦琐。同时银行对流程的把控、手续的齐备性要求相对严格，这不仅增加了成本，便捷性也相应降低。

再次，银行内部缺乏改革动力。对规模巨大的银行而言，P2P 业务也许并不足以激励其积极改革。目前来看，银行并未为旗下 P2P 借贷平台的营销、借款标的上线投入足够的资本和精力。除了陆金所拆分前旗下的 Lufax 在广告上的投入较多，其他银行系 P2P 平台并未在自身平台推广上有明显投入。江苏银行"融 e 信"、齐商银行"齐乐融融 E"、宁波银行"投融资"等银行系 P2P 平台新闻可以在网上搜索到，但是却未能搜索到其官方网站。而很多从草根成长起来的平台每月在几大搜索引擎投放的推广费上百万元。另一方面，银行系 P2P 平台借款标上线速度也较慢。小马 bank 自 2014 年 10 月底以后一直未有新借款标上线。多数银行系 P2P 只是将原有的成熟业务互联网化，类似于直销银行，但两者是有区别的。

最后，银行系 P2P 运作模式还不够市场化。P2P 借贷行业是一个市场化程度较高的新兴市场。而银行的管理体系、利益分配都比较复杂，其决策机制、对人才的保留和吸引还停留在传统金融机构的风格，市场化程度不够。例如，银行系 P2P 管理层中来自市场的相对少。

值得注意的是，目前银行系 P2P 与先期发展起来的"草根"平台形成了一定的市场分化：银行系 P2P 主要服务于中小企业（而非小微企业），标的金额相对较大；同时，银行系 P2P 的投资者一般是不追求高收益而更看重安全性的客户群体。

■上市公司系平台

截至 2014 年底，已经有超过 40 家 A 股上市公司涉足 P2P 领域，投资总额超过 10 亿元[①]。对 P2P 借贷平台而言，最为重要的是赢得投资人的信任，拥有上市公司作为公司股东的背景，无疑会为该类平台增信。上市公司对进入 P2P 借贷行业如此热衷，我们认为主要原因有以下四个：（1）上市公司看好 P2P 借贷行业的发展前景，希望在行业大发展中分一杯羹。（2）谋求业务转型。传统业

---

① 参考钟辉：《前海理想金融 P2P 上线 隐现 5 家上市公司股东》，载《21 财经搜索》，2014 - 11 - 12。

务后续增长乏力，上市公司希望通过跨行 P2P 借贷使公司业务更加多元化，帮助企业转型或者降低行业集中风险，有助于增加业务利润节点。（3）构建供应链金融体系。上市公司从产业链上下游的角度出发，打造供应链金融体系，加速供应链内商流、物流、资金流运转效率。（4）出于资本市场运作考虑。上市公司涉足 P2P 借贷业务可以引发二级市场股价骤升，作为资本市场概念性题材和利好因素，是上市公司跨行 P2P 借贷考虑的因素之一。

■风投系平台

2014 年，无论是"业内资深"，还是"起步新秀"，均不乏收获风投大额注资的平台。据和讯互联网金融统计，2014 年全年获得风投注资的 P2P 平台达 98 家，投资数额超过 30 亿元。风投机构的注资，一方面为行业注入了丰厚的资金，使得 P2P 平台有足够的资金推进它们的计划，完善公司的运营；另一方面也表明这些机构看好 P2P 行业的前景，有助于增强投资者的信心，促进行业更加平稳的发展。

14.2.3 资产端多元化趋势显现

P2P 借贷是从服务个人和小微企业起步的，在经历了数年的发展后，当前许多所谓的 P2P 平台实际上不再仅限于为个人和小微企业服务，而是在线上财富管理的广阔前景吸引下，演化成为各类资产与资金端连接的平台。

2014 年，传统金融机构的非标资产开始大量迁移至互联网平台，包括来自信托、保理、融资租赁、大宗商品供应链金融等业务的资产都见诸平台资产端。此外，随着股市逐步复苏直至火热，原本处于线下的民间股票配资公司也开始大量线上化。

在这场以互联网为媒介的资产团购狂潮中，面对曾经热爱储蓄、投资渠道少的中国投资者，各路市场力量正在以十八般武艺抢滩布局。但是，值得注意的是，截至目前，原有资产形式互联网化的情形较多，真正借助信息技术形成的新资产形式相对较少。

图 14-8 平台资产端布局

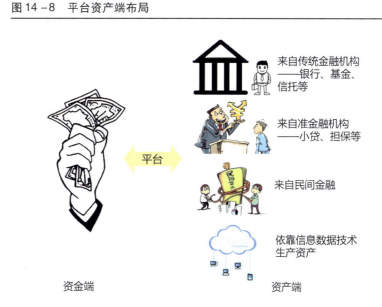

- 来自传统金融机构——银行、基金、信托等
- 来自准金融机构——小贷、担保等
- 来自民间金融
- 依靠信息数据技术生产资产

资金端　　平台　　资产端

专题 14-1 民间金融互联网化的风控两难

在已有资产形式互联网化的类型中，民间金融的互联网化在近年来占据了重要位置。许多原本归属于"民间"的金融活动踊跃尝试以互联网为助力向新兴的金融活动存在形式迁移，通过互联网吸引更多的经济主体成为资金端。然而，在推动民间金融实现外延扩张的同时，互联网化也延伸了资产端的风险触角。

　　传统的民间金融是指民间自发的、无专业金融机构充当中介的金融活动。从外延来看，主要包括民间直接借贷、合会和地下钱庄，其中，地下钱庄所从事的金融活动虽形似银行所经营的吸存发贷、跨境汇兑结算等业务，但由于其不具备官方授予的金融资质而成为了"民间"的金融活动。相较传统地下钱庄常以非金融经营项目作为掩护、依靠口碑维持经营的做法，在近年来房地产业、采矿业等持续火热的背景下，越来越多的民间金融活动开始脱离"地下"，尝试以类金融机构的形态存在，但仍不具备官方授予的金融资质。具体可分为两个阶段。第一个阶段以投资咨询公司、担保公司等形式的民间类金融机构大量出现为标志，尤在民间金融活跃地区为甚。第二个阶段则表现为大规模的互联网化。实际上，民间金融风控模式所遭遇的挑战在第一个阶段即开始显现。民间类金融机构的大量出现使传统民间金融以熟人约束为核心的风控模式的有效性大大削弱，表面上是类金融机构的参与似乎使民间金融活动的专业属性增强了，而实际上则是借贷双方的信息不对称程度加剧了。第二阶段同样存在第一阶段的问题，事实上，由于线上金融活动具有资金动员成本低、跨地域广泛的特性，资金方获取信息的难度进一步加大了。

　　2014年以来，国内各地民间金融风险集中爆发，民间类金融机构问题案件层出不穷。纵观风口浪尖上的金钱狂欢，除去庞氏骗局等纯诈骗性质的纠纷，各地民间金融活动正在通过自主的"阳光化""线上化"进行一次大规模的活动范围扩张，而互联网化的民间类金融机构为何总是频繁触险、困难重重？不可否认，经济增速下行、房地产业遇冷等经济环境因素确实是让许多民间类金融机构资金链断裂，甚至跑路的重要原因，但经济环境的改变并不是在一夜之间发生的，大范围的危机出现正说明着这些机构的问题所在。

　　一方面，除少数金融和互联网基础较好的平台外，目前大部分平台只是做了资金端渠道转移这一步，但却没有同步提高与资金端互联网化相匹配的资产生产能力和风控能力。对于资产端由民间金融互联网化形成的平台而言，匆忙上马的新渠道模式使未能及时作出改变的风控模式遇到了旧无力、新难成的两难境地。让原本无法获得传统金融服务的群体获得金融服务是看起来美好、实践起来没那么简单的愿景。大量平台要么没有能力，要么或疏忽或故意地没有将借款标的的风险相关信息尽职地获取并清楚地告知投资者。相反，在信息不对称的屏障下，由于通常通过按比例收取服务费或手续费的方式盈利，这些平台也就有了尽可能多上项目，甚至为高风险项目包装增信的动机。用稍微长远一点的眼光来看，对于经营金融业务的机构而言，风险聚集终害己。

　　另一方面，由于不在金融监管范围内，这些平台实际从事的经营活动常常不止是信息咨询服务。从媒体公开信息来看，出现问题的平台往往存在错配期限、额度的做法。在这里我们先不考虑从事类似业务的银行通常所具备的丰富信贷经验，民间类金融机构与银行体系还有一个十分重要的区别，即缺乏银行间的资金缓释机制。一旦出现一笔大到风险储备无法覆盖的坏账，即可能由于投资者信心的丧失而出现风险过激叠加。

　　在互联网化外延扩张的过程中，曾经存在于熟人间的民间金融活动扩展到全国范围。与传统民间金融活动相比，牢固的地域纽带风控效力几近丧失；与正规金融活动相比，大部分互联网化的民间类金融机构所标榜的高效率、低成本、轻模式的风控机制并没有坚实的根基。更为严重的是，相较传统的地下钱庄，在类似"金融机构"外衣的包装下，在同样弱监管的担保业的力挺下，互联网化的民间类金融机构获取缺乏经验的投资者的难度大大降低。

　　作为新兴的类金融机构，以"保本"或"保本保息"吸引投资者是其为自身增信的最简单粗暴的方式，也是国内理财投资刚性兑付传统的拥抱。然而，在上述风控两难的境地中，弱风控的平台在中介服务中所收取的中间费用根本无法覆盖可能遇到的风险敞口，做信息中介理想丰满、现实骨感，暗中做信用中介的平均资金成本则高达 20% ~ 30%，远远高于银行存款平均不超过 3% 的资金成本。弱风控、强刚兑的玩法着实不失为引火自尽的又狠又快的办法。

在由众多弱风控、强刚兑的民间类金融机构组成的民间金融互联网化外延扩张过程中，市场的选择和淘汰也许会滞后，但不会一直缺席。2014 年以来的民间金融风险集中爆发即向监管当局和业界发出了强烈的信号。不容忽视的一点是，即使是纯信息中介，由于直接涉及公众资金并且正在迎来越来越多的小额非经验投资者，出现风险的社会负外部性将越来越大，金融信息中介需要金融监管是毋庸置疑的。英美等国已实施的相关金融监管也印证了这一点。

反观目前所谓的正规金融活动，无一不是诞生于解决信息不对称和降低交易成本的市场需求中，几乎所有金融中介都在倚仗着其所具有的信息（获取）优势开展业务。面对问题频发的民间金融互联网化外延扩张进程，我们或许可以欣慰的是，随着实践的检验，以 P2P 借贷平台为代表的民间类金融机构有望成长成为新技术时期的新型金融机构。正如中世纪的威尼斯长凳和 18 世纪梧桐树下的聚会，随着这类机构信息中介能力的历练、风控水平的提高并逐步实现适当的风险承担转移，民间金融的互联网化外延扩张有望转化为金融体系的层次完善。

14.2.4 P2P 借贷为中小微企业提供差异化金融服务

实践经年，怀着普惠金融理想的 P2P 借贷平台们对中小微企业金融服务的覆盖如何？当前哪些类型的中小微企业借款人正在从 P2P 借贷平台获得支持？这种支持又与传统金融机构和准金融机构提供的服务有何差异？为深入了解中小微企业从 P2P 借贷平台获得的金融服务情况，课题组与零壹财经联合发起了针对国内主流平台中小微企业金融服务的调研。以下基于 7 家数据可得的平台进行分析[①]。

2014 年，7 家平台上用于经营的中小微企业借款[②]

图 14 - 9　7 家平台用于经营的中小微企业借款规模及占总成交金额之比（2014年）

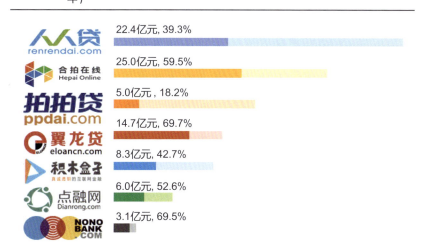

注：①"22.4 亿元，39.3%"代表 2014 年人人贷平台上用于经营的中小微企业借款成交金额为 22.4 亿元，占总成交金额的 39.3%。

②拍拍贷目前已战略转型至专注做个人消费贷款，因此 2014 年平台用于经营的中小微企业借款的相对规模较 2013 年有较大幅度减少。

资料来源：拍拍贷、人人贷、零壹财经。

① 因部分平台不公布借款人信息或对通过平台网站获取数据设定了限制，此处研究对象不代表本课题组对"主流平台"的外延界定。此外，由于不同平台公开借款项目信息有所不同，个别平台缺少部分维度的数据。

② 在本调查中，用于经营的中小微企业借款是指初创业者、网店卖家、私营业主等为启动、维持或扩大经营而支付成本、费用所借借款。

共84.6亿元。从绝对规模来看，合拍在线、人人贷、翼龙贷平台上的中小微企业借款最多，分别为25.0亿、22.4亿、14.7亿元。从相对规模来看，翼龙贷、诺诺镑客、合拍在线平台上的中小微企业借款占总成交金额的比例最高，分别为69.7%、69.5%、59.5%。

■ **不同平台中、小、微额借款分布分明**

从额度分布来看，7家平台呈现出明显的差异，可以大致分为三类：

第一类是诺诺镑客平台，由于有众多的校园小微额创业融资项目，笔均金额仅为1.7万元，5000至2万元之间的借款占中小微企业借款笔数高达8成左右，而2万元及以上额度的借款仅占总笔数的6.1%；

图14-10 7家平台用于经营的中小微企业借款笔均金额（2014年）

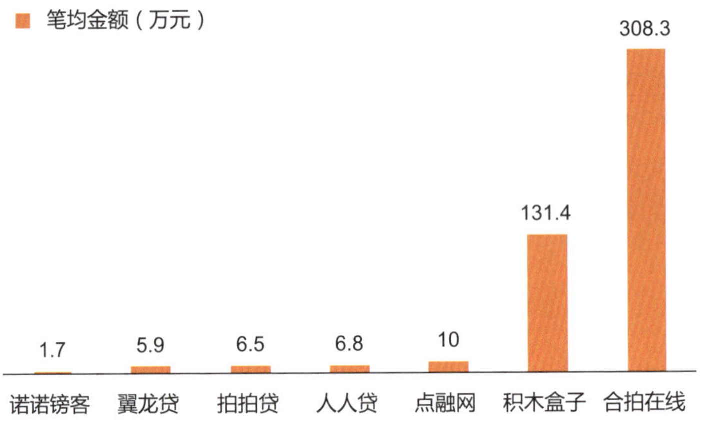

资料来源：拍拍贷、人人贷、零壹财经。

第二类是翼龙贷、拍拍贷、人人贷、点融网4家平台，中小微企业借款项目额度大部分为数万元，笔均金额为5万至10万元，相对而言10万元及以上额度的借款较少（尤其是翼龙贷仅有1.8%），反映出其以微型和小型企业客户为主的特点。

第三类是积木盒子和合拍在线，其企业借款的笔均金额为131.4万元和308.3万元，借款分别集中在50万至200万元和200万至500万元的区间，10万元以下额度的借款较少，客户以小型和中型企业为主。

图14-11 7家平台用于经营的中小微企业借款额度的笔数及金额分布（2014年）

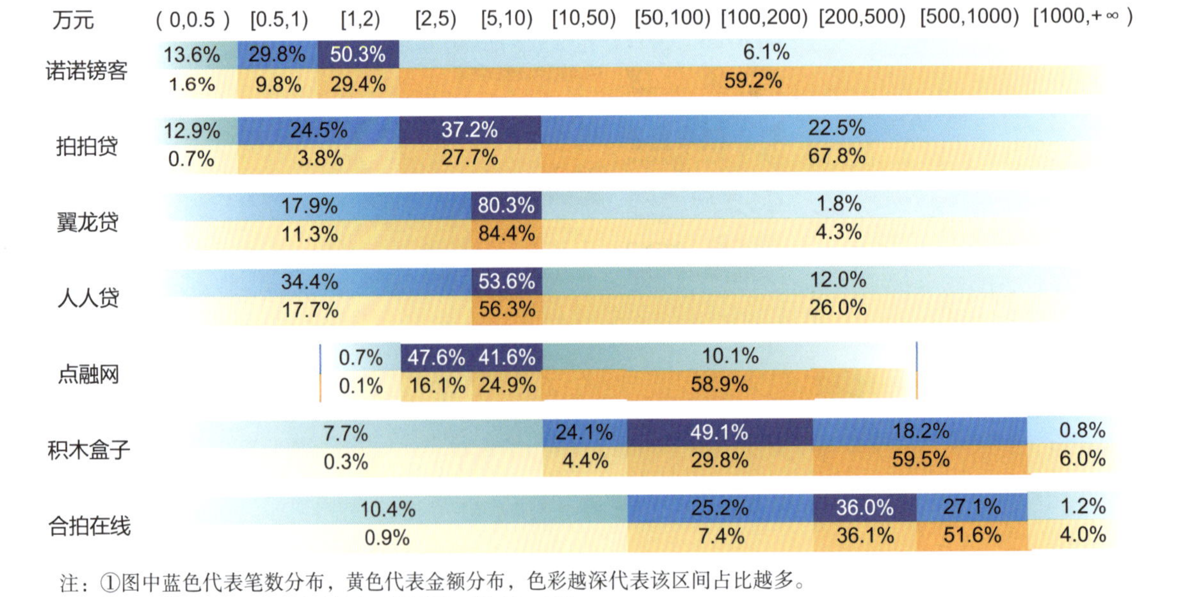

注：①图中蓝色代表笔数分布，黄色代表金额分布，色彩越深代表该区间占比越多。
②人人贷5万—10万元区间为双闭区间，即［5，10］。
③图中小竖线代表未覆盖到最大或最小借款额度区间，在小竖线处为闭区间，例如，点融网平台上的借款额度大于等于1万元，小于等于500万元。
资料来源：拍拍贷、人人贷、零壹财经。

此外，从笔数分布和金额分布来看，部分平台表现出较为突出的特点。例如，诺诺镑客平台上单笔 2 万元（含）以上的借款笔数仅占 6.1%，但金额却占到了 59.1%，说明该平台上高于 2 万元和低于 2 万元的借款单笔额度相差很大，而诺诺镑客的实际情况便是如此，占比较多的低于 2 万元的绝大部分为微额大学生创业借款，占比较少的高于 2 万元的则可能是 20 万—30 万元的小微企业借款。又如，拍拍贷平台由于采取纯线上获客模式，信用审核成本相对较低，借款额度分布较为分散。相较而言，翼龙贷和人人贷在借款笔数集中度和借款金额集中度方面呈现出高度的一致性，即 5 万—10 万元不仅是这两家笔数占比最高也是金额占比最高的区间。这与这两家平台主要通过加盟门店实地认证或合作方实地认证的方式获客的业务特点有直接的关系，只有当借款额度达到一定规模时，按比例收取的服务费才能覆盖线下认证成本，这就对平台可以实现的借款额下限形成一定的限制，而笔数和金额分布集中度的一致性体现出两家平台在业务策略上对小额贷款需求的重视。

■ 期限分布体现借款需求类型和资金实力

对借款人而言，借款期限越长，所需支付的利息成本越高。因此，从借款人的角度出发，在资金状况允许的前提下，借款期限实际是越短越好的。我们看到 7 家平台借款期限分布呈现出一定程度的与借款额度分布的反向关系。借款额度偏向中小企业需求的合拍在线和积木盒子两家平台的借款期限均集中在半年，甚至 3 个月内，合拍在线更是有近 3 成的 1 个月以内的借款"天标"。中小企业相对"大额"但期限较短的借款很可能是对传统融资方式的效率补充。此外，授信方式同为实地认证的翼龙贷和诺诺镑客两家平台上借款期限均有 1—36 个月可供选择，借款群体主要来自高校学生的诺诺镑客近 8 成借款人选择了 24—36 个月的期限，而翼龙贷的借款群体主要为加盟机构所在地的中小企业，超过 9 成的借款人选择了 6—24 个月的期限，体现出不同经济实力借款人的不同分期需求。

图 14 –12　7 家平台用于经营的中小微企业借款期限的笔数分布（2014 年）

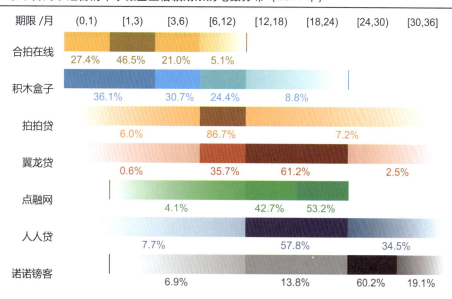

注：①色彩越深代表该区间笔数占比越多。

　　②图中小竖线代表未覆盖到最大或最小借款期限区间，在小竖线处为闭区间，例如，合拍在线平台上的借款期限不超过 12 个月。

资料来源：拍拍贷、人人贷、零壹财经。

■ 不同平台利率分化明显，与获客授信方式密切相关

从利率分布来看，中小微企业从 7 家平台获得的利率分化十分明显，从 10% 左右到超过 20%，

各平台笔数最多的利率区间几乎未出现重合的情况。其中，整体利率水平最低的积木盒子平台的利率高限甚至为整体利率水平最高的翼龙贷平台的利率低限。我们认为这种明显的差异首先来源于当前尚未实现的信息技术广泛共享程度，在此基础上，各不相同的获客渠道、授信方式导致了不同平台的利率水平差异。观察 7 家平台官网可发现，积木盒子、人人贷、合拍在线、点融网 4 家平台的资产端主要来自第三方合作机构，诺诺镑客、翼龙贷两家平台的资产端主要来自平台实地或视频认证，拍拍贷的小微企业借款通过线上获取和认证。来自第三方合作机构和平台实地认证获取的资产端实际上严重依赖于第三方或平台的线下渠道分布情况和服务对象。例如，对于资产端主要来自第三方合作机构的 4 家平台而言，来自不同线下渠道的资产利率通常在前期中小微企业与第三方签订的协议中就确定了，虽然 P2P 借贷平台所收取的服务费议价空间是存在的，但利率的高低归根结底还是取决于中小微企业借款形成的信贷资产情况，而这与第三方合作机构的定价模式密切相关。又如，诺诺镑客平台上占中小微企业借款总笔数 96.7% 的借款利率为 11.88%，实际是该平台对所有符合要求的高校学生借款人的创业借款开出了统一的价格。相较而言，拍拍贷平台上借款利率由相对熟稔互联网的中小微企业借款人根据自身经济和信用实力并参考其他借款情况自主报出，利率分布相对分散。

图 14 - 13　7 家平台用于经营的中小微企业借款利率的笔数分布（2014 年）

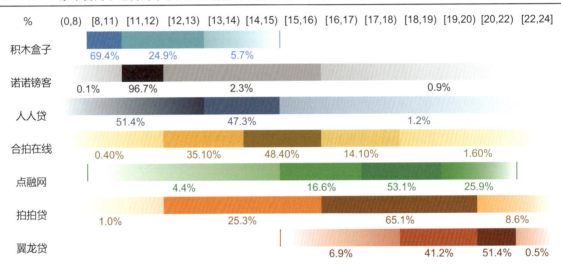

注：①色彩越深代表该区间笔数占比越多。

　　②本图所示利率为投资者所得年化利率，由于平台通常要求借款人支付一定的服务费，借款人实际成本高于图中利率。

　　③图中小竖线代表未覆盖到最大或最小利率区间，在小竖线处为闭区间，例如，积木盒子平台上的利率不超过 15%。

资料来源：拍拍贷、人人贷、零壹财经。

■中小微企业地域分布亦与获客授信模式密切相关

作为以互联网为平台的互动借贷模式，理论上来自全国各地的借款人都可以超越地域限制进行借款，只要经营达到一定量级，借款人地域分布是无限制的，并且应与地域经济和民间金额活动的发展活跃程度呈正相关。然而，上述 7 家平台中共有 6 家平台官网上借款标具有"地域"项，其中，仅有拍拍贷和诺诺镑客两家平台达到了省级行政区基本覆盖，积木盒子和人人贷平台的省级行政区覆盖比例仅为 4 成和 5 成。观察平台官网可发现，积木盒子实际上没有可供借款人主动在平台网站申请借款的链接选项，所有借款标均来自线下第三方合作渠道，这也就解释了其借款标地域的低覆盖率——即使有需求的借款人知晓了这个平台也是无法借款的，地域分布完全取决于合作方所提供资产的所在地。而通过人人贷平台的 2014 年年报可发现，占平台全年借款笔数 86.4% 的借款是机构担保标和实地认证标，均是由人人贷的合作机构提供的资产。此外，点融网的很大一部分借款标也是来自第三方合作机构。翼龙贷由于采取本地化线下加盟模式，借款人地域分布主要受限于加盟门店的分布。诺诺镑客的名校贷部分采取在线视频认证授信模式，来自全国各地的高校学生都可以通过平台实现异地借款。但由于其在部分地区重点开展了校园推广活动，因此该平台借款人地域分布受线下营销活动的影响也十分明显。拍拍贷为纯线上授信模式，其借款人分布目前基本体现出了与地域经济和民间金融活动的发展活跃程度的正相关性。

图14 –14　6家平台用于经营的中小微企业借款人地域分布（2014 年）

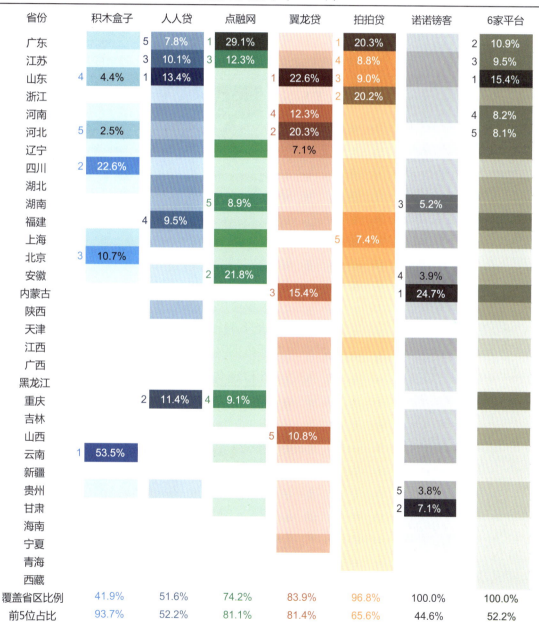

省份	积木盒子	人人贷	点融网	翼龙贷	拍拍贷	诺诺镑客	6家平台
广东		5　7.8%	1　29.1%		1　20.3%		2　10.9%
江苏		3　10.1%	3　12.3%		4　8.8%		3　9.5%
山东	4　4.4%	1　13.4%		1　22.6%	3　9.0%		1　15.4%
浙江					2　20.2%		
河南				4　12.3%			4　8.2%
河北	5　2.5%			2　20.3%			5　8.1%
辽宁				7.1%			
四川	2　22.6%						
湖北							
湖南			5　8.9%			3　5.2%	
福建		4　9.5%					
上海					5　7.4%		
北京	3　10.7%						
安徽			2　21.8%			4　3.9%	
内蒙古				3　15.4%		1　24.7%	
陕西							
天津							
江西							
广西							
黑龙江							
重庆		2　11.4%	4　9.1%				
吉林							
山西				5　10.8%			
云南	1　53.5%						
新疆							
贵州						5　3.8%	
甘肃						2　7.1%	
海南							
宁夏							
青海							
西藏							
覆盖省区比例	41.9%	51.6%	74.2%	83.9%	96.8%	100.0%	100.0%
前5位占比	93.7%	52.2%	81.1%	81.4%	65.6%	44.6%	52.2%

注：①色彩越深代表该区间借款人（户数）占比越多。
②左列省级行政区从上到下按2014 年地区GDP排序。
③合拍在线平台的借款信息不存在"地域"标准项，故此处未列出。
④除翼龙贷外各平台均存在少量地域信息为空的借款标，图中所示比例以除去空值后的总数为基准计算。
资料来源：拍拍贷、人人贷、零壹财经。

■低学历中小微企业主和大学草根创业者成融资主力

从学历分布来看，由于有为数众多的大学草根创业者，诺诺镑客平台上本科学历的借款人占据了绝大部分比例。其余 3 家借款人信息具有"学历"项的平台拍拍贷、人人贷和翼龙贷分别有超过 7 成、8 成、9 成的借款人为大专及以下学历。从笔均借款额度来看，拍拍贷和人人贷两家平台基本体现了学历越高、获得授信额度越高的特点。诺诺镑客平台上实际也体现了硕士研究生及以上学历借款人获得授信额度明显高于本科学历借款人的特点，大专及以下学历高达 20 多万元的笔均金额实际为中小微企业主借款所获额度，与在校大学生可获额度不在同一水平线上。而翼龙贷平台上硕士研究生及以上学历的借款人占比极少，从数量级和概率的角度出发，目前并不能说明相关学历的获信水平。

图 14-15　4 家平台用于经营的中小微企业借款人学历分布（2014 年）

	诺诺镑客	拍拍贷	人人贷	翼龙贷
	借款人（户数）学历分布			
高中、中专及以下	1.2%	39.2%	33.4%	88.6%
大专	1.5%	36.6%	49.2%	9.3%
本科	95.9%	22.8%	16.4%	2.0%
硕士研究生及以上	1.4%	1.5%	1.0%	0.1%
	笔均金额（万元）			
高中、中专及以下	27.2	5.6	6.8	5.9
大专	23.6	5.8	6.7	6.4
本科	1.1	8.9	7.2	6.4
硕士研究生及以上	3.2	10.2	10.4	5.3

注：①色彩越深代表该区间借款人（户数）占比越多，或笔均金额越高。
②合拍在线、积木盒子、点融网平台的借款人信息不存在"学历"项，故此处未列出。
③诺诺镑客和拍拍贷两家平台存在少量学历信息为空的借款标，图中所示比例以除去空值后的总数为基准计算。
资料来源：拍拍贷、人人贷、零壹财经。

■不同平台形成差异化客户年龄群体，长者信用优势明显

从年龄分布来看，目前不同平台形成了差异化的客户年龄群体。诺诺镑客平台上的小微企业借款绝大部分来自大学生创业借款"名校贷"，因此高达 97.2% 的借款人年龄为 30 岁及以下，甚至有超过 3 成的借款人年龄在 20 岁及以下。借款需求主要来自线下渠道的翼龙贷、人人贷和点融网 3 家平台均有超过 6 成至 7 成借款人在 31 岁至 50 岁年龄段，具有当前小微企业主中坚力量的年龄特色。相较而言，拍拍贷平台上的小微企业借款需求由于全部通过互联网获取，借款人是更加熟悉互联网的年轻一代。此外，有借款人年龄数据的 5 家平台几乎都体现出了较为明显的长者信用优势。

图 14-16　5 家平台用于经营的中小微企业借款人年龄分布（2014 年）

	诺诺镑客	拍拍贷	翼龙贷	人人贷	点融网
	借款人（户数）年龄分布				
20岁及以下	31.5%		0.03%		
[21,30]	65.7%	44.1%	24.4%	18.9%	16.7%
[31,40]	1.4%	43.3%	36.7%	39.8%	39.4%
[41,50]	1.0%	10.8%	30.0%	31.4%	35.1%
[51,70]	0.4%	1.8%	8.8%	9.9%	8.8%
	笔均金额（万元）				
20岁及以下	0.8		5.3		
[21,30]	1.0	5.2	5.8	6.0	6.1
[31,40]	20.2	7.7	5.9	6.6	9.8
[41,50]	31.9	6.8	6.0	7.4	11.0
[51,70]	52.7	7.6	6.1	7.6	14.0

注：①色彩越深代表该区间借款人（户数）占比越多，或笔均金额越高。
②合拍在线、积木盒子平台的借款人信息不存在"年龄"项，故此处未列出。
资料来源：拍拍贷、人人贷、零壹财经。

■零售批发及制造业成 P2P 主要吸金行业

目前大部分 P2P 借贷平台的借款项目都没有标示"行业"信息，说明"行业"信息在大部分平台的信用评价模型中都不是必备项，这与传统信用评价模式形成了鲜明的对比。通过观察各平台网站信息可发现，零售批发和制造业的借款项目较为多见，上述 7 家平台中标示了行业信息的点融网和人人贷的数据也映证了这一点，两家平台均有超过 6 成的借款金额产生在零售批发和制造业。

图 14－17　点融网和人人贷用于经营的中小微企业借款行业分布（2014 年）

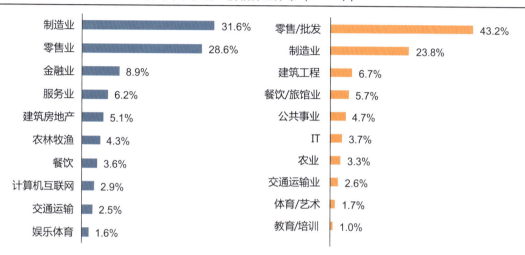

注：两家平台均存在少量行业信息为空的借款标，图中所示比例以除去空值后的总数为基准计算。
资料来源：人人贷、零壹财经。

总体来看，当前不同平台正在着手布局各具特色的中小微企业资产端。相较传统金融机构，P2P 借贷平台在额度、期限、利率等方面为中小微企业提供了更多差异化的选择，在效率和渠道上为满足中小微企业资金需求提供了更多的可能。至于不同 P2P 借贷模式的考量，我们认为互联网改变人类行为习惯的潮流不可逆转，未来整个金融业乃至整个经济体都将更多地基于互联网运转。但在未来几年内，来自线下渠道的中小微企业资产仍将伴随 P2P 借贷行业的竞争和整合。实际上，越来越多的资产类型都嗅到了线上资金端的市场前景，因此未来来自中小微企业的资产也可能面临与大资产争抢资金端的局面。不过目前来看，不同资产端正在形成与资产类型和风险水平相适应的额度、期限、利率等的市场范围，未来也有望形成更加差异化、丰富化的市场格局。

14.2.5　P2P 借贷法治维权启动

2014 年，P2P 借贷平台出现问题而被曝光的原因可以分为提现困难、诈骗、跑路、停业等。相对于 2013 年问题平台多数是诈骗、跑路平台，2014 年"提现困难"类平台大幅上升，占比达到 43%。此外，截至 2014 年 11 月，中国已有 165 家 P2P 平台由于黑客攻击造成系统瘫痪、数据被恶意篡改甚至倒闭。[①]

图 14－18　问题平台事件类型（2014 年）

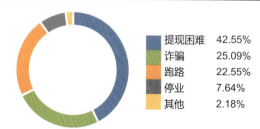

提现困难	42.55%
诈骗	25.09%
跑路	22.55%
停业	7.64%
其他	2.18%

注："其他"类型包括平台资料造假、项目逾期等。
资料来源：网贷之家。

---

① 参考郭奎涛：《黑客盯上互联网金融　八成 P2P 平台受攻击》，载《中国企业报》，2015－02－03。

通过透析问题平台特点可以发现，P2P借贷平台可能面临以下6类风险，即操作风险、技术风险、法律风险、信用风险、竞争风险，而这5类风险均可能进一步引发流动性风险。

■P2P借贷维权开始实现法治解决

P2P借贷行业自2012年底开始进入"野蛮生长"阶段，平台数量、交易额都爆发式增长，同时问题平台数量也不断增多，平台倒闭、诈骗、非法集资的事情屡见不鲜。P2P借贷平台多属于轻资产型公司，一旦平台倒闭或老板跑路，资金链绝大多数已经断裂，可以处置的资产十分有限，多数网贷平台跑路案件的回款在三成以下，甚至颗粒无收。[①]"维权难"已经成为制约网贷行业发展的重要因素。

2014年7月，P2P非法集资第一案——东方创投案开庭审理，历时9个月之后终于结案，负责人被判处有期徒刑和罚金。在10月公布的东方创投案款项分配方案中显示，款项返还比例为48.7%，即投资人挽回约一半的损失。尽管不尽如人意，但在业内维权普遍比较困难的情况下，东方创投案的审理算是较迅速和圆满，也为后续案件的解决树立了标杆。此外，2014年9月，P2P借贷催收第一案——点融网起诉"老赖"获胜；2014年10月9日，优易网集资诈骗案在江苏公开审理，该案是国内首个以集资诈骗的罪名公开审理网贷平台的案例；2014年10月11日，网赢天下诈骗案在深圳中级人民法院开庭审理。这几起标志性案件通过法律解决，不仅给犯罪嫌疑人以惩罚，起到警示和威慑作用，还对整个网贷行业健康发展有着积极的意义，表明网贷行业正逐渐走向法治化。

2014年12月6日，国内首只网贷行业投资者权益保护基金成立。该基金由上海盈灿投资管理咨询有限公司及各分公司旗下品牌网贷之家、投之家、盈灿基金、盈灿科技、盈灿咨询共同出资，初始资金为100万元。该基金主要用于支付投资人维权所产生的费用以及为投资人提供法律援助。2015年2月8日，由杭州安存网络科技有限公司推出的"无忧存证"平台宣布上线。该平台定位于以"增强互联网金融用户交易安全"为核心的全球首个一站式互联网金融公证保全解决方案。投资者权益保护基金、"无忧存证"平台的成立，对行业的规范发展也起到了一定的促进作用。

■行业"兜底"潜规则经历考验

"刚性兑付"是指无论借款人是否按期还款，中介方或中介方约定的第三方均按期向投资人还本付息。在国内P2P借贷行业中，绝大部分的平台均设置有一定的兑付机制，当借款人不能如期还本付息时，平台或约定的第三方对全部或符合条件的部分借款标的，以约定的无限或有限责任代偿投资人的本金或本息。

2014年，多家知名P2P平台陆续触礁，包括红岭创投、贷帮网、人人聚财等均身陷逾期风波。8月，红岭创投遭遇广州四家纸业"骗贷"，涉及借款本金总额达1亿元，红岭创承诺分批先行垫付本息，以最大限度保护投资者利益；11月，人人聚财前海融资租赁项目逾期，待收金额上千万元，其在第一时间宣布承诺保本赔偿；而同时与人人聚财一起深受前海租赁坏账之苦的贷帮网则坚持逾期项目不兜底，坚持走法律程序。贷帮网前期曾经在网站上承诺担保，而后期又将担保承诺撤下，因此不兜底的做法引致投资人抗议，也引发了业界关于"P2P平台是否应该兜底"的大讨论。

---

① 参考孟凡霞：《P2P维权无门致投资者再遇新陷阱》，载《北京商报》，2015-02-10。

专题 14 - 2　P2P 借贷平台是否应该兜底？

"平台兜底"似乎已经成为大部分 P2P 借贷平台商业模式不可分割的一部分。贷帮网对于 1280 万元坏账拒不兜底的做法引发业界热议：P2P 借贷平台是否应该兜底？

从本质上讲，P2P 借贷平台既不是信用中介，也不仅仅是交易平台，而是信息中介。P2P 借贷平台实际上是法律上的居间人，即其为借款人、贷款人提供订立借款合同的媒介服务，撮合借贷双方缔结借款合同。

在 P2P 借贷平台充分履行信息服务尽职责任的前提下，承担"兜底"义务是与其本质相违背的，同时还有可能带来一系列其他问题。

首先，"兜底"会加大 P2P 借贷平台的财务压力。在开展业务过程中，出现坏账是不可避免的。如果都由 P2P 平台兜底，相当于将借贷业务的所有风险都推到平台方，对平台来说明显是利益与责任不对等。红岭创投在遭遇逾期风波时拥有 7000 多万元的风险准备金和 5000 多万元的自有资金，因此能够在此次风险事件中扛起高达 1 亿元的坏账，但如果坏账超过其承受范围，或是这 1 亿元的坏账发生在无偿付实力的平台，故事很可能就是另一般结局。

其次，"兜底"增加了金融体系的整体风险。平台兜底导致理财产品的风险和收益不匹配，可能诱发借款人的道德风险和投资者的非理性投资，引起资金在不同市场间的不合理配置和流动，增加了金融体系的整体风险。

最后，"兜底"可能会引起法律问题。在资金池模式中，P2P 借贷平台担任了信用中介，可能参与息差分配，同时借方和贷方的关系不明确，可能有各种错配。如果借款方不能按时足额还款，平台可能很难还款给约定当期的投资人，进而引发危机。因此，资金池是监管机构所不允许的。但是，当面对上千万、上亿元的坏账时，没有强大资本基础的 P2P 借贷平台如果仅仅依靠收取信息中介费是很难实现垫付的。这时，为了实现"兜底"的承诺，这样平台很可能暗中启用资金池模式。

既然"兜底"不合理，那么为何红岭创投、人人聚财在发生坏账后都选择"兜底"呢？这是与当前中国金融体系和投资环境息息相关的。

首先，国内民众较大范围地拥有一定富余资本进行投资理财的时间并不长，投资者往往习惯于银行存款和大部分银行理财产品的刚性兑付模式，投资风险自担意识还需培养。

其次，在国内 P2P 借贷行业监管规则和相关法律尚未出台的环境下，借款人出现违约后，投资者权益很难得到保护。

最后，在个人征信体系尚不完善、基于大数据的风控尚未成为主流的大背景下，P2P 借贷平台自身尚且难以充分有效地获取借款人的信用信息，所以就平台方而言，其信用审核能力、信息服务的尽职责任实现程度都还有待商榷。在此基础上，投资者更是难以准确判断借款人的违约风险。

因此，在上述条件下，P2P 借贷平台若不作出一定的垫付承诺，将很难吸引习惯了刚性兑付的投资者，也就很难在上述条件无法快速改变的近期较好地维持经营。

从另一个角度看，"兜底"模式需要动用本可以归属于平台的"真金白银"；同时，为了减少损失，兑现了"兜底"承诺的平台还需要进一步花费物力财力人力去尽可能追回债款。所以，"兜底"机制的存在，无论是无限"兜底"还是有限"兜底"，其本身对平台的信息服务尽职责任的履行而言既是激励也是压力，有利于促进平台的行为朝更有利于投资者保护的方向发展。

> 综上所述，P2P借贷行业"兜底"做法的合理性与不合理性取决于行业的发展和规范程度，相关的基础设施、技术条件、行业规范、监管规则都决定着P2P借贷平台的信息服务水平和尽职责任实现程度。完全"兜底"与完全"不兜底"所涉及的道德问题可能同样复杂和严重。

我们认为，在相关技术、制度和社会经济条件不断发展进步的前提下，未来符合行业规范的P2P借贷平台"不兜底"的合理性会不断增强。假设存在如此一种"完全信息"的极端情况：P2P借贷平台作为信息中介，为投资者尽职地、完全真实地采集了所有与借款人信用资质相关的、截至借贷交易发生前的有用信息，包括可获得的、用于预测借款人未来信用资质的所有有用信息（例如借款人所处行业的行业周期、所在企业的竞合状况等），该平台完全尽职地履行了所有真实有效信息的告知和解释义务，投资额度、投资期限、投资利率是否合适都由投资人自行判断和决定。这时投资依旧是有风险的，一个信用资质非常好的借款人也可能因为突发事件而无法还款，但在该假设下，履行了告知和解释"完全信息"义务的平台"不兜底"是完全合理的。而在假设之外，我们认为实际情况只会不断靠近而无法实现"完全信息"的极端假设。因此，未来行业监管需要做的，也许是在不断趋近于仅要求合规平台设置投资者破产保护机制的路径上，基于当时的技术、制度、社会经济条件，找到一个平台资本要求平衡点来实现尽职激励。

14.2.6　P2P借贷规范化在摸索中前进

■民间自律热火朝天

鉴于监管政策迟迟未能落地，为促进行业健康发展，各种各样的P2P行业自律组织纷纷兴起，呈现出"遍地开花"的态势。虽然行业自律组织遭遇"借机敛财"质疑，但是在推动行业朝着健康、有序、公平、透明的方向发展方面，仍具有一定积极作用。

2014年4月，受"旺旺贷"跑路影响，百度宣布全面清理不良P2P借贷平台，并对在百度进行推广的P2P借贷平台"短期内全部下线"，被百度下线的P2P借贷平台超过800多家[1]。9月，百度再次出手，针对P2P行业下发通知：P2P综合收益率不得超过18%，否则给予推广下线。

2014年5月18日，广东互联网金融协会成立。该协会是由政府批准成立的首家省级互联网金融行业组织，首批会员单位达到32家。协会成员在揭牌仪式上签署了《广东互联网金融协会自律公约》，要求企业提高自身平台的风险控制能力，以确保金融消费者的资金安全。此后，山东、温州、深圳、江苏、北京、东莞先后成立了行业自律组织（见表14-3）。

表14-3　　　　P2P借贷行业自律组织发展情况（2014年5月至报告期）

自律组织	成立时间	主要推动者	与P2P借贷行业相关的重要举措
广东互联网金融协会	2014-05-18	广东省社会组织管理局、民政厅、广州万惠投融	发布签署《广东互联网金融协会自律公约》
山东省互联网金融协会	2014-06-07	汇盈贷、生金所等	通过《山东省互联网金融行业自律公约》，明确规定成员必须设立风险准备金账户

---

[1]　薛松：《百度下线800多家P2P借贷平台》，载《广州日报》，2014-04-30。

续表

自律组织	成立时间	主要推动者	与 P2P 借贷行业相关的重要举措
温州理财行业协会互联网金融自律委员会	2014 – 07 – 06	鼎信贷、温州贷、民民贷、乐贷通、惠信财产等	委员会包含律师团、风控团、网络技术部
深圳市互联网金融协会	2014 – 11 – 06	深圳市金融办	发布包括《深圳 P2P 行业自律公约》在内的三份守则，以协会制度化的方式明确会员门槛，包括注册资本、存续时间和管理人员资质等
江苏省互联网金融协会	2014 – 12 – 26	江苏省金融办及会员单位（开鑫贷、九金所等）	通过《江苏省互联网金融协会章程》《江苏省互联网金融协会自律公约》
北京市网贷行业协会	2014 – 12 – 29	北京市民政局、金融工作局及会员单位（宜信、翼龙贷、有利网、积木盒子等）	通过《北京市网贷行业协会章程》《北京市网贷行业协会自律公约》，组成大数据风控专业委员会、法律专业委员会、媒体宣传专业委员会、技术安全专业委员会组成的监事会
东莞市互联网金融协会	2015 – 01 – 11	东莞市金融工作局及会员单位（友贷网等）	签署《东莞市互联网金融行业自律公约》

资料来源：各自律组织网站及主流媒体报道。

2014 年 11 月 5 日，中国小额信贷联盟发布《小额信贷信息中介机构（P2P）行业自律公约（修订版）》。公约规定，P2P 信息中介机构应从维护全行业整体利益出发，积极推进行业自律，完善企业治理和内部控制机制，提升风险管理能力，制定积极可行的风险防范措施。

■P2P 行业监管态度逐渐清晰

对于 P2P 借贷行业的监管，一直备受关注。2014 年以来，虽然监管机构尚未出台监管细则，但是作出了相关重要指示，而且各地政府纷纷出台监管政策，监管态度逐渐明晰。这些都表明 P2P 行业正向规范化迈进，行业乱象将得到改善。

下面是监管机构一些重要指示或措施：

2014 年 4 月，国家正式明确 P2P 监管由银监会主导，随后银监会高层提出了 4 条监管红线：明确平台的中介性质；明确平台本身不得提供担保；不得搞资金池；不得非法吸收公众存款。

2014 年 4 月 29 日，中国人民银行发布《中国金融稳定报告（2014）》，首次列出了互联网金融的 5 大监管原则，强调需要坚持底线思维，加强规范管理，促进以创新为动力的这一新型金融服务业态在可持续的轨道上健康发展。互联网金融中的网络支付应始终坚持为电子商务发展服务和为社会提供小额、快捷、便民的小微支付服务的宗旨；P2P 和众筹融资要坚持平台功能，不得变相搞资金池，不得以互联网金融名义进行非法吸收存款、非法集资、非法从事证券业务等非法金融活动。

2014 年 9 月 27 日，中国银监会创新监管部主任王岩岫在 2014 中国互联网金融创新与发展论坛上提出了 P2P 借贷行业监管的十大原则：P2P 机构不能持有投资者的资金，不能建立资金池；落实实名制原则；P2P 机构是信息中介；P2P 需要有行业门槛；资金第三方托管，引进审计机制，避免非法集资；不得提供担保；明确收费机制，不盲目追求高利率融资项目；信息充分披露；加强行业自律；坚持小额化。

2014 年 12 月 18 日，中国证券业协会发布《私募股权众筹融资管理办法（试行）（征求意见稿）》，向社会公开征求意见。该征求意见稿规定股权众筹平台不得兼营个人网络借贷（即 P2P 网络借贷）或网络小额贷款业务。

2015 年 1 月 20 日，银监会宣布进行组织架构调整，将原有 27 个部门分拆、合并成 23 个部门，并设立普惠金融部，负责推进银行业普惠金融工作、融资性担保机构、小贷、网贷等，意味着 P2P 借贷划归普惠金融部管理。普惠金融部的设立承认了网贷平台存在的意义及其合法性，有助于推动 P2P 监管方面一系列制度的落地，更有利于行业朝着健康的方向发展。

■征信基础设施建设有所进展

2014 年 6 月 14 日，国务院发布《社会信用体系建设规划纲要（2014—2020 年）》，提出到 2020 年，实现信用基础性法律法规和标准体系基本建立。2015 年 1 月，支付宝旗下的芝麻信用开始公测，后续已与多家 P2P 借贷平台达成了合作协议。同月，中国人民银行印发《关于做好个人征信业务准备工作的通知》，要求芝麻信用、腾讯征信等八家机构做好个人征信业务的准备工作，这意味着个人征信市场"开闸"。此外，人民银行征信中心下属的上海资信有限公司建成了网络金融征信系统，截至 2015 年 1 月末，接入的 P2P 借贷平台已经超过 400 家。[①] 2015 年 3 月，国内成立最早的 P2P 借贷平台——拍拍贷发布基于大数据模型的魔镜风控系统，并透露未来可能开放第三方征信接口，输出征信产品来帮助建设国内信用体系。国家层面和民间的征信体系正在不断前进，未来 P2P 借贷行业的信用审核效率有望提高、成本有望降低。

14.3　发展元年显众筹中国潜力

2014 年被业界称为"众筹元年"。众筹与生俱来的小额灵活及信息流交互特点决定了其可以为中小微企业提供更对准目标群体的更低门槛、更高效率的金融服务。虽然目前众筹行业总体体量还不大，但市场规模已开始呈现快速增长的趋势，行业发展格局正在形成，新思路、新模式频出，对中小微企业，尤其是创新创业项目的支持效力显著。2014 年末，股权众筹首先迎来管理办法，众筹行业监管进程开启。

14.3.1　众筹行业快速成长，发展格局初现

2014 年，中国众筹行业基本完成了从萌芽阶段到快速成长阶段的过渡。在尚无系统性监管的低门槛环境下，行业开始出现成规模的快速扩张。

本报告采用截至目前国际惯用的分类方法，将众筹平台的类型分为项目众筹和股权众筹两大类：项目众筹是指众筹发起人发布某一产品、活动或项目作为支持者的筹资项目，所筹集的资金只用于该项目的众筹形式，按照支持者是否获得回报可分为回报众筹平台和捐赠众筹平台。由于目前国内大部分综合类回报众筹平台均兼营公益众筹，本报告所称捐赠众筹平台是指不接受经济性回报项目的纯捐赠性质或纯公益性质的项目众筹平台。股权众筹是指创业者通过众筹平台向众多投资人融资，投资人主要用资金或其他资源作为对价换取创业企业的股权，并通过股权变现或分红等形式获得回报的众筹形式。最近一两年开始出现兼营项目众筹和股权众筹的混合众筹平台。

---

① 杨珏轩：《接入平台已超 400 家 NFCS 或推收费计划》，载《每日经济新闻》，2015－02－11。

从平台数量来看，2014 年新成立众筹平台 86 家，新成立平台数几乎是上年年底已上线平台数的两倍。其中，回报众筹平台仍然保持着多数的优势，数量增长超过 1

图 14 –19　众筹平台分类

倍，但由于总体平台数量增长近两倍，2014 年末，回报众筹平台占总体平台数量之比有所减少；股权众筹平台数量大增 3 倍；兼具回报和股权性质的混合众筹平台数量在 2014 年出现了爆发式的增长，从 2013 年末仅有 1 家增长到 2014 年末的 14 家；捐赠众筹新上线 3 家平台，数量实现翻倍。总体而言，股权类和混合类众筹平台在数量上开始在国内众筹市场占据更大的份额。

图 14 –20　众筹平台数量（2013—2014 年）

注：①"32 家，72.7%" 表示 2013 年末回报众筹平台共 32 家，占比 72.7%。其他数据含义以此类推。
②此处零壹财经所统计已上线众筹平台数量未除去已关停平台，相关信息详见图 14 –21。
资料来源：以零壹财经数据为基础，结合公开信息对捐赠众筹平台数量进行了调整。

在新平台不断上线的同时，我们看到也有超过 1 成的平台已停止运营。其中，股权众筹平台的关停率相对较低。从地域分布来看，在有众筹平台分布的 16 个省级地区（港澳台地区除外）中，8 成众筹平台分布在经济金融发达、互联网渗透较深的北京、广东、上海、浙江、江苏 5 地，这与众筹平台对创始人的金融和互联网素养的要求密切相关。与此同时，我们也看到该 5 地停业或倒闭的平台数占到了全国停业或倒闭平台总数的 93.8%，说明在众筹平台爆发式增长的地区同时也上演着竞争的清出退场。虽然众筹平台主要分布在经济发达地区，但众筹平台的运用实际是无地域限制的。随着互联网在全国范围的进一步深入普及以及众筹行业制度要件的规范健全，我们有望看到更多具有地域特色、促进地方中小微企业发展的项目通过众筹平台得到来自全国各地的投资者的支持。

从融资金额来看，2014 年回报众筹融资金额约 4.4 亿元，较 2013 年增长 1.2 倍；虽然目前主流股权众筹平台的部分项目尚不公布具体交易数额，但根据可获得的数据估计，股权众筹融资金额在 2014 年各季度呈现出了近似几何级数增长的态势；2014 年新创立的捐赠众筹平台积善之家和新公益改变了之前"草根"垂直型捐赠众筹平台几乎没有成功项目的情况，开始实现少量的成功募资，但在数量级上尚不能与快速增长的腾讯乐捐平台相提并论。

图 14 –21　平台数排名前 5 的地区分布（2014 年）

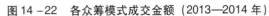
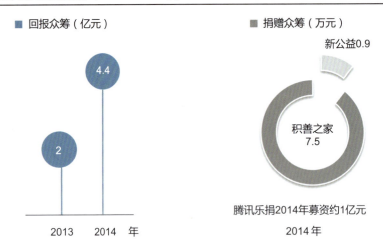

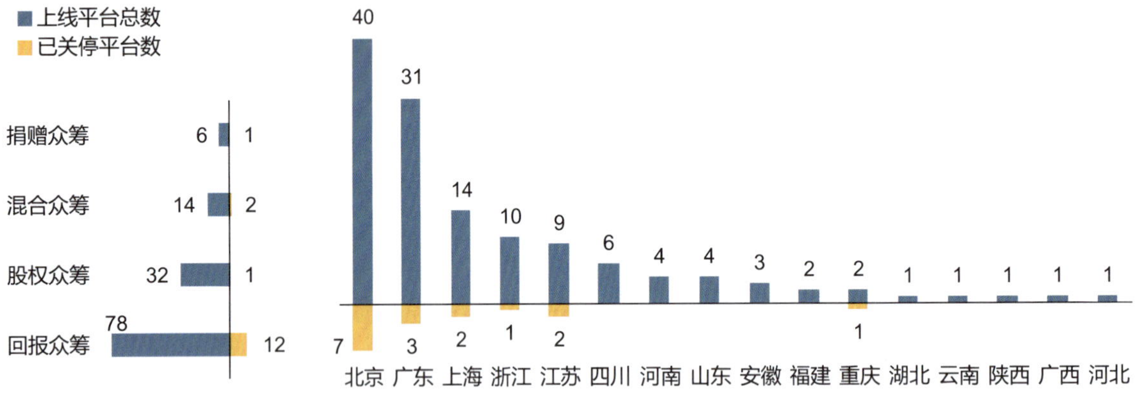

资料来源：零壹财经及公开信息。

图 14 –22　各众筹模式成交金额（2013—2014 年）

注：①回报众筹融资数据来自艾瑞咨询。2014 年回报众筹总成交金额 4.4 亿元为艾瑞咨询估算数据。

②因 2014 年前国内股权众筹行业尚处于萌芽期，往年成交数据尚无较为系统的统计。从部分主流股权众筹平台网站公布的数据来看，融资金额从 2013 年底至 2014 年底均呈若干倍式的增长。根据零壹财经估算，2014 年实际年度融资金额至少超过 15 亿元。此外，融资规模最大的天使汇平台官网显示，截至 2015 年 2 月末，该平台已累计完成超过 30 亿元融资，而其在 2013 年末公布的累计融资规模为 3 亿元，可以见得该平台融资规模在 2014 年的快速增长。

③捐赠众筹融资数据整理自积善之家、新公益平台官方网站及腾讯乐捐公开信息。目前已上线的 6 家捐赠众筹中，仅有上述 3 家实现成功募资，创意谷和越梦众筹两家平台尚无成功募资项目，另一家平台"积木"已停运。由于积善之家和新公益在 2014 年刚上线，且腾讯公益未公布往年腾讯乐捐项目具体数据，因此捐赠众筹部分无往年总体融资数据。但根据腾讯公益公布的信息，腾讯公益在 2013 年及之前 5 年时间共募资 1.5 亿元，而腾讯乐捐 2014 年 1 年即募资约 1 亿元，可见 2014 年亦是捐赠众筹融资规模迅速增长的一年。

资料来源：艾瑞咨询，积善之家、新公益平台官方网站及腾讯乐捐公开信息。

　　截至目前，回报众筹和股权众筹所具备的不同特质开始愈加显现。回报众筹市场中，综合类平台①与垂直类平台②初分伯仲，但格局有望随着不同行业对回报众筹的深入应用而改变。2014 年末，

────────────

① 综合类平台是指兼营科技、公益、文化、娱乐、农业、商铺等各类项目的回报众筹平台。
② 垂直类平台是指专注做某一两类项目的回报众筹平台。

回报众筹的移动端市场开始发力。股权众筹市场中，私募股权众筹在 3 年多来的探索中基本形成了适应国内经济和制度环境的行业做法，期待相关监管规则的正式出台和完善使其成为规范；公募股权众筹试点正在监管当局筹划中。股权众筹于丰富我国资本市场之重要意义已得到监管当局和业界学界的共识。

14.3.2 回报众筹：流量为王，大中小微企业齐参与

在 2014 年的回报众筹市场中，综合类平台的融资规模、成功项目数量、支持用户数占比均超 8 成，表现出明显的人气优势。从项目的平均水平来看，综合类平台的项均融资金额低于垂直类平台，项均支持用户两类平台基本持平。推算可得综合类回报众筹平台上的支持用户人均投资为 532 元，而垂直类回报众筹平台上的人均投资为 759 元。作为向草根倾斜的新金融模式，小额灵活一直是众筹业界进行宣传推广的主要论点之一，目前来看综合类平台更容易基于流量优势实现小额灵活的目标。但从另一角度来理解，关注垂直类众筹平台的投资人可能对该类项目抱有更大的专业兴趣或热情，更愿意为该类项目投入更多的闲置资金，这也可能成为未来更多垂直类平台脱颖而出的潜在优势之一。

图 14 - 23 综合类、垂直类回报众筹平台成交情况（2014 年）

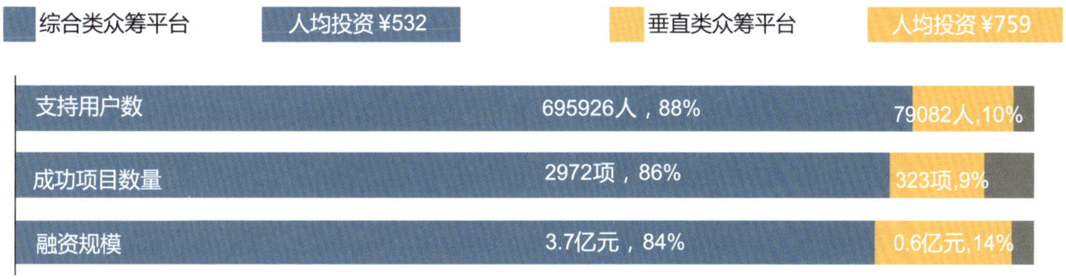

注：艾瑞咨询的数据显示综合类回报众筹平台和垂直类回报众筹平台并未占到所有回报众筹平台数据的 100%，少量平台并不能归入综合类或垂直类。

资料来源：艾瑞咨询。

2014 年，融资规模排名前 5 的回报众筹平台占到回报众筹总融资规模的 60.9%，成功项目数占到了全部成功项目的 75.6%。通过分析这 5 家平台的核心背景及优势可发现一些关键特征：布局早、综合性强，或是背靠京东、淘宝这般拥有强大基础场景的电商平台。上述特征无一不指向互联网企业竞争难以避开的"流量"问题。通过比较 5 家平台的融资规模和成功项目数可发现，京东众筹在平台项目总数占比约 1 成的情况下，融资规模超过了 3 成。2014 年融资额排名前 10 位的回报众筹项目有 7 个来自京东众筹，除 1 个房产众筹项目外，其余全部为智能科技产品，充分显示了京东众筹所倚仗的京东电商 3C① 背景的强大优势。而成立较早、所属母公司兼营 P2P 借贷平台、股权众筹平台、征信服务的众筹网，由于可以为参与者提供筹资、投资及初创企业孵化等一站式的服务，其目前在成功项目数上占有近 4 成的绝对优势。

---

① 3C：Computer、Communication、Consumer Electronic，为计算机、通信及消费电子产品的简称。

表 14 – 4　　　　　　　　　　　融资规模排名前 5 的回报众筹平台（2014 年）

平台	上线时间	类型	核心背景/优势	2014 年融资规模占比（%）	2014 年成功项目数占比（%）
京东众筹 JD Finance	2014 – 07	综合	3C 电商、京东金融	31.6	10.7
众筹网 zhongchou.cn	2013 – 02	综合	成立较早①，隶属于 2011 年成立的互联网金融综合服务公司	11.0	39.5
淘宝众筹 hi.taobao.com	2013 – 12	综合	电商、支付宝、阿里金融	8.9	11.1
点名时间	2011 – 7	垂直	国内成立最早的众筹平台专注于智能硬件领域②	7.2	7.9
追梦网 dreamore.com	2011 – 09	综合	国内成立较早的综合类众筹平台	2.2	6.4
合计				60.9	75.6

注：①通过整理零壹财经统计的众筹平台档案可发现，现存的、在众筹网成立之前成立的综合类、以回报众筹为主的平台，除去同为融资规模排名前 5 的追梦网之外，仅有梦立方一家。因此我们认为成立较早也是众筹网的优势之一。

②点名时间于 2014 年 4 月宣布转型为智能硬件首发平台，2014 年 8 月宣布转型为智能硬件限时预售平台，因为其运营形式有变但仍具有众筹属性，在本年度的报告中我们仍将其视做垂直类众筹平台。

资料来源：艾瑞咨询及公开信息。

关于"流量"问题的一个更为显著的表现是，综合类平台在各子类众筹项目的成功率、融资规模等方面常能获得比专注于此类项目的垂直类平台更令人满意的成绩。2014 年，综合类平台的平均成功率较垂直类平台高出约 11.5 个百分点。而在当年 7 月才上线的京东众筹平台上，智能科技设备项目的融资金额甚至达到了国内上线最早的、专注于智能科技设备的众筹平台点名时间的近 3 倍。

图 14 – 24　各类回报众筹平台项目成功率及代表平台智能科技设备项目融资份额比较（2014 年）

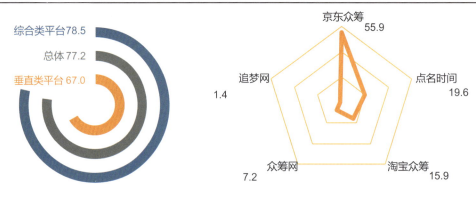

各类平台成功率（%）　　　融资规模排名前5位的平台在智能科技设备项目中的融资规模占比（%）

注：在智能科技设备项目中的融资规模占比以 5 家平台该类项目融资总额为基数。

资料来源：艾瑞咨询。

作为以互联网为载体的金融活动，流量问题不可避免地成为了影响众筹平台竞争力的重要因素。然而，在行业发展时间尚短的当下，我们虽无法否认流量的重要性，但却有理由相信格局是有可能改变的。从项目类型来看，2014 年智能科技设备类项目以绝对的优势占据着回报众筹总融资规模 63% 的比重，而规模最大的垂直类回报众筹平台点名时间①也是专注于智能科技设备的平台，其他各类回报众筹项目所占市场份额还非常小，可供想象的空间是很大的。通过观察电商和团购网站在中国的发展进程，我们不难发现"无所不能"的淘宝和京东的区别，不难发现美团、百度糯米和大众点评团的区别。不过，机会虽尚存，实现亦不易。随着众筹理念的更广泛传播和相关基础设施变得更加健全，未来垂直型回报众筹平台需要在宣传推广和提高客户黏性上狠下工夫，形成专业有效的项目风控体系。最重要的，是创造出在一定程度上无可替代的专业品牌效应。

图 14 - 25　回报众筹融资规模分类占比（2014 年）

回报众筹总体分类融资规模占比（%）　　5家代表性垂直类回报众筹平台融资规模占比（%）

注：①总体分类融资规模数据来自艾瑞咨询，指单类项目融资规模占所有项目融资规模的比例。
②5 家代表性垂直类回报众筹平台融资规模数据来自融 360，指各平台总融资规模占 5 家平台融资规模之和的比例。
资料来源：艾瑞咨询、融 360。

图 14 - 25 中还有一点值得关注的是，公益类众筹项目在回报众筹融资规模中排到了较为靠前的第 4 位，约 1550 万元的融资规模远远超过了积善之家和新公益两家捐赠众筹平台的融资规模。目前看来，公益众筹领域同样呈现出综合类平台（如众筹网、淘宝众筹等）或是依托大流量场景的垂直类平台（如腾讯乐捐）更易实现成功融资的局面。观察上述网站的公益众筹项目可发现，在众多的捐赠性质项目中，也有越来越多的基于文化保护、环境保护等有发展成为社会公益企业潜在品质的项目获得成功，有助于为我国社会公益企业的发展探索孵化之路。

从参与回报众筹的企业来看，目前回报众筹所服务的企业范围较广，既有诸如海尔、飞利浦这般的知名大企业，和相对规模更小、品牌知名度更低的中小企业，也有以设计概念、创业想法、文艺作品等进行众筹而未来有可能发展成熟的潜在微型企业。以 2014 年融资规模最大的京东众筹为例，截至 2015 年 6 月初，京东众筹平台上众筹成功的回报众筹项目共 257 项，筹资 1.9 亿元。如上所述，智能硬件类项目在京东众筹平台上具备绝对优势，筹资占比约 7 成。观察该平台公布的参与回报众筹的公司信息可发现，智能硬件类项目（包含健康监测、智能穿戴、家居安全、智能家电、互联网、汽车、手机数码）几乎都是由相对成熟的生产或销售企业发起的，其中特别知名的企业约

① 关于点名时间商业的模式改变本章将以专题的形式在 14.3.5 节进行讨论。

占 1 成，其余大部分为知名度较低的中小型企业；流行文化类项目（包含出版、音乐、影视、游戏、动漫、体育、旅游）以文化作品或文化体验作为回报，其中约有 3 成是知名明星或知名作品的周边产品，其余则更具有项目属性和创业属性，可能只是一次性的文化项目，也可能后续发展成为持续的经营；生活美学类项目（良品家居、生活健康、时尚科技、设计师、母婴）与智能硬件类项目的性质存在一定的重合现象，因此其发起人也兼具了前两类项目的特点，但由知名企业发起，或以知名公众人物或知名作品为依托发起项目相对较少，绝大部分为中小企业发起或为创意项目的形式。由于爱心公益类和其他类项目与中小微企业融资相关性较小，在此不再赘述。

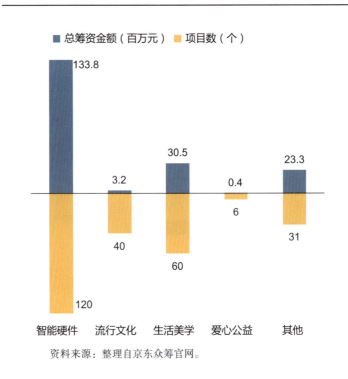

图 14 - 26 京东众筹众筹成功的回报众筹项目筹资金额及项目数（截至 2015 年 6 月 6 日）

资料来源：整理自京东众筹官网。

综上所述，拥有流量优势的平台已在国内回报众筹市场各自占据一席之地。虽然流量之争很可能会一直伴随着回报众筹的发展，但我们认为流量是结果，通向流量胜利的道路是可以通过很多方式开辟和创造的。虽然前期一些知名企业、公众人物的众筹项目吸引了很多眼球，也引来了对众筹定位质疑的声音，但截至目前，参加回报众筹的企业大部分为中小微型企业——成熟的企业通过回报众筹试验新产品和新服务的市场反馈，萌芽中的创新创业项目通过回报众筹测试项目的可行性。回报众筹在中国的发展中所呈现出的极客色彩也许不那么强烈，当前确实也存在一些不规范的做法，但对"舶来"的产业给予适当的包容也许更有助于其适应中国的市场。总体而言，国内对回报众筹突出特质的运用还非常有限，其所具有的供给与需求的有效沟通机制、极低的门槛、极广的跨界空间，以及不只是筹资的运用潜力，还在等待着不同行业的有识者、有志者来开拓。

14.3.3 股权众筹："天使"摩拳擦掌，面向消费端项目易成功

由于可能触及法律红线，在相关监管规则落地之前，国内股权众筹平台一直走得小心翼翼。为规避法律风险、规范平台运营，国内创立最早的股权众筹平台——天使汇于 2013 年底联合众多一线天使投资人和投资机构发布了《中国天使众筹领投人规则》（以下简称《规则》）。《规则》明确指出，"单个项目单次融资的投资人数量不得超过 30 名，任何时刻的股东总数不得超过 200 名"，这即是为应对我国《公司法》规定"成立股份有限公司的股东人数不能超过 200 人，成立有限合伙制的股东人数不能超过 50 人"而设计的条款。与此同时，目前国内股权众筹均采用"私募"模式，只有符合条件的投资人才能浏览项目核心信息并进行接下来的约谈和投资，避免了成为"以发行股票、

债券、彩票、投资基金证券或者其他债权凭证的方式向社会公众筹集资金"① 的"非法集资"活动。

股权众筹的"私募"状态也导致了行业数据公布的有限。据不完全统计，自2011年11月天使汇上线至2014年9月，共有12家股权众筹平台成功撮合创业者和投资人实现了股权融资，总计约15.5亿元②。12家平台较为集中地分布在北京、江苏、广东、四川4省，其中6家为2014年才上线的平台。从累计融资规模来看，天使汇的领先地位毋庸置疑，另有创投圈、原始会两家平台的累计融资规模进入亿元级别，而2014年5月才上线的路演吧在仅有4个多月的统计时间内撮合了超过9000万元的融资规模亦较为突出。

表14-5　　　　成功撮合股权融资的12家平台（2011年11月至2014年9月中旬）

平台	上线时间	地点	累计融资（万元）	平台	上线时间	地点	累计融资（万元）
ac 天使汇	2011-11	北京	100300	dajiatou.com 大家投	2013-01	广东	2601
创投圈	2011-10	北京	20000	vchello.com 微投网	2014-04	广东	1950
原始会	2013-12	北京	12000	YunChou云筹.com	2014-05	广东	1200
路演吧·中国	2014-05	江苏	9024	天使客 angelclub.com	2014-04	广东	1099
众投邦 zhongtou8.cn	2014-06	广东	3200	爱合投	2013-09	广东	733
Chinae.net 创业易	2013-12	广东	2730	创微网 ACTWE.COM	2014-04	四川	86

资料来源：IT桔子。

从项目成功率来看，股权众筹的成功率远远低于回报众筹。截至2014年9月中旬，12家平台共有创业者创建49051个项目，其中333个③项目成功获得融资，仅占所有项目的0.68%。观察图14-27可发现，天使汇、创投圈、原始会3家平台的创建项目数占到12家平台发布项目总数的98.7%，而发布项目最多的创投圈平台上，项目成功率仅为0.1%，这也就拉低了总体的项目成功率。

---

① 参考中国人民银行：《关于取缔非法金融机构和非法金融业务活动中有关问题的通知》（银发〔1999〕41号）。
② IT桔子对公布融资数额为"数百万元""数十万元"的项目均作"三百万元""三十万元"处理。由于部分项目未公布任何融资信息，此数据很可能小于实际融资数额。
③ 其中创业易平台的成功获得融资项目数暂时缺失。

图14-27　股权众筹平台创建项目数、占比及项目成功率（2011年11月至2014年9月中旬）

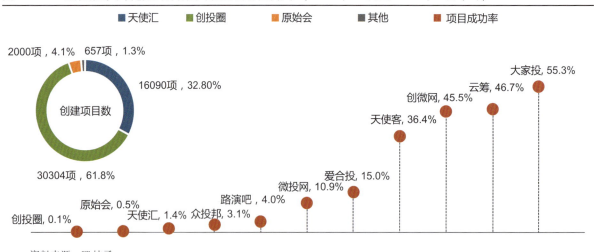

资料来源：IT桔子。

通过简单的计算可以发现，12家平台的项均融资额数列与项目成功率数列存在约-0.66的相关系数。其中，项目成功率最高的大家投平台上项均融资额为100万元，而项目成功率最低的创投圈平台项均融资额为571万元，这可以从一定程度上反映项目融资额越高越难融到预定资金的规律[①]。

从投资人的角度，目前股权众筹的投资人通常包含机构投资者和个人投资者两类。由于天使汇的"快速合投"模式被越来越多平台采用，而该模式对跟投人并无资质性的要求，行业呈现出越来越多的、来自各行各业的投资者以10万元或几十万元的资本参与到股权投资中来的局面。基于12家平台中部分可获得的投资人信息，截至2015年3月12日，天使汇、创投圈、众投邦、大家投、微投网、天使客和爱合投7家平台官网显示认证投资人数（含机构）分别为2215、1897、3447、11567、189、2132和748人。此处假设投资人数据与图14-27中数据为同期数据，计算可得各平台投资人数与创建项目数之比与项目成功率呈0.95的相关性，而以存续时间较长的天使汇、创投圈、大家投、爱合投4家平台的数据计算更是0.99的相关性。由于投资人数据可能在2014年9月之后发生变化而同期数据暂时无法获得，上述相关性的实证效力亦有待未来验证，但从逻辑上可以大概预计认证投资人数与创建项目数之比对项目成功率的影响力，即对一个项目而言，可能关注到这个项目的认证投资人数越多，项目成功率越高。

然而，除了数量上的比拼，对股权众筹投资人的理解还应该有更深的层次。从"快速合投"模式的角度来看，当跟投人较多时，合投项目确实可以在更短的时间内或是以更大的概率获得成功融资，但一个项目成为合投项目的前提是找到与项目创始人"相爱"的领投人，诸如领投人对创业企业是否应时应势、商业计划的是否可行等各方面的考量，以及创业者对领投人资金实力、管理经验、人脉资源等资质的选择，这种互选关系使其成为了一个比其他类型众筹更为复杂的过程。

从融资项目类别来看，以天使汇平台上2014年1月至9月中旬成功完成天使轮融资的50个项目为例，大部分获得融资的均为面向消费端的创业项目。其中，获融资项目数靠前的5类为本地生活服务类、移动/SNS社交类、金融服务类、媒体&娱乐类及教育培训类，项目数和融资规模都占到50

---

① 考虑到相较天使汇、创投圈和原始会3家平台，其他股权众筹平台的项目数都较小，且部分平台运营时间较短，数据的可比性还有待未来进一步验证。

个成功获得天使轮融资项目的 7 成。从项均融资规模来看，除智能软件类项目外，其他所有类别的项均融资规模均在 100 万元至 300 万元之间，总体平均融资规模约为 200 万元，超过回报众筹项均融资规模的 10 倍。

图 14 -28　天使汇平台上获天使轮融资的项目类别分布（2014 年 1 月至 2014 年 9 月中旬）

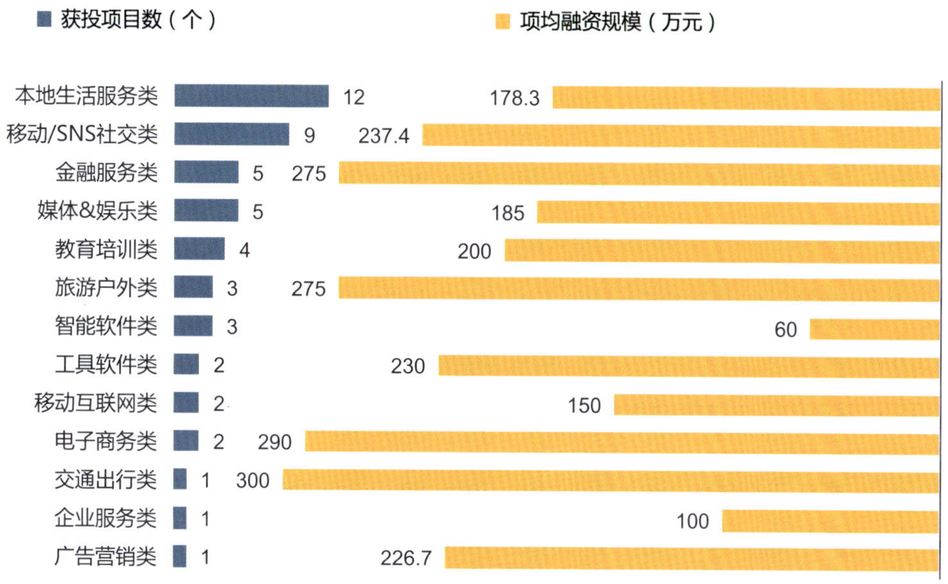

■ 获投项目数（个）　　　　　■ 项均融资规模（万元）

类别	获投项目数（个）	项均融资规模（万元）
本地生活服务类	12	178.3
移动/SNS社交类	9	237.4
金融服务类	5	275
媒体&娱乐类	5	185
教育培训类	4	200
旅游户外类	3	275
智能软件类	3	60
工具软件类	2	230
移动互联网类	2	150
电子商务类	2	290
交通出行类	1	300
企业服务类	1	100
广告营销类	1	226.7

资料来源：IT 桔子。

在近年来互联网不断深入地影响经济、社会方方面面的大潮中，越来越多的传统行业开始寻求变革，这也成为了基于传统行业的新兴企业创业的大好时机。观察几家主流股权众筹平台的官网可以发现，通过在线股权众筹寻求资本支持的企业创始人许多都来自不同的行业领域。与此同时，越来越多本不熟悉互联网行业的投资人加入到了股权众筹投资活动中来。2014 年 9 月李克强总理在 2014 夏季达沃斯论坛开幕式上曾表示"借改革创新的东风，在 960 万平方公里土地上掀起一个大众创业、草根创业的新浪潮"。这充分说明了国家在未来一段时间可能实现的对大众创业的支持程度。除此之外，2014 年，国家在工商、税收等方面也政策措施频出，多管齐下促进草根企业发展。股权众筹同时迎来了国家支持创业和鼓励普惠金融发展的东风，我们期待在相关制度要件和行业规范不断成熟的环境下，股权众筹可以为初创企业的孵化发挥更大的作用。

专题 14 -3　深交所与天使汇合作显股权众筹孵化实力

中国深圳证券交易所于 2015 年 1 月通过旗下子公司深圳证券信息有限公司与天使汇合资成立了北京天使汇国际传媒有限公司（以下简称天使汇传媒）。2015 年 1 月 5 日，在创业人才云集的北京中关村创业大街，天使汇传媒竖立的天使汇户外大屏幕首次点亮，深交所、海淀区、中关村与天使汇将通过"大屏幕—直播间"的形式为初创企业提供一系列服务，包括滚动播放创业公司海报、标语及融资新闻，提供敲钟挂牌仪式进行场所、新产品发布、融资消息公布及媒体采访场所等。在人们习惯于人民银行采用降息降准、国家采用直接投资等方式刺激经济的情况下，天使汇传媒的成立似乎显现出了国家金融改革的新路径。

有助于留住优质创业企业

根据天使汇CEO兰宁羽介绍："（与深交所）从接触到完成合作仅用了一个多月的时间。2014年阿里巴巴、京东、陌陌等企业到海外上市引起了人们的诸多思考。深交所也希望将优质的上市资源留在国内，从企业家早期创业的时候就开始有所扶持。而天使汇主要吸引的是科技型创业公司，目前已覆盖了60%以上的中国早期互联网创业者。双方的合作可谓一拍即合。"[①] 对深交所而言，与其一家家企业去挖掘、去单独了解，不如抓住提供这样优质项目源的平台，通过与之达成合作的方式，更早地了解有潜力上市的创业企业。对国家而言，为数众多的中小微企业是我国经济实力的重要组成部分，尽可能多地培育、扶持、留住优质创业企业，也是国家经济结构调整、实现进一步增长的重要依托。

显示股权众筹孵化实力

深交所首次与民营机构成立合资公司即是与国内领先的股权众筹平台天使汇合作，这充分显示出股权众筹在中国发展的短短3年所取得的不俗成绩。得益于目前股权众筹普遍采用的"领投＋跟投"模式，股权投资更加小额化，越来越多的个人投资者可以参与到股权投资中来，帮助初创企业成长。这也是"先富带动后富"的鲜明体现。

根据天使汇官方网站统计，截至2015年3月13日，共有创业者创建项目31136个，认证投资人2220人，其中305个项目成功完成融资超过30亿元。如此成规模的孵化成果也使人们对深交所与天使汇的合作寄予了更高的希望。中国人民银行2015年3月发布的股权众筹调研报告明确指出"股权众筹应成为多层次资本市场的重要补充和金融创新的重要领域"。我们看到，股权众筹正在成为我国资本市场金字塔的一级阶梯。

14.3.4　特色众筹助力特色中小微企业成长

中国作为人口大国、农业大国和最发达的发展中国家，我们拥有悠久的历史，拥有特殊的地理、人文、社会环境，这些人类社会的根基无不在影响着经济、金融的发展方向。自互联网金融活动在中国起步以来，每一次模式的创新都伴随着各种挫折与反对的观点，正是这些负面批评促进了各种舶来品的中国化转型，正是这些积极的转型促成了中国互联网金融领先世界的惊人发展速度。现在，众筹业也迎来了它中国化转型的新模式，"舶来品"众筹也将呈现出"中国特色"的多样化发展路径。下面我们以案例的形式展示两种中国特色的众筹"主意"，并分析其在小微企业金融服务中的作用。

■特色农业众筹

中国是一个农业大国，农村人口占到总人口的46.27%[②]，与农业、农村、农民相关的"三农"问题一直为国家政府关注的重点。现阶段，城镇和农村在经济发展等方面还存在较大差异，大量资本聚集在城镇，而农村却往往因为缺乏资金、技术支持，相当一部分的农村地区没有条件采用先进的农耕技术，农业平均劳动效率远不及发达国家水平。农业众筹，这一众筹与农业的结合产物，一方面缓解了农业发展需求与农村资源匮乏之间的矛盾，另一方面，在食品安全问题颇受关注的当下，从源头保证食品安全，加强城镇人群与农村产业的互动，深得城镇消费者的青睐。

---

① 高翔：《深交所与天使汇成立合资公司 借力股权众筹培育上市资源》，载《上海证券报》，2015－01－07。
② 据中华人民共和国国家统计局官网显示，2013年乡村人口62961万人，城镇人口73111万人。

项目名称：香稻嘉鱼——还原明朝的自然农耕

发起平台：众筹网

发起时间：2014 年 10 月 7 日

发起人：钟祥联发水产养殖专业合作社

项目简介："香稻嘉鱼"是明朝宫廷贡品，意指采用生态种养方式得到的香稻和甲鱼，本项目通过改进的生态立体种

图 14-29 香稻嘉鱼项目

香稻嘉鱼——还原明朝的自然农耕

计划融资25000元

实际众筹105108元
共25名支持者

养模式，使得"香稻嘉鱼"在中国长寿之乡——钟祥再现。本项目并没有设定很高的融资目标，计划融资金额仅为 2.5 万元。然而，到项目结束日 12 月 6 日，"香稻嘉鱼"项目共筹集资金 105108 元，完成计划的 421%。

"香稻嘉鱼"项目创始人李明华，18 岁起就开始致力于生态种养殖技术，为了实现"香稻嘉鱼"在家乡的再现，他多方请教水产种养专家，精心筛选品种，在现有种养技术上，创新性地加入了套养小龙虾，首创稻鳖虾生态养殖模式。从 3 月投放小龙虾苗到 5 月捕虾上市、稻田插秧，从 6 月投放甲鱼苗到 9 月收割稻谷，从 10 月水稻上市到 12 月甲鱼上市，整个过程严格把关，做到无公害、无污染、纯天然的生态种养模式。同时，在稻田边种植与水稻扬花期同步的桂花树，使得桂花与水稻相互香薰渗透，生产出独具桂花香的水稻。

计划融资金额：25000 元

众筹结果：支持者 25 人，筹集资金 105108 元

回报设置：

支持 2 元：加入"香稻嘉鱼"生态体验群，参与"分享生态种养新模式，体验钟祥长寿文化"。

支持 38 元：获得"香稻嘉鱼"有机富硒大米 1.5kg 体验装 1 袋；并加入"香稻嘉鱼"生态体验群，成为 1 级会员，享受后期活动优惠。

支持 98 元：获得"香稻嘉鱼"有机富硒大米 5kg 实惠装 1 袋；并加入"香稻嘉鱼"生态体验群，成为 2 级会员，享受后期活动优惠。[①]

创新点与中小微企业金融服务优势：

（1）降低农村中小微企业融资成本，提高生产积极性。运用互联网金融新形式为创新生态种养模式融资，有效降低了农村中小微企业融资成本。这种融资不需要以现金的形式进行偿还，而是以实物产品作为回报，保证了固定的最小销售额。而实物回报既定的前提有利于激励农民勤奋生产，多产多得，实现规模经济。

（2）加强市场营销，形成调查反馈信息流。农业众筹借助众筹网站的宣传效应，一方面，为产品做

---

① 参考众筹网，http://www.zhongchou.cn。

了营销推广，提高产品知名度；另一方面，也实现了以预售模式对市场的试探。虽然由于影响力局限，不能做到完全意义上的以销定产，但一定程度的市场反馈，总是可以反映出大众对于产品的认可度。

（3）增强宣传效应，带动农村创新创业氛围。从回报设置来看，不仅仅局限在物质回报，同时提供分享生态种植模式的体验，这已经超出了产品宣传的范畴，进一步推广了先进的生态种养技术。随着众筹项目在互联网上线，越来越多的农民有机会接触到这一生态绿色、回报率高的种养技术，有利于农业技术的交流、提升和推广，也有利于促进和激发周边农民的创新创业意识。

对于消费者来说，他们可以从一开始就监督产品种植养殖的全过程，最终获得放心的纯天然绿色食品；同时，相比市场价格，他们还可以享受价格上的绝对优惠。在执行过程中，众筹网站提供了项目发起人与投资人实时沟通的渠道和平台，来自社会各界不同知识背景的消费者免费为项目发起人提供运营建议，有利于项目的顺利推进和改善。

这一创新生态模式不仅符合环境友好、资源节约的基本导向，还推动了农村经济向绿色经济转型，有利于改善传统农耕种养方式对环境造成的危害。

除了诸如众筹网这般的综合类众筹平台外，2014 年共有 3 家垂直类农业众筹平台上线，包括国内第一家"尝鲜众筹"、定位于 F2F（Family to Farm）的"大家种"以及兼营回报众筹和股权众筹的"有机有利"。此外，还有一家从农业众筹开始而后转型的平台融尚网创新性地推出了首款基于农产品的理财产品"柠檬宝"，投资者可以选择在一定期间后将 48 元的投资兑现为 3 千克柠檬，或是将"柠檬宝"转让给他人。当市场价格上涨时，溢价转让可以给投资者带来收益。

截至目前，虽然 3 家垂直类平台及融尚网分别仅有个位数的项目融资成功，但其运营时间尚短而未来市场潜力巨大，国内的市场容量有希望哺育出独具特色和优势的农业众筹平台。

■人脉众筹

"人脉众筹"，顾名思义是以某个理念、目标、需求作为基础，由个人或者群体发起召集，聚集每个人的人脉资源，迅速建立以目标、需求为导向的人脉圈，通过信息互通、资源整合，迅速获取所需的人脉资源，并实现多赢的目标。其核心理念体现为志同道合、资源整合、互助共赢。

项目名称：想去·享趣——实景旅游社交应用

发起平台：Acebridge

应用成功上线时间：2015 年 2 月 10 日

应用上线作者：维世（上海）投资发展有限公司

项目简介：想去·享趣是一个旅游实景社交应用，以人生不得不去的地方立意，通过景点、行程、游记分享增强人与人的沟通。

图 14 - 30　想去·享趣项目

众筹对象：投资者，有旅游行业背景的市场推广和策划创业伙伴；

合伙人，有大数据处理经验的技术伙伴；

市场资源。

　　众筹内容：参与者的线下人脉资源以及广泛的线下用户群

　　关注者：722 人

　　众筹结果：参与者 194 人①

　　创新点与中小微企业金融服务优势：

该项目以其一语双关的名字吸引消费者。与此同时，聚焦旅行这一文艺时尚一族热衷的活动，给当今热爱自由行的年轻人提供了交流与沟通的平台，使得他们可以相互共享信息、分享喜悦。由于自由行涉及自主规划行程、搜索目的地信息、安排住宿和饮食的方方面面，这也为旅游业的商家提供了宣传的平台。

对于小微企业主创业而言，在筹集创业资金的同时，也需要筹集志同道合的创业团队，高效的团队合作对于创业的成败也是至关重要的。只有有了好的团队，才能更进一步进行项目的探索。利用人脉众筹平台上真实可靠的信息，小微企业主可以有效解决信任担忧，找到志同道合的合作伙伴。

80 后、90 后的一代是兼具创新精神与创业魄力的一代，对于有想法、有信心的年轻人，过去往往缺乏一个帮助他们实现创意灵感的平台，而现在通过人脉众筹网站他们可以找到自己的合伙人、投资人，集聚志同道合的朋友和人脉资源，一起去实现心中的创业梦想目标。

14.3.5　风险多面凸显众筹基础设施缺位

虽然众筹在我国的发展截至目前尚未出现大规模的风险事件，但相关潜在风险不容忽视，紧急救火不如防患于未然。下面我们总结了各类众筹活动可能面临的主要风险形式及其所体现的基础设施需求。

表 14-6　　　　　　　　众筹活动主要风险及基础设施需求

风险类型	主要风险表现	回报众筹		股权众筹		捐赠众筹		基础设施需求
法律风险	正常众筹活动被视为"非法集资"	—		S		融/P		—	众筹行业监管规则
操作风险	平台发布虚假项目"集资诈骗"	P	投	P	投	P	投	众筹行业监管规则
	平台挪用沉淀资金"集资诈骗"	P	融/投	P	融/投	P	融/投	客户资金管理机制
	平台不尽职影响上线项目质量	P	投	P	投	P	投	众筹平台尽职激励机制
技术风险	项目审核技术不完善	P	投	P	投	P	投	众筹行业技术标准
	平台网站被攻击	X	P/融/投	X	P/融/投	X	P/融/投	众筹行业技术标准
道德风险	融资者利用虚假项目"集资诈骗"	融	P/投	融	P/投	融	P/投	征信体系、项目审核机制
	融资者不尽职影响项目成果	融	投	融	投	融	投	项目监督、投资者保护机制
	融资者与领投人勾结诈骗跟投人	—		融/领		跟		项目监督、投资者保护机制
客观风险	非主观执行风险影响项目成果	X	融/投	X	融/投	X	融/投	投资者保护机制
	项目设计被侵权	X	融	X	融	X	融	更高效的专利保护机制
制度风险	股权投资难以退出	—		S	投	—		股权众筹投资退出机制

　　注：回报众筹、股权众筹、捐赠众筹各列中，黑色代表引发风险的主体，红色代表面临直接风险或损失的主体；"S"代表相关法律、法规、制度体系，"融"代表融资者，"投"代表投资者，"P"代表平台，"领"代表领投人，"跟"代表跟投人，"X"代表未知，"—"代表不涉及。

――――――――

　　①　参考 Acebridge 官网，http：//www.acebridge.net。

■正常众筹活动被视为"非法集资"

在 2014 年 12 月《私募股权众筹融资管理办法（试行）（征求意见稿）》出台之前，国内各种众筹活动几乎处于完全的监管空白中，而股权众筹自诞生至今一直走在"非法集资"的法律红线边缘。为规避法律风险，国内股权众筹平台纷纷采用"私募"且有限合伙模式，防止"向不特定对象筹集资金"、避免"承诺回报"和限制股东人数。在国内众筹监管规则不断完善的前景下，未来此类风险很可能不再存在。

■平台发布虚假项目"集资诈骗"

在对众筹平台有特别的发起人资质要求、规章制度要求和实质审核的前提下，我们认为平台发布虚假项目的可能性是相对较小的。然而，从目前国内外的监管发展进程来看，已有的专门监管规则绝大部分是针对股权众筹活动的，回报众筹和捐赠众筹平台只需满足公司设立的工商、税务、财务等基本要求，这就给了愿意冒险的人可乘之机，投资者可能血本无归，虚假的众筹活动即转化为刑事案件。未来众筹监管规则也需兼顾回报众筹和捐赠众筹的基本风险问题。

■平台挪用沉淀资金"集资诈骗"

在任何类型的众筹平台中，由于项目成功通常有一段等待期，而项目资金也可能不是一次性发放给融资者，一定量的资金沉淀于众筹平台是难免的。众筹平台挪用沉淀资金会同时影响融资者和投资者利益。未来各类众筹平台都需建立客户资金管理机制，实现风险隔离。

■平台不尽职影响上线项目质量

由于目前众筹平台普遍采用对成功项目收取融资金额一定比例服务费的盈利模式，成功项目融资金额的多少直接决定着平台的盈利水平。从平台生存的角度出发，众筹平台可能以盈利为目的推动尽可能多的项目上线，并主动帮助低质量项目进行包装营销。但从众筹平台长远发展的角度出发，低质量的项目终究会通过投资者的反馈影响到平台声誉。然而，短视者虽难长存，其也可能并不追求长存，这就让投资者处在信息不对称的劣势中。平台是否尽职实际上是很难判定的。诸如 P2P 借贷中常常采用的违约代偿机制虽不一定可取，但确实对平台尽职信用审核起到一定的激励作用。未来在众筹平台的监管中还需尝试探索出适当的尽职激励机制。

■项目审核技术不完善

与普通借贷关系不同的是，众筹项目不仅需要审核项目发起者个人的信用资质，项目的真实性、基本的可行性也是对众筹平台审核机制和技术的考验。

■平台网站被攻击

目前各大互联网金融平台频繁成为黑客攻击对象已不是行业"新"闻。作为往往直接与资金挂钩的平台，众筹网站被攻击后可能发生的数据被审改、数据丢失以及相应的电子合同丢失等都是需要提前做好预防准备的。目前既有平台积极尝试进行第三方数据备份，也有初创平台仅花几千元购买平台模板即开始运营，参差不齐的技术条件虽然是不同平台技术实力的表现，有利于新兴行业的充分竞争，但作为涉资、涉众的特殊行业，众筹行业的基本技术标准也是急需建立的。

■融资者利用虚假项目"集资诈骗"

此类风险指融资者在无实际项目的情况下通过各种方式骗过平台审核后成功获得融资的情形。这是对众筹平台项目审核机制的直接挑战。与借贷类融资不同的是，众筹类项目需要考虑的不仅仅是个人的信用记录，还需考虑与项目执行相关的融资者资质和条件，并根据融资者所提供的材料综合判断项目的可行性和真实性。因此，此类风险的规避不仅要求较为完善的征信体系，众筹平台还需根据平台所营项目特点设计出尽可能有效的项目审核机制。

■融资者不尽职影响项目成果

从某种程度上讲，懒惰和贪婪是顺应人的天性的特质，曾经热血的项目发起人也可能在项目执行过程中变得懒惰和冷漠。不负责任的项目发起人可能最终延期交货或滥竽充数，初创团队也可能为了利益而勾心斗角影响项目进展，投资者最终获得的回报可能与项目发起时的预设目标相去甚远，即使不要求直接回报的捐赠众筹也可能出现公益活动不按计划执行的情况，而项目执行人却常常可以找到各种专业的、客观的理由推脱责任，例如看似专业的设计理念转变等。国内最早的众筹平台点名时间在转型时即提到了被热捧的融资者不按计划完成项目而损伤投资者热情的困难情形，而曾经风靡一时的西少爷肉夹馍更是在 2014 年爆出了初创团队内斗的新闻。在国内消费者保护相关法律越来越完善的环境下，与正常商品和服务售卖相关的退款、赔偿等程序是有法可依的，但当目前尚无专门监管的回报众筹出现问题时，投资者如何挽回损失目前还是一个很模糊的问题。而股权众筹企业的初创团队是否尽职地持续经营也直接影响着投资者的最终收益。

■融资者与领投人勾结诈骗跟投人

在快速兴起的"领投＋跟投"模式的股权众筹中，许多小额的跟投人可能并不了解项目的专业特性，只是出于对领投人的信任而进行投资。在这样的情况下，融资者可能与领投人事先勾结抬高融资金额。由于股权众筹并不承诺回报，而创业企业失败也是"情有可原"的事情，融资者与领投人可以在挪用所融资金的同时制造项目运营出现困难的假象，通常不参与创业企业运营监督的小额跟投人则很可能自认倒霉。为防止此类道德风险的出现，股权众筹的项目监督和投资者保护机制亦需跟进。

■非主观执行风险影响项目成果

无论是回报类、股权类还是捐赠类平台，大部分项目都是因为具有一定的独创性或独特性而成功获得融资的，而具有该类特点项目的实现也很可能蕴含着较大的不确定性，例如技术的实现、自然或社会环境条件的变动等。为应对可能出现的客观风险影响项目成果的情形，融资者和平台方可以提前做的准备包括充分揭示可能出现的风险、充分揭示如果出现风险融资者愿意承诺的应对措施并表明可能有不能详尽预测的风险发生。投资者保护并不仅仅意味着赔偿，充分有效的风险揭示也是投资者保护的重要方式。

■项目设计被侵权

众筹项目发起人将项目设计创意发布于众筹平台上后，平台实际无法避免其发布的项目设计创意被他人使用。对于可申请专利的项目设计，最保险的解决办法是等待专利申请完成后再进行众筹，但目前国内专利申请周期可能长达两三年，创意时效会明显滞后，也可能被后取得技术进步而先动手实践的竞争对手超越。对于无法申请专利或在完成专利申请前即上线的项目，目前私募股权众筹普遍采用仅认证投资者可以浏览项目关键信息的模式，项目设计宣传范围较小，但也无法避免这些认证投资者不盗用项目创意，而回报众筹和今后可能推出的公募股权众筹则更可能处于被抄袭和模仿的风险当中。此类风险可能在一定程度上影响项目发起人选择在线众筹的积极性。如何更有效地在保护创新成果和鼓励创新实践之间找到均衡是国家相关部门和众筹行业同时需要考虑的。

■股权投资难以退出

由于股权投资的回报周期通常较长，没有经验的股权众筹跟投人可能并没有充分理解股权投资的期限分布。目前股权众筹投资唯一的退出渠道是私下转让，而这种转让的成功率是很低的，在投资人急需资金的情况下很可能转让无门。同传统的线下天使轮投资一样，如何完善创业投资的退出机制也是我国资本市场改革需要完成的。

此外，目前不少众筹项目并不是真正意义上的"众筹"。在已有产品且并不需要融资的情况下，部分企业只是借助众筹平台进行营销，甚至可能在众筹项目上线后主动发动员工去购买，造成轰动的假象。如此既达到了宣传的效果，又只需付出给众筹平台的手续费，降低了营销成本。众筹所具备的互动、定制的特性并没有得到运用，也可能给并不了解众筹的投资者以"众筹"即是"团购"的印象，影响公众对行业认知。

综合上述分析可以看出，股权众筹平台目前所涉及的风险形式明显多于其他两类众筹平台。相较传统的股权投资，股权众筹在尽职调查、信息披露、财务审计等方面都更简单化了，目前完全依靠投融资双方的直接交流进行，这是对投资者，尤其是领投人投资经验的巨大考验。由于创业企业常常需要追加投资，若在后续融资环节中遇到障碍而影响企业持续经营，那么最初的投资也会受到影响。与此同时，上述对回报众筹和捐赠众筹风险的分析也体现了对目前尚无监管的两类众筹活动进行适度专门管理的必要性，我们应该防止因制度空白而引起的风险集聚和行业发展偏移。从长远的角度看，所有类型的风险都影响着众筹平台的持续健康发展。

专题14-4 从"水土不服"到"理解万岁"有多远？
——点名时间转型凸显回报众筹监管需求

2014年4月，国内创立最早的众筹平台点名时间宣布转型为"智能硬件首发平台"，并在8月1日召开了一场名为"告别众筹"的媒体沟通会，确定转型为"智能硬件限时预售平台"。2014年11月，点名时间CEO张佑发文以说明"众筹为什么在中国是水土不服"为中心论点解释了点名时间"为什么不做众筹"：一是"众筹模式把极客和大众消费者混为一谈"，二是"众筹本身'词不达意'容易误解"，三是"众筹模式保护机制失衡"。[①]

从回报众筹的起源来看，成规模的、专业的回报众筹始自美国的Kickstarter平台，始自这个与中国存在文化差异的市场。国内的回报众筹平台也纷纷借鉴美国模式。作为中国第一家众筹平台的CEO，张佑对国内投资者、融资者和市场状况的诠释都是实实在在的经验的总结。那么，与"水土不服"相应的风险或问题是否可以解决呢？

分析上述3点"不做众筹"的理由并结合本报告在众筹行业风险分析中的观点，我们认为点名时间的转型之路很大程度上源自回报众筹领域的监管空白。虽然回报众筹并不订立金融契约，但其作为一种新生业态所蕴含的风险是毋庸置疑的。张佑所纠结的众筹的概念界定、投资者分群和保护等问题，都是截至目前线上众筹初生洪荒里的浮生乱象，新概念、新理解、新做法层出不穷既是当权者对创新的容忍，也正是该行业近年来如此火热的直接原因。对于一个正在向互联网迁移的社会生态，推动基于互联网的信息对称是解决很多问题的根本。如果说众筹模式把极客和大众消费者混为一谈，那么以极客为经营对象的平台是否在网站突出位置阐明过项目风险和极客精神？如果说众筹本身词不达意，那么是否需要标榜一下此众筹和彼众筹的区别？众筹是个很简单、友好的词汇，可以做的形式很多，几年前产生于美国的概念和形式不一定可以直接拿过来运用，也并没有理由要求每一个偶遇平台的投资者本身都理解其起源、概念甚至精神（而不作出推动信息对称化的努力）。至于相关保护机制，其实和上述两个问题一样，都可以由一定的监管和信息披露基础设施来改善。

① 参考张佑：《点名时间CEO：为什么我们不做众筹了？》，http：//www.huxiu.com/article/101647/1.html。

　　观察国内外的回报众筹平台可以发现，在为数众多的、界面相似的官网中，部分平台开始在首页显著的位置简要说明平台所营众筹是什么、包含哪些类型、投资可能面临哪些风险（而不是只在首页提供一个很容易被忽略的、且只能看到"关于我们"或者"服务规则"几个字的链接）。在行业竞争的压力下，主动说明风险的平台首先显然会"吓跑"一批投资者而使自身在竞争中处于劣势。但如果有来自监管层的统一要求，业内所有平台都必须主动参与到投资者风险"教育"中来，那样的局面又是否是点名时间想要的呢？

　　事实上，各国回报众筹所蕴含的平台操作风险、融资者道德风险以及一些客观风险都在等待着来自监管当局的应对措施，只是因为社会文化差异的存在而使不同国家的问题急切程度表现得有所不同。

　　众筹发展时间尚短，关于众筹概念的误解，关于有效机制的建立，监管当局和众筹平台都是可以有所作为的。多年以后，世上是否有"众筹"或是"回报众筹"之"名"并不重要，重要的是个中之"法"是否及时得到了适当的运用来促进自然与社会更好地发展。

14.3.6　股权众筹首获立法启动中国众筹行业监管进程

　　2014年3月，中国人民银行首次明确众筹划归中国证券监督管理委员会监管。通过几个月的调研，2014年12月18日，证监会公布了《私募股权众筹融资管理办法（试行）（征求意见稿)》（以下简称《管理办法》），向社会公开征求意见。这是中国在众筹的监管与立法方面迈出的第一步。

　　■私募股权众筹：明确准入、备案、信息报送及禁止事项，重在投资者资质把控

　　根据《管理办法》定义，股权众筹平台是指通过互联网平台（互联网网站或其他类似电子媒介）为股权众筹投融资双方提供信息发布、需求对接、协助资金划转等相关服务的中介机构，充分明确了股权众筹平台非信用中介的性质。私募股权众筹融资是指融资者通过股权众筹融资互联网平台以非公开发行方式进行的股权融资活动，强调了融资对象的范围。股权众筹平台应当在证券业协会备案登记，并申请成为证券业协会会员，中国证券业协会负责对股权众筹融资行业进行自律管理，并委托中证资本市场监测中心对股权众筹融资业务备案和后续监测进行日常管理，由此明确了基本的管理机制安排。下面我们对《管理办法》的要点进行分析。

　　（1）准入条件：资产、人员、技术、制度。在遵守国内企业和公司设立相关法律的基础上，《管理办法》指出了股权众筹需要满足的4个关键条件（见表14－7）。总体而言，《管理办法》对私募股权众筹平台准入条件的要求较为宽松，且实行事后备案管理办法。

表14－7　　　　　　　　　　　　股权众筹平台准入条件（2014年12月）

准入条件	具体要求
资产	净资产不低于500万元
人员	具有3年以上金融或者信息技术行业从业经历的高级管理人员不少于2人
技术	合法的互联网平台及其他技术设施
制度	完善的业务管理制度

　　资料来源：《私募股权众筹融资管理办法（试行）（征求意见稿）》。

　　（2）平台备案：文件准备、核查、受理、确认、更新、注销。根据《管理办法》规定，股权众

筹平台应当在设立后 5 个工作日内向证券业协会申请备案。初次备案的过程包含文件准备、核查、受理和确认 4 个过程，平台在备案申请过程中或设立后面临重大变更时，需要通过信息报送的方式更新备案或注销备案。《管理办法》特别强调了保障股权众筹平台有序经营所需的人员资质备案、业务管理制度备案及与投资者保护、资金安全、信息安全、防范欺诈和利益冲突、风险管理及投资者纠纷处理等相关的内控制度备案。核查的方式包括约谈股权众筹平台高级管理人员、专家评审、现场检查等。

需要注意的是，《管理办法》特别指出，"证券业协会为股权众筹平台办理备案登记不构成对股权众筹平台内控水平、持续合规情况的认可，不作为对客户资金安全的保证"。对股权众筹平台的监管归根结底是自律监管，应当由中证资本市场市场监测中心建立备案管理信息系统收集相关信息，由证券业协会进行自律检查。

（3）信息报送和备查：众筹项目融资计划、众筹平台年报。除更新备案信息外，《管理办法》对股权众筹项目融资计划的信息报送进行了规定，要求项目自发布融资计划书之日起 5 个工作日内将融资计划书报市场监测中心备案。而备查信息则只包括股权众筹平台的年度报告及年报鉴定报告，平台需要于每年 4 月 30 日之前完成上一年度的年度报告及年报鉴证报告，原件留档备查。

（4）平台禁止事项：划清经营范围、防止风险传染。作为一种新兴的股权融资方式，目前监管方尤其注意股权众筹平台的经营范围，在《管理办法》中从防止平台欺诈性自融、防止金融风险传染和防止"非法集资"的角度，十分明确地提出了平台经营的禁止事项。

（5）融资者禁止事项：不承诺收益、不重复或公开融资。《管理办法》将私募股权众筹的融资者界定为"中小微企业或其发起人"，由此将私募股权众筹的职能十分明确地划分到了中小微企业金融服务领域。从股权融资的特殊性质出发，要求融资者不得"向投资者承诺投资本金不受损失或者承诺最低收益"，避免非经验投资者受融资回报的诱惑而进行不理性投资。从防止欺诈性重复融资、规范私募性质的角度出发，要求融资者不得"同一时间通过两个或两个以上的股权众筹平台就同一融资项目进行融资，在股权众筹平台以外的公开场所发布融资信息"。

（6）投资者资质要求：专业机构投资者、企业、高净值个人投资者。《管理办法》对投资者资质设置了较高的门槛。允许投资私募股权众筹项目的投资者分为专业机构投资者、企业投资者和个人投资者 3 类。专业机构投资者包括《私募投资基金监督管理暂行办法》规定的合格投资者，社会保障基金、企业年金等养老基金、慈善基金等社会公益基金，以及依法设立并在中国证券投资基金业协会备案的投资计划。企业投资者包括投资单个融资项目的最低金额不低于 100 万元人民币的单位，或净资产不低于 1000 万元人民币的单位。个人投资者包括投资单个融资项目的最低金额不低于 100 万元人民币的个人，或金融资产①不低于 300 万元人民币或最近三年个人年均收入不低于 50 万元人民币的个人。虽然私募股权众筹的人均投资金额远高于其他类型的众筹项目，但相较传统的创业投资，私募股权众筹还是明显地向草根化倾斜了。当越来越多个人投资者参与到股权众筹中来时，创业投资的潜在风险可能并没有被所有投资者准确地理解。为此，《管理办法》还要求投资者应当为不超过 200 人的特定对象，且个人投资者能辨识、判断和承担相应投资风险。

---

① 包括银行存款、股票、债券、基金份额、资产管理计划、银行理财产品、信托计划、保险产品、期货权益等。

■公募股权众筹：2015 年有望推出试点

在避免"非法集资"的压力下，股权众筹在我国自然地走向了"私募"路径。然而，业界和学界对公募股权众筹是否能够在我国实现仍然持有观望的态度。在我国《证券法》正在修订的当下，监管当局释放的消息逐渐明确了公募股权众筹实践的可能性。2015 年 3 月，证监会主席肖钢接受记者采访时表示计划今年推出公募类股权众筹试点。2015 年 3 月 11 日，国务院办公厅发布了《国务院办公厅关于发展众创空间推进大众创新创业的指导意见》，明确指出"发挥多层次资本市场作用，为创新型企业提供综合金融服务。开展互联网股权众筹融资试点，增强众筹对大众创新创业的服务能力。"由于私募股权众筹已实践 3 年有余，上述"互联网股权众筹融资试点"即指公募股权众筹融资试点。此外，该指导意见还提出要"促进科技初创企业融资，完善创业投资、天使投资退出和流转机制"，这正是目前国内缺少的金融机制。公募股权众筹有望在国家大力推动大众创新创业的潮流中应时而产生、而壮大。

专题 14 –5　众筹立法与监管的过与不及
——以美、意、英三国为例

自 2012 年 4 月美国总统奥巴马签订《初创企业推动法案》（*Jumpstart Our Business Startups Act*，以下简称 JOBS 法案）已近 3 年时间，意大利、英国、法国等欧盟国家先后出台了众筹立法或监管规则。于监管者而言，在万物重生的互联网时代，对类似众筹这般新兴产业进行监管所面临的挑战实际上是前所未有的。下面我们对众筹立法或监管规则正式实施至少近 1 年的美国、意大利、英国三国的监管反馈进行总结。

美国原 JOBS 法案遭到质疑，新法案正在修订

众筹在美国的发展已有近 6 年时间。截至目前，通过回报或捐赠众筹筹集资金并不受到金融当局的监管，但受到反欺诈的议会立法规范。当回报或捐赠众筹项目转化为创业企业通过股权或债权众筹时，则开始受到金融监管。

同中国的情况类似，股权众筹在美国也遭遇过法律瓶颈。起源之初，股权类众筹即涉嫌违反 1933 年《证券法》不得"向公众非法发行证券"的要求。为降低中小企业股权融资成本、解除众筹的法律约束，2012 年美国国会通过了 JOBS 法案，将股权众筹融资正式合法化。

JOBS 法案的核心在于降低企业股权融资门槛，主要体现在对符合条件的众筹融资实行注册发行豁免和减轻发行人的信息披露负担。在 JOBS 法案通过之前，美国的中小企业无论通过公募形式还是私募形式进行股权融资都面临着较为高昂的 IPO 成本或很少可实现的私募渠道。而 JOBS 法案对股权众筹融资的注册发行豁免则是允许了初创企业通过股权众筹面向不特定大众融资，从发行人和投资者两个角度对股权众筹融资平台年度发行证券量、不同投资人的投资上限等进行了限制。与此同时，法案减轻了发行人的信息披露负担，发行人仅需要向 SEC、中介机构、潜在的投资者提供基本的信息披露。

然而，通过近 3 年的实践，JOBS 法案似乎并未达到预设的目标，而来自美国其他监管层、学界、业界的声音更是异议纷纷。许多反对的声音都指向 JOBS 法案放松监管的做法，认为放松监管不仅可能会带来融资欺诈等各种问题，而且可能从根本上就是与促进中小企业股权融资的目标是背道而驰的。例如，减轻发行人的信息披露负担可能导致投资者更加不信任融资者而推高融资成本，信息披露和有效监管会促进而不是阻碍中小企业融资，放松监管并没有解决中小企业增长乏力的根本问题等。[1] 2015 年 3 月，从正在修订 JOBS 法案的美国证券交易委员会（SEC）传来的信息也证实了原 JOBS 法案中阐释众筹的部分（Title Ⅲ）"被正式地毙掉了"[2]，新的修订法案会重点加强投资者保护，例如引入美国民间非营利金融投资者保护组织 FINRA 的监督等。

意大利众筹法案聚焦"创新型创业企业"，参与各方规定严格

在意大利，借贷、捐赠和回报型众筹目前仅根据实际各平台实际情况适用有关金融支付管理、反洗钱、信息安全、消费者信用管理等法律。2012 年 12 月，意大利政府为促进就业新修订的 221 号法案正式颁布，首次对股权众筹实现监管。

221 号法案将股权众筹的服务对象解释为"创新型创业企业"，并对该类型企业给出了明确的界定。首先，参与股权众筹的必须是开发、生产或销售具有高科技价值的产品或服务的公司，成立时间短于 48 个月，主要办公地点在意大利境内，从经营第 2 年起年度产值不超过 500 万欧元，初创 4 年内不得分红，且不得是通过重组或拆分而成立的公司。其次，参与股权众筹的公司至少需要满足一个高科技特征，包括研发成本至少超过产品成本或产品价值的 15%，或 1/3 的工作人员满足 221 号法案的特别要求，或拥有知识产权。[3] 虽然该法案允许创业企业融资多至 500 万欧元/12 个月，但在上述严格要求下，能够通过股权众筹进行融资的企业事实上是十分有限的，这也是意大利业界认为该法案促进股权众筹发展和社会就业效果有限的主要原因之一。此外，创新型创业企业的成功率也可能低于一般企业，尤其是在意大利经济十分疲软的情况下，对融资企业的限定似乎过于严格。

从投资者来看，在公募股权众筹中，至少 5% 的股权或配额必须由专业投资者、银行或孵化方认购。此外，监管方要求公众投资每笔投资低于 500 欧元，每年投资低于 1000 欧元实际也人为地挤压了投资分布[4]。

在股权众筹平台设立方面，法案要求运营方必须是获得授权的投资公司、银行，或是按照意大利全国公司和股票交易所委员会（CONSOB）的特别要求登记注册的公司。而后一类股权众筹平台所营的金融工具的收缴购买必须毫无例外地发送至合作的投资公司或银行，该类平台不得持有资金或金融工具。

2013 年 6 月，意大利开始通过第 18592 号规则尝试放宽对创新型创业企业的要求，不再将股权众筹的应用局限于创业企业，正在研发新产品的现存企业也可以通过股权众筹进行融资。2015 年 1 月，意大利监管当局迈出了让业界出乎意料的一步，在 1 月 24 日出台的 2015 年第 3 号法案中开始允许风险投资公司和集合投资公司通过互联网在线筹资，而不用公布具体的投资项目。对此唯一的限制是在线筹资的风险投资公司或集合投资公司筹资后所投项目必须是符合法律规定的创新

① 参考王啸：《JOBS 法案：逻辑脆弱、精神可取——证券法修改思考笔记（三）》，http://opinion.caixin.com/2014-08-11/100715153_all.html。

② 参考 Samuel Guzik：JOBS Act State of the Union：What's Become of Regulation A + and Crowdfunding?，http://www.crowdfundinsider.com/2015/03/64148-jobs-act-state-of-the-union-whats-become-of-regulation-a-and-crowdfunding/。

③ 参考 Umberto Piattelli：The Italian legal framework of Equity-based Crowdfunding，http://www.osborneclarke.com/connected-insights/publications/the-italian-legal-framework-of-equity-based-crowdfunding/#contacts。

④ 参考 Financial Regulatory and Compliance Group：View from Italy：Crowdfunding in Italy，http://www.natlawreview.com/article/view-italy-crowdfunding-italy。

型创业企业或创新型中小微企业。在该法案规定下，只要投资者的风险容忍度符合该类投资的范围，专业投资者和非经验投资者都可以参与投资，对投资限额亦无要求。虽然上述最新规则是否能得到市场的积极反馈还有待时间检验，但从发展进程来看，意大利股权众筹规则也走过了不断试错和完善的过程。

英国众筹监管稳健　平台授权审批较慢

在英国，由于回报或捐赠众筹参与者的兴趣在于参与帮助实现一项自认为值得或有兴趣的活动，而不是为了得到资金利润，不涉及任何形式的金融投资或回报，因此不在英国金融服务监管的范围之列。但项目众筹涉及兴趣者与平台之间的资金转移过程，平台运营方需要按照英国 2012 年修订的支付服务规则提供资金汇付服务，同样会被审查。

英国 2014 年 4 月 1 日起正式施行的《关于网络众筹和通过其他方式发行不易变现证券的监管规则》在对众筹融资整体进行规范的基础上，列出了 17 条对股权众筹的详细规定。以对投资者的要求为例，英国金融行为监管局要求股权众筹应仅接受下列 4 类投资者的投资：具有相关资格或自认为是经验投资者；经核实的高净值投资者；在进行股权投资前确认会接受专业人士受监管的投资建议或投资管理服务；保证不会投入将超过其净可投资组合的 10% 的投资者。从上述规定可见英国监管当局对股权众筹的投资者门槛还是有非常严格的要求的。此外，英国金融行为监管局非常重视众筹平台的信息披露。例如，观察英国投资类众筹平台[①] crowdcube 的官网可发现风险提示被放在首页非常醒目的位置，其中风险提示部分就分散投资的重要性、投资损失的可能性、流动性的缺乏、分红的稀少、股权被稀释的可能性等做了详细的说明。

图 14 - 31　crowdcube 网站的风险提示（2015 年 3 月）

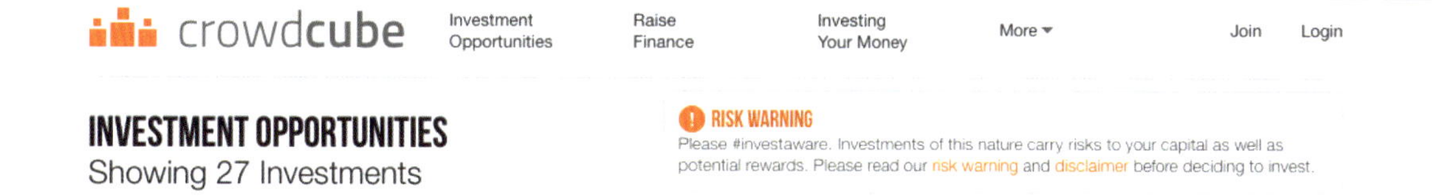

资料来源：crowdcube 官方网站。

2015 年 3 月 13 日，英国金融行为监管局在信息披露的管理上又进了一步，针对社交媒体中的金融营销管理办法[②]正式出台，旨在对企业在 Twitter、Facebook、Linkedin、各种博客和论坛等社交媒体中的金融营销信息进行规范，重点防止这些营销内容只突出收益信息而不披露足够的风险信息。

总体而言，英国众筹的监管体系在促进中小微企业融资和保护投资者方面起到了较为稳健的作用。然而，根据英国金融监管咨询公司 Bovil 在 2015 年 3 月的披露，英国的初创众筹平台目前平均需要等待 6 个月的时间来获得监管当局的授权执照。如此谨慎的放牌时效虽然更有利于确保众筹平台的高品质和投资者保护机制的完善，但对于初创企业而言，6 个月等待时间的成本和不确定性也会影响行业新进入者的积极性以及行业后续的充分竞争程度。

---

① 英国的投资类众筹平台可能提供迷你债券或股权众筹服务。

② 参见 FCA：FG15/4：Social Media and Customer Communications：The FCA's Supervisory Approach to Financial Promotions in Social Media，https：//www.fca.org.uk/static/documents/finalised - guidance/fg15 - 04.pdf。

从上述各国的经验可以看出，众筹尤其是股权众筹的立法与监管并非易事，既需要综合考虑中小企业的实际问题，又需要保证金融活动的稳定与效率，归根结底是要寻求符合经济、社会实际的金融服务变革。对于新兴产业的监管，"过"与"不及"的审度可能会伴随产业发展的整个初始时期。我国已出台的私募股权众筹管理办法对投资者资质做了较为严格的要求，正在酝酿中的公募股权众筹监管办法需要充分考虑我国资本市场实际情况以及与股权投资相关的经济、社会、人文特征，结合国际经验，找到真正适合我国资本市场发展、真正有利于创业企业发展的股权众筹发展之路。

14.4 地方金融体制改革任重道远

2014 年，温州、广东、泉州、云南、青岛等地金融体制综合改革继续推进，各地在积极革新的过程中显现出与当地经济、金融环境和自然、社会优势相应的特色。然而，综合各地金改的措施和成效来看，要实现高效率、市场化、普惠化的地方金融体系，地方金改还任重而道远。

以启动最早的温州金融综合改革试验区为例，自 2012 年 3 月 28 日国务院常务会议决定设立试验区至今，温州金改已走过了三个年头。三年来，温州金改已实现许多地方金融创新。然而，在创新的背后，一些核心问题仍在等待解决，如下三方面表现得尤为突出：

一是融资利率高——根据温州指数[①] 2015 年 1 月 19 日到 2015 年 4 月 10 日民间借贷综合利率指数每周报价可以发现，温州地区民间借贷综合利率指数仍然高于全国地区性民间借贷综合利率指数。

图 14-32　民间借贷综合利率指数（2015 年 1 月 19 日至 2015 年 4 月 10 日）

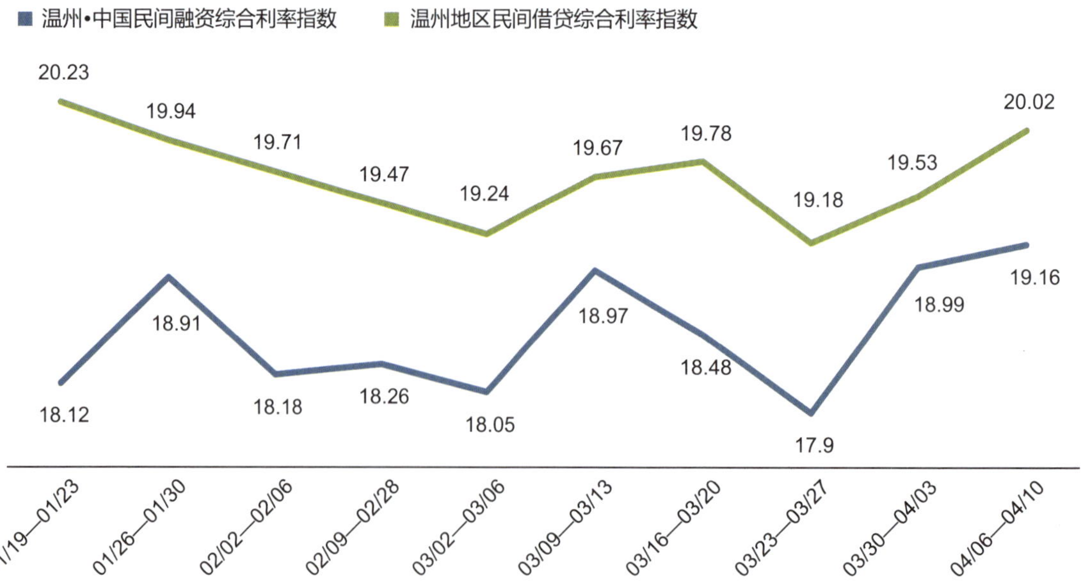

资料来源：温州指数。

---

① 温州指数官网，http://www.wzpfi.gov.cn/。

二是民间借贷登记率低——截至 2015 年 3 月 1 日，温州市共完成民间借贷备案 9678 笔，成交总金额 122.28 亿元。其中，《温州市民间融资管理条例实施细则》正式实施后共备案民间借贷 7054 笔，备案总金额 98.8 亿元，相比于总体上千亿元[①]的市场规模，占比仍然很小，民间融资管理的实效性还有待商榷。

三是温州地区民间借贷危机余震尤巨，"熟人"信用模式遭遇严峻考验，当地 P2P 借贷平台问题频发——截至 2015 年 3 月，网贷天眼对温州地区 31 家 P2P 平台进行了统计，共有 12 家出现问题，占比近 4 成。

在整体经济下行的压力下，在房地产市场低迷的背景下，在传统民间借贷模式遭遇质疑的情况下，在互联网及数据技术对民间金融活动产生变革性影响的时代契机中，地方金改面临的新旧问题所带来的任务都很艰巨，改革难以一蹴而就。

14.5　民间金融新旧转化阵痛将继续

2014 年，民间金融在激流浪涛中历经了风险的大考。展望 2015 年，随着"一带一路"、京津冀、长江经济带等区域协同战略的推进，宏观经济有望从供给收缩转向需求扩张。经济环境的改善往往能从资金面上暂时缓解民间金融的流动性风险，但相关行业规范、机制制度的不断完善才是促进各类民间金融活动可持续发展的根基。诸如民间金融资质、民间金融契约要件、客户资金管理办法等基础设施的完善并不是要让民间金融活动戴上沉重的镣铐跳舞，而是为了防止其过度疯狂而跌下历史的舞台。

2015 年是 P2P 借贷行业发展的关键时期，监管框架已初步成型，细则呼之欲出。随着监管细则的落地，预计行业将迎来发展拐点，市场格局将发生重大改变。预计资本仍将大举进场，大批实力平台将上线，价格战、营销战或打响。行业巨头的竞争或将导致同性质的中小平台大面积死亡，洗牌过程进一步加速行业"马太效应"显现。行业专业化发展趋势会愈加明显，不同资产端所要求的不同评估技术和技巧正在推动更多平台走向专业化。移动端将发力，未来几年内，移动端获客或将压倒性超过 PC 端。在移动互联网的驱动下，可能会有更多新的业务增长点和新业态产生。在行业不断发展成熟的进程中，中国 P2P 借贷行业所面临的一部分问题会愈加与成熟金融行业趋近，关于资本的跨境、资产项目的证券化、机构投资者与个人投资者的安排等问题的讨论可能会逐渐浮现。

众筹行业自产生以来表现出的强社区性、高效的信息流以及与生俱来的跨界形态都注定了其作为金融活动的特殊性，广泛的公共事业和私人部门的经济、社会、文化活动都可能成为其发展的舞台。观察目前各大众筹平台的导航栏可以发现，目前众筹平台所提供的行业分类实际是十分有限的，对于众筹的应用还有很大的可挖掘空间。在国家大力鼓励创新创业、鼓励普惠金融发展的大环境下，在国家去杠杆化的背景下，预计股权众筹将取得长足发展，公募股权众筹有望随着规则落地而启动；回报众筹将继续一段自由发展的时期，在实践的检验中形成中国特色的回报众筹业态。中国众筹行业急需更为成熟的制度和技术条件来夯实行业发展的根基，促进信息披露等行业基础规范的形成，

---

① 温州金融办：《温州民间借贷的阳光化将在最近完成最后的冲刺》，http://www.wzjrb.gov.cn/art/2014/2/18/art_10509_136986.html。

也需要识千里马之伯乐来点拨行业成长的路径。

在民间金融拥抱时代变迁的未来一段时间内，我们认为实践的检验和新旧转化的阵痛仍将不时出现，短期内中小微企业通过民间渠道获取金融服务仍将面临经济和民间金融环境的困境。然而，从工业革命到互联网时代，世界发展的主题不再只是大规模的重复生产，越来越多的定制化、小而美的产品和服务开始走进人们的生活，层次更加丰富的商业活动也产生了对更加多样化的金融活动的需求。与此同时，中国社会的互联网渗透还在不断深入，预计至 2016 年，我国整体网民和移动网民将分别达到约 8 亿和 7 亿人[①]。实际上，中小微企业主群体正在向互联网时代"原住民"迁移。长期来看，越来越多的中小微企业会成为以互联网为平台的新兴民间金融活动的服务对象，在形式、额度、期限、利率和效率上拥有更多的选择空间。

①　参考艾瑞咨询：《中国权益众筹（奖励众筹）市场研究报告》，2015。

15

保险：漫漫长路刚起步

2014 年保险业发展迅猛，是中国保险业历史上发展最好的一年，保费收入、赔款支出、资金运用、总资产、服务经济等各项指标都创造了历史最好水平。国务院于 2014 年 8 月发布的《关于加快发展现代保险服务业的若干意见》中强调了保险对于社会经济发展的重要性，规划了保险业的发展方向，奠定了未来保险业快速发展的基调。与保险业的快速发展相比，中小微企业保险市场的情况却并不乐观，保险意识较差、保险产品单一、保险不经济的问题仍然存在，中小微企业不了解保险，保险公司也未能足够关注中小微企业。但随着互联网金融的冲击和保险知识的普及，中小微企业保险市场或将迎来一个新的发展阶段。

15.1 保险业交出亮丽成绩单

随着保险业的快速发展，2014 年保险资产规模已达到 10.16 万亿元，保险行业经营效益显著增高，保险公司实现利润 2046.6 亿元，同比增长 106.4%，是历史上最好的一年。保险资金投资收益率 6.3%，综合收益率 9.2%，比上年分别提高 1.3 个和 5.1 个百分点，均创五年来最好水平。资金规模不断扩大的同时，保险资金运用政策也在风险可控前提下不断宽松，尤其是新"国十条"的出台，为保险行业的发展规划了方向。

15.1.1 保险行业资产规模及增速状况

图 15 - 1 表示了 2009—2014 年保险资产规模及增速情况，可以看出 2009 年至今保险业的总资产规模不断扩大，截至 2014 年已突破 10 万亿元，资产规模变动呈现稳步上升的发展趋势，从增速上看虽然 2013 年出现小幅度的增幅放缓，但总体呈上升态势。同时保险公司数量不断增加，据统计截至 2014 年，我国共有保险集团公司 10 家，保险公司 153 家①，保险资产管理公司 19 家，显示出我国保险业近年来正在持续稳定的发展，保险公司资金规模正在不断地扩大。

---

① 包括中资、外资财产险、寿险和再保险公司。

图 15 - 1　保险行业资产规模及年增长率（2009—2014 年）

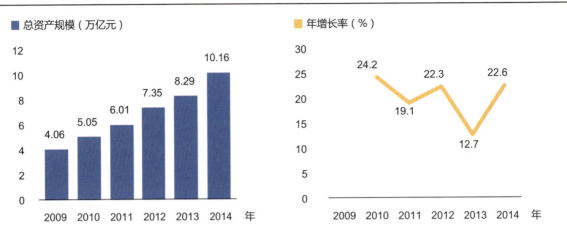

资料来源：2009—2013 年数据来源：《中国保险年鉴》（2010—2014）；2014 年数据来源：保监会公布的保险行业经营情况。

15.1.2　保险行业保费收入及增速状况

2014 年保险行业保费收入呈上升的趋势，由图 15 - 2 所示，到 2014 年为止，原保险保费收入①已经达到 20234 亿元（其中财产保险业务收入占 35.6%），收入规模比上年增长了 17.49%，同时保费收入的增长速度也在稳步提升。保费收入是整个保险行业赖以生存的基础，有充足的保费收入才能保证保险公司有足够的偿付能力，保费收入的持续增加预示着保险行业发展的经营稳定性在不断增强。

图 15 - 2　保险行业保费收入及年增长率（2009—2014 年）

资料来源：2009—2013 年数据来源：《中国保险年鉴》（2010—2014）；2014 年数据来源：保监会公布的保险行业经营情况。

---

①　不包含再保险分入分出的保费收入。

15.1.3　财险业务保费收入及增幅状况

由于本书主要研究中小微企业金融服务，所以本报告重点主要在财产保险。我国财产保险业务2014 年保费收入达到 7203.37 亿元，相对前两年继续平稳增长，同比增长 16%[①]，基本与前两年持平。

我国财产保险现在主要包括企业财险、农业保险、信用保险、机动车辆保险、责任保险、货运保险等险种，从历史看，我国国内保险业从 1980 年才开始恢复，基础薄弱，而且财产保险市场中存在明显的发展不平衡现象，各个险种之间的保费收入相差较大，绝大部分的产险保费收入来源于机动车辆保险，这主要是由于我国人口基数大、车辆保有率高所导致，其他险种需求量不大，但随着近几年来我国经济的不断发展，财产保险行业在逐步完成了以合规为主要内涵的转型之后，推动了以服务和创新为核心内涵的转型，互联网保险成为新热点，这将成为逐渐改变"车险独大"局势的契机，从而为产险未来的持续健康发展奠定了坚实的基础。

图 15 -3　财产保险业务保费收入及增幅状况（2009—2014 年）

资料来源：2009—2013 年数据来源：《中国保险年鉴》（2010—2014）；2014 年数据来源：保监会公布的保险行业经营情况。

15.1.4　我国近几年财产险行业结构

据《中国保险年鉴》统计，我国财产保险行业结构一直以来都呈现出一种失衡的状态，机动车辆险一险独大的情况一直没有得到改善，通过 2011 年到 2013 年的保费收入结构图我们可以看到，机动车辆保险占财产险的比重将近 80%，虽然近两年来由于政府对机动车购买进行了一定限制，但就2013 年的情况来看，并没有改变机动车辆保险在财产险中的主要地位，而其他 6 个险种均占比不到10%，2011 年到 2013 年中，企业财产保险比重有所下降，农险的比例正在逐步上升，体现了我国政府对农业领域的重视，创新农业保险试点取得了进步。

---

① 资料来源：中国保监会网站。

图 15 –4　财产保险保费收入结构（2011—2013 年）

- 机动车辆险
- 企业财产险
- 货运险
- 责任保险
- 农业保险
- 信用保险
- 保证保险
- 其他

2011年
- 3504.56 亿元，78%
- 329.81 亿元，7%
- 97.83 亿元，2%
- 148.01 亿元，3%
- 174.03 亿元，4%
- 115.46 亿元，3%
- 56.51 亿元，1%
- 76 亿元，2%

2012年
- 4005.17 亿元，71%
- 360.36 亿元，6%
- 101.71 亿元，2%
- 183.77 亿元，3%
- 240.6 亿元，4%
- 160.57 亿元，3%
- 93.46 亿元，2%
- 478 亿元，8%

2013年
- 4720.79 亿元，75%
- 378.8 亿元，6%
- 102.94 亿元，2%
- 216.63 亿元，3%
- 306.59 亿元，5%
- 155.17 亿元，2%
- 120.37 亿元，2%
- 331 亿元，5%

注：①机动车辆保险是以机动车辆本身及其第三者责任等为保险标的的一种运输工具保险。

②企业财产保险是以法人团体的财产物资及有关利益等为保险标的，由保险人承担火灾及其他自然灾害、意外事故损失赔偿责任的保险。

③货运险全称货物运输保险，是以运输过程中的货物作为保险标的，当被保险货物因合同约定的自然灾害或意外事故至损时，由保险人承担赔偿责任的保险。

④农业保险是指由保险机构经营，对农业产业在生产过程中因保险标的遭受约定的自然灾害、意外事故、疫病或者疾病等事故所造成的经济财产损失承担赔偿保险金责任的保险。

⑤信用保险是指保险人根据权利人的要求担保义务人（被保证人）信用的保险。

⑥保证保险是指义务人（被保证人）根据权利人的要求，要求保险人向权利人担保义务人自己的信用的保险。

⑦责任保险是指以被保险人依法应承担的民事赔偿责任或经过特别约定的合同责任为保险标的，保险人主要承担各经济单位或个人在进行各项生产经营活动、业务活动或日常生活中，由于疏忽、过失等行为造成他人人身伤亡或财产损失，以及按合同约定应承担的经济赔偿责任。

资料来源：《中国保险年鉴》（2012—2014）。

15.2　中小微企业保险市场发展缓慢

15.2.1　政策导向支持保险

保险作为社会的稳定器和经济的助推器，对社会的稳定和经济的可持续发展有重要作用，越来越受到国家的重视，2014 年政府也推出了很多政策来支持保险发展，包括整体层面规划保险业发展的新"国十条"、保险资金运用、寿险、农业保险、养老保险等多个方面，对于保险业来说是极大的鼓舞，中小微企业也在保险方面受到国家关注，很多政策对中小微企业提供帮助。

专题 15 – 1　2014 年保险政策解读
——基于中小微企业视角

2014 年我国保险业有了长足的发展，不仅体现在保费收入突破 2 万亿元、保险业总资产达到 10 万亿元、保险公司利润增幅达 106% 等这些数据上，更重要的是政府在 2014 年相继出台了一系列政策，为保险行业的进一步发展规划了方向，而对于中小微企业更是提供了指导性意见。

2014 年保险业最引人注目的就是新"国十条"的出台，即 2014 年 8 月国务院发布的《关于加快发展现代保险服务业的若干意见》（国发〔2014〕29 号，以下简称《意见》）。《意见》首先明确了未来 6 年间的发展目标，在 2020 年实现保险深度（保费收入/国内生产总值）达到 5%，保险密度（保费收入/总人口）达到 3500 元/人。2014 年我国保险深度为 3.18%，保险密度为 1479.35 元/人[①]，可以看出目前的保险发展情况离目标还有很大差距，假设 GDP 以 7% 的增长速度来计算，保费收入平均要以 15.4% 的增速增长才能在 2020 年实现保险深度达到 5% 的目标，反映出了保险业的巨大潜力和国家大力发展保险业的决心。《意见》重点说明了要大力发展医疗保险、责任保险、巨灾保险、"三农"保险等方面，并且要扩大保险资金运用渠道。

对于中小微企业来说，《意见》强调了保险在社会风险防范和损失补偿方面的作用，引导大力发展企财险、责任险等非车险险种，并明确提出要加快发展小微企业信用保险和贷款保证保险，增强小微企业融资能力。《意见》如此明确又具体地提出保险对小微企业发展能够提供帮助，对中小微企业来说是福音，广大中小微企业应开始学习利用保险来规避企业的风险，增强自身的融资能力。

在资金运用方面，中国保监会 12 月 12 日下发了《关于保险资金投资创业投资基金有关事项的通知》（保监发〔2014〕101 号）（以下简称《通知》）。《通知》以基金管理机构为监管着力点，坚持分散投资原则，对投资创业投资基金的基本要求、行为规范、风险管控、监督管理方面等进行了具体规定，有利于支持小微企业健康发展。到 2014 年底，有关保险机构通过股票、股权投资计划、项目资产支持计划等方式，已直接和间接投资中小微企业 500 多亿元。《通知》发布后，保险机构将进一步借助创业投资基金平台，为小微企业提供增量融资资金。按 2014 年 10 月末保险业总资产测算，可为小微企业间接提供近 2000 亿元的增量资金，为缓解小微企业融资难、融资贵等问题、促进小微企业健康发展打下坚实的资本基础[②]。

不仅如此，中国保监会会同工业和信息化部、商务部、人民银行、银监会等部门联合印发了《大力发展信用保证保险　服务和支持小微企业的指导意见》（保监发〔2015〕6 号，以下简称《指导意见》）。《指导意见》单独提出大力发展信用保证保险，明确指出信用保证保险对小微企业的作用，提倡运用保险特有的融资增信功能，支持实体经济发展，对缓解小微企业融资难、融资贵问题具有重要意义。中小微企业融资难根源在于规模小、信用低，而信用保证保险恰恰保障了这一方面，《指导意见》从扩展渠道、政策支持、银保合作等方面为信用保证保险的进一步完善作出了规划，并鼓励地方政府建立小微企业信用保证保险基金，用于小微企业信用保证保险的保费补贴和贷款本金损失补贴。目前信用保证保险保费可能对中小微企业来说负担不小，但在政府持续且强力的政策支持下，信用保证保险的市场潜力很大。

---

① 资料来源：根据中国保监会网站和国家统计局网站数据计算得出。
② 资料来源：《中国保监会允许保险资金投资创业投资基金支持创业企业和小微企业健康发展》，中国保监会网站。

总的来说，2014 年保险行业发展极其迅速，政府对保险业的支持也十分明显，而发布的一系列通知、意见等，对中小微企业来说都有指导性的意义，指出了保险对于中小微企业的巨大作用。可以说 2014 年是新的开始，相信中小微企业保险已在这一年起航。

15.2.2 利用保险促进中小微企业稳定发展

保险作为风险管理的重要工具，在社会稳定方面发挥了巨大作用，而对于单个企业尤其是中小微企业来说，由于中小微企业规模小、抗风险能力差等特点，保险的意义更为丰富，对企业的平稳发展很有帮助。

中小微企业由于规模小，组织架构一般不全面，很少有专门的风险管理部门来处理企业面临的各种风险。保险公司作为专业的风险管理机构，对企业的一般风险都有较全面的认识，在企业投保保险后能够充当风险管理机构，提供风险咨询，可以帮助企业建立风险预防机制、提高风险意识、减小损失发生概率、控制损失程度。

损失补偿是保险的基本功能，对于中小微企业来说不仅仅是补偿了损失，而是保证了企业脆弱的资金链不会因为一次事故而断裂导致企业一蹶不振。自然灾害风险、信用风险、意外造成的停工损失等风险无处不在，对中小微企业来说都很难承受，保险最基本的作用也就在于此，保障了企业的稳定性。

最具有损失补偿功能的保险产品是企业财产保险。对于中小微企业尤其是小微企业而言，企业财产保险虽然保障较高，但保费对于小微企业是很大的负担，因此很多公司如平安、人保、太平洋等均针对此情况设计了中小微企业财产保险或小微企业财产保险，以平安为例，小微企业在投保时若符合小微企业标准，即能投保小微企业财产保险，统一费率、统一责任，以最少的保费获得基本的财产保障。同时，中小微企业财产保险的投保渠道网络化的趋势也越来越明显，不仅能降低成本，保费也会随之下降，吸引中小微企业投保。

融资难是中小微企业的重大难题，保险在这方面也能提供帮助。中小微企业融资难的根本原因是企业自身规模小、信用低，没有足够的抵押物来向银行融资，银行与企业之间信息不对称。保险产品中的信用保证保险、出口信用保险等都能通过与银行方面的三方合作为中小微企业提供融资担保，仅 2014 上半年，保险业通过小额贷款保证保险支持 8.22 万家小微企业获得融资 564.13 亿元；通过短期出口信用保险为 2.61 万家小微企业提供约 1.1 万亿元的应收账款风险保障；通过国内贸易信用保险为 8000 多家小微企业提供约 160 多亿元的国内贸易风险保障[1]，加快小微企业资金周转。

可以看到，保险的意义已不仅仅局限于弥补损失，对于中小微企业来说，学会利用保险产品来进行风险管理和融资支持，既能稳定企业发展，还能提高企业信用，进行融资，对企业意义重大。而就目前情况而言，大部分企业投保意识薄弱，普通企业财产保险投保率不高，对于信用保险和保证保险的了解也明显不足，下面进行具体分析。

---

[1] 资料来源：《上半年保险业助力 8.22 万家小微企业获得融资》，载《新闻晨报》。

15.2.3 信用保险，保证资金安全，帮助企业融资

信用保险是指权利人向保险人投保债务人的信用风险的一种保险，是一项企业用于风险管理的保险产品，其主要功能是保障企业应收账款的安全，把债务人的保证责任转移给保险人，当债务人不能履行其义务时，由保险人承担赔偿责任。对于中小微企业来说，下游企业拖欠应收账款是小微企业资金周转困难的主要的原因之一，如果大量应收账款无法收回，严重时将直接导致中小微企业资金链断裂。中小微企业需要银行贷款等外部融资，除了扩大经营需要新的资金之外，很多是因为正常经营活动中资金周转不畅而造成的。而信用保险具有的风险保障功能则可以有效弥补企业遭遇买家破产或拖欠的信用风险造成的损失，维持企业现金流的连续性，提高中小微企业抵御贸易风险的能力，保障企业稳健经营和可持续发展。

贸易层面，按投保企业的业务性质划分，信用保险可以分为出口信用保险和国内贸易信用保险。

■出口信用保险市场潜力巨大

我国的出口信用保险起源是在 20 世纪 80 年代末。1989 年，国家令中国人民保险公司负责办理出口信用保险业务，当时是以短期业务为主。1992 年，人保公司开办了中长期业务。1994 年，政策性银行成立，中国进出口银行也有了办理出口信用保险业务的权力。出口信用保险业务开始由中国人民保险公司和中国进出口银行两家机构共同办理。2001 年，在中国加入世贸组织的大背景下，国务院批准成立专门的国家信用保险机构——中国出口信用保险公司（中国信保），由中国人民保险公司和中国进出口银行各自代办的信用保险业务合并而成。

我国的出口信用保险经过 20 多年的发展，承保金额已经有了巨幅增长。到 1998 年 11 月，我国出口信用保险金额约 24 亿美元，从 2001 年中国出口信用保险公司（中国信保）成立到 2009 年底，中国信保累计支持的国内外贸易和投资的规模约 4880 亿美元。图 15－5 中列示了 2009 年至 2014 年间，中国出口信用保险公司保费收入的趋势，我们可以看到，从 2009 年起，我国出口信用保险保费一直呈上升趋势，截至 2014 年底，保费收入已经达到 181 亿元[1]，相比于 2009 年，涨幅达到了 109%，这说明越来越多的企业懂得了利用出口信用保险来融资，从而为自己在对外贸易中抢占有利位置。

图 15－5　中国出口信用保险公司保费收入规模及年增长率（2009—2014 年）

资料来源：2009—2013 年数据来源：《中国保险年鉴》（2010—2014）；2014 年数据来源：保监会公布的 2014 年财产公司原保费收入情况表。

---

[1]　资料来源：保监会公布 2014 年财产公司原保费收入情况表。

中小微企业具有规模小、数量大、交易方式保守、抗风险能力弱等特点，是国家出口信用保险政策重点扶持的群体。对于我国中小微企业来说，投保出口信用保险更有利于保障出口企业的收汇安全，将不确定的、难以预料的收汇风险转化成固定的、少量的保费支出，保障中小微企业经营的稳定性。

图 15 – 6   中国出口信用保险公司承保金额及年增长率（2009—2014 年）

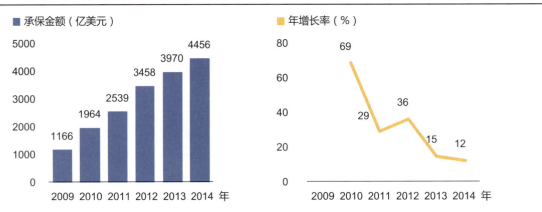

资料来源：2009—2013 年数据来源：《中国保险年鉴》（2010—2014）；2014 年数据来源：保监会公布的保险行业经营情况。

从图 15 – 6 中我们可以看到我国出口信用保险公司的承保金额从 2009 年的 1166 亿美元增长至 4456 亿美元，有了长足的进步，但年增长率却逐年下滑，增长速度缓慢。2014 年，该公司全年向 2600 多家客户支付赔款 11 亿美元，服务客户数量 5.2 万家[①]。

但即便如此，我国的信用保险对中小微企业的支持仍然处于较低的水平。根据中国信保发布的业绩数据显示[②]，2014 年中国信保累计支持 3.4 万家小微企业实现出口；截至 2014 年上半年，帮助小微出口企业获得融资 112.93 亿元人民币，向小微企业支付赔款 5379 万美元。中国信保出口信用保险的承保规模对我国出口的渗透率为 17.8%[③]，还有相当一部分企业没有参与其中，市场潜力有待发掘。

■ **中国信保适时推出适合中小微企业的信用保险产品**

中国信保在传统出口信用保险操作流程的基础上经过简化，与互联网相结合，推出的中小微企业综合信用保险可以让找不到投保人的中小微企业进行网上投保，投保后由保险公司以统一标准自动核保，受到中小微企业群体的欢迎。这款产品在设计方面，承保风险包括买方/开证行破产或无力偿付债务、拖欠，开证行拒绝承兑的商业风险，以及买方/开证行所在国家或地区实施外汇管制、进口管制、撤销已颁发给买方的进口许可证或不批准有效期展延、第三国颁布延期付款令、战争等政治风险。操作流程方面，减少了企业的操作成本和操作难度。出口企业和中国信保签署保单后，全年的出口业务在中国信保批复的买方额度内不需申报即可获得保险保障。一旦承保风险发生，企业可不需经过通报可能损失而直接向中国信保提出索赔，中国信保在 90 天内将核赔后的赔款支付到出口企业手中。中国信保还将组建专门的团队为中小微企业提供服务保障。

①   资料来源：中国信保官方网站。
②   资料来源：中国信保官方网站。
③   出口信用保险渗透率是指出口信用保险承保金额占总的出口额的比例。

另一款很受欢迎的产品是"小微企业信保易"，这是中国信保专门为小微企业设计的提供基本风险保障的信用保险产品，可以为年出口额在 300 万美元以下的小微企业提供 16 种不同等级的风险保障。

表 15 – 1 小微企业信保易产品介绍

保障范围广	保险合同一经签订，企业在约定范围内的全部出口均纳入保障范围（包括对全球近 180 个国家和地区的出口）
覆盖风险全	产品全面覆盖了企业出口收汇面临的风险，包括买方破产、无力偿付债务、拖欠、拒收等商业风险，以及战争、动乱、暴动、外汇管制、限制进口、撤销进口许可证等政治风险
保障程度高	投保企业全年可获得所缴保险费 50 倍的最高赔偿限额；单一买方最高可赔付 10 万美元，赔偿比例最高可达 80%
投保手续简便	"小微企业信保易"取消了投保前期的买方审核环节，免除企业缴纳资信调查费，投保零门槛、零限制，一次交费即可保障全年
计费方式简单	无须针对每笔出口的交易方式、账期长短对应不同的费率计算保费，全年出口实行统一费率，方便企业计算成本支出

资料来源：中国出口信用保险公司江苏分公司的"小微企业信保易"简介。

2013 年，使用该产品的小微企业平均出口增幅 12.8%，高于同期全国平均出口增速 4.9 个百分点。2014 年 1—7 月，中国信保利用该产品支持了近万家员工数低于 60 人的小微企业出口，支持生产型小微出口企业超过 8000 家[①]，发挥了政策性出口信用保险在防范风险、稳定就业、支持实体经济发展方面的重要作用。

■出口信用保险衍生金融服务

出口信用保险除了具有保障企业应收账款安全的作用，投保企业还能把该保险作为融资工具，利用该保险进行融资，这是出口信用保险的衍生金融服务。

中小微企业在向国外买家提供信用销售时，在投保出口信用保险后可向银行申请资金融通，更有利于缓解资金周转的压力，中国信保 2014 年 1 月到 7 月进一步加大了与银行的合作力度，在江苏、广东、辽宁、宁波、天津、厦门等 6 个省市与招商银行、民生银行、宁波银行等 5 家银行在"小微企业信保易"项下开展了业务合作，在投保出口信用保险后，企业只需抵押中国信保承保的应收账款或将保单赔款权益转让给银行，就可便捷地获得银行低息贷款。中国信保的政策性地位可以有效提升小微出口企业在银行的信用等级，扩大授信额度，一方面帮助企业获得必要的流动资金，另一方面也可以解决由于采购、设备更新等原因造成的资金短缺难题。具体的方法如出口信用保险押汇，是指出口商投保了出口信用保险后，将保险权益转让给银行，银行按货款的一定比例向出口商提供资金融通，具体流程如图 15 – 7 所示。

出口信用保险押汇融资基本上遵循出口押汇的方法，只是普通出口押汇银行通常需要出口商进行抵押才能获得融资，对中小微企业来说非常不易。而出口信用保险项下押汇由于企业投保出口信

---

① 资料来源：《中国信保积极落实国家政策为小微企业出口保驾护航》，新华网。

图15-7　出口信用保险押汇流程图

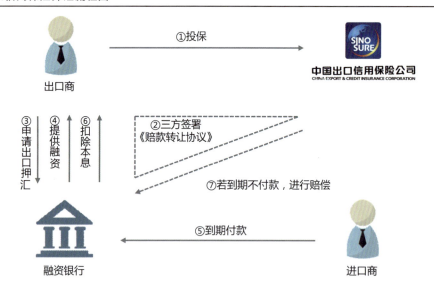

注：①出口商投保出口信用保险，获得买方信用限额；

　②根据出口商融资需求，出口商、中国信保、融资银行三方就赔款转让的内容协商统一后，签署《赔款转让协议》；

　③出口商发货后，持《赔款转让协议》、保险单、货运单等有关单据到融资银行申请融资；

　④融资银行审核后，根据出口商信用限额以及融资比例向出口商发放贷款；

　⑤、⑥如果进口商到期付款，则融资银行收到货款后扣除本息将剩余款项划拨出口商；

　⑦如果进口商到期不付款，出口商把信息反馈给中国信保后，中国信保公司根据风险是否在承保范围内，决定是否对银
行进行赔付。

用保险，并且签订了《赔款转让协议》，不需要出口商抵押，因此对中小微企业压力很小，获得融资
希望也很大，对于投保了出口信用保险的中小微企业来说十分方便。而对于银行，有了中国信保的
赔款作为保证，它们也乐意为收汇记录良好中小微企业发放贷款。

■ 出口信用保险助推中小微企业发展但仍有赖于国家政策

随着贸易全球化的不断深入，我国对外贸易取得了突飞猛进的发展，国际贸易已成为我国经济
发展的重要支柱。当前，国际市场竞争激烈，贸易环境复杂多变，我国出口企业面临着巨大的政治
风险和信用风险。中小微企业作为我国国民经济发展的主力军，已越来越多地参与到对外贸易中来。
在对外贸易的过程中，中小微企业不但受到自身规模小、资金有限、风险管理经验不足等特点的限
制，也受到国际贸易壁垒、人民币升值压力、宏观管理体制落后、融资困难等因素的阻碍，使其常
常有单不敢接，在国际竞争中丧失了贸易机会。出口信用保险作为国家支持出口贸易的政策性金融
工具，不但为中小微企业提供了风险咨询服务和损失补偿服务，还有助于其采取灵活的贸易结算方
式，开拓国际市场、获得贸易融资，充分体现了出口信用保险对中小微企业发展的助推作用。

但就目前我国的出口信用险来说，小微企业只占了很小部分，首先由于小微企业出口业务规模
小，对出口信用险的需求少；其次，小微企业大部分都是民营企业，就算有出口业务也不一定具有
投保意识，不知道投保能为它们带来什么好处；再次，就算一些有意识投保的小微企业想要进行投
保，投保的渠道也是问题。以中国信保成立的中小微企业服务处为例，该处承接的保单大多是由北
京商委统一安排，只有少部分是企业自主投保，说明当前企业的投保意识还是较弱，渠道宣传也没
有到位。目前虽然国家有政策补贴，鼓励出口，但小微企业相较一般企业风险更大，投保金额低，

而保险公司的展业费用却没有降低，保费虽然有政府承担 50%，但对盈利微薄的小微企业来说仍是一种负担，该险种在小微企业市场是否能够进一步发展，主要依赖于保险公司的宣传和政府持续甚至加大力度的扶持。

■ 国内贸易信用险环境不断改善但仍待发展

国内贸易信用保险也称短期国内信用保险，是保险公司对投保企业因下游买家拖欠、破产、丧失偿付能力等原因发生的应收账款损失承担赔偿责任的风险补偿机制。我国保险市场上有多家保险公司承保国内贸易信用险险种，主要有中国出口信用保险公司、中国人民财产保险股份有限公司、中国平安保险（集团）股份有限公司、中国大地财产保险股份有限公司、中银保险有限公司、安联财产保险股份有限公司等。

内贸险还具有融资便利的功能，目前我国银行正在创新贸易型和流通型企业应收账款的融资，而国际上应用更广泛的是"应收账款＋信用保险"融资模式，可以帮助企业扩大融资渠道。借助内贸险，中小微企业更容易取得银行融资的认可，获得贸易融资。在表 15－2 中我们可以看到国内贸易信用保险融资模式较于应收账款质押贷款的优势。

表 15－2 　　　　　　　　国内贸易信用保险融资模式与应收账款质押贷款比较

比较指标	国内贸易信用保险	应收账款抵押融资
担保条件	不需要担保和抵押	需要其他辅助担保
债权转移	不转让债权，但转让保险利益	不转让债权
操作手续	针对卖家核定额度，在额度内循环使用	针对具体应收账款进行单笔操作
信用保障	卖方是第一还贷源，买方是第二还贷源，保险作为第三方还贷源	卖方是第一还贷源，买方是第二还贷源，无保险保障

资料来源：张朝、梁雨：《中小微企业融资渠道》，北京，机械工业出版社，2008；曾鸣：《信用保险理论实务》，上海，上海财经大学出版社，2008。

商务部发文五成补助力推国内贸易信用保险，并确定七家险企为补助项目的承办机构。内贸信用保险补助项目自 2009 年启动至今，试点地区包括北京、上海、天津等 12 省（市）。业界测算，如果全国试点，内贸险真正推动起来，届时将带来千亿元以上的保费收入规模。

但是与出口信用保险相比，内贸险起步更晚，在企业中认知度低，承保规模小，其最早是由中信保在 2006 年才推出，相对于国外企业，我国的国内贸易规则模糊、诚信基础欠缺，导致内贸险业务一直处于发展缓慢阶段。

以中国信保为例，中国信保 2010—2013 年内贸险的承保金额分别是：166 亿、206.8 亿、260.5 亿、374.3 亿美元①，占内贸总额很小的部分。在各年度的总承保金额中占比分别为 8.4%、8.2%、7.5%、9.4%，一直以来没有较大发展。

出现这种情形的主要原因是国内贸易合同不规范，一旦出现纠纷时有很多模糊地带，容易产生各种争论。其次，企业法律与信用环境均有待提高。市场经济实质是信用经济，信用体系建设未完善，承保机构不敢贸然大量做内贸业务，风险太大。

---

① 资料来源：中国信保官方网站。

国内贸易风险本身比出口贸易要小，买不买保险完全取决于企业的风险意识，中小微企业本来利润微薄，愿意花这部分成本去转移风险的企业少之又少，政府对于内贸险又没有财政支持，更难吸引企业投保。在市场情况与风险基本稳定的前提下，中小微企业内贸险发展不会很迅速，若有政府实质性的财政支持，情况会改善许多。

15.2.4 贷款保证保险，政策依赖严重

贷款保证是企业以自己的信用向保险公司投保，企业向银行进行贷款，若企业最后无力偿还，保险公司则向银行进行赔偿。我国贷款保证保险起步较晚，市场上主要是个人贷款保证保险，包括汽车消费贷款保证保险和住房抵押贷款保证保险。而企业贷款保证保险尤其是针对中小微企业的贷款保证保险还不健全，尚处在初期阶段。在 2015 年 1 月中国保监会会同工业和信息化部、商务部、人民银行、银监会等部门联合印发了《大力发展信用保证保险服务和支持小微企业的指导意见》，其中的贷款保证保险就属于此类保险。

■ **贷款保证保险融资模式**

中小微企业通过购买贷款保证保险，并与银行之间进行沟通，能够无须抵押物、仅以少额的保费来融到大量资金，一般操作流程如图 15-8 所示。

目前的中小微企业贷款保证保险多是政策扶持或银保合作的前提下展开的，企业经过保险公司和银行审核企业条件、资产等，若具备投保资格，则企业与银行签署贷款协议，明确贷款的金额、用途、期限和还款方式。

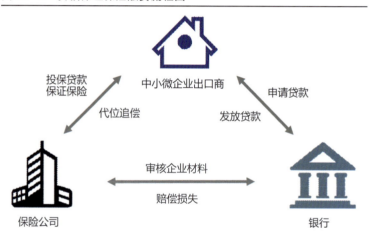

图 15-8　贷款保证保险融资流程图

之后企业投保贷款保证保险，保险公司承保企业非故意原因不能还款的风险，签署保险合同。银行在确认企业有了保险保障之后对企业发放贷款，无须企业再进行抵押或担保。若保险公司有再保险计划，则将保费分出部分至再保险公司，分担风险。

贷款合同到期时，企业正常还款则贷款合同与保险合同顺利终止。若企业由于保险责任内原因未能还款，则银行向保险公司索赔，保险公司确认之后向银行赔款，目前多数贷款保证保险，保险公司按与银行间设定的比例来承担损失，比如浙江省内保险公司与银行按 7∶3 的比例来分担损失。保险公司赔偿之后取得向企业的代位追偿权利，可以继续向企业追偿。

若政府在背后充当支持作用，一般设立专项风险保障基金，对超出赔付限额的一定比例进行补偿，弥补保险公司与银行损失，借此推广这一模式，解决中小微企业融资难题。

■ **中小微企业贷款保证保险慢慢起步**

我国中小微企业贷款保证保险尚处在试点阶段，我国很多地区在逐步尝试推广中小微企业贷款保证保险，为中小微企业融资助力。2009 年宁波市首先试点城乡小额贷款保证保险业务，由中国人保和太平洋保险共同负责试点期间的贷款保证保险业务，政府也推出了相应的支持政策，建立超赔基金，对

保险机构赔付率超过 150% 后的部分进行补偿。截至 2013 年底，该保险业务累计承保贷款总额 49.23 亿元，贷款余额 15.02 亿元，支持近 3000 户小微企业及 500 户农户获得银行融资支持[①]。

2011 年底浙江省开始将宁波的小额贷款保证保险模式推至全省，银行或小额贷款公司与保险机构原则上按 3:7 的比例分摊贷款本息损失风险，额度方面，中小微企业单户发放金额不超过 300 万元，城乡创业者单户限额 20 万元，农户单户限额 30 万元[②]。

太平洋保险于 2010 年 12 月起在上海试点"科技型中小微企业短期贷款履约保证保险"，对每一个试点单位，由政府建立 100 万元的专项风险补偿基金，一旦出现科技中小微企业贷款逾期不还，上海市科委风险补偿金将承担 25%，保险公司承担 45%，银行承担 30%[③]。

2012 年 3 月，中国平安在上海、青岛、福州、昆明、苏州、广州推出小微企业贷款保证保险业务，承保金额最少 10 万元，最多 200 万元，承保期限最长为 1 年。一年中，平安在 6 个城市共承保中小微企业 100 余家，承保总额超过 1 亿元，承保余额约 7000 万元[④]。

2012 年 8 月，南京银行联合阳光保险集团共同推出了个人贷款保证保险业务，小企业主或个体经营者可以通过购买贷款保证保险来向银行融资，不需要提供其他额外的抵押、质押或担保，对个体小微企业融资提供了渠道。

2012 年 9 月，人保财险重庆市分公司与工商银行重庆市分行签订合作协议，重庆正式开始试点小额贷款保证保险，对象必须是小型微型企业、农村种养殖大户、城乡创业者，小型企业单户贷款金额不超过 300 万元，微型企业、城乡创业者和农村种养殖大户单户不超过 50 万元，贷款期限最长不超过一年[⑤]。

2013 年，中银保险推出商户小额贷款保证保险业务，此种业务是面向小微企业及个体工商户推出的贷款融资保险业务，不需要办理质押，融资方式灵活，具有操作简单、审批快的优势。

2014 年 1 月，厦门开始试点小微企业贷款保证保险，符合条件的小微企业无须提供抵押物或让担保公司担保即可实现快捷融资，单笔单户贷款金额最高可达 300 万元，贷款期限最长不超过一年。

2014 年 1 月，云南省开始试点小额贷款保证保险，小微企业、农村各类生产经营性合作组织贷款金额单户累计不超过 300 万元，农村种植养殖大户单户累计不超过 50 万元，单笔贷款期限最长不超过一年。

6 月，北京中关村试点小微企业贷款保证保险，纳入试点范围的企业对象是上年总收入在 1 亿元以下的中关村小微企业，无须提供抵押物或让担保公司担保，在经过审核后买份保险便可获得最高 500 万元的银行贷款。

广西为缓解小微企业融资难问题，也于 6 月在 14 个设区市开展小额贷款保证保险试点工作，经营 1 年以上、无欠缴税费、逃废债务等不良记录的小微企业可申请贷款，贷款期限在 1 年以内，小型企业单户贷款不超过 300 万元，微型企业不超过 50 万元。

---

① 资料来源：《宁波城乡小额贷款保证保险缓解中小微企业贷款难》，中国宁波网。
② 资料来源：《浙江推广小额贷款保证保险》，人民网。
③ 资料来源：《保险公司抢食小微贷款类担保业务》，新浪财经。
④ 资料来源：《保险公司抢食小微贷款类担保业务》，新浪财经。
⑤ 资料来源：《重庆：人保财险携手工行推小额贷款保证保险》，博报网。

11 月，《南京市小额贷款保证保险试点工作实施办法》正式下发，连续经营 1 年以上、无违法违规行为和不良信用记录的中小微企业均可申请，贷款期限不超过一年，贷款额度原则上不超过 500 万元。

12 月，广州市政府下发了《广州市政策性小额贷款保证保险试点工作方案（征求意见稿）》，对于该政策扶助的对象，意见稿指向性明确必须是农业企业、科技企业和符合要求的小微企业，单个企业的贷款金额不超过 500 万元，贷款期限最长不超过一年。

2015 年初湖北全省开始推广小额贷款保证保险，而此前在 2013 年末人保财险湖北省分公司就开始在东湖高新区、宜昌、咸宁等地先行试点小额贷款保证保险，累计支持 143 家企业贷款 3.5 亿元①，2015 年将试点扩大到全省范围，为小微企业解决融资难题。

可以看到，中小微企业贷款保证保险在这 3 年内发展火热，全国多个地区开始试点工作，这与政府的大力支持与鼓励分不开，试点地区基本都有政府补贴为保险助力，尤其是 2014 年，多地政府用财政基金设立专项风险补偿基金，鼓励发展贷款保证保险。但这同时也说明了就目前的市场情况而言，没有政府的支持，商业保险公司很少涉足这一产品，这种现状值得我们深思。

图 15 - 9　贷款保证保险试点情况图

```
2009年
宁波试点城乡小额贷款保证保险

2010年
12月，上海试点科技型中小企业短期贷款履约保证保险

2011年
浙江将小额贷款保证保险推广至全省

2012年
3月，平安在上海、青岛、福州、昆明、苏州、广州推出小微企业贷款保证保险业务
8月，南京银行联合阳光保险集团共同推出了个人贷款保证保险业务
9月，重庆试点小额贷款保证保险

2013年
中银保险推出商户小额贷款保证保险业务
人保财险湖北省分公司开始在东湖高新区、宜昌、咸宁等地先行试点小额贷款保证保险

2014年
1月，云南、厦门试点小额贷款保证保险
6月，北京中关村试点小微企业贷款保证保险；广西试点小额贷款保证保险
11月，南京试点小额贷款保证保险
12月，广州政策扶持小额贷款保证保险

2015年
1月，湖北全省开始推广小额贷款保证保险
```

---

① 资料来源：《湖北省开展小额贷款保证保险试点》，和讯网。

■中小微企业贷款保证保险未来发展困难重重

尽管中小微企业贷款保证保险在政府的大力推动下有了一定的发展，但是客观来看，该保险产品严重依赖政府政策的支持，目前尚不具备完全商业化的能力。原因在于，中小微企业贷款的信用风险识别、度量和评估在现有征信环境下仍然是严重依赖对中小微企业的全面调查，风险管理的成本很难降低，而贷款的收益因为贷款额度低而有限，也就是说中小微企业贷款的不经济性是使包括银行在内的金融机构对中小微企业"望而生畏"的主要原因，而保险公司同样概莫能外。

表 15 – 3   贷款保证保险与担保对比

	项目	贷款保证保险	担保
相同点	目的	为债务人贷款提供担保，不能还款时进行赔偿	
	追偿权	在向债权人进行赔偿后有权向债务人追偿	
不同点	主体	保险公司，资金雄厚，监管严格，承受风险能力强	担保公司，监管相对宽松，承受风险能力相对较弱
	费用	费率较低	除了担保费外还有保证金等，综合费用相对较高
	抵押品	不需要抵押物	需要抵押物等反担保措施
	政策	目前有政策扶持，国家鼓励发展	目前没有政策扶持

注：这里仅从实践性方面分析二者异同，没有从法律角度出发。

对保险公司而言，中小微贷款保险的风险依然很大，利润也很低微，目前的试点多是在政府的扶持下开展的，即所谓的"政银保"合作，如果未来政府扶持力度减弱或完全商业化，保险公司继续承保这种风险唯有在市场成熟、信息透明、监管完善的情况下才有可能，因此仍有很长的路要走。

对于商业保险公司而言，利润是发展推广一个产品的核心追求，因此风险高、利润低的产品一定不会受到青睐，而目前来说，中小微企业贷款保证保险就是这样一款产品。由于目前社会信用体系不健全，针对中小微企业的信用审核体系更是纸上谈兵，因此保险公司无法彻底审核大部分的中小微企业的资信情况。银行相较于保险公司，拥有更完善审核体系和企业信息，尚且不愿意贷款给信息不透明的中小微企业，保险公司在企业数据方面更是不清楚，对于贷款风险也不如银行了解，而且目前来说中小微企业贷款坏账率较高，保险公司在这种情况下若没有政府的支持与银行的合作，很难会有推广贷款保证保险的意愿。市场上的保险公司目前对于这种业务的基本态度是谨慎承保，若没有政府分担风险，基本不予以考虑，因此仅靠保险公司完全商业化贷款保证保险不现实。

若把目前的"政银保"三方中的政府去掉，靠银行与保险公司合作去实现商业化，我们认为在市场环境没有巨大改善的情况下仍不可能。商业保险公司与银行均是追求利润的企业，在目前的三方合作中，保险公司一般有赔付封顶，例如"宁波模式"中的150%，对于超过150%的赔付，目前有政府建立的超赔基金进行承担。因此若保险公司与银行合作，并且保险公司出于自身利益与风险控制的需求，仍设立赔付封顶，银行将承担超过封顶的损失，而这部分损失可能是非常巨大的，因为目前在试点中选择的企业多是信用良好的中小微企业，若未来完全商业化，赔付的坏账率可能很高。因此银行没有这个动力与保险公司合作贷款给中小微企业，风险与利润不成比例，唯有未来市场环境改善，社会信用体系建立，监管制度进一步完善，两方才有通过商业合作把这一市场做大的可能。

总的来说，中小微企业贷款保证保险能顺利发展下去，在于能顺利控制住风险，保证保险的赔付率不会过高。这就要求在发放贷款之前对企业的资信状况进行全面的调查，对企业资产、收入、负责情况了解清楚，设定发放贷款的硬性条件，只有满足了条件的企业才有资格购买保险，这也是防范企业的逆选择风险。我国目前信用体系还不健全，但已经开始构建，随着社会信用体系的逐步完善，信息不对称的风险会逐步下降，贷款保证保险的风险才会越来越低，商业化才会成为可能。

目前，在社会信用体系不健全的状况下，要通过贷款保证保险的方式来缓解企业融资难题，需要政府支持，因为保证保险不同于一般保险业务，风险不能简单计算，保费难以确定，要是保险公司完全依靠本身开展业务，保险费率可能很高，对中小微企业来说融资成本增大就失去了这一方式的意义。只有政府参与进来，设立风险基金，在背后支持保险公司与银行开展贷款保证保险业务，才能鼓励更多保险公司与中小微企业参与进来。

不仅如此，对于保险产品的监管制度也要跟上，以我国某保险公司推出的个人贷款保证保险为例，投保人向保险公司贷款一定金额的资金，保险公司扣下一部分后贷给投保人，扣下的部分算做贷款保证保险的保费，而且保费比例很高，达到20%甚至以上。这个产品实质上是一种高利率贷款，而不是贷款保证保险，若企业贷款保证保险未来也采用这种模式，对中小微企业的实际意义很小，所以监管部门不仅对保险公司的偿付能力、市场行为要进行监管，对产品的监管也要加强。

15.3 互联网保险来势汹汹，但中小微企业市场尚不发达

互联网金融在近三五年来大热，互联网券商、大数据金融、P2P等不断升温，保险作为金融的重要组成部分，利用互联网发展也是不可阻挡的大势。根据保监会的定义，互联网保险是指保险机构依托互联网和移动通信等技术，通过自营网络平台、第三方网络平台等订立保险合同，提供保险服务的业务。在此定义的基础上，我们认为互联网保险在发展中有两个阶段：营销渠道的网络化和保险产品的个性化，在后面会深入探讨。

15.3.1 互联网保险迎来发展黄金期

■互联网保险发展数据

互联网保险在我国起步较晚，相对于传统营销渠道占比不大，但增长速度迅猛，2014年互联网保险保费收入达870亿元[1]，占全年保费收入4.3%，相较于2013年的291亿元增幅达199%，可以看出互联网保险在2014年发展迅猛。而从参与主体来看，数量不断增多。2013年，开展互联网保险销售业务的保险公司有76家，2014年达到了90家，超过我国保险公司现有产寿险公司机构数量的一半[2]。

---

① 资料来源：李春亮：《2014 互联网保险收入 870 亿约占总保费 4%》，新浪财经。
② 资料来源：李春亮：《2014 互联网保险收入 870 亿约占总保费 4%》，新浪财经。

图 15 –10 我国互联网保险保费规模与年增长率（2011—2014 年）

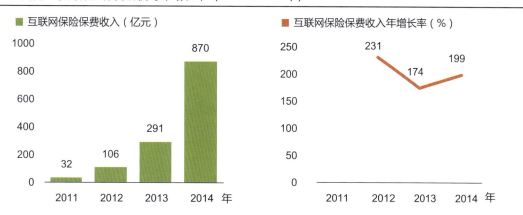

资料来源：2011—2013 年数据来自：Wind 资讯；2014 年数据来自：李春亮：《2014 互联网保险收入 870 亿约占总保费 4%》，新浪财经。

■政策大力支持互联网保险

我国互联网保险起步较晚，2005 年《中华人民共和国电子签名法》的颁布，使得互联网保险真正开始发展，并在当年签售了第一张全流程电子保险单。之后互联网保险逐渐规范，提及或针对互联网保险的规章逐步颁布。

表 15 –4 互联网保险政策一览表

印发单位	印发时间	法规名称	主要内容
国务院	2005 – 04	《中华人民共和国电子签名法》	电子签名与传统手写签名和盖章具有同等的法律效力
保监会	2011 – 04	《互联网保险业务监管规定（征求意见稿)》	规定保险公司、保险中介机构开展互联网业务的资质、经营规则以及监管办法等
保监会	2011 – 08	《中国保险业发展"十二五"规划纲要》	鼓励发展电子商务，推动电子保单、互联网等方式
保监会	2011 – 09	《保险代理、经纪公司互联网保险业务监管办法（试行)》	规定保险代理、经纪公司经营互联网保险业务的条件
保监会	2013 – 08	《中国保监会关于专业网络保险公司开业验收有关问题的通知》	对专业网络保险公司开业有关的技术、信息安全、操作流程、管理制度等作出了规定
保监会	2014 – 04	《关于规范人身保险公司经营互联网保险有关问题的通知（征求意见稿)》	指出人身保险公司经营互联网保险业务的资格，从偿付能力、运营和业务系统等方面作出了规定，还明确了信息披露制度
保监会	2014 – 12	《互联网保险业务监管暂行办法（征求意见稿)》	比较全面地规定了互联网保险业务经营的规则、资格、信息披露等方面

可以看出，监管部门在一步步摸索并完善互联网保险业务的相关制度，发布相关规定的频率也很频繁，内容也越来越详细具体，说明政府很重视互联网保险的发展。2014 年发布的《关于规范人身保险公司经营互联网保险有关问题的通知（征求意见稿)》和《互联网保险业务监管暂行办法（征求意见稿)》更进一步地对人身互联网保险和互联网保险监管作出了详细的规定，市场在逐步规范，互联网保险发展逐渐走向正轨。

15.3.2　互联网保险发展模式

互联网保险发展过程中，我们认为存在两个阶段：营销渠道的网络化和保险产品的个性化。在发展前期，主要是渠道的网络化普及，而随着人们消费习惯的改变，尤其是有网络消费习惯的年轻人慢慢长大，有了保险需求，保险产品也会有针对性地作出改变，在未来，保险产品很有可能引入"C2B"的消费者对企业模式。

■互联网保险渠道日益完善

互联网保险对传统保险公司冲击最明显的就是销售渠道的改变，由此而引起的成本减少更是影响保险产品定价和保险公司利润的核心。保险公司计算成本时采用"综合成本率"这一概念，等于赔付率加上费用率，在赔付率不变的情况下，费用率越低则成本越低，最后的保费也就越低。而费用率中就包括的经营的管理费用、成本费用、展业费用等，网络销售这一渠道的改变可以使得展业费用下降几个等级，以往通过各种代理人、营销员展业的费用基本都可以节约，对传统保险公司的冲击是巨大的。当然，这并不意味着传统渠道会被取代，人们在购买长期险种和金额较大险种的时候，通过网上销售这一渠道一般会觉得不够放心，还是更倾向于向专业保险人员咨询后才购买。但总的来说，这种渠道的革新带来的冲击是巨大的。

互联网保险在这几年的发展中，销售渠道也逐渐健全，现在已经建立了四种网络销售模式。第一，通过保险公司官方网站销售，这是目前保险公司采用的主要模式，尤其像平安、太保这种品牌响亮的保险公司采用这种模式更能体现公司和产品特色。比较特殊的是众安在线财产保险公司，这是一家通过网上渠道销售保险产品的公司，于2013年10月成立，是我国第一家拿到网络保险牌照的公司，开启了我国互联网保险新模式。截至2014年11月，众安保险累计投保件数已经突破6.3亿件，服务客户数超过1.5亿人次[①]。第二，通过专业中介平台销售，如惠择网、大同网等，投保人可在网站上自己选择险种及保险公司，网站帮助进行比价。第三，通过兼业中介代理，嵌入商业交易场景，如携程网在经营酒店、机票等主营业务的同时，也会向顾客推送旅行意外险等来刺激保险的消费。第四，通过第三方电子平台，如淘宝、京东、网易等，这些网站有着大量的用户，通过这些平台来推广保险有很好的效果。2013年，互联网保险的官网渠道产生规模保费占比最大，达到了47.9%，而第三方平台占到了41.6%，中介代理平台斩获了10.5%的占比[②]。但随着人们消费模式的转变，通过代理平台和第三方平台销售规模将增大，通过官网销售的比例将逐渐下降。

■互联网保险产品开始尝试个性化

互联网保险带来的冲击除了渠道的革新，还有就是潜在客户的变化以及数据库的建立。以往传统保险模式下，想让一个人产生保险需求，并最后转变为行动购买保险，需要的宣传成本和展业费用很大，而如今随着互联网保险的普及和年轻人保险需求的慢慢增加，极少的宣传成本和展业费用就能达到同样甚至更好的效果，人们甚至会产生新的、传统保险尚没有提供的保险需求，对于保险产品的私人定制属性更加看重，这就是互联网保险产品的个性化。

财产险网络销售渠道中，车险仍占据半壁江山，由于车险市场已经很成熟，投保流程在网上也可标准化，手续简便，需求量也相对普通产险较高，属于刚性需求，投保量自然高。条款简单、风

---

①　资料来源：众安保险官方网站。
②　资料来源：《中国互联网金融报告（2014）》。

险不复杂、保费较低、交易简便的产品的确很适合在网上销售，而险种比较复杂、风险差异很大的长期寿险、企财险等就不受欢迎。

同时，我们也看到，目前保险公司纷纷推出一些新产品如赏月险、雾霾险等，这些其实就是产品个性化的探索，而其中最有代表性也最成功就是退货运费险了。互联网时代，在网络购物中，由于一直存在退货时谁来承担运费而产生的纠纷或者顾虑，在当前的退款交易纠纷中，有很多是由于买卖双方对退货邮费问题协商不一致产生的，为售后问题增添了很多不必要的麻烦。由此而产生了对运费保险的相关需求，而这也是传统保险尚不涉及的险种，淘宝网也因这种需求和保险公司合作，针对退货运费专门推出了相关产品。2010 年 11 月，我国华泰财产保险股份有限公司推出一款为淘宝网定制的退货运费险，保险公司对网购后退货所产生的运费进行赔付。

退运险在刚推出时，凭借其投保便捷、保费低廉和能降低消费者心理成本的特点，再加上淘宝网庞大的用户数量和交易数量，迅速赢得广大商家和消费者的喜爱。淘宝网交易规模高速扩张也给退运险带来了好成绩，2012 年 11 月 11 日一天的投保量便达到 5000 万笔，保费收入超过 1000 万元；2013 年 "双十一" 当日的投保量超过 1.5 亿笔；2014 年 "双十一" 当日的投保量达到 1.86 亿笔[1]。然而，卖得多却不代表赚得多，在 2012 年 8 月调整费率之前，退运险的赔付率超过 100%，处于亏损状态；在调整费率之后，日常赔付率约 80%，才有了低微盈利[2]。可以看出，这个产品从需求开发到产品设计到最后的大卖，总体上还是很成功的，虽然开始存在亏损但随着数据的慢慢建立和调整，后来有了盈利，称得上互联网产品个性化的典型代表。

可以预见，在未来随着个人信息数据库的建立，保险公司更能方便地发掘每个人的消费习惯与保险需求，更有针对性地进行推送与宣传，人们也愿意通过这种方式来购买自己最需要的保险。但这要求建立完善的信息库和健全的监管制度，仍有很长的路要走。如今针对互联网保险的监管体系才刚刚开始建立，随意的保险创新随时可能会被保监会叫停，比如雾霾险在发售几天后就被下马，说明不仅保险公司在创新时要注重保险本身的保障功能，不能滥用创新，而且保监会也需尽快建立完善的监管体系，规范引导市场，才能让市场往健康的方向发展。

互联网保险发展的两个阶段，渠道的网络化是基础，产品的个性化是在此基础上进一步发展的，但并不意味着传统险种会被取代，相反，网络渠道的进一步完善将推动传统险种的市场更加壮大，新的保险产品会满足人们新的需求，二者并不冲突。我国目前销售渠道的网络化已初具框架，但无论客户数量还是销售渠道仍不成熟，尤其是复杂保险产品的定价及销售技术不足，仍要逐步完善。在产品的个性化方面也只有个别产品初步尝试，尚未形成大规模创新。所以互联网保险监管体系的建立、客户资源的积累、人们消费习惯的培养、网络销售技术的进一步成熟是目前所应去做的，这些无不需要经验的积累和时间的检验。

15.3.3 中小微企业互联网保险市场刚刚起步

相较于已经初具规模的互联网保险大市场，中小微企业利用互联网投保体系还不完善，保险险种也不够丰富，专门针对中小微企业的保险少之又少。

---

① 资料来源：《保险搭车 "双 11" 日销 1.86 亿份退货运费险》。
② 资料来源：刘艾琳：《退运险改良上阵 80% 赔付率 "勉强不亏损"》，载《21 世纪经济报道》，2012 - 11 - 23。

■通过互联网渠道提供中小微企业保险产品

目前中小微企业互联网保险仍处在渠道网络化阶段中，保险公司一般会设定一个小微企业的条件，符合这一条件的企业直接在网上投保，审批也比较宽松，保障范围为基本的企业财产险，中国信保为短期出口信用险，统一费率、统一保障。保险公司这种做法主要原因还是逐单审核成本太高，而每个小微企业所贡献的保费不大，通过网上投保的方式既节约了成本也方便了小微企业，给了它们投保渠道，只是这样做产品比较单一，不能满足所有企业需求。

在通过保险公司官网投保企业保险方面，中国出口信用保险公司和中国平安做得比较好，都有专门的中小微企业投保渠道，险种也是专门针对中小微企业设计的。

图 15 – 11 中国信保中小微企业信用保险网上投保界面

图 15 – 11 是中国出口信用保险公司官方网站上的中小微企业投保平台，企业可以直接从网上验证公司信息，满足条件的公司经过信保公司审核就能直接投保，保障公司应收账款安全，网站上还有保费计算器，根据赔付金额、赔付比例可以快速计算保险费用，十分便捷。

图 15 – 12 中国平安中小微企业财产保险网上投保界面

中国平安网站上也针对中小微企业推出了企业保险，保障风险较全面，企业可以自行选择，包括财产险、责任险、货运险、信用险等各方面险种，企业在网上进行预约，选择保险需求，两个工作日内就有专员联系，商量投保事宜。

众安在线保险作为2013年刚成立的新型网络保险公司，目前在网上暂时还没有企业财产、责任、信用等一系列险种。其他公司官网如太平洋保险、中国太平也都推出了中小微企业保险，但只是对产品进行了说明，将保险条款列明，没有专门的投保渠道，相当于只起到了宣传的作用。

而通过中介代理渠道如惠择网、大童网等，保险险种都比较全面，包括财产保险、责任保险、货运险等企业基本保险，都是通过在线填写信息进行预约投保，只是目前没有针对中小微企业推出相应的险种。而兼业代理渠道如携程网只出售与网站业务有关的保险，没有企业保险。

第三方平台渠道如淘宝保险、京东保险目前只有个人保险业务，没有企业相关保险产品。

表15-5　　　　　　　　　　基于互联网渠道的中小微企业保险产品

渠道	网站	保险对象	险种	投保方式
官方网站	中国平安	含中小微企业	财产、责任、信用、工程等	预约投保
	中国出口信用保险公司	含中小微企业	出口信用险	在线投保
	中国太平	含中小微企业	财产、责任、雇主等	仅为产品说明
	太平洋保险	含中小微企业	财产险	仅为产品说明
	中国人保	仅普通企业	财产、责任、信用保证等	仅为产品说明
中介网站	惠择网	仅普通企业	财产、工程、责任等	预约投保
	大童网			
第三方平台	淘宝保险	暂无企业保险	无	无
	京东保险			

总的来说，中小微企业互联网保险市场还很不发达，大部分保险公司网站都没有提供针对中小微企业的产品，提供在线投保和预约的更少之又少，利用互联网这一渠道来发展中小微企业保险市场还需要日后慢慢拓展。

■基于互联网大数据的中小微企业保险产品崭露头角

基于互联网的特点，保险公司也在研发针对这一专门领域的保险产品，颠覆了传统保险的产品特点和营销渠道，其中最具代表性的当属淘宝"退货运费险"。退货运费险分为买家版和卖家版，顾名思义，买家版就是网络购物中买东西的一方为避免退货风险而购买的保险，买方每下单一件物品，就会有保险购买的提示，供买方自由选择。买家版的退货运费险解决了买方转移退货风险的需求，但对广大中小微企业更有意义的是卖家版的退货运费险，因为广大网商卖家就是中小微企业，卖家版退货运费险的推广意味着保险在帮助中小微企业规避经营风险的路上找到了新的方向。

卖家版的退货运费险是专门针对淘宝卖家推出的，卖家在投保了该保险后一旦买卖双方产生退货请求，保险公司对由于退货产生的单程运费提供补偿。卖家有了退货运费险，不仅可以减少退货时由于运费分摊而造成的纠纷（根据淘宝保险介绍，投保退货运费险的卖家退货纠纷率有低微下降，客服介入率有显著下降），而且还能吸引买家来店铺消费，因为目前淘宝网在消费检索时加入了"赠送退货运费险"这一选项，购买了卖家版退货运费险的商家在竞争时会有一定优势。

表 15 - 6　　　　　　　　　　　退货运费险与退货纠纷率关系　　　　　　　　　　　单位：%

	加入运费险	未加入运费险
退货纠纷率	2.12	2.15
客服介入率	0.12	0.23

资料来源：淘宝保险网站退货运费险介绍。

卖家版退货运费险具有保费低、理赔快、交易简单等特点。保费方面，该保险根据卖方投保时前三个月的交易及退货情况来计算保费，退货率越低保费越低，最低每单保费 0.15 元，最高则超过 3 元，相差很大。因此，交易记录良好的卖家保费负担很轻，而每单的最高赔付达到 25 元，基本能涵盖运费。同时保险的理赔处理很迅速，保险公司承诺若无问题在 72 小时内就能赔付，理赔如此之快是因为所有的程序都在网络中进行，赔付流程也已经标准化，十分便捷。卖家的投保流程也很简单，在网上申请即可，相对于其他险种，退货运费险投保步骤简单，可足不出户并且不用和保险经纪人接触就可投保，续保时，合同规定保单期满前七日若双方均未提出异议，则保单将自动延续。

退货运费险的成功可以看到未来中小微企业互联网保险产品的发展方向，卖家版退货运费险关注到广大中小微业主的保险需求，在产品设计时基于大量的买卖、退货数据进行价格计算，同时根据交易的数据记录来分层定价，保证保险产品的盈利性，又利用网上投保这一渠道来降低成本，吸引大量商家投保，保证满足大数法则的前提，同时又简化了交易过程，让投保、理赔都能在线上自动进行，并将保险信息嵌入交易场景，让商家有了吸引顾客的手段，发掘买家的保险需求，切实地发挥了保险保障买卖双方的功能。这种需求开发、价格计算、网络投保、产品嵌入的新模式很适合针对中小微企业的互联网保险产品研发。基于互联网大数据进行产品的开发、定价、销售不仅能关注到中小微企业实际的保险需求，又能保证保费不会过高，将是未来中小微企业互联网保险产品创新的发展方向。

15.4　保险高效服务中小微企业仍困难重重

当前，中小微企业利用保险来保障企业稳定发展和帮助企业融资的方式仍处在推广阶段，很多企业之前都没有投保，在政府的政策鼓励下第一次购买相关保险。国家在 2014 年大力提倡保险关注中小微企业，各地政府已经开始重视，但目前的情况却不是很乐观。在做调研时，很多保险公司均没有统计中小微企业的保险数据，也从侧面反映了保险公司对于中小微企业的重视程度不够。

从险种方面分析，目前企业财产保险仍是中小微企业投保的主要险种，责任险、工程险只有很少的有特殊风险的企业才会涉及，信用险部分出口企业在政策补贴下有投保意愿，贷款保证保险目前仍处在试点阶段，并且对政策扶持依赖严重。广大中小微企业尤其是小微企业在购买保险时普遍存在的问题就是每张保单价值不高，风险却不小，而对保险公司来说通过传统渠道的展业费用与利润不成比例，保险公司没有动力大力发展中小市场，反过来又造成产品针对性差，吸引不了企业投保，企业与保险公司这种矛盾的情形，就造成了如今中小微企业保险市场不发达的现状，总的来说，主要有以下几方面因素。

■企业保险意识不高，地域差异化明显

我国国民保险意识普遍不高，中小微企业主更是具有较强的投资意识和冒险精神，但企业保险意识不强，投保积极性不高。

保险的地域差异化也十分明显，对于风险高地区的中小微企业，比如沿海地区的企业面临台风、暴雨等灾害的风险远高于非沿海地区的企业，沿海地区的中小微企业投保就比较积极，保险公司接单相对就比较谨慎，使得很多想投保的企业买不到保险。而非沿海地区中小微企业主风险意识较薄弱，企业面临风险也少，保险市场又呈现供大于求的状况。对于保险公司而言，这意味着风险高的地区赔付率高，投保企业购买积极，亏损概率大；风险低的地区赔付率低，投保又不积极，难以盈利，造成地区间不平衡。

■中小微企业保险的经济性尚待提高

中小微企业本就盈利低微，很多企业挣扎在盈亏线的边缘，保险产品即使对中小微企业使用优惠费率，但对中小微企业来说仍然是一笔成本，很多企业宁愿冒着风险来经营也不愿购买保险。这就需要保险公司随着社会征信体系的逐步完善，在产品设计和定价时基于中小微企业大数据来开发产品，降低保险成本。

另外，中小微企业本身资产少，交易额低，即使购买保险保单价值也较低，而保险公司展业费用却不会因此而降低，收入与成本的差额使得保险公司中小市场的业务利润不高，公司没有动力去投入资本开发相关产品，大力进行宣传。保险公司的不积极和中小微企业保费负担重这两个因素相互作用，使得产品的开发、投保的积极性都受到了影响。

■保险产品雷同，针对性差

目前我国保险市场上针对中小微企业的保险产品少之又少，财产险类部分公司提供了中小微企业财产综合、一切险，但没有对行业、企业类型进行分类说明，没有形成保险产品体系化，中小微企业浏览保险产品时没有选择的余地，产品没有对比，投保积极性也就大打折扣。

信用保证保险类中，为信用险提供保险产品的公司很少，主要是出口信用保险公司，针对中小微企业推出了小微企业信保易，但与市场的需求相比仍显不足。贷款保证保险一般在地方政府的支持下试点发展，但审核条件很严，不是所有的企业都能申请到保险，覆盖范围有待进一步扩大。

■信用体系不健全

我国目前没有建立企业的信用体系，针对中小微企业的更是没有，但信用体系对于保险购买有巨大帮助，保险公司审核负担减轻，赔付率下降，保费也会下降，进入良性循环，所以应着手建立失信惩戒制度，将失信的中小微企业列入黑名单，这对于控制保险风险也有帮助。

■政策支持不足

国家目前大力宣传保险的作用，尤其对中小微企业融资方面的帮助，鼓励大力发展信用保证保险，但宣传只能起到加强投保意识的作用，保险成本高的现实却不会改变，这就需要政府实质性的财政政策来支持。目前对于出口信用保险和贷款保证保险有一定的财政支持，但仍需继续保持甚至加强，而对于普通企业财产保险、内贸险等其他险种，财政补贴如果不现实可以实行一些制度补贴，如税收优惠等。

虽然中小微企业保险市场不够乐观，但我们认为未来这一僵局会被互联网保险渠道慢慢打破。

首先，互联网保险展业成本低，不需要像传统财险通过经纪公司来展业，而通过网上投保，人工成本也能压缩，可以降低保费。其次，随着企业大数据的建立和完善，企业和保险公司之间的信息不对称和不透明会慢慢减弱，保险公司能更有针对性地为中小微企业开发保险产品，扩大保险对中小微企业的覆盖面，同时又能保证产品的盈利性，达成一个良性循环。目前，市场上已经出现了针对中小微企业统一费率、统一保障的保险产品，这只是互联网对传统保险渠道的冲击。随着企业大数据的完善，未来保险公司将针对中小微企业特殊的保险需求开发保险产品，市场将很广阔。

16
中小微企业金融服务发展趋势展望

2015 年是"十二五"规划的收官之年，也将是注定不会风平浪静的一年。经济增长的形势依然严峻，各项改革进入深水区所遭遇的困难可能远大过预期。在"保增长、调结构、促改革、惠民生"大背景下，作为创业创新的主要载体和经济体活力的风向标，小微企业群体的发展仍将备受关注。

在债权融资供给方面，市场化力量推动主流金融机构下沉客户结构重心的趋势仍将继续，由此带来的竞争压力将促使典当、融资租赁等具有特殊行业属性的类金融机构向坚持业态所具有的本源优势回归，在服务中小微企业客户方面实现更明显的差异化。这将有助于形成一个业态更加多元、层次更加清晰、产品更加丰富的小微企业金融服务体系。在股权融资供给方面，市场的巨幅波动为2015 年中小微企业股权融资发展蒙上了阴影。但可以确定的是，民营银行带来的"鲶鱼效应"有望在 2015 年显现，从而引发更多小微金融服务创新亮点。数据驱动型的风险管理、金融服务场景化以及广泛连接和触达客户的能力将成为中小微企业金融服务主体面临的新课题。

2015 年，商业银行，尤其是小微企业贷款基数较高的银行将继续放慢小微企业贷款规模的扩张，把更多的精力放到小微企业贷款风险管理上，银行业小微企业贷款的整体增长将继续放缓，不排除更多小微企业贷款负增长的银行出现。如何平衡好风险管理和业务发展的关系仍将是 2015 年商业银行小微企业金融服务面临的最大的挑战。新的"三个不低于"的监管要求将推动商业银行从单纯追求贷款规模增长转向贷款规模和服务覆盖并重，促使商业银行客户结构重心进一步下沉。在户数增长的压力之下，商业银行小微金融零售化的趋势仍将继续。互联网金融促进小微金融创新的作用已经开始显现，基于大数据的信用风险管理创新有望成为 2015 年商业银行小微企业金融服务创新的集中方向，尤其是以微众银行和网商银行为代表的民营银行凭借其数据和渠道优势有望在小额贷款和小额理财服务领域率先发力，展现出服务"长尾客户"的强大能力，为小微企业金融服务市场注入新的活力，激发新的变革。与此同时，金融场景化的发展趋势也已经明朗，这对改变银行传统的小微金融服务模式将产生重大影响。如何提升触达客户的能力，如何将银行的服务嵌入到客户日常生产生活的场景中去，将是传统商业银行不得不认真思考的问题，尤其在小微金融服务领域，面临的挑战尤甚。在这样的新形势下，大中小型银行长期以来在小微企业金融服务市场的比较优势或将发生微妙的变化，大银行利用交易型信贷技术在小微企业金融服务市场取得后发优势的可能性大大增加。而更多的银行可能不得不依靠与拥有数据、渠道和技术资源的互联网机构或者新兴银行进行合作以求在日益激烈的市场竞争中保住一席之地。2015 年有望继续看到商业银行在服务模式、服务渠道、风险管理等方面的创新，小微企业金融服务市场格局发生明显的变化的日子已为期不远。

沉寂多年的农村金融有望在蚂蚁金服等新型金融供给主体的大举进入的带动下成为 2015 年金融领域的亮点之一。2015 年我们有望看到更多返乡创业和逆城市化的人群在农村开展生产经营和服务活动，农村生产经营业态将进一步丰富，与此同时，农村消费升级在电商下乡的推动下有望提速。农村发展新格局的出现对农村金融服务提出了新的需求，农村金融的内涵与外延都在发生着巨大的变化。拥有互联网基因的新型金融供给主体 2015 年在农村地区的布局将更侧重于行为习惯的培育和基于移动互联技术的服务渠道拓展，在金融产品上也将小试牛刀，尤其在理财和消费信贷方面会出现让人眼前一亮的产品。传统农村金融机构在农村地区的优势地位短时间内尚不能被动摇，但有危机感的机构将抓住这一时间窗口跟上行业变迁的脚步，与新型金融供给主体开展优势互补的合作将成为越来越多机构的现实选择。一个竞争与合作并存，相互融合创新的多元化农村金融供给体系正在形成。

2015 年，小贷行业发展颓势将持续，行业风险仍将居高不下，小贷牌照遇冷、小贷公司的主动退出或被动清退还将加速。随着商业银行不断下沉客户结构重心，主流的以百万元量级贷款为主的小贷公司面临着直接的竞争。而那些已经和传统金融机构实现差异化竞争的真正经营小额贷款的小贷公司也并非高枕无忧，随着互联网金融的发展和个人征信市场的开放，基于数据驱动的小额贷款摆脱了人力和渠道的约束，效率大为提升，而成本显著降低，从而将得到快速发展，改变长期以来形成的小额贷款的市场格局，对小贷公司构成直接竞争。

当资产泡沫褪去，融资租赁行业有望回到正常的增长轨道，作为创新性金融制度安排，在产业结构转型升级和拉动社会有效需求等方面发挥更重要的作用。在经济增速下行，银行业金融机构对中小微企业放贷趋于谨慎的背景下，同样谨慎对待中小微企业租赁客户将成为多数租赁公司的理性选择，然而，作为与银行贷款差异化的融资方式，利用专业能力和融资租赁的业务优势控制风险，吸引和服务好在经济转型升级中努力坚持、主动创新的中小微企业更是融资租赁公司面临的机遇。我们期待更多专业化的融资租赁公司将目光投向中小微企业，俯下身子做小微，不同类型的融资租赁公司形成不同的行业和客户群定位，开展差异化的竞争，并且充分利用互联网、物联网等技术创新小微企业融资租赁新模式，在服务小微企业的过程中不断夯实自己的核心竞争力，在急速变化的时代赢得更加稳定和持久的竞争优势。

作为传统银行融资体系的有益补充，银行对中小微企业"惜贷"再现，在一定程度上固然可为典当业增加业务机会。但更为严峻的是，典当业将面临愈发激烈的外部竞争，体现在"大额"抵押贷款业务和"小额"信用贷款业务所面临的双重夹击。房地产典当业务的风险上升的势头不会在短期内逆转，这也将继续引发业界对这一目前占半壁江山的业务的深度思考，在商业银行不断创新房地产抵押贷款产品，对审批周期、用款灵活度以及利率水平作出不断优化的情况下，房地产典当的比较优势将进一步减弱。与此同时，互联网金融触发了金融行业基于大数据的小额信贷模式创新，这对典当行小额典当业务的竞争将逐渐显现。回归本源，立足优势业务，提高专业度，深化差异化竞争优势已经成为典当业不得不面对的现实。在日趋激烈的市场竞争中，典当业的个体分化将进一步加大。我们有望看到越来越多的典当企业开始从粗放式发展转向做专、做精、做强，积极进行业务转型，注重开拓动产及财产权利典当业务，立足传统经营优势，强化差异化竞争，切实扮演好"拾遗补缺"的角色。

2015 年担保行业整体上仍将延续调整的态势，担保风险事件将继续出现，行业全面回归政策性担保成定局。不仅银担合作的门槛不会降低，而且债券市场担保事件的发生也将使担保行业自身的信用蒙上阴影。随着征信体系建设的加快，定位于增进银行和中小微企业互信中介的担保公司发展空间将受到进一步的压缩。这也将引发行业对担保业务模式的反思。随着中小微企业动产融资需求潜力被供应链金融创新不断激发，担保品管理行业将迎来发展的春天。人民银行动产融资统一登记平台发展势头良好，建设统一的担保物权登记系统也渐成业界共识，《担保存货第三方管理规范》国家标准于 2015 年 3 月 1 日起开始实施，为担保品管理行业的规范发展提供了良好的基础。2015 年有望看到担保品管理行业吸引更多的新进入者，行业增长可期，进而推动中小微企业动产融资的发展。

2015 年，受益于多层次资本市场发展、并购重组浪潮以及经济结构调整的机会，创投行业发展将迎来新的风口，募投退将进一步活跃。在信息技术、生物医药、新能源、移动互联网等技术密集型产业的投资热度继续持续，互联网与传统行业的深度融合也将带来更多规模更大的投资机会。在"大众创业，万众创新"的主旋律鼓舞下，我们将看到越来越多的新生代创业者出现，与此同时，新生代投资人也在不断试错的过程中快速成长。创投阶段前移的趋势不会逆转，越来越多的投资人开始尝试借助众筹平台发掘和锁定有潜力的小微企业投资目标。热度不断提升的创投市场固然能为创业型小微企业带来更多的融资机会，但也意味着行业竞争的进一步加剧。

在 2014 年以小额贷款信托、信贷资产证券化信托、新三板信托、土地流转信托为代表的创新性业务相继出现之后，信托业转型的脚步仍将持续。然而，在资本市场快牛行情的吸引下，信托资产的配置将向资本市场大幅倾斜。相较而言，在经济形势仍不明朗的背景下，信托行业主动开发民营企业，尤其是中小微企业融资需求的动力将明显减弱。与直接服务中小微企业相比，通过小额贷款信托、信贷资产证券化信托等形式间接服务中小微企业是信托行业更为现实的选择。伴随金融自由化、利率市场化进程深入，金融抑制正逐步被改善，信托业只有发挥其灵活的制度优势、强大的创新力，提供差异化的服务才能获得更大的发展。

2015 年，股权交易市场改革被寄予厚望，注册制改革箭在弦上；转板制度的试点提上日程；沪市酝酿战略新兴板以吸引在境外上市的高新技术企业回归；股转系统的交易制度和分层制度有望完善。每一项市场化改革的落地都将为股权交易市场带来发展的信心和力量。2015 年上半年 IPO 审批速度明显加快，新三板的活跃度显著提升，成为越来越多中小微企业进入资本市场的选择。然而，普遍被认为缺乏真正业绩支撑的"快牛"行情在一年过半之际戛然而止，引发政府救市的同时也引发对资本市场制度建设和金融监管的反思，计划之中的各项改革恐难如期推出。2015 年中小微企业通过股权交易市场融资的增长预期将大打折扣。

2015 年，在利率市场化和金融"脱媒"的大背景下，企业债券融资规模在社会融资规模中的比重将进一步提升，工商企业债券融资在企业债券融资规模中的比例也有望迎来反弹回升。在促进金融"脱媒"、推动商业银行下沉客户结构重心方面，债券市场将发挥越来越重要的作用。随着资质优良的大中型企业越来越多地通过债券市场获得债务融资，将为中小微企业腾出更多的信贷资源空间，中小微企业的债务融资需求也有望更多地得到商业银行的重视，从而有助于缓解中小微企业的"融资难"问题。在为中小金融机构提供融资、间接助力其提升中小企业融资服务能力方面，2015 年将见证更多类型的中小金融机构通过债券市场进行更大规模的融资，这将有助于其更好地为中小企业提供融资服务。然而小微企业专项金融债的光环也将随着优惠政策的普惠化而消失。债券市场为中小金融机构提供融资的亮点将来自资产证券化。预计2015年资产证券化产品规模与数量将继续扩张，产品也更趋于多样化，其在中小企业融资中也将扮演愈来愈重要的角色。相对前两条债券市场间接服务中小微企业的路径，在为中小微企业提供直接债务融资服务方面，2015年的债券市场恐怕不会出现惊喜。中小企业私募债将逐步进入偿债高峰，在违约事件多发和监管缰绳收紧的背景下，2015年中小企业私募债的发行节奏将放缓，而其余品种也将难见起色，因此，中小企业通过债券市场直接融资规模增速放缓是大概率事件。我们坚持认为，债市在推动中小微企业融资方面作用的发挥主要有赖于前面两条间接路径而非直接路径。

传统保险公司长期忽视中小微企业客户群的局面在2015年仍难以出现明显的改观。信用保险对提高中小微企业抵御贸易风险的能力具有积极的作用，市场潜力可观，保险公司如能真正重视中小微客户，在改进信用保险定价和营销方面下工夫，将对该保险品种的发展起到有效的推动。相比较而言，在缺乏信息优势的条件下，保险公司推出中小微企业贷款保证保险产品，象征意义大过实质作用，注定不可能成为完全市场化的主流保险产品。虽然中小微企业保险市场不够乐观，但我们认为未来这一僵局会被互联网保险产品创新慢慢打破。基于互联网交易数据开发的互联网保险产品通过互联网渠道销售，将大大降低保险的成本，使服务"长尾客户"变得有利可图，围绕中小微企业经营活动的小额互联网保险产品有望更加多样化。我们也希望看到传统保险公司在互联网保险公司带来的示范效应和竞争压力下，开始关注中小微企业这个长期被忽略的客户群。

2015年，民间金融将继续经受风险大考，信任关系崩塌后的修复非一日之功。在宏观经济未能实质性好转的背景下，民间金融新旧转化的阵痛仍将不时出现。2015年，随着监管细则落地，预计P2P借贷行业将迎来发展拐点，市场格局将发生重大改变。资本仍将大举进场，洗牌过程进一步加速行业"马太效应"显现。行业专业化发展趋势会愈加明显，不同资产端所要求的不同技术能力正在推动更多平台走向专业化。在移动互联的驱动下，更多新的业务增长点和新业态或将产生。在行业不断发展演进的过程中，P2P借贷行业已经脱离了民间金融互联网化的初始形式，成为金融体系内外的各类资产与资金端连接的平台，其所面临的一部分问题会愈加与传统金融行业趋近，关于资本的跨境、资产项目的证券化、机构投资者与个人投资者的安排等问题的讨论可能会逐渐浮现。众筹行业自产生以来表现出的强社区性、高效的信息流以及与生俱来的跨界形态都注定了其作为金融活动的特殊性，急需更为成熟的制度和技术条件来夯实行业发展的根基，促进信息披露等行业基础规范的形成。在国家大力鼓励创新创业、鼓励普惠金融发展的大环境下，股权众筹有望取得长足发展，公募股权众筹有望随着规则落地而启动；回报众筹将继续一段自由发展的时期，在实践的检验中形成中国特色的回报众筹业态。长期来看，越来越多的中小微企业会成为以互联网为平台的新兴民间金融活动的服务对象，在服务形式和效率、融资额度和期限以及融资利率等方面拥有更多的选择空间。

经历经济增速放缓、结构转型带来的阵痛之后，全社会对"实体经济是金融发展之本"这句话的理解会更加深刻，没有实体经济支撑的金融将变成无源之水、无本之木。中小微企业"融资难""融资贵"问题只一味地从金融供给方找解决方案不仅难以获得令人满意的答案，而且还会掩盖产生问题的根源。2015年，在不断深化金融改革，减轻金融抑制，推进中小微金融服务发展的同时，深化经济体制改革，解决宏观经济运行中存在的突出问题，促进实体经济健康发展是重中之重。改善中小微企业经营环境和经营预期，激发创业与创新活力，释放经济增长潜力仍是一项需长期坚持的重要工作。

完善中小微企业金融服务的政策建议

基于对中小微企业金融服务的持续跟踪研究，按照本报告惯例，我们重点从完善中小微企业金融服务统计口径与信息披露制度、完善中小微企业金融服务激励机制、大力发展中小金融机构和多层次资本市场、持续完善金融基础设施建设、加快推进民间金融健康发展和切实改善中小微企业生存与发展环境六个方面跟踪 2014 年的政策进展，提出仍需强化或补充的要点。

17.1　完善中小微企业金融服务统计口径与信息披露制度

17.1.1　进一步完善中小微企业划型标准

2011 年，新的企业划型标准出台，新标准根据经济发展和劳动生产率的变化相应调整了划型门槛①；简化了划型指标②，更加易于操作；还提出了"微型企业"的划型标准。这些重要的改进可圈可点，也为统一中小微企业金融服务监测统计口径奠定了基础。但仍有不足③。调查也显示，中小微企业划型标准的合理性在实务工作中也存在很大的争议④。

---

①　主要是降低了从业人员数量的上限，提高了营业收入的上限。

②　从原标准的 3 个简化为 2 个或 1 个。

③　其一，从业人员数量与企业规模不一定正相关。除了农、林、牧、渔业，建筑业和房地产开发经营的企业划型标准不含从业人员数量之外，其他主要行业的企业划型标准均包括从业人员数量和营业收入两个指标，而其他未列明行业（包括科学研究和技术服务业，水利、环境和公共设施管理业，居民服务、修理和其他服务业，社会工作，文化、体育和娱乐业等）的企业划型标准只有从业人员数量这一单一标准。也就是说，对于这些采用了从业人员数量指标做划型标准的行业，只要一个企业人员足够少，无论其营业收入高低，都有可能被划入中小微企业。众所周知，由于技术发展、业务外包及资本运营手段的运用等综合因素，在很多行业，企业从业人员数量与其规模不一定正相关，由此可能造成事实上规模不小的企业"降级"到中小企业，甚至微型企业。事实上也已经出现一些政府融资平台、基建分包公司等特殊类型的企业由于从业人员较少而被划入中小企业甚至微型企业的现象。其二，大型集团下属的中小企业与一般意义上的中小企业所面临的问题有相当的差异。在我国，包括央企和国企在内的大型企业集团通常有众多的子公司，这些中小型子公司虽然符合现行的中小企业标准，但由于有集团母公司的支持，其面临的经营、融资等环境与一般意义上处于弱势的中小企业有很大的差异。如果不能排除这个因素，有可能造成由大企业集团控股支配的企业也搭了中小企业的政策便车。

④　2012 年，我们特别就新划型标准中某些行业（如科学研究和技术服务业，水利、环境和公共设施管理业，居民服务业，文化、体育和娱乐业等）的划型标准只有从业人员数量这一单一标准的现状，征询了商业银行小微企业经理人的看法。问卷调查结果显示，63% 的受访者认为这会造成规模不小的企业"降级"到小微企业，50% 的受访者认为"仅根据从业人数划型不太合理，我行有更细化的补充标准"或者"企业报来的从业人数一般都不太准确，我行一般不采用从业人数作为小微企业贷款分类的标准"，仅有不足 10% 的受访者认为"根据从业人数划型挺合理"。

我们建议进一步完善中小微企业划型标准，对人员少、营收高的情况较为普遍的特殊行业作出特别的划型规定，从而使划型标准更加接近中小微企业的实际情况。使各种以此为基础分类的统计更加客观真实，促进有关中小微企业发展的政策资源真正导向那些"正牌"的中小微企业。

2014年，在中小微企业划型标准方面没有进一步的政策出台，鉴于近年来国家支持中小微企业发展及其相关的金融服务差异化监管及财税激励政策从"务虚"进一步转向"务实"，政策的含金量提高，所以，为了尽可能避免非"正牌"中小微企业[①]搭政策便车，在划型标准修订到位之前，应将实质是政府融资平台而因某些指标界定为中小微企业的投资公司以及大型企业集团绝对控股的中小微企业排除在政策支持对象范围之外，以确保有限的政策资源发挥出最大的作用。

17.1.2　统一中小微企业金融服务监测统计口径

在进一步完善中小微企业划型标准的同时，尽快统一中小微企业金融服务监测统计口径也迫在眉睫。自2012年起，银监会年报披露的"小微企业贷款"明确包括小型微型企业贷款、个体工商户贷款和小微企业主贷款，此口径除了包括小型微型企业贷款（狭义的"小微企业贷款"）之外，还包含了贷款对象为个体工商户和小微企业主的个人经营性贷款。但是，另一个金融监管部门——人民银行年报披露的小微企业贷款余额[②]却与银监会披露的数据有较大的差异，我们推测监管部门可能存在小微企业贷款统计口径不一致的问题。除了监管部门，各家金融机构对小微企业贷款统计口径的标准也是五花八门[③]，导致披露数据的可比性受到很大的影响。

虽然由于市场定位的不同，各金融机构制定符合本行特点的小微企业贷款统计口径是合理且有必要的，但前提是涉及公开披露的数据应该有统一的统计口径。尤其是2014年人民银行对"三农"或小微企业贷款达到一定比例的商业银行推出定向降准[④]的政策；在信贷政策支持再贷款类别下创设支小再贷款，专门用于支持金融机构扩大小微企业信贷投放，小微企业贷款统计口径不统一带来的问题更加凸显。要使结构化的货币政策能够真正起到调节信贷结构、促进国民经济重点领域和薄弱环节发展的作用。执行统一的统计口径已经无法回避。

为此，再次建议监管部门推行统一的中小微企业金融服务监测统计口径，明确狭义和广义两种小微企业贷款统计口径，狭义小微企业贷款指小型企业和微型企业贷款（指法人企业贷款），广义小微企业贷款包括小型企业和微型企业贷款（指法人企业贷款）以及个体工商户贷款和小微企业主贷款。通过统一中小微企业金融服务监测统计口径，结合中小微企业金融服务信息披露制度，以客观真实地反映中小微企业金融服务发展状况，制定针对小微企业金融服务的政策措施，监测政策的实施效果。

---

① 这类中小微企业往往由于与政府有着更为紧密的关系或者被关联企业作为获取政策支持的载体等原因，在利用政策方面显示出较强的能力。

② 中国人民银行2014年年报披露"小微企业贷款余额15.26万亿元"，而银监会数据披露"小微企业贷款余额达20.70万亿元"。

③ 各银行披露的统计口径差异可参见本报告第3章商业银行部分。

④ 中国人民银行决定从2014年6月16日起，对符合审慎经营要求且"三农"和小微企业贷款达到一定比例的商业银行（不含2014年4月25日已下调过准备金率的机构）下调人民币存款准备金率0.5个百分点。"三农"和小微企业贷款达到一定比例是指上年新增涉农贷款占全部新增贷款比例超过50%，且上年末涉农贷款余额占全部贷款余额比例超过30%；或者，上年新增小微贷款占全部新增贷款比例超过50%，且上年末小微贷款余额占全部贷款余额比例超过30%。

17.1.3 建立金融机构中小微企业金融服务信息披露制度

建议实施"2＋2＋2"强制披露，即强制披露 2 类口径（狭义小微企业和广义小微企业）、2 方面（贷款余额和贷款户数）、2 种信息（绝对值和占比），以此为基础建立金融机构服务小微企业的外部监督机制[①]。

值得肯定的是，银监会在 2014 年银行业金融机构小微企业贷款余额的数据披露中，首次披露了小微企业贷款户数，而且不仅披露了绝对值，还披露了在全部贷款余额中的占比。此外，自 2015 年起，银监会按季度向社会公开披露银行业金融机构整体的小微企业贷款余额，以及国有商业银行、股份制商业银行、城市商业银行、农村商业银行和外资银行五类银行的小微企业贷款余额。《中国银监会关于 2015 年小微企业金融服务工作的指导意见》（银监发〔2015〕8 号）要求各银监局加强对辖内小微企业贷款覆盖率、服务覆盖率和申贷获得率等指标的统计监测，及时在全辖通报。这对社会了解银行业金融机构服务小微企业情况提供了很好的数据基础，也有利于各类银行业金融机构彼此了解小微金融服务的发展状况以促进竞争。

但是，令人遗憾的是，2014 年，监管机构仍然没有出台对具体金融机构小微企业金融服务信息强制披露的要求。从 2014 年主要商业银行信息披露情况来看，目前信息披露在规范性和完整性上仍存在较大的问题，离全面反映小微企业贷款发展状况仍有相当的距离，各机构披露的数据之间可比性差。

我们始终认为，信息公开是最好的监督，也是促进金融机构之间竞争的手段，再次建议在信息披露上尽快出台规范，促进全社会对金融机构服务小微企业的情况进行监督，对鼓励小微企业金融服务的公共政策实施效果进行评估。

17.2 完善小微企业金融服务激励机制

17.2.1 提高小微企业金融服务监管激励政策的系统性和透明度

在小微企业金融服务实施监管激励方面，近三年来在小微企业金融服务差异化监管方面取得的进展令人欣喜，截至目前，差异化的监管激励主要体现在人民银行综合运用差别存款准备金率、再贷款、再贴现等多种货币政策工具，鼓励金融机构增加小微企业信贷供给；银监会放宽中小银行及分支机构准入以及完善小微金融服务考核指标体系等多个方面，明确规定，自 2015 年起，商业银行适用小微企业金融服务相关的正向激励政策，应以实现小微企业贷款增速不低于各项贷款平均增速、小微企业贷款户数不低于上年同期户数、小微企业申贷获得率不低于上年同期水平为前提。

但仍有遗憾的是，这些政策的系统性和透明度没有得到显著的改善，监管激励的经验也未能拓展至小额贷款公司、融资租赁公司等其他准金融机构。我们再次建议，在现有政策的基础上，提高政策的系统性和透明度。

---

① 在美国，根据《社区再投资法案》，主要金融机构必须统计并按年报告它们发放小企业和小农场贷款以及发放社区发展贷款的情况。监管部门将每个机构报告的数据汇总，纳入"社区再投资法案报告"，每个报告机构的资料以及汇总的每个大城市和每个县的资料，都向社会公开，从而形成了良好的外部监督机制。

在系统性方面，建议银监会和人民银行将目前有关政策进行整合，进一步完善并统一监管激励指标，为商业银行提供准确有效的激励导向。具体可以借鉴美国《社区再投资法案》的实施经验[1]，建立独立的小微企业金融服务评级制度，将该评级纳入商业银行监管评级体系和现行金融机构绩效评价体系，同时作为中小微企业信贷政策导向效果评估制度的重要组成部分。对于小微企业金融服务评级好的金融机构，在市场准入、再贷款、再贴现、支付结算以及征信管理等方面给予倾斜，引导和鼓励金融机构及其分支机构为机构所在地的小微企业提供金融服务，切实促进各地区小微企业金融服务满足率、覆盖率和服务满意率的提升。

在透明度方面，建议监管部门公开小微企业金融服务评级指标和评级方法，并且每年公开发布小微企业金融服务评级结果，以此促进小微企业金融服务良性竞争，同时推动建立小微企业金融服务的社会监督机制。

此外，我们建议在对其他准金融机构实施监管以及通过行业协会加强行业自律管理方面，也可以借鉴商业银行小微企业金融服务监管激励的经验，引导这些准金融机构加大对小微企业服务的资源配置。

17.2.2 落实小微企业金融服务差异化监管标准

截至目前，小微企业金融服务差异化监管标准已经包括了小微企业贷款风险权重差异化计算方式；对商业银行小微企业专项金融债债项对应的小型微型企业贷款实行差异化的存贷比考核；以及对小微企业不良贷款实行差异化考核。总体来看，基于小微企业金融服务特点所制定的差异化监管标准的政策已经比较完备。

继 2011 年出台的差异化监管标准[2]之后，2012 年《商业银行资本管理办法（试行）》（2012 年第 1 号令）明确规定了在商业银行资本充足率计算时，权重法下对同时符合一定条件的微型和小型企业债权风险权重要求降为 75%，内部评级法下允许采用其他零售贷款风险权重公式计算。

2013 年，小微企业贷款不良率差异化考核终于出台明确规定，《中国银监会关于进一步做好小微企业金融服务工作的指导意见》（银监发〔2013〕37 号）规定，对小微企业贷款不良率高出全辖各项贷款不良率 2 个百分点以内的银行业金融机构，该项指标不影响当年的监管评级。《中国银监会关于 2015 年小微企业金融服务工作的指导意见》（银监发〔2015〕8 号）进一步要求商业银行落实有关提高小微企业贷款不良容忍度的监管要求，小微企业贷款不良率高出全行各项贷款不良率年度目

---

① 在美国，基于储蓄机构有责任服务于社区的理念，为了鼓励储蓄机构满足它们社区的贷款和发展需求，特别是中低收入社区或个人、小企业和小农场的需求，20 世纪 70 年代出台实施《社区再投资法案》，力求为商业银行等储蓄机构提供激励机制以使其满足社区贷款需求。根据该法案建立了社区再投资评级体系，重点是储蓄机构向中低收入人群、中低收入地区、小企业和小农场发放贷款的记录，其中，通过向小生意人或小企业提供融资以促进经济发展是社区再投资评级中非常重要的一项内容。监管部门公开发布储蓄机构实施该法案情况的书面评级报告以促进外部监督；在审批储蓄机构扩大业务范围申请时要考虑其社区再投资评级情况。因此，有意成立金融控股公司或从事其他扩展型金融业务的储蓄银行必须确保它们自身以及分支机构在《社区再投资法案》评级中达到合格的标准。

② 《银监会关于支持商业银行进一步改进小企业金融服务的通知》（银监发〔2011〕59 号）提出，根据商业银行小企业贷款的风险、成本和核销等具体情况，对小企业不良贷款比率实行差异化考核，适当提高小企业不良贷款比率容忍度。《中国银监会关于支持商业银行进一步改进小型微型企业金融服务的补充通知》（银监发〔2011〕94 号）规定，商业银行在计算资本充足率时，对符合相关条件的小型微型企业贷款，在权重法下适用 75% 的优惠风险权重，在内部评级法下比照零售贷款适用优惠的资本监管要求。获准发行小型微型企业贷款专项金融债的商业银行，该债项所对应的单户授信总额 500 万元（含）以下的小型微型企业贷款在计算"小型微型企业调整后存贷比"时，可在分子项中予以扣除。

标 2 个百分点以内（含）的，不作为内部对小微企业业务主办部门考核评价的扣分因素。

17.2.3   对小微企业金融服务实行差异化的财税激励

鉴于小微企业金融服务的发展对扩大金融服务覆盖面、改善民生具有长期的重要作用，我们建议针对特定规模以下的小微企业金融服务，在不良贷款快速核销、贷款损失准备金税前扣除、营业税优惠、风险补偿等方面给予更大力度、更长期限的政策支持，提高财税激励的有效性和稳定性。

1. 对小微企业不良贷款快速核销以及贷款损失准备金税前扣除，实施差异化财税政策。2013年，小企业贷款自主核销政策得到落实①，但涉农贷款和中小企业贷款损失税前扣除难的问题仍未得到解决。长期以来，涉农贷款和中小企业贷款损失税前扣除存在认定条件偏严的问题，影响了金融企业对涉农贷款和中小企业贷款的积极性。2014 年，该问题也没有得到解决。但是，值得点赞的是，2015 年，国家税务总局终于出台政策对涉农贷款和中小企业贷款损失的税前扣除政策做了调整和完善。新规不仅放宽了损失税前扣除的认定条件，而且明确了新规适用于 2014 年度及以后年度的涉农贷款和中小企业贷款损失，而不是像过往一样只是一个短期的政策。至此，小微企业不良贷款快速核销以及贷款损失准备金税前扣除差异化财税政策已经基本到位。

为使政策进一步聚焦和保持政策的长期稳定，建议进一步将前述两项政策的对象从"中小企业"缩小为"小微企业"，引导金融机构放开手脚做好小微企业金融服务。

2. 参照农户小额贷款利息收入税收优惠的做法，对金融机构一定规模以下的小微企业，尤其是微型企业和个体工商户小额贷款的利息收入免征或减征营业税；在计算应纳税所得额时，按 90% 计入收入总额。

3. 适当扩大小微企业金融服务差异化财税激励政策的覆盖范围，对小额贷款公司、典当企业和融资租赁公司等机构开展的小微企业金融服务给予相应的财税政策激励，降低这些机构的运营成本，将更多的资源投入小微企业金融服务，惠及更多的小微企业。目前，对符合条件的中小企业信用担保机构计提的部分准备金予以在税前扣除，但对绝大多数的准金融机构而言，不仅享受不到政策优惠，还无法与金融机构享有公平的税收政策待遇。

17.3   大力发展中小金融机构②和多层次金融市场

17.3.1   推动形成由中小金融机构为主体的多元化小微金融服务体系

1. 继续放松金融业的准入管制，大力发展由民间资本发起设立自担风险的内生型中小金融机构。在民营银行试点和引导民间资本参与农村信用社产权改革的基础上，进一步落实民间资本进入金融业的鼓励政策，引导民间资本投资中小金融机构，实现中小金融机构的数量和规模的有效增长，进

---

① 《金融企业呆账核销管理办法（2013 年修订版）》对 2010 年的核销办法做了适度调整，使金融机构对小微企业贷款拥有更为宽松的自主核销权限。小企业贷款自主核销金额由 500 万元上调至 1000 万元，首次允许对 500 万元以下的个人经营贷款自主核销。金融企业对单户贷款余额在 1000 万元及以下的，经追索 1 年以上，仍无法收回的中小企业贷款和涉农贷款，可按照账销案存原则自主核销。

② 此处的中小金融机构泛指中小规模的金融机构和准金融机构，如小额贷款公司、典当企业、融资租赁公司等。

一步丰富小微企业金融服务主体，真正增加中小企业金融服务的有效供给。

2. 重视发展各具特色的中小准金融机构。应充分认识到小贷公司、典当行、融资租赁公司、担保品管理公司以及网贷平台等提供金融服务的非金融机构由于其业务的不同特点，在服务小微企业方面具有不同的优势，丰富了服务的种类，是小微金融服务不可或缺的主体。应重视这些各具特色的中小准金融机构，鼓励其发挥自己独有的优势，在小微金融服务中发挥更大的作用。

17.3.2　对中小金融机构实施差异化监管

1. 对于中小银行，在保证有效性的前提下尽可能简化监管，豁免非关键监管报告，降低中小银行的监管成本；继续实施差异化的资本充足率和存贷比监管政策，适度降低对中小银行的资本充足率和存贷比要求；继续实施差异化的存款准备金率政策，适度降低对中小银行的存款准备金率要求。

2. 对于小额贷款公司、典当行、融资租赁公司等开展金融业务的准金融机构，根据其不同于一般工商企业的业务特点，并综合考虑这些机构资源的有限性，制定适度的监管制度，实施相对灵活、宽松的非审慎监管，既做到规范发展，又不制约其发展活力。

3. 推动包括小贷公司在内的准金融机构参与市场化的评级，将服务客户数量、户均贷款余额、风险管理水平等指标纳入评级体系，更多地依靠市场优胜劣汰来推动准金融机构的良性发展。

4. 确定对中小金融机构适度的监管边界，在遵循法律的基本前提下充分发挥内生型金融机构自我管理的能动性，避免过度监管带来的高成本和对机构发展的压制。比如，对于内生于农村社区的农村资金互助社等小型金融机构，如果业务范围仅在一个村或镇，服务的客户数量有限，利用熟人社会充足的社会资本、互联合约、担保抵押等机制可以实现有效风险管理，监管的力度可以适当放松。

17.3.3　扩大中小金融机构资金来源

1. 放松中小金融机构进入金融市场融资的限制，为其提供合理的资本补充渠道和稳定的负债来源。

（1）继续优先支持符合条件的中小商业银行发行小微企业贷款专项金融债[①]。按中小商业银行上年末小微企业贷款余额的一定比例给予其发行金融债的额度，完善发债募集金额投放的监管。

《中国银监会关于2015年小微企业金融服务工作的指导意见》（银监发〔2015〕8号）强调，要进一步扩大小微企业专项金融债发行工作，对发债募集资金实施专户管理，确保全部用于发放小微企业贷款。

（2）积极鼓励包括中小银行在内的中小金融机构上市融资。适当放宽限制，重新打开中小金融机构IPO大门，为中小金融机构补充资本金提供稳定的渠道，吸引更多的社会资金投入中小金融机构，有效增加中小微企业融资的供给。

（3）重新启动中小微企业贷款资产证券化，盘活中小金融机构的存量贷款，节约表内资金用于

[①]　2013年，区域性商业银行（主要指城商行、农商行等重点经营范围在省域或部分省域内的非全国性商业银行）开始成为小微企业专项金融债的主角，占比72.07%（按发行规模），2014年继续提升至91.86%，成为小微企业专项金融债发行的绝对主力。

满足中小企业新的贷款需求。《中国银监会关于 2015 年小微企业金融服务工作的指导意见》（银监发〔2015〕8 号）明确提出，商业银行要优化信贷结构，用好增量，盘活存量。通过信贷资产证券化、信贷资产转让等方式腾挪信贷资源用于小微企业贷款。但是，资产证券化的多头监管、风险隔离不足以及投资者单一等问题仍亟待政策方面的突破。

2. 加强准金融机构和非正式金融组织与商业银行等正式金融机构的合作和联系，扩大其融资渠道，维持其可持续发展。放开小额贷款公司的融资杠杆。鼓励大型商业银行或政策性银行通过市场化招标的方式，为运营良好的村镇银行、小额贷款公司、农村资金互助社提供批发贷款。鼓励信托公司发挥信托工具的优势帮助准金融机构和非正式金融组织通过信托的方式募集资金。

3. 由财政出资设立小微企业贷款基金，为一定资产规模以下的中小金融机构提供融资，并将融资成本与中小金融机构发放小微企业贷款余额及其增长率挂钩，即贷款利率随中小金融机构小微企业贷款余额的增加而降低，激励中小金融机构增大对小微企业的信贷支持力度[①]。

17.3.4　大力推动多层次金融市场建设

1. 深化多层次股权交易市场的建设，改变资本市场长期"倒三角"的状态。加快推进注册制改革，降低上市准入门槛，简化中小企业上市流程，完善适合具有高成长性的创新型中小企业上市发展的制度安排；促进各板块差异化竞争，突出板块的服务定位，形成合理的市场分层和优势互补；加快推进股转系统新交易制度的实施，充分利用信息技术对日益增加的挂牌公司实施高效监管，发挥做市商制度的作用提高市场流动性；鼓励场外市场和股权众筹平台的积极探索和规范发展，开展以中小微企业和创业投资机构为目标客户对象的服务创新，降低创业企业的直接融资门槛，提高创业企业的股权流动性。

转板制度的建立能够活化多层次资本市场体系，打通了低层次市场企业发展后进入高层次市场融资的渠道。

2. 大力推动债券市场的建设，改变银行间债券市场和交易所债券市场相互割裂、多头监管的现状，加快建设一个和经济体量相匹配的债券市场，特别是提高非金融企业债券融资的规模，推动金融脱媒以释放更多的银行信贷资源投向中小微企业。提高债券市场投资者风险偏好的多元性，发展不同信用等级的信用类债券，丰富包括中小企业私募债、小微企业贷款专项金融债在内的债券品种。充分发挥债券市场在服务中小金融机构以及服务中小微企业方面的应有作用。

17.4　持续完善金融基础设施建设

17.4.1　推动形成规范有序公平竞争的征信市场

在已出台的《征信管理条例》和《征信机构管理办法》基础上，加强征信的法制建设，推动形

---

① 美国总统奥巴马于 2010 年 2 月 2 日号召国会通过一项规模为 300 亿美元的小企业贷款计划，鼓励社区银行向中小企业提供贷款以促进小企业的发展。计划规定，拥有少于 100 亿美元资产的中小银行能够从该小企业贷款基金中借入不超过其资产总额 5% 的资金用于发放中小企业贷款，且贷款利率会随中小银行对小企业贷款余额的增加而降低，以鼓励中小银行增加小企业贷款。如果中小银行对小企业贷款余额增幅超过 10%，就可以将从基金的贷款利息降至 1%。

成规范有序、公平竞争的征信市场。充分认识互联网及大数据对征信行业带来的影响，在积极鼓励民间征信机构发展的同时，制定更加符合现代征信业特点的法律和监管体系，保护数据主体利益和促进信用信息分享，避免因市场价格的过度竞争而危及信息安全标准的执行和造成不必要的数据碎片化、损失效率或危害征信体系可持续性的情况发生。

17.4.2 加快完善公共征信系统建设

持续完善人民银行公共征信系统建设，切实提高数据质量，增强数据的全面性、完整性、准确性和及时性。扩大征信系统的接入机构范围，加快小贷公司、融资租赁公司、融资性担保公司以及P2P的接入步伐；在金融信用信息方面，加快对委托贷款、证券、保险信用信息的覆盖；在公共信息采集方面，发挥公共征信机构的优势，积极拓展新的数据源，建立信息的可持续报送机制。此外，建议打通个人征信系统与企业征信系统，更全面地反映企业信用状况，这对中小微企业信用风险管理尤其重要。

17.4.3 建立全国性电子化的动产融资统一登记平台

随着我国动产融资业务发展迅速，建立一个全国性、电子化的动产融资统一登记平台越来越迫在眉睫。尽管目前人民银行搭建了一个动产融资统一登记平台，但主要局限于应收账款和融资租赁登记，远远没有覆盖大部分的动产。目前国内动产登记公示的主要缺陷是：一是不同类型的动产分开登记，应收账款在中国人民银行，动产在其他部委，如存货、设备在工商局，农业机械、渔船、农业车辆在农业部，交通车辆在公安部。二是存货和设备的抵（质）押登记没有以互联网为基础，这样登记公示的效应就受到极大限制，难以避免重复（抵）质押的问题。如国家工商局的存货设备抵押登记在县区级工商局办理，纸质档案，或局限于本机构网页，难以做到低成本、快速查询。三是尽管实质审查的要求早已取消，但基层工商局往往趋向于实质审查，导致登记难和收费高。

因此，建议在人民银行目前登记平台的基础之上，协调整合各部委的动产登记管理职能，建立全国性的动产融资统一登记平台，改变权利登记分散状态，节省当事人的登记成本，更便捷地提供动产之上的各类融资信息，拓展银行的抵质押品范围，切实推动动产融资的发展及其在中小微企业金融服务中的应用。

17.4.4 加快完善符合技术发展趋势的金融基础设施和规制建设

洞察新时期金融发展对金融技术与基础设施提出的新需求，并作出前瞻性的战略部属。建立富有弹性、高效支付清算系统，为包括移动支付在内的等各种支付形式/工具的高效安全运行提供基础性技术保障。加快移动金融基础设施建设速度，促进金融机构利用移动金融开展小微企业及农村地区的小微金融服务，提高金融普惠服务水平。根据网络银行、直销银行等基于新技术开展金融服务的金融机构的特点，制定包括远程开户在内的金融服务管理办法，在有效控制风险的前提下，为金融服务创新提供良好的规制基础，更好地服务量大面广的中小微企业客户群和新生代的个人金融消费主体。

17.5 加快推进民间金融健康发展

正规金融供给远未能满足小微企业融资需求的问题是长期存在的现实，并且也将是我们必须长期面对的事实。在不断推进正规金融服务小微企业的同时，只有同步推进民间金融的健康发展，充分发挥其在小微企业资金融通中的作用，才有可能最大限度地缓解小微企业融资难的问题。

17.5.1 完善民间金融发展环境

转换民间金融的监管思路，由"管住机构"转向"守住底线"，坚持在法制体系框架下解决民间金融活动出现的问题。加快出台《放贷人条例》，明确民间金融活动主体的法律地位和权利义务关系；加强法制建设和执法力度，提高民间金融活动主体的法律意识和契约精神。支持自下而上、内生于经济体的民间金融发展与创新，吸取过往在发展村镇银行、小额贷款公司方面所积累的经验教训，尊重民间投资主体合理的投资意愿，尊重民间金融已经形成的行之有效的做法，允许经营规范、发展良好的民间金融组织进行注册登记，转变为合法的金融中介机构，稳步推进民间金融的合法化进程。建立健全民间融资监测体系，推进民间金融持续、稳定发展。

17.5.2 与时俱进推进民间金融新发展

高度重视技术发展和代际更替对民间金融形式创新带来的深远影响，以不触碰法律底线为前提，尊重金融本质和运行规律，鼓励包括P2P网贷、众筹在内的民间金融有益创新，支持利用新技术和新手段发展新型的民间金融形态，缓解小微企业融资难题。与此同时，通过严格执法对民间金融活动中的违法行为，特别是对披着互联网金融"创新"外衣的违法金融行为进行整顿治理，创造公平公正透明的竞争秩序，促进市场优胜劣汰机制的形成。

17.6 切实改善中小微企业生存与发展环境

实体经济是金融服务发展的基础，中小微企业金融服务要保持良性发展，宏观经济和中小微企业的持续健康发展是前提。改革开放带来了民营经济的快速发展，催生出一个庞大的中小微企业群体，为经济社会的发展作出了重要的贡献。然而，实事求是地说，我国民营中小微企业的生存与发展环境并没有因为其重要作用而得到明显的改善。长期以来，中小微企业普遍面临税负沉重、法律不健全、执法不透明、行政低效等问题。

近年来，国务院及各部委陆续出台了一系列文件减低税费负担，2014年拓宽了享受减半征收所得税的小微企业受益范围，减免的税种及政府基金更加多样，还特别强调加强小微企业税收优惠政策的执行力度，体现了国家加大对小微企业的扶持力度的决心。然而，对于5600万户小微企业（含个体工商户）而言，能真正获益的仍然有限。对于实际经营中面临的"潜在"的费用负担，目前的减免政策可谓象征意义大过实际意义。特别是在经济转型过程中，大量传统行业的中小微企业面临市场需求萎缩，经营成本不断攀升的窘境，严重挤压有限的利润空间，经营的不确定性进一步加大。客观地说，这也是造成金融机构对中小微企业融资态度再一次趋于谨慎的重要原因。

实体经济是金融活力的源泉。只有中小微企业发展好了，中小微企业金融服务才能有坚实的基础，金融机构才能通过服务中小微企业实现自身的可持续发展。因此，在建议改善中小微企业金融服务的同时，我们更需要呼吁将改善中小微企业创业创新和生存发展环境作为政府的常态工作来抓，而不是出了问题再做自上而下的动员。要从法制环境、行政规范、财税政策、行业准入、金融支持等多方面多管齐下进行综合治理，对中小微企业给予更加公正的待遇，为中小微企业创造新的市场空间和发展机遇。尤其是在经济转型的新形势下，特别建议通过更大力度的结构性减税等政策减轻中小微企业的经营压力，为其生存和调整适应新的经济形势留出空间；用好用足"大众创业、万众创新"之政策东风，大力推进传统行业的互联网转型以及服务业等新兴产业的健康发展，吸纳中小微企业进入新兴产业，平稳渡过"转型坎"，继续保持活力，在中国经济的新常态中发挥出更大的作用。

附录

商业银行小微金融经理人调查报告（2015）

为了更好地反映商业银行小微金融服务的实际情况，2015 年，中央财经大学民泰金融研究所开展了第三届商业银行小微金融服务经理人年度问卷调查活动。受访的小微金融经理人分别来自环渤海、长三角、珠三角、东北地区、中部地区和西部地区六大区域。受访者所在银行除了国有五大商业银行、股份制商业银行、城市商业银行、农村商业银行以外，还新增了民营银行的小微金融经理人。对商业银行小微金融服务的市场状况、政策影响、行业竞争、产品创新、发展趋势、经理人的工作状况、互联网金融、社区金融、民营银行等方面的问题进行调查。

一、 调查活动概况

（一） 总体情况

本次商业银行小微金融经理人调查问卷依托手机微信平台发放，总共发放问卷 200 份，调查时间为 2015 年 3 月 30 日至 4 月 20 日，共持续了 21 天，经过筛选剔除总共获得有效问卷 164 份。本次调查主要分为三大部分：商业银行小微金融经理人的基本概况、2014 年小微金融服务回顾和 2015 年小微金融服务发展展望。

（二） 受访者分布

本次受访的商业银行小微金融经理人分别来自环渤海地区（24%）、长三角地区（15.9%）、珠三角地区（20.1%）、东北地区（6.1%）、中部地区（15.2%）和西部地区（17.7%）[1]，从省份看，除西藏、甘肃、海南省外全部覆盖，调查范围广泛。

从受访者所在银行的类型分布来看，国有五大商业银行、股份制银行、城市商业银行、农村商业银行和其他银行[2]的比例分别为 34.1%、30.5%、18.9%、10.4% 和 6.1%。

---

[1] 环渤海地区包括北京、天津、河北、山东；长三角地区包括浙江、江苏和上海；珠三角地区为广东和福建；东北地区包括黑龙江、吉林和辽宁；中部地区为江西、河南、湖北、山西、湖南和安徽；西部地区包括云南、新疆、内蒙古、陕西、四川、贵州、宁夏、青海、重庆和广西。

[2] 其他银行包括民营银行、邮政储蓄银行和国家开发银行。另外，与去年不同的是，今年调查将农村商业银行单列一类分析。

图1 受访者过去一年工作的地域分布

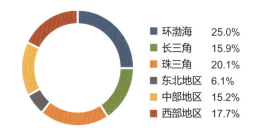

- 环渤海 25.0%
- 长三角 15.9%
- 珠三角 20.1%
- 东北地区 6.1%
- 中部地区 15.2%
- 西部地区 17.7%

图2 受访者所在银行类型

- 国有五大商业银行 34.1%
- 股份制商业银行 30.5%
- 城市商业银行 18.9%
- 农村商业银行 10.4%
- 其他 6.1%

受访者中有7成直接做小微金融业务，其他的虽不直接做但工作都与小微金融有关。机构类型方面，分行和支行各占比40%，总行工作占比18.4%。工作岗位方面，近4成的受访者是小微企业客户经理，2成是小微企业部门负责人。年龄分布上，超7成的受访者为35岁以下，即超过7成的受访者为80后，一半以上的受访者拥有超过3年的小微金融服务的工作经验，其中，有近3成的受访者从事小微企业金融服务工作5年以上，具有较为丰富的小微金融工作经验，为调查问卷的质量提供了保证。

图3 受访者从业所在银行分支机构类型的分布

■总行 ■分行 ■支行 ■其他

- 18.4%
- 39.9%
- 40.5%
- 1.2%

银行类型	总行	分行	支行	其他
国有五大商业银行	10.7%	46.6%	42.9%	
股份制商业银行	12.0%	46.0%	40.0%	2.0%
城市商业银行	25.8%	35.5%	38.7%	
农村商业银行	47.1%	11.8%	35.3%	5.9%
其他	22.2%	33.3%	44.4%	

图4 受访者的岗位分布

- 行长/副行长 11.0%
- 小微企业部门负责人 18.4%
- 小微企业客户经理 35.6%
- 风险管理岗 5.5%
- 产品研发岗 7.4%
- 综合管理岗 8.6%
- 其他 13.5%

图5 受访者从业时间分布

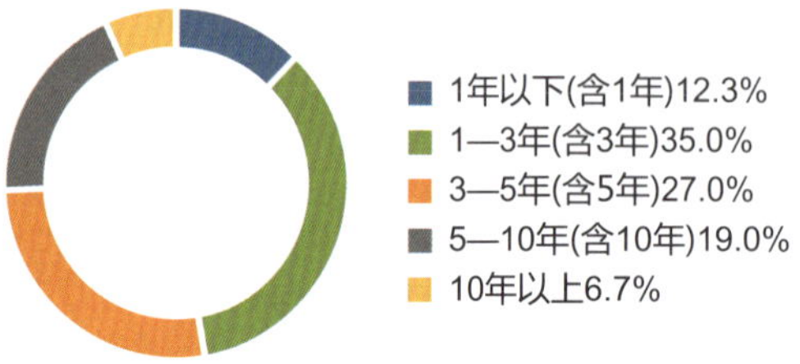

- 1年以下(含1年) 12.3%
- 1—3年(含3年) 35.0%
- 3—5年(含5年) 27.0%
- 5—10年(含10年) 19.0%
- 10年以上 6.7%

图6 受访者年龄分布

- 1年以下(含1年) 12.3%
- 1—3年(含3年) 35.0%
- 3—5年(含5年) 27.0%
- 5—10年(含10年) 19.0%
- 10年以上 6.7%

（三）调查主要发现

对于 2014 年商业银行小微企业金融服务的表现，"风险增加"是被小微金融经理人提及最多的词语，其次为"稳中求进"。在经济增速下行的背景下，商业银行如何平衡好效率和风险的关系、如何在风险不断增加的小微金融市场中稳步发展是商业银行面临的首要挑战。随着金融"脱媒"、利率市场化的不断推进，商业银行对小微企业金融服务的重视程度不断提高，竞争日益激烈，但小微金融服务领域仍然存在缺乏创新的问题，同质化竞争加剧。部分受访者还给出了"乏善可陈""差强人意"的评价。与此同时，小微金融经理人普遍认为，互联网金融的发展、民营银行的进入有望为小微企业金融服务市场注入新的活力。

■ **小微企业贷款风险显著上升，银行"惜贷"再现**

2014 年，受经济下行压力影响，小微企业的经营情况不容乐观。有近 6 成的受访者表示其所在区域小微企业经营状况在 2014 年变差，这一比例比去年的调查结果提高了 25 个百分点，尤其是表示"明显变差"的受访者比例提高了近 21 个百分点。整体悲观程度显著增加。其中，小微企业较集中的长三角和珠三角地区的受访者相较其他地区更加悲观。

小微企业经营状况的恶化带来了贷款风险的增加。今年的受访者中，超过 9 成的人表示 2014 年较 2013 年贷款风险增加，其中超过 5 成的受访者表示贷款风险显著增加，超过 7 成的受访者反映所在行小微企业贷款不良率增加。

对于造成小微企业不良贷款上升的原因，根据受访者的选择，排在第一至第五位的原因依次是"主营业务受到经济下行的影响造成资金周转困难""经济形势好时盲目扩张多元化经营导致在经济下行时资金链紧张造成违约""受关联企业风险传递或上下游客户影响""涉足民间借贷造成风险暴露"和"主营业务不符合经济结构转型的方向，缺乏核心竞争力，逐渐被市场淘汰"。值得注意的是，有近 4 成的股份制商业银行的受访者选择了"前期银行做小微过于激进，客户经理追求业绩与客户勾结骗贷的风险暴露"，这一比例显著高于其他类型的银行。

受风险增加的影响，2014 年商业银行审批小微企业贷款的谨慎程度显著提高，银行"惜贷"的情况再次出现，有接近一半的受访者表示所在银行小微企业贷款审批通过率降低。这在 2014 年小微企业"融资难、融资贵"卷土重来原因的调查中也得到了进一步证实，受访者普遍认为主要原因是金融机构出于风险考虑而对小微企业贷款变得更加谨慎。

超过 4 成的受访者反映 2014 年小微企业贷款利率水平比 2013 年增加，远高于"有所降低"的 27%，而且还有 28.2% 的受访者反馈"没有变化"。这反映出，小微企业贷款利率水平并未随宽松的货币政策全面走低，甚至存在有所升高的现象。主要原因可能是，经济增速下行周期中，商业银行判断小微企业信用风险增加，在发放小微企业贷款时更为审慎，并要求提高小微企业贷款的风险溢价，从而在一定程度上抵消了贷款基准利率的下降。

■ **小微金融服务竞争依然激烈，但业务扩张受风险拖累放缓**

2014 年，小微金融服务市场竞争依然激烈，而且竞争程度较 2013 年有所提高，在小微企业金融服务市场竞争变得日益激烈的同时，同质化竞争突出的现象没有明显改变。调查发现，超过一半的受访者将股份制商业银行视为最大的竞争对手，这一结果与 2013 年一致。需要注意的是，2013 年多数城市商业银行的受访者把城市商业银行视做最大的竞争对手，而今年的调查显示占比最高的变成了股份制商业银行，这在一定程度上反映出了股份制商业银行在地方的竞争力在增强。

在小微企业贷款风险上升的背景下，商业银行对风险控制的重视超过了对业务扩张的重视。调查显示，大多数受访者反映 2014 年所在商业银行对小微企业业务的重视程度、安排的贷款额度较 2013 年均有所提升，但提升的程度均有所放缓。在小微企业金融服务创新、小微企业审批效率、小微企业客户细分管理、增加客户黏度的措施等方面也没有出现较 2013 年显著的提升。

关于银行开展小微企业业务的主要动力来源，与过去两年调查结果相近，"小微企业有定价优势，能够带来更高的收益"高居榜首。此外，"小微企业业务可以产生更多的交叉销售机会"也是商业银行发展小微金融服务的主要动力来源。但值得注意的是，认同"响应国家号召和监管层的要求，其实没有多大动力"的受访者比例在增加，这可能与小微企业贷款风险上升有直接的关系。

■小微企业贷款户数增长开始受重视，小微金融零售化因行而异

观察商业银行小微企业贷款规模增速和贷款户数增速的差异，有助于了解商业银行小微金融服务的策略变化。相对"垒中"小微里面的"大户"而言，致力于贷款户数的实质性增长需要商业银行付出更多的努力，因此也将获得更持久的竞争力。调查结果显示，受访者反映所在银行"小微企业贷款规模增速超过户数增速，户均贷款上升"的比例达到 37.5%，反映"贷款规模增速低于户数增速，户均贷款下降"的比例为 31.9%，而认为两者持平的比例为 23.9%。这在一定程度上反映出，虽然"垒大户"的情况仍然存在，但已经有银行开始重视小微企业贷款户数的增长，而不仅仅强调规模的增长。

在小微企业金融服务业务线归属上，表示归属公司业务线和零售业务线的受访者比例分别达到 35.6% 和 36.2%，而表示公司线和零售线均有，一定规模以下的小微企业已划到零售业务线管理的比例为 23.9%。来自不同类型银行的受访者反映所在银行小微企业业务的归属有所不同，来自股份制商业银行和农村商业银行的受访者中，均有半数左右反映归属于零售业务线，高于其他类型的银行。而超过 6 成来自国有五大商业银行的受访者表示属于公司业务线，这一比例远远超过其他类型的银行。

■专营机构和尽职免责政策效果没有改善，小微金融经理人期待政策与技术变革

在设立专营机构发展小微金融方面，虽然这个政策是监管层一直以来积极推动的政策，但是认为专营机构有影响的受访者比例在减少，认为没有影响的受访者比例在增加。城市商业银行中有近 5 成的受访者表示小微企业金融服务专营机构的设立对工作"基本没什么影响"。而在小微企业金融服务中推行尽职免责制度方面，调查中有不到 4 成的受访者表示小微企业信贷尽职免责制度已经得到很好的落实，有近 3 成表示刚开始实施。与去年调查结果没有显著差异。说明商业银行小微企业金融服务的尽职免责制度 2014 年总体上没有明显进展。

在提高小微企业贷款容忍度方面，有近 4 成的受访者表示所在银行不良贷款的容忍度增加，相较去年的调查结果下降。认为容忍度降低的受访者比例比去年的调查的结果增加 12 个百分点。今年的调查表现出 2014 年小微经理人对小微企业不良贷款更加谨慎。

在促进小微企业金融服务发展方面，小微金融经理人最期待的政策或技术变革被提及最多的分别是征信体系建设、信息共享、大数据技术和定向支持政策。超过 9 成的受访者认为民营机构的设立有助于改善我国的征信环境，其中，认为能带来显著改善的受访者比例超过 4 成，但受访者普遍认为改善见效需要较为长期的过程。

值得注意的是，三年的调查结果显示出了明显的变化。2015年和2014年的调查中，被提及最多的均是征信体系建设，而2013年调查中提到较多的差异化监管政策在后面两年的调查中基本再未被提及，体现出在小微企业金融服务方面的差异化监管政策已经基本落实到位。

2015年，大数据技术再次受到小微金融经理人的关注，而且相较2014年的调查，今年被提及的频次更高，反映出大数据技术在小微金融服务领域的应用渐行渐近。此外，针对小微金融服务的定向支持政策和提高不良容忍度也是小微金融经理人提到较多的政策期待。此外，受访者们也非常期待自身银行内部的革新，如提高审批的效率、改进风险管理技术、尽职免责制度、改进贷款模式、合理定价等。

■小微金融经理人承受的工作强度偏大，报酬满意度不高

由于传统意义上的小微企业金融服务具有劳动力密集的特点，小微金融服务经理人承受的工作压力普遍较大。今年的调查显示，受访的小微金融经理人2014年总体工作强度仍然是中等偏上，并且较2013年有所增大。9成的商业银行小微金融经理人反映2014年每天工作时间在8小时以上，10小时以上工作时间的占比超3成。工作10—15小时以上的比例比去年的调查结果增加近10个百分点。其中股份制银行的小微金融经理人平均工作时间最长。

对小微金融经理人的收入水平调查中发现，65%受访者表示收入水平比做大中型企业客户的同事低，整体上与去年的调查结果类似。在小微金融业务报酬方面，相对于较大的工作强度，小微金融经理人对报酬的满意程度不高，而且满意程度较2013年有所降低。仅有不到3成的小微金融经理人表示报酬合理。其中，国有五大商业银行的受访者满意度最低。

■互联网金融促小微企业服务创新的作用显现，大数据引发普遍关注

2014年，小微金融经理人普遍感觉到互联网金融给商业银行带来的影响，关于互联网金融给商业银行小微企业金融服务的影响，调查结果显示，排在第一位的是"商业银行开始重视数据在小微企业金融服务中的作用"；排在第二位的是"商业银行更加注重小微企业的客户体验（包括服务效率和便捷性等）"；排在第三位的是"互联网理财产品对小微企业及小微企业主储蓄存款产生分流"。故互联网金融对于商业银行的影响可以归结为三个关键词：大数据、客户体验、存款分流。多数小微金融经理人认为基于大数据的信用风险管理创新会是2015年商业银行小微企业金融服务创新的集中方向，持这一观点的受访者超过6成。

为了更好地适应互联网金融发展，2014年各商业银行在互联网金融方面都在进行自己的战略布局。与去年的调查结果比较，表示所在银行已经启动互联网金融业务的受访者比例在增加。关于商业银行互联网金融方面的具体动作，根据受访者选择的频次，排在前三位的分别是"推出基于互联网的快速贷款产品""推出直销银行"和"自建P2P平台"，另有近3成的受访者选择"与电商金融开展合作"。

■民营银行有望成小微金融领域的"鲶鱼"，微众网商受瞩目

2014年，首批五家民营银行试点。超过9成的小微金融经理人都认为民营银行将对现有商业银行带来冲击，这表明民营银行入市对促进银行业的竞争将有积极的影响。从受访者的选择频次分布来看，将受到民营银行冲击程度较大的银行类型依次是城市商业银行、股份制商业银行、农村商业银行，最后才是国有五大商业银行。不同银行的受访者对于这一问题的看法具有一个共同的特点，那就是均认为自身所在的银行会受到较强烈的冲击，尤其是城市商业银行和农村商业银行的受访者选择自身所在银行类型的比例均显著高过其他类型的银行。

关于民营银行将对现有哪些银行业务类型造成冲击的调查显示，小微信贷高居受冲击榜首，接近 9 成的受访者选择了小微信贷，这表明，小微金融服务领域将因为民营银行的进入而出现更加激烈的竞争。

大多数小微金融经理人肯定民营银行发展小微金融的优势。从受访者选择的频次分布来看，民营银行在小微金融服务方面的优势首先是有互联网股东背景的民营银行具有电商小微企业风险管理的数据优势，选择该项优势的受访者比例超过 7 成；其次是机制灵活有利于提高小微企业服务效率；再次是实业背景的股东会带来相对优质的小微企业客户群，以及可以依托股东在当地的网络和影响力提高小微企业风险管理的有效性。调查显示，最被看好的是前海微众银行和浙江网商银行这两家有互联网股东背景的民营银行。

■2015 年小微企业金融服务挑战巨大，创新亮点值得期待

展望 2015 年小微企业金融服务市场发展，多数小微金融经理人对 2015 年小微企业贷款风险预期普遍偏负面，超过 8 成的受访者预期小微企业贷款风险将增加，其中预期显著增加的比例超过 3 成。相对去年的调查普遍更加悲观。尽管多数受访者认为小微企业贷款需求会持续增加，但长三角地区的受访者预期贷款需求会降低的比例相对较高需引起关注。虽然经济增速下行带来小微企业贷款风险增加不可避免，但如果引发小微企业贷款需求收缩将是更加严重的后果。

尽管调查显示，2015 年商业银行对小微企业业务重视程度、贷款额度也会相应增加，但由于小微金融服务风险增加，小微经理人普遍表示 2015 年如何平衡好风险管理和业务发展之间的关系仍将是最大的挑战。与此同时，民营银行带来的"鲶鱼效应"有望在 2015 年引发更多的小微金融服务创新亮点；传统商业银行将不得不在 2015 年继续探索新的服务模式，创新金融服务产品，提高小微企业金融服务的核心竞争力以应对日益激烈的竞争。而如何处理好老传统与新技术、竞争与合作的关系将是对商业银行的重大考验。

二、 2014 年小微企业金融服务市场发展回顾

（一）小微企业经营状况

有近 6 成的受访者表示其所在区域小微企业经营状况在 2014 年变差（包括"有所变差"和"明显变差"，下同），这一比例比去年的调查结果提高了 25 个百分点，尤其是表示"明显变差"的受访者比例提高了近 21 个百分点，整体悲观程度较去年显著增加。

图7　受访者对小微企业经营状况的评价

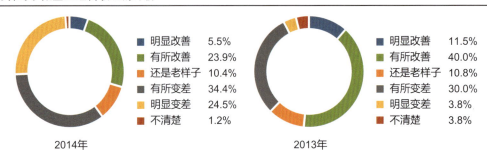

2014年

■ 明显改善	5.5%
■ 有所改善	23.9%
■ 还是老样子	10.4%
■ 有所变差	34.4%
■ 明显变差	24.5%
■ 不清楚	1.2%

2013年

■ 明显改善	11.5%
■ 有所改善	40.0%
■ 还是老样子	10.8%
■ 有所变差	30.0%
■ 明显变差	3.8%
■ 不清楚	3.8%

来自不同区域的受访者对小微企业经营状况的看法存在差异。小微企业聚集的长三角和珠三角地区的受访者更加悲观，其中，长三角地区有超过 8 成的受访者认为状况变差，珠三角地区该比例也超过 6 成，不论是相比于今年的总体还是去年的调查结果，都有显著上升。还需要引起注意的是，西部地区的受访者中，反映"明显变差"的比例也超过 3 成，仅次于长三角。

图 8　不同区域受访者对工作区域的小微企业经营状况的评价

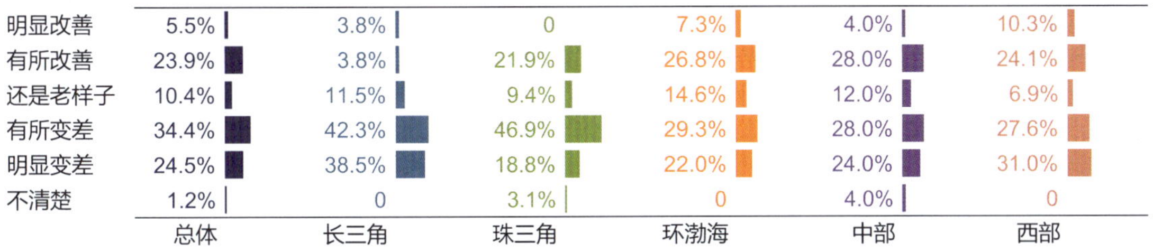

	总体	长三角	珠三角	环渤海	中部	西部
明显改善	5.5%	3.8%	0	7.3%	4.0%	10.3%
有所改善	23.9%	3.8%	21.9%	26.8%	28.0%	24.1%
还是老样子	10.4%	11.5%	9.4%	14.6%	12.0%	6.9%
有所变差	34.4%	42.3%	46.9%	29.3%	28.0%	27.6%
明显变差	24.5%	38.5%	18.8%	22.0%	24.0%	31.0%
不清楚	1.2%	0	3.1%	0	4.0%	0

（二）小微企业金融服务市场发展状况

■ 小微企业贷款需求

近 7 成的受访者反映 2014 年小微企业贷款需求较 2013 年增加（包括"有所增加"和"显著增加"，下同），这一比例比去年调查时降低了 12 个百分点。同时，反映贷款需求降低（包括"有所降低"和"显著降低"，下同）的受访者比例接近 3 成，较去年调查结果提高了约 18 个百分点。这样的变化反映了 2014 年整体上小微企业贷款需求增加的程度在放缓，局部地区出现需求下降的情况在扩大。值得注意的是，长三角地区和西部地区的受访者中反映小微企业贷款需求下降的比例显著高于其他地区。

图 9　受访者对小微企业贷款需求的评价分布

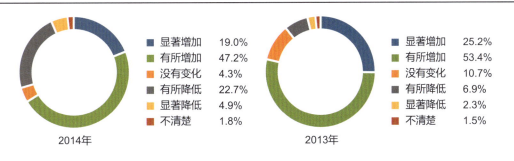

2014年
- 显著增加　19.0%
- 有所增加　47.2%
- 没有变化　4.3%
- 有所降低　22.7%
- 显著降低　4.9%
- 不清楚　1.8%

2013年
- 显著增加　25.2%
- 有所增加　53.4%
- 没有变化　10.7%
- 有所降低　6.9%
- 显著降低　2.3%
- 不清楚　1.5%

图 10　不同区域的受访者对小微企业贷款需求的评价

	总体	长三角	珠三角	环渤海	中部	西部
显著增加	19.0%	7.7%	28.1%	19.5%	16.0%	20.7%
有所增加	47.2%	50.0%	40.6%	41.5%	56.0%	41.4%
没有变化	4.3%	3.8%	3.1%	9.8%	0	3.4%
有所降低	22.7%	26.9%	28.1%	19.5%	20.0%	27.6%
显著降低	4.9%	11.5%	0	4.9%	4.0%	6.9%
不清楚	1.8%	0	0	4.9%	4.0%	0

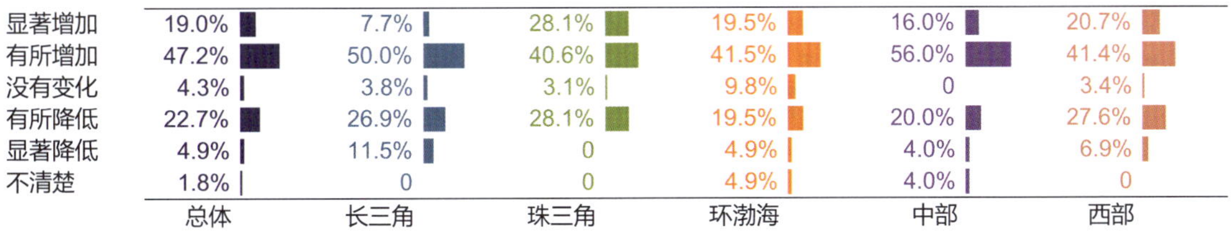

■ 小微企业贷款风险状况

超过 9 成的受访者表示 2014 年较 2013 年贷款风险增加，这一比例较去年上升了 8.5 个百分点。其中，认为贷款风险"显著增加"的受访者超过 5 成，这一比例较去年显著升高，高出 30 余个百分点。可以看出，2014 年小微企业贷款整体风险较 2013 年增加。

图 11　受访者对小微企业贷款风险的评价分布

	2014年		2013年
显著增加	50.9%	显著增加	16.8%
有所增加	42.3%	有所增加	67.9%
没有变化	0.6%	没有变化	9.2%
有所降低	5.5%	有所降低	3.8%
显著降低	0	显著降低	0.8%
不清楚	0.6%	不清楚	1.5%

从区域分布来看，珠三角和长三角地区受访者反映小微企业贷款风险增加的比例依然比其他地区高，尤其是珠三角地区认为贷款风险增加的受访者比例达到 100%，这一比例为各地区最高，而去年调查中，该项比例最高的地区为长三角地区（76.9%）。

图 12　来自不同区域的受访者对小微企业贷款风险的评价

	总体	长三角	珠三角	环渤海	中部	西部
显著增加	50.9%	42.3%	56.3%	58.5%	60.0%	41.4%
有所增加	42.3%	53.8%	43.8%	31.7%	32.0%	48.3%
没有变化	0.6%	0	0	2.4%	0	0
有所降低	5.5%	3.8%	0.0%	7.3%	8.0%	6.9%
不清楚	0.6%	0	0	0	0	3.4%

■小微企业贷款利率水平

超过 4 成的受访者反映 2014 年小微企业贷款利率水平比 2013 年增加，远高于"有所降低"的 27%，而且还有 28.2% 的受访者反馈"没有变化"。这反映出，小微企业贷款利率水平并未随宽松的货币政策全面走低，甚至存在有所升高的现象。

不同地区受访者对小微企业贷款利率水平看法有所差异，中部地区的受访者反映利率水平增加的比例最高，西部地区和长三角地区的受访者反映利率水平增加的比例低于总体水平，均在 3 成左右。巧合的是，前述长三角地区和西部地区的受访者中反映小微企业贷款需求下降的比例也显著高于其他地区。

图 13　来自不同区域的受访者对小微企业贷款利率水平的评价

	总体	长三角	珠三角	环渤海	中部	西部
显著增加	8.0%	11.5%	15.6%	7.3%	8.0%	0
有所增加	33.1%	19.2%	31.3%	39.0%	48.0%	31.0%
没有变化	28.2%	23.1%	15.6%	31.7%	28.0%	37.9%
有所降低	27.0%	38.5%	31.3%	19.5%	16.0%	27.6%
不清楚	1.5%	7.7%	6.3%	2.4%	0	3.4%

■小微企业金融服务市场竞争程度

我们请受访者用打分的形式描述 2014 年小微企业金融服务市场竞争程度，从 0 分到 10 分，分值越高竞争越激烈。超过 9 成的受访者选择了 5 及 5 以上的值，平均值为 7.71，中位数为 8，而 2013 年的平均值和中位数分别为 6.66 和 7，竞争程度有所提高。

图14 来自不同区域的受访者对于小微企业金融服务市场竞争程度评价

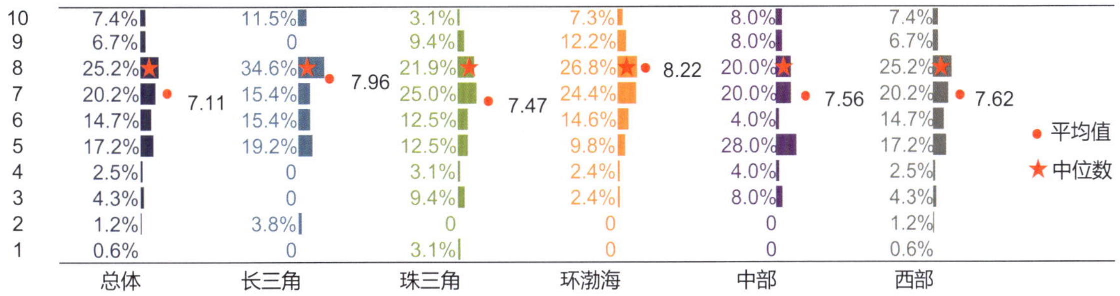

不同地区的受访者的打分略有差异，受访者所在区域按金融服务的竞争程度平均值从大到小排列，依次是环渤海（8.22）、长三角（7.96）、西部地区（7.62）、中部地区（7.56）、珠三角（7.47）。

图15 来自不同类型银行的受访者对于小微企业金融服务市场竞争程度评价

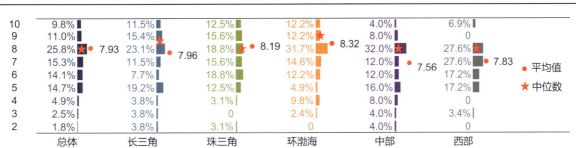

不同银行类型的受访者打分集中在5—8之间，竞争程度平均值最高的是城市商业银行（8.61），国有五大商业银行最低（7.34），股份制商业银行居中（7.70），每一类银行都比2013年的平均值要高。与2013年不一样的是，城市商业银行的受访者对同竞争程度的打分高过了股份制商业银行。

关于同质化竞争程度，同样以打分形式描述。平均值为7.93，中位数为8。有超过9成的受访者选择了5以上（包含5）的值，可见与2012年、2013年类似，2014年商业银行小微金融服务的同质化竞争仍然比较严重。

不同地区的受访者打分分布存在差异，特别是在环渤海（8.32）、珠三角地区（8.19）选择高分值的受访者较多，而中部地区（7.56）受访者选择低分值的比例最高。但是每个地区的打分都比去年的分值要高，可见，2014年小微企业金融服务同质化竞争程度比2013年更加严重。

图16 来自不同区域的受访者对于小微企业金融服务市场同质化竞争程度评价

不同类型银行的受访者也表现出了不同的评价，城市商业银行的打分最高（8.68），其次是股份制商业银行（8.04），国有五大商业银行的打分最低（7.71）。与2013年不一样的是，城市商业银行的受访者对同质化竞争程度的打分高过了股份制商业银行。

图17　来自不同类型银行的受访者对于小微企业金融服务市场同质化竞争程度评价

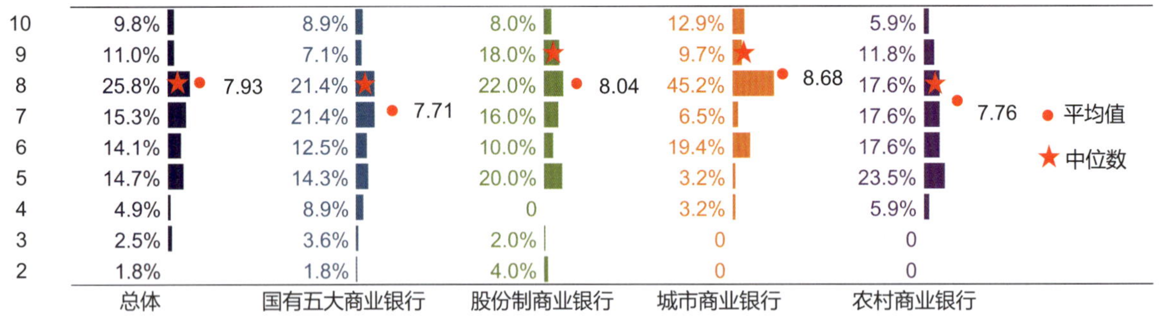

小微企业金融服务产品创新活跃度

我们请受访者用打分的形式描述2014年小微企业金融服务创新的活跃程度，从0分到10分，分值越高创新程度越高。调查结果显示，平均值为6.34，中位数为7，有超过7成的受访者选择了5及5以上的值。

图18　来自不同区域的受访者对于小微企业金融服务创新的活跃程度评价

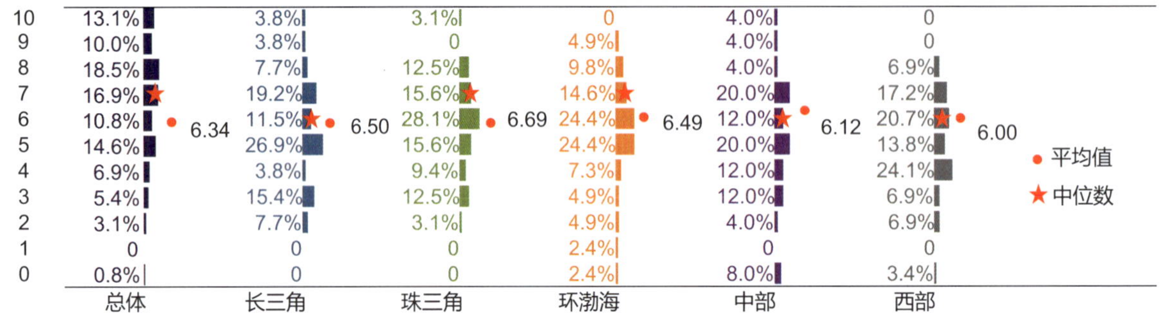

不同区域的受访者对商业银行小微企业金融服务创新的活跃程度评价差异不大，不同类型银行对此问题的评价有较大差异。平均值最高的是城市商业银行（7.06），显著高于其他类银行，平均值最低为国有五大商业银行（6.04）。

图19　来自不同类型银行的受访者对于小微企业金融服务创新的活跃程度评价

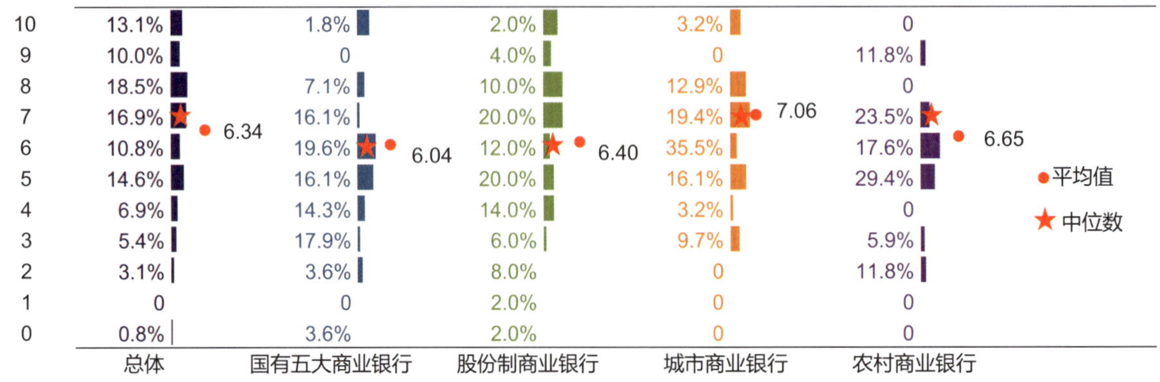

（三）对小微企业金融服务发展相关因素的评价

■小微企业"融资难、融资贵"卷土重来的原因与政策效果

2014 年小微企业"融资难、融资贵"卷土重来，有 44.4% 的受访者认为主要原因是金融机构出于风险考虑而对小微企业贷款变得更加谨慎，其次是因为传统金融体系存在的金融抑制没有得到有效改善，持这一观点的受访者略超 2 成。认为普遍存在的"刚性兑付"抬高了社会无风险收益率和认为政府政策支持力度不足的受访者比例相近。

图20　受访者对 2014 年小微企业"融资难、融资贵"卷土重来原因的看法

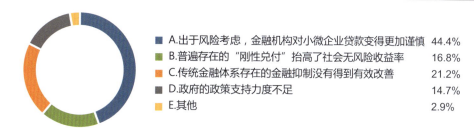

■ A.出于风险考虑，金融机构对小微企业贷款变得更加谨慎		44.4%
■ B.普遍存在的"刚性兑付"抬高了社会无风险收益率		16.8%
■ C.传统金融体系存在的金融抑制没有得到有效改善		21.2%
■ D.政府的政策支持力度不足		14.7%
■ E.其他		2.9%

对于 2014 年新出台的与小微金融有关的政策法规，受访者认为对于缓解"小微企业融资难、融资贵"产生实际效果的三条政策分别是 11 月下旬下调金融机构人民币贷款和存款基准利率、6 月对"三农"或小微企业贷款达到一定比例的商业银行定向降准以及 3 月在信贷政策支持再贷款类别下创设支小再贷款，专门用于支持金融机构扩大小微企业信贷投放。同时，值得注意的是，近 3 成的受访者认为选项中列出的政策对于小微企业融资难与融资贵这一问题均没有实质性影响。

具体到不同类型的银行，可以看到各类银行的受访者对于上述政策的有效性看法差别不大。国有五大商业银行的受访者中认为上述政策没有实质性效果的比例最低，而股份制商业银行、城市商业银行以及农村商业银行的受访者中的这一比例则偏高，尤其是农村商业银行的受访者，有 4 成的受访者均认为上述的政策并没有产生实质性影响。

图21　受访者认为 2014 年缓解"小微企业融资难、融资贵"产生实际效果的政策

	总体	国有五大商业银行	股份制商业银行	城市商业银行	农村商业银行
A	22.1%	25.0%	18.0%	29.0%	5.9%
B	38.7%	35.7%	32.0%	51.6%	41.2%
C	44.8%	51.8%	50.0%	35.5%	17.6%
D	35.0%	30.4%	42.0%	32.3%	35.3%
E	21.5%	12.5%	28.0%	22.6%	17.6%
F	27.6%	17.9%	32.0%	35.5%	41.2%
G	6.1%	8.9%	4.0%	3.2%	11.8%
H	1.8%	5.4%	0	0	0

A.4月对县域农村商业银行和农村合作银行定向降准
B.6月对"三农"或小微企业贷款达到一定比例的商业银行定向降准
C.11月下旬下调金融机构人民币贷款和存款基准利率
D.3月在信贷政策支持再贷款类别下创设支小再贷款，专门用于支持金融机构扩大小微企业信贷投放
E.对涉农、小微企业票据优先办理再贴现并要求再贴现票据的贴现利率低于同档平均利率
F.以上政策都没有产生实际效果
G.不清楚
H.其他（请填写）

■利率市场化对小微金融的影响

（1）对利率市场化影响的感知。2014 年我国加速了利率市场化的步伐，近 9 成的受访者感觉到利率市场化对商业银行的影响，比去年的调查结果下降 4.2 个百分点。但是感觉到利率市场化对商业银行影响明显或者很明显的比重比去年的调查结果高 7.7 个百分点。

图22　受访者对于利率市场化影响的评价

	2014年		2013年
没感觉有影响	10.4%	没感觉有影响	6.2%
有感觉，但不太明显	43.6%	有感觉，但不太明显	56.2%
明显	37.4%	明显	28.5%
很明显	8.0%	很明显	9.2%

其中，有超过 6 成的城市商业银行的受访者对利率市场化的影响感受明显或很明显，相比之下，来自国有五大商业银行的受访者中，这一比例不到 4 成。农村商业银行受访者认为影响很明显的比重显著高于其他类型银行。

图23　来自不同类型银行的受访者对于利率市场化的影响的评价

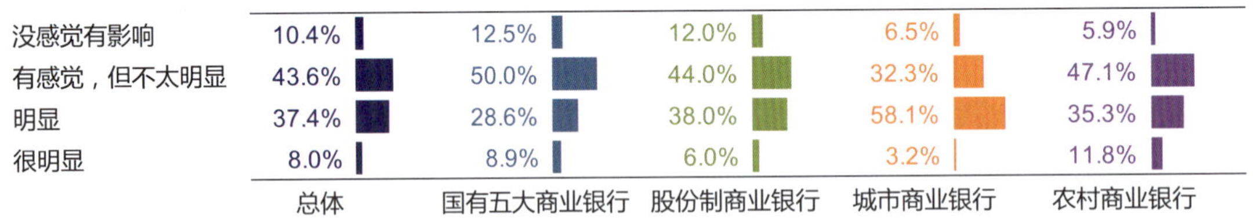

	总体	国有五大商业银行	股份制商业银行	城市商业银行	农村商业银行
没感觉有影响	10.4%	12.5%	12.0%	6.5%	5.9%
有感觉，但不太明显	43.6%	50.0%	44.0%	32.3%	47.1%
明显	37.4%	28.6%	38.0%	58.1%	35.3%
很明显	8.0%	8.9%	6.0%	3.2%	11.8%

整体来看，珠三角、长三角和西部地区的受访者对利率市场化的影响感知程度要高于环渤海和中部地区的受访者。各地区中感觉影响明显或者很明显的受访者比例从高到低排列依次是珠三角地区、西部地区、长三角地区、环渤海地区和中部地区，珠三角地区比中部地区高出 34.5 个百分点，并且珠三角地区受访者感觉利率市场化对商业银行影响很明显的比例显著高于其他地区。

图24　来自不同区域的受访者对于利率市场化影响的评价

	总体	长三角	珠三角	环渤海	中部	西部
没感觉有影响	10.4%	3.8%	9.4%	14.6%	16.0%	10.3%
有感觉，但不太明显	43.6%	53.8%	25.0%	46.3%	56.0%	31.0%
明显	37.4%	38.5%	46.9%	31.7%	24.0%	51.7%
很明显	8.0%	3.8%	15.6%	7.3%	4.0%	6.9%

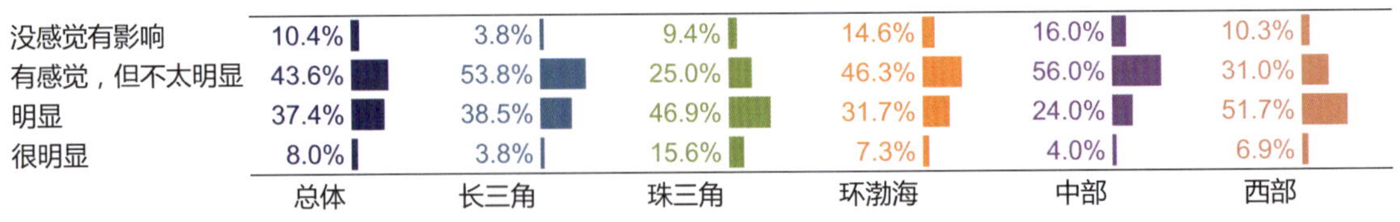

（2）利率市场化给小微金融服务带来的影响。针对感受到利率市场化影响的受访者，我们进一步具体询问了利率市场化给商业银行小微企业金融服务带来的影响。调查结果显示，排在第一位的是"促进小微企业金融产品创新"；排在第二位的是"更加重视具有定价优势的小微企业业务"；排在第三位的是"优化了小微企业金融的定价机制"。

图25 受访者对于利率市场化给商业银行小微企业金融服务带来的影响的评价

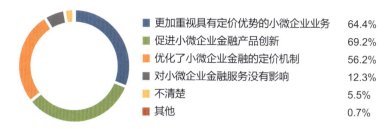

■ 更加重视具有定价优势的小微企业业务	64.4%
■ 促进小微企业金融产品创新	69.2%
■ 优化了小微企业金融的定价机制	56.2%
■ 对小微企业金融服务没有影响	12.3%
■ 不清楚	5.5%
■ 其他	0.7%

■互联网金融对小微金融的影响

（1）对互联网金融影响的感知。2014年互联网金融迅速发展，互联网金融的发展在一定程度上促进了小微金融服务的发展。调查中发现有84%的受访者感觉到2014年互联网金融对商业银行的影响，与去年的调查的比例相似。3成的受访者感觉到影响明显或很明显，比去年的调查结果下降23个百分点。

图26 受访者对互联网金融影响的评价

2014年

没感觉有影响	16.0%
有感觉，但不太明显	51.5%
明显	26.4%
很明显	6.1%

2013年

没感觉有影响	13.0%
有感觉，但不太明显	31.3%
明显	47.4%
很明显	8.4%

不同地区对互联网金融的感受不同，环渤海地区有超9成的受访者感受到互联网金融对商业银行的影响，而在西部地区这一比例不到8成。珠三角地区有超过一半的受访者表示互联网金融的影响明显或者很明显，是各地区中最高的。

图27 来自不同区域的受访者对互联网金融影响的评价

	总体	长三角	珠三角	环渤海	中部	西部
没感觉有影响	16.0%	19.2%	18.8%	7.3%	12.0%	24.1%
有感觉，但不太明显	51.5%	61.5%	28.1%	63.4%	64.0%	51.7%
明显	26.4%	7.7%	46.9%	22.0%	20.0%	20.7%
很明显	6.1%	11.5%	6.3%	7.3%	4.0%	3.4%

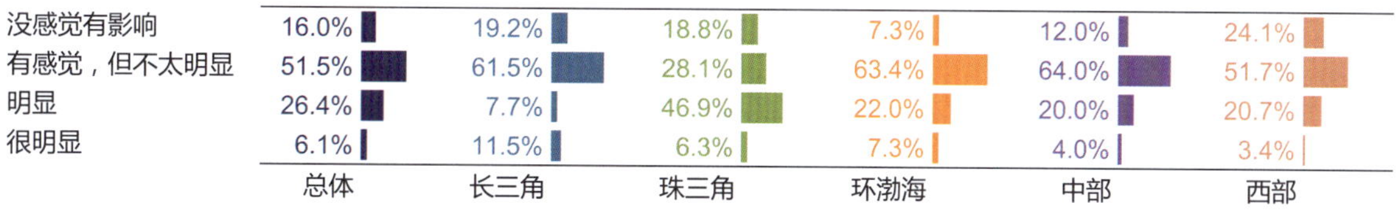

不同银行类型对于互联网金融的银行感受也不同。国有五大商业银行和城市商业银行的受访者感受到影响明显或很明显的比例接近4成，显著高于其他类型的银行。

图28 来自不同类型银行的受访者对互联网金融影响的评价

	总体	五大国有商业银行	股份制商业银行	城市商业银行	农村商业银行
没感觉有影响	16.0%	17.9%	18.0%	12.9%	5.9%
有感觉，但不太明显	51.5%	46.4%	52.0%	48.4%	64.7%
明显	26.4%	30.4%	18.0%	38.7%	23.5%
很明显	6.1%	5.4%	12.0%	0	5.9%

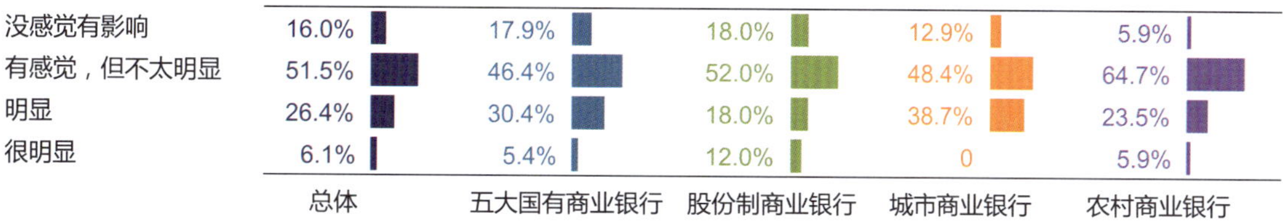

（2）对互联网金融的了解程度。

①对 P2P 平台的了解程度。调查结果显示，超 8 成的受访者表示了解 P2P 平台，这一比例比去年的调查结果高出近 20 个百分点，说明了解和关注 P2P 的小微金融经理人越来越多。其中表示对 P2P 平台很了解的受访者比例为 14.6%，比去年高出 6.8 个百分点。

图 29　受访者对 P2P 平台的了解程度

很了解 14.6%
了解一点 73.8%
听说过，不了解 7.9%
没听说过 3.7%
2014年
很了解 7.8%
了解一点 61.2%
听说过，不了解 21.7%
没听说过 9.3%
0%
2013年

分银行类型来看，城市商业银行的受访者中超过 9 成表示了解 P2P 平台，这一比例高于其他类型银行。

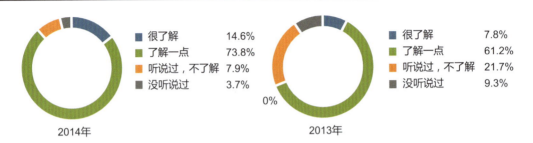

图 30　来自不同类型银行的受访者对 P2P 平台的了解程度

很了解
了解一点
听说过，不了解
没听说过
14.6%
73.8%
7.9%
3.7%
总体
10.7%
76.8%
10.7%
1.8%
国有五大商业银行
16.0%
72.0%
6.0%
6.0%
股份制商业银行
16.1%
77.4%
3.2%
3.2%
城市商业银行
11.8%
76.5%
5.9%
5.9%
农村商业银行

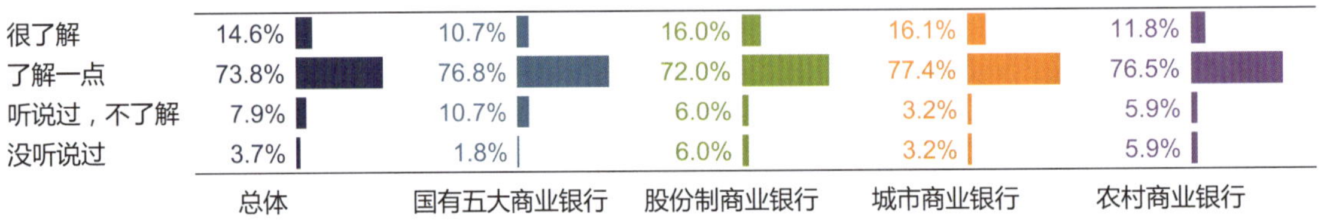

②对互联网众筹平台的了解程度。近 8 成受访者表示了解互联网众筹平台，比对 P2P 的了解程度略低。不同银行类型的受访者对互联网众筹平台了解情况不同。城市商业银行受访者超过 8 成表示了解互联网众筹平台，但是农村商业银行受访者这一比例不到 7 成。

图 31　来自不同类型银行的受访者对互联网众筹平台的了解程度

很了解
了解一点
听说过，不了解
没听说过
7.3%
68.3%
20.7%
3.7%
总体
7.1%
66.1%
25.0%
1.8%
国有五大商业银行
10.0%
68.0%
20.0%
2.0%
股份制商业银行
9.7%
71.0%
9.7%
9.7%
城市商业银行
0
64.7%
29.4%
5.9%
农村商业银行

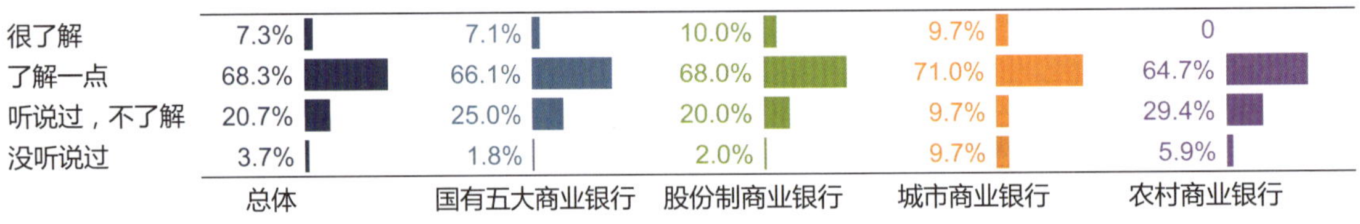

（3）互联网金融给小微金融服务带来的影响。针对感受到互联网金融影响的受访者，我们进一步具体询问了互联网金融给商业银行小微企业金融服务带来了哪些影响。调查结果显示，排在第一位的是“商业银行开始重视数据在小微企业金融服务中的作用”；排在第二位的是“商业银行更加注重小微企业的客户体验（包括服务效率和便捷性等）”；排在第三位的是“互联网理财产品对小微企业及小微企业主储蓄存款产生分流”。故互联网金融对于商业银行的影响可以归结为三个关键词：大数据、客户体验、存款分流。

来自不同类型商业银行的受访者对于互联网金融带来的具体影响认识略有差异。股份制商业银行超过 6 成的受访者选择了“商业银行更加注重小微企业的客户体验（包括服务效率和便捷性等）”，显著高于其他类型的银行，而城市商业银行的受访者中该项比例则只有 40.7%，可以看出股份制商业银行更加注重客户的服务体验，并将此作为其拓展小微企业客户群的一条重要途径，这也在一定程度上解释了为什么2014年越来越多的银行把股份制商业银行视为主要竞争对手。城市商业银行的主要客户群体在当地的客户，故其更多的是通过地缘优势而非服务质量来吸引客户，但其应该认识到提升客户服务体验的重要性，就像前文提到的，2014年城市商业银行一改往年将其他城市商业银行视做主要竞争对手的局面，转而将股份制商业银行视为主要的竞争对手。

图32 来自不同类型银行的受访者对互联网金融给商业银行带来的具体影响的评价

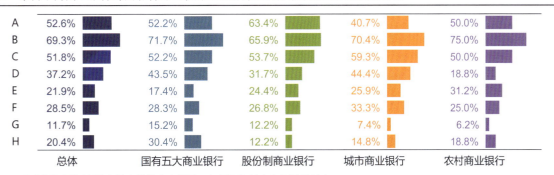

A.商业银行更加注重小微企业的客户体验（包括服务效率和便捷性等）
B.商业银行开始重视数据在小微企业金融服务中的作用
C.互联网理财产品对小微企业及小微企业主储蓄存款产生分流
D.P2P对银行的小微贷款客户产生分流
E.互联网众筹平台对银行的小微贷款客户产生分流
F.电商金融提供小额贷款对银行的小微贷款客户产生分流
G.融资搜索平台能够为商业银行带来更多的小微企业客户增量
H.融资搜索平台为小微企业提供了更多的融资选择，促进了商业银行之间竞争

注：此问题为多选题，所有观点的比例加起来会大于1。

根据不同区域受访者的反映，环渤海和长三角地区的受访者选中"商业银行开始重视数据在小微企业金融服务中的作用"的比例明显高于其他地区，说明相较于其他地区，这两个地区的商业银行在小微企业贷款管理方面的技术较为领先。

图33 来自不同区域的受访者对互联网金融给商业银行带来的具体影响的评价

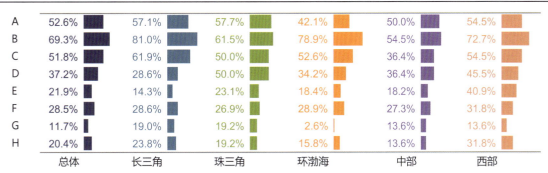

A.商业银行更加注重小微企业的客户体验（包括服务效率和便捷性等）
B.商业银行开始重视数据在小微企业金融服务中的作用
C.互联网理财产品对小微企业及小微企业主储蓄存款产生分流
D.P2P对银行的小微贷款客户产生分流
E.互联网众筹平台对银行的小微贷款客户产生分流
F.电商金融提供小额贷款对银行的小微贷款客户产生分流
G.融资搜索平台能够为商业银行带来更多的小微企业客户增量
H.融资搜索平台为小微企业提供了更多的融资选择，促进了商业银行之间竞争

注：此问题为多选题，所有观点的比例加起来会大于1。

（四）对商业银行小微企业金融服务的表现评价

对于 2014 年商业银行小微企业金融服务的表现，大多数受访者们都给出了"风险增加""稳中求进""蓬勃发展"的概括。其中"风险增加"是提及最多的词语，其次为"稳中求进"。可见，小微金融服务的风险 2014 年有明显增加的迹象，商业银行如何平衡好效率和风险的关系，如何在风险不断增加的小微金融市场中稳步发展，服务实体经济，实现银企共赢是商业银行面临的首要挑战。

受访者普遍认为，随着金融脱媒、利率市场化的不断推进，商业银行对小微企业金融服务的重视程度不断提高，竞争日益激烈。但小微金融服务领域仍然存在缺乏创新的问题，同质化竞争加剧。部分受访者还给出了"乏善可陈""差强人意"的评价，商业银行小微金融服务需要转型升级，不断提升金融服务的效率，丰富金融服务产品，才能在激烈的竞争中抢占一席之地。

图34　受访者对商业银行 2014 年小微企业金融服务的表现评价

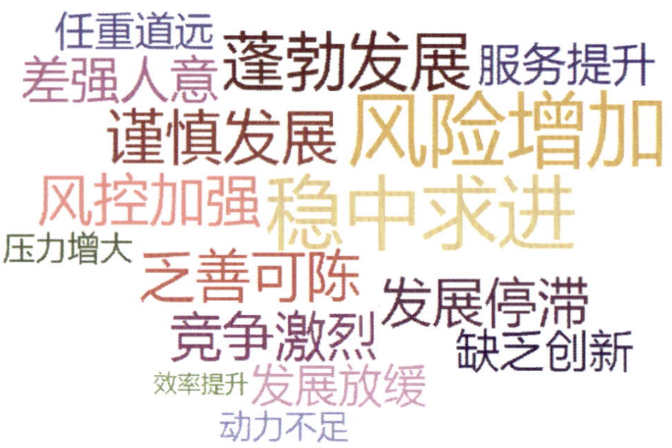

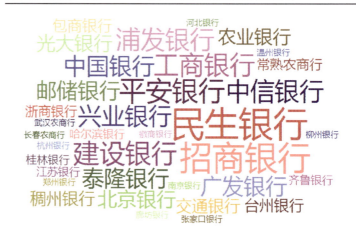

在调查中，我们还请受访者写出了他们心目中 2014 年小微企业金融服务领域表现最好的 3 家银行，在各类型银行中，得票前两位的银行与前两年完全一致，为民生银行和招商银行。这两家股份制银行被受访者评价最高，排在所有被提及的银行业金融机构的前两位，并且得票遥遥领先，是第三名平安银行的两倍多，这在一定程度上反映了这两家银行在我国小微金融服务方面的竞争力和突出的表现。在国有大型商业银行中，大部分受访者认为建设银行、工商银行和中国银行表现更为出色，这三家银行得票不相上下。而在城市商业银行中，浙江泰隆商业银行、北京银行是被受访者提及较多的商业银行。

图35　受访者评价 2014 年最佳小微金融服务的商业银行

三、　2014 年所在银行小微企业金融服务发展回顾

（一）小微企业金融服务发展状况

■对小微企业业务的重视程度

超 6 成的受访者表示2014 年所在银行对小微企业业务的重视程度较 2013 年增加，但这一比例比

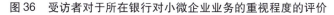

去年的调查结果降低了 20.5 个百分点。认为重视程度没有变化的受访者比例增加了 10.2 个百分点。

图 36 受访者对于所在银行对小微企业业务的重视程度的评价

显著增加 20.2%
有所增加 41.7%
没有变化 23.9%
有所降低 10.4%
显著降低 3.1%
不清楚 0.6%
2014年
显著增加 37.4%
有所增加 45.0%
没有变化 13.7%
有所降低 3.1%
显著降低 0
不清楚 0.8%
2013年

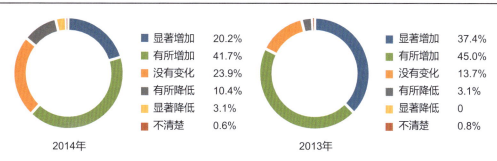

各地区受访者反映所在银行小微企业业务重视程度增加的比例没有显著差别，均有 6 成左右的受访者表示重视程度增加，而长三角地区受访者反映重视程度降低的比例相对高于其他地区。

图 37 来自不同区域的受访者对于所在银行对小微企业业务的重视程度的评价

显著增加
有所增加
没有变化
有所降低
显著降低
不清楚
20.2% 41.7% 23.9% 10.4% 3.1% 0.6%
15.4% 42.3% 23.1% 19.2% 0 0
18.8% 46.9% 21.9% 12.5% 0 0
19.5% 39.0% 24.4% 7.3% 9.8% 0
24.0% 32.0% 28.0% 12.0% 4.0% 0
20.7% 44.8% 27.6% 3.4% 0 3.4%
总体
长三角
珠三角
环渤海
中部
西部

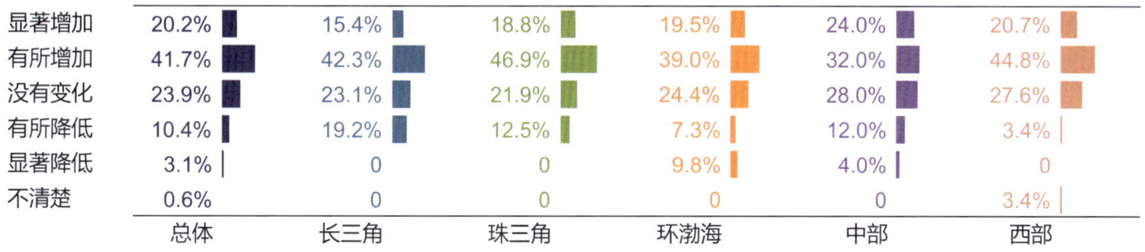

城市商业银行有超 8 成的受访者认为 2014 年重视程度增加，占比最多，而比例最低的为国有五大商业银行，这一比例只有 55.3%，与之对应的是来自国有五大商业银行的受访者中认为本行对小微企业业务的重视程度下降的比例接近 20%，为各类银行最高。可以看出相比于其他类型的银行，2014 年国有五大商业银行对小微企业业务的重视程度在 2013 年短暂提升之后又有回落的迹象。这可能源于在小微企业贷款风险显著上升的背景下，对风险控制的重视超过了业务扩张的重视。

图 38 来自不同类型银行的受访者对于所在银行对小微企业业务的重视程度的评价

显著增加
有所增加
没有变化
有所降低
显著降低
不清楚
20.2% 41.7% 23.9% 10.4% 3.1% 0.6%
19.6% 35.7% 25.0% 16.1% 1.8% 1.8%
24.0% 34.0% 32.0% 10.0% 0 0
22.6% 58.1% 9.7% 3.2% 6.5% 0
11.8% 52.9% 29.4% 0 5.9% 0
总体
国有五大商业银行
股份制商业银行
城市商业银行
农村商业银行

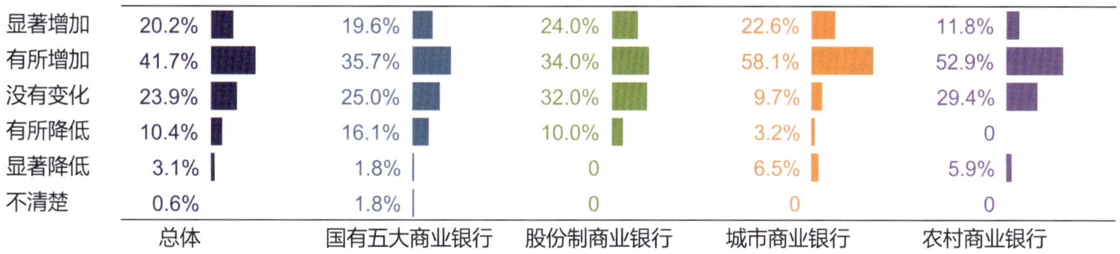

■开展小微企业贷款的主要动力来源

关于银行开展小微企业业务的主要动力来源，与过去两年调查结果相近的是，“小微企业有定价优势，能够带来更高的收益”仍高居榜首，但所占比例却从去年的 74.8% 下降到 50.3%；去年排在第三位的“小微企业业务可以产生更多的交叉销售机会”今年升至第二位，而去年排在第二位的“拥有为数众多的小微企业客户有利于银行稳定发展”今年则滑落至第四位。尤其值得注意的是，认同“响应国家号召和监管层的要求，其实没有多大动力”的受访者比例在最近三年逐年增加，从 2013 年调查的 18.5% 上升到 2014 年的22.9%，今年更是大幅增加，上升到39.9%，可见商业银行开展小微企业贷款的自身动力正在减少，这可能与小微企业贷款风险上升有直接的关系。此外，认同"大中型客户脱媒进一步加剧，只能开发小微企业客户资源"的受访者比例达到35.6%，这一比例较去年调查提高了6.6个百分比。

图39　受访者对于所在银行开展小微业务动力来源的评价

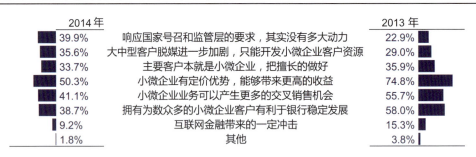

2014 年		2013 年
39.9%	响应国家号召和监管层的要求，其实没有多大动力	22.9%
35.6%	大中型客户脱媒进一步加剧，只能开发小微企业客户资源	29.0%
33.7%	主要客户本就是小微企业，把擅长的做好	35.9%
50.3%	小微企业有定价优势，能够带来更高的收益	74.8%
41.1%	小微企业业务可以产生更多的交叉销售机会	55.7%
38.7%	拥有为数众多的小微企业客户有利于银行稳定发展	58.0%
9.2%	互联网金融带来的一定冲击	15.3%
1.8%	其他	3.8%

来自不同类型银行的受访者对于所在行开展小微企业贷款的主要动力来源的看法不尽相同。最引人注意的是国有五大商业银行的受访者选择"响应国家号召和监管层的要求，其实没有多大动力"比例超过5成，位列各类银行最高，也即有超过一半的国有五大商业银行的受访者认为所在银行本身并没有什么动力，这说明国有五大商业银行开展小微企业贷款还有相当大的潜力可待挖掘。

此外，还有显著差别的是，有超过7成的来自城市商业银行的受访者认为"小微企业有定价优势，能够带来更高的收益"，且认为"主要客户本就是小微企业，把擅长的做好"的比例远高于国有五大商业银行和股份制商业银行，可以看出城市商业银行更有动力去开展小微企业业务，且大部分城市商业银行的受访者也认同自己所在行一直把小微企业作为自己的核心客户，小微企业业务作为自己的核心业务。而对于农村商业银行，认同"大中型客户脱媒进一步加剧，只能开发小微企业客户资源"和"主要客户本就是小微企业，把擅长的做好"的受访者比例均位列各类银行最高，可见农村商业银行对自身的定位更加明确，深知其相较于国有五大商业银行甚至股份制银行来说，对大客户的黏性较弱，故利用其自身优势着力发展小微客户，建立更为稳定的客户基础。

图40　来自不同类型银行的受访者对于所在行开展小微企业贷款的主要动力来源的评价

	总体	国有五大商业银行	股份制商业银行	城市商业银行	农村商业银行
A	39.9%	55.4%	34.0%	22.6%	41.2%
B	35.6%	39.3%	36.0%	32.3%	47.1%
C	33.7%	14.3%	36.0%	48.4%	52.9%
D	50.3%	37.5%	60.0%	71.0%	47.1%
E	41.1%	48.2%	50.0%	32.3%	23.5%
F	38.7%	42.9%	34.0%	32.3%	47.1%
G	9.2%	8.9%	12.0%	9.7%	5.9%
H	1.8%	1.8%	0	3.2%	5.9%

A.响应国家号召和监管层的要求，其实没有多大动力
B.大中型客户脱媒进一步加剧，只能开发小微企业客户资源
C.主要客户本就是小微企业，把擅长的做好
D.小微企业有定价优势，能够带来更高的收益
E.小微企业业务可以产生更多的交叉销售机会
F.拥有为数众多的小微企业客户有利于银行稳定发展
G.互联网金融带来了一定的冲击
H.其他（请填写）

注：此问题为多选题，所有观点的比例加起来会大于1。

来自不同地区的受访者对于所在银行开展小微企业贷款的主要动力来源的看法也不尽相同。长三角地区的受访者显著异于其他地区，选择"主要客户本就是小微企业，把擅长的做好"和"小微企业有定价优势，能够带来更高的收益"的比例明显高于其他地区。中部地区的受访者选择"响应国家号召和监管层的要求，其实没有多大动力"的比例明显高于其他地区。

图41　来自不同区域的受访者对于所在行开展小微企业贷款的主要动力来源的评价

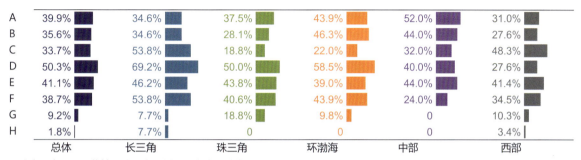

A.响应国家号召和监管层的要求，其实没有多大动力
B.大中型客户脱媒进一步加剧，只能开发小微企业客户资源
C.主要客户本就是小微企业，把擅长的做好
D.小微企业有定价优势，能够带来更高的收益
E.小微企业业务可以产生更多的交叉销售机会
F.拥有为数众多的小微企业客户有利于银行稳定发展
G.互联网金融带来了一定的冲击
H.其他（请填写）

注：此问题为多选题，所有观点的比例加起来会大于1。

■为小微企业安排的贷款额度

商业银行为小微企业安排的贷款额度方面，过半的受访者表示2014年较2013年的额度增加，这一比例显著低于去年的调查，下降了13个百分点。有近3成的受访者表示贷款额度减少，比去年的调查结果增加了10个百分点。

图42　受访者对小微企业贷款额度的评价

不同地区对于此问题的回答也有较大差异。长三角、珠三角地区的受访者认为贷款额度增加的比例最大和最小，分别为65.4%和43.8%，其中珠三角地区和中部地区认为贷款额度降低的比例明显高于其他地区。

图 43　来自不同区域的受访者对小微企业安排的贷款额度的评价

	总体	长三角	珠三角	环渤海	中部	西部
显著增加	11.0%	15.4%	12.5%	4.9%	16.0%	6.9%
有所增加	40.5%	50.0%	31.3%	48.8%	28.0%	41.4%
没有变化	23.3%	11.5%	21.9%	24.4%	24.0%	31.0%
有所降低	21.5%	19.2%	28.1%	19.5%	28.0%	20.7%
显著降低	3.7%	3.8%	6.3%	2.4%	4.0%	0

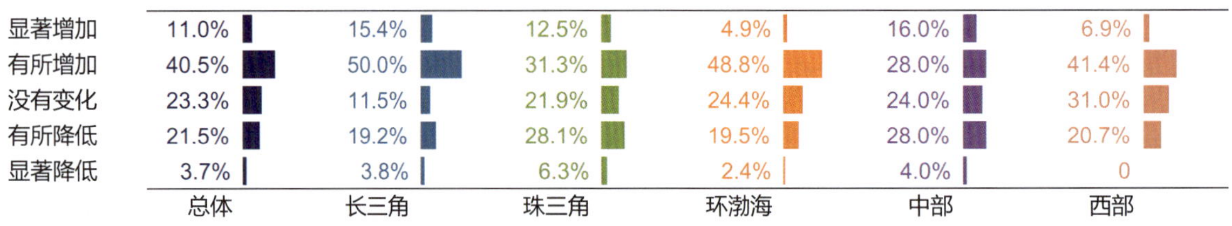

农村商业银行中有超 7 成的受访者表示小微贷款额度增加，比例最高，此外国有五大商业银行的这一比例也高于总体水平。其余均在总体水平以下，其中股份制商业银行这一比例最低，仅为 42%。可见，不同类型的商业银行在小微企业贷款额度的安排上有较大差异。

图 44　来自不同类型银行的受访者对小微企业安排的贷款额度的评价

	总体	国有五大商业银行	股份制商业银行	城市商业银行	农村商业银行
显著增加	11.0%	12.5%	8.0%	12.9%	17.6%
有所增加	40.5%	42.9%	34.0%	38.7%	52.9%
没有变化	23.3%	16.1%	30.0%	22.6%	23.5%
有所降低	21.5%	21.4%	26.0%	22.6%	5.9%
显著降低	3.7%	7.1%	2.0%	3.2%	0

■ 小微企业贷款审批通过率

有接近一半的受访者表示所在银行 2014 年小微企业贷款审批通过率比 2013 年降低，只有不到 3 成表示通过率增加。表示通过率增加的受访者比例比 2013 年降低了 20 个百分点，认为通过率降低的受访者比例增加 23 个百分点，反映出 2014 年商业银行审批小微企业贷款的谨慎程度显著提高，银行"惜贷"的情况再次出现。

图 45　受访者对小微企业贷款审批通过率的评价

	2014年	2013年
显著增加	3.1%	5.3%
有所增加	23.9%	43.5%
没有变化	25.2%	26.0%
有所降低	35.0%	22.9%
显著降低	11.7%	0.8%
不清楚	1.2%	1.5%

不同地区之间小微企业贷款审批通过率有差异。长三角地区有近 4 成的受访者表示通过率增加，而珠三角地区只有 15.6% 的受访者认为贷款审批通过率增加，明显低于整体水平，在小微企业贷款风险状况调查中，珠三角地区 100% 受访者认为贷款风险增加。珠三角和中部地区的受访者认为小微企业贷款审批通过率降低的比例超过一半，小微贷款谨慎程度最高。

图46　来自不同区域的受访者对小微企业审批通过率的评价

	总体	长三角	珠三角	环渤海	中部	西部
显著增加	3.1%	7.7%	0	2.4%	4.0%	0
有所增加	23.9%	30.8%	15.6%	24.4%	24.0%	24.1%
没有变化	25.2%	23.1%	28.1%	24.4%	20.0%	24.1%
有所降低	35.0%	26.9%	40.6%	31.7%	40.0%	44.8%
显著降低	11.7%	11.5%	15.6%	14.6%	12.0%	3.4%
不清楚	1.2%	0	0	2.4%	0	3.4%

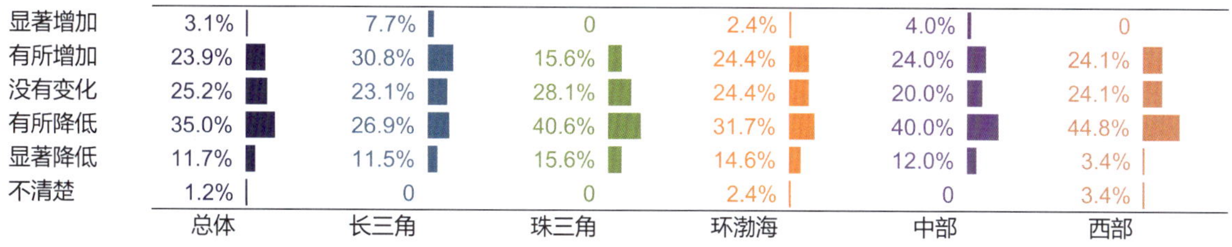

不同银行类型银行的受访者的观点也呈现出一定差异。农村商业银行的受访者中表示所在银行小微贷款审批通过率增加的比例最高，其次是国有五大商业银行。其余银行的这一比例均低于总体水平。股份制商业银行中认为小微企业贷款审批通过率降低的受访者比例达到6成，是各类银行中最高的。农村商业银行中有近一半的受访者表示小微贷款审批通过率没有变化，这一比例显著高于其他类型银行。

图47　来自不同类型银行的受访者对小微企业审批通过率的评价

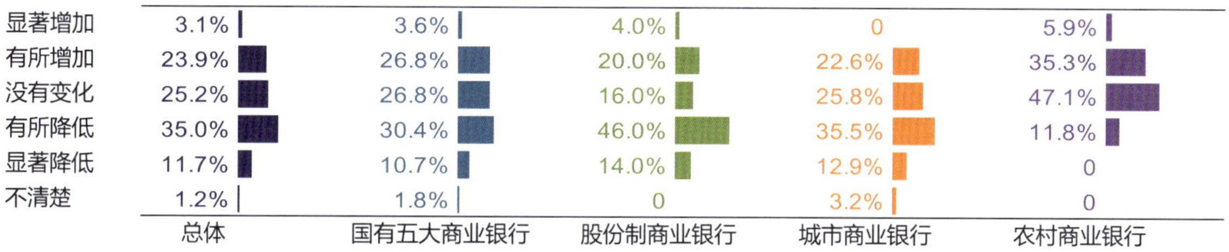

	总体	国有五大商业银行	股份制商业银行	城市商业银行	农村商业银行
显著增加	3.1%	3.6%	4.0%	0	5.9%
有所增加	23.9%	26.8%	20.0%	22.6%	35.3%
没有变化	25.2%	26.8%	16.0%	25.8%	47.1%
有所降低	35.0%	30.4%	46.0%	35.5%	11.8%
显著降低	11.7%	10.7%	14.0%	12.9%	0
不清楚	1.2%	1.8%	0	3.2%	0

■ 小微企业贷款规模和贷款户数增长的同步性

观察商业银行小微企业贷款规模增速和贷款户数增速的差异，有助于了解商业银行小微金融服务的策略变化。相对"垒"中小微里面的"大户"而言，致力于贷款户数的实质性增长需要商业银行付出更多的努力，因此也将获得更持久的竞争力。今年我们在调查中增设了与此相关的问题，从调查结果来看，受访者认为贷款规模增速超过户数增速的比例达到了37.5%，贷款规模增速低于户数增速的比例为31.9%，而认为两者持平的比例为23.9%。这在一定程度上反映，虽然"垒大户"的情况仍然存在，但已经有银行开始重视小微企业贷款户数的增长，而不仅仅强调规模的增长。

细化到不同银行和不同地域时，可以看出不同类型的银行和不同地区的银行在2014年的小微企业贷款规模和贷款户数的变化还是有较大差别。对于不同类型银行的受访者的调查可以在一定程度上反映出其所在行发展小微企业金融服务的策略的变化。国有五大商业银行和股份制银行的受访者中有近4成的人认为户均贷款下降，这一比例显著高于城市商业银行和农村商业银行。与之相对的是来自城市商业银行和农村商业银行的受访者中认为户均贷款数上升的比例远高于国有五大商业银行和股份制商业银行。从中可以看出，大型银行已经越来越重视贷款户数的实质性增长，而中小型银行依然较重视规模的扩张。从另一个角度看，由于大行户均量级（千万）普遍高出小行的户均量级（十万、百万），客观上也有更大的下降空间。

图48　来自不同类型银行的受访者对小微企业贷款规模和贷款户数增长同步性的评价

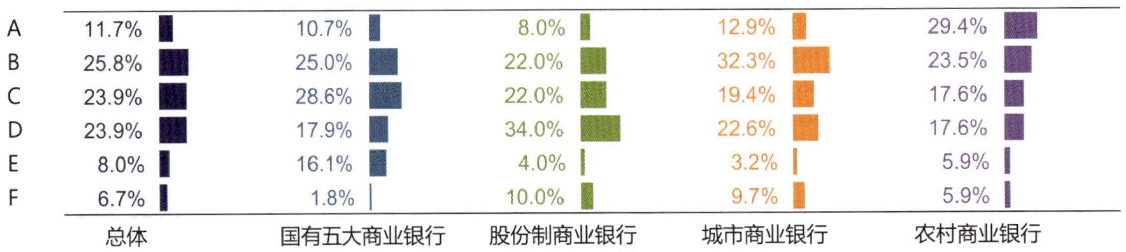

	总体	国有五大商业银行	股份制商业银行	城市商业银行	农村商业银行
A	11.7%	10.7%	8.0%	12.9%	29.4%
B	25.8%	25.0%	22.0%	32.3%	23.5%
C	23.9%	28.6%	22.0%	19.4%	17.6%
D	23.9%	17.9%	34.0%	22.6%	17.6%
E	8.0%	16.1%	4.0%	3.2%	5.9%
F	6.7%	1.8%	10.0%	9.7%	5.9%

A.贷款规模增速显著超过贷款户数增速，户均贷款显著上升
B.贷款规模增速超过贷款户数增速，户均贷款有所上升
C.贷款规模增速与贷款户数增速持平，户均贷款基本没有变化
D.贷款规模增速低于贷款户数增速，户均贷款有所下降
E.贷款规模增速显著低于贷款户数增速，户均贷款显著下降
F.都不符合

　　从不同地域的受访者来看，来自珠三角和长三角地区的受访者中认为小微企业贷款规模增速超过贷款户数增速、户均贷款上升的比例要显著低于其他地区，这在某种程度上反映出长三角和珠三角地区的银行与其他地区的银行在选取策略上的不同。长三角和珠三角地区的银行由于经历了小微企业贷款风险高企的考验，对于风险和风险管理的认识也更加深刻，故其在发放小微企业贷款时更偏好于采取小额分散的策略，以达到对于风险的分散化。

图49　来自不同区域的受访者对小微企业贷款规模和贷款户数同步性的评价

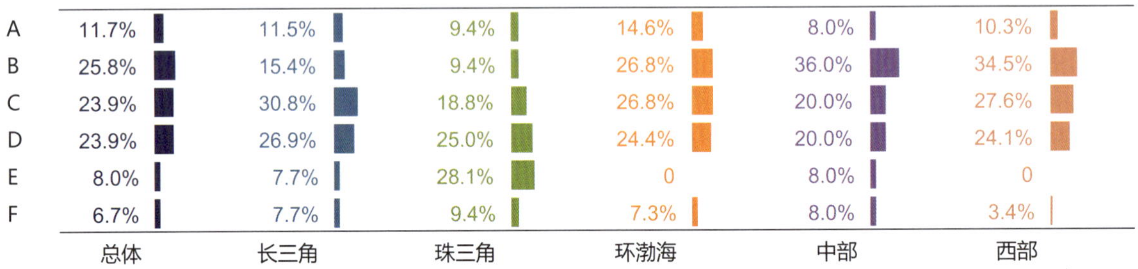

	总体	长三角	珠三角	环渤海	中部	西部
A	11.7%	11.5%	9.4%	14.6%	8.0%	10.3%
B	25.8%	15.4%	9.4%	26.8%	36.0%	34.5%
C	23.9%	30.8%	18.8%	26.8%	20.0%	27.6%
D	23.9%	26.9%	25.0%	24.4%	20.0%	24.1%
E	8.0%	7.7%	28.1%	0	8.0%	0
F	6.7%	7.7%	9.4%	7.3%	8.0%	3.4%

A.贷款规模增速显著超过贷款户数增速，户均贷款显著上升
B.贷款规模增速超过贷款户数增速，户均贷款有所上升
C.贷款规模增速与贷款户数增速持平，户均贷款基本没有变化
D.贷款规模增速低于贷款户数增速，户均贷款有所下降
E.贷款规模增速显著低于贷款户数增速，户均贷款显著下降
F.都不符合

■小微企业贷款的不良率

　　有超7成的受访者表示2014年小微企业贷款的不良率与2013年相比增加。这一比例比去年的调查结果高出23个百分点。值得注意的是，今年受访者表示小微企业贷款的不良率显著增加的比例比去年的调查结果增加了17.9个百分点。而认为小微企业贷款不良率没有变化的比率比去年的调查结果降低了18.5个百分点。可见小微企业贷款的风险较2013年显著提高。

图50　受访者对小微企业不良贷款的不良率的评价

2014年		2013年	
显著增加	23.3%	显著增加	5.4%
有所增加	51.5%	有所增加	46.5%
没有变化	11.7%	没有变化	30.2%
有所降低	7.4%	有所降低	7.0%
显著降低	3.1%	显著降低	0.8%
不清楚	3.1%	不清楚	10.1%

不同地区的小微企业贷款的不良率有较大差异，其中，珠三角和长三角地区的受访者中认为小微企业贷款的不良率上升的比例要超过其他几类银行，这与上文描述的小微企业贷款风险的分布情况相吻合。同时，从不同地域的分布变化情况来看，小微企业贷款的风险和不良率均呈现从中西部地区向沿海地区逐步升高的分布状况。

图51　来自不同区域受访者对小微企业不良贷款的不良率的评价

	总体	长三角	珠三角	环渤海	中部	西部
显著增加	23.3%	30.8%	28.1%	31.7%	8.0%	17.2%
有所增加	51.5%	46.2%	59.4%	43.9%	60.0%	48.3%
没有变化	11.7%	15.4%	6.3%	12.2%	20.0%	10.3%
有所降低	7.4%	7.7%	0	4.9%	8.0%	13.8%
显著降低	3.1%	0	0	2.4%	4.0%	6.9%
不清楚	3.1%	0	6.3%	4.9%	0	3.4%

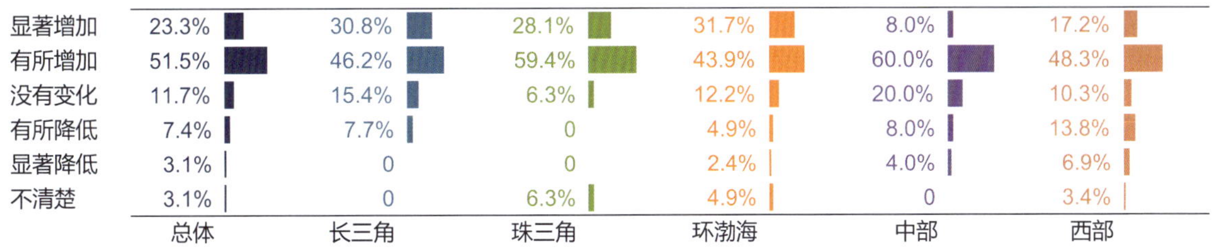

小微企业贷款不良率变化情况在不同类型的银行之间差异不大，股份制商业银行的受访者认为不良率增加的占比最高，为78%，农村商业银行认为增加的比例最低，为70.5%。

图52　来自不同类型银行的受访者对小微企业不良贷款的不良率的评价

	总体	国有五大商业银行	股份制商业银行	城市商业银行	农村商业银行
显著增加	23.3%	23.2%	28.0%	16.1%	17.6%
有所增加	51.5%	51.8%	50.0%	61.3%	52.9%
没有变化	11.7%	10.7%	12.0%	3.2%	11.8%
有所降低	7.4%	7.1%	6.0%	9.7%	11.8%
显著降低	3.1%	3.6%	2.0%	6.5%	0
不清楚	3.1%	3.6%	2.0%	3.2%	5.9%

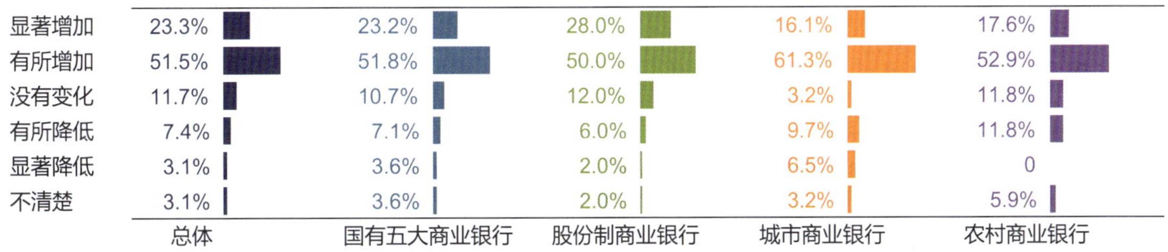

■小微企业不良贷款上升的原因

对于造成小微企业不良贷款的原因，根据受访者的选择，排在第一位的影响因素是"主营业务受到经济下行的影响造成资金周转困难"，有73.6%的受访者选择了这一影响因素；排在第二位的影响因素是"经济形势好时盲目扩张多元化经营导致在经济下行时资金链紧张造成违约"，有69.9%的受访者选择了这一影响因素；排在三到六位的影响因素分别是"受关联企业风险传递或上下游客户影响"（55.8%）、"涉足民间借贷造成风险暴露"（55.2%）、"主营业务不符合经济结构转型的方向，缺乏核心竞争力，逐渐被市场淘汰"（48.5%）、"用银行贷款转向做其他行业的投资和投机造成风险暴露"（46.6%）。

来自不同银行的受访者对于这一问题的看法略有不同。有8成的来自股份制银行的受访者认为是"经济形势好时盲目扩张多元化导致在经济下行时资金链紧张造成违约"，这一比例不论是横向还是纵向来看都是最高的；而来自城市商业银行的受访者中有近 8 成的人认为小微企业的不良贷款是受关联企业风险传递或上下游客户影响而产生的，排在所有影响因素的第一位。值得注意的是，有近 4 成的股份制商业银行的受访者选择了"前期银行做小微过于激进，客户经理追求业绩与客户勾结骗贷的风险暴露"，这一比例显著高于其他类型的银行。

图53　来自不同类型银行的受访者对小微企业不良贷款的原因的评价

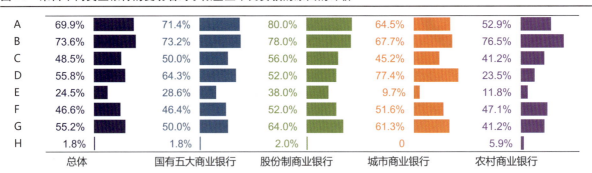

A.经济形势好时盲目扩张多元化经营导致在经济下行时资金链紧张造成违约
B.主营业务受到经济下行的影响造成资金周转困难
C.主营业务不符合经济结构转型的方向，缺乏核心竞争力，逐渐被市场淘汰
D.受关联企业风险传递或上下游客户影响
E.前期银行做小微过于激进，客户经理追求业绩与客户勾结骗贷的风险暴露
F.用银行贷款转向做其他行业的投资和投机造成风险暴露
G.涉足民间借贷造成风险暴露
H.其他（请填写）
　注：此问题为多选题，所有观点的比例加起来会大于1。

　　从不同地域的受访者来看，一个很明显的特点是在来自长三角和珠三角的受访者中，认为是涉足民间借贷造成风险暴露的比例均超过 7 成，远高于其他地区；同时，来自长三角地区的受访者中有超过 8 成的人认为经济形势好时盲目扩张多元化是造成风险暴露的主要原因，而来自珠三角地区的受访者中有超过 7 成的人认为小微企业的不良贷款是受关联企业风险传递或上下游客户影响而产生的。另外，有近 34.6% 的长三角受访者选择了"前期银行做小微过于激进，客户经理追求业绩与客户勾结骗贷的风险暴露"，这一比例显著高于其他地区的银行。

图54　来自不同区域的受访者对小微企业不良贷款的原因的评价

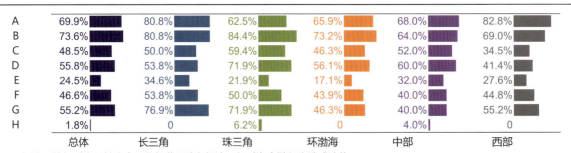

A.经济形势好时盲目扩张多元化经营导致在经济下行时资金链紧张造成违约
B.主营业务受到经济下行的影响造成资金周转困难
C.主营业务不符合经济结构转型的方向，缺乏核心竞争力，逐渐被市场淘汰
D.受关联企业风险传递或上下游客户影响
E.前期银行做小微过于激进，客户经理追求业绩与客户勾结骗贷的风险暴露
F.用银行贷款转向做其他行业的投资和投机造成风险暴露
G.涉足民间借贷造成风险暴露
H.其他（请填写）
　注：此问题为多选题，所有观点的比例加起来会大于1。

■**对于小微企业不良贷款的容忍度**

对于小微企业不良贷款的容忍度，有近 4 成的受访者表示 2014 年较 2013 年增加，相较去年调查降低了 10 个百分点，近 3 成的受访者表示小微企业不良贷款的容忍度降低，认为容忍度降低的比例比去年增加了 12 个百分点。由此可见 2014 年对小微企业不良贷款更加谨慎。

图 55　受访者对小微企业不良贷款的容忍度的评价

	2014年	2013年
显著增加	13.5%	12.2%
有所增加	24.5%	35.9%
没有变化	33.1%	35.9%
有所降低	16.6%	11.5%
显著降低	9.2%	2.3%
不清楚	3.1%	2.3%

不同地区受访者反映所在银行对小微企业不良贷款的容忍度也有所不同，珠三角和长三角地区的受访者反映容忍度增加的比例高于其他地区，环渤海地区的受访者反映容忍度增加的比例是各地区中最低的。

图 56　来自不同区域的受访者对小微企业不良贷款容忍度的评价

	总体	长三角	珠三角	环渤海	中部	西部
显著增加	13.5%	11.5%	9.4%	4.9%	20.0%	20.7%
有所增加	24.5%	30.8%	34.4%	24.4%	20.0%	13.8%
没有变化	33.1%	46.2%	31.3%	34.1%	24.0%	34.5%
有所降低	16.6%	7.7%	12.5%	19.5%	28.0%	13.8%
显著降低	9.2%	3.8%	9.4%	12.2%	8.0%	10.3%
不清楚	3.1%	0	3.1%	2.4%	0	6.9%

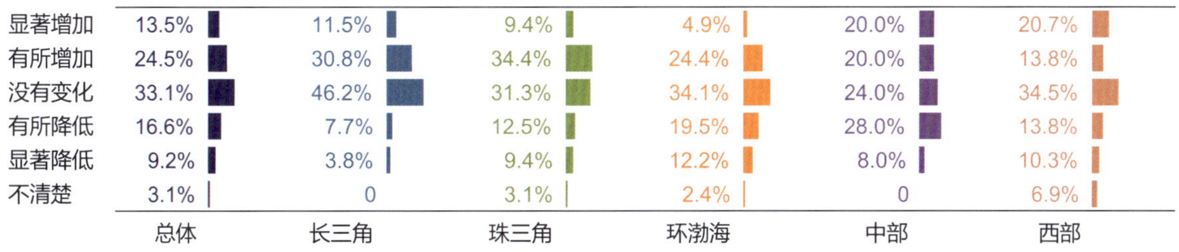

农村商业银行和股份制商业银行的受访者表示容忍度增加的比例高于其他类型的银行。

图 57　来自不同类型银行的受访者对小微企业不良贷款容忍度的评价

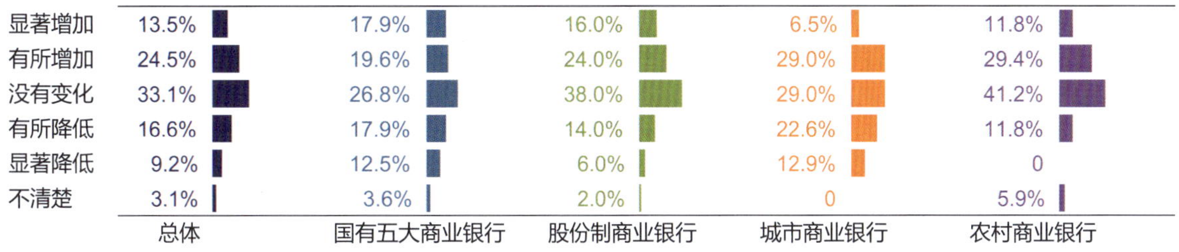

	总体	国有五大商业银行	股份制商业银行	城市商业银行	农村商业银行
显著增加	13.5%	17.9%	16.0%	6.5%	11.8%
有所增加	24.5%	19.6%	24.0%	29.0%	29.4%
没有变化	33.1%	26.8%	38.0%	29.0%	41.2%
有所降低	16.6%	17.9%	14.0%	22.6%	11.8%
显著降低	9.2%	12.5%	6.0%	12.9%	0
不清楚	3.1%	3.6%	2.0%	0	5.9%

■**小微企业贷款利率水平**

对于所在行 2014 年小微企业贷款平均利率水平较基准贷款利率上浮的情况，有超过 6 成的受访者反映上浮 20% ~ 40%，同时，选择 40% ~ 50% 以及 50% ~ 100% 区间的受访者比例相较于 2013 年明显降低。调查结果反映出 2014 年小微贷款利率上浮程度较 2013 年相对较低。值得注意的是，这一调查结果与前述在小微企业金融服务市场整体发展状况部分有关小微企业贷款利率变化情况的调查结果并不完全一致。前述调查显示，超过 4 成的受访者反映 2014 年小微企业贷款利率水平比 2013 年增加，远高于"有所降低"的27%，还有28.2%的受访者反馈"没有变化"。对此，我们认为，可能与受访者对利率变化的感知和对利率上浮区间具体数值的感知存在一定差异有关。

值得注意的是，今年受访者对贷款利率上浮情况的评价分布依然延续了前两年上浮区间从国有五大商业银

图58　受访者对小微企业贷款利率水平较基准贷款利率上浮情况的评价

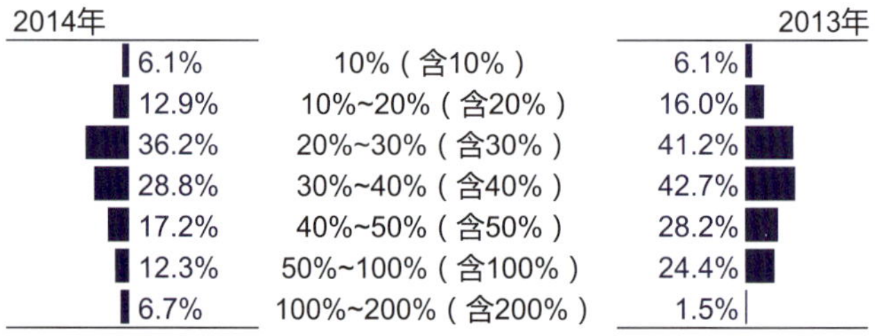

2014年		2013年
6.1%	10%（含10%）	6.1%
12.9%	10%~20%（含20%）	16.0%
36.2%	20%~30%（含30%）	41.2%
28.8%	30%~40%（含40%）	42.7%
17.2%	40%~50%（含50%）	28.2%
12.3%	50%~100%（含100%）	24.4%
6.7%	100%~200%（含200%）	1.5%

注：此问题为多选题，所有观点的比例加起来会大于1。

行到股份制商业银行，再到城市商业银行，最后到今年新增加的农村商业银行依次由低区间段向高区间段移动的特点。国有五大商业银行的受访者的选择以20%~30%为中心，类似正态分布；股份制商业银行和城市商业银行的受访者选择的上浮区间更多地集中在20%~40%，而农村商业银行的受访者选择以50%~100%这一区间最多。这反映出相较于国有五大商业银行，城市商业银行、股份制商业银行和农村商业银行在小微企业业务领域具有更强的定价优势，并且这种优势在过去三年中持续存在。

图59　来自不同类型银行的受访者对小微企业贷款利率水平较基准贷款利率上浮情况的评价

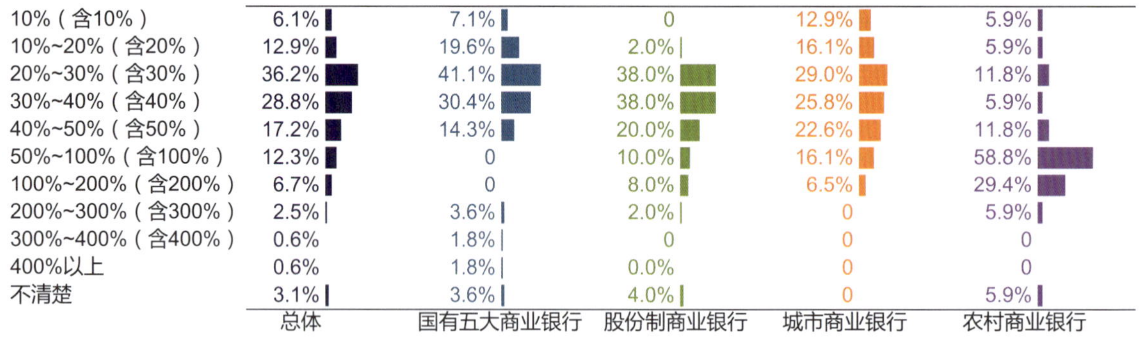

	总体	国有五大商业银行	股份制商业银行	城市商业银行	农村商业银行
10%（含10%）	6.1%	7.1%	0	12.9%	5.9%
10%~20%（含20%）	12.9%	19.6%	2.0%	16.1%	5.9%
20%~30%（含30%）	36.2%	41.1%	38.0%	29.0%	11.8%
30%~40%（含40%）	28.8%	30.4%	38.0%	25.8%	5.9%
40%~50%（含50%）	17.2%	14.3%	20.0%	22.6%	11.8%
50%~100%（含100%）	12.3%	0	10.0%	16.1%	58.8%
100%~200%（含200%）	6.7%	0	8.0%	6.5%	29.4%
200%~300%（含300%）	2.5%	3.6%	2.0%	0	5.9%
300%~400%（含400%）	0.6%	1.8%	0	0	0
400%以上	0.6%	1.8%	0.0%	0	0
不清楚	3.1%	3.6%	4.0%	0	5.9%

注：此问题为多选题，所有观点的比例加起来会大于1。

不同区域的受访者反映所在行2014年小微企业贷款平均利率水平较基准利率上浮情况差别明显。长三角和西部地区的受访者选择的上浮区间相对更加分散，而且选择高区间的受访者比例相对其他地区更高。珠三角地区的受访者选择的上浮区间相对更加集中，在20%~40%；而环渤海地区和中部地区的受访者选择的上浮区间分布更加接近。

图60　来自不同区域的受访者对小微企业贷款利率水平较基准贷款利率上浮情况的评价

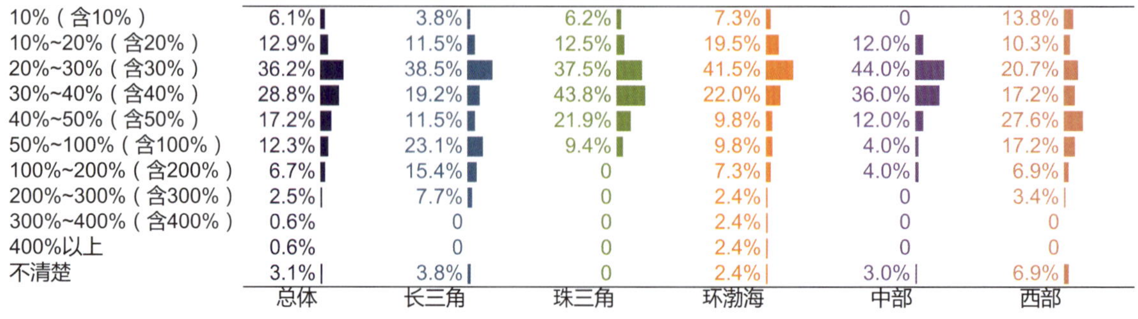

	总体	长三角	珠三角	环渤海	中部	西部
10%（含10%）	6.1%	3.8%	6.2%	7.3%	0	13.8%
10%~20%（含20%）	12.9%	11.5%	12.5%	19.5%	12.0%	10.3%
20%~30%（含30%）	36.2%	38.5%	37.5%	41.5%	44.0%	20.7%
30%~40%（含40%）	28.8%	19.2%	43.8%	22.0%	36.0%	17.2%
40%~50%（含50%）	17.2%	11.5%	21.9%	9.8%	12.0%	27.6%
50%~100%（含100%）	12.3%	23.1%	9.4%	9.8%	4.0%	17.2%
100%~200%（含200%）	6.7%	15.4%	0	7.3%	4.0%	6.9%
200%~300%（含300%）	2.5%	7.7%	0	2.4%	0	3.4%
300%~400%（含400%）	0.6%	0	0	2.4%	0	0
400%以上	0.6%	0	0	2.4%	0	0
不清楚	3.1%	3.8%	0	2.4%	3.0%	6.9%

注：此问题为多选题，所有观点的比例加起来会大于1。

■ 小微企业贷款利率水平变化的因素

去年的调查结果显示，影响小微企业贷款利率水平变化的前三位因素分别是市场资金面松紧（61.1%）、小微企业金融服务市场竞争激烈程度（46.6%）以及储蓄存款成本的变化（39.7%）。今年的调查结果与去年存在一定差异，市场资金面松紧、小微企业金融服务市场竞争激烈程度以及银行向小微企业放贷审批的松紧程度并列排在影响小微企业贷款利率水平变化的第一位因素，选择这三个因素的受访者均有46%；同时，有38.7%的受访者选择了储蓄存款成本的变化，还有36.2%的受访者选择了小微企业贷款需求的旺盛程度。

值得注意的是，选择市场资金面松紧的受访者比例显著下降，而选择银行向小微企业放贷审批的松紧程度的比例显著上升，2014年降准降息使资金面趋松，无风险利率水平下降，但数据显示小微企业贷款利率水平下降有限，这其中的原因可能来自于商业银行出于风险考虑"惜贷"程度提高而对小微企业信用风险溢价有更高的要求，这在一定程度上抵消了资金面趋松带来的利率水平下降的效应。

图61　受访者对于2014年影响小微企业贷款利率水平变化的因素的评价

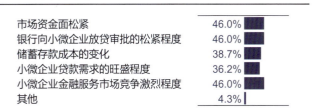

市场资金面松紧	46.0%
银行向小微企业放贷审批的松紧程度	46.0%
储蓄存款成本的变化	38.7%
小微企业贷款需求的旺盛程度	36.2%
小微企业金融服务市场竞争激烈程度	46.0%
其他	4.3%

注：此问题为多选题，所有观点的比例加起来会大于1。

■ 小微企业贷款成本

对于小微企业贷款的年化综合成本，选择6%～8%的受访者比例最高，其次是8%～10%和10%～12%，相比去年的调查，选择低成本区间的受访者比例增加，而选择高成本区间的受访者比例减少。

图62　受访者对于小微企业贷款年化综合成本的评价

2014 年		2013 年
8.0%	6%以下（含6%）	10.0%
36.8%	6%~8%（含8%）	25.4%
29.4%	8%~10%（含10%）	43.8%
18.4%	10%~12%（含12%）	20.8%
4.9%	12%~14%（含14%）	7.7%
0.6%	14%~16%（含16%）	4.6%
1.8%	16%~18%（含18%）	2.3%
4.3%	18%~20%（含20%）	3.1%
1.2%	20%~25%（含25%）	1.5%
1.2%	25%以上	1.5%
16.0%	不清楚	16.2%

注：此问题为多选题，所有观点的比例加起来会大于1。

来自不同类型银行的受访者对于所在银行小微企业贷款年化综合成本的评价略有差异，从受访者反映的成本区间段分布来看，从国有五大商业银行到股份制商业银行，再到城市商业银行，最后到农村商业银行，呈现由低区间段向高区间段移动的特点。

图 63　来自不同类型银行的受访者对小微企业贷款年化综合成本的评价

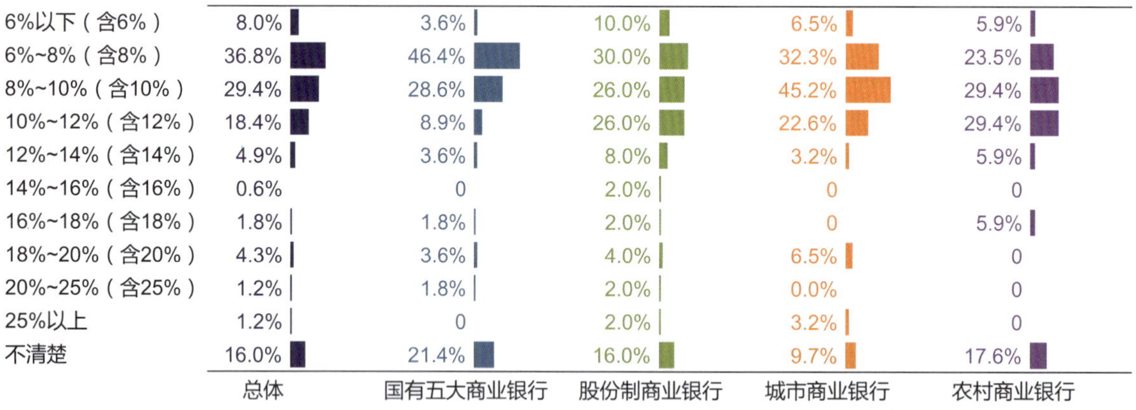

	总体	国有五大商业银行	股份制商业银行	城市商业银行	农村商业银行
6%以下（含6%）	8.0%	3.6%	10.0%	6.5%	5.9%
6%~8%（含8%）	36.8%	46.4%	30.0%	32.3%	23.5%
8%~10%（含10%）	29.4%	28.6%	26.0%	45.2%	29.4%
10%~12%（含12%）	18.4%	8.9%	26.0%	22.6%	29.4%
12%~14%（含14%）	4.9%	3.6%	8.0%	3.2%	5.9%
14%~16%（含16%）	0.6%	0	2.0%	0	0
16%~18%（含18%）	1.8%	1.8%	2.0%	0	5.9%
18%~20%（含20%）	4.3%	3.6%	4.0%	6.5%	0
20%~25%（含25%）	1.2%	1.8%	2.0%	0.0%	0
25%以上	1.2%	0	2.0%	3.2%	0
不清楚	16.0%	21.4%	16.0%	9.7%	17.6%

注：此问题为多选题，所有观点的比例加起来会大于1。

不同区域的受访者反映所在行小微企业贷款年化综合成本的分布差别不大，基本都集中在6%～12%区间，其中在6%～10%的比例最高。西部地区受访者反映的分布比较分散，6%以下的比例相较于其他地区较大。

图 64　来自不同区域的受访者对小微企业贷款年化综合成本的评价

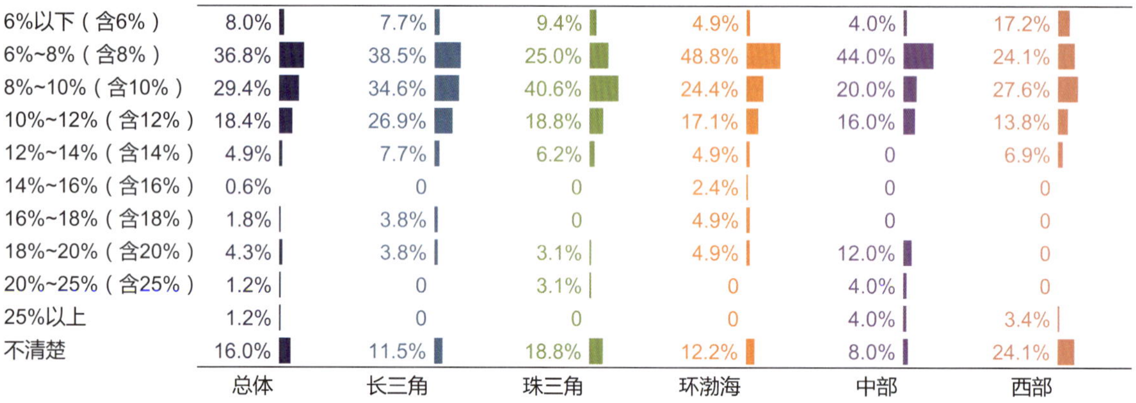

	总体	长三角	珠三角	环渤海	中部	西部
6%以下（含6%）	8.0%	7.7%	9.4%	4.9%	4.0%	17.2%
6%~8%（含8%）	36.8%	38.5%	25.0%	48.8%	44.0%	24.1%
8%~10%（含10%）	29.4%	34.6%	40.6%	24.4%	20.0%	27.6%
10%~12%（含12%）	18.4%	26.9%	18.8%	17.1%	16.0%	13.8%
12%~14%（含14%）	4.9%	7.7%	6.2%	4.9%	0	6.9%
14%~16%（含16%）	0.6%	0	0	2.4%	0	0
16%~18%（含18%）	1.8%	3.8%	0	4.9%	0	0
18%~20%（含20%）	4.3%	3.8%	3.1%	4.9%	12.0%	0
20%~25%（含25%）	1.2%	0	3.1%	0	4.0%	0
25%以上	1.2%	0	0	0	4.0%	3.4%
不清楚	16.0%	11.5%	18.8%	12.2%	8.0%	24.1%

注：此问题为多选题，所有观点的比例加起来会大于1。

■小微企业信用贷款占比

小微企业信用贷款（无担保、无抵质押）在小微企业贷款余额中的占比的调查。选择信用贷款占比10%以下的受访者占比最多，占到受访者的45.4%，选择信用贷款占比50%以上的受访者只占到6.1%。与去年的调查结果相比，10%以下的比例下降了10个百分点。选择10%～20%区间的受访者略有上升，选择20%～30%的受访

图 65　受访者对小微企业信用贷款在小微企业贷款余额中的占比的评价

2014年		2013年
45.4%	10%以下（含10%）	55.4%
17.8%	10%~20%（含20%）	16.2%
12.3%	20%~30%（含30%）	5.4%
6.1%	30%~40%（含40%）	3.1%
4.9%	40%~50%（含50%）	3.1%
6.1%	50%以上	4.6%
7.4%	不清楚	12.3%

者增加了近 10 个百分点。两年调查结果对比反映出商业银行小微企业贷款占比有所提升。

从地区分布来看，西部地区反映信用贷款占比水平高的受访者比例最高，近 2 成的受访者选择 50% 以上，而且 3 成西部地区受访者选择 10% 以下，此占比小于其他地区。长三角地区和中部地区选择信用贷款占比 10% 以下的受访者比例均在一半以上。

图66　来自不同区域的受访者对小微企业信用贷款占比的评价

	总体	长三角	珠三角	环渤海	中部	西部
10%以下（含10%）	45.4%	57.7%	46.9%	36.6%	52.0%	31.0%
10%~20%（含20%）	17.8%	7.7%	15.6%	26.8%	12.0%	20.7%
20%~30%（含30%）	12.3%	3.8%	12.5%	17.1%	16.0%	13.8%
30%~40%（含40%）	6.1%	15.4%	0	4.9%	8.0%	3.4%
40%~50%（含50%）	4.9%	3.8%	9.4%	2.4%	4.0%	6.9%
50%以上	6.1%	7.7%	3.1%	4.9%	0	17.2%
不清楚	7.4%	3.8%	12.5%	7.3%	8.0%	6.9%

不同类型银行的受访者反映的小微企业信用贷款比例分布有较大差异。国有五大商业银行受访者选择 10% 以下的比例最高，占到了 53.6%，股份制商业银行这一比例最低，为 30%，股份制商业银行、城市商业银行和农村商业银行选择高区间的受访者比例明显大于国有五大商业银行。调查反映出，小微企业贷款大部分需要担保或者抵质押，信用贷款占比较少，在国有五大商业银行尤为突出。

图67　来自不同类型银行的受访者对小微企业信用贷款占比的评价

	总体	国有五大商业银行	股份制商业银行	城市商业银行	农村商业银行
10%以下(含10%)	45.4%	53.6%	30.0%	51.6%	52.9%
10%~20%(含20%)	17.8%	21.4%	24.0%	12.9%	0
20%~30%(含30%)	12.3%	8.9%	16.0%	6.5%	11.8%
30%~40%(含40%)	6.1%	0	12.0%	6.5%	11.8%
40%~50%(含50%)	4.9%	5.4%	4.0%	6.5%	5.9%
50%以上	6.1%	1.8%	6.0%	9.7%	11.8%
不清楚	7.4%	8.9%	8.0%	6.5%	5.9%

■小微企业金融服务领域同业竞争对手

对当地最大的同业竞争对手类型的调查显示，主要三类银行的排序与去年调查结果一样，从高到低依次是股份制商业银行、城市商业银行和国有五大商业银行。超过一半的受访者选择了股份制商业银行，这一比例显著高于其他类型银行，也较去年调查的结果有显著提升，而选择国有五大商业银行和城市商业银行为最大的同业竞争对手的受访者比例均有所下降。

图68　受访者对小微企业金融服务领域同业竞争对手的评价

2014年		2013年	
国有五大商业银行	12.9%	国有五大商业银行	20.4%
股份制商业银行	52.1%	股份制商业银行	35.2%
城市商业银行	21.5%	城市商业银行	33.3%
农村商业银行	12.9%	其他	11.2%
其他	0.6%		

虽然各地区选择股份制商业银行为最大竞争对手的受访者比例都是最高的，但程度有所不同。长三角地区选择股份制商业银行和城市商业银行的受访者比例比较接近，均超过了3成。珠三角地区认为城市商业银行是最大的竞争对手的受访者比例显著低于其他地区，而中部地区认为农村商业银行是最大的竞争对手的受访者比例显著低于其他地区。

图69   来自不同区域的受访者对小微企业金融服务领域同业竞争对手的评价

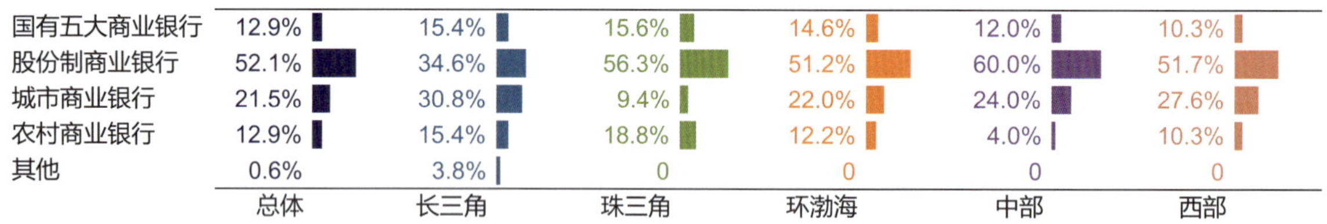

	总体	长三角	珠三角	环渤海	中部	西部
国有五大商业银行	12.9%	15.4%	15.6%	14.6%	12.0%	10.3%
股份制商业银行	52.1%	34.6%	56.3%	51.2%	60.0%	51.7%
城市商业银行	21.5%	30.8%	9.4%	22.0%	24.0%	27.6%
农村商业银行	12.9%	15.4%	18.8%	12.2%	4.0%	10.3%
其他	0.6%	3.8%	0	0	0	0

来自不同类型银行的受访者选择股份制商业银行作为最大的竞争对手的占比都是最高的，但程度有所不同。另外值得注意的是，去年的调查显示，多数城市商业银行的受访者把城市商业银行视做最大的竞争对手，而今年的调查显示占比最高的变成了股份制商业银行，这在一定程度上体现出股份制商业银行在地方的竞争力在增强。

图70   来自不同类型银行的受访者对小微企业金融服务领域同业竞争对手的评价

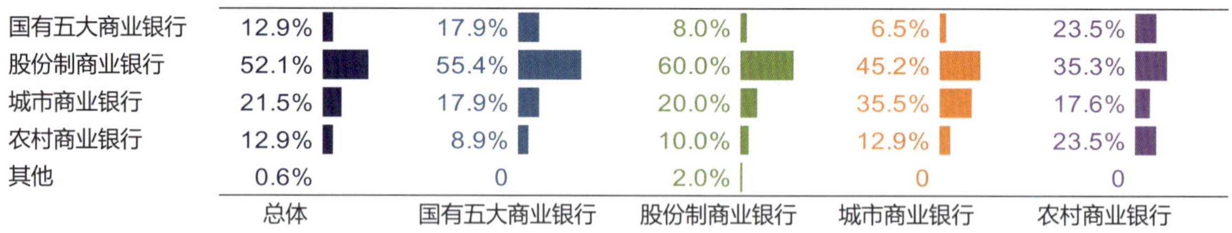

	总体	国有五大商业银行	股份制商业银行	城市商业银行	农村商业银行
国有五大商业银行	12.9%	17.9%	8.0%	6.5%	23.5%
股份制商业银行	52.1%	55.4%	60.0%	45.2%	35.3%
城市商业银行	21.5%	17.9%	20.0%	35.5%	17.6%
农村商业银行	12.9%	8.9%	10.0%	12.9%	23.5%
其他	0.6%	0	2.0%	0	0

对2014年国有五大商业银行开展小微企业业务的情况调查发现，有近3成的受访者表示没变化；近6成的受访者表示"有些变化，但是动力不足，进展不明显"。认为没有变化的受访者比例比去年的调查结果高出10个百分点，认为"变化明显，真正有动力要做了"的比例下降20个百分点。整体来看，受访者对2014年国有五大商业银行开展小微企业业务情况评价的正面程度在下降。

图71   受访者对于国有五大商业银行开展小微业务的评价

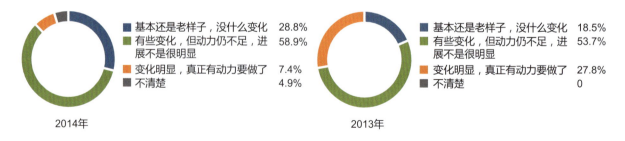

对于2014年：基本还是老样子，没什么变化 28.8%；有些变化，但动力仍不足，进展不是很明显 58.9%；变化明显，真正有动力要做了 7.4%；不清楚 4.9%

对于2013年：基本还是老样子，没什么变化 18.5%；有些变化，但动力仍不足，进展不是很明显 53.7%；变化明显，真正有动力要做了 27.8%；不清楚 0

不同银行类型来看，国有五大商业银行的受访者评价更为正面，认为"基本还是老样子，没什么变化"的比例显著低于其他类型银行的受访者比例，而认为自己"有些变化，但动力不足，进展不是很明显"和"变化明显，真正有动力要做了"的比例也显著高于其他类型银行受访者。但与去年调查结果相比，评级的正面程度也有所下降。

图72 来自不同银行类型的受访者对于国有银行开展小微业务的评价

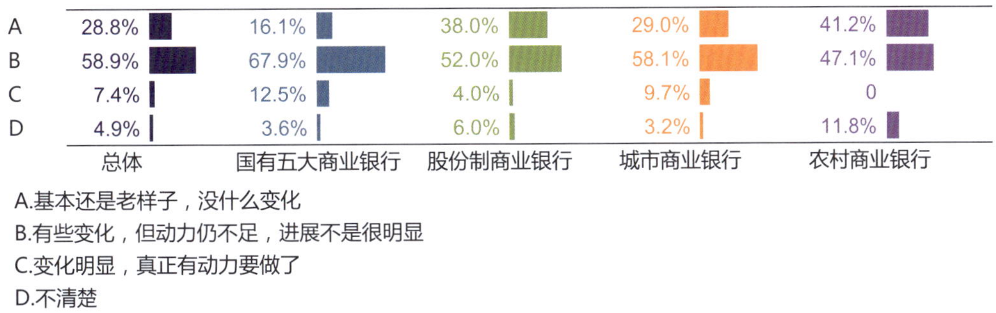

	总体	国有五大商业银行	股份制商业银行	城市商业银行	农村商业银行
A	28.8%	16.1%	38.0%	29.0%	41.2%
B	58.9%	67.9%	52.0%	58.1%	47.1%
C	7.4%	12.5%	4.0%	9.7%	0
D	4.9%	3.6%	6.0%	3.2%	11.8%

A.基本还是老样子，没什么变化
B.有些变化，但动力仍不足，进展不是很明显
C.变化明显，真正有动力要做了
D.不清楚

■商业银行小微企业金融服务面临的最大挑战

关于商业银行开展小微企业金融服务面临的最大挑战，有超过7成的受访者认为是小微企业贷款风险的上升，这反映出各类银行开展小微金融的最大障碍还是小微企业贷款的高风险。同时，有超过5成的受访者认为银行同行激烈争夺小微企业客户是其发展小微企业金融服务面临的最大挑战。值得一提的是，近两年迅速发展催生的P2P并没有被商业银行的受访者作为主要挑战，而阿里等互联网公司对于小微客户的分流作用也没有之前预想的那样高。可见，商业银行开展小微企业金融服务面临的最大挑战还是来自于小微企业本身以及银行同业，新进入的机构带来的新兴金融模式会对商业银行产生一定的影响，但到目前为止并未形成真正的挑战。我们认为，这不仅是因为新进入的机构市场渗透度尚有限，可能传递出来的更重要的信息是，这类新机构与目前传统的商业银行存在差异化的客户群定位，带来的互补可能大过竞争。

不同类型银行的受访者对于小微企业金融服务面临的最大挑战的看法有所不同，最突出的反映在农村商业银行。农村商业银行的受访者这，"小微企业需求不振""银行同行激烈争夺小微企业客户"以及"小贷等机构激烈争夺小微企业客户"这三项的比例远高于其他各类银行的同类比例，这说明农村商业银行作为以小微企业客户为主体的商业银行，其对于小微企业的需求以及小微企业客户的数量的敏感程度要高于其他几类银行。同时，由于其自身规模以及客户群体的限制，农村商业银行业更易受到小贷等机构的冲击。

图73 来自不同类型银行的受访者对于小微企业金融服务面临的最大挑战的评价

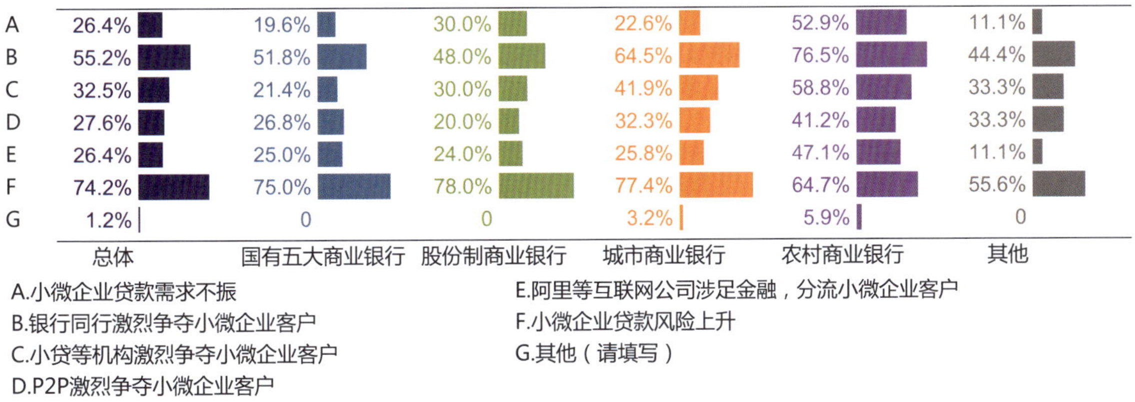

	总体	国有五大商业银行	股份制商业银行	城市商业银行	农村商业银行	其他
A	26.4%	19.6%	30.0%	22.6%	52.9%	11.1%
B	55.2%	51.8%	48.0%	64.5%	76.5%	44.4%
C	32.5%	21.4%	30.0%	41.9%	58.8%	33.3%
D	27.6%	26.8%	20.0%	32.3%	41.2%	33.3%
E	26.4%	25.0%	24.0%	25.8%	47.1%	11.1%
F	74.2%	75.0%	78.0%	77.4%	64.7%	55.6%
G	1.2%	0	0	3.2%	5.9%	0

A.小微企业贷款需求不振
B.银行同行激烈争夺小微企业客户
C.小贷等机构激烈争夺小微企业客户
D.P2P激烈争夺小微企业客户
E.阿里等互联网公司涉足金融，分流小微企业客户
F.小微企业贷款风险上升
G.其他（请填写）

来自不同地区的受访者对于小微企业金融服务面临的最大挑战的看法也不尽相同。环渤海、长三角和珠三角地区均有超过8成的受访者认为小微企业贷款风险的上升是商业银行面临的最大挑战，而中西部地区的同一比例则只有6成左右。这可能是因为不同地区小微企业风险暴露程度不一所致。同时，长三角地区的受访者认为小微企业贷款需求不振是商业银行小微企业金融服务面临的最大挑战的比例显著高于其他地区，也从一个侧面反映出长三角地区的小微企业贷款需求较前几年可能有所下降。

图74　来自不同区域的受访者对于小微企业金融服务面临的最大挑战的评价

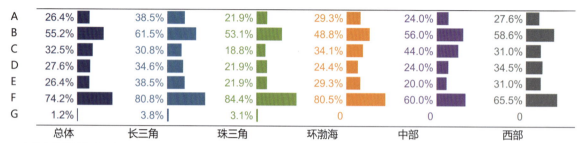

A.小微企业贷款需求不振
B.银行同行激烈争夺小微企业客户
C.小贷等机构激烈争夺小微企业客户
D.P2P激烈争夺小微企业客户
E.阿里等互联网公司涉足金融，分流小微企业客户
F.小微企业贷款风险上升
G.其他（请填写）

（二）小微企业金融服务工作状况

■小微企业金融服务专营机构设立对工作的影响

关于小微企业金融服务专营机构的设立的影响，有接近一半的受访者表示专营机构的设立对工作有影响。近4成受访者表示基本没什么影响。这一结果与去年调查差别不大。还有超过1成的受访者表示现在不怎么提专营机构了。

图75　受访者对小微企业金融服务专营机构设立后影响的评价

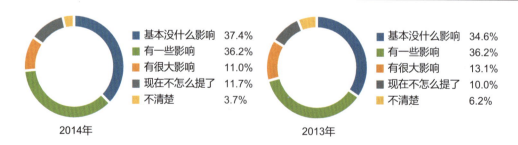

各类商业银行中，股份制商业银行有一半的受访者表示有影响，在所有类型银行中占比最高。城市商业银行的受访者中，表示小微企业金融服务专营机构的设立对工作"基本没什么影响"是各类银行中最高的。农村商业银行的受访者中认为小微企业金融服务专营机构的设立对工作"有很大影响"的比重为23.5%，显著高于其他类型银行。国有五大商业银行的受访者中表示"现在不怎么提专营机构了"的比例是各类银行中最高的。

图76　来自不同银行类型的受访者对小微企业金融服务专营机构设立后影响的评价

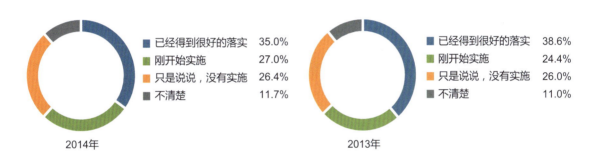

	总体	五大国有商业银行	股份制商业银行	城市商业银行	农村商业银行
基本没什么影响	37.4%	32.1%	40.0%	45.2%	35.3%
有一些影响	36.2%	39.3%	40.0%	29.0%	23.5%
有很大影响	11.0%	7.1%	10.0%	16.1%	23.5%
现在不怎么提专营机构了	11.7%	14.3%	8.0%	9.7%	11.8%
不清楚	3.7%	7.1%	2.0%	0	5.9%

■ 小微企业信贷尽职免责制度

在小微企业金融服务中推行尽职免责制度是监管层鼓励的方向，调查中有不到 4 成的受访者表示小微企业信贷尽职免责制度已经得到很好的落实，有近 3 成表示刚开始实施。与去年调查结果没有显著差异。说明商业银行小微企业金融服务的尽职免责制度 2014 年总体上没有明显进展。

图77　受访者对所在银行实施小微企业信贷尽职免责制度的评价

2014年

- 已经得到很好的落实　35.0%
- 刚开始实施　27.0%
- 只是说说，没有实施　26.4%
- 不清楚　11.7%

2013年

- 已经得到很好的落实　38.6%
- 刚开始实施　24.4%
- 只是说说，没有实施　26.0%
- 不清楚　11.0%

来自不同类型银行的受访者对所在银行小微企业信贷尽职免责制度推行情况的评价存在差异，农村商业银行表示尽职免责制度已经得到很好实施的受访制比例超过 5 成，股份制商业银行持这一看法的比例也接近 5 成；国有五大商业银行和城市商业银行的这一看法占比仅为 26.8% 和 19.4%。而且，城市商业银行、国有五大商业银行仍有超过 3 成的受访者表示小微企业金融服务尽职免责制度"只是说说，没有实施"。由此可以看到，商业银行小微企业信贷尽职免责制度离真正落实尚有距离。

图78　来自不同类型银行的受访者对所在银行实施小微企业信贷尽职免责制度的评价

	总体	国有五大商业银行	股份制商业银行	城市商业银行	农村商业银行
已经得到很好的落实	35.0%	26.8%	48.0%	19.4%	52.9%
刚开始实施	27.0%	26.8%	24.0%	38.7%	23.5%
只是说说，没有实施	26.4%	32.1%	16.0%	32.3%	23.5%
不清楚	11.7%	14.3%	12.0%	9.7%	0

■ 小微金融经理人工作压力状况

（1）小微企业贷款业绩压力。调查中发现，接近 8 成的受访者表示 2014 年小微企业贷款业绩压力较 2013 年增加。与去年调查相比，业绩压力增加的程度有所降低。

图 79 受访者对小微企业贷款业绩压力的评价

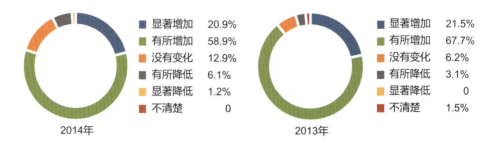

	2014年		2013年
显著增加	20.9%	显著增加	21.5%
有所增加	58.9%	有所增加	67.7%
没有变化	12.9%	没有变化	6.2%
有所降低	6.1%	有所降低	3.1%
显著降低	1.2%	显著降低	0
不清楚	0	不清楚	1.5%

在各类银行中，农村商业银行的受访者感知业绩压力增加的程度最高，100%的受访者均表示业绩压力增加，其中，有超过4成的受访者反应业绩压力显著增加。国有五大商业银行的受访者表示业绩压力增加的受访者比例在各类银行中最低，还有14.3%的受访者表示业绩压力降低，显著高于其他类型的银行。

图 80 来自不同类型银行的受访者对小微企业贷款业绩压力的评价

	总体	国有五大商业银行	股份制商业银行	城市商业银行	农村商业银行
显著增加	20.9%	14.3%	20.0%	29.0%	41.2%
有所增加	58.9%	58.9%	62.0%	48.4%	58.8%
没有变化	12.9%	12.5%	12.0%	19.4%	0
有所降低	6.1%	12.5%	4.0%	3.2%	0
显著降低	1.2%	1.8%	2.0%	0	0

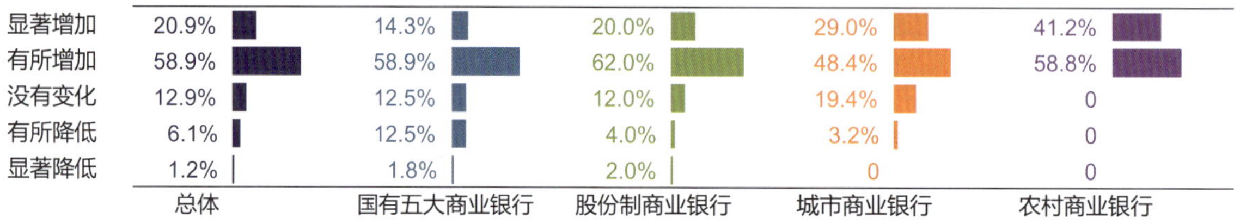

从区域分类来看，只有珠三角地区受访者认为业绩压力增加的比例低于总体比例，其余地区均超过8成的受访者认为压力增加。珠三角地区有超过2成的受访者表示小微企业贷款业绩压力降低，显著高于其他地区。

图 81 来自不同区域的受访者对小微企业贷款业绩压力的评价

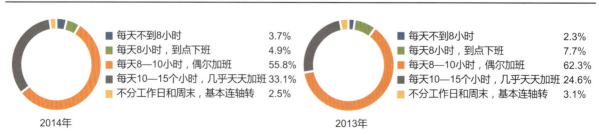

	总体	长三角	珠三角	环渤海	中部	西部
显著增加	20.9%	30.8%	12.5%	22.0%	32.0%	13.8%
有所增加	58.9%	53.8%	50.0%	61.0%	48.0%	72.4%
没有变化	12.9%	11.5%	15.6%	14.6%	16.0%	10.3%
有所降低	6.1%	3.8%	15.6%	2.4%	4.0%	3.4%
显著降低	1.2%	0	6.3%	0	0	0

（2）2014年平均一天的工作强度。9成的商业银行小微金融经理人反映2014年每天工作时间在8小时以上，10小时以上工作时间的占比超3成。工作10—15小时以上的比例比去年的调查结果增加近10个百分点。由此可见2014年小微金融经理人的工作强度较2013年有所增大。

图 82 受访者对于工作时间的评价

	2014年		2013年
每天不到8小时	3.7%	每天不到8小时	2.3%
每天8小时，到点下班	4.9%	每天8小时，到点下班	7.7%
每天8—10小时，偶尔加班	55.8%	每天8—10小时，偶尔加班	62.3%
每天10—15个小时，几乎天天加班	33.1%	每天10—15个小时，几乎天天加班	24.6%
不分工作日和周末，基本连轴转	2.5%	不分工作日和周末，基本连轴转	3.1%

中部地区、环渤海地区工作 10 小时以上的受访者接近一半，在所有地区中占比最高，珠三角地区和西部地区也有超过 3 成的受访者表示"每天 10—15 个小时，几乎天天加班"，工作强度较大。

图83　来自不同区域的受访者对于工作时间的评价

	总体	长三角	珠三角	环渤海	中部	西部
每天不到8小时	11.0%	3.8%	3.1%	7.3%	0	3.4%
每天8小时，到点下班	40.5%	3.8%	9.4%	4.9%	0	6.9%
每天8—10小时，偶尔加班	23.3%	76.9%	53.1%	41.5%	52.0%	55.2%
每天10—15个小时，几乎天天加班	21.5%	15.4%	31.3%	43.9%	44.0%	31.0%
不分工作日和周末，基本连轴转	3.7%	0	3.1%	2.4%	4.0%	3.4%

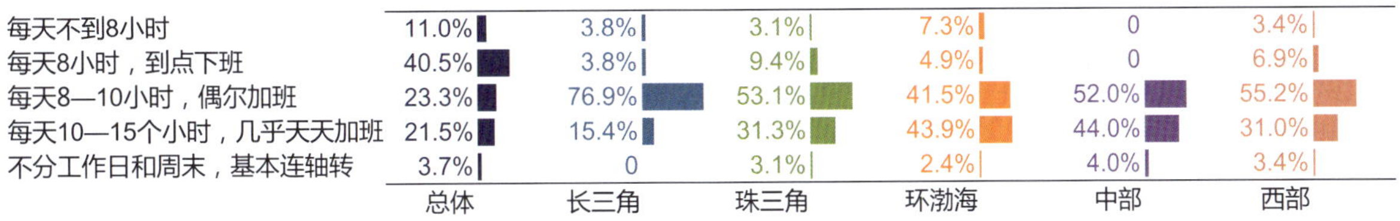

不同银行类型工作强度也有较大差异。股份制银行的小微金融经理人平均工作时间最长，所有的受访者工作时间均在 8 小时以上，有一半的受访者表示"每天 10—15 个小时，几乎天天加班"。

图84　来自不同类型银行的受访者对于工作时间的评价

	总体	国有五大商业银行	股份制商业银行	城市商业银行	农村商业银行
每天不到8小时	3.7%	1.8%	0	9.7%	5.9%
每天8小时，到点下班	4.9%	10.7%	0	3.2%	5.9%
每天8~10小时，偶尔加班	55.8%	60.7%	48.0%	48.4%	70.6%
每天10~15个小时，几乎天天加班	33.1%	23.2%	50.0%	35.5%	17.6%
不分工作日和周末，基本连轴转	2.5%	3.6%	2.0%	3.2%	0

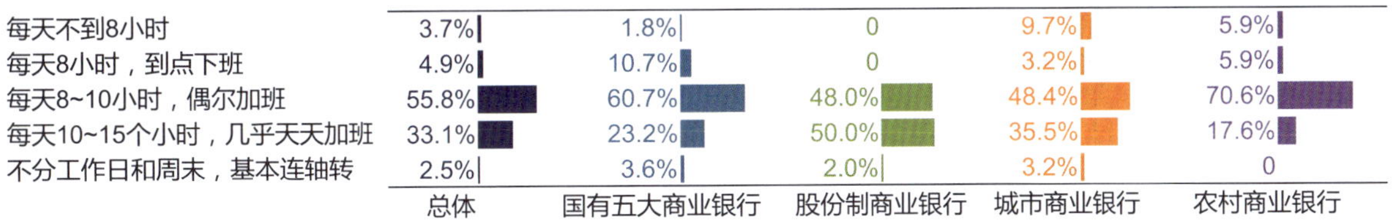

■从事小微企业金融服务收入报酬

在对小微金融经理人的收入水平调查中发现，65% 受访者表示收入水平比做大中型企业客户的同事低，只有不到 1 成小微金融经理人表示比做大中型企业客户的同事高。整体上与去年的调查结果类似。值得注意的是，有 22.7% 的受访者认为低很多，比去年的调查结果高出 5.3 个百分点。结合前面分析的小微金融经理人的工作时间和强度，可以发现小微金融经理人的工作压力与收入水平不匹配。

图85　受访者对于收入水平与做大中型企业客户的同事对比的评价

2014年
低很多	22.7%
略低一些	42.3%
基本持平	21.5%
略高一些	5.5%
高很多	0.6%
不清楚	7.4%

2013年
低很多	17.4%
略低一些	47.0%
基本持平	28.7%
略高一些	6.1%
高很多	0.9%
不清楚	0

来自不同地区的受访者在这一问题上的反馈也有差异。珠三角地区有接近 8 成的受访者反映他们的收入水平低于主要做大中型企业客户的同事。这一比例明显高于其他地区。环渤海和中部地区的受访者反映他们的收入与做大中型企业客户的同时持平的比例相对更高。

图 86　来自不同区域的受访者对于收入水平与做大中型企业客户的同事对比的评价

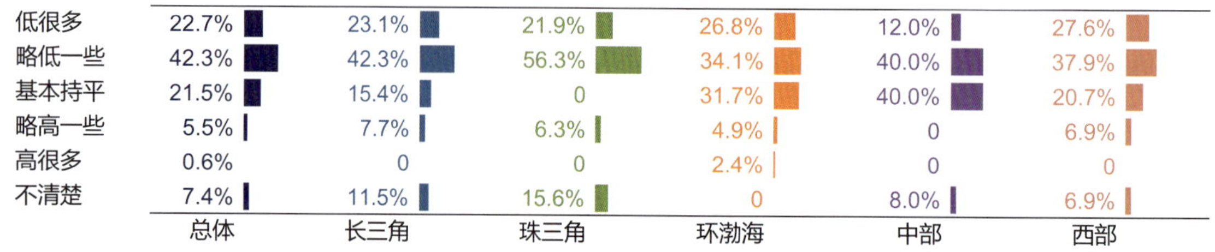

	总体	长三角	珠三角	环渤海	中部	西部
低很多	22.7%	23.1%	21.9%	26.8%	12.0%	27.6%
略低一些	42.3%	42.3%	56.3%	34.1%	40.0%	37.9%
基本持平	21.5%	15.4%	0	31.7%	40.0%	20.7%
略高一些	5.5%	7.7%	6.3%	4.9%	0	6.9%
高很多	0.6%	0	0	2.4%	0	0
不清楚	7.4%	11.5%	15.6%	0	8.0%	6.9%

来自不同类型银行的受访者在这一问题上也存在差异。股份制商业银行中有超过 7 成的受访者认为收入水平低于主要做大中型企业客户的同事，其中有 30% 的受访者认为低很多。持这一观点的比例高于其他类型银行。而农村商业银行中有 5.9% 的受访者认为收入高很多，明显高于其他类型银行。

图 87　来自不同类型银行的受访者对于收入水平与做大中型企业客户的同事对比的评价

	总体	国有五大商业银行	股份制商业银行	城市商业银行	农村商业银行
低很多	22.7%	26.8%	30.0%	16.1%	5.9%
略低一些	42.3%	39.3%	42.0%	35.5%	52.9%
基本持平	21.5%	25.0%	12.0%	32.3%	29.4%
略高一些	5.5%	5.4%	8.0%	6.5%	0
高很多	0.6%	0	0	0	5.9%
不清楚	7.4%	3.6%	8.0%	9.7%	5.9%

在问及小微金融经理人觉得做小微企业业务报酬是否合理时，仅有不到 3 成的小微金融经理人表示合理，比去年的调查结果下降 11.4 个百分点。表示不合理或者很不合理的受访者比例超过 6 成，比去年的调查结果增加 10.6 个百分点。

图 88　受访者对从事小微企业金融服务收入报酬合理性的评价

2014年		2013年	
合理	28.8%	合理	40.2%
不太合理	49.7%	不太合理	46.5%
很不合理	12.9%	很不合理	5.5%
不清楚	8.6%	不清楚	7.9%

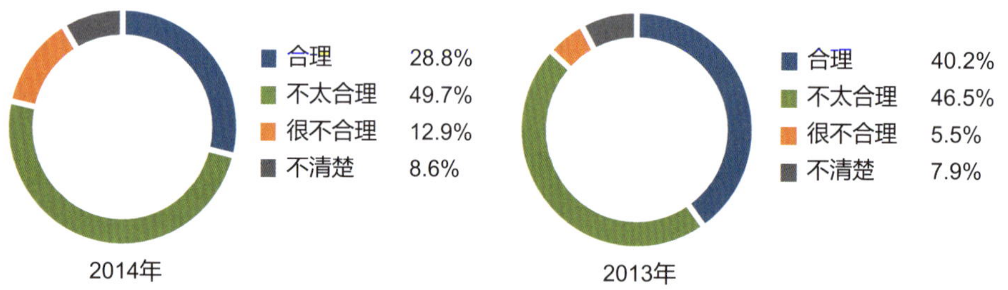

但是农村商业银行中有近 6 成的小微金融经理人表示收入合理，在所有类型银行中是最高的。国有五大商业银行和城市商业银行这一比例仅略超 2 成。城市商业银行有 25.8% 的受访者表示收入很不合理，而农村商业银行没有受访者认为很不合理。可见，不同类型的银行由于业务侧重点的不同，导致小微金融经理人的收入差别大。

图 89　来自不同类型银行的受访者对从事小微企业金融服务收入报酬合理性的评价

	总体	国有五大商业银行	股份制商业银行	城市商业银行	农村商业银行
合理	37.4%	21.4%	30.0%	22.6%	58.8%
不太合理	36.2%	62.5%	46.0%	48.4%	29.4%
很不合理	11.0%	12.5%	8.0%	25.8%	0
不清楚	11.7%	3.6%	16.0%	3.2%	11.8%

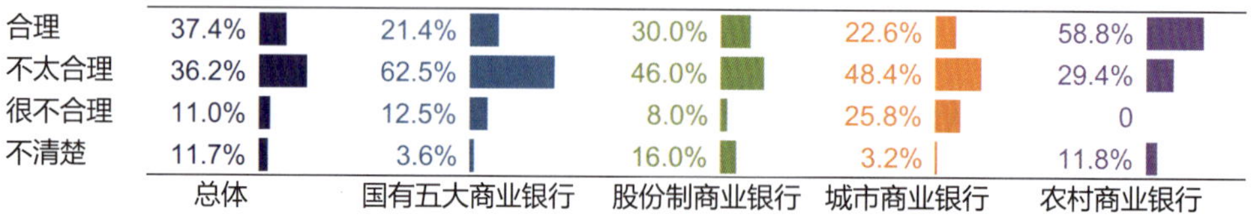

　　来自不同地区的受访者对于从事小微企业金融服务收入报酬合理性的评价也有不同。珠三角地区的受访者相较于其他地区更倾向于认为报酬不合理。来自环渤海地区的受访者中有 24.2% 认为收入很不合理。这一比例明显高于其他地区。同时来自长三角地区的受访者相较于其他地区，更倾向于认为报酬合理。

图90　来自不同区域的受访者对从事小微企业金融服务收入报酬合理性的评价

	总体	长三角	珠三角	环渤海	中部	西部
合理	28.8%	42.3%	21.9%	34.1%	20.0%	27.6%
不太合理	49.7%	46.2%	56.3%	39.0%	52.0%	48.3%
很不合理	12.9%	3.8%	9.4%	24.4%	8.0%	17.2%
不清楚	8.6%	7.7%	12.5%	2.4%	20.0%	6.9%

■ 小微企业业务的条线归属

　　总体而言，表示所在银行小微企业业务部门归属公司业务线和零售业务线的受访者比例基本相同，分别达到35.6%和36.2%，这两项比例要比去年调查结果各高出近10个百分点。而表示所在银行小微企业业务归属公司和零售均有，一定规模以下的小微企业已划到零售业务线管理的比例则从43.5%下降到23.9%。

图91　受访者对从事小微企业业务的条线归属的评价

2014年		2013年	
■ 公司业务线	35.6%	■ 公司业务线	26.7%
■ 零售业务线	36.2%	■ 零售业务线	24.4%
■ 公司和零售都有	23.9%	■ 公司和零售都有	43.5%
■ 不清楚	4.3%	■ 不清楚	5.3%

　　来自不同类型银行的受访者反映所在银行小微企业业务的归属有所不同，有超过 6 成来自国有五大商业银行的受访者表示属于公司业务线，这一比例远远超过其他类型的银行。而来自股份制商业银行和农村商业银行的受访者中，均有半数左右反映归属于零售业务线。

图92　来自不同类型银行的受访者对从事小微企业业务的条线归属的评价

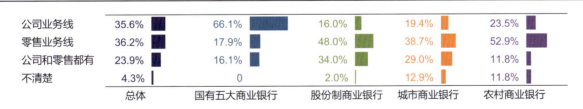

	总体	国有五大商业银行	股份制商业银行	城市商业银行	农村商业银行
公司业务线	35.6%	66.1%	16.0%	19.4%	23.5%
零售业务线	36.2%	17.9%	48.0%	38.7%	52.9%
公司和零售都有	23.9%	16.1%	34.0%	29.0%	11.8%
不清楚	4.3%	0	2.0%	12.9%	11.8%

　　在反映小微企业业务属于公司业务线的受访者中，超 6 成的受访者表示小微企业业务与零售业务有一些合作，但是不是很多。分银行类型来看，国有五大商业银行受访者选择"没有联动，各干各的"的比重接近 2 成，高于其他类型银行；城市商业银行中选择"有很多合作与联动"的受访者占一半，是所有类型银行中最高的。

图 93　来自不同类型银行受访者对小微企业业务与零售业务合作的评价

	总体	国有五大商业银行	股份制商业银行	城市商业银行	农村商业银行
没有，各干各的	16.9%	18.9%	11.1%	0	0
有一些，不是很多	62.7%	62.2%	77.8%	50.0%	75.0%
有很多合作与联动	20.3%	18.9%	11.1%	50.0%	25.0%

■贷款审批所需时间

　　总体上看，反映小微贷款审批（从收齐资料起）平均需要的审批时间是一周左右的受访者占比最高，占到受访者的 32.5%；1—3 天的占比 22.7%；需要半月以上的占比 23.9%。与去年的调查结果相比，选择长时间段的受访者比例有所增加。

图 94　受访者对贷款审批所需时间的评价

	2014年		2013年
1—3天	22.7%		19.5%
一周左右	32.5%		43.1%
10—15天	20.9%		24.4%
15天以上	23.9%		13.0%

　　从受访者反馈来看，农村商业银行的审批效率最高，所需时间最少，城市商业银行的审批效率次之，股份制商业银行排在第三，国有五大商业银行审批效率最低。农村商业银行超过 6 成的受访者表示只需要 1—3 天，而国有五大商业银行这一比例不到 1 成，并且国有五大商业银行选择半个月以上的比例接近 4 成。

图 95　来自不同类型银行的受访者对贷款审批所需时间的评价

	总体	国有五大商业银行	股份制商业银行	城市商业银行	农村商业银行
1—3天	22.7%	7.1%	24.0%	29.0%	64.7%
一周左右	32.5%	26.8%	34.0%	45.2%	17.6%
10—15天	20.9%	28.6%	18.0%	22.6%	11.8%
半个月以上	23.9%	37.5%	24.0%	3.2%	5.9%

　　不同地区的审批时间也有显著差异，长三角地区的商业银行审批效率最高，有超过一半的受访者表示只需要 1—3 天，而在中部地区只有 8% 的受访者表示需要 1—3 天。珠三角地区和环渤海地区有 3 成的受访者表示需要半个月以上。

图 96　来自不同区域的受访者对贷款审批所需时间的评价

	总体	长三角	珠三角	环渤海	中部	西部
1—3天	22.7%	53.8%	15.6%	26.8%	8.0%	10.3%
一周左右	32.5%	23.1%	28.1%	29.3%	36.0%	51.7%
10—15天	20.9%	3.8%	25.0%	14.6%	32.0%	24.1%
15天以上	23.9%	19.2%	31.3%	29.3%	24.0%	13.8%

■小微企业信用风险管理

（1）小微企业信用风险管理使用的数据和信息。当问及所在银行目前小微企业信用风险评价主要使用哪方面的数据和信息时，有近6成的受访者反映所在银行在小微企业的信用风险评价中越来越重视多维数据的价值。而反映更侧重小微企业本身的信息、小微企业主的信息和二者同样重要的比例基本相同，均在4成左右。其中，反映小微企业主的信息更为重要的比例略高于其他两项，占比达45.4%。

不同类型银行的受访者反映所在银行小微企业信用风险评价中的信息侧重点略有不同，主要体现在国有五大商业银行的受访者，反映小微企业本身和小微企业主信息同样重要的比例相对更高，而农村商业银行的受访者反映小微企业主的信息更为重要的比例相对更高，这种差异也反映出两类银行小微企业客户的特点，相对于国有五大商业银行，农村商业银行的小微企业客户更小，企业的信用状况与企业主个人信用状况的关系更加紧密。另外，国有五大商业银行和股份制商业银行的受访者反映所在银行越来越重视多维度数据价值的比例也显著高于其他类型的银行，这也表明这两类银行在供应链金融以及基于大数据进行小微企业风险管理方面较其他类型银行更具优势。

图97　来自不同类型银行的受访者对小微企业信用风险评价中的信息侧重点的评价

	总体	国有五大商业银行	股份制商业银行	城市商业银行	农村商业银行
A	39.9%	37.5%	40.0%	32.3%	35.3%
B	45.4%	41.1%	48.0%	48.4%	58.8%
C	41.7%	48.2%	36.0%	38.7%	47.1%
D	57.1%	64.3%	62.0%	48.4%	47.1%

A.更侧重于小微企业本身的信息（如财务数据、经营状况、所在行业等），小微企业主的信息只是辅助参考

B.更侧重于小微企业主的信息（如信用记录、人品等），小微企业本身的信息也会关注，但不是决定性的

C.小微企业和小微企业主的信息同等重要，没有特别侧重哪方面

D.越来越重视多维度数据的价值，除了企业自己提供的数据，还从上下游客户、电商平台、商会、工商税务等第三方机构获取数据用于信用风险评价

注：此问题为多选题，所有观点的比例加起来会大于1。

（2）小微企业信用风险管理中量化模型的使用情况。在小微企业信用风险管理中使用模型这一问题上，近3成的受访者表示没有建立量化模型，基本还是靠人经验判断。已经使用打分卡，能量化的指标自动打分，不能量化的指标人工打分，以综合得分为依据作判断的也占到25.8%；已经针对特定的小微客户群，基于数据建立了量化模型，但评分结果有时仍需要人工调整的比例接近3成；完全实现自动的信用评分，不需要人工调整的占比不到1成。即已经开始使用量化评价的受访者占比超过6成。其中，农村商业银行受访者中选择"还没有建立量化模型，基本还是靠人经验判断"比例最高，达到了近6成。相对而言，国有五大商业银行和股份制商业银行的受访者表示在小微企业信用风险管理中运用量化模型的比例要高于其他类型的银行。

图98 来自不同类型银行的受访者对小微企业信用风险管理模型使用的情况

	总体	国有五大商业银行	股份制商业银行	城市商业银行	农村商业银行
A	28.8%	19.6%	24.0%	29.0%	58.8%
B	25.8%	28.6%	34.0%	22.6%	0
C	28.2%	32.1%	24.0%	38.7%	17.6%
D	8.6%	10.7%	12.0%	3.2%	5.9%
E	8.6%	8.9%	6.0%	6.5%	17.6%

A.还没有建立量化模型，基本还是靠人经验判断
B.已经使用打分卡，能量化的指标自动打分，不能量化的指标人工打分，以综合得分为依据作判断
C.已经针对特定的小微客户群，基于数据建立了量化模型，但评分结果有时仍需要人工调整
D.已经针对特定的小微客户群，基于数据建立了量化模型，可以实现完全自动的信用评分，不需要人工调整
E.不清楚

■小微企业客户细分管理进展

商业银行在小微企业客户细分管理方面，3成的受访者表示没有听说或还没有开始客户细分管理，比去年的调查结果高出17个百分点。近7成的受访者表示所在行重视客户细分管理，其中16%的受访者表示所在行高度重视客户细分管理，这一比例比去年的调查结果降低8.4个百分点。

图99 受访者对于小微企业客户细分管理的评价

2014年
A 16.0%
B 14.1%
C 49.1%
D 16.0%
E 4.9%

2013年
A 6.3%
B 7.1%
C 59.8%
D 24.4%
E 2.4%

A.没有听说要进行客户细分管理
B.小微企业客户分布广泛且随机，还没关注客户细分管理
C.开始重视客户细分管理，但落实起来不太容易，要实现预期效果还需要一个过程
D.高度重视客户细分管理，有规划地开发具有共性或相关性的客户群，并提供针对性的服务，收效显著
E.不清楚

城市商业银行和国有五大商业银行分别有77.4%和73.2%的受访者表示重视客户细分管理，显著高于其他银行。

图100 来自不同类型银行的受访者对于小微企业客户细分管理的评价

	总体	国有五大商业银行	股份制商业银行	城市商业银行	农村商业银行
A	16.0%	8.9%	20.0%	9.7%	17.6%
B	14.1%	12.5%	16.0%	9.7%	29.4%
C	49.1%	53.6%	40.0%	67.7%	41.2%
D	16.0%	19.6%	18.0%	9.7%	5.9%
E	4.9%	5.4%	6.0%	3.2%	5.9%

A.没有听说要进行客户细分管理
B.小微企业客户分布广泛且随机，还没关注客户细分管理
C.开始重视客户细分管理，但落实起来不太容易，要实现预期效果还需要一个过程
D.高度重视客户细分管理，有规划地开发具有共性或相关性的客户群，并提供针对性的服务，收效显著
E.不清楚

珠三角地区和长三角地区分别有 78.1% 和 73% 受访者表示重视客户细分管理，显著高于其他地区。反映出经济发达地区的银行对于客户细分管理意识更强。

图101　来自不同区域的受访者对于小微企业客户细分管理的评价

A.没有听说要进行客户细分管理
B.小微企业客户分布广泛且随机，还没关注客户细分管理
C.开始重视客户细分管理，但落实起来不太容易，要实现预期效果还需要一个过程
D.高度重视客户细分管理，有规划地开发具有共性或相关性的客户群，并提供针对性的服务，收效显著
E.不清楚

■增加小微企业客户黏性的措施

在问及商业银行有没有推出一些举措来提高小微企业客户忠诚度，增强客户黏性时，有近 7 成的受访者表示有举措，但比去年的调查结果降低近 10 个百分点。在不同的地区也表现出不同的情况，长三角、珠三角地区有 8 成受访者表示有举措，而在西部地区这一比例只有 5 成。不同类型的商业银行也有差异，股份制银行有近 8 成的受访者表示已经"推出一些举措来提高小微企业客户忠诚度，增强客户黏性"。而在国有五大商业银行这一比例不到 6 成。

图102　来自不同类型银行的受访者对于增加客户黏性的评价

图103　来自不同区域的受访者对于增加客户黏性的评价

对于银行为了增强小微企业客户黏性所采取的具体措施，排在第一位的是"实施交叉营销，让企业和企业主更多地适用本行的金融产品和服务"，在去年的调查中该措施也是排在第一位，可见"实施交叉营销"是商业银行近几年很重视的措施；排在第二位的是"提供贷款费率优惠"，该项措施在去年的调查中仅排在第五位；排在第三位的是"提供其他业务优惠（如理财、结算业务）"，该项措施在去年的调查中也排在第三位。

图104　受访者对于增强小微企业客户黏性的具体措施的评价

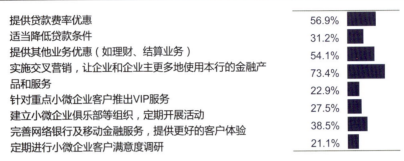

提供贷款费率优惠	56.9%
适当降低贷款条件	31.2%
提供其他业务优惠（如理财、结算业务）	54.1%
实施交叉营销，让企业和企业主更多地使用本行的金融产品和服务	73.4%
针对重点小微企业客户推出VIP服务	22.9%
建立小微企业俱乐部等组织，定期开展活动	27.5%
完善网络银行及移动金融服务，提供更好的客户体验	38.5%
定期进行小微企业客户满意度调研	21.1%

注：此问题为多选题，所有观点的比例加起来会大于1。

按银行类型划分，在"实施交叉营销，让企业和企业主更多地使用本行的金融产品和服务"这一措施上，来自国有五大商业银行和股份制银行的受访者选中的比例明显高于其他几类商业银行，这与我们在银行从事小微企业业务的动力来源中发现的国有五大商业银行和股份制银行的受访者倾向于交叉营销是一致的；而在"提供贷款费率优惠"这一措施上，国有五大商业银行和城市商业银行受访者选中的比例明显低于股份制商业银行和农村商业银行，其中，农村商业银行的受访者选中的比例超过8成；此外，有超过5成的来自农村商业银行的受访者表示为了增强黏性愿意适当降低贷款条件，这一比例远高于其他几类商业银行，但愿意通过"其他业务优惠""完善网络银行及移动金融服务，提供更好的"以及"定期进行小微企业客户满意度调研"的比例却均低于其他几类商业银行，从而可以看出农村商业银行在增强小微企业客户黏性的措施方面所具备的特点；最后，国有五大商业银行更加注重定期进行小微企业客户满意度调研，这是其他各类银行很少做到的。

图105　来自不同类型银行的受访者对于增强小微企业客户黏性的具体措施的评价

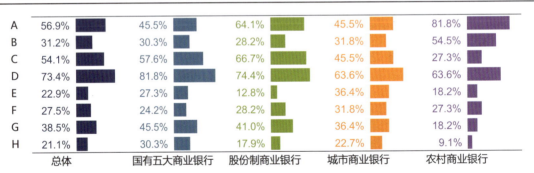

	总体	国有五大商业银行	股份制商业银行	城市商业银行	农村商业银行
A	56.9%	45.5%	64.1%	45.5%	81.8%
B	31.2%	30.3%	28.2%	31.8%	54.5%
C	54.1%	57.6%	66.7%	45.5%	27.3%
D	73.4%	81.8%	74.4%	63.6%	63.6%
E	22.9%	27.3%	12.8%	36.4%	18.2%
F	27.5%	24.2%	28.2%	31.8%	27.3%
G	38.5%	45.5%	41.0%	36.4%	18.2%
H	21.1%	30.3%	17.9%	22.7%	9.1%

A.提供贷款费率优惠

B.适当降低贷款条件

C.提供其他业务优惠（如理财、结算业务）

D.实施交叉营销，让企业和企业主更多地使用本行的金融产品和服务

E.针对重点小微企业客户推出VIP服务

F.建立小微企业俱乐部等组织，定期开展活动

G.完善网络银行及移动金融服务，提供更好的客户体验

H.定期进行小微企业客户满意度调研

注：此问题为多选题，所有观点的比例加起来会大于1。

■互联网金融方面的动作

为了更好地适应互联网金融发展，各商业银行在2014年在互联网金融方面都在进行自己的战略布局。与去年的调查结果比较，启动互联网金融业务的银行比例增加。表示已经启动互联网金融业务的受访者比例比去年的调查结果高出 11 个百分点。

图 106 受访者对于商业银行 2014 年在互联网金融方面的动作的评价

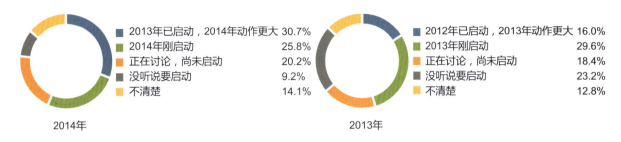

2014年		2013年	
2013年已启动，2014年动作更大	30.7%	2012年已启动，2013年动作更大	16.0%
2014年刚启动	25.8%	2013年刚启动	29.6%
正在讨论，尚未启动	20.2%	正在讨论，尚未启动	18.4%
没听说要启动	9.2%	没听说要启动	23.2%
不清楚	14.1%	不清楚	12.8%

　　近 6 成的受访者表示已经启动，比去年的调查比例提高近 2 成。国有五大商业银行和股份制银行的动作较大，有超 6 成的受访者表示已经开始启动互联网金融的动作，而在农村商业银行这一比例只有 2 成多。

图 107 来自不同类型银行的受访者对于商业银行 2014 年在互联网金融方面的动作的评价

	总体	国有五大商业银行	股份制商业银行	城市商业银行	农村商业银行
2013年已启动，2014年动作更大	30.7%	41.4%	40.0%	16.1%	5.9%
2014年刚启动	25.8%	23.2%	22.0%	38.7%	17.6%
正在讨论，尚未启动	20.2%	12.5%	18.0%	22.6%	47.1%
没听说要启动	9.2%	5.4%	10.0%	12.9%	11.8%
不清楚	14.1%	17.9%	10.0%	9.7%	17.6%

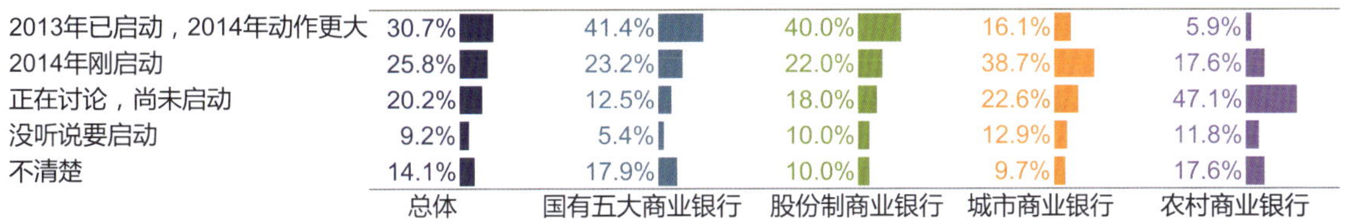

　　关于商业银行互联网金融方面的具体动作，根据受访者选择的频次，排在前三位的分别是"推出基于互联网的快速贷款产品""推出直销银行"和"自建 P2P 平台"，另有近 3 成的受访者选择"与电商金融（如京东金融）开展合作"，略低于"自建 P2P 平台"。

图 108 受访者对于商业银行 2014 年在互联网金融方面的动作的评价

推出直销银行	44.6%
推出基于互联网的快速贷款产品	68.5%
自建P2P平台	30.4%
与P2P合作	9.8%
与融资搜索平台（如融360、好贷网等）合作	15.2%
与电商金融（如京东金融）合作	28.3%

　　结合不同类型的银行受访者反馈来看，"推出直销银行"这一举措在股份制商业银行和城市商业银行的受访者中所占的比例较高，超过 6 成，而在国有五大商业银行和农村商业银行的受访者中所占的比例只有不过 3 成。国有五大商业银行中有 8 成的受访者均选择了"推出基于互联网的快速贷款产品"这一举措，超过其他几类商业银行，而城市商业银行的受访者中只有 4 成选择了这一选项。除此之外，国有五大商业银行的受访者在"自建 P2P 平台"这一选项上所占的比例是各类银行最低，低于其在"与融资搜索平台（如融360、好贷网等）开展合作"和"与电商金融（如京东金融）开展合作"的比例；反观股份制商业银行和农村商业银行，其受访者在"自建 P2P 平台"这一选项上所占的比例显著大于其他几类银行。同时，城市商业银行更加关注与电商金融（如京东金融）的合作，选中该选项的受访者比例达到 41.2%。

图 109　来自不同类型银行的受访者对于商业银行 2014 年在互联网金融方面的动作的评价

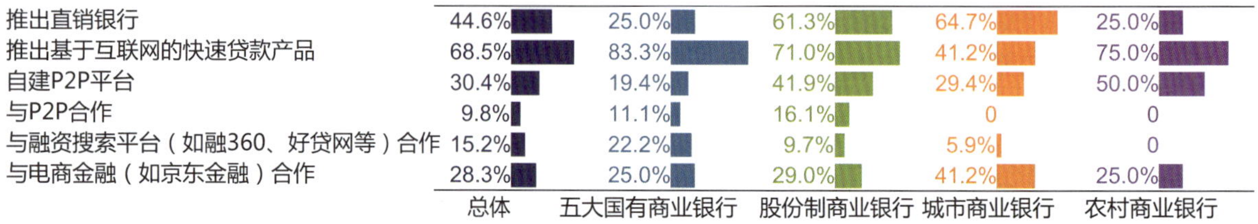

	总体	五大国有商业银行	股份制商业银行	城市商业银行	农村商业银行
推出直销银行	44.6%	25.0%	61.3%	64.7%	25.0%
推出基于互联网的快速贷款产品	68.5%	83.3%	71.0%	41.2%	75.0%
自建P2P平台	30.4%	19.4%	41.9%	29.4%	50.0%
与P2P合作	9.8%	11.1%	16.1%	0	0
与融资搜索平台（如融360、好贷网等）合作	15.2%	22.2%	9.7%	5.9%	0
与电商金融（如京东金融）合作	28.3%	25.0%	29.0%	41.2%	25.0%

注：此问题为多选题，所有观点的比例加起来会大于 1。

■社区金融方面的动作

社区金融是 2014 年商业银行发展的又一大热点，有超 5 成的受访者表示其所在的银行 2014 年在社区金融方面有动作，比去年调查高出 9 个百分点。还有近 2 成的受访者表示正在讨论。来自不同类型银行的受访者对社区金融的情况反映也有所不同，股份制商业银行和城市商业银行表示已经启动或者刚启动社区金融的受访者占比明显高于国有五大商业银行。表示已经启动或者刚开始启动社区金融的受访者比例从高到低依次为股份制商业银行（68%）、城市商业银行（67.8%）、农村商业银行（47%）、国有五大商业银行（39.3%）。

图 110　来自不同类型银行的受访者对于社区金融的评价

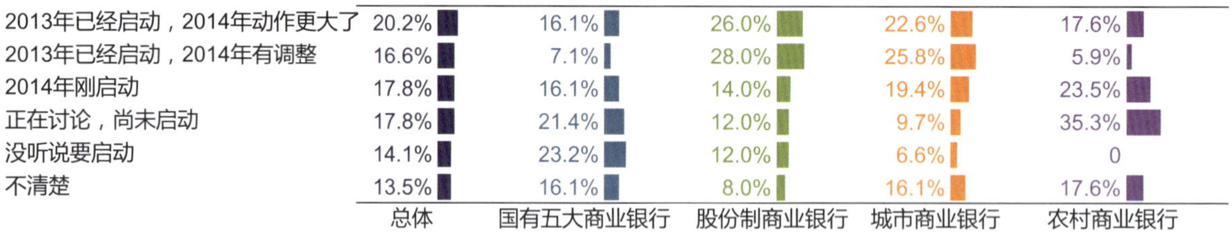

	总体	国有五大商业银行	股份制商业银行	城市商业银行	农村商业银行
2013年已经启动，2014年动作更大了	20.2%	16.1%	26.0%	22.6%	17.6%
2013年已经启动，2014年有调整	16.6%	7.1%	28.0%	25.8%	5.9%
2014年刚启动	17.8%	16.1%	14.0%	19.4%	23.5%
正在讨论，尚未启动	17.8%	21.4%	12.0%	9.7%	35.3%
没听说要启动	14.1%	23.2%	12.0%	6.6%	0
不清楚	13.5%	16.1%	8.0%	16.1%	17.6%

四、 2015 年小微企业金融服务市场发展展望

（一） 小微企业金融服务市场发展展望

■小微企业贷款需求

近 7 成的受访者预期 2015 年小微企业贷款需求将增加，分银行类型来看，接近 8 成国有五大商业银行的受访者预期 2015 年小微企业贷款需求将增加，其中超过 2 成的受访者预期旺盛程度将显著增加，这一比例明显高于其他类型银行。城市商业银行预期小微贷款需求会降低或者显著降低的受访者比例为 38.7%，这一比例显著高于其他类型银行。

图 111　来自不同类型银行的受访者对小微企业贷款需求的展望

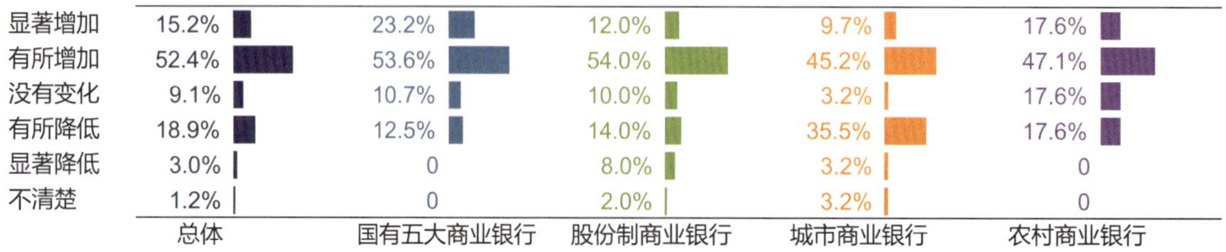

	总体	国有五大商业银行	股份制商业银行	城市商业银行	农村商业银行
显著增加	15.2%	23.2%	12.0%	9.7%	17.6%
有所增加	52.4%	53.6%	54.0%	45.2%	47.1%
没有变化	9.1%	10.7%	10.0%	3.2%	17.6%
有所降低	18.9%	12.5%	14.0%	35.5%	17.6%
显著降低	3.0%	0	8.0%	3.2%	0
不清楚	1.2%	0	2.0%	3.2%	0

不同区域的受访者中，都有超过 6 成预期 2015 年小微企业贷款需求将增加。其中珠三角地区有 72.8% 的受访者预期小微企业贷款需求增加，显著高于其他地区。值得关注的是长三角地区有 34.6% 的受访者预期 2015 年小微贷款需求会降低，显著高于其他地区。

图 112　来自不同区域的受访者对小微企业贷款需求的展望

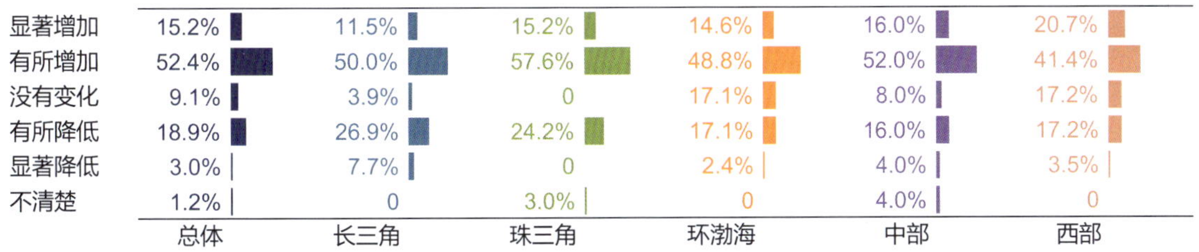

	总体	长三角	珠三角	环渤海	中部	西部
显著增加	15.2%	11.5%	15.2%	14.6%	16.0%	20.7%
有所增加	52.4%	50.0%	57.6%	48.8%	52.0%	41.4%
没有变化	9.1%	3.9%	0	17.1%	8.0%	17.2%
有所降低	18.9%	26.9%	24.2%	17.1%	16.0%	17.2%
显著降低	3.0%	7.7%	0	2.4%	4.0%	3.5%
不清楚	1.2%	0	3.0%	0	4.0%	0

■ 小微企业贷款风险状况

受访者对 2015 年小微企业贷款风险预期普遍偏负面，超过 8 成的受访者预期小微企业贷款风险将增加，其中预期显著增加的比例超过 3 成。超过 4 成国有五大商业银行的受访者预期贷款风险将显著增加，显著高于其他类型银行。农村商业银行中没有受访者预期 2015 年小微贷款风险将降低，调查可见受访者相对去年的调查普遍表现悲观。

图 113　来自不同类型银行的受访者对小微企业贷款风险的展望

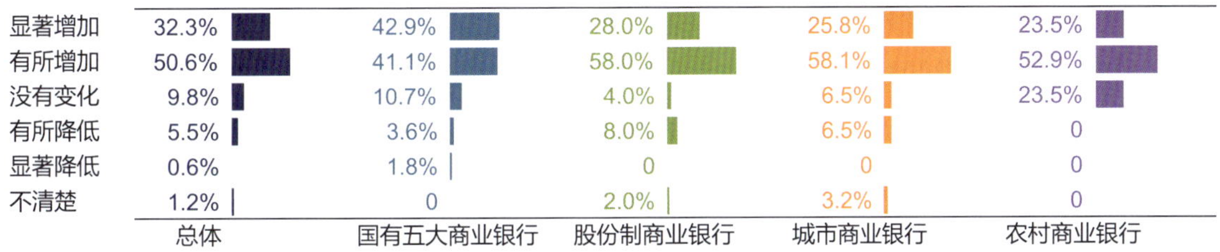

	总体	国有五大商业银行	股份制商业银行	城市商业银行	农村商业银行
显著增加	32.3%	42.9%	28.0%	25.8%	23.5%
有所增加	50.6%	41.1%	58.0%	58.1%	52.9%
没有变化	9.8%	10.7%	4.0%	6.5%	23.5%
有所降低	5.5%	3.6%	8.0%	6.5%	0
显著降低	0.6%	1.8%	0	0	0
不清楚	1.2%	0	2.0%	3.2%	0

来自不同区域的受访者对 2015 年小微企业贷款风险的预期没有显著差异，相对而言，珠三角地区预期风险增加的受访者比例最高为 84.9%，比例最低的为中部地区，比例也达到了 80%。

图 114　来自不同区域的受访者对小微企业贷款风险的展望

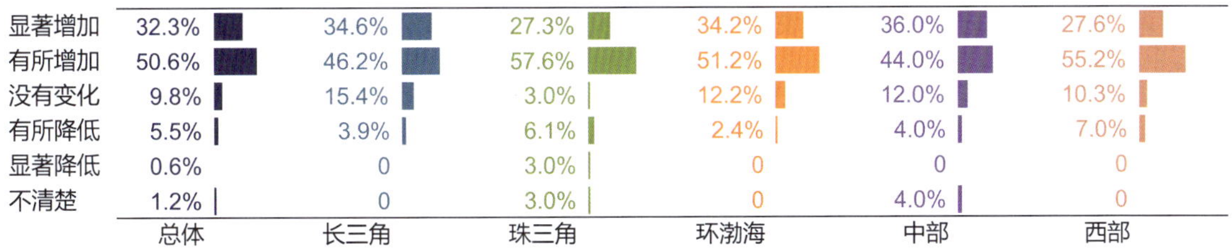

	总体	长三角	珠三角	环渤海	中部	西部
显著增加	32.3%	34.6%	27.3%	34.2%	36.0%	27.6%
有所增加	50.6%	46.2%	57.6%	51.2%	44.0%	55.2%
没有变化	9.8%	15.4%	3.0%	12.2%	12.0%	10.3%
有所降低	5.5%	3.9%	6.1%	2.4%	4.0%	7.0%
显著降低	0.6%	0	3.0%	0	0	0
不清楚	1.2%	0	3.0%	0	4.0%	0

■ 小微企业贷款利率水平

仅有不到 4 成的受访者预期 2015 年小微企业贷款利率水平将会上升。分银行类型来看，国有五大商业银行超过 4 成的受访者预期小微企业贷款利率水平将会上升，明显高于其他类型银行，而农村商业银行的受访者中仅有略超 2 成的人认为会上升。股份制商业银行和农村商业银行中，均有近 4 成的受访者预期小微企业贷款利率水平下降。

图115　来自不同类型银行的受访者对小微企业贷款利率水平的展望

	总体	国有五大商业银行	股份制商业银行	城市商业银行	农村商业银行
显著增加	5.5%	8.9%	4.0%	6.5%	0
有所增加	31.1%	35.7%	28.0%	32.3%	11.8%
没有变化	28.7%	23.2%	26.0%	38.7%	52.9%
有所降低	31.1%	26.8%	38.0%	19.4%	35.3%
显著降低	1.2%	3.6%	0	0	0
不清楚	2.4%	1.8%	4.0%	3.2%	0

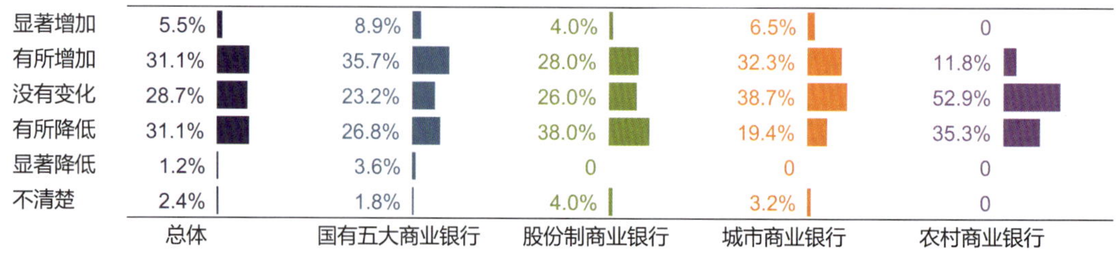

来自区域的受访者对于小微企业贷款利率水平的预期呈现出明显的差异。长三角预期利率水平降低的受访者比例超过一半，西部地区这一比例也超过4成，显著高于其他地区。来自珠三角地区、环渤海地区和中部地区的受访者中，均有接近一半的受访者预期小微贷款利率水平会上升。

图116　来自不同区域的受访者对小微企业贷款利率水平的展望

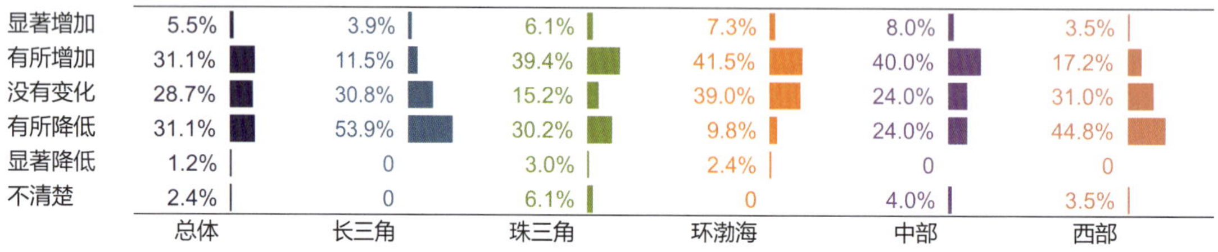

	总体	长三角	珠三角	环渤海	中部	西部
显著增加	5.5%	3.9%	6.1%	7.3%	8.0%	3.5%
有所增加	31.1%	11.5%	39.4%	41.5%	40.0%	17.2%
没有变化	28.7%	30.8%	15.2%	39.0%	24.0%	31.0%
有所降低	31.1%	53.9%	30.2%	9.8%	24.0%	44.8%
显著降低	1.2%	0	3.0%	2.4%	0	0
不清楚	2.4%	0	6.1%	0	4.0%	3.5%

■ 小微企业金融市场服务竞争程度

超过7成受访者预期2015年小微企业金融服务市场竞争将增加，其中预期竞争程度将显著增加的受访者的比例达到22%。从银行类型来看，国有五大商业银行和股份制商业银行的受访者预期竞争增加的比例高于其他类型银行。

图117　来自不同类型银行的受访者对小微企业金融市场服务竞争程度的展望

	总体	国有五大商业银行	股份制商业银行	城市商业银行	农村商业银行
显著增加	22.0%	25.0%	16.0%	29.0%	23.5%
有所增加	52.4%	53.6%	62.0%	45.2%	41.2%
没有变化	17.1%	17.9%	14.0%	12.9%	29.4%
有所降低	7.3%	3.6%	6.0%	9.7%	5.9%
不清楚	1.2%	0	2.0%	3.2%	0

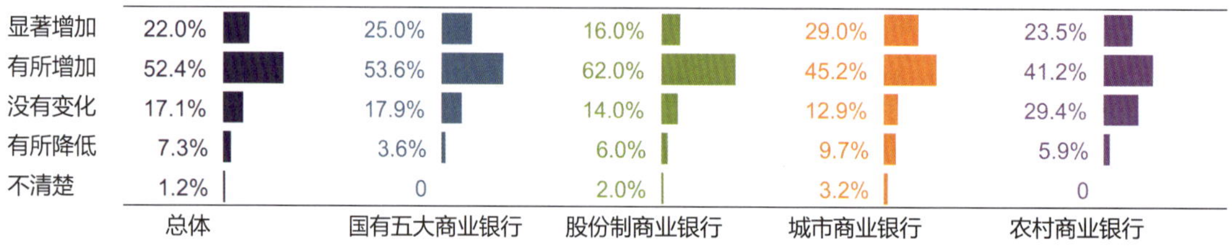

不同地区的受访者对2015年小微企业金融服务市场竞争预期有一定差异，西部地区受访者预期竞争程度增加的比例为82.8%，高于其他地区持这一看法的受访者比例。长三角地区预期竞争程度显著增加的受访者比例超过3成，显著高于其他地区。此外，中部地区有16.0%的受访者预期小微金融市场服务竞争程度降低，显著高于其他地区。

图118　来自不同区域的受访者对小微企业金融市场服务竞争程度的展望

	总体	长三角	珠三角	环渤海	中部	西部
显著增加	22.0%	34.6%	15.2%	17.1%	20.0%	27.6%
有所增加	52.4%	42.3%	54.6%	51.2%	52.0%	55.2%
没有变化	17.1%	19.2%	21.2%	26.8%	8.0%	10.3%
有所降低	7.3%	3.9%	6.1%	4.9%	16.0%	6.9%
不清楚	1.2%	0	3.0%	0	4.0%	0

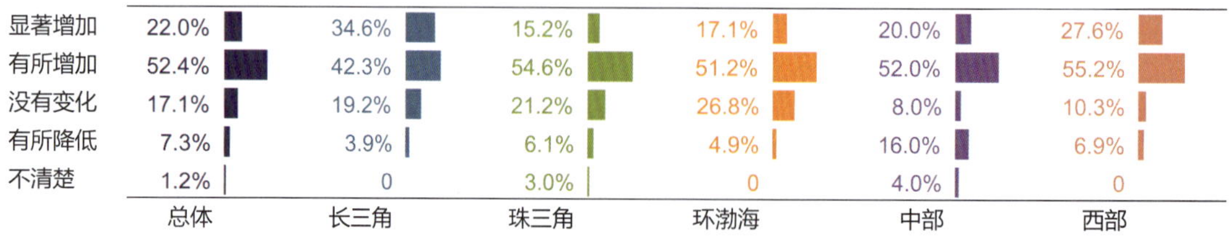

■小微企业金融服务产品创新活跃度

超过 7 成的受访者预期小微企业金融服务产品创新活跃度增加。其中，城市商业银行预期小微企业金融服务产品创新活跃度增加的受访者比例高于其他类型银行，持这一观点的受访者比例为 74.2%

图 119　来自不同类型银行的受访者对小微企业金融服务产品创新活跃度的展望

	总体	国有五大商业银行	股份制商业银行	城市商业银行	农村商业银行
显著增加	17.7%	19.6%	18.0%	16.1%	11.8%
有所增加	53.7%	50.0%	52.0%	58.1%	58.8%
没有变化	18.9%	21.4%	20.0%	16.1%	23.5%
有所降低	6.7%	7.1%	6.0%	3.2%	5.9%
显著降低	0.6%	0	2.0%	0	0
不清楚	2.4%	1.8%	2.0%	6.5%	0

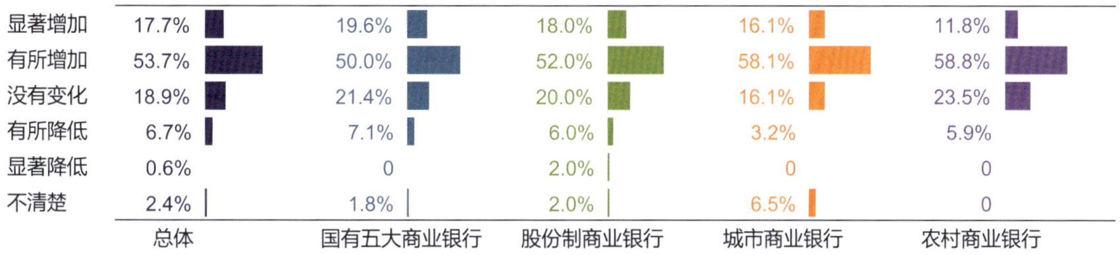

不同地区的受访者对小微企业金融服务产品创新活跃度的预期差异较大。相对而言，珠三角、环渤海地区预期创新活跃度增加的受访者比例显著高于其他地区，其中，珠三角地区受访者预期小微企业金融服务产品创新活跃度增加的比例为 81.8%，比西部地区持相同观点的受访者比例高出 23.2 个百分点。

图 120　来自不同区域的受访者对小微企业金融服务产品创新活跃度的展望

	总体	长三角	珠三角	环渤海	中部	西部
显著增加	17.7%	19.2%	18.2%	12.2%	24.0%	17.2%
有所增加	53.7%	50.0%	63.6%	65.9%	36.0%	41.4%
没有变化	18.9%	19.2%	12.1%	14.6%	20.0%	31.0%
有所降低	6.7%	11.5%	3.0%	4.9%	12.0%	6.9%
显著降低	0.6%	0	0	0	4.0%	0
不清楚	2.4%	0	3.0%	2.4%	4.0%	3.5%

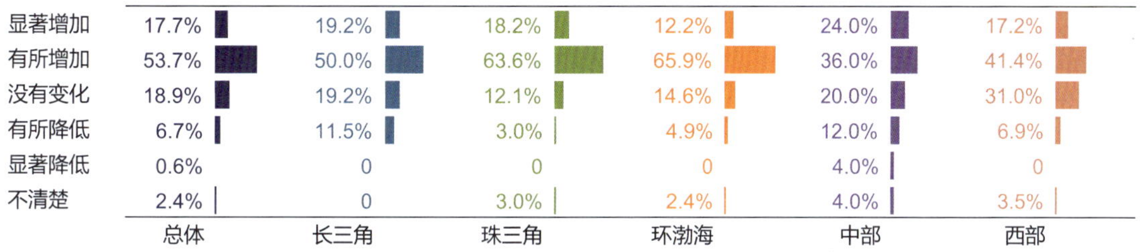

■小微企业金融创新的方向

对于 2015 年商业银行小微企业金融创新的集中方向，有超过 6 成的受访者认为基于大数据的信用风险管理创新会是未来商业银行的创新方向。有 5 成左右的受访者认为担保方式创新、服务渠道创新和综合金融服务创新会是 2015 年的集中方向。

来自不同类型的银行的受访者对于未来商业银行小微企业金融创新方向的观点也略有不同。国有五大商业银行和城市商业银行的受访者认为基于大数据的信用风险管理创新会是 2015 年的创新方向的比例均排在第一位；股份制商业银行的受访者选择服务渠道创新及综合金融服务创新方向的比例更高；农村商业银行的受访者选择担保方式创新的比例最高。

图 121　来自不同类型银行的受访者对小微企业金融创新的展望

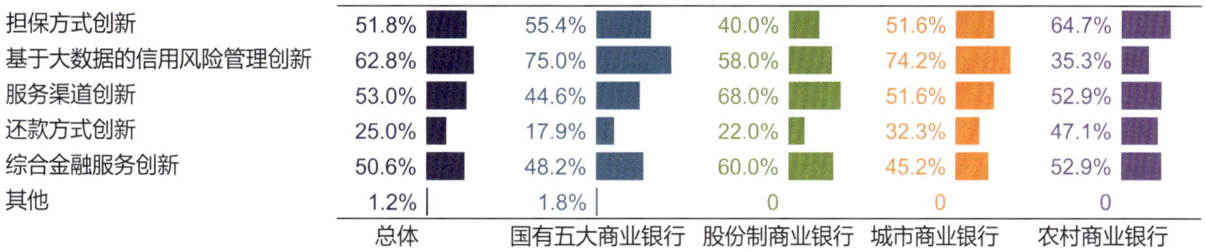

	总体	国有五大商业银行	股份制商业银行	城市商业银行	农村商业银行
担保方式创新	51.8%	55.4%	40.0%	51.6%	64.7%
基于大数据的信用风险管理创新	62.8%	75.0%	58.0%	74.2%	35.3%
服务渠道创新	53.0%	44.6%	68.0%	51.6%	52.9%
还款方式创新	25.0%	17.9%	22.0%	32.3%	47.1%
综合金融服务创新	50.6%	48.2%	60.0%	45.2%	52.9%
其他	1.2%	1.8%	0	0	0

注：此问题为多选题，所有观点的比例加起来会大于 1。

按地域类型来划分，环渤海地区、珠三角和长三角地区的受访者均把基于大数据的信用风险管理创新列为 2015 年小微金融创新最集中的方向，而中部地区的受访者选择最多的是服务渠道创新，西部地区的受访者选择最多的是担保方式创新。

图 122　来自不同区域的受访者对小微企业金融创新的展望

	总体	长三角	珠三角	环渤海	中部	西部
担保方式创新	51.8%	38.5%	48.5%	48.8%	60.0%	65.5%
基于大数据的信用风险管理创新	62.8%	61.5%	63.6%	70.7%	44.0%	62.1%
服务渠道创新	53.0%	53.8%	51.5%	46.3%	68.0%	51.7%
还款方式创新	25.0%	30.8%	21.2%	22.0%	32.0%	20.7%
综合金融服务创新	50.6%	50.0%	51.5%	51.2%	44.0%	51.7%
其他	1.2%	0	3.0%	2.4%	0	0

注：此问题为多选题，所有观点的比例加起来会大于 1。

■民营征信机构的影响

超过 9 成的受访者认为民营机构的设立有助于改善我国的征信环境，其中，认为能带来显著改善的受访者比例超过 4 成。但受访者普遍认为改善见效需要较为长期的过程，有近 7 成的受访者表示这种改善需要较长时间才能见到效果。

分不同类型的银行来看，农村商业银行的受访者对民营征信机构对征信环境影响的判断更为乐观，认为将带来显著改善的受访者比例接近 8 成，并且认为很快见效的受访者比例也超过 4 成。

图 123　来自不同类型银行的受访者对民营征信机构的影响的展望

	总体	国有五大商业银行	股份制商业银行	城市商业银行	农村商业银行
A	15.9%	14.3%	12.0%	12.9%	35.3%
B	37.2%	33.9%	40.0%	35.5%	41.2%
C	7.3%	5.4%	6.0%	16.1%	5.9%
D	31.7%	37.5%	38.0%	22.6%	5.9%
E	4.3%	5.4%	2.0%	6.5%	5.9%
F	1.8%	1.8%	2.0%	0	5.9%
G	1.8%	1.8%	0	6.5%	0

A.将带来显著改善，而且较快就能见到效果
B.将带来显著改善，但需要较长的过程
C.将带来一定改善，而且较快就能见到效果
D.将带来一定改善，但需要较长过程
E.不会带来什么改善，但也没什么负面影响
F.不会改善，反而会有负面影响
G.不清楚

（二）所在银行小微企业金融服务展望

■对小微企业业务的重视程度

超过 6 成的受访者预期 2015 年所在银行对小微企业业务重视程度将增加，其中预期显著增加的接近 2 成。从银行类型来看，城市商业银行的受访者观点不同于其他类型的银行，其中有接近 8 成的受访者预期重视程度增加，并且选择"显著增加"和"有所增加"的比例均高于其他类型银行。

图 124　来自不同类型银行的受访者对小微企业业务的重视程度的展望

	总体	国有五大商业银行	股份制商业银行	城市商业银行	农村商业银行
显著增加	16.6%	16.1%	16.0%	19.4%	17.6%
有所增加	44.8%	41.1%	38.0%	58.1%	47.1%
没有变化	25.2%	25.0%	34.0%	9.7%	35.3%
有所降低	9.8%	14.3%	8.0%	6.5%	0
显著降低	1.8%	1.8%	2.0%	3.2%	0
不清楚	1.8%	1.8%	2.0%	3.2%	0

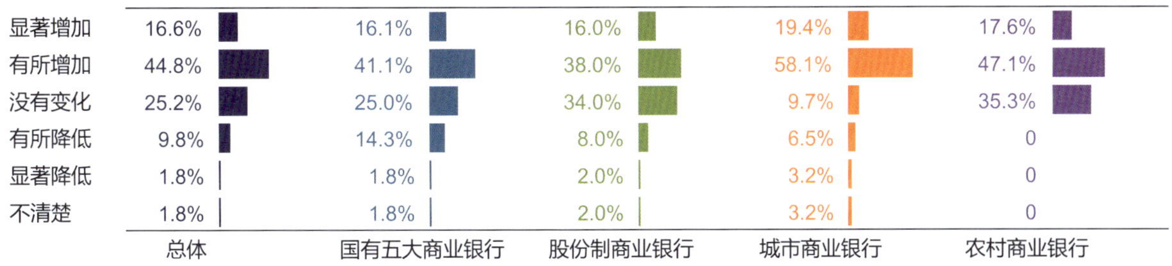

不同地区受访者的观点分布存在差异，相对而言，来自珠三角地区的受访者预期重视程度增加的比例高于其他区域。

图 125　来自不同区域的受访者对小微企业业务的重视程度的展望

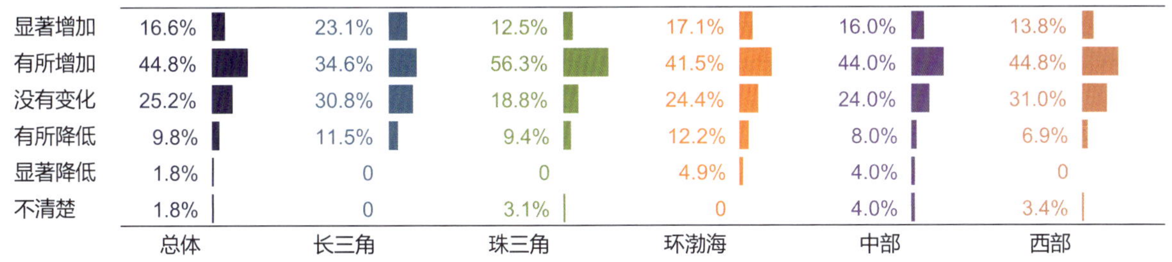

	总体	长三角	珠三角	环渤海	中部	西部
显著增加	16.6%	23.1%	12.5%	17.1%	16.0%	13.8%
有所增加	44.8%	34.6%	56.3%	41.5%	44.0%	44.8%
没有变化	25.2%	30.8%	18.8%	24.4%	24.0%	31.0%
有所降低	9.8%	11.5%	9.4%	12.2%	8.0%	6.9%
显著降低	1.8%	0	0	4.9%	4.0%	0
不清楚	1.8%	0	3.1%	0	4.0%	3.4%

■对小微企业安排的贷款额度

超过一半的受访者预期 2015 年所在银行对小微企业安排的贷款额度将增加。其中，超过 7 成农村商业银行受访者预期贷款额度增加，是所有类型银行中最高的，认为降低的受访者比例为 0。

图 126　来自不同类型银行的受访者对小微企业安排的贷款额度的展望

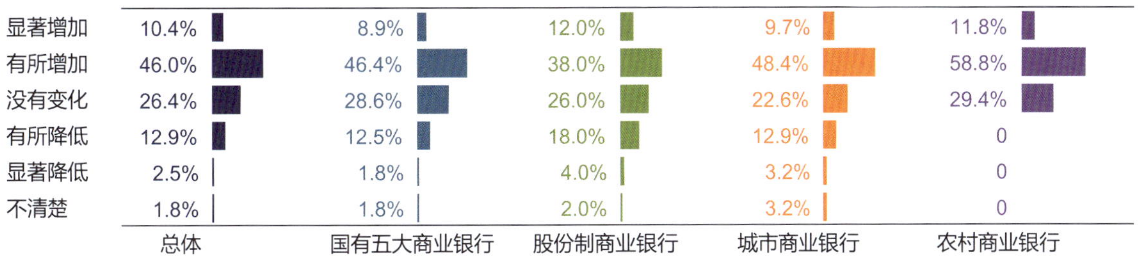

	总体	国有五大商业银行	股份制商业银行	城市商业银行	农村商业银行
显著增加	10.4%	8.9%	12.0%	9.7%	11.8%
有所增加	46.0%	46.4%	38.0%	48.4%	58.8%
没有变化	26.4%	28.6%	26.0%	22.6%	29.4%
有所降低	12.9%	12.5%	18.0%	12.9%	0
显著降低	2.5%	1.8%	4.0%	3.2%	0
不清楚	1.8%	1.8%	2.0%	3.2%	0

不同地区的受访者中，中部地区预期增加的受访者比例最多，超过 6 成，在西部地区这一比例还不到一半。值得注意的是，长三角地区的受访者认为额度将显著增加的比例超过 15%，同时认为贷款额度有所降低的受访者比例也高达 23.1%，这两个比例均高于其他地区，反映出长三角地区小微金融经理人对此问题的预期分化程度相对其他地区的小微金融经理人要高。

图127 来自不同区域的受访者对小微企业安排的贷款额度的展望

	总体	长三角	珠三角	环渤海	中部	西部
显著增加	10.4%	15.4%	6.3%	9.8%	4.0%	13.8%
有所增加	46.0%	42.3%	53.1%	41.5%	60.0%	31.0%
没有变化	26.4%	19.2%	18.8%	34.1%	28.0%	34.5%
有所降低	12.9%	23.1%	15.6%	12.2%	0	17.2%
显著降低	2.5%	0	3.1%	2.4%	4.0%	0
不清楚	1.8%	0	3.1%	0	4.0%	3.4%

■承担小微企业贷款业绩压力

接近7成的受访者认为2015年承担的小微企业贷款业绩压力将增加，其中，认为会显著增加的受访者比例超过2成。从不同类型的银行来看，城市商业银行的受访者认为业绩压力增加的比例接近8成，是所有银行类型中最高的。

图128 来自不同区域的受访者对承担小微企业贷款业绩压力的展望

	总体	长三角	珠三角	环渤海	中部	西部
显著增加	21.5%	26.9%	18.8%	22.0%	24.0%	17.2%
有所增加	47.9%	38.5%	50.0%	48.8%	40.0%	55.2%
没有变化	18.4%	19.2%	15.6%	19.5%	28.0%	17.2%
有所降低	9.8%	15.4%	12.5%	7.3%	0	10.3%
显著降低	0.6%	0	0	2.4%	0	0
不清楚	1.8%	0	3.1%	0	8.0%	0

不同地区受访者的观点分布存在差异。相对而言，来自环渤海地区和西部地区的受访者预期业绩压力增加的比例高于其他地区。而长三角和珠三角地区的受访者预期业绩压力降低的比例高于其他地区。

图129 来自不同区域的受访者对承担小微企业贷款业绩压力的展望

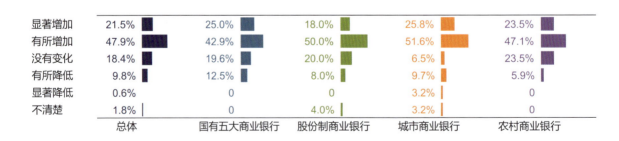

	总体	国有五大商业银行	股份制商业银行	城市商业银行	农村商业银行
显著增加	21.5%	25.0%	18.0%	25.8%	23.5%
有所增加	47.9%	42.9%	50.0%	51.6%	47.1%
没有变化	18.4%	19.6%	20.0%	6.5%	23.5%
有所降低	9.8%	12.5%	8.0%	9.7%	5.9%
显著降低	0.6%	0	0	3.2%	0
不清楚	1.8%	0	4.0%	3.2%	0

■对小微企业不良贷款的容忍度

接近4成的受访者预期2015年所在银行对小微企业不良贷款的容忍度将上升。从不同银行类型来看，五大行的受访者预期容忍度将显著增加的比例明显高于其他类型银行；农村商业银行受访者预期所在银行对小微企业不良贷款容忍度降低的比例为5.9%，显著低于其他类型银行。

图 130　来自不同类型银行的受访者对小微企业不良贷款的容忍度的展望

	总体	国有五大商业银行	股份制商业银行	城市商业银行	农村商业银行
显著增加	12.9%	21.4%	12.0%	3.2%	11.8%
有所增加	27.0%	19.6%	32.0%	29.0%	29.4%
没有变化	30.7%	28.6%	26.0%	32.3%	52.9%
有所降低	16.0%	14.3%	16.0%	19.4%	5.9%
显著降低	10.4%	12.5%	12.0%	9.7%	0
不清楚	3.1%	3.6%	2.0%	6.5%	0

不同地区的受访者对于不良贷款容忍度的预期不一致，按预期增加的比例来排名，从高到低依次是中部地区（56%）、西部地区（48.3%）、珠三角地区（40.7%）、长三角地区（34.6%）和环渤海地区（29.2%）。而来自环渤海地区的受访者超过 3 成预期容忍度下降，显著高于其他地区。

图 131　来自不同区域的受访者对小微企业不良贷款的容忍度的展望

	总体	长三角	珠三角	环渤海	中部	西部
显著增加	12.9%	7.7%	9.4%	14.6%	16.0%	13.8%
有所增加	27.0%	26.9%	31.3%	14.6%	40.0%	34.5%
没有变化	30.7%	46.2%	28.1%	36.6%	24.0%	20.7%
有所降低	16.0%	15.4%	9.4%	24.4%	8.0%	17.2%
显著降低	10.4%	3.8%	15.6%	7.3%	8.0%	10.3%
不清楚	3.1%	0	6.3%	2.4%	4.0%	3.4%

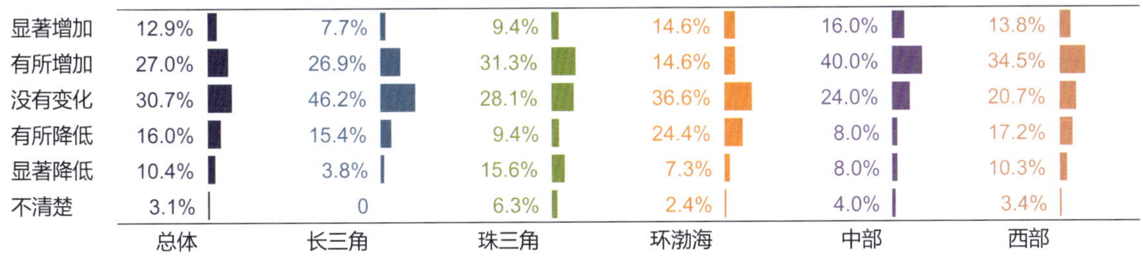

与重视程度和安排贷款额度的预期相对乐观不同的是，对小微企业不良贷款容忍度变化的预期不那么集中，而且不同类型银行和不同区域受访者观点分化更为明显。这在一定程度上反映出商业银行在经济增速放缓，不良贷款增加的环境中发展小微企业金额服务所面临的抉择并不轻松。

（三）对直销银行、社区金融以及民营银行的展望

■对直销银行的展望

超 5 成的受访者表示看好商业银行发展直销银行。城市商业银行有超 6 成受访者表示看好商业银行发展直销银行，高于其他类型银行。

图 132　来自不同类型银行的受访者对商业银行发展直销银行的展望

	总体	国有五大商业银行	股份制商业银行	城市商业银行	农村商业银行
看好	55.5%	51.8%	58.0%	61.3%	58.8%
不看好	13.4%	17.9%	10.0%	12.9%	11.8%
不确定	25.0%	25.0%	28.0%	16.1%	23.5%
不了解，没有看法	6.1%	5.4%	4.0%	9.7%	5.9%

■对社区金融的展望

近 6 成的受访者看好商业银行发展社区金融。其中农村商业银行有近 8 成的受访者看好社区金融，城市商业银行明确不看好社区金融的受访者占到近 3 成，这一占比显著高于其他类型银行。

图133　来自不同类型银行的受访者对社区金融的展望

	总体	国有五大商业银行	股份制商业银行	城市商业银行	农村商业银行
看好	58.5%	57.1%	54.0%	54.8%	76.5%
不看好	18.3%	14.3%	22.0%	29.0%	5.9%
不确定	22.0%	26.8%	24.0%	16.1%	11.8%
没听说过	1.2%	1.8%	0	0	5.9%

　　将2014年所在行社区金融进展的情况与社区金融展望做交叉分析，会发现"2013年已经启动社区金融服务2014年动作更大"以及"2014年刚启动"这两类银行的受访者更倾向于看好社区金融，均有超过7成的受访者表示看好。而没有听说要启动社区金融的银行受访者则更为谨慎，仅有43.5%的比例看好社区金融，但是不确定的比例占到30.4%。值得关注的是，表示"2013年已经启动社区金融，2014年有调整"的受访者中仅有不到一半的人看好社区银行的发展，有接近3成的人表示不看好，另有超过2成的人表示不确定，这与"正在讨论，尚未启动"的银行受访者观点相近。这揭示出了2014年银行发展社区金融的进展并不都尽如人意，使得已经启动此项业务的银行的受访者更倾向于谨慎看待发展社区金融。

图134　社区金融不同进展程度的银行受访者对社区金融的展望

	总体	2014年动作更大	2014年有调整	2014年刚启动	正在讨论	没听说要启动	不清楚
看好	58.5%	75.8%	48.1%	75.9%	48.3%	43.5%	54.5%
不看好	18.3%	3.0%	29.6%	6.9%	27.6%	26.1%	18.2%
不确定	22.0%	21.2%	22.2%	17.2%	24.1%	30.4%	18.2%
不了解，没有看法	1.2%	0	0	0	0	0	9.1%

■首批试点的5家民营银行最看好哪家

　　2014年，首批五家民营银行试点。民营银行的设立对我国金融改革、利率市场化等都会产生影响，对原有的商业银行也会产生一定程度的不同影响。在对小微金融经理人的调查中发现，最被看好的两家银行分别是前海微众银行和浙江网商银行。

图135　来自不同类型银行的受访者对于5家民营银行的展望

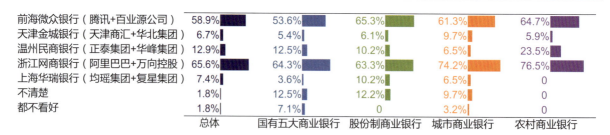

	总体	国有五大商业银行	股份制商业银行	城市商业银行	农村商业银行
前海微众银行（腾讯+百业源公司）	58.9%	53.6%	65.3%	61.3%	64.7%
天津金城银行（天津商汇+华北集团）	6.7%	5.4%	6.1%	9.7%	5.9%
温州民商银行（正泰集团+华峰集团）	12.9%	12.5%	10.2%	6.5%	23.5%
浙江网商银行（阿里巴巴+万向控股）	65.6%	64.3%	63.3%	74.2%	76.5%
上海华瑞银行（均瑶集团+复星集团）	7.4%	3.6%	10.2%	6.5%	0
不清楚	1.8%	12.5%	12.2%	9.7%	0
都不看好	1.8%	7.1%	0	3.2%	0

　　注：此问题为多选题，所有观点的比例加起来会大于1。

■民营银行可能会对哪类银行形成冲击

　　从受访者的选择频次分布来看，可能受到民营银行冲击程度较大的银行类型依次是城市商业银行、股份制商业银行、农村商业银行，最后才是国有五大商业银行。认为民营银行不会带来什么冲击的受访者比例极低，这表明民营银行入市对促进银行业的竞争将有积极的影响。

　　不同银行的受访者对于这一问题的看法也很有意思，具有一个共同的特点，那就是均认为自身所在的银行会受到较强烈的冲击，尤其是城市商业银行和农村商业银行的受访者选择自身所在银行类型的比例均显著高过其他类型的银行。

图136　来自不同类型银行的受访者对民营银行可能会对哪类银行形成冲击的展望

	总体	国有五大商业银行	股份制商业银行	城市商业银行	农村商业银行
大型商业银行	31.3%	53.6%	22.4%	9.7%	29.4%
股份制商业银行	50.9%	55.4%	63.3%	29.0%	47.1%
城市商业银行	61.3%	51.8%	65.3%	83.9%	47.1%
农村金融机构	35.0%	28.6%	30.6%	45.2%	58.8%
外资（合资）银行	4.9%	3.6%	10.2%	3.2%	0
其他银行类金融机构	16.6%	14.3%	22.4%	16.1%	17.6%
都不会有什么冲击	4.9%	3.6%	6.1%	3.2%	5.9%
不清楚	2.5%	3.6%	4.1%	0	0

注：此问题为多选题，所有观点的比例加起来会大于1。

■民营银行将会对现有银行的哪些业务造成冲击

关于民营银行将对现有哪些银行业务类型造成冲击的调查显示，小微信贷高居受冲击榜首，接近9成的受访者选择了小微信贷，排在第二位的是理财业务，排在三至五位的分别是信用卡业务、支付结算业务和个人按揭业务。

来自不同类型商业银行和不同地域的受访者对于民营银行会对现有银行哪些业务造成冲击这一问题的认识与总体分布基本吻合，并未表现出明显的差异。

图137　来自不同类型银行的受访者对民营银行将会对现有银行的哪些业务造成冲击的展望

	总体	国有五大商业银行	股份制商业银行	城市商业银行	农村商业银行
小微信贷	89.6%	91.1%	91.8%	83.9%	88.2%
个人按揭	33.1%	37.5%	36.7%	22.6%	35.3%
信用卡业务	38.7%	33.9%	34.7%	51.6%	47.1%
供应链融资	29.4%	33.9%	22.4%	35.5%	29.4%
代理业务	16.6%	12.5%	18.4%	16.1%	29.4%
支付结算	35.0%	33.9%	42.9%	35.5%	29.4%
电子银行	27.0%	23.2%	36.7%	29.0%	23.5%
理财业务	47.2%	55.4%	42.9%	48.4%	47.1%
同业业务	9.8%	10.7%	12.2%	9.7%	5.9%
私人银行	17.8%	23.2%	12.2%	16.1%	23.5%
资金业务	16.0%	23.2%	10.2%	16.1%	11.8%
资产托管	12.9%	12.5%	12.2%	19.4%	11.8%
都不会有什么冲击	1.2%	1.8%	0	0	5.9%
不清楚	0.6%	0	2.0%	0	0

注：此问题为多选题，所有观点的比例加起来会大于1。

■民营银行在小微金融服务方面的优势

从受访者选择的频次分布来看，新设立的民营银行在小微金融服务方面的优势首先是有互联网股东背景的民营银行具有电商小微企业风险管理的数据优势，选择该项优势的受访者比例超过7成；其次是机制灵活有利于提高小微企业服务效率；最后是实业背景的股东会带来相对优质的小微企业客户群，以及可以依托股东在当地的网络和影响力提高小微企业风险管理的有效性。

从不同银行类别来看，除了一致将"有互联网股东背景的民营银行具有电商小微企业风险管理的数据优势"列为首要优势之外，城市商业银行的受访者更看重民营银行机制灵活有利于提高小微企业服务效率；而农村商业银行的受访者更看重"可以依托股东在当地的网络和影响力提高小微企业风险管理的有效性"。

图138 来自不同类型银行的受访者对新设立的民营银行在小微金融服务方面的优势的展望

	总体	国有五大商业银行	股份制商业银行	城市商业银行	农村商业银行
A	71.8%	73.2%	77.6%	67.7%	76.5%
B	47.9%	44.6%	44.9%	61.3%	52.9%
C	41.7%	39.3%	40.8%	38.7%	70.6%
D	49.7%	53.6%	42.9%	67.7%	17.6%
E	1.2%	0	0	0	5.9%

A.有互联网股东背景的民营银行具有电商小微企业风险管理的数据优势
B.实业背景的股东会带来相对优质的小微企业客户群
C.可以依托股东在当地的网络和影响力提高小微企业风险管理的有效性
D.机制灵活，有利于提高小微企业服务效率
E.其他

注：此问题为多选题，所有观点的比例加起来会大于1。

（四）在促进小微企业金融服务方面最期待的政策或技术变革

在促进小微企业金融服务发展方面，小微金融经理人最期待的政策或技术变革被提及最多的分别是征信体系建设、信息共享、大数据技术和定向支持政策。值得注意的是，三年的调查结果显示出了明显的变化。2015年和2014年的调查中，被提及最多的均是征信体系建设，而2013年调查提到较多的差异化监管政策在后面两年的调查中基本再未被提及，体现出在小微企业金融服务方面的差异化监管政策已经基本落实到位。2015年，大数据技术再次受到小微金融经理人的关注，而且相较2014年的调查，今年被提及的频次更高，反映出大数据技术在小微金融服务领域的应用渐行渐近。此外，针对小微金融服务的定向支持政策和提高不良容忍度也是小微金融经理人提到较多的政策期待。此外，受访者们也非常期待自身银行内部的革新，如提高审批的效率、改进风险管理技术、尽职免责制度、改进贷款模式、合理定价等。

图139 小微金融经理人最期待的政策或技术变革

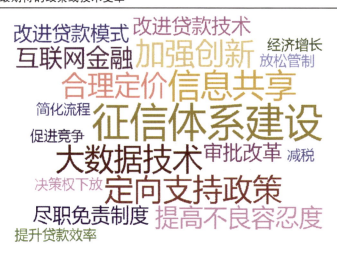